海港区年鉴

2015

秦皇岛市海港区地方志年鉴编纂委员会　编

方志出版社
Publishing House of Local Records

图书在版编目（CIP）数据

海港区年鉴．2015 / 秦皇岛市海港区地方志年鉴编纂委员会编.--北京：方志出版社，2016.7
ISBN 978-7-5144-2045-6

Ⅰ.①海… Ⅱ.①秦… Ⅲ.①区（城市）—秦皇岛—2015—年鉴 Ⅳ.①Z522.23

中国版本图书馆CIP数据核字（2016）第189261号

海港区年鉴（2015）

编　　者：秦皇岛市海港区地方志年鉴编纂委员会
责任编辑：梅中英

出 版 人：冀祥德
出 版 者：方志出版社
地址　北京市朝阳区潘家园东里9号（国家方志馆4层）
邮编　100021
网址　http://www.fzph.org
发　　行：方志出版社发行中心
电话（010）67110500
经　　销：各地新华书店
印　　刷：北京中实兴业印刷有限公司

开　　本：889×1194　　1/16
印　　张：27
字　　数：730千字
版　　次：2016年7月第1版　2016年7月第1次印刷
印　　数：0001~1000册

ISBN　978-7-5144-2045-6　　**定价：**280.00元

编辑说明

一、《海港区年鉴》1986年创刊，是由中共海港区委、海港区人民政府主办，海港区地方志年鉴编纂委员会主持编纂的一部大型资料性工具书。

二、本年鉴以马克思列宁主义、毛泽东思想、邓小平理论、“三个代表”重要思想为指导，全面贯彻落实科学发展观，坚持实事求是的原则。

三、本年鉴从2012卷起逐年编纂出版，是海港区权威地情年刊，全面、系统、翔实地载录全区上一年的经济和社会发展进程，全面汇集全区各方面重要资料，客观反映全区的新变化、新成就及经验教训，为区内外及海外各界人士和广大读者了解海港区、研究海港区提供准确可靠的信息资料和基本数据。

四、本卷为《海港区年鉴》2015年卷，主要记述全区2014年度的基本情况和突出特点，兼有适当的年度对比，供读者了解区情发展脉络。以综合反映为主，注重宏观概述与重点记述结合，完整反映记述事项。

五、本年鉴采用分类编纂的方法，个别相关或相近部类合并立目。大致分类目、分目、条目三个层次记述。

六、本年鉴所用稿件大部分由各承编单位撰写，并经单位主要负责人审阅签字、单位盖章。部分参考《秦皇岛市年鉴》《秦皇岛日报》《秦皇岛晚报》《今日海港区》等方面信息。

七、本年鉴所用数据除各部门提供外，一般以统计年鉴数字为准。

八、本年鉴收录的先进人物为获得市委、市政府以上级别表彰的区内单位工作人员。对获得省委、省政府以上级别表彰的先进人物的事迹进行简要介绍。

九、由于年鉴涉及面广，内容繁杂，在编纂质量方面难免存有不足之处，为此恳望各界人士多提意见和建议，以便我们不断改进工作，把《海港区年鉴》越办越好。

海港区地方志年鉴编纂委员会

《海港区年鉴》编辑部

目　录

MULU

MULU

特载

大事记

区情综述

中共海港区委员会

海港区人民代表大会

海港区人民政府

政协海港区委员会

法治·国防

民主党派　工商联

人民团体

农业和农村经济

工　业

邮政通信业

商贸　旅游业

交通运输业

金融业

口岸管理

城市建设

社会事业

镇

园 区

街　道

人　物

荣誉专版

附　录

特　载

TEZAI

TEZAI

抢抓千载难逢机遇 大力弘扬海港精神 矢志不渝地推进“一流主城区和沿海经济增长极”建设进程

——在中共海港区第九届委员会第六次全体会议上的工作报告

中共海港区委书记 冯国林

（2014年1月24日）

各位委员、同志们：

下面，我代表区委常委会向全会报告2013年以来的主要工作，并就2014年全区的重点工作提出安排意见，请予审议。

一、总结回顾2013年主要工作

2013年，我们以党的十八大和省、市委全会精神为指导，面对复杂多变的经济形势和社会环境，牢牢盯准“一流主城区”目标，解放思想、创新驱动、抢抓机遇、真抓实干，全区经济社会实现了平稳较快发展。2013年，预计完成区属地区生产总值217.8亿元，同比增长9%。完成财政总收入78.3亿元，其中，公共财政预算收入16.7亿元，同比分别增长2.3%和17.3%。完成全社会固定资产投资245.8亿元，同比增长1%。城市居民人均可支配收入和农民人均纯收入分别达到25139元和12266元，同比分别增长11%和13%。

一是凝聚共识，发展思路进一步完善。抢抓河北打造沿海地区率先发展增长极的重大机遇，在认真贯彻落实省、市主要领导到市、区调研重要讲话精神的基础上，并轨深入推动省、市两级“大讨论”活动，切实把讨论成果转化为实践科学发展的根本动力。不断深化区情认识，客观梳理总结了发展空间局促、项目审批效率低下、园区发展后劲不足、城市建管权责不匹配、区级财政增长乏力等短板问题，倾尽全力攻坚克难；审时度势确定了“抢抓机遇，率先发展，全力打造一流主城区和沿海经济增长极”的奋斗目标；注重保持决策的连续性，坚持“一中心三基地”产业定位和“一线两片三组团”城市空间布局，把“六大工程”作为全区工作的主抓手，制定了《关于加快改革开放建设经济强区的实施意见》，明确了打造河北沿海地区重要的增长极、北方最大的临港物流产业基地、环渤海最佳的现代服务业城区和全省开放度最高、发展环境最优区域的长远发展定位。通过发展目标的带动，坚定了对今后发展的信心，凝聚了加速超越、率先发展的强大正能量。

二是开放引领，发展步伐进一步加快。将推动更深层次、更宽领域、更高水平的开放作为牵动全局的中心，围绕壮大经济实力，坚持一手抓项目招商，一手抓产业培育，开放层级实现叠加式提升。以招商引资为牵引，组织参加廊洽会、厦洽会、央企入秦、北京招商周等大规模招商活动10余次；成功举办海港区（新加坡）投资环境说明会，这是继韩国首尔招商会后，第二次以区级政府名义在海外开展的招商活动，不仅有108亿元的项目成功签约，还促成了新加坡客商回访，进一步向外界展示了海港区的良好形象。2013年，全区累计引进内资49.3亿元，实际利用外资1.87亿美元，引进内资额创历史新高，利用外资额位列全市第二。以项目建设为依托，强化项目跑办、建设、分包各环节服务，华润雪花搬迁改造、茂业城市综合体等19个项目列入省、市重点，秦皇皓月城基础设施工程等14个重点项目实现集体开工；文化创意、养老休闲、商贸物流等一批重点服务业项目相继投入建设。2013年以来，累计实施千万元以上项目113项，超出年初计划23项，完成投资246.5亿元，完成全年目标任务的129.7%。以产业集聚发展为目标，主导产业加速转型，扶持中信渤铝、耀华等15家重点工业企业技改升级，新增产值达4亿元；农业产业化发展步伐加快，牧羊源等一批农业龙头企业不断发展壮大；谋划启动秦皇岛新经济产业园建设，秦皇岛海港高新技术产业开发区获批省级高新区，新兴产业和高新技术产业蓬勃发展。主动融入“西港搬迁”工作大局，成立西港搬迁办公室，与河港集团签署了《“港区”合作框架协议》，港区互动合作不断加深，港航商务聚集区建设条件日益成熟。

三是组团发展，城市建设水平进一步提升。围绕“一线两片三组团”城市空间布局，加速赋予各片区组团功能，不断提升城市产业承载能力和综合开发水平。高标准推进金梦海湾片区开发，西浴场综合改造一期完工迎客，海碧台、香格里拉酒店等窗口型项目稳步推进，近海、亲海的沿海一线景观加速形成；城市中心区和西部新中心片区建设亮点纷呈，太阳城升级改造二期项目进展顺利，世纪港湾城市综合体项目如期完工，河北大街二中过街天桥落成投用；归提寨片区开发项目初具形象，海阳片区整体改造项目实质性推进。坚定不移推动三大园区组团发展，民族路北延伸跨新102国道和京哈高速公路立交桥、北港大街东延伸二期等道路竣工通车，产业园区的路网系统加速推进；韩庄片区等一批旧村改造项目顺利启动，发展空间得到进一步拓展；以基础设施和文化旅游建设为先导，圆明山片区开发深入推进，沙河生态文化旅游综合开发项目正式签约，核心区村庄拆迁完成99%，圆明寺复建项目落成，连峪山庄开门迎客。

四是倾力投入，民生福祉进一步提高。始终把改善民生作为加快经济社会发展的基础性工作，不断加大财政投资力度，2013年，民生保障工程22件实事全面落实，全年实现城镇新增就业9693人，失业人员再就业3678人，农村劳动力转移就业305人。坚持错位发展、民生优先，6家老年日间照料中心、10家农村幸福院建成投用；新农合报销比例、筹资标准、住院补助再次提标，参合率达到98.5%；高标准完成6家村卫生室建设，西港路社区卫生服务中心正式营业。白塔岭小学建成投用，海阳路小学等37所学校基础设施改造完成；科学布局农贸市场、专业化市场等各类市场建设，南李庄、森林逸城等7个市场投入使用；改善提升迎秋西里等老旧小区6个，得趣园、和平园等13个街头游园向居民开放，港二路等8条街巷路改造工作顺利完成。创新老旧小区物业管理模式，对接管的136个小区进行分类管理，改变了老旧小区脏乱差现状。市民中心正式竣工入驻，区文体中心项目主体完工。“大平安”创建格局基本形成，治安管理、矛盾化解、安全生产、食品监管各项措施有效落实；基层治安防控体系建设逐渐完善，技防水平不断提升，辅警力量得到加强，平安志愿者工作品牌日益深化，全区社会治安环境进一步净化。以群众工作为统揽，深入细致做好信访稳定工作，一大批隐患问题得到破题化解，实现了暑期、十八届三中全会等重要敏感时期的社会面总体稳定。

五是打造环境，城乡面貌进一步改善。一招不让地落实好近岸海域整治、大气污染防治、农村面貌改造提升等专项治理工作，不断提升城市管理能力，生态环境名片进一步擦亮。围绕农业面源污染防治、入海河流污染治理、沿海防护林建设三项重点工程，强力推进近岸海域环境综合整治，采取“河长”负责制方法，重点对15条河道进行集中攻坚，主要河流水质达到近年最好水平。大气污染防治工作强力推进，突出抓好燃煤锅炉、餐饮油烟、建筑扬尘和工业污染等重点环节，全年空气质量达标天数达到217天。下大力气实施农村面貌改造提升行动，全区98个村全部完成“四清四化”工作，东、西连峪等省级精品示范村创建工作得到了省、市委主要领导的充分肯定。举全区之力开展环境整治攻坚战，实行城乡环卫一体化运作机制，积极稳妥推进城市管理重心下移工作，根治城乡环境顽疾，城市主干道路实现全面机械化清扫，街巷道路和居民小区保洁管理得到进一步加强，城乡联动的环境建设长效机制逐步建立。

*六是夯实基础，党的建设进一步加强。*始终把党的建设作为基础工程牢牢抓在手上，用更务实的举措明导向、建机制、转作风、严纪律、聚合力、促发展。不断强化理论武装，发挥区委理论中心组学习平台作用，在十八届二中、三中全会，省委八届五次、六次全会后，邀请北大、清华等高校知名专家进行专题讲解，各级干部思想政治素质和理论水平不断提高。注重思想工作创新，加大典型宣传，弘扬社会正能量，推举的北港镇西连峪村原党支部书记靖红利被省委宣传部确定为全省重大典型，其先进事迹在全省各地巡回报告后，引起了社会各界热烈反响。深化加强基层建设年活动实现高位启动，229名副科级以上干部在基层建立了173个联系点，共协调投入资金1000余万元，完成涉及基础设施、民生改善等230余个帮扶项目，解决了一大批难点热点问题。不断加大各级班子和干部队伍建设力度，举办“城市规划管理”等各类培训班7期，通过干部岗位调整、完善考核体系等方式，形成了重基层、重实干、重实绩的用人导向，领导班子和干部队伍呈现了崭新面貌。创新社区管理机制，组织开展社区党组织书记竞争上岗工作，制定《海港区社区工作人员绩效管理办法（试行）》；成功举办“全国社区服务型党组织建设年启动仪式”，荣获“全国社区服务型党组织建设示范城区”。以贯彻落实中央“八项规定”为契机，深入开展“正风肃纪”“三项治理”等专项整治行动，严格“三公”经费检查和使用，加大对机关工作纪律的检查曝光力度，广大党员干部和机关工作作风有了明显转变；严格落实党风廉政建设责任制，大力推进巡查工作常态化，反腐倡廉工作取得了新成效。民主政治建设稳步推进，注重发挥人大、政协以及工会、共青团、妇联等人民团体作用，不断加强新形势下的统一战线工作，党管武装工作取得新成绩。

按照市委要求，这里向全会报告2013年以来区委常委会选拔任用干部情况。区委高度重视领导班子和干部队伍建设，坚持“注重实绩、群众认可、敢于担当、量才而用”的选人用人理念，真正把那些想干事、能干事、干成事的干部选拔到领导岗位上来，营造能者上、庸者让的选人用人环境。2013年，区委先后研究任免干部5次，共调整干部119人次，所调整干部均反映良好。工作中，注重在基层一线锻炼选拔干部，结合深化加强基层建设年暨“一联六促、访解帮带”活动，从区直单位选派61名科级党政正职、168名科级副职、87名年轻干部和5名第一书记深入村居蹲点工作、驻点帮扶，达到充实基层、锻炼干部和发现干部的目的。注重加大对科级后备干部的选拔培养力度，坚持“四重三不”（重品德、重实绩、重作风、重基层，不论资排辈、不照顾平衡、不唯票取人）原则，组织开展新一轮科级后备干部队伍集中调整补充工作，健全党政干部人才、专业技术人才、妇女干部、党外干部等各类后备干部人才库。切实增强领导干部日常监督的有效性，对干部存在的苗头性问题做到早发现、早提醒、早纠正，大力营造风清气正的用人环境，干部选任工作公信度和群众满意度得到进一步提升。

一年来，区委常委会带领全区各级党组织和广大干部群众，围绕既定目标任务，在宏观经济形势复杂多变、困难因素日益增多的情况下，以攻坚克难的勇气和务实奋进的作风，实现了经济社会平稳较快发展。成绩的取得是市委、市政府正确领导的结果，是各级党组织和广大干部群众拼搏奋斗的结果，是区委全委会各位同志认真负责、积极努力的结果。在此，我代表区委常委会，向在座的各位同志、向全区各级党组织和广大干部群众，表示衷心的感谢和崇高的敬意！

刚刚走过的一年，是极不平凡的一年，成绩来之不易，体会尤为深刻：只有牢固树立科学发展观和正确的政绩观，在解放思想中统一思想，敢于谋划、善于规划、富于变化，创造性地开展工作，才能推动经济社会持续健康发展；只有注重调查研究，一切从实际出发，提高科学决策、民主决策水平，才能总揽全局、驾驭复杂局面、做好各项工作；只有紧紧扭住关系全局的重大问题，不分神、不懈怠、不折腾，切实增强执行力，努力把工作抓具体、抓深入，才能实现突破、干成事业；只有统筹协调，关注民生，促进社会和谐稳定，才能赢得群众的拥护；只有坚持以改革创新的精神不断加强党的建设，抓好班子、带好队伍，才能形成团结奋进、勇于创新、真抓实干、事争一流的良好局面，才能为实现既定目标提供重要保证。在总结经验的同时，我们还要看清工作中的问题和不足，时刻保持清醒头脑。对照上级要求和群众期望，区委常委会在思想解放程度、区情把握深度、工作推进力度和领导方式方法等方面还需进一步加强和改进。在此，诚恳希望大家对常委会工作多提宝贵意见和建议，一起努力把工作做得更好，加快推进各项事业取得更大进步。

二、大力弘扬“开放、包容、崇德、尚美”海港精神，凝聚跨越发展正能量

城市精神是一座城市的灵魂，是城市文化与人文风格的精确提炼，是全体市民共同的价值取向和精神追求。当前，海港区正处在转型发展的关键时期，国家层面改革红利的不断释放、河北沿海开发战略的全面实施、“7+1”试点城市建设的不断深化、“西港搬迁”工程的实质启动，都为海港区的未来发展提供了千载难逢的重大机遇。我们从来没有面临如此多重叠加的发展良机，也从来没有面临如此繁重复杂的发展任务，率先发展时不我待，科学发展刻不容缓。面对机遇带来的黄金窗口期，唯有解放思想、凝聚共识、弘扬核心价值、焕发精神力量，才能在新的起点上，汇聚正能量、打好攻坚战，矢志不移推进“一流主城区和沿海经济增长极”进程。

我们在认真总结梳理海港区城市发展轨迹和历史文脉的基础上，提炼出了体现港城特色的“开放、包容、崇德、尚美”海港精神，以此凝聚各方力量，铸牢发展之魂。

开放，是海港精神的核心元素。开放是海港区与生俱来的基因和特质，是海港区繁荣发展的根本动力。开放既体现了“高山不让土壤”的胸襟气度，又凸显了探索创新、拼搏进取的时代风尚。海港区因港而兴，天然具有开放、外向、开拓、进取等海洋文化特征。秦皇岛是国家首批14个沿海开放城市之一，作为全市展示形象和对外开放的窗口，海港区依靠全方位对内对外开放，才成为一片开发创业的热土，才成就了今天生态宜居的滨海名城。只有进一步强化开放意识，才能破解瓶颈制约，为新一轮改革发展提供源源不断的动力。

包容，是海港精神的品格特色。包容是一种品格，更是一种选择。海港区从过去的小渔村、小码头，经过来自四面八方的几代建设者坚持不懈的努力，成长为今天优美、时尚的现代化城市，其中最重要的一个原因就是不欺生、不排外，始终以“河海不择细流”的包容心态对待不同的人群及思潮，热忱欢迎八方来客，和谐共处、共存共荣。海纳百川，有容乃大。五湖四海、兼收并蓄的胸怀和气质已成为海港区对外开放、招商纳贤的招牌。这种港城特有的优秀品格，已经与人们的思维习惯和行事风格融为一体，转化为全区上下的自觉意识和自觉行为。海港区要建设个性鲜明、融洽和谐的城市社会，必须坚持包容心态、突出包容品格、选择包容发展，为打造“一流主城区和沿海经济增长极”提供最大成长空间。

崇德，是海港精神的内在要求。崇德体现了社会主义核心价值观的必然要求，是文明城市的基础和根本。多年来，海港区平民偶像、道德模范层出不穷，见义勇为、助人为乐、志愿奉献蔚然成风，这既为全区人民树立了道德灯塔，又为港城和谐发展积淀了最深厚的文化土壤。遵礼仪、知荣辱、崇道德、恪品行既是港城人民勤劳朴实、知礼诚信的反映，又是海港区优秀传统文化和良好社会风尚的体现与传承，也是新时期市场经济环境下的价值追求。维护公德、涵养私德、崇尚美德，通过对道德文明的探寻与追求，提高广大市民对城市的认同感、责任感、归属感，引导崇德精神回归社会，是我们治区理政的重要主张。

尚美，是海港精神的外在体现。尚美集中展现了新时期港城人不断创新、不断自我超越的精神追求。海港区既有优美的滨海风光、优良的生态环境，又有独特的城市文化。自然与人文交相辉映，造就了港城人的审美标准，塑造了人们追求美好事物的品格。港城人民崇尚美、创造美、引领美，对美的事物具有天然的好感和恒久的追求，更折射出百姓注重生活质量、珍爱城市形象的精神风貌。美是看不见的竞争力，是城市发展进步的内在动力，是“一流主城区”不可或缺的重要组成部分，只有把尚美追求内化为人们的思想认知、情感取向，外化为城市的建筑景观、绿地园林，才能永葆城市青春与活力。

大力弘扬和践行海港精神，就是要进一步坚定开放发展、改革创新的信心，这也是十八届三中全会的要义。党的十八届三中全会审议通过的《中共中央关于全面深化改革若干重大问题的决定》，从16方面提出了60条具体改革措施，描绘了全面深化改革的新蓝图、新愿景、新目标，对于在新的历史起点上继续推进改革开放具有里程碑意义。践行海港精神，就是要把解放思想、改革创新作为新一轮发展的根本动力，把提高发展效益和质量作为工作重心，不折不扣地落实中央和省、市深化改革的决策部署，扎扎实实地推进各项改革措施落地生根。海港精神的核心是开放，以大开放促进大发展是解决一切问题的关键。开放意味着勇于变革、善于接纳、敢于担当。当前，改革进入攻坚期和深水区，党的十八届三中全会确立了全面深化改革的方向、目标和举措，是一次解放思想再动员、改革开放再出发，只有以改革的精神谋发展，以创新的方法推进发展，才能在日益复杂的环境中赢得主动、抢占先机；只有弘扬和践行海港精神，坚持改革不停步、开放不止步，不断解放思想、创新驱动，才能激发经济社会发展的新动力。

大力弘扬和践行海港精神，就是要在全区上下积极倡导社会主义核心价值观，把坚定理想信念、引领社会思潮、凝聚社会共识作为新一轮发展的文化基础。人无精神不立，国无精神不强。社会主义核心价值观是国家、社会和公民共同遵循的价值准则，是中华民族伟大复兴的精神支撑。海港精神是社会主义核心价值观在海港区的具体体现。要把宣传海港精神与加强社会主义核心价值观教育结合起来，加强公民思想道德建设，继承和传播中华优秀传统文化，让中华文化在新的历史条件下焕发时代光彩。要着眼于提升文化软实力，把海港精神融入政治建设、经济建设、文化建设、社会建设、生态建设以及党的建设全领域和全过程，以海港精神提升城市品位、增强城市活力、促进社会和谐。

大力弘扬和践行海港精神，就是要自觉践行全心全意为人民服务的根本宗旨。海港精神来自人民、根植人民，最终也将由人民检验实践并不断丰富发展。要把弘扬和践行海港精神与开展第二批群众路线教育实践活动结合起来，坚持以人为本、执政为民，站在群众的立场上谋划工作，汲取群众的智慧改进工作，千方百计排民忧、解民难、帮民富、惠民生。要把服务群众、依靠群众同教育群众、引导群众结合起来，培树“为民、务实、清廉”之风，既要认真听取群众意见，充分汲取群众智慧，不断满足群众日益增长的物质文化需求，又要用海港精神教育引导大家艰苦奋斗、自强不息、开拓创新，为建设美丽港城贡献力量。

大力弘扬和践行海港精神，就是要有只争朝夕的思想意识，进一步强化“等不起”的紧迫感、“慢不得”的危机感、“坐不住”的责任感和“差不得”的使命感来推动工作的落实。当前，宏观经济形势尚不明朗，新一轮经济深度调整正在进行，能耗高、技术含量低的传统产业面临着前所未有的压力和挑战，看似困难重重，其实也正是传统产业转型升级、优势产业加速发展、新兴产业日益壮大的有利时机。践行海港精神就是要抢抓当前重大发展机遇，继续坚持艰苦奋斗、长期奋斗、不懈奋斗的精神，用敢为人先的气魄深化改革，用创新突破的精神推进开放，用抓铁留痕的劲头狠抓落实，只要我们不甘落后、奋力攀高、加力赶超，“一流主城区和沿海经济增长极”目标就一定能够实现。

三、抢抓机遇、奋力作为，全面加快城市化进程，推进全区经济社会持续健康发展

2014年，是党和国家全面深化改革的起步之年，也是海港区打造一流主城区和沿海经济增长极的关键之年。总的工作思路是：以党的十八届三中全会、省委八届六次全会、市委十一届六次全会和中央、省、市经济工作会议精神为指导，大力弘扬“开放、包容、崇德、尚美”海港精神，牢牢把握“一流主城区和沿海经济增长极”奋斗目标不动摇，抢抓“沿海开发”和“西港搬迁”两大战略机遇，以推进城市化进程为抓手，紧紧围绕“一中心三基地”产业定位和“一线两片三组团”城市空间布局，全力实施“开放引领、创新驱动、产业强区、项目带动”发展战略，更加突出经济转型升级和产业集聚发展，更加突出城市功能完善和生态环境改善，更加突出民计民生保障和群众幸福指数提升，更加突出干部作风转变和党的建设创新，用新思路引领新发展，用新形象展示新作为，努力成为全市打造“沿海强市、美丽港城”的主力军、主阵地、主窗口。

（一）围绕壮大经济实力，千方百计聚产业，建设“开放创新、势能无限”的海港

全面贯彻落实党的十八届三中全会和省、市全会精神，坚持用改革的思路推进开放，用改革的办法解决问题，以改革添动力、聚合力、促发展。一要用开放的举措强化项目服务。突出计划性，强化储备谋项目。围绕“一中心三基地”产业定位编制新项目，支持优强企业滚动发展裂变新项目，鼓励企业通过技改打造新项目，不断充实和完善项目储备库。突出敏锐性，强化招商引项目。进一步加大定向招商、定单招商、以商招商、委托招商、产业链招商、小团组招商力度，大力开展“央企入区”“民企入区”“外企入区”“引智入区”等专项行动；紧盯京津央企，搞好上下游产业链的招商引进，使招商活动常态化、专业化、精细化。突出时效性，强化服务上项目。把缩短项目落地周期作为检验和评价工作的重要标准，严格落实项目分包和一把手抓项目机制，注重重大项目集中调度、责任包干、督查督办、定期通报，全面提高项目建设速度。二要用务实的举措打造产业平台。园区是打造“增长极”的支撑，更是海港区未来发展的希望。要坚持“大北部、大物流、大旅游”理念，深入落实省委、省政府《关于推进沿海地区率先发展的指导意见》，积极推广“政府推动、企业经营、市场运作、多元投入”的园区开发模式，探索园区评价体系和用人机制改革，促进园区快速发展。临港物流园区作为港口物流产业的腹地，要加快基础设施建设，推进兴电路、新102国道国防光缆改迁等工程，力争燕塞大道、北环路给排水临时配套工程开工建设。强化与港口集团的对接，深化落实《“港区”合作框架协议》，健全工作机制，重点加强在基础设施建设、村庄集中安置等方面的协作，谋划启动煤炭交易中心和“港航商务聚集区”建设。北部工业区作为全市距离港口最近的临港工业基地，要大力实施向北扩区计划，为临港工业、高新技术产业发展储备空间；按照“一区多园”的思路，整合现有企业资源，谋划建设玻璃产业园、光伏产业园和高新技术产业园，通过产业聚集发展，延伸产业链，提高综合竞争力。要加快园区基础设施建设速度，重点推进北港大街东延伸二期等工程建设，切实提高园区承载能力；积极推进韩庄片区以及腰站庄、涂庄拆迁改造，适时启动杨庄旧改工作。特别是要着重抓好秦皇岛新经济产业园建设，为城市经济转型开辟新模式，力争暑期前取得突破性进展。圆明山文化旅游产业聚集区作为秦皇岛城市后花园，要以基础设施建设为主攻点，加快推动核心区建设，拉开项目建设框架，完成好规划控制、项目导入、设施配套等方面工作。近期，以核心片区开发为契机，抓紧启动圆明湖、村庄联建等项目，以核心区的建设带动整个片区开发。三要用有效的方法促进产业集聚。要改进产业发展调控方式，综合运用市场和法律手段，发挥产业规划、政策和标准的引导作用。按照“一中心三基地”产业定位，坚持“有中生新”和“无中生有”两手抓、两手硬的产业转型方针，完善临港产业体系。大力发展临港物流业，加快保税仓储、加工区建设步伐，启动中外运、国药物流配送等重大前期项目，推进华信综合物流园、华润雪花等在建项目。加大高新技术产业和先进制造

业扶持力度，切实提高其核心竞争力，积极鼓励和扶持博硕光电、尼特智能等高技术企业做大做强。深入发掘现有工业企业潜力，引导企业改造升级，提升金属压延、制造配套、玻璃加工等传统产业素质；积极扶持中小实体企业，支持个体工商户向小微企业过渡、小微企业向规模企业发展。加快旅游兴市工程建设，完善旅游要素，提高旅游服务水平，重点推进秦皇求仙入海处改造二期、连峪山庄二期等旅游项目建设，提升海港区旅游知名度和影响力。加快发展现代农业，鼓励农业向现代化、规模化、特色化转变。四要用创新的精神实施重点突破。以海港高新技术产业开发区建设为依托，强化创新驱动在加快发展中的重要作用，注重发挥优势企业的创新功能，鼓励企业建立研发机构，激发中小企业创新活力，建设创新驱动发展的示范区。抢抓西港搬迁机遇。此次西港搬迁，将彻底解决城市区被铁路分割和临海不见海、近海不亲海的问题，也是主城区重新组织交通，开展城市基础建设，调整和优化城市布局的最佳时机。要借力西港搬迁集疏路网建设、产业腹地开发契机，搞好中外运等搬迁企业的选址落地工作，配合做好卸粮口渔港、开滦路片区等老旧小区搬迁改造工作。同时，还要主动研究西港区新城建设和产业发展问题，使西港搬迁工程真正成为海港区发展新引擎。

（二）围绕民计民生改善，统筹生产生活生态，建设“宜居宜业、绿色包容”的海港

把改善民生作为执政为民的第一选择，进一步强化宗旨意识和群众观念，切实为人民群众排忧解难。针对市、区一体实际，要按照“错位发展、全面保障”的民生理念，把有限的资金投入到百姓看得见、摸得着、最需要的地方，找准执行决策与维护群众利益的最佳结合点，创造性地谋划和开展工作。一是营造包容的社会环境。把充分就业作为经济社会发展的优先目标，实行更加积极的就业政策，积极推进政府投资带动就业，增加公益性就业岗位，大力发展非公经济，鼓励支持自主创业，消除零就业家庭。建立健全就业再就业、社会保险、社会救助、慈善事业相衔接的社会保障体系，扩大基本社会保障范围，完善低保运行机制，解决好困难群体的生活保障问题。进一步加大棚户区改造力度，加快推进杨道庄、公富庄等保障房建设。大力实施素质教育，健全公共财政对义务教育的保障机制，推进义务教育均衡发展。合理配置医疗卫生资源，加强医德医风建设，落实国家基本药物制度，推进城乡公共卫生服务均等化。发展体育事业，形式多样地开展全民健身活动。二是营造温馨的生活环境。树立“工作在上完成、服务向下延伸”的工作理念，按照费随事转、权随责走的原则，严格各类工作事项准入，理顺街居工作权责关系，提高街居工作主动性、自觉性，不断释放基层发展活力。要针对城市发展的客观需要，研究探索街道、社区管理体制改革，借鉴先进地区管理经验，推进社会管理体制创新。要不断加大社区基础工程建设，切实提高社区直面群众解决问题的能力，全力打造基层管理平台和为民服务窗口。以服务居民为着力点和落脚点，瞄准不同人群多样化需要，吸引涉及餐饮、家政、中介等企业参与社区服务项目开发，重点扶持发展未成年人托管教育、老年人居家养老等微利运营经济实体，盘活街居资产，扩大街居经济发展空间。探索多元化的物业管理模式，加强老旧小区的管理服务，解决目前小区管理存在的突出问题。探索建立帮助农民工等群体的关爱机制，让他们尽快融入社区生活，建立城市认同感和归属感。三是营造优质的生态环境。在生态治理上，继续巩固入海河流整治成果，做好河道清理和污水截流工作，确保入海水质达标；推进农村面貌改造提升工作，发挥样板村的示范引领作用，促进农村环境面貌整体改善；按照省、市大气污染防治相关要求，加大落后产能淘汰力度，对不符合产业和环保政策规定的燃煤锅炉和生产企业坚决限期整改或淘汰；提高行业准入门槛，降低产业对土地、环境容量和资源的依赖性，严禁新上污染项目，用环保红线倒逼产业逐步实现转型升级。在生态环境建设上，坚持以绿化建设为重点，对标先进地区，开展大规模、高层次的城市绿化和生态景观建设，全力推进“森林港城”“绿荫绕城”建设，实施秦皇大街、北环路街景绿化提档工程，提升城市区主干道路绿化档次；继续开展街头公园、游园建设，尽最大可能地满足百姓休闲娱乐需求；重点抓好汤河景观带工程

建设，力争暑期前取得形象进展。深入开展冬春绿化和植树造林活动，提高城乡绿化总体水平。在约束机制上，建立经济发展、生态保护相互协调、相互促进的目标考核机制，对污染环境的企业坚决叫停，对破坏环境的行为严管重罚，对失职渎职的单位和个人要严格追究责任。四是营造良好的发展环境。要认真落实中央、省、市全面深化改革的要求部署，切实转变政府职能，探索创新公共服务模式，加大政府购买公共服务的力度，深化行政审批制度改革，在承接好省、市行政审批权限下放的同时，本着便民利民的原则，全面清理区级行政审批事项。要进一步培植民营经济发展土壤，落实土地使用、技术研发、税费减免等优惠政策和奖励激励机制，实行投资主体零限制、注册登记零收费，解决中小企业融资难题，为全民创业营造良好环境。要进一步凝聚发展的整体合力，健全和完善党委领导人大工作的各项机制，推动协商民主广泛、多层、制度化发展，全面激发人大代表和政协委员当家理政、建言献策的热情和活力，巩固和壮大最广泛的爱国统一战线；发挥工会、共青团、妇联等人民团体的桥梁纽带作用；加强非战争军事行动能力建设，推进军民融合式发展。

（三）围绕提升社会治理能力，大力繁荣文化事业，建设“底蕴深厚、崇德和谐”的海港

党的十八届三中全会提出，要进一步创新社会治理体制，推进国家治理体系和治理能力现代化。要全面提升社会治理能力，百姓道德素质的提升是基础，文化软实力的提升是要素，社会管理水平的提升是关键。一要以道德建设为重点，打牢社会治理的基础。要把居民道德素质的提高作为永不竣工的基础工程来抓，加强以社会主义核心价值体系为重点的思想政治工作，深入开展海港精神、优秀传统文化“双六进”“中国梦·我的梦”等系列教育活动，加强社会公德、职业道德、家庭美德、个人品德教育，不断提升城市文明程度和全体市民道德水平。要全面探索德治、法治和自治互相结合、互相补充的社会治理新模式，进一步强化法治思维和法治意识，以促进社会公平正义为目标，深化司法体制和行政执法体制改革，认真抓好全民法制宣传教育，提高全民的法律素养；进一步加强村民自治工作，规范农村选举、自治等各环节，依法依规选好村民带头人，带领农民集体致富；探索扩大居民自治范围，发挥社区居委会在服务群众、促进和谐中的重要作用。二是以文化建设为牵引，不断增强社会软实力。立足区域文化资源优势，在继承优秀文化成果的基础上，大力加强文化建设，提升人民群众文化生活水平。要大力实施文化惠民工程，重点抓好“两中心、一广场、一书屋、一站、一室”等硬件建设。以“彩色周末”为平台，广泛开展民间艺术展演、平民歌手大赛等基层群众喜闻乐见的文化活动，不断丰富“百姓大舞台”“社区文化节”等特色品牌文化的内涵，进一步提升影响力和吸引力；切实创作一批反映海港区历史文化和时代风采的文学艺术作品，不断提升海港区的知名度和美誉度。要以文化产业项目建设为依托，整合挖掘文化产业资源，积极跟进连峪乡村文化旅游项目，打造集科普、旅游、民俗于一体的文化旅游新景区。要立足建设创新型城市，发挥龙头骨干作用，精心培育一批文化创意产业集群，带动一批文化企业发展壮大。三是以和谐稳定为目标，提升社会治理整体水平。以建设的思路和做群众工作的方法，构建党委领导、政府负责、社会协调、公众参与的社会治理新格局。要深化社会稳定风险评估工作，将社会稳定风险评估向行政执法、司法等领域扩展，严格对与群众切身利益关联密切的重点项目、重大事项进行社会稳定风险评估，从源头上预防和减少不和谐因素；深入推进社会矛盾化解，完善“三位一体”调解体系，切实解决影响社会稳定的问题；积极推动依法终结制度的落实，把涉法涉诉信访纳入法治轨道。以全省社会管理综合试点、平安建设试点区建设为抓手，有针对性开展社会治理工作，夯实镇（街）、村（社区）综治维稳组织、人员队伍建设，明确基层单位在矛盾化解、重点人员帮教、弱势群体帮扶、治安管理等方面的职责，推动基础工作上档升级。加强社会治安综合治理，严厉打击违法犯罪活动。落实安全生产责任制，健全重大自然灾害、突出公共事件预防应急反应体系，强化对食品、药品安全的监管，构建全方位的“大安全”格局。

（四）围绕推进城市化进程，提升城市建管水平，建设“功能完善、时尚靓丽”的海港

按照中央、省、市推进城镇化会议的安排部署，抢抓新一轮城镇化发展契机，牢固树立城乡一体、规划先行、经营城市和错位发展的理念，按照“一线、两片、三组团”的城市空间布局建设。一是规划先行，用更宽的视野勾勒城市“美”的前景。突出规划在城市发展中的引领作用，更加注重规划的执行和刚性的遵守。目前，我区的概念性规划基本实现了全覆盖，要结合全市城市总体规划和发展目标，继续将城市区范围内的规划做细，超前谋划，合理布局，不断完善城市功能，提高城市承载能力。要抢抓城镇化发展契机，拓展城市规模，依靠城市中心区带动周边城镇化发展。要抓住西港搬迁机遇，进行城市总体规划和土地利用规划的调编，尽可能将城市新组团纳到城市整体规划，扩大城市建设用地规模，把城市做大，空间做足，提高主城区辐射带动作用。二是抓牢基础，用更高的标准打造城市“美”的形象。以“城乡一体化”发展为目标，推动城市基础设施、公共服务设施向农村延伸，生产服务要素向农村集聚。围绕城市向北、向东拓展，全力推进圆明大街、长江道西延伸项目建设，谋划启动燕山大街东延伸二期、北港大街西延伸项目，拉开城市发展框架。借力西港搬迁，加大市区路网结构改造力度，构建合理、高效、畅通的路网体系，改善城市环境。规范房地产市场管理，引导房地产企业由开发普通商品住房，向开发旅游地产、商务地产等高端地产转变。借鉴先进地区经验，探索试行“模拟拆迁”工作模式，结合实际尽快制定模拟拆迁操作规程，全力推进海阳、归提寨片区开发建设，启动金三角、航海里片区改造提升工程，加快推进交建里片区旧改项目。推进茂业、万达等大型城市综合体项目建设，通过大项目的带动，使海港区的城市形象和功能有较大提升。三是创新机制，用更精细化的管理营造城市“美”的环境。在巩固城乡环境综合整治成果的基础上，继续加大投入，争取支持，强化科学化、长效化、精细化的管理理念，全面提高城市管理水平。要加强城市主要街道的精细化管理，加大机械化清扫和日常人工保洁力度，确保主次干道保洁质量全面提升；加大城市街巷路和老旧小区的管理力度，通过城管体制下沉，建立科学合理的责权机制，实现小街小巷见效果、老旧小区有人管的工作格局。继续推进城乡环卫一体化工作，健全完善农村垃圾“村收集、镇清运、区处理”的工作机制，改变农村环境脏乱差的现状。

四、深入开展第二批群众路线教育实践活动，用实际行动加强和改进党的建设

以“为民、务实、清廉”为主要内容的党的群众路线教育实践活动，是我党适应新形势开展的一项基础工程，对于进一步密切党同人民群众的血肉联系，巩固党的执政地位，具有十分重大而深远的意义。要以开展第二批群众路线教育实践活动为契机，进一步强化理论武装，推动作风转变，加强队伍建设，夯实基层基础，以创新的举措和扎实的工作加强和改进党的建设，凝聚推进工作的强大合力。

一是坚定理想信念，树立正确的政绩观。要坚持从理想信念这个源头抓起，以学习贯彻习近平总书记“十八大”以来系列重要讲话精神为内容，发挥区委理论中心组学习平台的示范引领作用，强化各级干部理论和政策培训，推动理想信念教育、革命传统教育、正反典型教育常态化；大力弘扬社会主义核心价值观，引导全区党员干部特别是领导干部切实解决好对中国特色社会主义的理论自信、道路自信和制度自信问题，切实解决好自觉遵守、严格执行、坚决捍卫党的政治纪律问题，切实解决好世界观、人生观、价值观这个“总开关”问题，筑牢党员干部理想信念。要将培树正确的政绩观作为重点，更加注重工作谋划的科学性，更加注重工作摆布的系统性，更加注重为民办事的实效性，把群众的情绪作为第一信号，把群众的需要作为第一选择，将主要精力放在抓好打基础利长远、经得起历史检验的实事上。

二是夯实执政基础，强化各级党组织和干部队伍建设。切实加强区委常委会自身建设，进一步提升领导科学发展的能力和水平。深化“四强四有”基层党组织创建活动，全面加强基层开放

型、服务型党组织建设，努力提升基层党组织的服务水平。积极探索片区联合党委发挥作用的有效途径，大力推进在职党员进社区活动，努力营造资源共享、优势互补的党建工作格局；采取建立“两新”组织党员综合管理服务中心等措施，不断扩大党的工作覆盖面。认真抓好党员干部的教育、管理和监督，充分发挥各级党委领导核心作用、基层党组织战斗堡垒作用和党员先锋模范作用。坚持党管人才原则，认真抓好人才队伍建设。坚持正确的用人导向，进一步健全完善符合科学发展要求的选人用人机制，改进推荐办法、选拔办法、培养机制和提名方式，把符合任用标准的好干部选拔到重要领导岗位上来，大力支持敢于负责、用心干事的干部，进一步激发广大干部干事创业的激情。

三是践行群众路线，推动干部作风的转变。要深入开展好第二批群众路线教育实践活动，向“四风”问题宣战，厉行节俭反对浪费，提高效率增强服务，推动全区作风建设实现整体改善。实践活动要突出领导带头。各级领导干部必须主动把自己摆进去、把标准提上来，要求别人做到的自己首先做到，要求别人不做的自己坚决不做，努力形成上级带下级、主要领导带班子成员、领导干部带一般干部的工作格局，确保活动的每一个环节都能扎实推进。实践活动要突出问题导向。一方面，要把“照镜子、正衣冠、洗洗澡、治治病”总要求贯穿于群众路线教育实践活动全过程、各环节，在整治公款送礼、公款吃喝、公车私用、奢侈浪费等问题上出重拳，着力解决“四风”问题在本部门领导干部身上的突出表现。另一方面，要立足于为百姓解决问题，坚持问政于民、问需于民、问计于民，发挥群众积极性，坚持开门搞活动，确保每个环节、每项工作都让群众参与、受群众监督、请群众评判。实践活动要突出海港特色。要在做好省、市“规定动作”的同时，创新活动载体，选好“自选动作”。特别是，要将开展实践活动与践行“海港精神”结合起来，与推进全区重点工作结合起来，与保障和改善民生结合起来，达到互相促进的作用。同时，要以实践活动为契机，加强党风廉政建设和反腐败工作，强化对各级领导干部的党性党风党纪教育和警示教育，落实党风廉政建设责任制，切实加强对权力运行的监督制约，强化各项配套制度建设，用制度管理人、约束人、规范人，集中力量查处影响发展大局和侵害群众利益的案件，依法依纪惩处腐败分子。

四是提升执行力，全面推动既定目标的落实。要坚持领导带头抓落实。在全区各级领导干部中大力倡导“干得好是责任，干得慢是失职，干不好是无能”的工作理念，尽心尽职，亲力亲为，深入一线，靠前指挥；引导党员干部大兴调查研究之风，发扬钉钉子的精神，踏石留印、抓铁有痕，防止具体工作流于形式、没有结果。要坚持完善机制抓落实。继续实施区级领导分包镇街、重点项目、重点企业和重点案件工作机制，并将分包机制向下延伸，健全督查考核体系，做到各项工作有布置、有检查、有考核，对工作效率高、成绩好的干部有奖励措施，对工作推进不力、延误发展的干部有惩罚手段。特别是，要进一步树立以推动项目、促进发展为目标的抓落实导向，引导各级干部真正把心思用在干事创业上，把精力用在狠抓落实上，把功夫下在取得实效上，以扎实的作风、实干的形象，激励和带动全区人民投入到推动全区经济社会发展的实践中来。

各位委员，同志们：让我们紧密团结在以习近平同志为总书记的党中央周围，在市委的坚强领导下，团结带领全区广大干部群众奋发进取、顽强拼搏、扎实工作，为推进“一流主城区和沿海经济增长极”进程，推动“沿海强市、美丽港城”建设，做出新的更大的贡献！

海港区人民代表大会常务委员会工作报告

——在海港区第十四届人民代表大会第三次会议上

海港区人民代表大会常务委员会主任　鲁　栋

（2014年2月21日）

各位代表：

我受海港区十四届人大常委会委托，向大会报告工作，请予审议，并请各位列席同志提出意见。

过去一年的主要工作

2013年是我区经济逆势上扬、社会事业稳步发展的一年，也是人大各项工作继续向前推进取得丰硕成果的一年。在过去的一年里，区人大常委会以党的十八大和省、市、区委全会精神为指导，紧紧围绕“奋力打造一流主城区和沿海经济增长极”总目标，切实履行好宪法和法律赋予的各项职责，求真务实，勇于进取，扎实工作，有力地推进了我区的民主政治建设，促进了全区经济社会各项事业平稳较快发展。

一、着眼大局，依法监督更加有力

2013年，常委会综合运用视察调研、执法检查、听取和审议专项工作报告等多种方式开展监督，着力推动区委重大决策部署的落实，推动“一府两院”各项工作依法依规有序进行。

加大对重点项目建设的监督力度。一年来，常委会以项目建设为重点，积极监督支持政府加快转变经济发展方式。常委会组织市、区两级人大代表先后对秦皇皓月城、中信渤铝技改、国际汽配城等一批重点项目进行了专题视察调研，听取了区政府专题工作汇报，就狠抓项目储备、加快园区建设、增加土地供应等提出了具体的意见建议，为推动项目建设发挥了积极作用。

加大对生态环境建设的监督力度。常委会一直将生态建设、环境保护作为监督重点。主任会议专门听取了区政府环境保护工作情况汇报，并到市妇幼保健院、三五四四硫化车间、东港镇泄洪河水系等地，实地查看了医疗废水、工业废水、河流水系污染治理情况，督促环保部门加大对重点行业、企业的监管力度和环保执法力度，保护好碧水蓝天。听取和审议了农村绿化造林工作情况汇报，督促有关部门继续做好造林绿化工作，加强幼林的管护，严防森林火灾，打击森林违法犯罪，保护好森林资源。

加大对城市建设管理的监督力度。建设“美丽港城”是我们工作的主线和目标。围绕这一目标，常委会专门组成调研组听取了区城管局的工作汇报；走访了城调中心、部分街道办事处并征求了意见；实地察看了城调中心数字化城市管理指挥平台和热能垃圾处理机的运行情况；召开了园林、建设、市政、市场、规划等单位参加的座谈会。通过扎实细致调研和常委会的认真审议，提出了切实加快城市基础设施建设、进一步完善城市管理体制机制、着力解决城市管理工作中的重点难点问题等意见建议。

加大对民生改善工作的监督力度。过去的一年，常委会积极围绕解决与民生息息相关的重点问题，综合运用视察、检查、听取汇报等方式，加大对涉及民生的城乡低保、基本公共卫生服务、信访等工作的监督。针对城乡低保存在低保对象认定和家庭收入核查难、低保工作人员力量薄弱、动态管理难度大等问题，提出要加大公示力度、严把审批关、加强队伍建设等建议。针对基本公共卫生工作存在服务意识和服务质量有待提高等问题，提出了要加大对医疗机构的设备投入、加强业务人员的培训等建议。常委会还把信访工作作为改善民生、维护社会稳定的重要渠道，一年来共受理人民群众来信来访59件75人次，妥善处理了人民群众的合理诉求，维护了人民群众的合法权益。

加大对重点热点问题的监督力度。2013年初，常委会及时对中小学校园安全工作进行了专项视察，听取了区政府工作汇报，针对存在问题提出了加强校园安全防范、组织专业护校队、配齐装备、规范管理等建议。为加强食品安全工作，常委会组织常委会组成人员、人大代表对我区《食品安全法》宣传贯彻实施情况进行了视察，提出了充分发挥各职能部门的协调配合作用，细化目标责任考核，加强基层食品安全监管人员培训，有效预防群体性食品安全事故发生等建设性意见。

加大对司法关键环节的监督力度。围绕维护公平正义，把推动解决人民群众反映强烈的突出问题作为监督重点。常委会专门听取和审议区人民法院关于涉诉信访工作情况的报告，提出了要狠抓制度建设，不断完善涉诉信访长效工作机制；强化措施，进一步提高审判质量和执行率；从源头防控抓起，加大调解力度等建议。组织区人大代表30余人次开展了4次旁听和评议法院庭审专题调研活动，进一步规范了司法行为。

二、严格程序，决定事项更加科学

常委会紧紧围绕全区发展大局，严格工作程序，使重大事项的决定与经济社会的发展合拍、与人民群众合心、与“一府两院”合力。2013年，常委会听取了区政府关于向深圳茂业商厦有限公司借款有关情况的报告，通过认真审议，做出了同意报告的决定，提出了要进一步细化与深圳茂业商厦有限公司的借款协议，确保还款资金由项目产生的税收支付等建议，对区政府的项目建设给予了大力支持。常委会还听取和审议了2013年上半年国民经济和社会发展计划执行情况的报告，在对经济运行研究分析的基础上，提出要加大招商引资力度，加快转型升级，大力培育和发展战略性新兴产业等意见和建议，促进了全年经济发展目标的实现。听取和审议了2013年上半年财政预算执行、2012年度财政预算执行和其他财政收支的审计工作报告。针对财政预算执行中存在的预算管理、收入征管、财政监督等问题提出了意见和建议。常委会还注重运用审计成果，切实加强了对审计问题整改情况的监督。

三、坚持原则，人事任免更加规范

常委会始终坚持党管干部和依法任免干部相统一的原则，不断完善了《区人大常委会人事任免办法》，加强同组织部门以及提请任免机关的沟通，严格把关，对人事任免工作做了进一步规范。对区委提名、“一府两院”提请任免的干部人选，严格实行任前测试考察、任后工作监督等程序，实现了党委满意与群众满意的有机结合。为增强人大任命干部的责任感、使命感和荣誉感，促进他们更加珍惜人民赋予的权力，常委会还始终坚持被任命人员到会作表态性发言、任前法律知识考试和当场颁发任命书制度，促进人大任命干部勤奋履职。一年来，先后任免国家机关工作人员53名。

四、激发活力，代表履职更加有为

一年来，常委会注重发挥人民代表大会制度的作用，带着感情做好代表工作，充分支持和保障代表依法履行职责。

不断拓宽知政渠道，履职能力得到增强。通过寄送常委会会议文件、人大刊物等形式，及时向代表传递常委会和“一府两院”工作动态信息。加强与代表的联系、沟通，邀请代表列席常委会会议、政府常务会议，组织代表参加政风行风评议、政府听证会、旁听法院庭审等，保障代表的知情权、参与权、表达权和监督权，调动代表履职的积极性。坚持代表辞职制度，年内共接受4名区人大代表辞去代表职务，并根据工作需要补选了18名市、区人大代表。

不断丰富代表活动，主体作用充分发挥。一年来，常委会不断创新代表活动载体，丰富活动内容，代表们参与活动的积极性、主动性大大增强，从原来的被动“等活动”转变成现在的主动“搞活动”。围绕全区工作的中心和监督的重点，常委会通过组织代表团、组视察和专题调研、专项检查等多种方式，进一步畅通了代表履职渠道，扩大了代表视察面，提高了常委会工作水平。全年共组织代表团、组活动68次，参加代表658人次。

不断创新督办方式，代表建议全面落实。区十四届人大二次会议共收到代表建议68件，涉及经济、社会、民生等各个方面。常委会及时对代表建议进行归类整理，依法交办，加强协调，强化督查，不断提高代表建议办理实效，真正做到了件件有落实、件件有答复，基本满意和满意率达100%。区人大代表王琳针对道南铁路街年久失修、污水外溢，影响百姓出行的问题，提出了《关于对铁路街进行改造的建议》。常委会收到建议后，及时交办，区政府及相关职能部门非常重视，多次召开现场办公会商讨该路段改造事宜。经过多方努力，区市政处投资对该路段铺设了水泥混凝土路面，并于去年7月投入使用，从根本上改变了道路破烂不堪、行走艰难的状况，得到了百姓的交口称赞。

五、提升效能，自身建设更加扎实

一年来，常委会不断加强学习宣传，深入调查研究，改进工作作风，强化对镇、街人大工作指导，人大常委会组成人员和人大机关工作人员适应新形势新任务的能力水平不断提高。

建设好学习型人大机关。一年来，常委会以深入开展省、市两级“大讨论”活动为契机，坚持法制讲座和机关周五集体学习制度不动摇，深入学习了党的十八大、十八届三中全会和省、市、区党代会精神，不断深化对人民代表大会制度这一根本政治制度的认识。同时，常委会积极组织引导全体代表和人大机关干部，立足岗位，发挥优势，创新思路，凝心聚力，保障和促进科学发展，推动民主法制建设。

强化人大机关内部管理。认真执行中央八项规定，坚持节俭办会，严控公务接待，认真做好公车治理和清理整改办公用房工作。与时俱进推进人大工作制度创新，不断修订完善了常委会会议、主任会议议事规则等。进一步加强服务，扎实做好人大机关老干部服务工作。

加强镇街人大工作指导。为促进镇、街人大规范有序开展工作，提升整体工作水平，常委会加强对镇、街人大的指导，邀请镇、街人大主席、主任列席人大常委会会议，组织镇、街人大主席、主任参加监督评议工作、调研工作及法律法规的学习，切实提高了镇街人大工作水平。常委会领导同镇、街人大保持定期联系，参加镇、街人大召开的重要会议，深入现场指导，不断增强镇、街人大的活力和工作成效。

调查研究不断广泛深入。常委会始终把调查研究贯穿于监督工作全过程。在确定审议议题和提出执法检查计划时，深入调查研究，广泛听取意见，潜心研究。一年来，共撰写调研报告28篇，提出不少有价值、有分量的审议意见，对改进“一府两院”工作起到了积极促进作用。此外，按照区委统一安排部署，常委会领导班子成员多次深入到分包重点项目、信访案件、基层建设年联系点等开展督导帮扶，协调解决实际问题。

人大宣传工作再创佳绩。常委会长期以来把宣传工作摆在重要位置，不断加强队伍建设，完善激励制度，加强与媒体的沟通联系，取得了较好成绩。2013年在市级以上报刊杂志、网络媒体共发稿150余篇，其中国家级媒体上稿2篇，实现了几年来国家级媒体的突破，使人大宣传工作做到了电视上有影像，报纸上有文章，电台里有声音，提升了人大工作的影响力。

一年来，常委会按照科学发展观的要求，依法履行职责，为我区的经济社会发展做了大量工作，也取得了一些成绩。这些成绩的取得是区委正确领导、“一府两院”和社会各界大力支持的结果，也是全体人大代表和区人大常委会机关全体干部职工共同努力的结果。在此，我谨代表区人大常委会，向全区人民、全体人大代表和各界人士表示衷心的感谢！

同时，我们也清醒地认识到，常委会各项工作与党和人民群众的期望还有一些差距和不足，主要表现在：对重大事项决定权的行使还不够充分、监督工作手段还不够刚性、代表工作机制还不够完善、调研活动还不够深入等。对于这些问题，我们将高度重视，在今后的工作中认真研究改进。

今年的主要任务

各位代表，今年是全面贯彻落实党的十八届三中全会精神、全面深化改革的开局之年，也是我国人民代表大会制度确立60周年，做好今年人大工作意义重大。在新的一年里，区人大常委会要在区委的坚强领导下，以党的十八届三中全会、省委八届六次全会、市委十一届六次全会和区委九届六次全会精神为指导，大力弘扬“开放、包容、崇德、尚美”海港精神，牢牢把握“一流主城区和沿海经济增长极”奋斗目标不放松，突出监督重点，创新监督方式，加大监督力度，切实履行宪法和法律赋予的职责，为促进全区经济社会持续健康发展做出贡献。

一、围绕转型发展，加强经济工作监督

常委会将紧密结合人大职能和我区实际，主动融入大局，服务全局，抓住发展中根本性、长远性的问题，依法讨论重大事项，及时做出决议、决定，推动我区加快发展。积极关注我区经济发展状况，听取和审议2014年上半年国民经济和社会发展计划及财政预算执行情况的报告，重点关注工业经济结构调整和产业转型升级，切实加强对重点项目建设的监督，推动政府进一步转变经济发展方式，提高可持续发展能力。依法审查2013年度财政预算执行和其它财政收支审计情况的报告，继续强化对审计结果整改落实工作的跟踪督查。

二、围绕社会和谐，加大民生事项监督

常委会将坚持把改善人民生活作为正确处理改革发展稳定关系的切入点，着力推动民生问题的解决。切实关注城乡养老工作，听取和审议区政府关于建立城乡养老服务体系情况的报告，督促区政府及有关部门推进养老机构建设，不断提高服务水平，有效保障城乡老年人的生活品质，促进社会和谐。加强对计划生育、大气污染防治、畜牧业养殖等人民群众关心的热点、难点问题的监督，从而进一步推动各项社会事业健康发展。

三、围绕公平正义，推进法治港城建设

常委会将继续关注“法治港城”建设，不断推进依法治区进程。听取和审议海港公安分局关于贯彻实施《治安管理处罚法》情况的报告，开展人大代表旁听和评议法院庭审专题调研活动，督促相关部门依法履行职责，切实维护司法公正。对《中华人民共和国教师法》《中华人民共和国档案法》等法律法规在我区的实施情况进行调研，促进相关法律法规在我区的贯彻实施。坚持党管干部和依法任免相统一，做好人事任免工作。进一步加强和改进信访工作，积极畅通信访渠道，维护社会稳定。

四、围绕增强活力，充分发挥代表作用

常委会将坚持代表主体地位，进一步密切与代表的联系，努力做好新一年代表工作。把督办议案、建议与推动“一府两院”改进工作结合起来，形成常委会领导、相关委室、人大代表合力督办，进一步提高议案、建议的办理质量。继续坚持和完善代表履职的激励和监督制度，邀请代表参与常委会的视察调研、执法检查等活动。进一步深化常委会组成人员联系代表、代表联系选民制度。坚持通过寄送资料、通报情况、组织活动等多种途径，保障代表知情知政权。

五、围绕提升水平，不断加强自身建设

继续推进学习型机关建设，加强理论和法律学习，提高贯彻落实党的路线方针政策自觉性，增强做好人大工作的责任感和使命感。扎实开展以“为民、务实、清廉”为主要内容的党的群众路线教育实践活动，严格遵守中央八项规定和廉洁自律各项规定，切实改变工作作风，深入群众，深入基层，开展调查研究，把群众路线贯穿人大工作的全过程。加强对镇街人大的联系和指导，结合纪念人民代表大会制度确立60周年，组织理论研讨和经验交流等活动。继续深化对常委会会议和重要工作的宣传报道，加强与新闻单位、媒体的联络、沟通和合作，增强人大新闻宣传工作的实效。

各位代表，当前我区正处于加快发展的重要历史时期，攻坚克难任务艰巨，人大工作任重而道远。让我们更加紧密地团结在以习近平同志为总书记的党中央周围，在中共海港区委的正确领导下，紧紧依靠全区人民，解放思想、开拓创新、不辱使命、奋发有为，把人大工作提高到一个新的水平，为推进“一流主城区和沿海经济增长极”进程，推动“沿海强市、美丽港城”建设做出新的更大贡献！

政府工作报告

——在海港区第十四届人民代表大会第三次会议上

海港区人民政府代区长　霍春利

（2014年2月21日）

各位代表：

现在，我代表海港区人民政府向大会作工作报告，请予审议，并请区政协委员和列席会议的同志提出意见。

一、2013年政府工作回顾

刚刚过去的2013年，是近年来我区发展形势少有的复杂严峻的一年。面对经济下行压力较大、转型升级任务艰巨、民生问题依然突出等困难局面，我们在市委、市政府和区委的正确领导下，带领全区人民团结一心，埋头实干，较好地完成了区十四届人大二次会议确定的目标任务，经济社会持续健康发展，打造一流主城区和沿海经济增长极迈出坚实步伐。全年完成区属（下同）地区生产总值217.8亿元，比上年增长9%；全部财政收入78.3亿元，其中公共财政预算收入16.7亿元，分别增长2.3%和17.3%；完成全社会固定资产投资245.9亿元，增长1%；实现社会消费品零售总额216.9亿元，增长13.5%；城镇居民人均可支配收入24980元，农民人均纯收入12210元，分别增长10.3%和12.5%。

转变经济发展方式，三次产业稳步提升。坚持走项目农业、新型工业、现代服务业的富民强区之路，不断提升产业层次和发展水平。全年引进农作物新品种35个，落实粮油试验示范项目8项，实施农业产业化项目6个，新增市级龙头企业5家，实现农业总产值5亿元，增长10%。完成工业投资30.7亿元，增长24.1%，其中技改投资21.1亿元。全年新纳统规模工业企业10家，新增国家级高新技术企业和市级工程技术中心各1家、省优产品和著名商标7个。规模以上高新技术产业增加值增长10%。耀华、中信渤铝等15家企业完成技改升级。又一家大型城市综合体世纪港湾商业广场落成投用，太阳城升级改造二期全面启动，现代购物广场、新天地等商贸企业竞相发展。华信综合商贸城、茂业综合体等一批重点服务业项目顺利推进。圆明寺复建落成，连峪山庄开园迎客，汤河花海飘带、金海湾森林公园被评为全市新十景。全年共接待游客551.8万人次，实现旅游综合收入52.7亿元，分别增长8.9%和26.7%。

聚力项目园区建设，发展基础更加坚实。坚持以项目拉动经济，以园区聚集产业。先后开展重点项目前期工作推进和项目建设攻坚“两大百日会战”，全年实施千万元以上在建项目113项，完成投资246.5亿元。秦皇皓月城、莲花岛旅游综合开发等19个项目列入省、市重点。省级高新技术产业开发区顺利获批。修订完善了大北部、大物流、圆明山片区整体规划。成立西港搬迁指挥部，与河港集团签署《“港区”框架合作协议》，港区互动不断加深。规划二路、兴电路等道路工程快速推进，规划四路、北港大街东延伸、海峪路、圆峪路相继竣工，游客服务中心、东部循环经济园1250千伏箱式变电站等配套设施投入使用，连峪山庄管网铺建完成，园区承载能力进一步提升。耀华两条浮法玻璃生产线和两条硼硅浮法线顺利投产，中小企业孵化基地一期已具备入驻条件，国际汽配城二期、圆明山文化旅游服务基地项目正式启动。全年各园区完成固定资产投资79.4亿元，主营业务收入161.5亿元，分别增长27.3%和16%。

加快改革开放步伐，内在动力不断增强。坚持以改革促发展、以开放促开发。加大税源普查、福利企业税收清理工作力度，综合治税成效显著。出台《行政事业单位国有资产公物仓资产管理暂行办法》等4个文件，资金管理使用更加规范。推行城管体制下沉，街巷路、居民小区环卫保洁实现网格化、精细化。完成镇、街道司法所体制调整。医药卫生体制改革深入推进。房地产和“三上”企业统计“一套表”改革全面实施。全年新增内资企业1085家，个体工商户4694家，分别增长54.8%和6.7%。完善银企对接机制，累计为企业融资3.9亿元。先后参加廊洽会、厦洽会、央企入秦等经贸活动10余次，成功举办北京招商周、新加坡（海港区）投资环境说明会等招商活动，与茂业、世贸、华润等8家大企业签约，合同引资281亿元。全年实际利用外资1.87亿美元，引进内资49.3亿元，创历史新高。

提升建管综合水平，城乡面貌日新月异。秉持城市建设和管理高端化、精细化理念，加速城市形象品位提升和城市化进程。民族路上跨铁路桥、新102国道和京沈高速公路立交桥竣工通车，河北大街二中过街天桥建成投用。和平园、建国园等13座街头游园建成开放，西浴场综合改造一期完工，沿河、环山造林成效显著，新增城市绿地9.8万平方米，乡村林地2000亩。开展市容环境综合整治和“美丽港城·从我做起”爱国卫生运动，累计清理各类积存垃圾70余万立方米，拆除违法建筑1.5万平方米，在港城掀起了一股全民环保热潮。强力推进近岸海域环境综合整治，治理河道15条，关停和治理违法企业19家，主要河流水质达到近年最好水平。深入实施农村面貌改造提升行动，98个村完成“四清四化”工作，培树东西连峪等省级精品示范村4个。完成姚周寨等13座水库塘坝除险加固，城乡环卫一体化工作扎实推进，建成生活垃圾收集站103座。拆改力度持续加大，累计拆除建筑30余万平方米，津秦客专、火车站站前广场征拆任务如期完成，秦皇皓月城项目全面启动，东李庄、富家营等10个村庄完成征收，西白塔岭、东王岭村返迁入住。重拳治理大气污染，综合整治燃煤锅炉65座，取缔储煤场5个，为46家大中型餐饮企业安装高效油烟净化设施。全年单位生产总值能耗下降3.48%，化学需氧量、二氧化硫、氨氮、氮氧化物分别减排1%、1.5%、1%和5%。

加大公共服务投入，社会事业协调发展。10项科技成果获市科技进步奖，专利申请量增长18%，连续第三次被评为全国科技先进县区。白塔岭小学建成投用，投资1700万元完成鲤泮庄小学等37所学校基础设施改造，专项列支850万元改善农村教师待遇，强校带弱校组团联办模式成效显著。西港路社区卫生服务中心正式运营，新建村卫生室6家，建设模式被列为全省典型。顺利通过国家公共文化服务体系示范区验收。区文体中心主体完工。组建万龙等社区居委会3个，改扩建工农里等标准化社区办公场所6个。新建老年日间照料中心（站）3个，农村幸福院10处。市民中心入驻运行，行政效率及服务水平全面提升。帮助300名存在视听障碍的残疾人实现康复。低生育水平持续稳定。第三次全国经济普查前期准备就绪。区人武部被省军区评为全市唯一一家先进人武部。审计、人防、双拥、外侨、档案等工作取得新成绩。

贴近百姓冷暖心声，人民生活更加幸福。把人民群众对美好生活的向往作为奋斗目标，民生保障工程22件实事全面落实，用于民生领域的财政资金接近总支出的四分之三。全区新增就业9693人，失业人员再就业3678人，城镇登记失业率为3.47%，文化路街道河涧里社区被评为国家级充分就业社区。社会保险扩面继续推进，新增养老、医疗参保人员 2350 人。完善低保动态运行机制，累计发放城乡低保金和困难群众救助金 5186 万元，实现应保尽保。新建森林逸城、南李庄等便民市场 7 座。改善提升老旧小区 6 个，对接管的 136 个小区实施物业分类管理，改变了老旧小区脏乱差现状。东李庄保障性住房项目竣工，4483 套房屋开始分配认购，杨道庄、公富庄保障性住房项目完成工程总量 80% 以上。累计拨付支农资金 5059 万元。为 25 个行政村安装了太阳能路灯。安全食品市场占有率达 94% 以上，安全生产隐患整改率达到 98%，刑事发案率下降 17.3%，暑期、重要节日期间维稳任务圆满完成，群众安全感和满意度进一步增强。

民主法治不断健全，政府自身建设扎实推进。狠抓"八项规定""四项纪律"落实，大力整治"四风"，查处违规借车 112 辆，整改超标用房 6216 平方米，清理"吃空饷"等问题人员 383 名。深入开展"两转三服务"活动，加强服务型政府建设。做好审批项目下放衔接工作，梳理调整审批项目 210 个，行政审批效率进一步提升。加大普法宣传力度，加快民主法治进程。自觉接受人大法律监督、工作监督和政协民主监督，办理人大建议及政协提案 178 件，满意及基本满意率达 100%。完善优化发展环境投诉处理机制，投诉举报全部办结。政府公信力和执行力显著提升。

各位代表！过去一年我们经受了严峻考验，成绩来之不易。这是市委、市政府和区委正确领导的结果，是区人大、区政协有效监督、鼎力支持的结果，是全区上下同心协力、拼搏进取的结果。在此，我谨代表区政府，向全区人民，向各民主党派、工商联、人民团体和无党派人士，向驻区部队和单位，向所有关心、支持海港区建设和发展的各界朋友，表示衷心的感谢和崇高的敬意！

在肯定成绩的同时，我们也清醒地看到，当前全区经济社会发展仍面临不少困难和问题，主要表现在：工业经济持续低迷，现代服务业整体水平不高，农业产业化经营规模偏小，经济转型和产业升级的任务艰巨，经济发展总量和质量仍需进一步提高。发展空间不足，城乡区域发展不均衡，农村基础仍相对落后。公共服务水平与广大群众的要求还有一定差距，教育、医疗、就业等方面的条件亟需改善。城市功能还不完善，"城市病"日益凸显。办事效率不高、行政行为不规范等现象依然存在。上述问题，我们一定高度重视，研究新办法、拿出硬举措，在今后工作中切实加以解决，为经济社会发展铺平道路。

二、2014 年政府工作总体要求和主要目标

今年是完成"十二五"规划目标、全面深化改革、加速转型升级的关键一年。纵观国际国内形势，正在发生深刻复杂的变化。一方面，世界经济仍处在深度调整期，复苏态势缓慢。国内稳定经济增长、化解产能过剩、防控债务风险、抑制资产泡沫、强化民生保障等各项任务艰巨。调结构、稳增长等重点工作使我们面临着经济增长与环境建设双重压力。另一方面，《中共中央关于全面深化改革若干重大问题的决定》将释放新的巨大"红利"，关于积极稳妥推进新型城镇化的决策部署将极大激发内需潜力；京津冀协同发展上升为国家战略，河北沿海地区率先发展全面提速，特别是西港搬迁工程的深入推进，使我区发展面临更多机遇。我们必须全面、正确地判断形势，坚定信心，迎难而上，奋发有为，牢牢把握工作主动权，增创发展新优势，夺取改革开放和现代化建设新的更大成绩。

今年政府工作的总体要求是：以党的十八届三中全会和中央、省、市经济工作会议精神为指导，大力弘扬"开放、包容、崇德、尚美"海港精神，牢牢把握"打造一流主城区和沿海经济增长极"奋斗目标不动摇，抢抓"沿海开发"和"西港搬迁"两大战略机遇，紧紧围绕"一中心三基地"产业定位和"一线两片三组团"城市化发展布局，更加突出经济转型升级和产业集聚发展，更加突出城市化进程加快和城市功能完善，更加突出民计民生保障和生态环境改善，更加突出干部作风转变和行政效能提升，努力在全市科学发展、绿色崛起中"挑大梁、当先锋、作表率"，成为全市打造"沿海强市、美丽港城"的主力军、主阵地、主窗口。

经济社会发展的主要预期目标是：区属地

区生产总值增长 8.5%；区级公共预算收入增长 11.5%；全社会固定资产投资增长 16%；社会消费品零售总额增长 13%；城镇居民人均可支配收入和农民人均纯收入增长 10% 以上；全年单位生产总值能耗降低 3.66%，化学需氧量、二氧化硫、氨氮、氮氧化物排放量分别削减 1.5%、1.6%、1% 和 5.5%。这些预期目标的确定，既考虑了宏观环境、经济周期等因素影响，体现了“稳”的要求；又为转方式调结构留出了空间，体现了“进”的目标，更加强调速度与结构、质量、效益的协调统一。

在具体实施过程中，我们要紧紧围绕中央、省、市既定战略部署，全力实施“开放引领、创新驱动、产业强区、项目带动”发展战略，争先进位，争创一流。开放引领，就是要树立全域沿海开放意识，以开放促改革、促发展，坚持用全球化的视野和战略化的思维谋划发展，积极开发两种资源和两个市场，加快形成全方位、宽领域、多层次的大开放格局。创新驱动，就是要把科技引领产业、创新驱动发展作为提升发展质量的内生动力，加大思想解放力度，革新发展理念、发展思路、发展举措和领导方法，不断提升创新能力，开创各项工作新局面。产业强区，就是要加快经济结构调整，发展培育多元产业支撑，着力改变产业层次低、开放程度浅、经济结构不合理、运行质量不高等现状，不断增强产业竞争力。项目带动，就是要把项目建设作为保增长的关键环节和第一动力，牢固树立“项目决定实力”的理念，以项目促开发，靠项目调结构，用项目扩总量，拿项目论成绩，在全区掀起狠抓项目建设的新高潮。

三、2014 年政府工作的主要任务

目标已经确定，愿景令人向往，根本在于落实。2014 年，区政府将按照既定的目标和要求，全力做好六个方面的工作。

（一）致力提速发展，奋发有为保持经济快速增长。以西港搬迁战略为契机，强化项目投资拉动作用，加快港区及腹地建设步伐，打造新的经济增长点。

突出西港搬迁的引擎带动。把西港搬迁作为优化我区沿海生产力布局、促进港产城对接互动、提升城市环境品位的战略性抓手，主动上位，主动作为。切实发挥西港搬迁工作领导机构职能，认真研究东西港区规划，解决好岸线使用、项目报批等难点问题，配合市政府对西港区开发改造进行包装，争列国家级重点项目。围绕港区建设做好配套服务，加快耀华老村等片区拆迁改造和安置，推进卸粮口渔港、中外运有限公司搬迁，抓好电子信息交易中心、煤炭交易中心等项目运作实施，完善煤炭、钢铁等大宗商品交易平台，形成“大物流、大港口、大腹地”的临港产业集群发展新格局。

强化产业园区的聚集支撑。加快项目集群化组合、资源循环式利用、产业高效益发展，打造人流、物流、商流活跃的现代化、国际化、信息化新兴产业基地。北部工业区，实施“园中园”发展战略，抓好新经济产业园和德国工业园建设，启动揽月大街东延伸、北港大街二期、规划三路等道路工程，完成民族路北延伸二期等道路绿化，抓好和美学校幼儿园等配套建设，确保暑期前形成一批新亮点。整合临港物流园和东部循环经济园，与东扩港区同步规划，建立商贸物流、保税物流等功能区，加快疏港路、规划二路、兴电路等道路建设，逐步实现港口、公路、铁路贯通联运。推进华信综合物流园、五金机电城等重点项目建设，大力发展集装箱堆存、小商品集散等现代物流产业。圆明山文化旅游产业聚集区，完成东港北路、圆明大街建设，依托圆明山文化旅游服务基地、连峪山庄综合开发等项目，深入挖掘农庄休闲、山野文化资源，打造新的旅游品牌。

发挥项目投资的拉动作用。深入开展“项目建设落实年”活动，集中力量开展项目攻坚，跟踪解决项目洽谈、审批、建设中存在的问题。加快谋划港航商务聚集区、港口综合物流服务中心等项目，重点筛选包装一批具有区域特色、科学可行、市场前景好的大项目，力争储备亿元以上项目 100 个。积极关注中外运、八达物流等 16 个重大前期项目，全力抓好兴龙商贸二期、博赫科技等 55 个计划开工项目，力争 30 个项目纳入省、市“双百双千”工程，确保香格里拉等 30 个项目竣工投用。年内实施千万元以上项目 90 个，完成

投资220亿元。

扩大招商引资的开放效应。启动“四个专项入区行动”，抓住南资北移、台资北移、外资北移、京津产业外溢等发展机遇，做好与京津、江浙、港台等发达地区以及日韩等国家的产业对接。密切与商务部投资促进事务局、新加坡中国商会等组织合作，举办投资环境说明会、天津招商周等活动，全面推介我区招商环境。创新招商方式，推行产业链招商、精准化招商、常态化驻点等招商方式，逐步由传统企业项目招商向小微高科技企业、研发企业招商转变。完善大客户管理平台，主攻国内外各行业领军企业，力争与神华科技等9个企业集团达成合作意向，确保万达广场、雨润冷链物流等10个签约项目顺利落地。全年利用外资2亿美元，引进内资44亿元。

（二）致力科学发展，全力以赴推动产业结构调整。依托临港和主城区优势，加快产业结构优化升级，促进区域经济合理布局，构建可持续发展的现代产业体系。

发展现代农业。加大支农惠农政策落实力度，大力发展设施农业，加快标准化生产和产业化经营，力促农业增效、农民增收。新建蔬菜示范基地2个、蔬菜科技示范园1个，提升栗园休闲农业园、宝润生态园、西连峪山野菜采摘园经营效益。新增百亩以上规模型林木产业基地1个，启动林业有害生物天敌繁育场项目，提高科学防治有害生物水平。完成昊兴等3家养殖场升级改造，实施旭兴养殖场、牧羊源肉羊屠宰及深加工项目，打造有影响力的农产品品牌，全年新增市级以上农业产业化龙头企业2家。大力实施科技兴农战略，积极推广节水灌溉、种子栽培、秸秆利用等先进适用技术，培养农业技术人员2000名。

提振工业经济。启动重点工业技改项目行动，安排500万元专项资金，扶持辖区重点工业企业扩能升级。确保耀优LOW—E（娄义）玻璃等4条生产线新项目完工，提升玻璃深加工、金属压延业整体实力。实质推进香海粮油植物油精炼扩建、中运机械加工等项目建设，扶持食品生产和装备制造业发展壮大。依托博硕光电太阳能电池板自动传输线制造等项目，加速培养以新能源、新材料为重点的高新技术产业集群。扶持壮大国药、绿之翊等企业，加快发展节能环保、生物医药、海洋资源等新型工业产业。力争区属规模工业增加值增长8%以上。

繁荣商贸流通业。加快太阳城、金三角等特色街区优化升级，扶持重点商贸企业扩建提级，推进茂业城市综合体、世贸广场等项目建设，形成中心带动、多点开花的大型商业群落，增强中心城区商品吸纳和辐射能力。研究制定临港物流产业发展规划，对标国内先进地区物流市场，大力发展现代物流业。加快华信物流、冀红海产品展销中心等项目建设，培育壮大农产品、建材、家居及海产品市场，初步建立依托港口、辐射周边的区域性资源配送中心。

壮大现代服务业。大力实施“智慧旅游”工程，重点抓好求仙入海处景区改造提升、汤河景观带、圆明山森林公园、金梦海湾景观配套等项目，推动金海湾浴场改造提升争创4A级景区，启动火车站旅游咨询服务中心建设，促进滨海度假游、沿河观光游、休闲养生游、文化娱乐游多元发展。强化土地运作整理，准确测算土地成本，合理引导住房消费和开发建设，保持房地产业健康持续发展。谋划建设万华金融贸易服务中心，吸引域外金融机构入驻，主攻金融服务、上市辅导、职业培训等新兴产业，推动科技中介、信息咨询、文化创意等服务外包行业快速发展。力促龙泉国际养老中心项目落地，提升休闲疗养、康体养老行业服务水平。力争全区服务业增加值增长9%以上。

（三）致力创新发展，深层激发经济发展活力。实施创新驱动发展战略，深入推进各领域深层次改革，努力破解制约发展的重点难点问题，构建充满活力、富有效率的市场经济新体系。

推进改革攻坚。不断深化政府机构改革和事业单位分类改革，研究政府购买公共服务的新办法。逐步理顺卫生、计生、食品安全等部门职责，严控机构编制总量。探索国库电子支付改革，规范公车使用管理，节约财政支出成本。出台非税收入管理制度，稳步推进“营改增”工作，提高各执收单位非税收入征管与核算质量。完善政府债务管理机制，防范和化解债务风险。探索街居改革，明确街道社区规划和职能。稳妥推进农村集体产权制度改革，加快构建新型农业经济体系。实施公立医院改革，逐步降低药品销售价格。

壮大实体经济。把握港区企业外迁重建机遇，鼓励和支持企业重组扩能、裂变提级。实行投资主体零限制、注册登记零收费，促进全民创业。大力推进“百企成长工程”，支持个体工商户向小微企业过渡、小微企业向规模企业发展，重点培育和扶持100家市场前景好、成长潜力大、科技含量高的中小企业提档升级。争创全省著名商标和名牌产品4个，全市知名商标3个。落实民营经济扶持奖励政策，开展区直部门与困难企业结对帮扶活动，优化投融资机制，破解中小企业发展制约。

突出科技创新。编制海港高新技术产业开发区布局和产业规划，出台开发开放、人才引进和创新服务等相关政策，加快实质性运作。新建科技成果转化基地，加大科技招商力度，吸引高新技术企业、孵化器、工程技术中心、重点实验室等落户。加快现有企业转型升级步伐，发挥尼特电子、鸿泰机械等科技龙头企业引领带动作用，提升科技企业整体竞争力。培育国家级高新技术企业2家、市级以上企业工程技术中心3家，全年实施市级以上科技项目35项，专利申请量增长18%以上，规模以上高新技术产业增加值增长15%以上。

（四）致力统筹发展，积极稳妥走新型城市化道路。加快新型城市化进程，完善城市功能，提升城市品质，打破二元结构，努力走出一条具有自身特色的城乡统筹协调发展之路。

优化城市布局。牢固树立城乡一体、规划先行、经营城市和错位发展的理念，积极探索构筑层级合理、多点支撑、港产城互动的新型城市化发展格局。按照“一线两片三组团”总体规划和“西移北进”发展思路，有序拓展城市空间，重点抓好中心商住区、临港物流园区、圆明山文化旅游度假区、大北部工业区、海阳健康休闲区和西部商务区六大功能区建设，打造新城区、新园区、新景区。加快市政设施、农贸市场、社区用房、教育、文化、卫生等专项规划的修编；做好特色街区、重点项目、重点部位的景观设计，塑造城市特色，打造城市亮点，增强城市区的辐射带动能力。

完善城市功能。加快城乡基础设施建设，确保长江道西延伸一期、华山北路等道路竣工通车，对新宝街东侧路等10条街巷道路实施改造维修，完成金梦海湾垃圾转运站建设和北部大型垃圾中转站改造。新建迎秋西里等3个农贸市场。加大旧改力度，启动交建里片区返迁房建设，组织航海里等棚户区改造征收，确保东山片区、金三角鑫园片区改造取得实质进展。启动富家营、东李庄等村庄返迁安置房建设，归提寨村实现返迁入住，完成东白塔岭、海阳四村等村庄征收。统筹推进韩庄片区、圆明山片区核心区及东港镇南四村、中五村等村庄集中返迁安置工作。着力提升城乡市政设施功能，推动水电路气讯等设施城乡联网、共建共享。

提升管理水平。秉持精细化、人性化和智能化的城市管理理念，创新服务管理方式，努力让城市更加宜居、社会更加有序。深化城管体制下沉，提升街巷路和小区管理水平。实施10个老旧小区改善提升，探索多元化的物业管理模式。严厉打击非法占地及违规建设行为，提高土地资源综合利用水平。拓展数字城管功能，着力解决交通拥堵、环境恶化等“城市病”。大力推动农村面貌改造提升工程，确保完成“五改”任务，打造孙庄、暴庄等17个省级重点村。加快环卫城乡一体化运作，实现农村垃圾无害化处理。持续开展市容环境综合整治，彻底取缔马路市场，全面治理城市顽疾。深化“全民爱国卫生”运动，营造人人参与、共建共管美丽家园的浓厚氛围。

（五）致力绿色发展，攻坚克难解决生态环境问题。落实“环境整治攻坚年”，着力改善环境质量，实现人与环境协调发展，努力建设宜居宜游、生态低碳的滨海绿色主城区。

抓好大气污染治理。牢牢扭住扬尘、燃煤、油烟和工业污染四大防治重点，重拳出击，源头防治。严格“片警式”监管，实现高效油烟净化设施在大中型餐饮企业中安装全覆盖，渣土运输车卫星定位监管全覆盖，城区主要干道及区域机扫全覆盖。抓好节能减排，大力推广使用生物质能、太阳能等清洁能源，加快“煤油改气”进程，削减煤炭消费量6万吨以上。对玻璃加工、粮油食品等传统产业进行生态改造，鼓励企业清洁生产。

年底前淘汰每小时10蒸吨及以下燃煤锅炉188台，完成29个加油站、6座储油库的回收治理。

改善近岸海域环境。严格落实河流保洁和环境卫生河长制、片长制，防止生活污水、生产废水和生活、建筑垃圾直排、倾倒。重点加强对27家沿河排污企业的监管，杜绝违法排污行为。加强农业面源污染防治，着力开展乡村清洁工程、清洁种植工程和清洁养殖工程，推进畜禽养殖废弃物资源化利用，集中治理村庄环境脏、乱、差问题。完成闫庄等12座小二型水库除险加固，推进新开河河道清淤及沙河上游综合治理，涵养水源、改善水质。

加强城乡生态建设。落实城乡造林和城区增绿三年行动计划，努力建设森林港城、生态港城。突出“身边增绿”和节约型绿化，加大本地绿植使用率。以河流沿线和高速公路、沿海公路两侧等部位为重点，打造2条迎宾线路，新建10个街头游园，抓好汤河运动养生公园建设。同步实施小街小巷、住宅小区绿化提升工程，增加城市绿量。鼓励社会力量及个人参与义务植树，抓好沙河生态景观、沿海防护林、绿色廊（河）道造林等一批乡村绿化工程，完成造林5000亩。

（六）致力和谐发展，确保发展成果普惠港城人民。高度关注民计民生，尽心竭力抓好群众得益受惠的民生项目，解决好群众反映强烈的民生难题，增强群众幸福感和满意度。

积极扩大就业。充分发挥就业在居民增收中的基础性作用，大力实施“创业帮扶工程”，努力增加就业岗位，扩大就业规模。扶持一批创业典型，实现创业带就业。扎实推进就业服务平台建设，创建5个就业见习基地。全年新增就业10000人，实现失业人员再就业4000人，就业困难人员再就业2000人，城镇登记失业率控制在4%以内。

完善社保体系。推动各类社会保险征缴扩面进程，将边缘群体纳入保障范围，实现社会保险全面覆盖。加快养老保险、生育保险信息化进程，提高社会养老保险待遇水平，年内新增企业养老、医疗保险2200人。加快低保提标扩面，城乡低保标准分别提高到每人470元/月和2900元/年，新增低保对象6000人。健全最低工资和工资支付保障制度，规范收入分配秩序，增加低收入者收入。逐步完善城乡养老救助体系，新建社区日间照料中心（站）6个、农村幸福院10处，启动实施老年人服务中心二期项目。加大公富庄等保障性住房建设力度，力争供给量达到2610套。

繁荣社会事业。实施学校标准化建设，启动教师进修学校迁建，加快第十四中学、归提寨小学及南岭国际社区学校建设进度。实施“名师工程”，建立健全校长、教师交流轮岗制度，推动教育均衡发展。探索意外伤害和大病保险商业运作模式，将新农合筹资标准提高到每人340元/年，调整优化报销比例。稳步提升农村卫生室服务能力，确保燕山大街社区卫生服务中心正式运营。编制医疗资源规划，严厉打击非法行医，规范医疗市场秩序。以“开放、包容、崇德、尚美”的海港精神为引领，提升市民素质，建设文明和谐城市。完成文体中心建设，办好第五届全区运动会、港城大讲堂、彩色周末、沙滩音乐节等品牌活动。坚持计划生育基本国策，落实“单独两孩”政策。支持工会、共青团、妇联等群团组织开展工作，发展慈善事业。加强国防后备力量建设，深入开展双拥共建活动。完成第三次全国经济普查。继续抓好人防、档案、外事侨务、民族宗教、年鉴方志、防震减灾等工作。

构建和谐社区。全面落实《城市社区三年建设达标实施方案》要求，新建红光北里等10个社区办公用房，确保一次性达标。建立社区工作人员选拔考评机制，提高社区工作人员综合素质。探索完善社区管理机制、管理模式和管理格局，推进社区规范化建设。整合多方面资源力量，铸就集社区警务、社区矫正、司法调解、维稳处突、消防安全等多职能于一体的综合型社区服务阵地，使社区成为群众排忧解难的枢纽、幸福生活的家园。

打造平安港城。始终保持严打高压态势，对黑恶犯罪和其他暴力恶性犯罪坚持露头就打，加大多发性侵财案件的防控和侦破力度，实现全区视频监控全覆盖，增强人民群众的安全感。深入推进“食品安全放心城区”创建，加强网格化监管，重拳打击食品安全犯罪行为。加大对危险化学品、特种设备、校车营运等重点行业和领域专项整治，严防重大安全生产事故发生。畅通信访渠道，加快三级视频接访系统应用，着力提高初信初访办结率和信访积案化解率。进一步完善应急管理体系，不断增强保障公共安全和处置突发事件的能力。

四、全面加强政府自身建设

深入开展"基层工作服务年"活动，以改革创新的精神推进政府科学化、法治化、制度化、标准化建设，切实提高政府的公信力、执行力和服务水平，努力开创政府工作新局面。

坚持为民勤政，脚踏实地干事。深入开展第二批党的群众路线教育实践活动，着力解决影响经济发展和民生保障的实际问题，努力为民办实事、办好事、办最迫切的事。切实精简会议、压缩文件，改进文风会风和工作作风，不开泛泛部署工作和提要求的会议，不搞形式重于内容的活动，腾出更多时间和精力用在深入基层、深入群众上，用在解决问题、推动工作上，忌空谈、重承诺，以实干的执政风格赢得人民群众的信赖。

坚持依法行政，科学民主决策。认真执行人大及其常委会的决议、决定，支持政协参政议政，自觉接受人大及其常委会工作监督、法律监督和政协的民主监督。坚持科学民主决策，完善公众参与、专家论证和政府决策相结合的决策机制。规范政务服务中心建设，优化审批流程，打造便民、高效的政务服务平台。大力推进政务公开，主动接受新闻舆论和社会公众监督，让权力在阳光下运行。进一步完善综合执法机制，强化监督举措，做到公正文明执法，切实维护社会公平正义。

坚持创新施政，精心谋划发展。围绕中央、省、市新部署、新要求，用先进的理念突破思维定势，用超常的举措破解瓶颈难题，以"开放、包容、崇德、尚美"的海港精神，凝聚各方力量，不断提高驾驭科学发展的能力。积极建设学习型政府，完善政府经济调节、市场监管、社会管理和公共服务职能。健全政府职责体系，密切条块之间、部门之间的沟通协作，加强公务员队伍建设，不断提高服务质量和效率，树立政府良好形象。

坚持从严治政，塑造清廉形象。严格执行中央"八项规定"，坚决抵制"四风"，从严治理"庸、懒、散、奢"等问题。坚持用制度管人、管事、管权、管钱，严格控制"三公"经费支出。不断强化效能监察和审计监督，严肃查处各类违纪违法案件，着力构建"不敢腐、不能腐、不愿腐"的反腐倡廉工作机制，取信于民、造福于民。

各位代表，立足新起点，实现新跨越，建设新港城，是全区人民的热切期盼，是时代赋予我们的光荣使命。让我们在区委的坚强领导下，倍加珍惜不可多得的发展机遇，倍加珍惜来之不易的发展局面，倍加珍惜风清气正的发展环境，加压鼓劲、奋力拼搏，为"打造一流主城区和沿海经济增长极"而努力奋斗！

附 注：

"三上"企业：即年主营业务收入或产品销售收入2000万及以上的工业企业，具有建设部门颁发《建筑业企业资质证书》的建筑业企业，限额以上批发、零售、住宿和餐饮企业。（第18页）

统计"一套表"：采用联网直报，将数据直接报入联网直报平台，实现数据从始点直达终点，改变过去从乡到省层层上报的情况。（第18页）

"四清四化"：即清垃圾、清杂物、清残垣断壁、清庭院和净化、绿化、亮化、美化。（第18页）

津秦客专：即天津至秦皇岛铁路客运专线。（第18页）

"八项规定"：习近平总书记于2012年12月4日主持召开中共中央政治局会议，审议通过了中央政治局关于改进工作作风、密切联系群众的八项规定，具体内容包括改进调查研究，精简会议活动，精简文件简报，规范出访活动，改进警卫工作，改进新闻报道，严格文稿发表，厉行勤俭节约等内容。（第19页）

"四项纪律"：即党的政治纪律、组织纪律、经济工作纪律、群众工作纪律。（第19页）

"四风"：即形式主义、官僚主义、享乐主义和奢靡之风。（第19页）

"两转三服务"：即转变职能、转变作风，服务大局、服务基层、服务群众。（第19页）

"城市病"：指在城市发展过程中出现的人口增长过快、交通拥堵、环境污染、城市功能滞后等问题。（第19页）

"一中心三基地"：即旅游业综合服务中心、临港物流产业基地、先进制造业配套基地、新兴

产业及现代服务业基地。（第 19 页）

“一线、两片、三组团”：指沿海一线，城市中心区和西部新中心片区，北部工业组团、东部物流组团和圆明山旅游组团。（第 19 页）

“西港搬迁”：为了适应城市发展和人居环境改善的需求，省政府决定将秦皇岛港西港区东迁，还海于市，还海于民。（第 20 页）

“双百双千”：2014 年河北省按照分级管理的原则实施重点项目建设，即省级抓省管重点在建项目、重大前期项目各 100 项；市级抓市管重点在建项目、重点前期项目各 1000 项。（第 21 页）

“四个专项入区”行动：央企入区，知名民企入区，外企入区，引技、引智入区。（第 21 页）

“智慧旅游”：指通过互联网或移动通讯等网络设备及时发布、收取各种旅游资讯、信息，使管理者能及时调整服务、营销策略，游客能随时获知旅游讯息，安排游览计划。（第 21 页）

“营改增”：即营业税改征增值税，自 2013 年 8 月 1 日开始，在交通运输业和部分现代服务业领域试点实施。（第 22 页）

南四村：即东港镇东向河寨村、西向河寨村、王庄村、上营村。（第 22 页）

中五村：即东港镇黄南村、黄北村、中心庄村、龙家营村、孙家庄村。（第 22 页）

“五改”：即改水、改路、改厕、改圈、改垃圾处理方式。（第 22 页）

“单独两孩”：指一方是独生子女的夫妇可以生育两个孩子的政策。（第 23 页）

中国人民政治协商会议
海港区第八届委员会常务委员会工作报告

——在政协海港区第八届委员会第三次会议上

海港区政协主席　杨永会

（2014年2月20日）

各位委员，同志们：

我受政协海港区第八届委员会常务委员会委托，向大会报告工作，请予审议，并请列席会议的同志提出意见。

2013 年工作回顾

2013 年是深入贯彻落实中共十八大精神的开局之年，也是区政协工作取得新进展的一年。一年来，在中共海港区委的正确领导下，在全区各界的大力支持下，区政协锐意进取，认真履职，在推进发展中献计出力，在改善民生中积极作为，在促进和谐中发挥作用，在转变作风中强化实践，为海港区的发展做出了新的贡献。

一、紧扣中心，服务大局，促进发展扎实有力

主动作为谋划长远发展。围绕涉及我区未来发展的重大问题积极建言。就西港搬迁及大物流园区建设开展调研视察，通过深入相关部门走访、发放企业调查问卷、组织企业家研讨等形式，多层次了解我区物流业发展现状，寻找物流业大发展与西港搬迁的衔接、契合点，形成了《以西港搬迁引领我市物流业发展》的调研报告，提出了大力发展临港加工业，建设物资交易平台及电子信息交易中心等建议，得到了市、区政府及市政协领导的充分肯定。针对我区发展空间不足现状，组织委员对我区北部及抚宁部分区域土地资源利用情况进行调研，形成了《调整规划，完善功能，因地制宜推进北部山区科学发展》的调研报告，提出以功能区划代替行政区划，以区县合作代替区县分治，加快城市北部建设步伐等建议，受到市政协领导的高度重视，并组织专家进行专题论证。此外，我们还围绕打造沿海经济增长极、完善全区发展战略、产业转型升级、调整经济结构等重大问题广泛协商议政。

围绕中心献计重点工作。围绕区委、区政府中心工作进行调研视察，既献计献策，又亲历亲为。助推经济强区工程，组织委员开展重点项目建设情况调研，在项目筛选、破解项目建设瓶颈、争取政策支持等方面建言献策，协力重点项目建设。围绕中小企业融资难开展调研，形成了《积极推进金融创新发展，破解小微企业融资困局》的调研报告，提出了改善金融发展环境、拓展融资渠道、规范民间借贷等建议，被市政协选用为全会发言。持续开展“走百企、查实情、促发展”活动，走访企业 200 余家，发放调查问卷及文件政策汇编各 200 余份。梳理出企业用工、市场开拓及政务环境等六方面问题，形成专题报告报区委、政府，并就有关问题与相关职能部门共商对策，既帮助企业协调解决了一些困难和问题，也为党政科学决策提供了重要参考。结合“点线面立体分包”、政协系统“五个一”等活动，区政协各位主席深入分包村、居、企业，了解情况，协调关系，解决问题，有效推进了茂业城市综合体、山东堡拆迁改造等重点工作进程。

齐心协力服务宜居港城建设。献力环境整治工作，组织委员对“两违”拆除、街景整治、城乡环卫一体化等工作进行调研、视察。先后召开“改善生态环境，建设美丽家园”专题座谈会和“加强环境整治，建立长效管理机制”专题议政会，与政府相关领导及职能部门共商对策，形成了《建立政府主导、社会参与的环境整治工作长效机制》的调研报告，提出了探索城市管理新模式、加强建筑垃圾监管、制定环境考核机制等意见建议，得到冯国林书记和霍春利区长的高度重视并签批。部分建议已被采纳实施，为全区建立环境整治长效机制提供了有益参考。组织开展“绿化家园，营造政协同心林”活动，全体委员和机关干部积极参与，共捐款18万元，在建国路建成“政协同心林”，以实际行动助推港城生态文明工程建设。

二、反映民意，维护民利，关注民生富有成效

重点调研关注民生。将关注群众蔬菜消费作为重点调研课题。利用近3个月时间，通过监测我区蔬菜批发、零售价格，走访市、区相关部门、企业，赴沈阳、天津、寿光等地学习考察等形式，就蔬菜生产、流通、市场建设等方面进行深入细致的研究思考，形成了《关于海港区蔬菜价格调研情况的报告》等一批有分量、有见地的调研报告，提出了扶持本地蔬菜种植、加强市场建设、扶持蔬菜直销体系建设等意见建议，得到区委、区政府主要领导重视，并责成有关部门根据政协意见研究落实办法。省委常委、市委书记田向利同志也就此调研作出重要批示，要求尽快研究落实。围绕社区养老服务体系建设，深入多个社区进行现场视察督导，形成了《关于进一步加强社区养老服务体系建设》的调研报告，提出加快街道养老服务中心建设、完善社区养老服务站功能、支持社会力量兴办养老机构等方面的具体意见。

督办提案惠及民生。充分发挥提案工作在解决社会热点难点问题方面的优势，积极引导委员提交民生提案。八届二次全会以来，提案立案157件，民生类提案达到53件，占提案总数的34%。其中18件重点民生提案由各位主席跟踪督办，并将10件报请区委、区政府领导阅批，取得了良好的办理效果。以“察民情、解民忧、为民言”活动为载体，通过走访、视察、调研、座谈等方式，广泛了解群众的所思所想、所盼所求。全年共收集社情民意信息70余条，上报市政协31条，向区直有关部门反馈社情民意20余条。关于促进教育均衡发展、加强食品安全、健全医疗保障体系等问题已经得到有关部门重视并逐步加以解决。

广泛帮扶关爱民生。动员广大委员积极投身公益事业，尽己所能回馈社会，传播正能量。医疗界委员深入农村、社区开展大规模义诊3次，累计接诊群众达1000余人，免费发放药品价值4万余元；经济、城建、群工、政法组委员组织开展各类爱心帮扶、创业就业、法律维权、心理咨询等志愿服务活动30余场次，服务人群达2万余人；发动委员捐资5万元支持西港路小学少年宫建设。上述活动均得到了广泛好评，社会效应显著。

三、践行主题，汇聚力量，营造民主和谐氛围

民主政治建设有了新提高。中共十八大和十八届三中全会关于协商民主的有关论述，赋予了人民政协新的政治责任和工作任务。一年来，我们在进一步完善政协全委会协商、常委会协商、主席会协商、专委会协商的基础上，重点加强了界别协商。尊重和维护各民主党派、工商联、人民团体的民主权利，邀请共同参与政协组织的调研视察，优先安排大会发言，努力为他们通过政协组织发挥作用搭建平台。一年来，全区各民主党派、工商联、人民团体共计提交集体提案11件，撰写反映社情民意信息20余篇。进一步畅通民主渠道，搭建协商平台，在政协全会、议政会、调研视察中安排农村、社区群众代表列席、旁听，进一步增强了群众对政协工作的知情与参与。

民主监督形式有了新拓展。积极引导广大委员和各参加单位，从维护团结稳定大局出发，有效开展民主监督。通过组织视察督导，召开资政会、问政会，对便民市场改造、老旧小区物业管理等项目进行现场察看，听取汇报，座谈讨论，有力推进了民生保障工程22件实事全面落实。一年来，组织委员参与职能部门行风评议、执法单位特约监督等活动10余次，共有34名委员担任了区民主评议行风代表，代表各阶层提出了大量的意见建议，对进一步优化我区发展“软环境”发挥了重要作用。

团结联谊活动有了新延伸。以“迎新春各界人士联谊会”“树讲聚促”大讨论等活动为载体，广泛开展与各界别人士联谊，进一步密切了各方关系，营造了浓厚的民主议事氛围。依托秦皇望海分会平台，加强与全国徐福会、各地徐福分会的联络，全年组织交流座谈3次，接待考察、采访100余人次，进一步扩大了我区的影响力和知名度。与沈阳市和平区、哈尔滨市南岗区、唐山市路南区、天津市东丽区政协建立了友好关系，通过走访交流，进一步推介了海港区。

四、夯实基础，锐意进取，履职能力全面提高

工作定位更加科学。在政协系统内认真组织学习中共十八大和十八届三中全会以及习近平总书记一系列重要讲话精神，进一步增强了做好政协工作的责任感和使命感。在具体工作中，切实做到进位不越位、到位不错位。主动根据区委中心工作和目标任务，制定年度工作计划；主动围绕区委、区政府的重大举措，开展履职活动；主动向区委汇报政协重点工作，进一步增强“核心意识”，确保与党委政治上同向、思想上同心、行动上同步。

参政能力得到提升。注重在优化服务、强化管理、创新载体上下功夫。制定出台《委员履职考核方案》，通过对委员提交提案、出席会议、视察调研、反映社情民意等八方面进行综合评定，调动了委员履职尽责的积极性。健全政情通报制度，举办两次政情通报会，邀请政府相关领导向委员通报全区经济社会发展情况，为委员知情明政创造条件。注重选树和表彰委员中的先进典型，在政协内部刊物《委员之声》中进行宣传报道，激励更多的委员立足本职，建功立业。

自身建设不断加强。狠抓“八项规定”“四项纪律”落实，切实改进文风会风，大力倡导无陪同调研视察，坚决做到不给基层添麻烦，不影响基层单位、企业的正常工作。政协机关认真查找工作质量、进度、效率等方面的问题和不足，强化措施，查漏补缺，进一步提高机关工作水平。立足政协本职工作大兴调查研究之风，所撰写的《解决三个问题，提高三个质量，进一步做好政协提案工作》被全国政协刊物采纳发表，《新形势下如何做好政协工作》等四篇理论文章被省、市政协转载。

各位委员，上述成绩的取得，是中共海港区委坚强领导的结果，是区人大、区政府和社会各界倾力支持的结果，是全体委员团结奋斗的结果。在此，我谨代表区政协八届常委会，向全体委员和所有关心支持政协工作的各级领导、各界人士表示衷心的感谢并致以崇高的敬意！

看到成绩的同时，也应充分认识到，我们的工作还有不少差距和不足。比如，如何更好地发挥政协组织的协商民主重要渠道作用，如何提高调查研究、参政议政水平，如何加强民主监督，如何发挥政协委员的主体作用等等，都需要在实践中继续探索，不断创新。我们真诚希望广大委员对常委会工作提出意见，共同把政协各项工作做得更好。

2014年工作建议

2014年是我区全面深化改革的重要一年，也是我区打造一流主城区和沿海经济增长极的关键之年。总的工作思路是：深入学习贯彻落实中共十八届三中全会精神，紧扣区委九届六次全会提出的工作目标和主要任务，大力践行“开放、包容、崇德、尚美”的海港精神，全面落实“开放引领、创新驱动、产业强区、项目带动”发展战略，团结广大委员和各参加单位，切实履行政协职能，凝聚改革共识，激发创新活力，增进民生福祉，为我区打造一流主城区和沿海经济增长极做出新的贡献。

一、筑牢思想基础，紧扣时代脉搏，以海港精神凝聚力量

把学习、宣传和贯彻十八届三中全会精神作

为今年政协工作的首要政治任务，准确把握中共中央关于全面深化改革的重大部署。认真贯彻区委九届六次全会精神，始终做到与党委同心同德、同心同向、同心同行，将“开放、包容、崇德、尚美”的海港精神融入到政协工作的全领域和全过程。引导政协各参加单位和各界人士把思想和行动统一到大力践行海港精神上来，把智慧和力量凝聚到实现全会的决策部署上来，充分发挥政协的独特优势，多建睿智之言，多献务实之策。

二、围绕中心工作，主动靠前服务，全面助推经济社会发展

紧密围绕“开放引领、创新驱动、产业强区、项目带动”发展战略，组织各党派、团体和广大委员，选准履职突破点，着重就经济转型升级、产业聚集发展、强化招商引资等重点工作，开展全方位、多层次的协商议政活动，为破解发展难题出谋划策。将服务西港搬迁工程作为重中之重的工作，充分发挥政协智力密集、人才荟萃的优势，深入细致地做好调查研究，从优化我区沿海生产力布局、促进港城互动、提升城市品位等不同角度对西港搬迁工程提出有针对性的意见和建议，为建设“开放创新、势能无限”的海港多谋助力之策。

抢抓新一轮城镇化发展契机，积极围绕完善城市功能、拓展城市规模、提高城市管理水平等重点工作献计献策，就“模拟拆迁”、城市精细化管理及城管体制下沉等重点方面内容进行深入研究探讨，提出有见地、可操作的意见和建议，为建设“功能完善、时尚靓丽”的海港献计出力。

三、坚持团结民主，关注民生民利，努力营造和谐稳定的社会氛围

充分发挥政协组织的广泛代表性和巨大包容性，不断扩大政协系统各项工作的社会开放度，积极为各界群众有序参与政治生活畅通渠道，全面激发政协委员和各界人士建言献策的热情和活力。加强与各民主党派、人民团体、基层组织及社会组织的协作与配合，探索完善专题协商、对口协商、界别协商、社会协商等协商形式，进一步推动协商民主的广泛多层制度化建设。以强化大气污染治理为重点，充分运用提案、视察调研、民主评议、特邀监督等多种形式，开展经常性的民主监督活动，促进我区空气质量得到优化，为建设“宜居宜业、绿色包容”的海港贡献力量。

依托秦皇望海分会广邀文化界知名人士，深入挖掘我区深厚的历史文化底蕴。充分发挥政协系统文史工作“存史、资政、团结、育人”的重要作用，主动加强与各级相关部门和新闻媒体的联系沟通，力争将更多反映我区历史文化和时代风采的文史资料出版发行，进一步提升我区的知名度和美誉度。将基层群众生活质量和幸福指数作为政协重点调研内容，持续跟进群众蔬菜消费调研。深化政协系统“察民情、解民忧、为民言”活动，通过走访、视察、调研、座谈等方式，了解群众的所思所想、所盼所求，及时向党委、政府及有关部门反映群众诉求。积极倡导社会主义核心价值观，引导委员积极投身社会公益事业，多为群众解难事、做好事、办实事，为建设“底蕴深厚、崇德和谐”的海港营造浓厚氛围。

四、践行群众路线，加强作风建设，切实提升履行职能实效

把弘扬和践行海港精神和开展第二批群众路线教育实践活动相结合，组织委员经常性深入到群众中了解真实情况，从群众中汲取智慧营养，不断提高议政建言的质量。同时，积极推广政协委员联系界别群众制度，用海港精神教育引导各界群众艰苦奋斗、自强不息、开拓创新，为建设美丽港城贡献力量。严格执行中央“八项规定”，进一步改进工作作风，着力解决政协履行职能、开展工作中存在的“四风”问题，增强做好新形势下统战工作和群众工作的能力。建立完善有利于政协机关建设和政协事业发展的长效机制，使机关党员干部作风明显转变，党群干群关系明显改进，参政议政能力明显增强，以作风建设的新成效推动政协工作的新发展。

各位委员，新一轮改革的蓝图已经绘就，攻坚克难的征程已经开启。让我们在中共海港区委的坚强领导下，全面贯彻中共十八届三中全会精神，积极投身全面深化改革的伟大实践，团结方方面面的力量，调动一切积极因素，携手同心、开拓进取，为我区全力打造一流主城区和沿海经济增长极贡献智慧和力量！

中共海港区委
印发《关于全区开展党的群众路线教育实践活动的实施方案》的通知

各镇党委，区委各工委、各部门，区直各单位党组（党委），各人民团体党组：

现将《关于全区开展党的群众路线教育实践活动的实施方案》印发给你们，请结合实际认真贯彻执行。

中共海港区委

2014年2月16日

关于全区开展党的群众路线教育实践活动的实施方案

按照中央和省、市委统一部署，全区党的群众路线教育实践活动从2014年2月开始，到2014年9月基本完成，在区级领导机关及直属机关和事业单位，镇、园区、街道和村、社区，区属学校和医疗机构，非公有制经济组织、社会组织和其他基层组织中展开。现提出如下实施方案：

一、总体要求

（一）指导思想。坚持以党的十八大，十八届二中、三中全会和习近平总书记一系列重要讲话精神为指导，全面贯彻落实中央要求和省委八届六次全会、市委十一届六次全会、区委九届六次全会精神，以为民务实清廉为主题，以"照镜子、正衣冠、洗洗澡、治治病"为总要求，以"党员干部转作风、人民群众得实惠、深化改革迈大步、绿色崛起上水平"为目标，以补精神之钙、除"四风"之害、祛行为之垢、立为民之制为重点，突出作风建设，贯彻整风精神，坚决反对形式主义、官僚主义、享乐主义和奢靡之风，着力解决人民群众反映强烈的突出问题，着力解决影响发展环境的突出问题，着力提高做好新形势下群众工作的能力，为"全力打造一流主城区和沿海经济增长极"提供强大动力、奠定坚实基础。

（二）基本原则。充分借鉴运用第一批教育实践活动成果和经验，坚持开门搞活动，注重发挥群众积极性，确保每个环节、每项工作都让群众参与，受群众监督，请群众评判；坚持问题导向，盯住作风问题不放，从小事做起，从具体事情抓起，边学边查边改，让群众看到实实在在的成效；坚持严格要求，教育要深刻，实践要生动，在思想教育、整改落实、建章立制、正风肃纪等环节，都有过硬举措、严格标准，确保取得实效；坚持领导带头，上下联动、前后衔接，既要以上率下，又要以下促上；坚持分类指导，针对不同层级、不同领域、不同对象提出要求，启发思想自觉和行动自觉，明确具体任务和推进措施，不搞“一刀切”“一锅煮”，保证活动不虚、不空、不偏、不走过场；坚持巩固成果，对在第一批活动中要求改正的“四风”问题要做到彻底根除，对在第二批活动中正在戒除的“四风”问题要“连根拔起”，对在以后的工作中出现的“四风”苗头，要源头消杀，要下大气力，巩固成效，防止反弹。

（三）主要任务。以区级领导机关、领导班子和领导干部为重点，突出抓好直接联系服务群众的执法监管部门和窗口单位、服务行业，注重抓好区直属机关和事业单位，镇、园区、街道，村、社区，区属各学校、医疗机构和非公有制经济组织、社会组织等与群众联系密切的基层组织。活动中，要认真对照省委第一批活动出台的相关文件、制度和要求，看有没有落实到位；认真对照中央和省、市委提出的“四风”方面突出问题，特别是习近平总书记在动员会点明的“四风”问题，在本单位本部门和自身上的具体表现，看有没有改变彻底；认真对照“送温暖、听意见、谋方案”活动中征求到群众的具体期盼，看有没有积极回应。通过开展活动，解决“四风”突出问题，解决关系群众切身利益的问题，解决联系服务群众“最后一公里”问题，真正规范干部干事、方便群众办事、破解发展难事。

区级领导班子和领导干部要紧紧扭住解决“四风”问题不走神、不散光，重点解决理想信念不坚定，政绩观、发展观有偏差，不敢负责、不愿担当、不主动作为；发展思路不清，领导能力不强，工作业绩不实；工作漂浮，措施不硬，抓落实不力，搞“形象工程”“政绩工程”；组织纪律涣散，有令不行、有禁不止，“上有政策、下有对策”，心浮气躁、跑官要官；宗旨意识不强，漠视群众、弄权贪腐、敛财谋利等问题。

区直属机关和事业单位要突出整治作风不扎实、工作不落实、服务不主动等问题，重点解决庸懒散，办事拖拉、推诿扯皮，作风漂浮、落实不力，服务不主动、不作为、慢作为，对上级交办的任务找各种原因顶着不办、对群众要办的事情找各种理由拖着不办等问题。

执法监管部门和窗口单位、服务行业要突出整治行业不正之风和服务水平不高、工作效率低下等问题，重点解决门难进脸难看事难办、乱收费乱罚款乱摊派，滥用职权，执法不公、执法随意，办“关系案”“人情案”“金钱案”，收回扣、拿红包等问题。

镇、园区、街道领导班子和领导干部要突出整治联系群众不够、服务群众意识和能力不强等问题，重点解决不关心群众疾苦、责任心不强，落实惠民政策缩水走样、好事办不好，在位不在岗、“走读”严重，工作方式简单粗暴、对待群众态度恶劣，弄虚作假、欺上瞒下，哄骗上级、糊弄群众等问题。

村和社区等基层组织要突出整治服务能力弱、服务水平低、党的组织和工作覆盖面不宽、办事不公等问题，重点解决班子软弱涣散、凝聚力战斗力不强，基层干部组织观念淡薄，党员作用发挥不够，甚至等同于普通群众，先进性和纯洁性不强，服务平台不健全，群众合理诉求得不到解决，“小官僚、小衙门”做派严重等问题。

区属学校要突出整治意识形态阵地意识不牢，教师党员政治信仰不坚定，“办人民满意的教育”不到位等问题，重点解决违规招生、违规收费，忽视素质教育、片面追求升学率，收受学生家长财物、接受宴请，学校、班级、老师的事情家长办，课上不讲、课下有偿补课，服务学生不够、基础设施不完善等问题。

区属医疗机构要突出整治群众看病难、看病贵，巧立名目乱收费和服务态度冷、横、硬、推、拖等问题，重点解决医疗卫生人员个人收入与药品和医学检查收入挂钩、收受“回扣”“红包”和患者就医排队时间过长、程序繁琐等问题，切实构建和谐医患关系。

非公有制经济组织和社会组织要突出整治服务企业发展不够、保障职工权益不力等问题，重点解决助推企业发展力度不大、党的组织和工作覆盖面不宽、党组织和党员作用发挥不够、党建工作活力不够和吸引力不强，党政领导干部在企业兼职（任职）或领取报酬等问题。

各单位各部门要结合实际，找准自己的问题，有什么问题就解决什么问题，什么问题突出就重点解决什么问题。

二、基本环节

全区教育实践活动共分3个环节，采取统一部署、依次推进、压茬进行的方法展开，区级领导机关及直属机关和事业单位先行一步，镇、园区、街道和村、社区，区属各学校和医疗机构，非公有制经济组织、社会组织和其他基层组织后错半个月，具体到每个单位，集中教育时间不少于3个月。

活动中，要坚持问题导向，把解决“四风”问题、自身问题和群众反映强烈的突出问题作为活动的根本出发点和落脚点，让群众看到实实在在的成效；要坚持教育实践并重，以学促行、以行促实、学用相长，做到教育实践两不误、两促进；要坚持边学边查边改，从现在做起，从能改的改起，以实际行动践行群众路线、改进工作作风，用即知即改、立行立改的成效取信于民。在此基础上，要把学习教育贯穿始终，把正风肃纪贯穿始终，把解决问题贯穿始终，把建章立制贯穿始终，使各个环节的要求互相衔接、贯通起来。

（一）学习教育、听取意见

全面动员部署。2月中旬，区委召开全区党的群众路线教育实践活动动员大会，进行全面安排部署。按照市、区委统一安排，各单位各部门召开动员部署大会，全面启动活动。

进行公开承诺。全区动员大会后，区委常委会围绕克服“四风”问题，通过新闻媒体向全区人民作出公开承诺。全区各级党组织要联系自身实际，围绕群众反映强烈的突出问题和服务群众的举措，适时作出公开承诺。

学习规定篇目。重点组织党员干部学习党的十八大、十八届二中全会、十八届三中全会和习近平总书记系列重要讲话精神，学习《习近平总书记重要讲话专题摘编》《同呼吸才能心相印》《习近平同志在正定》《论群众路线》《党的群众路线教育实践活动学习文件选编》等必读书目及省、市、区委全会精神，观看《周恩来的四个昼夜》等影视作品。区级领导机关及直属机关和事业单位，镇、园区、街道要分列专题，组织集体学习、专题讨论；其他基层组织采取灵活多样的方式抓好党员干部的学习教育。区级领导班子集中学习不少于7天，区直属机关和事业单位，镇、园区、街道领导班子不少于5天。学习过程中，要做到集中学习有记录、个人学习有笔记，县处级、乡科级党员干部有学习体会文章。各单位主要领导要率先垂范，提倡各单位主要领导亲自授课。

从2月到6月底，采取“高频次请进来，小批量走出去”的培训方式，对全区科级干部和乡镇党代表以及村、社区党组织书记、主任轮训一遍，重点举办基层党务干部全国组工干部学院培训班、乡镇党代表提升履职能力培训班、经济管理干部中国人民大学培训班等主题特色班。

开展“七项教育”。突出理想信念教育，以学习习近平总书记关于理想信念的重要讲话为重点，引导广大党员干部坚定中国特色社会主义信念，树立正确的世界观、人生观、价值观。开展革命传统教育，进行“中国梦、赶考行”主题宣传，充分利用全市红色教育资源，学习党的光辉历史，学习习近平总书记在河北工作时的良好作风和崇高风范，使党员干部牢记“两个务必”，自觉践行宗旨。抓好道德品行教育，对全区党员干部进行个人品德、家庭美德、职业道德和社会公德教育，培养党员干部良好道德风尚。深化实践体验教育，组织“为民务实在一线”活动，落实直接联系群众制度，区级领导蹲点调研不少于3天，区直属机关和事业单位，镇、园区、街道“一把手”不少于2天。强化党纪法规教育，加强廉政准则等相关制度规定的学习教育，增强党员干部廉洁自律意识和拒腐防变能力。进行正反典型教育，适时召开学习先进和警示教育大会，选树推出一批先进典型，查办曝光一批反面典型。开展海港精神教育，大力弘扬和践行“开放、包容、崇德、尚美”的海港精神，积极践行社会主义核心价值观，进一步解放思想、凝聚共识，汇聚正能量、打好攻坚战。

广泛征求意见。开展“八征集八征求”活动，通过民主评议、座谈约谈、入户走访、问卷调查、寄发信函、市民热线、网上征集、关注新闻媒体报道等八种征集方式，广泛征求上级有关部门、同级班子成员、分管单位主要负责同志、“两代表一委员”、民主党派和无党派人士、本单位职工及离退休老同志、服务对象、基层群众等8个方面的意见建议，帮助找准“四风”突出问题。镇、园区、村、街居等基层单位以入户走访为主，直接征求群众意见。充分运用“树讲聚促”“解放思想大讨论”和“送温暖、听意见、谋方案”活动征集意见的成果，充分运用第一批活动听取意见的成果，充分运用纪检监察、组织、信访、巡查、审计等部门掌握的意见建议。各单位各部门要认真梳理、汇总所征求的意见建议，及时向班子成员、党员干部反馈，作为整改的重要内容，并报区活动办督导组。

（二）查摆问题、开展批评

找准突出问题。学习和对照党章，对照廉政准则，对照改进作风要求，对照群众期盼，对照先进典型，通过群众提、自己找、上级点、互相帮、代表评、集体议等方式，查找“四风”表现，聚焦“四风”问题。各级机关和事业单位还要对照《党政机关厉行节约反对浪费条例》，镇、园区、村对照《农村基层干部廉洁履行职责若干规定（试行）》，街居对照林松淑等先进典型、百步亭社区等模范单位进行检查，看有没有违反规定的，看有没有服务不到位的。区直属机关和事业单位要召开查找问题专题会议，邀请“两代表一委员”、服务对象和群众代表现场点评，“三堂会诊”、找准问题。

深入谈心交流。区级领导机关、直属机关和事业单位，镇、园区、街道领导班子成员要深入开展谈心交流活动，做到“五见面四必谈”：与上级有关领导、同级班子成员、分管单位主要负责同志、“两代表一委员”和基层群众见面，谈问题、谈原因、谈建议、谈措施，深入征求意见，为深刻剖析、开好专题民主生活会奠定基础。对存在问题较多的班子成员，由督导组会同单位主要负责同志进行谈话提醒。

撰写检查材料。区级领导机关及直属机关和事业单位，镇、园区、街道的领导班子及班子成员，要撰写对照检查材料。对照检查材料要一风一风列出“四风”的具体表现和3个以上典型事例，对“三公”经费支出、职务消费、人情消费、公务用车、办公用房和住房、家属子女从业等情况分别作出说明，并从理想信念、党性修养、政治纪律等方面剖析根源，明确努力方向和整改措施。主要负责同志要主持起草领导班子对照检查材料，并在一定范围内征求意见。班子成员要自己动手撰写个人对照检查材料。领导班子和“一把手”对照检查材料，要提前报出席专题民主生活会的上级领导和督导组审核把关。村、社区，学校、基层医疗机构，非公有制经济组织、社会组织和其他基层组织党支部、支部成员和普通党员不撰写对照检查材料。

开好专题民主生活会。区级领导机关、直属机关和事业单位，镇、园区、街道的领导班子，要召开专题民主生活会。要充分学习借鉴省委常委会专题民主生活会经验做法，会前相互谈深谈透，会上真刀真枪开展批评和自我批评，不搞先表扬、后建议，不搞避实就虚、文过饰非，不搞只摆现象、不查本质，不搞好人主义、一团和气，不搞突然袭击、发泄私愤，防止以工作问题代替作风问题、以班子问题代替个人问题、以共性问题代替具体问题，防止将“四风”变成形式主义、官僚主义“两风”甚至变成形式主义“一风”，防止避重就轻、偷工减料。“一把手”对班子成员民主生活会发言提纲逐一审定。

其他基层党组织要召开专题组织生活会，开展民主评议党员工作，针对存在问题提出改进措施和办法；村、社区、学校、基层医疗机构党组织要进行对照检查。党员领导干部要以普通党员身份参加所在党支部的专题组织生活会。

上级领导和督导组全程参加民主生活会、组织生活会。会后，要采取适当方式，在一定范围内通报会议情况，并进行满意度测评。

（三）整改落实、建章立制

制订整改方案。针对查找出的问题，区级领导机关、直属机关和事业单位，镇、园区、街道、学校、医疗机构的领导班子要制定整改方案，对重点整改任务实行项目化管理，制订整改任务书、时间表，建立整改工作台账，逐一明确整改内容、牵头领导、责任单位、完成时限；领导班子成员要制订个人整改措施。村、社区，非公有制经济组织、社会组织和其他基层组织可列出问题清单，明确整改措施。班子整改方案由“一把手”负责组织制定，经督导组审核把关后，报所属上级教育实践活动领导小组办公室备案。

认真整改落实。从群众最需要的具体事做起，从群众身边的不正之风抓起，从群众最不满意的地方改起，及时有效立行立改，让群众看到实实在在的变化。坚持开门整改，向群众作出整改承诺，实行整改落实月调度、月通报制度，及时公布整改情况，接受群众评价和监督。坚持上下联动，把整改的问题和需要上级帮助解决的问题衔接起来，以上带下、以下促上。整改工作要动真碰硬、攻坚克难，持续用劲、步步为营，确保整改成效让群众看得见、感受得到、大多数人满意。

健全制度规定。对于第一批教育实践活动期间各级已经出台的制度，要承接好、贯彻好、落实好。同时，要以改革的精神，对近年来出台的相关制度、规定进行全面清理，做好“废、改、立”工作，建立健全一批于法周延、于事简便的制度规定，固化活动成果。

搞好民主评议。集中整改告一段落后，全区各单位各部门要综合运用民主测评、民意调查、网络投票等形式，对活动开展情况及整改效果进行民主评议。把评议结果作为检验教育实践活动成效的重要依据，作为评价领导班子、使用干部的重要内容。

总结活动成果。全区各单位各部门要紧密联系实际，对活动中形成的好经验、好做法、好制度，及时进行认真总结和提炼归纳，积极探索建立反对“四风”长效机制，切实形成一批理论成果、实践成果和制度成果，确保活动取得扎实成效。

三、重点工作

按照省委常委、市委书记田向利在市十三届人大二次会议海港区代表团讨论会议上提出的，“海港区要自觉在全市科学发展、绿色崛起中‘挑大梁、当先锋、作表率’”要求和区委书记冯国林在区委九届六次全会上工作报告中提出的“四个更加突出”工作思路，紧紧围绕反对“四风”这个重点，在全面落实省、市委工作任务的基础上，重点开展“六个专项行动”，积极回应民生所求，大力实施“民心民生工程”，建立健全“十项制度规定”。

（一）“六个专项行动”

坚持即知即改、立改立行，以踏石留印、抓铁有痕的精神，扎实开展“六个专项行动”。

1. 正风肃纪行动。围绕解决“四风”问题，深入开展正风肃纪行动，集中实施“十个专项整治”。（1）坚决整治组织观念淡薄、政治意识不强和纪律松弛等问题，严厉查处有令不行、有禁不止，信口开河、口无遮拦，弄虚作假、欺上瞒下、跑官要官、拉票贿选行为。（2）坚决整治机关和公务人员庸懒散拖、不负责任、推诿扯皮、办事效率不高等问题，严肃查处迟到早退、不务正业、挂名吃空饷、办关系案、人情案行为。（3）坚决整治“门难进、脸难看、事难办”和行政服务中心“前店后厂”“体外循环”问题，查处对待群众简单粗暴、吃拿卡要行为。（4）坚决整治公款送礼、公款吃喝、奢侈浪费问题，从严查处婚丧嫁娶借机敛财，接受红包、礼金、会员卡、商业预付卡，到私人会所、“农家乐”“内部食堂”大吃大喝、超标准接待等“三公”经费使用不规范问题。（5）坚决整治党政单位和机关干部拖欠群众钱款、打白条、耍赖账等问题。（6）坚决整治乱收费、乱罚款、乱摊派等问题，在治理税费违规征缴、公路“三乱”和教育、医疗乱收费上取得突破。（7）坚决整治领导干部超标占用办公用房、住房，违反规定配车、变相配备秘书等问题，规范领导干部工作生活待遇。（8）坚决整治文山会海、检查评比泛滥、“一票否决”和问责过多问题，切实减轻基层负担。（9）坚决整治党政机关、事业单位“两超两违”和领导干部违规在企业兼职（任职）取酬问题，开展干部身份核查，清退不符合政策人员。（10）坚决整治工程建设、项目招投标、土地招拍挂“暗箱操作”问题，清查领导干部插手工程、经商办企业、从事营利性活动等问题。

全区各级党组织开展正风肃纪情况要向所属上级党组织报告、向本单位本部门通报、向群众公示。

2. 对标提效“作表率”行动。全面落实省委常委、市委书记田向利对海港区提出的“在作风建设和干部队伍建设上做表率”和“重在解决干部作风问题，重在解决群众反映强烈的问题，重在解决重点工作的落实问题”的指示要求，以“对标先进，提质提效”为重点，全力打造一支作风硬、能干事的好队伍，让群众满意，让各方认同。（1）深化创建学习型机关活动，重点提高机关党员干部调查研究、分析研判、问题处理、综合表达、自我约束、执行落实等“六个能力”。（2）实施“港城先锋”示范工程，全区各级党组织和党员、干部要积极对标全市、全省乃至全国本系统本行业内的先进典型和工作标准，查找差距不足，制定赶超措施，努力创先争优。全体党员、干部要开展“标准大讨论”活动，重点是“三看”，即工作标准看一流，生活标准看先辈，服务标准看先进，对标提效、立足岗位、建功立业，培树“群众满意窗口”“行业服务标兵”和“优质服务品牌”。（3）创新社区管理。田向利指出，海港区是主城区，要积极探索创新社区的管理机制、模式和格局，为全市提供有益借鉴。各街居要全面对标武汉市百步亭等全国优秀社区，加强社区软硬件建设；对标延吉市园辉社区党总支书记林松淑等全国优秀社区干部，加强社区干部队伍建设，健全社区工作人员选拔机制，加大业务培训力度；进一步创新社会管理，打造集社区警务、社区矫正、司法调解、维稳处突、消防安全等多职能于一体的综合型社区服务阵地。（4）落实服务承诺制、首问负责制、限时办结制、责任追究制，方便群众办事、提高工作效率。（5）优化审批服务流程，科学整合部门、单位职能，减少职能交叉，推行并联审批、联合审查，解决互为前置、循环审批等问题。（6）全面推行目标责任制，建立健全年度目标责任包保体系，使各项工作目标化引领、项目化推进、精细化管理，确保人人有担当、事事有着落。

3. 项目建设"挑大梁"行动。全面落实省委常委、市委书记田向利对海港区提出的"要把发展作为首要任务，采取强力措施抓好招商引资、扩大开放和园区建设等重点工作，在经济社会发展当中挑大梁"的指示要求，把项目建设作为全区经济社会发展的总抓手，全力实施"项目带动"发展战略，年内实施千万元以上项目113个，完成投资246.5亿元。（1）突出西港搬迁引擎带动作用，认真研究东西港区规划，配合市政府对西港区开发改造进行包装。围绕港区建设做好配套服务，加快耀华老村等片区拆迁改造和安置，推进卸粮口渔港、中外运有限公司搬迁，抓好电子信息交易中心、煤炭交易中心等项目运作实施，完善煤炭、钢铁等大宗商品交易平台，形成"大物流、大港口、大腹地"的临港产业集群发展新格局。（2）积极推广"政府推动、企业经营、市场运作、多元投入"的园区开发模式，探索园区评价体系和用人机制改革，促进园区快速发展，加快项目集群化组合。（3）集中力量开展项目攻坚，加快谋划港航商务聚集区、港口综合物流服务中心等项目。力争储备亿元以上项目100个。积极关注中外运、八达物流等16个重大前期项目，全力抓好兴龙商贸二期、博赫科技等55个计划开工项目，力争30个项目纳入省、市"双百双千"工程，确保香格里拉等30个项目竣工投用。（4）启动"四个专项入区行动"，抓住南资北移、台资北移、京津产业外溢等发展机遇，做好与江浙等发达地区以及日韩等国家的产业对接。完善大客户管理平台，主攻国内外各行业领军企业，力争与神华科技等9个企业集团达成合作意向，确保万达广场等10个签约项目顺利落地。（5）加快产业结构优化升级。启动重点工业技改项目行动，安排500万元专项资金，确保耀优娄义玻璃等4条生产线新项目完工，实质推进香海粮油植物油精炼扩建、中运机械加工等项目建设。繁荣商贸流通业，推进茂业城市综合体、世贸广场、华信物流等项目建设。（6）重点抓好求仙入海处景区改造提升、汤河景观带、圆明山森林公园、金梦海湾景观配套等项目，力促龙泉国际养老中心项目落地，促进滨海度假游、沿河观光游、休闲养生游、文化娱乐游多元发展。

4. 环境整治"当先锋"行动。全面落实省委常委、市委书记田向利对海港区提出的"要加大城市造林绿化力度，加强近岸海域、河流整治和大气污染防治，狠下治理决心，打好攻坚战，在生态环境建设上当先锋"的指示要求，坚持科学发展、绿色崛起，打造生态环境"金字招牌"，实现人与环境协调发展。（1）加强城乡生态建设。落实造林绿化三年行动计划，努力建设森林港城、生态港城。突出"身边增绿"和节约型绿化，加大本地绿植使用率。打造2条迎宾线路，新建10个街头游园，抓好汤河运动养生公园建设。同步实施小街小巷、住宅小区绿化提升工程，增加城市绿量。抓好沙河生态景观、沿海防护林、绿色廊（河）道造林等一批乡村绿化工程，完成造林5000亩。（2）改善近岸海域环境。严格落实河流保洁和环境卫生河长制、片长制，防止生活污水、生产废水和生活、建筑垃圾直排、倾倒。重点加强对27家沿河排污企业的监管，杜绝违法排污行为。加强农业面源污染防治，推进畜禽养殖废弃物资源化利用。完成闫庄等12座小二型水库除险加固，推进新开河河道清淤及沙河上游综合治理。（3）抓好大气污染治理。重拳出击，源头防治扬尘、燃煤、油烟和工业污染，实现高效油烟净化设施在大中型餐饮企业中安装、渣土运输车卫星定位监管、城区主要干道及区域机扫"三个全覆盖"。大力推广使用生物质能、太阳能等清洁能源，加快"煤油改气"进程，削减煤炭消费量6万吨以上。年底前淘汰每小时10蒸吨及以下燃煤锅炉188台，完成29个加油站、6座储油库的回收治理。（4）深化城乡环卫治理。加快城乡环卫一体化运作，实现农村垃圾无害化处理。持续开展市容环境综合整治，彻底取缔马路市场，全面治理城市顽疾，确保暑期前城市容貌有新的改善。（5）大力改善农村面貌。大力开展农村面貌改造提升行动，确保完成“五改”任务，打造孙庄、暴庄等17个省级重点村。（6）营造良好发展环境。围绕“转职能、转作风，服务大局、服务基层、服务群众”，狠抓各项优化环境制度的落实，切实解决突出问题，维护企业和群众的合法权益，为全区经济社会发展创造良好环境。

5. 基层工作服务年行动。坚持将工作职权下放、工作力量下沉、工作重心下移，更好地服务发展、服务基层、服务群众。（1）深化行政审批制度改革。在承接好省、市行政审批权限下放的同时，本着便民利民的原则，全面清理区级行政审批事项，取消和下放一批行政审批事项，赋予镇、园区、街道一级更多权力，统筹解决责权利相统一的问题。（2）推行领导干部深入基层现场办公制度。集中解决基层实际问题，推动工作落实。（3）坚持干部联系基层制度。继续和深化“一联六促、访解帮带”活动，县处级、乡科级领导干部要主动到农村、企业、社区、学校、医院和非公有制经济组织、社会组织等基层单位蹲点服务，接地气、受教育、办实事；继续选派机关干部到基层挂职，帮助理思路、破难题、促发展。蹲点服务要坚持吃住在基层单位，不接不送不陪，不给基层增加负担。（4）深化基层服务型党组织创建活动。按照中央办公厅建设基层服务型党组织要达到有坚强有力的领导班子、有本领过硬的骨干队伍、有功能实用的服务场所、有形式多样的服务载体、有健全完善的制度机制、有群众满意的服务业绩“六有”目标，积极构建“一站三团（队）”服务网络，继续深化“星级管理、千分考核”工作机制，使广大党员奉献有岗位、争先有标尺。（5）强化镇街基层工作职能。深化体制改革，强化镇街公共服务和社会管理职能，提高基层社会综合治理科学化水平。（6）完善区镇村三级服务体系，大力推进“区政务中心—镇（街道）便民服务中心—村（社区）便民服务站”三级平台建设。

6. 强党性聚合力行动。习近平总书记在中纪委第三次全体会议上指出，“在作风问题上起决定作用的是党性”。借被省委组织部列为处置不合格党员试点区契机，大力加强基层党员队伍先进性和纯洁性建设，以整治党员党性观念不强、党组织软弱涣散为重点，全面激发党员队伍活力，努力使基层党组织成为推动科学发展的坚强领导核心。（1）建立党员写实分类管理制度。针对个别党员长期不参加组织生活、不履行义务现象，根据党的十八大提出的“健全党员能进能出机制”要求，制订下发《关于试行党员写实分类管理制度的通知》，通过对全体党员写实，对不履行义务党员登记、挂账管理、视为自动退党等措施，督促党员强化党性观念、履行党员义务。（2）规范组织生活制度。针对当前个别存在的党员管理松懈、支部凝聚力和战斗力不强等问题，以党员教育经常化和支部建设规范化为目标，制订出台《关于进一步规范和加强以“三会一课”为主要内容的组织生活制度的实施意见》，全面提升党员教育管理的科学化，不断增强基层党组织的凝聚力和战斗力。（3）推进后进支部整顿转化工作。按照“抓两头、带中间”工作思路，突出抓好班子问题多、发展能力弱、硬件建设差、维稳任务重等四类后进党组织的整顿工作。采取领导联系、重点帮扶、定期调度、政策倾斜等措施，提升基层党组织的造血功能，补齐和拉长“短板”，努力实现后进向先进的转化。

（二）积极回应民生所求，大力实施“民心民生工程”

教育实践活动的重要任务之一就是解决民计民生问题。在“送温暖、听意见、谋方案”活动中，全区共征求到意见建议337条，经过认真归纳整理，梳理汇总出“在资金、技术、市场信息等方面对村、社区特别是企业的扶持力度不够，办事效率和服务水平不高，部分老旧小区污水管道、电路老化，缺少文化活动场所和体育健身器材，个别村、社区环境脏乱差，下岗失业人员缺乏专业培训和对口技术指导，养老问题突出”等17个涉及民计民生方面比较突出的问题（附明细）。在活动中，要明确责任、分工合作、着力解决，切实回应民生所求。（1）切实还利于民。由区委牵头组织，集中利用一个月左右时间，对面向基层的惠民政策进行全面清查，坚决纠正政策缩水、落实走样、办事不公行为，切实解决侵犯群众利益的问题。（2）化解信访积案。切实维护好广大群众合法权益，认真落实“八三工作法”，对所有纳入化解范围的信访积案，做到一名包案领导、一个工作班子、一套化解方案、一份办案卷宗、一套稳控措施，特别要高度重视、彻底解决好农民工工资拖欠问题。（3）大力实施民心民生工程。本着“统筹安排、民生优先，突出重点、量力而行”的原则，专门制定民心民生工程实施方案（方案另发），围绕涉及面广、惠及面大、群众最关心、百姓最急需、可操作性强的基本要求，加大民心民生投入力度，加强民心民生项目的谋划建设，突出为民办实事、办好事。

（三）健全“十项制度”规定

对第一批活动已经出台的制度，加大督促检查力度，确保全面落实、严格执行。同时，从实际出发，建立健全一批新的制度。（1）党委（党组、支部）民主决策制度。把部门论证、公众参与、民主协商、专家论证、风险评估、合法性审查和集体讨论决定作为重大决策的必经程序，推进决策的科学化、民主化、法制化，提高决策质量，减少决策失误。（2）权力运行监控制度。突出重点领域和关键环节，强化权力运行事前、事中和事后监控，建立科学合理的权力内控机制、公开透明的权力运行机制和规范严密的权力监督机制。（3）重大决策督促落实制度。强化监督检查，落实工作责任，创新督导方法，加强协调指导，狠抓工作落实。（4）领导干部作风评议考核制度。把组织考察、考核与群众评议结合起来，把评判权、监督权交给群众，坚持以人民满意不满意为标准，评价领导机关和领导干部作风的好差。（5）村、社区居民联系卡制度。构建网络，畅通渠道，丰富内容，不断改进各级党员干部联系和服务群众工作，及时反映群众诉求，随时化解矛盾、解决困难。（6）行政审批目录管理制度。改进行政审批事项管理模式，对各单位各部门增设、减少行政审批事项的条件、程序等作出明确规定，凡未纳入“目录”的行政管理事项，有关部门不得以任何形式进行审批。（7）党政机关经费管理制度。按照中央《党政机关厉行节约反对浪费条例》要求，以刚性的制度约束、严格的制度执行、强有力的监督检查、严厉的惩戒机制，切实遏制公务支出和公款消费中的各种违纪违规违法现象。（8）公务接待规范管理制度。坚持有利公务、务实节俭、严格标准、高效透明的原则，严格公务接待标准、程序，加强审批管理，强化审计监督，杜绝奢侈浪费。（9）基层公共服务投入保障制度。围绕提高基层公共管理和服务能力，设立基本公共服务补助资金，专用于补助村、社区的治安、环卫、行政管理等基本公共服务支出。建立政府工作进村、社区准入机制，政府部门新增需要村、社区承担的工作，要为村、社区提供相应工作经费。（10）党员民主评议和组织处理制度。遵循实事求是、民主公开、平等公正原则，坚持每年对党员进行民主评议，对不合格党员进行组织处理。

在全面健全十项制度规定的基础上，全区各单位各部门要注重巩固活动成果，重点将整治“四风”方面的好做法形成长效机制，严格执行，不定期监督检查。

四、推进举措

全区党的群众路线教育实践活动，要在充分借鉴运用第一批活动成功经验基础上，结合各单位各部门特点，积极创新活动推进方式方法，确保活动有序推进、健康开展。

（一）实行各级领导全程联系。建立领导干部联系点，使每个活动单位都有上级领导联系，都能得到有效指导。区级领导机关县处级党员领导干部每人联系1个基层党（工）委、分别指导1个区直单位和1个农村（社区）；全体科级党员领导干部结合“一联六促、访解帮带”活动，每人联系1个基层单位或服务对象。领导干部对联系点要全程跟踪、重点把关、直接指导，审阅领导班子和成员的对照检查材料，参加领导班子专题民主（组织）生活会，发现解决存在的问题，及时给予工作指导。县处级党员领导干部联系点要成为活动的示范点，发挥表率样板作用。

（二）集中推出一批正反典型。坚持整治“四风”与大树正风相统一，以身边事迹感化身边人，以身边案例教育身边人，深入挖掘和培树一批自觉反对“四风”、真心服务群众和辛勤工作、无私奉献的先进集体和优秀个人，及时总结宣传先进典型的优良作风和先进事迹。加强监督和查处力度，定期通报和曝光反面典型，形成高压态势，产生震慑作用。

（三）严肃组织处理。严明组织纪律，严格执行政策，对软弱涣散、问题比较突出的领导班子，要先进行整顿，再开展活动。对有问题不整改、大问题小整改、边整改边再犯的，进行严肃批评教育，必要时采取组织措施和纪律措施。对存在一般性作风问题的干部，立足于教育提高，促其改进；对群众意见大、不能认真查摆问题、没有明显改进的干部，进行组织调整。对长期不发挥作用甚至起负面作用的党员，进行严肃教育，不合格的要严肃党纪、给予组织处理。对发现的重大违纪问题及时移交纪检监察机关或有关方面严肃查处，对活动中顶风违纪、造成严重不良影响的从严从快查处。

（四）强化督促检查。为指导和推动活动有效开展，区委向各单位各部门派出督导组。各党（工）委也要层层选派督导组。各级督导组要认真履职尽责，全程督导所负责单位的活动开展，开展明查暗访，及时掌握活动进展，发现和解决苗头性、倾向性问题，严格审核把关，有效传导压力，防止降格以求。

（五）鼓励基层创新。各单位各部门要认真贯彻中央和省、市、区委确定的群众路线教育实践活动指导思想、目标要求、基本环节和重点工作等内容，在抓实基本环节、不折不扣完成规定动作的基础上，要结合实际创新开展活动的载体，创新解决问题的方式方法，创新制度机制，使全区教育实践活动更加贴近实际、更加富有特色、更加富有成效。

五、组织领导

（一）落实领导责任。全区党的群众路线教育实践活动在区委活动领导小组领导下开展。各单位各部门都要成立活动领导小组和专门工作机构，党组织主要负责同志担任活动领导小组组长。党委（党组、支部）书记要承担起第一责任人责任，亲自研究谋划，亲自指导推动，发挥示范作用。特别对需要解决的问题，做到心中有数，对可能发生的复杂情况，进行分析预判，提出有效的预防和解决对策。对活动走了过场的，要追究"一把手"的责任。

（二）加强分类指导。要结合不同层级和领域实际，针对不同病症，加强分类指导，注重分类实施。区委活动领导小组将根据村、社区、学校、医疗机构、非公有制经济组织和社会组织、服务行业等系统行业不同情况，有针对性地加强指导，进一步增强活动的针对性和实效性。要发挥行业系统指导作用，实行垂直管理或以行业为主管理的单位，要加强领导和指导，认真抓好下属单位和分支机构的教育实践活动。

（三）注重宣传引导。充分发挥传统主流媒体和新兴媒体作用，大力宣传中央和省、市、区委精神以及本地经验做法和活动取得的成效。要在区级媒体开设专栏、专版，发挥好评论、言论的引导作用，把握好舆论引导的时机、力度和效果，更好发挥评论、言论的引导作用，营造良好的舆论氛围。

（四）坚持统筹兼顾。把开展教育实践活动作为解决作风问题、推动重点工作的重大机遇，与深入贯彻党的十八届二中三中全会和省、市、区委全会精神结合起来，与积极推进改革创新结合起来，与努力成为全市打造"沿海强市、美丽港城"的主力军、主阵地、主窗口结合起来，与促进社会和谐稳定结合起来，与做好当前各项工作任务结合起来，搞好统筹协调，凝聚发展共识，做到两手抓、两不误、两促进。

全区各单位各部门要根据中央和省、市、区委部署要求，结合各自实际制订具体实施方案，区直属机关和事业单位，镇、园区、街道报区委教育实践活动领导小组办公室备案，其他基层组织报上级活动领导小组办公室备案。

名词解释

"四风"：形式主义、官僚主义、享乐主义和奢靡之风。（第 30 页）

"四个更加突出"：更加突出经济转型升级和产业集聚发展，更加突出城市功能完善和生态环境改善，更加突出民计民生保障和群众幸福指数提升，更加突出干部作风转变和党的建设创新。（第 34 页）

"两超两违"：超职数配备干部、超编制进人，违规设立内设机构、违规提高机构规格。（第 34 页）

"双百双千"工程：省管重点在建项目、重大前期项目各 100 项，项目单体投资 10 亿元以上；市管重点项目、重点前期项目各 1000 项，项目单体投资 3 亿元以上。（第 35 页）

"四个专项入区"：央企入区，知名企业入区，外企入区，引技、引智入区。（第 35 页）

"五改"：改水、改路、改厕、改圈、改垃圾处理方式。（第 36 页）

"一站三团（队）"："一站"即党组织服务站；"三团（队）"即民意收集团（队）、便民服务团（队）和能人代办团（队）。（第 36 页）

中共海港区委　海港区人民政府关于印发《海港区环境整治“当先锋”行动实施方案》的通知

各镇、园区，各街道，区直各单位，各人民团体：

现将《海港区环境整治“当先锋”行动实施方案》印发给你们，请结合实际认真贯彻执行。

中共海港区委
海港区人民政府
2014 年 5 月 16 日

海港区环境整治“当先锋”行动实施方案

为进一步改善和优化全区环境，按照全市统一部署，区委、区政府决定在 2014 年开展环境整治“当先锋”行动，特制定本方案。

一、指导思想

全面贯彻落实党的十八大、十八届三中全会，省、市、区全会精神，以科学发展观为指导，按照生态环境与发展环境同步整治，软环境与硬环境同步提升，集中整治与长效管理同步推进的原则，全力打好“六大攻坚战”（大气污染防治攻坚战、北戴河及相邻地区近岸海域环境综合整治攻坚战、山水林田湖生态修复攻坚战、城乡环境综合整治攻坚战、农村面貌改造提升攻坚战、发展环境建设攻坚战），为全面建设“一流主城区和沿海经济增长极”打好环境基础。

二、工作目标

（一）全区环境空气质量进一步改善，优良天数明显增加。城市区细颗粒物浓度比 2013 年下降 5%，二氧化硫和氮氧化物排放量分别比 2013 年削减 1.6% 和 5.5%。

（二）全区水环境质量明显改善，主要污染物浓度稳步下降。主要河流水功能区达标率超过 60%；城市集中式饮用水水源地水质达标率 100%。化学需氧量、氨氮排放总量分别比 2013 年削减 1.5% 和 1%。近岸海域水质达到环境功能区划要求，北戴河及相邻地区近岸海域水质稳定达到《海水水质标准》二类标准，重点区域达到一类标准；暑期时段不出现连续性赤潮和海上漂浮物，主要入海河流水质达标率 60%；流域重点村庄实现垃圾“村收集、镇转运、区处理”，农村垃圾集中收集处理、无害化处理率达90%，及时清运率达95%；污水处理率达到95%，陆域污染源得到有效控制，形成比较完善的监测预警、应急处置体系和近岸海域环境治理长效机制。

（三）山水林田湖生态修复取得明显成效，以山体修复、水网建设、造林增绿为工作重点，实现人工造林4120亩，城区新增绿地4万平方米、绿地率、建成区绿化覆盖率、人均公园绿地面积分别达到29.54%、32.7%和9.8平方米。

（四）城乡环境明显提升，基础设施保障能力进一步增强。城乡“净、绿、亮、美、序”在原有基础上有显著提升，城市“半小时交通圈”初步建成，供水、供气、供热、排水等公用设施供给和服务能力有效提升。老城区和城乡结合部改造取得明显进展。

（五）农村面貌进一步改善。实现农村布局优化、民居美化、道路硬化、村庄绿化、饮水净化、卫生洁化、路灯亮化、服务强化，筛选确定一批样板村，辐射和带动全区改造提升行动。

（六）发展环境进一步优化。行政审批制度改革进一步深化，政府职能转变加速推进。服务机制、服务措施进一步完善，服务市场主体水平明显提升。正风肃纪专项行动深入开展，干部作风进一步转变。

三、工作任务

（一）大气污染防治攻坚战

1. 全力推进能源结构调整。推进燃煤锅炉煤改电、改气工程，控制煤炭消费总量，全年削减煤炭消费量8.56万吨。加大电、天然气、太阳能等清洁能源推广力度，提高城市清洁能源使用比重。完成1个洁净煤配煤中心建设。

2. 全面整治燃煤锅炉。加快推进集中供热、“煤改电”“煤改气”工程建设。取缔城市建成区10蒸吨及以下燃煤锅炉和茶浴炉，全年淘汰燃煤锅炉274台660蒸吨。

3. 开展餐饮油烟污染专项治理。餐饮经营单位全部安装高效油烟净化设施，6月底前，完成休疗单位、机关企事业单位食堂和6个灶头以上餐饮经营单位的油烟治理；年底前，完成整治范围内全部餐饮经营单位油烟治理。

4. 开展露天烧烤专项治理。全面整治烧烤业户露天经营、店外经营、占道经营、乱倒垃圾污物等违法行为，力争通过专项整治，使城市区露天烧烤问题得到有效解决，城市环境容貌明显改善，营造文明整洁的居住环境。

5. 依法关停违法违规大气污染企业。对全区钢铁、水泥、玻璃、石矿企业进行全面排查，彻底取缔影响区域环境空气质量且无合法手续、规模小、资源和能源消耗高、超标严重企业；对手续不齐全企业停产治理。

6. 推进挥发性有机物污染治理。在石化、有机化工、表面涂装、包装印刷等行业实施挥发性有机物综合整治。加快油气回收治理工作进度，完成6座储油库、29座加油站、114台油罐车的油气污染治理项目。

7. 推进既有居住建筑供热计量改造。年底前城市区住宅计量收费面积占本市住宅集中供热面积比例达到40%，全区完成供热计量改造33.75万平方米。

8. 加强建筑施工场地扬尘监管。严格落实《河北省建筑工程施工扬尘治理15条措施》和《河北省关于进一步加强建筑工程施工扬尘治理的若干规定》，5月底前，全区域范围内所有建筑工地按标准落实施工扬尘防治措施。

9. 强化道路扬尘综合整治。进一步提高道路机扫率，规范垃圾收集、运输和处置行为，实施树池树穴和绿地泥土裸露整治。6月底前，城市区机械化清扫率达到50%以上，城区内裸露树池和绿地整治率达到80%以上。

10. 严格渣土运输车辆密闭管理。3月底前，所有运输垃圾、渣土车辆全部采取密闭措施；6月底前，所有垃圾运输车辆、渣土运输车辆完成GPS卫星定位系统安装。

11. 开展城区扩绿增绿活动。全面推动城市绿量大幅提升，重点针对城市空闲地、老旧小区、单位庭院、小街巷等城市空间，以乔灌木为主丰富景观层次。计划2014年底城市绿化覆盖率、绿地率、人均公园绿地面积分别达到32.89%、33.2%、9.22平方米/人。

12. 提升燃油品质。在全面使用国家第四阶段车用汽油的基础上，年底前供应符合国家第四阶段标准的车用柴油，加油站不得销售和供应不符合标准的车用汽、柴油。加强油品质量监督检查，严厉打击销售不符合标准和劣质油品的行为。

13．加强机动车污染防治。加快淘汰黄标车和老旧车辆，3月底前，淘汰全区企事业单位黄标车；年底前，淘汰1999年底前注册登记的汽油机动车和2006年底前注册登记的柴油机动车。加强在用机动车年度环保检验，对不达标车辆不得发放环保合格标志，不得上路行驶，汽车环保标志发放率达到70%。大力推广新能源汽车，继续实施公交行业新能源车辆更新购置工作，加快推进更新车辆场站及配套设施建设。

14．大力发展循环经济。抓好工业园区循环化改造、资源综合利用等项目建设，鼓励产业集聚发展，定量培育循环经济示范园区和示范企业。结合全区经济发展和城镇改造升级，对布局分散、装备水平低、环保治理设施差的小型工业企业进行全面排查整顿，提升改造一批、集约布局一批、搬迁出城一批、关停并转一批。对排放不达标的非法企业，坚决予以取缔。

（二）北戴河及相邻地区近岸海域环境综合整治攻坚战

15．继续保持对违法违规排污企业的高压势态。在全区范围内全面排查违法违规排污企业，一经发现立即关停，整改达标、手续健全后方可复产；已关停的违法违规排污企业，要开展全面排查，对永久关停的企业采取断电、拆除生产设施等措施，确保关停到位；对擅自复产的企业，责令立即停产整顿，并严肃追究相关人员责任。

16．强化工业污染源深度治理。加大工业污染防治力度，有效削减工业污染负荷。对主要入海河流流域内重点企业实施严格监管，达不到排放标准的企业，进行停产治理。遵循循环经济理念，鼓励企业实行清洁生产，建立节水型工业；鼓励企业在稳定达标排放的基础上集中建设污水深度处理设施。

17．完善城镇污水处理设施体系。加快重点区域污水处理厂建设，逐步实现污水管网全覆盖；对未达到一级A标准的污水处理厂继续进行升级改造，提高污水处理能力。按照“减量化、无害化、稳定化”原则，提高污泥资源化和综合利用水平。继续强化污水处理设施的运营监管。

18．推进城乡垃圾处理体系建设。加快建设垃圾处理厂和运转站，推进农村生活垃圾定点存放、统一收集和集中处理。建立起完善的“村收集、镇转运、区处理”的城乡一体化垃圾处理体系。

19．提升农业面源污染防治水平。大力推广清洁种植、清洁养殖和乡村清洁。通过实施土壤有机质提升，农业废弃物资源化利用，开展测土配方施肥和农作物病虫害综合防治，减少化肥、农药等投入品用量，实现清洁种植。鼓励养殖小区、养殖专业户和散养户适度集中，统一收集和处理污染物，推进畜禽养殖废弃物资源化利用。以规模化、集约化养殖场和养殖小区为重点，推进沼气池、粪便干湿处理，建设养殖场废弃物及病死畜禽无害化处理中心，畜禽粪便资源化利用率达到80%以上，畜禽养殖业污染源得到有效控制，实现清洁养殖。

20．实施河底清淤及生态修复、堤防护砌、河堤绿化等工程，降低河道内源污染。全面排查河道堤防范围内违法建设行为，严厉查处擅自覆盖、侵占、污损河道以及向河道排污行为。加强入海河流水质监测，建设从污染源排放口、入河排污口、主要河流断面到入海口的一体化水质监控体系。

21．实施海岸及水生生态修复工程。改善海洋旅游环境，对重点浴场采用人工鱼礁、人工养滩补沙等形式修复岸滩功能，改善海岸环境。扩大水产苗种增殖放流总量及品种，改善海洋生物栖息繁衍环境，增加海洋生物种类和总量，恢复海洋生物生态平衡功能。

22．建立长效监控体系，提升应急保障能力。继续实行专家评、研判制度，做好暑期期间的海水质量监测和预警、预报工作。严格控制沿海景区旅游设施建设，加强入海河流水质在线监测，完善从污染源排放口、入河排污口、主要河流断面到入海口的一体化水质监控体系。

（三）山水林田湖生态修复攻坚战

23．抓好重点水利工程建设。抓好重点水利工程建设。加快水利基础设施建设，完成维修加固水库8座，堤防2公里，水池水窖10个，发展节水灌溉面积0.15万亩，治理水土流失3平方公里。完成1条中小河流治理工程；加强城市区河道治理投入，不断改善城市水环境；做好项目前期工作，加强与国家水利部和省水利厅的联系和沟通，摸清国家投入政策发展方向，提前储备一批新项目，为更多争取国家投入奠定坚实的基础。严格落实水资源管理“三条红线”，坚持科学分水、优化调度，实现水资源优化配置，水源互济，确保供水安全。

24. 实施绿化造林工程。实施绿化造林工程。按照“增林扩绿、林果结合，产业引领，造管并重”的建设思路，2014年，我局以义务植树、群众绿化、沿海防护林建设、宜林荒山绿化为依托，计划造林4120亩，封山育林1380亩，森林覆盖率达到47.28%。

25. 发展生态循环农业。结合北戴河及相邻地区近岸海域环境综合整治工程，积极普及测土配方施肥、生物肥、有机肥、节水灌溉、病虫害绿色防控、设施农业等现代清洁种植技术，加快秸秆综合利用、畜禽规模化清洁养殖、农村户用沼气与太阳能互补采暖等新能源开发步伐，大力推广“种—畜—沼”“果—畜—沼”“畜—沼—菜”等循环农业发展模式。注重加大技能培训、引进新品种、发展林木产业基地，采取送书下乡和走出去、请进来等多种方式，提高农户的种林水平，计划投入资金74万元，培训农户1.7万人次以上，新增百亩以上规模型林木产业基地1个。深入开展果品安全专项整治行动，全年完成不低于120个样品的果品抽样检测工作，果品种植环节综合抽检合格率达98%以上。

（四）城乡环境综合整治攻坚战

26. 加快道路交通设施建设。年底前，长江道西延伸一期工程（横断山路—南岭路）具备通车条件。民族路北延伸二期工程完善收尾工作。

27. 加强火车站片区管理。提高火车站管理水平，加大火车站管理力度，维护火车站广场秩序，疏导车辆有序停放，确保广场环境干净整洁，无乱贴乱画、乱摆乱放。确保广场公用设施正常使用及使用安全，打造高水平、高品位的旅游窗口形象。

28. 抓好城市绿化。启动实施城市区三年增绿行动计划，着力提升暑期路线、主要干道、重要节点、居民小区绿化水平，增加城市形象和美誉度，进一步打造美丽港城品牌。组织开展绿化为民活动，年内新建2座游园绿地，对16个老旧小区进行绿化改造，对一批公园游园绿地进行完善提升。依托山体、水系、海岸、道路、公园、广场等资源，按照绿道绿廊规划，全面开展县域绿道绿廊建设。

29. 抓好城市美化。落实城市区重要建筑、市政设施及沿街破损建筑外立面的清洁、修缮和维护，打造洁净城市形象。强力整治城市区广告牌匾，拆除有碍观瞻的广告设施。选定1—2条路作为示范街，综合整治，打造示范，逐步推开。

30. 规范城市秩序。继续开展城市环境综合整治活动，按照《城市容貌景观提升（2013—2015）专项行动方案》，组织开展一系列高压整治活动，攻克一批影响城市环境容貌的难点顽症，全力打造干净、有序的城市整体容貌。规范城管执法行为，对违反规定的不文明行为实行严管重罚，在社会上形成不敢违章、不愿违章的意识。逐步解决露天烧烤、沿街门店乱倒垃圾、城乡结合部和老旧小区环境脏差、乱贴乱画、占道经营、市场外溢、摊点无序等城市“顽疾”。

（五）农村面貌改造提升攻坚战

31. 抓好饮水安全。积极探索推进统筹规划、城乡一体、适度规模联村集中供水的路子，发展规模化集中供水。不具备集中供水条件的地方，采取分散式供水，建设增压设施，保证供水水质和水量标准、用水方便程度、水源供水保证率等符合国家相关标准。积极争取国家和省支持，全年重点解决3个村0.3万人饮水安全问题。

32. 抓好道路硬化。加快农村公路连村路建设、村内街道硬化。村街道路硬化坚持就地取材、体现乡村特色。在抓好道路建设的同时，同步推进安全稳定用电、通讯、通邮等基础设施建设。

33. 抓好垃圾处理。继续开展“四清”（清垃圾、清杂物、清残垣断壁、清庭院），并建立长效保洁机制。与北戴河及相邻地区近岸海域环境综合整治工程相结合，加大城乡一体化垃圾收运设施建设力度；配齐乡镇转运站工作人员，实现“户分类、村收集、镇转运、县处理”的垃圾收运、处理模式。

34. 抓好厕所改造。全面推行双瓮漏斗式卫生厕所类型。养殖比较集中的地区，选建三联通沼气池式卫生厕所，尽快消灭连茅厕、路边厕和旱厕，推进粪便无害化处理。年内，完成农村厕所改造任务5000座。

35. 民居节能改造和危房改造。结合我区特点和传统习俗，对墙体、门窗、屋顶实施改造。稳妥推进小河中心村（涉及七个村）项目建设、秦皇皓月城联片改建，加强农户建房规划引导，推进农村危旧房改造，改善困难户群众的住房条件。结合扶贫开发，加强农户建房规划引导，推进农村危旧房改造，重点抓好省级重点村、中心村危房改造工作，改善困难户群众的住房条件。

36. 抓好土地整理和公墓建设。对田、水、路、林、村以及滩涂荒地、未利用地开展综合治理，对闲置宅基地、废弃砖瓦窑、废沟渠堰塘进行整理，增加有效耕地面积，提高土地质量和利用效率，改善生态环境和农业生产条件。积极推进适合我市市情的多模式农村安葬方式。

37. 抓好厨房改造和秸秆处理。推进厨房改造，推广使用先进炉具、灶具，提高热效能，减少污染物排放。加快调整农村能源结构和使用方式，积极推广秸秆能源化利用。推广使用天然气、液化气、太阳能等清洁能源，在各县等养殖业集中的村庄新建、完善养殖场大中型沼气池5个，推动农村沼气集中供气。

38. 抓好村民中心建设。各行政村普遍建立完善村民中心，对村委会办公室、村民活动室、医务室、警务室等进行整合，集中建设集办公议事、村务公开、事务代办、信访代理、医疗服务、邮政服务、购物超市、文化娱乐、信息技术服务等于一体的村民中心。建立健全农村标准化卫生室管理制度，进一步规范和提升农村医疗水平，改善农民就医看病条件。大力推广建设互助幸福院等多种养老模式，着力完善配套设施，提高服务质量和水平。

39. 抓好环境美化。继续深入开展集中清除整治，做好农村文化墙的设计和施工，有条件的村可建设文化广场。结合村庄建筑和文化特色，在村庄入口处设立村庄标识，村内设置街巷、楼院门户和设施标牌，提升村庄精细化管理水平。

40. 抓好农村教育设施建设。大力扶持农村学前教育，力争在2014年启动镇办中心幼儿园建设项目，东港、西港、北港、海阳、海港镇政府各建设（改建）一所规模为12个班，建筑面积为4000平方米的镇办幼儿园。构建新型农民职业教育与终身教育服务体系，加强流动教学车和流动种植（养殖）实验室的建设。加强农村校车配备与管理，保障中小学生上学安全。

41. 抓好传统文化保护。对村内的古塔、古庙宇、古戏台、古祠堂、古民居等古建筑，精心保护修缮，彰显村庄文化底蕴。

42. 抓好产业支撑。以农业提质增效为主攻方向，围绕城郊型特色农业，着力提升畜牧、蔬菜、林果等产业在农业中的份额。发展多种形式的适度规模经营，并以此为龙头，推动各种现代生产要素向农业聚集。按照“积极发展、逐步规范、强化扶持、提升素质”的要求，引导农民合作社由生产合作向流通、加工、信用合租拓展，探索发展各类土地合作社、股份合作社、综合合作社，全年新增农民专业合作社3家，申请创建市级示范社1家、省级示范社1家；继续引导和扶持农业龙头企业发展，鼓励工商资本投向特色优势产业。新增认定市级以上农业产业化龙头企业2家。

43. 抓好基层组织建设。以服务群众为主题，扎实推进基层服务型党组织建设。继续深化基层组织“领头雁”工程和农村干部“素质工程”。进一步健全村务运行管理机制，完善服务保障。深化党员“七权七责”，健全全面对标、认责承诺、亮牌示范、夺旗争星“四项机制”，充分发挥党员作用。积极创新社会管理，全面推行农村基层党组织、群众性自治组织、经济合作组织、综治维稳组织规范化建设，确保发挥职能作用。加强农村法制宣传教育阵地建设，深入开展以抓矛盾纠纷化解、抓信访问题解决、抓社会治安防控、保社会和谐稳定为主要内容的“三抓一保”活动和“善行河北”主题道德实践活动，丰富群众精神文化生活，促进农村社会稳定和谐。

（六）发展环境建设攻坚战

44. 精减行政审批事项。认真贯彻落实国务院、省政府职能转变、简政放权有关部署要求，做好上级减少和下放审批事项衔接工作，做到能取消的坚决取消、能下放的坚决下放、能降级的坚决降级。巩固我区“三类事项”清理工作成果,对“三类事项”进行动态清理，编制完善项目目录，通过政府门户网站和媒体进行公开，没有纳入项目目录的事项不得实施。加强对审批项目实施情况的监督监查，及时解决和纠正违规继续审批、变相审批、滥用审批权等问题，确保行政审批事项下放、取消到位。

45. 优化审批流程。按照“并联审批、联合审查、提高时效”的要求，优化再造进厅项目审批流程，重新明确条件、责权、时限以及申报材料，进一步减少缩短审批环节和时限。重点围绕项目建设，对职能部门审批环节全面梳理，明确审批次序、时限，编制并公开审批流程。实行“一窗受理、分段审批、限时办结、流程监控”的并联协同审批制度。

46. 加强“两个中心”建设。继续开展市政务服务中心省级服务标准化试点工作，认真实施服务质量管理体系和服务业标准体系。着力推进基层政务服务机构上档升级，不断完善运行机制、管理模式和服务功能。进一步推进网上政务服务体系建设，努力构建包括网上政务服务监管系统、日常管理系统等多功能、科技化政务服务平台。推动政府投资和使用国有资金的各类工程建设招投标、政府采购、产权交易、国有土地使用权和矿产权出让等交易活动进驻公共资源交易中心交易，创造公平竞争的市场环境，发挥市场配置资源的决定性作用。

47. 开展“正风肃纪”专项行动。结合正在开展的党的群众路线教育实践活动，认真正风肃纪，以区级领导机关、领导班子和领导干部及乡镇、街道、村（社区）和直接联系服务群众的执法监管部门、“窗口”单位、服务行业为重点，以贯彻落实中央八项规定精神为切入点，进一步突出作风建设，明确标准，仔细查摆，认真整改，正风肃纪，坚决反对形式主义、官僚主义、享乐主义和奢靡之风，着力解决人民群众反映强烈的突出问题。要继续开展对“八项规定”和工作纪律执行情况的专项检查，对检查出来问题的单位和个人追究问责。重点检查为企业和项目建设服务效能低下等作风方面突出问题，重点查处影响发展环境的典型案件，对问题严重造成恶劣影响的，要采取召开警示教育大会、通报等形式予以曝光。

48. 开展整治“吃拿卡要”专项行动。教育引导公务人员强化依法行政意识，规范行政执法行为。坚决治理违反法律、法规、规章规定和规定程序从事执法执纪活动；坚决治理公务活动中不给好处不办事，给了好处乱办事行为；坚决治理态度冷硬、蛮横粗暴、故意刁难办事企业和群众的问题；坚决治理利用职权指定企业接待、报销个人支出凭证、授意安排旅游娱乐等行为；坚决治理索取、接受或以借为名占用单位或个人财物、有价证券、支付凭证或在企业投资入股、持有干股、兼职取酬等活动。全区各单位开通投诉举报平台，收集群众意见建议，回应群众关切。要加大对专项整治活动情况明察暗访力度，坚决纠正和查处公务活动中“吃拿卡要”等群众反映强烈的突出问题，严肃追究有关人员及领导的责任。

49. 开展优化发展环境专项评议活动。把具有行政审批、执法和服务职能且直接面向企业和群众的窗口及负责人作为评议重点，认真评议其工作态度、服务效能、依法行政等情况。改进评议方式，采取问卷评议、网上评议、电话评议等措施，扩大群众参与面，提高评议针对性。发挥评议的纠建作用，公开评议结果，对评议中企业和群众反映的意见建议，认真梳理汇总，实行挂账督办，对评议中排名靠后的单位和个人限期整改，连续三次排名靠后单位或因单位工作作风问题严重影响发展环境的调整领导班子。

50. 进一步完善服务制度。实行重大项目领办代办制。明确重大项目代办、协办和督办机构及其职责，提供重大项目从企业注册、立项到开工、竣工验收的全过程代办服务。实行重点企业和项目联系制度。及时调整优化发展环境监测点，对重大建设项目定期沟通、随时联系，发挥监督监测、参谋咨询等作用；选定重点项目明确到市级领导，全面落实“包项目立项、包项目融资、包项目施工、包项目质量、包项目竣工”的“五包”责任。实行重大项目跟踪服务制。确定10个重点项目，对项目审批、项目建设、运营环境等情况进行跟踪服务，及时帮助项目建设单位解决生产、经营中遇到的困难和问题。

51．拓宽群众诉求渠道。推进“一键通”市民综合服务平台与行政电子监察平台高效运行，认真解答群众投诉和咨询，不断提高办结率和满意率。继续抓好政风行风热线工作，推行电台、电视、报纸、网络四位一体的政风行风热线新模式，建立和完善问题受理、转办、督办、反馈、考核等工作机制，拓宽群众反映问题、表达诉求和民主监督的渠道，切实维护群众利益。

52．探索商事登记制度改革。继续实施以零资本注册、零收费注册，取消消防、环评前置许可、船舶货运代理服务许可，放宽企业名称登记、出资方式、住所登记、市场准入、出资限制、股权转让、登记条件、组织形式、兼并重组等为主要内容的“两个零、三取消、九放宽”优惠措施。按照国务院、省政府职能转变工作安排，提出注册资本实缴登记制改为认缴登记制等放宽工商登记条件、实行“宽进严管”的具体方案，进一步放开市场准入、降低门槛。

53．着力解决群众反映强烈的突出问题。继续开展全区停车场专项整治行动，坚决纠正停车场乱收费、强制收费等行为，严格新设停车场审批，制定出台具体管理办法。严格规范行业学会协会收费行为，对挂靠在行政事业单位的协会付费标准减半核定，对会费与行政许可或行政职能挂钩收取的一律取缔，严肃查处将社团收入作为主管单位行政经费或业务费开支行为。进一步深化规范涉企收费、规范基层执法、规范中介组织、企业周边环境四大专项治理，严格入企检查报备制、审核制、处罚通报和行政处罚自由裁量基准等制度，坚决纠正中介组织利用行政机关委托进行指定服务、强制服务、乱收费现象，严厉打击针对企业和项目建设的阻工扰工、强揽工程、堵门堵路等违法行为，不断净化企业经营和项目建设环境。

四、保障措施

（一）强化工作责任。成立由区委副书记、区政府区长霍春利同志任组长，有关区领导任副组长，区直相关单位主要负责同志为成员的全区环境整治“当先锋”行动领导小组。领导小组下设大气污染防治攻坚战、北戴河及相邻地区近岸海域环境综合整治攻坚战、山水林田湖生态修复攻坚战、城乡环境综合整治攻坚战、农村面貌改造提升攻坚战、发展环境建设攻坚战6个指挥部，分别由主管区领导任指挥长。环境整治攻坚年行动涉及各项工作的责任单位要切实发挥牵头作用和主体责任，建立健全组织推进体系，细化目标、分解责任、落实到人。主要领导要靠前指挥，精心谋划、亲自参与、亲自督办，分管领导要具体抓、抓具体，随时协调解决工作推进中遇到的各种问题。重点项目、重大工程全部纳入绿色审批通道。全力做好项目资金保障工作，财政部门要全力保证自筹资金并积极争取上级资金支持。区监察局根据区领导批示、相关部门转交、检查发现和群众集中投诉举报的问题，按照有关规定，对单位和责任人员进行责任追究。

（二）严格执法监管。加强环境保护行政主管部门监管力量和公安机关环境安全保卫力量，海港公安分局要成立专门机构，配备人员及装备，严厉打击环境违法行为。认真执行最高人民法院、最高人民检察院《关于办理环境污染刑事案件适用法律若干问题的解释》，加大对恶意排污行为的刑事打击力度，依法严厉惩治环境犯罪。完善执法监管机制，建立健全各牵头、有关部门联动机制，综合运用法律、政策、行政、经济、技术等手段，督促企业落实环保要求。

（三）加强督导考核。区委督查室、区政府督查室牵头，会同各牵头单位制定具体督查方案，坚持全面督查与重点督查相结合，定期检查与随机抽查相结合，明查与暗访相结合，原则上每月进行一次全面督导，每季度形成督导报告报区委、区政府。各牵头单位要根据工作具体推进情况，及时提出督导检查的重点和范围，负责组织对工作完成情况进行考核，考核结果作为各部门年度考核的重要参考。

（四）抓好宣传报道。充分发挥新闻媒体的舆论宣传作用，采取多种形式向全区人民宣传环境整治攻坚年活动的重大意义和有关法律、法规、政策，鼓励人民群众对违法违规排污等破坏环境的行为进行监督和举报，不断增强广大干部群众爱护环境、建设环境、优化环境的自觉性和主动性，在全社会营造浓厚的工作氛围。

中共海港区委　海港区人民政府关于印发《海港区项目建设“挑大梁”行动实施方案》的通知

各镇、园区，各街道，区直各单位，各人民团体：

现将《海港区项目建设“挑大梁”行动实施方案》印发给你们，请结合实际认真贯彻执行。

中共海港区委
海港区人民政府
2014年5月16日

海港区项目建设“挑大梁”行动实施方案

为深入贯彻省委常委、市委书记田向利同志在市十三届人大二次会议海港区代表团讨论会上的讲话精神和区委九届六次全会精神，充分发挥项目建设对经济社会发展的拉动作用，确保实现全年目标任务，促进经济社会又好又快发展，根据秦皇岛市项目建设落实年行动的总体要求，区委、区政府决定2014年在全区开展项目建设“挑大梁”行动。为确保行动顺利实施，结合海港区实际，特制定本方案。

一、指导思想

全面贯彻落实党的十八届三中全会、省委八届六次全会、市委十一届六次全会和区委九届六次全会精神，按照“开放引领、创新驱动、产业强区、项目带动”的发展战略，紧紧围绕“一中心三基地”产业定位和“一线两片三组团”城市化发展布局，谋划和实施一批重大项目，为实现在全市科学发展、绿色崛起中挑大梁、当先锋、做表率，打造一流主城区和沿海经济增长极的目标提供强力支撑。

二、主要目标

围绕建成投产一批、开工建设一批、前期报备一批、谋划储备一批的目标，全年实施投资千万元以上项目90项，完成投资220亿元；全力抓好兴龙商贸二期、博赫科技等55个计划开工项目；谋划储备亿元以上项目150个；力争30个项目纳入省、市“双百双千”工程，确保香格里拉等30个项目竣工投用。

三、重点任务

（一）突出西港搬迁的引擎带动。把西港搬迁作为优化我区沿海生产力布局、促进港产城对接互动、提升城市环境品位的战略性抓手，主动上位，主动作为。切实发挥西港搬迁工作领导机构职能，认真研究东西港区规划，解决好岸线使用、项目报批等难点问题，配合市政府对西港区开发改造进行包装，争列国家级重点项目。围绕港区建设做好配套服务，加快耀华老村等片区拆迁改造和安置，推进卸粮口渔港、中外运有限公司搬迁，抓好电子信息交易中心、煤炭交易中心等项目运作实施，完善煤炭、钢铁等大宗商品交易平台，形成“大物流、大港口、大腹地”的临港产业集群发展新格局。

（二）强化产业园区的聚集支撑。积极推广“政府推动、企业经营、市场运作、多元投入”的园区开发模式，探索园区评价体系和用人机制改革，促进园区快速发展，加快项目集群化组合、资源循环式利用、产业高效益发展，打造人流、物流、商流活跃的现代化、国际化、信息化新兴产业基地。北部工业区，实施“园中园”发展战略，抓好新经济产业园和德国工业园建设，启动揽月大街东延伸、北港大街二期、规划三路等道路工程，完成民族路北延伸二期等道路绿化，抓好和美学校幼儿园等配套建设，确保暑期前形成一批新亮点。整合临港物流园和东部循环经济园，与东扩港区同步规划，建立商贸物流、保税物流等功能区，加快疏港路、规划二路、兴电路等道路建设，逐步实现港口、公路、铁路贯通联运。推进华信综合物流园、五金机电城等重点项目建设，大力发展集装箱堆存、小商品集散等现代物流产业。圆明山文化旅游产业聚集区，完成东港北路、圆明大街建设，依托圆明山文化旅游服务基地、连峪山庄综合开发等项目，深入挖掘农庄休闲、山野文化资源，打造新的旅游品牌。

（三）抓好全区项目的谋划推进。一是加大项目谋划储备力度。利用我区主导产业优势、资源优势以及现有大型骨干企业的发展潜力优势，加快谋划港航商务聚集区、港口综合物流服务中心等项目，重点筛选包装一批具有区域特色、科学可行、市场前景好的大项目，充分发挥海港区重点项目谋划专家委员会的作用，确保项目的谋划包装质量。二是狠抓项目开工建设。深入实施领导分包、节点督导、领办代办、一线服务等项目工作制度，加大对重点项目的协调、组织、服务力度，跟踪解决项目洽谈、审批、建设中存在的问题，全力争取上级资金政策支持，力促项目建设取得实效。

（四）加快产业结构的优化升级。一是提振工业经济。启动重点工业技改项目行动，安排500万元专项资金，扶持辖区重点工业企业扩能升级。确保耀优LOW—E（娄义）玻璃等4条生产线新项目完工，提升玻璃深加工、金属压延业整体实力。实质推进香海粮油植物油精炼扩建、中运机械加工等项目建设，扶持食品生产和装备制造业发展壮大。依托博硕光电太阳能电池板自动传输线制造等项目，加速培养以新能源、新材料为重点的高新技术产业集群。扶持壮大国药、绿之翊等企业，加快发展节能环保、生物医药、海洋资源等新型工业产业。二是繁荣商贸流通业。加快太阳城、金三角等特色街区优化升级，扶持重点商贸企业扩建提级，推进茂业城市综合体、世贸广场等项目建设，形成中心带动、多点开花的大型商业群落，增强中心城区商品吸纳和辐射能力。研究制定临港物流产业发展规划，对标国内先进地区物流市场，大力发展现代物流业。加快国药医药现代化物流、旭日家居二期等项目建设，培育壮大农产品、建材、家居及海产品市场，初步建立依托港口、辐射周边的区域性资源配送中心。三是壮大现代服务业。大力实施“智慧旅游”工程，重点抓好求仙入海处景区改造提升、汤河景观带、圆明山森林公园、金梦海湾景观配套等项目，推动金海湾浴场改造提升争创4A级景区，启动火车站旅游咨询服务中心建设，促进滨海度假游、沿河观光游、休闲养生游、文化娱乐游多元发展。强化土地运作整理，准确测算土地成本，合理引导住房消费和开发建设，保持房地产业健康持续发展。谋划建设万华金融贸易服务中心，吸引域外金融机构入驻，主攻金融服务、上市辅导、职业培训等新兴产业，推动科技中介、信息咨询、文化创意等服务外包行业快速发展。力促龙泉国际养老中心项目落地，提升休闲疗养、康体养老行业服务水平。四是发展现代农业。加大支农惠农政策落实力度，大力发展设施农业，加快标准化生产和产业化经营。切实抓好栗园创建部级蔬菜示范园区、牧羊源肉羊屠宰及深加工等项目建设。

（五）扩大招商引资的开放效应。启动“四个专项入区行动”，抓住南资北移、台资北移、京津产业外溢等发展机遇，做好与京津、江浙、港台等发达地区以及日韩等国家的产业对接。密切与商务部投资促进事务局、新加坡中国商会等组织合作，举办投资环境说明会、天津招商周等活动，全面推介我区招商环境。创新招商方式，推行产业链招商、精准化招商、常态化驻点等招商方式，逐步由传统企业项目招商向小微高科技企业、研发企业招商转变。完善大客户管理平台，主攻国内外各行业领军企业，力争与神华科技等9个企业集团达成合作意向，确保万达广场、大润发等10个签约项目顺利落地。

（六）推进社会事业的全面发展。加大民生工程投入，加强卫生、文化、教育、体育、住房保障等社会事业项目建设，全面提升公共服务水平和档次，努力实现基本公共服务均等化。重点抓好南岭国际社区学校、杨道庄保障住房等一批项目。

四、实施步骤

（一）动员部署阶段（3月～4月下旬）

制定全区行动实施方案；各镇、园区、各有关街道、区直有关单位制定本单位、本部门行动实施方案；各镇、园区、各有关街道、区直有关单位召开贯彻落实动员会议。

（二）组织实施阶段（5月～12月中旬）

5月～6月中旬：区委督查室、区政府督查室督导检查行动落实情况；召开全区项目建设“挑大梁”行动调度会议。

6月下旬：组织项目建设观摩拉练活动，并对项目建设情况进行打分评比。

7月上旬～10月下旬：区委督查室、区政府督查室督导检查行动落实情况；召开全区项目建设“挑大梁”行动调度会议。

11月上旬：开展项目建设观摩拉练活动，并对项目建设情况进行打分评比。

11月中旬～12月中旬：各镇、园区、各有关街道、区直有关单位对照目标，查找差距，确保完成目标任务。

（三）总结考评阶段（12月下旬～2015年初）

12月下旬～2015年初：对各镇、园区、各有关街道、区直有关单位目标任务完成情况进行考评；全面总结项目建设“挑大梁”行动开展情况，对完成或超额完成目标任务的予以表彰奖励。

五、保障措施

（一）加强组织领导。区委、区政府成立海港区项目建设“挑大梁”行动领导小组，组长由区委副书记、区长霍春利担任，副组长由相关区领导担任，各镇、园区、各有关街道、区直有关单位为小组成员单位。领导小组下设综合、西港搬迁、园区建设、项目推进、招商引资、优化产业、社会事业、软环境建设、督查考核、宣传等10个专项工作推进组，分别由分管区领导兼任组长，全力推进项目建设“挑大梁”行动。领导小组办公室设在区发改局，负责行动的综合协调工作。各镇、园区、各有关街道、区直有关单位都要建立相应的组织领导机构，负责本单位、本辖区项目建设“挑大梁”行动的组织实施。

（二）明确工作任务。各级各部门要围绕目标任务，各司其职、扎实推进，确保取得实效。继续做好区领导分包重点项目工作，坚持真包项目、包实项目的原则，积极协调指导、跟踪服务，加快推进重大项目签约落地。区直各有关单位要积极协调解决项目问题，加快项目推进。要充分发挥项目推进组的职能，加快推进重大项目的前期工作，促进项目早签约、早落地、早开工。区发改局负责做好重大项目争取、申报工作；区工信局、财政局负责做好工业技改项目的推进工作；区招商办要充分发挥职能，做好招商引资工作；其他各职能部门要各司其职、各负其责，全力推进重大项目建设。

（三）强化工作机制。建立定期调度制度，领导小组办公室每月召开一次调度会，协调重大项目推进中的问题。建立季通报制度，各镇、园区、其他有关单位要将在建项目情况报区发改局，将项目签约、谋划情况报区招商办。领导小组每季度通报一次项目建设、签约、谋划情况。建立半年观摩拉练制度，区委、区政府半年组织一次项目观摩拉练活动，根据相关考核办法对各镇、园区和其他有关单位项目建设情况进行打分评比。

建立项目督查制度，区委督查室、区政府督查室对重点项目推进情况不定期督导检查。建立年终考核制度，将项目开工率、投资完成率和竣工投产率等指标列入考核体系，考核结果作为党政领导班子综合考核和对主要领导及分管领导任用的重要依据。

（四）破解发展瓶颈。加快园区基础设施建设，着力打造发展平台，提高项目承载能力。按照“有限指标保重点”的原则，确保70%以上的土地指标用于重点项目建设。积极争取省预留用地指标。区财政将整合工业技改资金等各类发展资金，优先支持重点项目建设。搭建政银企对接平台，解决项目建设资金缺口。拓宽融资渠道，抓好企业上市等融资工作。支持成立风险投资公司，筹措资本金，直接介入大项目、好项目。

（五）优化服务环境。进一步转变政府职能，把工作重点转移到为市场主体服务和创优发展环境上来。省、市重点项目实行全程领办代办和审批绿色通道制度，区级以上收取的行政、事业性收费有幅度规定的，均按下限征收；区级分成的行政、事业性收费全部免收。积极推进环评、气象评价、地震评价等共性建设条件实施区域评价，缩短审批时限。对区本级权限内符合国家产业政策、不需国家或省、市投资的项目，最大限度简化审批程序。同时，采取多种形式宣传项目建设“挑大梁”行动，充分利用报刊、电视、广播等媒体，积极宣传项目建设创新做法、典型人物和先进事迹，营造良好的社会氛围。

中共海港区委常委会
关于进一步完善科学决策强化落实机制的若干意见

（2014年12月16日）

为深入贯彻党的十八大和十八届三中、四中全会精神，进一步提高区委常委会科学决策水平，确保常委会政令畅通、议定事项落实有力，根据《中共河北省委常委会关于健全完善科学决策强化落实机制的意见》(冀发〔2013〕28号)和《中共秦皇岛市委常委会关于进一步完善科学决策强化落实机制的若干意见》(秦发〔2014〕11号)，结合我区实际，制定如下意见。

一、科学界定常委会议题范围

坚持总揽全局、协调各方，集中精力谋全局、把方向、抓大事，防止和克服小题大议、应议未议、仓促决策等现象，切实提高常委会议事效率和决策水平，进一步科学界定常委会议题范围。区委常委会议题范围主要包括以下8个方面：

1. 传达学习贯彻中央、省委、市委重大决策部署和重要会议精神，研究确定具体落实意见。

2. 讨论决定全区党的思想建设、组织建设、作风建设、制度建设和反腐倡廉建设中的重要部署、重大事项。研究召开区党代表大会，区党代表会议、区委全委会的有关重要事项。

3. 讨论决定全区经济建设、文化建设、社会建设和生态文明建设等方面的重要事项，包括全区经济和社会发展规划、计划，财政预算，重大工程和重要项目安排，重要民生问题和社会稳定事项，涉及全区的经济建设布局、结构调整和资源、环境、生态建设的重要工作部署，以及区人大常委会、区政府、区政协党组请示的重大问题等。

4. 按照干部管理权限和规定程序，推荐、提名、任免干部和干部的教育、监督、考核、奖励及违纪违法问题的处理等重大事项。

5. 讨论决定涉及全区性的重大奖励或推荐上报上级党委、政府及其有关部门表彰事项。

6. 讨论制定以区委名义发布的涉及全区工作的重要文件和区委领导同志代表区委所做的重要报告、讲话；审议以区委名义上报的重要文电。

7. 讨论决定各镇街、园区、区委各部门、区直各部门党组(党委)及区级人民团体、经济组织、文化组织和其他组织领导机关中党组请示的重大问题。

8. 应由常委会讨论决定的其他重要问题。

二、坚持科学民主决策

凡属常委会职责范围内决定的事项，都必须按照“集体领导、民主集中、个别酝酿、会议决定”的原则，由常委会集体讨论决定，并严格遵循以下程序。

1. 做好前期准备。凡涉及经济、政治、文化、社会、生态和党的建设各领域的重大发展战略、中长期发展规划、重大政策措施、重要部署、重大项目等重大事项，提交议题的牵头部门要组织相关部门深入调查研究，组织专家，对决策预案进行合法性、合理性、可行性、可控性论证；对直接关系人民群众切身利益且涉及面广、容易引发社会稳定问题的重大决策事项，提交议题的牵头部门要在决策前进行风险评估。需进行民主协商的有关重大问题，须向民主党派、工商联、人民团体、无党派人士和相关利益团体代表通报情况，进行充分的民主协商。

2．确定会议时间。区委常委会原则上每月召开 1 ~ 2 次，如遇特殊情况可随时召开，具体时间由区委书记确定。除临时召集的会议以外，区委常委会的召开时间、议题，一般应在会议召开前 3 天通知到各常委及列席会议领导，会议有关材料应同时送达，以便于提前了解情况、考虑意见。

3．审核会议议题。区委常委会议题由区委常委提出。拟提交常委会讨论的议题和相关文件材料，要经牵头部门的主管常委把关，一般应提前 1 周报送区委办公室，由区委办公室进行综合协调，提出议题安排建议，提交区委常委、办公室主任审核后，由区委书记根据有关规定和工作需要，确定常委会议题。常委会会议议题安排应适量，重大、紧急议题优先安排。对需提交常委会的决策议题，区委办公室要认真把关、严格审核。提交常委会讨论审议的议题，一般不搞临时动议。

4．会议充分讨论。常委会讨论决定重要事项时，要充分发扬民主。首先由议题的主要提出人(或相关常委)介绍情况、作出说明；其次常委进行讨论，每个常委都要站在全局的角度对需议定的议题发表明确的意见，最后会议主持人归纳讨论情况，提出初步意见。讨论中各种意见和主要理由应当如实记录。

5．形成科学决策。重大事项决策按照少数服从多数的原则，赞成人数超过应到会常委人数的半数为通过。对必须抓紧决策的重大事项，只要总体意见一致，要按照民主集中制原则果断作出决策；对特别重大事项，要召开区委常委扩大会议或区委全会，认真听取区委委员、党代会代表和区直有关部门负责同志的意见建议，形成决议。

三、健全强化工作落实制度

1．健全责任分解制度。对区委常委会重大决策部署和重点工作，牵头负责的区委常委承担牵头落实和督导检查责任，组织有关部门和单位及时进行责任分解、细化、量化，将每项工作落实到责任单位、责任人，同时将责任分解情况报区委督促检查工作领导小组。

2．健全跟踪问效制度。对区委常委会重大决策部署和重要工作，区委督查室要根据责任分解加强督促检查、全程跟踪问效，及时了解贯彻进度，催办落实，并向区委主要领导报告，重要情况向常委会报告。对难度大、情况复杂的工作，要加大力度、重点督导；对工作不落实的，要一督到底、限期整改；对重点工作落实情况要定期回访、及时反馈。

3．健全报告通报制度。区委常委负责落实的事项，要向区委报告进展情况、存在问题和改进措施。需要即时报告的事项即时报告，经济指标及运行分析、重大工作需要长期抓落实的一季度一报告，常规工作半年一报告。遇有重要紧急情况，应随时报告。

四、建立决策落实保障机制

1．建立领导责任机制。严格执行区委常委会集体领导和区委常委个人分工负责相结合的制度。区委书记对区委重大决策部署的落实工作负总责，区委常委对各自分管工作负直接责任，其他常委积极配合，做到既分工负责，又相互配合，形成齐心协力科学决策、狠抓落实的良好局面。

2．建立统筹协调机制。区委常委会要把议定事项的任务、目标和责任落实到相关常委，建立区委常委牵头协调制度，对常委分管工作中出现的困难和问题，由分管常委负责协调解决，对涉及部门多、难度大的问题，由区委、区政府主要领导或区委副书记、区政府常务副区长牵头协调解决。

3．建立绩效评议机制。成立由区委书记任组长区委督查工作领导小组，每年年底对各常委负责的重大决策实施效果和重点工作落实情况进行综合评议。对符合区情、群众满意的决策长期坚持；对脱离实际、群众不满意的决策，或者出现导致决策目标落实难度大的情形，要会同决策执行部门提出停止执行、暂缓执行或修改决策内容的建议，经常委会批准后实施。

4. 建立责任追究机制。按照“谁决策、谁负责”的原则，加大对重大事项决策责任追究力度。对常委会集体决策失误造成重大损失和严重后果的，在主要领导承担领导责任的同时，领导班子其他成员承担相应的责任。常委分工负责的工作没有按常委会要求落实的，主管常委要负领导责任。把常委会决策落实情况纳入区管领导班子和领导干部年度考核的主要内容，相关单位领导班子考核要征求主管常委意见，对工作不落实造成严重影响的单位和主要领导，主管常委要提出追责意见。

5. 加强决策服务和督查机构建设。区委办公室负责区委决策服务工作，对区委重大事项决策，协调有关部门提前搞好深入调研、充分论证，提出建议；对区委常委会提出的重大事项决策意见，要及时通报和督促有关部门落实。要认真落实《中共中央办公厅关于加强和改进党委督促检查工作的意见》（中办发〔2012〕17号）、《中共河北省委办公厅关于进一步加强和改进党委督促检查工作的实施意见》（冀办发〔2014〕4号）和《中共秦皇岛市委办公厅关于进一步加强和改进党委督查工作的实施意见》（秦办发〔2014〕9号）文件要求，加强区委督查室建设，使机构设置、人员配备与形势任务相适应。按照责权相称原则，赋予区委督查室组织协调、调查核实、情况通报、处理问题等必要职能。区委督查室主要负责人列席区委常委会（特殊情况除外）等重要会议。

重大事项解释说明

思想建设重大事项：包括审定党的理论、宣传、思想政治工作中的问题，区委全委会、纪委全委会报告等材料的审定等。

组织建设重大事项：包括审定机构改革及重大机构设置、撤并等重要事项；研究决定基层组织建设和党员管理、教育工作等事项。

制度建设重大事项：包括研究出台全区党的思想、组织、作风、廉政等制度规范；制定严肃党内生活、落实民主集中制原则、党委议事规则等事关党组织自身建设的重要内容。

反腐倡廉建设重大事项：包括廉政文化建设及正反面典型的宣传警示教育工作研究；“两个责任”落实情况、惩防体系建设及大案要案的查处事项等。

文化建设重大事项：包括全区践行社会主义核心价值观的重要举措；提高公民道德素质、丰富人民精神文化生活的重要实施意见以及扩大全民健身效果和竞技体育发展等方面重要办法。

社会建设重大事项：包括民生民心工程的确定、部署等事项；推进社会事业发展和社会保障体系建设的重要举措以及推进国防力量建设、维护社会稳定、促进和谐社会建设等方面的重要问题研究。

生态文明建设重大事项：包括生态保护规划制定、生态工程项目确定、生态文明制度建设以及优化国土空间开发等方面问题。

经济建设重大事项：包括审定经济与社会发展战略目标中长期规划以及年度工作计划；研究推进省、市重点项目完成情况；审议区级财政预算方案和财政预、决算重要调整方案；审定区内重大国有资产处置等问题。

重大项目重大工程：包括总投资5亿元以上的重大基础设施和能源交通运输等基础产业项目；总投资2亿元以上的工业、制造业项目；总投资亿元以上的现代物流、文化旅游、特色农业项目。

区人大、区政府、区政协重要请示：包括审定区人大、区政府、区政协党组提出的经济建设、民主法制建设和社会发展计划等问题，议定“两会”议程和时间安排、审定政府工作报告等。

中共海港区委办公室
海港区人民政府办公室
关于实施第一批便民服务措施的通知

各镇、园区，各街道，区直各单位，各人民团体：

为深入推进党的群众路线教育实践活动，切实“让群众好办事、为群众办好事”，经区委、区政府同意，决定实施一批便民服务措施，现将有关事项通知如下：

一、面向群众的便民服务措施

（一）方便婚姻办理登记。婚姻登记处将开具婚姻登记记录证明须知刊登在《视听之友》报上，方便群众了解办事所需证件、手续；推行吉祥日（工作日）延时登记制度。

（二）开通网上业务。民间组织管理中心年检报告业务由原来到现场领取纸质报告书，变成从网上自行下载，填写清楚后直接交到管理中心。

（三）建立新型信息交流平台。军休办建立QQ群和微信等信息平台，邀请街道、社区以及无军籍职工中积极分子加入，让信息及时传达，方便沟通交流。

（四）简化异地就医手续。经当地定点医院同意、区医保中心批准后去异地自费治疗，出院后拿有关报销单据到区医保中心在60日内给予报销。为了方便肿瘤患者异地放化疗，对到外地放化疗人员可直接到区医保中心办理转院手续，不用到定点医院，简化办事程序。异地就医患者，住院前门诊检查的费用可按门诊统筹或门诊慢性病报销。

（五）便捷《就业失业登记证》办理。区人社局将办理《就业失业登记证》的申领条件、申领程序在海港区就业服务网公布，申领人本人办理《就业失业登记证》，材料齐全随到随办。申领人本人因病、因故不能亲自办理的，可以由可证明关系的直系亲属代办，材料齐全当天办结。

（六）解决就业困难人员方面的举措

1．在全区开展“就业困难人员情况大走访”活动。4月～11月，各镇、街道深入每家每户进行走访调查，了解所辖社区（村）群众的就业状态，及时解决群众提出的有关就业的诉求。

2．开展“4050”人员、残疾人、领取最低生活保障失业人员、失地农民、“零就业家庭”人员和就业困难的高校毕业生等纳入就业援助活动。

3．积极为就业困难人员提供创业培训、政策咨询、开业指导、小额担保贷款等“一条龙”服务，帮助他们自主创业。做好调查摸底、申报认定和台账建立，规范工作程序，实现实名制动态管理跟踪服务，实施即时援助。

4．鼓励各类企业吸纳就业困难人员就业。用人单位招用就业困难人员，签订一年以上期限劳动合同并缴纳社会保险费用的，在相应期限内给予基本养老保险、基本医疗保险、失业保险、工伤保险补贴（单位负担部分）和每人每月200元的岗位补贴。

5. 开发公益性岗位安排就业困难人员就业。对在公益性岗位工作的就业困难人员加强管理，签订就业援助协议，在协议期内给予基本养老保险、基本医疗保险、失业保险、工伤保险补贴（单位负担部分）和不超过当地最低工资标准的岗位补贴。

6. 发放灵活就业的就业困难人员社保补贴。就业困难人员实现灵活就业后，申报就业并参加社会保险的，给予基本养老保险、基本医疗保险补贴，补贴期限最长不超过三年。其中距法定退休年龄不足五年的，社会保险补贴期限可延长至退休。

7. 在全区建立 17 个农民工综合服务中心。对农村劳动力提供政策咨询、职业指导、失业登记、职业介绍、技能培训等就业服务，提高就业稳定性。

8. 残疾人就业保障金年审工作，企业从申报到办结不超过 1 个工作日。

（七）解决大学生就业难的举措

1. 开展离校未就业高校毕业生实名登记。定期开展跟踪回访，有针对性地提供就业帮扶。

2. 鼓励企业吸纳高校毕业生。中小微型企业在当年招用持《就业失业登记证》的毕业 2 年内高校毕业生，与其签订 1 年以上期限劳动合同并按规定缴纳社会保险费的，每招用 1 名高校毕业生给予 1000 元的一次性新增就业补贴。

3. 发放灵活就业的高校毕业生社会保险补贴。持《就业失业登记证》的毕业 2 年内高校毕业生，申报灵活就业并在公共就业人才服务机构办理就业登记，参加灵活就业人员社会保险的，给予最长不超过 2 年的社会保险补贴，政策审批期限截至 2015 年底。

4. 鼓励高校毕业生自主创业。整合现有资源，完善服务项目，结合小额担保贷款，在创业培训、项目征集、政策扶持和跟踪服务上下功夫，切实帮扶一批人员成功创业。实施"大学生创业引领计划"，重点扶持一批大学生创业典型。持《就业失业证登记》的毕业 2 年内高校毕业生，自主创业（含网络创业，国家限制的行业除外），初次领取营业执照并稳定经营 6 个月以上的，给予每人 5000 元的一次性创业补助。

5. 发放高校毕业生就业见习管理补贴。见习时间满 6 个月以上，按每人每月 100 元的标准给予企业就业见习管理补贴，见习期间或见习期满后，企业与毕业生签订 1 年以上期限劳动合同并缴纳社会保险的，可享受不超过 3 年期限的社会保险补贴和岗位补贴。

（八）区总工会对困难职工的救助措施

1. 开展"常年救助"活动。为在档无法脱困的极特困职工每月发放米、面、油等生活物资。

2. 开展"节日慰问"活动。"五一""十一"为在档管理的改制企业特困职工发放慰问金；端午节、中秋节为在档管理的困难职工发放爱心粽子和爱心月饼；元旦期间为在档管理的困难职工发放米、面、油、羽绒服等生活物资。

3. 开展"金秋助学"活动。为全部在档困难职工子女（含困难农民工子女）提供助学服务，实行入学救助、在校扶助、就业协助的链条式助学。

4. 开展"职工大病医疗互助"活动。针对 2014 年新加入的 16304 名职工，继续开展大病医疗互助，并降低门槛，让活动更多惠及职工。

（九）区卫生局在医疗卫生方面的便民举措

1. 公立医院建设患者回访中心。在全区二级以上公立医院建设完善回访中心，实行患者满意度评价复核考评制度，畅通医患沟通渠道。

2. 建立预约诊疗服务平台。在全区二级以上医院建立预约诊疗服务平台，实行电话预约诊疗服务。

3. 深入推进"医疗惠民"工程。对在二级以上医院就医的城乡低保居民、农村五保户对象实行"一免三减"。基层医疗卫生机构免费向城乡居民提供健康档案建立、健康教育、预防接种、传染病防治、儿童保健、孕产妇管理、老人健康、慢性病管理、重性精神患者管理、卫生协管服务、突发公共卫生事件管理等 11 项基本公共卫生服务项目。

4. 提高社区卫生服务水平。社区卫生服务机构每月对辖区居民开展一次健康教育讲座，提高辖区居民基本公共卫生服务知晓率和满意度。推行"契约"式服务，实行"片医"负责制，在社区医生与居民之间建立稳定的服务关系，使社区医疗机构的服务更加主动、连续、综合和个性化，促进形成分级诊疗、有序的就医格局。

5．开展“送健康”活动。送专家义诊，组织医疗专家下乡义诊。送志愿服务，成立医疗志愿服务队，组织医疗志愿者深入农村开展服务活动。送技术下乡，组织乡村医生开展基层医疗卫生、医疗技术及相关业务知识的培训。送药品，对孤寡老人、孤残儿童、特困群众免费发放药品；对育龄妇女免费发放叶酸。对农村孕产妇住院分娩给予补助。为城镇低收入居民、农村居民白内障患者免费开展复明手术。

6．推进新农合出院即报制度。住院患者在区内定点医疗机构住院结算时，新农合报销与出院费用同步结算。

（十）关爱残疾人学生就学。区残联实施贫困残疾人大学生助学工程，对年度考入高等院校的贫困残疾大学生及残疾人子女大学生给予2000到5000元不等的资助。

（十一）为残疾人提供便捷服务。为方便残疾人办理残疾人证，将残疾人申请表、评定表、办证流程及样表统一制作发放至各镇、街道、园区。对出行不便的残疾人办理残疾证实行上门服务。

（十二）开设法律援助“绿色通道”。在社区成立法律援助站，针对侵害残疾人的特殊案件，为残疾人提供法律咨询及援助。

（十三）加快文化基层基础工程建设。区文体广新局年内创建5个群文基地，使群文基地总数达到24个，利用培训网络组织培训基层群文骨干3000人。在全区范围内新建文化超市5个；完善提升村、社区文化广场20个；建设区级图书馆、文化馆、美术馆（年内对外开放），创建5个图书分馆、10个流动图书站。

（十四）推进公共文化设施向群众开放。区公共图书馆（在建，建后开放）、文化馆和镇（街道）综合文化站、村（社区）文化活动室免费向群众开放；完善提升各级共享工程服务网点，开展各类公益服务活动500次；组织、发动文化志愿服务者开展公益文化服务30次；组织公益演出30场；为全区行政村每村每月放映一场公益电影，计划放映1404场；组织“两节”、彩色周末、百姓大舞台等系列群众文化活动50项500场次。

（十五）解决学生入学难及幼儿入托难

1．解决学生入学问题。合理规划义务教育阶段公办中小学施教区，登陆港城教育网（www.gcedu.net.cn）即可查询居住地对口中小学。同时，区教育局公开热线电话3554819，安排专人专线接听群众来电，提供咨询。小学实行“按时免试，就近入学”制度，初中实行“划片招生，免试入学”制度。施教区划分均以小学为中心，以明显的街道、河流作为分界线，尽量做到小学生的就近入学，同时，根据学校规模、生源、距离等因素为中学合理设置对口小学。

2．解决学龄前儿童入托难。出台普惠性幼儿园奖补资金政策，对普惠性民办幼儿园给予资金扶持，促进民办园降低收费标准，让老百姓能够把孩子送进收费较低的普惠性民办幼儿园，并对低保、残疾、孤儿及家庭经济困难的幼儿进行资助，减免保教费，让家庭困难幼儿享受学前教育。

（十六）整合畜牧办事项目，简化办事程序。区畜牧局在政务服务中心设立办事窗口，负责动物防疫条件审核、种畜禽经营许可证核发、兽药经营许可证核发、动物诊疗许可证核发、执业兽医师注册、助理兽医师备案六个事项的办理。为了进一步简化办事流程，让老百姓做到一站式办结，把六个事项所需材料逐条细化列于明白卡上，发给办事群众，使群众对办事流程一目了然。

（十七）推动农业生产顺利开展。区农业局启动“海港区农业局服务‘三农’群众路线便民服务活动”，派出工作组进村入户进行指导与服务，发放便民服务卡和技术资料。直接到村、入户为农民办理拖拉机上牌子、农机具年检等审批业务。为农民详细讲解农民专业合作社的注册程序等审批流程。围绕主导产业提质增效、示范基地建设等内容，开展科技创新和全程科技服务。

（十八）法律援助便民措施

1．进一步扩大法律援助覆盖面。区法律援助中心放宽经济困难审查标准，适度降低法律援助门槛，在具体方案上本着“应援尽援”和“就宽不就严”的原则合理掌握执行，将劳动就业、社会保障、婚姻家庭纠纷、征地拆迁安置补偿、土地承包经营权流转等民生权益保护事项纳入法律援助补充事项范围，力争法律援助服务覆盖全区。

2．拓宽法律援助申请渠道。区法律援助中心在各镇、街法律援助工作站的基础上，增加知名度高、信誉度好的秦海所法律援助工作站、天剑所法律援助工作站、求是所法律援助工作站、燕海所法律援助工作站、海维所法律援助工作站、群联所法律援助工作站、衡信所法律援助工作站、第二公证处法律援助工作站等八个特色法律援助工作站，实行先办案后确认的备案审查工作机制，让困难群众法律援助申请及时就近得到受理。

3. 开辟农民工维权绿色通道。对拖欠农民工工资的法律援助申请，实行“先受理、后审批”的政策，不再审查农民工是否符合经济困难标准，最大限度地减少农民工申请援助的时间，提高法律援助工作效率。

4. 加强法律援助接待质询工作。严格执行对来访人员免费提供法律质询的有关规定，对于来访咨询事项属于法律援助范围的，一次性告知申请程序，指导来访人提出申请；对不属于法律援助范围的，告知有关规定，指引来访人寻求其他解决渠道。

（十九）办理公证业务的便民措施

1. 第二公证处延长办理业务时间，每天早晨（7:30 ~ 8:30）和午休（12:00 ~ 14:30）有公证员接待当事人办证。

2. 第二公证处向区政务服务中心和银行等单位派出 3 名公证人员，方便群众咨询和办理公证。

3. 第二公证处推出节假日预约办证服务，有急需办理公证的当事人可提前预约，不收加班费。此外，公证处可提供上门办证服务。

4. 第二公证处对办理亲属关系、委托、出生、死亡、婚姻状况等比较简单的公证事项，规定公证员当日办结。对办理涉及大型贷款、继承房产等较复杂的公证，规定 3 天办结。

5. 第二公证处对符合法律援助条件，又无力支付公证费用的当事人提供免费公证服务。

二、面向企业的服务措施

（一）简化企业公司登记手续

1. 实施注册资本认缴登记制。公司设立登记时，只登记股东认缴的注册资本总额，不再登记实收资本及股东（发起人）认缴和实缴的出资额、出资方式、出资期限，申请人不需提交验资报告。将企业年度检验制度和个体工商户年度验照制度改为年度报告公示制度，并向社会公开。

2. 简化市场主体住所（经营场所）登记手续。申请人提交住所（经营场所）合法使用证明即可予以登记；允许“一址多照”和“一照多址”；对前置审批部门已经核准的住所（经营场所）免于提交证明，工商登记机关直接予以登记。

3. 建立“一个窗口对外”工作机制。区工商局整合驻区政务服务中心窗口职能，撤销原分设在各业务科室（注册科、食品科、商广科）的行政审批窗口，整合到驻区政务服务中心窗口，实行行政审批“一个窗口对外”。

4. 为全区市场主体提供便捷高效服务。严格执行“日清制”，为广大办事群众实行延时服务，群众之事办不完，窗口工作人员不下班，当日事当日毕；企业名称核准，3 个工作日办结；实行“一审一核”制的，自受理之日起，3 个工作日办结；实行“审核合一”制的，提交材料齐全的前提下，当场办结；对重大投资和重点项目企业注册登记，设立注册登记的“绿色通道”；严格执行“一次告知”制，一次解答办事群众的咨询和问题，绝不让群众跑冤枉路。

（二）简化环评审批手续。区环保局根据建设项目环境敏感程度及污染物排放等特点，灵活安排项目审查方式。报告书项目以及污染严重、位置敏感、工艺复杂、环境风险大的报告项目继续执行原定评估程序，除以上的报告项目，取消原有的评估程序。

（三）优化环境监察手段。充分利用企业在线视频监控系统和区环保局制作的智能办公系统，加强对辖区内重点污染源的管理，建立污染企业动态台账，通过在线数据反馈和定期水质监测数据加强对企业的监管，进一步减少到企业监督检查的频次。

（四）简化办理排污许可证程序。由之前的多个相关科室多次踏勘，调整为由管理科负责牵头，大队、监测站等涉及的相关科室集中进行现场踏勘，减少环节。

（五）优化招商环境，增强引资能力。区招商办推行“五心”服务（即爱心、信心、细心、用心、恒心），采取主管领导+科室分包，对重大项目实行接待洽谈、谈判签约、领办跑办、综合协调等一条龙式专业化招商推进。在前期洽谈阶段，为项目提供拟选址建议，对地块性质、规划等进行初步摸底，为客商提供详实、准确、全面的投资参考数据；注重投资合同细节，为客商争取具体的优惠政策；在项目落地阶段，继续为客商做好后期服务，帮助协调解决在项目推进过程中出现的各种问题。

（六）落实“一窗式”服务。区地税局严格落实“一窗式”服务，优化服务流程，设置20个综合服务窗口，每个窗口都可以办理全部涉税业务，纳税人只需排一次队就可以办结所有业务。

（七）为纳税人提供人性化服务

1. 预约服务：区地税局针对纳税人反映最强烈的等待时间长的问题，梳理纳税人业务需求，将开票大户、领验票大户及其他办理复杂业务的纳税人划分为急办业务、缓办业务、特殊业务，通过征纳双方协商，采取前台预约、电话预约等手段，合理错开集中办税的时段，使预约的纳税人不用排队等候就可以办税。

2. 延时服务：对于到了下班时间仍未办理完业务的纳税人，区地税局安排专人为纳税人提供延时服务，直至涉税事项办理完毕。

3. 办税绿色通道及上门服务：对老、弱、病、残、孕等弱势群体开设办税绿色通道，免排队，优先受理资料，即时办结涉税事宜。针对如二手房买卖征收交易税等必须本人办理的行动不便的纳税人，提供上门服务。

（八）国地税联合办证。自今年5月1日起，全面开展国地税联合办证工作，实行国地税共管户统一排号，一号通用的新方式。办证人可根据自己的意愿选择在国地税任一窗口优先办理，资料直接由后台传递，同时出证，从原有的需要排两次号变为可以一次性即时办理。

（九）推行“掌上税校”微信公共平台。区地税局继续深入落实“便民办税春风行动”，搭建“海港地税掌上税校”税收微信公共服务平台，通过搜索公众账号“hgdszssx”或者直接扫描二维码即可添加关注。该平台24小时在线涉税服务。

（十）办理组织机构代码证提供便捷服务。海港质监分局为组织机构代码用户提供延时服务，代码证不办结不下班，当日事当日毕。手续齐全的用户，办理代码证书由法定3个工作日提速到30分钟内办结发证（网络设备出现故障除外）。取消对组织机构代码信息年检，组织机构代码证书在有效期内无重大登记事项变更的，到期换证即可。用户主动申请代码信息年检的，实行快速办理，当场办结。

（十一）餐饮服务许可“事前服务”。区食品稽查大队接到新开办餐饮服务对象的申请后，改变以往先装修后验收的方式，转变为指导—装修—验收的方式，及时安排工作人员上门服务，指导装修、规划经营场所，避免出现申办餐饮单位不符合《餐饮服务许可审查规范》要求，导致其需要重新装修，造成人力、物力、财力的浪费，进一步降低群众申办《餐饮服务许可证》的行政许可成本，提高餐饮服务对象一次性通过率。改变以往在政务服务大厅领取办理许可手续所需提交的明白卡和《餐饮服务服务许可申请书》的方式，转变为在对餐饮服务对象进行现场指导的同时，带上上述材料，并告知有条件的服务对象从网上下载《餐饮服务服务许可申请书》，提高办事效率，节省服务对象的办事时间，缩短行政审批办理时限。

（十二）食品安全知识培训“上门服务”。改变以往的监管培训模式，由以往组织各餐饮服务单位从业人员定期集中培训的方式，转变为执法人员进入企业，上门对从业人员进行现场培训、考试的方式。

三、面向社会的综合性便民服务措施

（一）区财政局针对申请设立除会计师事务所以外代理记账机构审批的便民措施。区财政局接收代理记账机构审批权后，申请单位可到海港区财政局网站查看所需材料，材料齐全并确认无误的可现场办理。

（二）缩短审批和办理时限。

1. 区发改局对符合条件、符合国家产业政策、材料齐全的项目，全部在规定时限内办结，核准和审批项目3个工作日内办结，备案项目1个工作日内办结。

2. 海港国土分局对办理城镇居民个人住房土地使用证的，实行现场办理；办理名称变更、地址变更、遗失补办类变更登记，在登报公告期满后当场办理；土地初始登记发证随到随办；办理二手商业门市房土地使用证7个工作日；农用地转用组卷上报时限为30个工作日；国有土地使用权划拨在30个工作日内上报。

3．区卫生局推出企业卫生许可证年审电话提醒业务；实行卫生知识现场培训，合格证现场办理发放。

4．区计生局从7个方面缩短审批和办理时限

（1）育龄夫妻生育第一个子女的，怀孕后由乡级计划生育机构随时办理生育登记，已经生育子女的，可以补办。根据工作需要，登记机构可以到育龄夫妻居住地或单位进行现场登记。实行生育登记代办制，即可由育龄夫妻本人办理，也可由村计生专干、育龄妇女小组长代为办理。

（2）对群众办理生育登记要即时受理，即时查询相关信息，即时由当事人填写承诺单，即时办理登记手续。确因特殊情况需要核实有关信息的，也要先行登记，记录联系方式，核实后发放生育登记卡。

（3）办理生育登记审核夫妻双方《居民身份证》和户籍登记卡、夫妻《结婚证》或《夫妻关系证明书》、双方所在村（居）民委员会或工作单位出具的婚育状况证明、乡级以上医疗保健机构或计划生育技术服务机构出具的女方已怀孕证明、夫妻近期合影照片（小2寸）。查验原件后，夫妻双方《居民身份证》、户籍登记卡、《结婚证》、婚育状况证明、孕检证明不再复印存档。上述所需证件材料由乡级计划生育机构采取印制明白纸等形式事先告知群众。

（4）对于流动育龄夫妻无法证明婚育状况的，属市内流动人口的由统计员通过“全员人口统筹管理信息系统—全员人口子系统”等即时进行核查；属市外流动人口的，由流动人口管理员通过“全员人口统筹管理信息系统—流动人口子系统”即时进行核查。政策法规员根据核查信息即时办理生育登记手续，并记录核查信息存档。对信息情况不清，核实确有困难等特殊情况，可依据当事人的承诺，为其办理生育登记。对市内人户分离、集体户口等其他人群经核查无法证明婚育状况的，也可依据当事人的承诺，为其办理生育登记。对依据当事人承诺办理的事项，单独建档登记。

（5）乡级计划生育机构明确1名政策法规员，负责第一个子女生育登记工作，并实行专人受理服务责任制，做到态度和蔼、语言文明、耐心解答、程序上墙、群众满意。

（6）办理《流动人口婚育证明》由乡级计划生育机构审核本人《居民身份证》《结婚证》、近期一寸正面免冠照，并指导流动人口现场填写《<流动人口婚育证明>申请表》。所需证件材料由乡级计划生育机构印制明白纸发给群众。属市内流动人口的，由统计工作人员从“全员人口统筹管理信息系统—全员人口子系统”中调取其有关情况与《申请表》信息核对。核对无误的，当场办理；经核实信息不符的，按系统信息修正《申请表》，并予当场办理。属市外流动人口的，由流动人口工作人员首先在“全员人口统筹管理信息系统—流动人口子系统”检索其信息。能检索到的，即与《申请表》信息核对。核对无误的，当场办理；核对有误的，以系统信息为准；检索不到的，按当事人填写的《申请表》信息予以办理，并主动通过该系统与户籍地核实信息。发现问题，及时予以修正。办证者携带材料不齐全或证件失效时，要当面做好解释说明并提供《办理<流动人口婚育证明>需提供的资料清单》（明白纸），尽可能给予办理。确需补充要件时，要约定下次办理时间。《流动人口婚育证明》可由村（社区）计生工作人员或家人代办。代办人员需同时提交本人《居民身份证》。

（7）申请领取《独生子女父母光荣证》，由乡级计划生育机构审核《身份证》、户籍登记卡、《结婚证》、第一个子女生育证件等有效证件和近期二寸夫妻合照三张。查验原件后，夫妻双方的《身份证》、户籍登记卡、《结婚证》等证件不再复印存档，只需保存第一个子女生育证件复印件。需要证件复印存档的，由受理机关负责复印，不得收取任何费用。乡级计划生育机构应指导申请人填写《<独生子女父母光荣证>申请登记表》，由夫妻双方所在单位签署意见并加盖公章，报经女方户籍所在地乡镇或街道办事处计生办审核无误后发给《独生子女父母光荣证》。《<独生子女父母光荣证>申请登记

表》由乡镇或街道办事处计生办、男女双方所在单位各保存一份。第一个子女生育证件丢失的。可由原发证机关开具证明，不得以无原件为由拒绝办理。

5. 区交通运输局严格执行首问责任制、一站式服务制、同岗替代制、限时办结制等制度，推行预约服务、上门服务、延时服务。运管站推行一般业务限时办结制。承诺符合规定、材料齐全的业务，10 分钟内办结；对不符合规定或材料不齐的，一次性告知。

6. 区财政局办理省内调转业务，调转人员只需在财政局门户网站提出申请就可以到调入地办理手续，外地工作人员无需到调出地办理手续，并且财政局会在网上作出相应说明。

7. 区人社局统筹企业退休核准、参加基本养老保险的企业职工提前退休、统筹企业职工认定视同缴费年限等业务审批、管理项目，实行即来即办，其中退休业务须报市人社局审批，当月办结。

8. 区农业局将渔船检验许可审批由 18 个工作日缩短为 15 个工作日。

9. 区粮食局在粮食收购资格审批中，对资料齐全、符合条件的即时审批；确需实地核查的，由 15 个工作日缩短为 3 个工作日内办结。

10. 区物价局《收费许可证》办理时限，由设定的 10 个工作日，缩减至 5 个工作日。在《收费许可证》办理过程中，将服务对象需要准备的相关材料，打印成通知，一次性告知。《收费许可证》审验，采取集中审验和重点审验相结合的方式，对收费项目和收费标准复杂、收费票据多、价格举报多的单位实行重点审验。

11. 区台办对办理台胞台属关系证明的，只要符合办理条件且材料齐全的，即时办理。赴台人员因病、因故不能亲自办理的，可以由直系亲属代办，材料齐全当天办结。

12. 区政府政务服务中心进一步加强对进厅办理时限的管理。开展行政审批事项清理，组织进厅单位对照国务院、省市政府文件，对进厅事项的审批依据、审批程序、申报材料、承诺时限和收费标准进行逐项梳理，取消无法定理由和不必要的材料，减少多余的要件，压缩进厅审批事项，简化审批流程。对所有进入区政务服务中心审批的事项一律实行“一站式收费”，坚决取消不合法、不合理收费，不断增大即办件比例，提高办事效率和质量。组织公安、文体广新、教育等部门梳理下放需衔接的事项，制定承接方案和规范管理措施。对下放事项要求全部进厅，结合本部门实际，对新下放事项减少审批环节，简化审批手续，压缩时限，努力提高审批效率和行政服务效能，确保审批不断档，平稳有序做好接收工作。

（三）区政府政务服务中心免费代办服务方面采取的措施。以导办为基础、领办为主体、代办为补充，设立建设项目代理服务窗口、企业注册前置审批领办服务窗口和导办、咨询服务台，实现覆盖政务服务全领域、全过程的代办领办导办服务。实施《海港区企业注册前置审批事项领办服务工作细则》，实现领办代办工作的制度化、规范化、程序化建设。推进“大领办”工作，针对进厅业务中涉及外出踏勘的事项全部由区政务服务中心统一领办，实行统一收件，统一组织踏勘、验收。实行“联合审批、提前服务、实质性切入、两条腿走路”的扁平化审批模式，各个部门同步操作，提前介入，最大限度压缩审批时限。为企业和群众提供“零距离”的主动上门服务，开展“政务服务直通车”活动，组织工商、公安、消防、卫生、食品稽查大队等多家部门参与，赴各镇、园区、街道开展活动。

（四）区城建管理调度中心用心为民服务。在单位督导车上喷涂热线号码，并将原有的热线电话 3551920 改为 7512319，用特殊号码方便群众记忆，便于举报反映问题。发放便民联系卡，在秦皇岛市日报、晚报、电视台进行宣传，让广大群众详细了解单位工作职能及联系方式，及时为群众解决市容环境问题。

（五）区市政处精简审批程序，提高工作效率。区市政处对办理城市道路挖掘审批手续由原来需提供挖掘城市道路申请表、挖掘城市道路施工方案、文明施工管理承诺书、项目计划批件复本、规划红线图原件及复印件、施工资格证明文件副本、道路恢复计划七项材料，精简为依附于城市道路建设各种管线、杆线等设施而办理挖掘手续的，只需提交挖掘城市道路审批表、挖掘城市道路承诺书两项审批材料；因工程建设需要办理挖掘审批手续的，在持有城市规划部门批准签发的文件基础上，只需提供挖掘城市道路审批表、城市规划部门批准签发的文件及复印件、施工资质证明文件副本及复印件、挖掘城市道路承诺书四项审批材料。

（六）党务方面的便民措施

1．方便党员办理党组织关系转接。将党组织关系转接业务纳入区政务服务中心社会综合窗口，方便群众办理。

2．简化发展党员谈话程序。取消区委组织部谈话环节，改为由批准发展对象入党的党（工）委委员进行谈话。

3．简化社区、“两新”成立基层党组织的审批程序。取消区委组织部对社区、“两新”成立基层党组织的审批环节，由上级党（工）委审批，成立情况报区委组织部备案。

四、有关要求

各部门、单位要根据各自职能和承担事项，明确分管负责人、责任处室和人员，按照时间进度节点，统筹协调，加强督导，扎实推进各项便民服务措施的落实。要做好政策调整、资金保障、人员配备、设立服务窗口、制作工作流程图等基础性工作，确保各项便民服务措施落到实处，让广大人民群众切身感受到党的群众路线教育实践活动取得的成效。

大事记

DASHIJI

DASHIJI

1月

2～5日

○中国·秦皇岛“乔氏杯”第二届中式八球国际大师邀请赛在市奥体中心体育馆举办。上届冠军加雷斯·波茨成功卫冕。此届大师赛是中式八球史上规模最大、规格最高、影响最广的国际体育赛事。

21日

○ 海港区举办迎新春各界人士联谊会，区政协主席杨永会主持会议。区委书记冯国林致辞，区委副书记、代区长霍春利参加联谊会。

24日

○ 中共海港区九届区委六次全委（扩大）会议召开。区委书记冯国林主持会议。全会听取审议并通过区委常委会《工作报告》；安排部署2014年全区经济工作；表决通过2013年中共海港区第九届委员会第六次全体会议决议；进行2013年度党风廉政建设、反腐败工作、干部选拔任用及组织工作的民主测评。

30日

○ 168辆插电式混合动力新能源公交客车投入运营，为秦皇岛投入运营的首批新能源公交车。

2月

7日

○ 区委书记冯国林，区委副书记、代区长霍春利参加海港区“西港搬迁”指挥部召开的“西港搬迁”工作调度会议。

14日

○ 全区20支舞蹈队在人民广场参加“百姓大舞台”广场舞展演。

16日

○为期40天的春运工作结束。秦皇岛车务段发送旅客49.57万人，同比增加19.84万人。

17日

○ 区委召开党的群众路线教育实践活动动员大会，贯彻落实中共中央、省、市关于开展第二批群众路线教育实践活动动员大会精神，对全区党的群众路线教育实践活动进行动员部署。会议由区委副书记、代区长霍春利主持，区委书记冯国林作动员讲话。高立明、张浩、鲁栋、杨永会等区领导出席会议。

18日

○ 冯国林、霍春利、高立明等区领导到迎宾路、秦皇大街东段、友谊路、河北大街西段、西外环等地查看街景市容整治情况，对市容市貌、广告管理中存在的突出问题提出解决意见。

20日

○ 区政协八届三次会议在市民中心文化馆大礼堂召开。会议由区政协第八届委员会常务委员会主持。大会应出席委员240人，实际出席223人。区委书记冯国林作重要讲话。对八届区政协2013年的工作给予充分肯定，指出新的一年全区各级政协组织和广大政协委员要围绕中心、服务大局，认真履职献策，在社会发展进程中发挥积极作用，做出更大贡献。会议听取和审议区政协主席杨永会所作的《政协海港区第八届委员会常务委员会工作报告》，听取和审议区政协副主席张继成所作的《政协海港区第八届委员会常务委员会关于八届二次会议以来提案工作情况的报告》。列席区第八届人民代表大会第三次会议，听取和讨论《海港区人民政府工作报告》《关于2013年国民经济和社会发展计划执行情况和2014年国民经济和社会发展计划报告》《关于2013年财政预算执行情况和2014年财政预算报告》，并就经济社会发展中的重要问题进行协商讨论。会议通过提案审查情况的报告和政治决议。

○ 秦皇岛市保险业消费者权益保护中心挂牌成立。

○ 区第十四届人民代表大会第三次会议在市民中心文化馆大礼堂举行。会议应出席代表271人，实出席262人。会议听取和审议区政府代区长霍春利所作的《海港区人民政府工作报告》；审查批准区发展改革局局长陈占勤《关于海港区2013年国民经济和社会发展计划执行情况与2014年国民经济和社会发展计划（草案）的报告》（书面）、区财政局局长苏文胜《关于海港区2013年财政预算执行情况和2014年财政预算（草案）的报告》（书面）；听取和审议区人大常委会主任鲁栋所作的《海港区人民代表大会常务委员会工作报告》；听取和审议区人民法院代院长刘光明所作的《海港区人民法院工作报告》、区人民检察院检察长陈巍所作的《海港区人民检察院工作报告》。会议通过上述各项报告，并作出相应的决议。

会议选举胡福全为海港区人民代表大会常务委员会副主任；张文静、张利民为海港区人民代表大会常务委员会委员；霍春利为海港区人民政府区长；孙毅、桑菊为海港区人民政府副区长；刘光明为海港区人民法院院长。张文静、张利民为区第十四届人民代表大会常务委员会委员。

28日

○ 全区副县级以上领导干部、各镇（街道、园区）党政正职、科级以上干部410人参加全市学习贯彻中共中央总书记习近平系列讲话和中共十八届三中全会精神动员部署暨党的群众路线教育实践活动辅导报告会。市委副书记、市长商黎光主持会议。省委常委、市委书记田向利作辅导报告。

是月

○ 燕山大街街道天洋新城社区党支部书记周慧霞在第四届中国社工年会上被评为“2012年度中国最美社工”。是全市唯一获此殊荣的社区干部。

3月

3日

○ 市委常委、宣传部部长杨长新带领全市党的群众路线教育实践活动暨“服务农民、服务基层”表彰观摩会的各县区代表、市直各工委代表、市直宣传文化系统各单位代表及全市获省双服务文化建设先进集体代表到东港镇西向河寨村农家书屋进行现场观摩。区委书记冯国林，区委副书记张浩等区领导陪同。

4日

○ 在中央电视台财经频道、中国邮政集团公司、国家统计局共同主办的“中国经济生活大调查2013～2014”发布会上，秦皇岛市被评为“中国最幸福城市20强”，在地级城市中排名第一。

5日

○ 冯国林、高立明、张浩、鲁栋等区领导到山海关甲申史鉴馆，结合党的群众路线教育实践活动参观学习。

7日

○区委书记冯国林，区委副书记、区长霍春利一行到北港镇西连峪村重走开山路，向靖红利学习。

○区政府与中民实业有限公司共同签署投资合作协议，2014年区领导分包重点项目——台湾大润发购物中心项目正式启动。

9日

○ 区委书记冯国林到党的群众路线教育实践活动联系点东港镇西向河寨村、中心庄村、孙家庄村调研党的群众路线教育实践活动开展情况。

11日

○ 全区深入开展党的群众路线教育实践活动区委主要领导报告会在文化广场大礼堂举行。区委书记冯国林就作为一名党员干部和党的基层组织领导者，就如何坚定政治信念和提高思想觉悟、如何树立正确的权力观、如何为人民群众办好事实事、如何取得人民群众信任等四个方面进行专题辅导。区委副书记张浩主持会议。全体在职区级领导，全区副科级以上干部，农村、社区、学校、医疗、“两新”组织（新经济组织和新社会组织）等基层党组织书记1000多人参加报告会。

11 ~ 13 日

○ 举办全区党的群众路线教育实践活动基层党组织书记专题培训班。区直机关、农村、社区、“两新”组织及学校党组织书记 440 多人参加培训。区委书记冯国林在开班仪式上讲话。

11 ~ 14 日

○ 区委副书记、区长霍春利带队赴北京开展“2014 年海港区·北京对接企业外溢”活动。

12 日

○区园林局在区市民中心组织开展植树活动。区委办、区政府办、区园林局等部门 100 多人栽植樱花、玉兰等 200 多株。区委书记冯国林、区人大常委会主任鲁栋、区政协主席杨永会等区领导参加植树活动。

13 日

○省委常委、市委书记田向利到党的群众路线教育实践活动联系点海港区蹲点调研。田向利先后与西向河寨村“两委”班子座谈，向村民了解生产生活情况；与各镇、街道、社区党委和支部书记谈心，了解大家对市委、区委工作的看法；听取海港区党的群众路线教育实践活动开展情况，并进行点评和指导；主持党的群众路线教育实践活动征求意见座谈会，征求各界代表的意见和建议。

17 日

○区委副书记、区长霍春利到党的群众路线教育实践活动联系点北港镇刘家河村调研。

○秦皇岛移动举行 4G 商用启动仪式。标志着秦皇岛市正式步入 4G 时代。

19 日

○区委副书记、区长霍春利到党的群众路线教育实践活动联系点区人力资源和社会保障局调研。

20 日

○区委副书记、区长霍春利等区领导以及区房产局、城管局、园林局、为民市场建设经营有限责任公司、城调中心、市政处、市容办等相关部门负责人到晨光街、育才街、铁新路、人民路就街巷路、居民小区环境卫生情况进行实地检查。

23 日

○区委书记冯国林，区委副书记、区长霍春利等区领导到昌黎五峰山李大钊革命活动旧址，开展领导干部警醒教育专题活动。

26 日

○区委书记冯国林到党的群众路线教育实践活动基层联系点金梦海湾管委会调研，听取金梦海湾管委会关于教育实践活动及重点工作开展情况的汇报，并与部分企业代表座谈。

29 日

○省委常委、市委书记田向利，市委副书记、市长商黎光，区委书记冯国林，区委副书记、区长霍春利等市、区领导与数千名志愿者一同参加“关爱自然、改善生态”义务植树活动。

30 日

○由区委、区政府主办，区委宣传部、区文联、燕山大学文法学院联合承办的第三届海子诗歌艺术节开幕式在燕山大学西校区大学生活动中心举行，全国各地著名诗人、文学评论家、翻译家以及海外诗人出席开幕式并进行学术研讨。

是月

○全区有中小学图书馆 68 个，藏书量超过 100 万册。全区有 51 所学校图书馆通过省级验收。

○海港区作为全国舆情信息直报点，被中宣部授予“2013 年度全国舆情信息工作先进单位”称号，已连续 7 年获此殊荣。

4 月

1 日

○省委常委、市委书记田向利带领市直有关部门主要负责人到海港区调研秦皇皓月城项目建设，就项目推进中存在的问题进行现场办公。

○区委副书记、区长霍春利主持召开党的群众路线教育实践活动征求意见座谈会，听取各民主党派、“两代表一委员”、民营企业代表等对全区党员干部特别是区级班子和领导干部作风建设及开展教育实践活动的意见和建议。

8日

○区委书记冯国林实地查看秦皇大街沿线、迎宾路沿线、北环路沿线和西港里小区，详细了解绿化工程进展情况和建设过程中存在的问题，提出指导性意见。

9日

○区委书记冯国林到文化路街道海建里社区和红旗里社区、海滨路街道吉星里社区和滨海城社区就社区管理工作创新走访调研。

9～11日

○2014年全区中小学生春季田径运动会在逸城学校开幕。运动会设27个大项，65支代表队、797名运动员参赛。

15日

○市委副书记、市长商黎光到海港区环岛公园、秦皇东大街等地考察城市园林绿化建设情况。区委书记冯国林等区领导陪同。

○区委书记冯国林到北港镇刘家沟村、刘峪村和闫庄村走访调研，与村干部座谈了解农村生产生活基本情况，共谋村经济发展之策。

18日

○全区首批名校长工作室——第七中学校长王建国工作室、第八中学校长韩凤臣工作室、青云里小学校长石万年工作室挂牌成立。

23～24日

○海港区第五届全民运动会乒乓球比赛在晨砻文体活动中心开赛。全区76支代表队近500名选手参加比赛。区人大常委会主任鲁栋等区领导出席开赛式。

24日

○秦皇岛市2014年全民阅读暨阅读进校园活动启动仪式在迎秋里实验学校举行。市委常委、宣传部部长杨长新宣布全民阅读活动正式启动。副市长冯志永宣读《关于表彰2013～2014年度全民阅读活动先进集体、优秀组织单位和优秀组织者的决定》，区委宣传部受到表彰。

26日

○省委常委、市委书记田向利到海港区普庆里、西港里等社区就老旧小区改造情况进行调研。

○区委副书记、区长霍春利等区领导实地查看光明路小学、铁路街、港城早市、北港镇陆庄村、瑞通公司等地，详细了解爱国卫生运动宣传教育活动开展情况和开展过程中遇到的困难，提出指导性意见。

29日

○海港区召开第十届秦皇望海祈福文化策划会，对活动实施方案进行研究。区委书记冯国林，区委副书记、区长霍春利，区委副书记张浩出席会议。

30日

○海港区召开纪念“五四”运动95周年暨青年企业家协会成立大会。团市委书记袁会民应邀参加大会并与区委书记冯国林、区委副书记张浩为海港区青年企业家协会揭牌。

是月

○1～3月，全区累计引进内资11.6亿元，完成全年任务（44亿）的25%，同比增长32.5%，实际利用内资位列全市各县区第一名。

○海港区发放免费教科书及教辅书9.7万册，价值63.6万元。1.34万名农村义务教育阶段学生和428名城市区义务教育阶段的贫困生受益。

5月

8日

○市“四大家”领导到北港镇张桥庄村和燕

山大街街道铁新里社区实地调研党的群众路线教育实践活动开展情况、农村片区改造和马路市场整治、社区建设并召开现场办公会。省委常委、市委书记田向利主持现场办公会。市委副书记、市长商黎光对海港区提出的问题作出总结性答复，并对海港区下步工作提出要求。市领导刘宝岐、高坤元，区领导冯国林、霍春利陪同考察并参加现场办公会。

10 日

○全区各部门单位5000多名在职党员走进83个社区,开展“在职党员进社区”集中活动日活动。冯国林、高立明、张浩、杨永会等区领导走进社区，和全区党员干部一起参加活动。

12 日

○召开2014年全区城乡环境容貌综合整治百日攻坚行动动员大会。区委副书记、区长霍春利作重要讲话。

13 日

○“党在我心中”百姓宣讲首场报告会在区市民中心举行。区委副书记张浩主持会议。区委副书记、区长霍春利，区委副书记高立明，区人大常委会主任鲁栋等区领导参加报告会。

15 日

○海港区人民政府征兵办公室发布关于做好2014年度兵役登记的公告，规定是年征兵登记时间为5月5日~6月30日。

18 ~ 21 日

○区委副书记、区长霍春利带领区招商代表团参加廊坊国际经济贸易洽谈会，区委副书记高立明及区教育局、圆明山管委会、招商办、重点项目办等部门负责人一同参加。成功签约2个项目，总投资额50亿元。

19 日

○海港区组织区直机关单位、镇、街道、园区党员干部集中收看全市党的群众路线教育实践活动视频会议。市视频会议后，区委书记冯国林就做好全区下一阶段党的群众路线教育实践活动提出新的要求。区委副书记张浩、区人大常委会主任鲁栋、区政协主席杨永会等区领导参加会议。

21 日

○省委党的群众路线教育实践活动督导组到海港区检查指导工作。省委督导组组长王玉梅对全区党的群众路线教育实践活动开展情况给予高度评价。市委常委、组织部长、统战部长陈书增，区委书记冯国林，区委副书记张浩，区人大常委会主任鲁栋等陪同调研。

○区委书记冯国林先后就茂业城市综合体项目、太阳城改造提升项目、天桥市场建设项目及工人北里社区服务项目等进行实地调研。

22 日

○海港区首家物流行业联合会举行揭牌仪式。

○海港区2014年教师选聘工作启动，将为中小学校选聘教师50人,报名时间为5月22 ~ 30日。

24 日

○第十届世界徒步大会暨第十届秦皇望海祈福文化旅游节健步走活动在秦皇植物园隆重开幕。市委副书记、市长商黎光宣布活动开幕，区委书记冯国林为活动鸣锣，区委副书记、区长霍春利在开幕式上致辞。商黎光、王桂鹏、冯国林、霍春利、张浩等市、区领导为徒步走爱好者领走。

25 日

○省委常委、市委书记田向利在市委常委、秘书长刘宝岐的陪同下，到海港区部分街道调研，了解党的群众路线教育实践活动开展情况。

26 日

○海港区召开政务服务体系建设工作会，就完善区、镇街（园区）政务服务中心和村居便民服务室硬件设施和软件建设提出具体要求，推行“为民服务全程代办”和“重点服务项目全程代办”两项制度。

○全市首个渠化路口——建国路与河北大街

交叉口改造工程竣工通车。

29日

○区委书记冯国林主持召开党政联席会议，传达上级党的群众教育实践活动会议精神，并就教育工作、京津冀协同发展及重点项目进展等方面开展研讨。

30日

○秦皇岛市“港城先锋·红色义工”党员志愿服务活动启动仪式在人民广场举行。市直单位及海港区的党员志愿者服务队1100多人参加启动仪式。

○通过股权回购，秦皇岛公共交通有限责任公司完成国有化改制，结束11年的民营模式。

31日～6月6日

○第十届秦皇望海祈福文化旅游节在秦皇求仙入海处举办，田向利、马宇骏、杨长新、张增振、冯志永、王桂鹏、冯国林、霍春利等市、区领导出席开幕式，中华文化促进会副主席于广华代表中华文化促进会授予海港区“中国望海祈福文化之乡”牌匾。本届旅游节以“幸福家园，文化港湾”为主题，其间举办望海大会、沙滩音乐季、龙舟赛、中日韩青年艺术家联展、百姓民乐会等系列主题活动。6月6日，第十届秦皇望海祈福文化旅游节闭幕式暨“幸福家园、文化港湾”百姓民乐会在市民中心大礼堂举行。市委副书记刘辰彦，市政协副主席王桂鹏，区委书记冯国林等市、区领导出席活动。

是月

○海港区制发《中共海港区委员会常务委员会践行群众路线“十带头、十杜绝”有关规定》，就进一步开展党的群众路线教育实践活动，大力弘扬焦裕禄精神、做焦裕禄式好党员好干部作出承诺。

○海港区华叶电机有限公司研发设计的高效和超高效三相异步电动机产品，通过国家能效检测和专业认定，成为全市首家在工信部和国家技术监督总局完成能效标示备案的机电企业。

6月

1日

○秦皇岛市第三届“明珠地产杯”端午龙舟大赛开赛，辖区各部门、单位和院校的28支代表队、500名运动员参加比赛，区委副书记、区长霍春利在开幕式上致辞，区委副书记张浩主持会议。

2日

○秦皇美术馆开馆暨“山水志”中日韩青年艺术家联展活动在秦皇植物园举行。市委常委、宣传部长杨长新，市人大常委会副主任刘文杰，副市长冯志永，区委书记冯国林为美术馆开馆揭牌。是全市规模最大的美术展览馆，也是全市首座向社会开放的非营利性美术馆。

3日

○海港区大气污染防治行动领导小组办公室在秦皇植物园集中开展“让我们携手向污染宣战”活动。市委常委、常务副市长马宇骏，区委书记冯国林，区委副书记、区长霍春利参加活动。

○中国书法家协会河北省书法考级中心秦皇岛考级基地在新世纪书法学校揭牌。

8日

○第七届世界华侨华人社团联谊大会河北参访团一行88人在国家、省、市侨务工作人员的陪同下，到“全国侨务社区示范点”——东环路街道东环里社区参观，区委副书记、区长霍春利陪同参观。

16日

○省政府一号工程西港搬迁改造工程的重点建设项目——东扩港区建设前期工程全面启动。省委常委、市委书记田向利宣布工程全面启动。

25日

○全市“平安志愿者日”暨服务暑期行动在人民广场启动，各街道平安志愿者代表参加活动。

30 日

○召开庆祝建党 93 周年暨“焦裕禄式好党员好干部”命名表彰大会。区委副书记、区长霍春利主持会议。会上，授予 10 人“海港区焦裕禄式好党员好干部”称号。

是月

○完成全区企业退休人员养老金调待工作，全区连续第 10 年提高企业退休人员养老金水平。

○省重点项目博赫科技开工建设，项目总投资 1 亿元，建筑面积 7666.5 平方米，建设地点位于北部工业区民族北路以西、博硕公司以东、一重机械以北。

○文化路街道新一街社区居荫平之家被全国妇联评为“幸福家庭”，为全市唯一获奖家庭，全省仅 3 户家庭获此殊荣。

7 月

3 日

○区委副书记、区长霍春利对项目园区建设情况进行督导检查，分别到旭日家居、茂业中心、皓月城和博赫科技等一批重点项目建设现场进行实地查看。

4 日

○海港区“彩色周末、百姓舞台”专题演出活动在金梦海湾海韵广场拉开帷幕，25 场演出在暑期亮相金梦海湾和太阳城广场。

7 日

○全民抗战爆发 77 周年。上午 10 时，防控警报正式鸣响，并在东环里社区成功举行人口疏散演练。

7 ~ 8 日

○区委召开党的群众路线教育实践活动专题民主生活会，区委书记冯国林代表区委作对照检查发言，省委常委、市委书记田向利全程参加并讲话。

11 日

○省委常委、宣传部部长艾文礼到西港路街道红卫里社区，就培育和践行社会主义核心价值观进行调研。市委常委、宣传部部长杨长新，区委书记冯国林等市区领导陪同调研。

○中国人权发展基金会 · 中国数字图书馆秦皇岛地区“红领巾”数字图书馆捐赠仪式在区教师进修学校附属试验学校举行。全区 49 所中小学成为秦皇岛市首批红领巾数字图书馆师范学校。

15 日

○区委书记冯国林先后到园丁苑、迎宾路、长江道、河滨路等处，视察游园改造、街景整治、西浴场二期改造等重点城建项目。

16 日

○区委书记冯国林主持召开区级领导班子专题民主生活会情况通报会。区委副书记、区长霍春利，区委副书记张浩，区人大常委会主任鲁栋，区政协主席杨永会分别通报区委常委班子和区人大常委会、区政府、区政协党组专题民主生活会情况。

17 日

○全省人力资源社会保障政策和重点工作落实情况督导检查组到海港区进行督导检查。市委常委、政法委书记张经华，区委副书记、区长霍春利陪同。

○海港区召开海港高新技术产业开发区产业规划汇报会，研究高新区的发展定位、产业发展目标、用地布局及落实规划推进措施等内容。区委书记冯国林，区委副书记、区长霍春利，临港产业聚集区管委会主任、区委副书记高立明等区领导参加会议。

○全市首家民间管乐协会——海之声管乐协会在文化路街道河涧里社区活动室成立。

18 日

○区委书记冯国林会同市委宣传部、市妇联的负责人看望全国“最美家庭”居荫平之家和全国“五好文明家庭”王丽华之家，并代发荣誉证书。

24 日

○全市经济分析形势暨重点项目观摩会召开。市“四大班子”成员及各县区党政主要负责人，到辖区走访观摩茂业中心、博赫科技 2 个重点项目。区委书记冯国林，区委副书记、区长霍春利介绍全区重点项目建设情况。高立明、鲁栋、杨永会等区领导陪同观摩。

是月

○全区完成 2013 年度困难家庭高校毕业生失业补助金发放工作，累计为 214 名困难家庭高校毕业生发放失业补助金 74.96 万元。

○区疾控中心在全国伤害监测工作表彰会上被评为伤害监测工作先进单位。

○海港区财政局采购中心首次对全区机动车辆定点保险服务实行公开招标，上半年全区完成财政承保车辆 120 台，投保资金 52 万元，主要涉及强制险、商业险及车船税等。

○科技部、财政部印发《关于 2014 年度中小企业发展专项资金科技创新、科技服务和引导基金项目立项的通知》，海港区求索信息技术有限公司和瑜阳光能科技有限公司等 2 家企业获科技型中小企业创业投资引导基金项目资金支持 200 万元。

○海港区社区教育管理中心教师李英红在 2014 中国“北方杯”国际摩登舞、拉丁舞公开赛中获摩登舞职业组和拉丁舞甲组第一名。

○全区投入 1500 万元改造校舍，随着各中小学、幼儿园正式进入暑假，改造工程全面开工。

○全市首家社区拥军服务站在东环路街道东华里社区挂牌成立。

8 月

1 日

○国务院副秘书长、国家信访局局长舒晓琴到海港区调研指导信访工作，省信访局局长周仲明，区委书记冯国林，区委副书记张浩陪同。

2 日

○ 2014 年全市“全民健身日”启动仪式暨迎庆国际马拉松赛倒计时 30 天活动在燕山大学体育馆举行。24 支群众健身队伍进行健身秧歌、广场舞、腰鼓等展示表演。

6 日

○秦皇求仙入海处景区日接待游客 8389 人，创开园 22 年接待人数新高。

12 日

○区委书记冯国林到北部工业区就重点项目进展情况进行现场调研。

○区委副书记、区长霍春利等区领导督导检查安全生产和沙河河道整治情况。

21 日

○市人大常委会副主任张增振、市政协副主席王桂鹏就太阳城商业区升级改造情况进行调研。区委书记冯国林等区领导陪同。

○俄罗斯列宾美术学院代表到海港区进行文化交流，参观亮相秦皇美术馆的“丹青傲骨”作品展中的部分作品。

22 日

○海港区与新疆生产建设兵团第二师二十五团两地座谈会暨友好合作协议签订仪式在市民中心举行。

31 日

○ 2014 秦皇岛国际马拉松大赛在秦皇岛市奥林匹克中心举行。全球 12 个国家和地区的 1.7 万名顶级职业选手和业余跑者参与赛事。市委副书记、市长商黎光主持开赛仪式。中国奥委会副主席、全国政协教科文卫体委员会副主任、中国田径协会主席段世杰，省委常委、市委书记田向利，副省长许宁，中共中央直属机关事务管理局局长马奔，国家体育总局田径管理中心主任、中国田径协会副主席杜兆才，国家体育总局田径管理中心副主任、中国田径协会副主席王大卫，省体育总局局长张平，市领导商黎光、刘辰彦、李秦生、马宇俊、杨长新、冯志永等出席活动。此次马拉松赛是秦皇岛市举办的首届国际马拉松赛。

是月

○临港物流园区获“2014年度全国优秀物流园区”称号。临港物流园区是全市唯一入选的园区，全省6个园区入选。

○ 2014年秦皇岛市科技计划立项项目公布，海港区有18个社发类科技项目和1个农业类科技项目立项。

○全区开展市容整治行动，其间纠正违章280多户，暂扣违章物品150多件。

9月

2日

○海港区以海滨路吉星里社区为试点，成立全市首家社区微信服务平台，推送36条工作通知、健康常识等消息，关注居民有500多人。

6～8日

○中秋节，全区接待游客11.72万人次，同比增长10.77%；实现社会旅游总收入6900万元，同比增长18.96%。

12日

○召开全区培训和践行社会主义核心价值观工作会议。海港区被省委宣传部列入全省首批社会主义核心价值观建设示范社区候选对象，各单位将进一步把推动培育和践行社会主义核心价值观落到实处。

18日

○省、市社会稳定风险评估工作调研会在海港区召开。

26日

○海港区成立全市首家志愿服务联合会，是全市唯一一家县区志愿服务联合会。全区有志愿服务队伍500多支，注册志愿者5万多人。

27日

○海港区第五届全民运动会在东北大学秦皇岛分校体育场开幕。运动会历时7个多月，项目设置20大项、160小项，3万多人次参加比赛。海港镇、白塔岭街道和区委办3支代表队分获各组别第一名。

28日

○海港区“喜迎建国65周年”图片展在市民中心举行。图片展以“海港精神”为主题,分为开放、包容、崇德、尚美等4个展区，冯国林、霍春利、高立明、张浩、齐香民、张立红等区领导观看图片展。

29日

○秦皇岛浙商联合会向第七中学捐赠价值10万元的图书。

30日

○海港区在汤河公园烈士纪念碑前举行2014年烈士公祭活动，以迎接全国第一个烈士纪念日。冯国林、霍春利、高立明、张浩、杨永会等区领导出席公祭活动。

是月

○海港区1所学校和9名教师获国家和省级表彰。第七中学被人力资源和社会保障部、教育部授予全国教育系统先进集体称号；外语实验学校教师董卉获全国优秀教师称号；第八中学校长韩风臣获河北省教育系统先进工作者称号；交建里小学教师竭微丽、萃文中学教师张巍巍、迎秋里试验学校教师汤晓娟、西港路小学教师费静芳、第十八中学教师张晓辉、第七中学教师孙咏菊、建国路小学教师张芳等7人获河北省优秀教师称号。

○文化路街道郝宇拍摄的《“二维码”展示街居活动亮点工作》获得全国组织人事新闻摄影比赛三等奖。全国仅评选出30幅优秀作品。

○海港区政府筹集资金500万元，在全市率先建立“政府应急周转金”，专项用于解决行政区域内发生用人单位无力支付工资或欠薪隐匿问题。

10月

1日

○海港区在人民广场隆重举行升国旗仪式，

庆祝中华人民共和国成立65周年。冯国林、霍春利、高立明、张浩、鲁栋、杨永会等区领导参加仪式。

11日

○海港区召开创建全国文明城市迎检工作推进会，霍春利、张浩、张立红等区领导出席会议。全区涉及实地考察任务的55家责任单位参加会议。

○由民政部和李嘉诚基金会支持的“以社区为基础的流动儿童成长促进项目”在海港区启动，在铁新里小学、北环路小学和燕山大街街道、北环路街道的6个社区建立8个试点，服务对象是试点内的流动儿童。

12日

○秦皇岛摄影家肖吉地获中国艺术摄影学会主办的最高摄影奖——“中国摄影金路奖”，成为全市首位获此荣誉的摄影家。

13日

○海港区组织收听收看省、市党的群众路线教育实践活动总结大会，同时召开全区党的群众路线教育实践活动总结大会。市委第一督导组组长、市人大常委会党组成员、市人大常委会原副主任蔡运国代表市委督导组讲话。冯国林、霍春利、高立明、杨永会等区领导参加会议。

15～16日

○省政府教育督导团对海港区教育工作进行督导评估，给予评估标准最高等级评定。霍春利、张浩、胡福全、桑菊、肖长祥等区领导陪同。

17日

○区委书记冯国林主持召开区委常委（扩大）会议，听取软弱涣散基层党组织整顿转化情况汇报。

19日

○在2014河北省第三届非职业优秀管乐团队展演上，文化路街道河涧里社区海之声管乐协会获大学社会组银奖。

20日

○省委第八巡视组进驻海港区开展巡视工作。海港区召开巡视工作动员会，省委第八巡视组组长史双胜就巡视工作在会上讲话，市委常委、纪委书记郝占敏代表市委讲话，区委书记冯国林作表态发言，区委副书记、区长霍春利主持会议。

21日

○海港区召开全区重点项目建设暨经济指标调度会，着重分析项目建设存在的问题，查找影响项目建设的因素。冯国林、霍春利、高立明、张浩、鲁栋、杨永会等区领导参加。

22日

○建设大街街道幸福里社区居民杨秀群完成造血干细胞的跨国捐献，成为全市跨国捐献造血干细胞的第一人。

23日

○中国城市竞争力研究会发布“2014年中国最美城市排行榜”，秦皇岛以“观海听涛美”上榜。

26日

○海港区第二个环卫工人日。区委书记冯国林，区委副书记、区长霍春利，副区长印洪等区领导到新建成的“环卫之家”看望慰问环卫工人。

是月

○华中科技大学中国乡村治理研究中心的5名博士专家到海港区考察，乡村治理研究向社区延伸。

11月

1日

○秦皇岛市“斑马线文明行动”启动仪式举行。志愿者们共同向市民发放倡议书。

7日

○主题为“找火灾隐患，保家庭平安”的

2014全市消防日宣传周大型消防宣传活动启动。

12日

○市委常委、常务副市长马宇骏，区委书记冯国林，区委副书记、区长霍春利等市、区领导，在秦皇岛大酒店会见中国企业家思想俱乐部考察团一行。

○河北省银行秦皇岛分行正式开业。

13日

○“京津冀协同发展战略研讨会暨中国企业家思想俱乐部会员企业走进海港区”会议在海港区市民中心举行。副市长冯志永，区委书记冯国林出席会议并讲话，区委副书记、区长霍春利代表区政府与中企思代表于彦忠签署战略合作协议。

15日

○海港区首届职工男子篮球联赛开幕。区委书记冯国林为首场比赛开球，区委副书记张浩宣布联赛开幕，区政协主席、区职工篮协主席杨永会在开幕式上致辞，副区长桑菊主持开幕式，区领导高骥恩、刘凤奎、王健出席开幕式。

○秦皇岛港煤炭堆场防风网主体及附属配套设施工程全部完工。防风网总长度5038米，成为国内规模最大的防风网工程。工程历时7年。

27日

○海港区召开农村土地承包经营权确权登记颁证工作会议，全区农村土地承包经营权确权登记颁证工作全面展开。

是月

○区委组织部远教中心拍摄制作的专题片《满票村官》，在CCTV年度三农人物推介活动组委会与中国电视艺术家协会合作组织的“年度三农人物电视作品”评选活动中获一等奖。

○临河里小学教师孙润生代表河北省参加第四届全国小学信息技术优质课展评活动，获大赛二等奖。

○区畜牧局兽医实验室通过省、市兽医专家组的资格认证，标志着海港区兽医实验室工作走上规范化、标准化的轨道。

12月

1日

○海港区开展为期1个月的2014年度医疗机构执业许可证校验工作。涉及社区卫生服务中心、镇卫生院、社区卫生服务站、村卫生室和个体诊所等基层医疗卫生机构634家。

3日

○“关爱残障·情暖港城”2014年“国际残疾人日”捐赠宣传活动在文化广场报告厅举行。

○团市委在世纪公园开展“创全国文明城，做文明港城人”我为港城添美丽志愿服务行动。

4日

○河北省小额票据贴现管理中心秦皇岛分中心在中国民生银行秦皇岛分行揭牌运营。

7日

○下午，燕山大学机械工程学院李镇豆等在西浴场海边赏雪时，发现一名女子向海中走去，25名大学生冒着生命危险陆续下海，手拉手结成一条冰海救人的“生命链”，将女子成功救起。冰海救人大学生群体被市文明委授予“文明秦皇岛人标兵”标号，被团市委授予“秦皇岛市优秀共青团员”称号，被省文明委授予“学习雷锋善行河北先进人物群体”称号，被省教育工委、省教育厅授予“河北省见义勇为优秀大学生群体”称号。

22日

○北环路上跨铁路立交桥主路竣工通车。

23日

○金梦海湾沙滩木栈道工程全部节点竣工，与北戴河木栈路成功对接。中国最长的亲海沙滩木栈道——“秦皇岛万米木栈道”全线贯通。木栈道东起体育基地游船码头，西至北戴河湿地公园，总长 1.17 万米。

○由海港区市政工程管理处承建的金三角商业聚集区过街天桥正式投入使用，总投资 750 万元。

是月

○海港区实现城镇新增就业 1.02 万人，完成目标任务的 102%；下岗失业人员再就业 4086 人，完成目标任务的 102%，其中就业困难对象再就业 2089 人，完成目标任务的 104%；城镇登记失业率控制在 3.13%。

○海港区社区党建工作分获全国社区服务型党组织建设示范城区、全国社区服务型党组织建设示范街道称号，文化路街道党工委书记刘淑珍获全国社区服务型党组织建设模范带头人称号。

○秦皇岛新禹机械设备有限公司的“多段式 BIPV 电加热太阳能电池组件封装设备”等 5 个项目获河北省科技型中小企业创新支持资金 120 万元。

○区社区教育管理中心创立的“齐兵剪纸工作室”被中国成人教育协会 2014 年全国终身学习活动品牌名单收录，成为全国百个终身学习活动品牌之一。

○海港区制发《关于贯彻落实中央从严治党部署进一步加强党的建设的若干意见》。

（海　志）

区情综述

QUQING ZONGSHU

QUQING ZONGSHU

概 况

【历史沿革】 海港区即秦皇岛城区。相传秦始皇求仙驻跸于此，秦皇岛由此而得名。唐太宗李世民东征高丽时曾到此观海揽胜，故又有秦王岛之说。上古属幽州，商属孤竹国，战国时期属燕国，秦汉时期属辽西郡累县（临渝），隋唐属平州临渝县，辽属迁民县，元属迁民镇，明属山海卫，清·乾隆二年（1737年）置临榆县，属其管辖。光绪二十四年（1898年）辟为商埠，修建码头，人烟骤增，形成聚落，直至1948年为临榆县1个镇，称秦皇岛镇。1948年11月27日秦皇岛解放，后建立秦榆市，市区在解放前3个镇的基础上设立3个区。1949年2月，秦榆市改称秦皇岛市。1950年2月，成立秦皇岛市郊区；7月，秦皇岛市郊区改称四区；9月，一区、二区合并称一区，三区改称二区，四区改称三区。1953年8月，一区、二区合并称一区，三区改称二区。1956年1月，一区改称海港区，二区改称汤河区。1958年5月，汤河区并入海港区。

【地理位置及面积】 海港区位于秦皇岛市东南部，南临渤海，北倚燕山，东毗历史文化名城山海关，西连避暑胜地北戴河。区境地理坐标，东经119° 30′ 至119° 41′ 15″，北纬39° 52′ 30″ 至40° 00′。距首都北京280千米，是北京市、内蒙自治区、山西省、河北省和东北地区重要的出海口。京沈、京秦、大秦、京哈四条铁路干线在海港区交汇，京沈高速公路和102、205国道穿境而过，东距山海关机场12千米。境内有年吞吐量超亿吨的能源输出港——秦皇岛港。境内土地总面积204.72平方千米。海岸线长34.7千米。

【人口】 全区有人口59.01万人，21.03万户。全年出生人口6843人，人口出生率11.47‰，人口死亡率4.4‰，人口自然增长率19.5‰。开展流动人口和出租房屋专项清查，完善日租房报警系统建设，在有条件的小区加装日租房管理系统，并由公益性岗位人员专职管理，推动流动人口和出租房屋管理的动态化、信息化、规范化和社会化。全年登记流动人口10.62万人，办理居住证9.78万个，建立出租房屋备案档案1.23万份，查获各类流动人口违法犯罪嫌疑人615人。

全区43个少数民族，总人口4.37万人，主要有满族3.48万人，回族4300人，朝鲜族1400人，蒙古族2300人，土家族200人等。

2014年海港区人口情况一览表

表1—1

名 称 （按派出所填列）	总人口 （人）
总计	590076
白塔岭派出所	67128
北部园区派出所	15572
北港派出所	18464
北环路派出所	39089
东港派出所	21227
东环路派出所	37585
港城大街派出所	46322
海滨路派出所	51606
海港派出所	33452
海阳派出所	24633
河东派出所	35591
红旗路派出所	33069
建设大街派出所	34472
太阳城派出所	7448
文化路派出所	32146
西港路派出所	38210
燕山大街派出所	30823
站前派出所	2499
和平大街派出所	20740

【行政区划】 海港区辖东港镇、海港镇、西港镇、海阳镇、北港镇等5个镇及北部工业区、临港物流园区、临港产业聚集区循环经济园、圆明山文化旅游产业聚集区、金梦海湾商务旅游度假区等5个园区，115个行政村和文化路街道、海滨路街道、北环路街道、建设大街街道、河东街道、西港路街道、燕山大街街道、港城大街街道、东环路街道、白塔岭街道等10个街道，85个社区。

自然环境

【地质】 海港区地处大地构造单元，属中朝准地台（Ⅰ2）—燕山台褶带（Ⅱ2）—山海关台拱（Ⅲ28）的东部。在漫长的地质发展史中，基本保持正性状态，直到新生代才遭受海侵超覆。地层出露简单，只分布有新太古代和第四系地层。新太古代地层为秦皇岛变质花岗岩，形成时间在24亿年前，为五台运动产物，分布在辖区所有裸露地区。第四系只见有全新统地层，以砂、砾石、亚砂土、亚粘土等组成，厚0～40米。主要有河流冲积层、冲洪积层、海积层和风积层等，分布在河流、沟谷及沿海地带。只有少量岩脉出露，主要分布在北部丘陵地区，以伟晶岩脉、辉绿岩脉为主，为中生代产物。

地质构造发育有断裂构造，分为大断裂和一般断裂两级。大断裂，固安—昌黎—山海关隐伏大断裂：位于北纬39° 30′ 40″，区内全线隐伏海内，由西向东贯穿境内，走向北东60°，断面南倾，倾角60° ～80°，为一正断层，形成于燕山运动，长期先张后压活动。断层南侧第三系底界落差1000～1500米，是Ⅲ级构造单元的分界线。一般断裂，汤河断裂：北延至抚宁县唐家房向南经海阳、汤河口入渤海，全长32千米以上，为张性活动断裂，性质为断面直立（75° ）的正断层。自印支运动形成，燕山期强烈活动伴有中性岩浆喷发。在1976年的唐山地震时，有地震坑等形成。孟营—黄土坎断裂：近东西向，全长13.5千米，为一隐伏性质不明的断层（物探推测），在铁庄一带将汤河断裂切断，形成时间晚于汤河断裂。大白庙—高建庄断裂：西端走向近北东45°，东端为近东西向弧状隐伏断裂（物探推测），全长14千米，在赵庄一带将汤河断裂切断，形成时间晚于汤河断裂。西付店—拦马庄—朱清峪环状断裂：区内近北西300° 走向，过拦马庄后向北东45° 走向，在西付店与大白庙—高建庄断裂汇合，向东至山海关，境内长8千米，为性质不明隐伏断裂（物探推测）。秦油港—高建庄断裂：走向北东30°，长6千米，为性质不明隐伏断裂（物探推测）。在黄土坎一带将孟营—黄土坎断裂切断，形成时间晚于孟营—黄土坎断裂。

【地貌】 海港区地域东西较长，南北较窄，东北—西南顺海岸延伸呈长方形。地势北高南低，起伏较大。地貌形态简单，大致可分为堆积平原区、构造剥蚀准平原区和构造侵蚀低山丘陵区。

堆积平原。主要分布在高速公路以南地区，占全区面积的三分之二以上。濒临渤海，处于沙河、汤河三角洲，气候湿润，雨量较多，受地形影响，剥蚀和冲蚀作用强烈，发育不少洪积和冲积地形。冲洪积平原，分布在东港镇京山铁路以南地区，是在古石河、沙河的冲击作用下堆积而成。北高南低，地表由缓洪积、冲积物组成，土质中粒。冲积平原，分布在孟营、铁庄、市区一带，是在汤河、小汤河的冲积作用下堆积而成。海拔5～10米，坡度小于5‰，地势较平坦。由于汤河、小汤河的上游为山地、丘陵，坡降大，侵蚀重，构成土质含沙量大，地表多豆砂、砂土和亚粘土。三角洲平原，汤河三角洲形态鲜明，河口上方修建水库、水闸，径流、泥砂补给减少，挖砂取砂，三角洲形态和沙嘴发育受到影响和侵蚀。滨海沉积平原，为近代海岸与陆地共同沉积而成，海拔1～3米，地势平坦，土质为粘质海相沉积物。

构造剥蚀准平原。主要分布在北部地区和西港镇以西栖云寺山一带。北部地区西起大深巷至东付店、北到麻念庄一带；西部地区西起栖云寺山经归提寨至白塔岭一带。形态分为残山、一、二、三级剥蚀台地，总面积100平方千米左右。岩性由古老的混合花岗岩及其剧风化物组成，表面覆盖薄厚不一的残积层。剥蚀残山，分布在栖云寺山以及山前一带，海拔高度100米以上。由于遭受强烈风化剥蚀，山体成为和缓圆滑的孤立残丘而突出于各级剥蚀面，坡度一般30° ～40° 。组成残山的混合花岗岩垂直节理发育，并沿节理充填有脉状石英岩、伟晶花岗岩等，岩石表面风化较强。三级台地，主要位于西港镇的大乐安寨和北港镇的张桥庄一带，断续分布在低山丘陵前缘，标高50～100米，顶部呈园丘形，起伏较大，平均坡度5°，最大坡度20° 。台面上风化基岩裸露，坡地覆有薄层残积物。二级台地，主要分布在北港镇的姚周寨、西港镇新店子一带。平面较平缓，标高 30 ~ 50 米，宽 400 ~ 3000 米，向海微倾 4° ~ 5°，最大坡度 15°，与三级台地有缓坡相接。台面上风化基岩出露成孤立的馒头顶，其上有长英岩脉、伟晶花岗岩脉穿插。台面上残积物薄，一般小于 1 米，坡凹处较厚，达 4 ~ 5 米，冲沟发育。一级台地，主要分布在东港镇和西港镇沿海一带，平行海岸呈条带状断续分布，标高 10 ~ 30 米，宽 400 ~ 4000 米。台地面平缓开阔，向海微倾 4° ~ 5°，与二级台地以和缓坡折相接。顶部残积层较厚，一般大于 1 米，最厚 5 ~ 6 米，为棕黄、肉红色残积砾质黏土，冲沟不甚发育。

丘陵。主要分布在区域最北部，为构造侵蚀低山区，面积很小，只有 5 平方千米左右。构造侵蚀低山丘陵，主要分布在北港镇拦马庄一带，东起长桥岭，西至刘家河，主要为岩浆岩低山丘陵。绝对标高 100 ~ 500 米，山峰多为尖顶形锯齿状，坡度一般 30° ~ 50°，岩性由早元古—早太古界混合花岗岩及一些侵入岩脉组成，岩石节理裂隙发育。

海岸。海岸线西起狼牙桥，东至沙河口，长 20.97 千米。由归提寨附近海岸向东，是一片延续的砂质海滩，原为海岸砂丘，已被挖运或植被固定，砂丘后侧有泻湖分布。在东山海岸有基岩岬角。新开河口以东海岸，是砂质海岸与砾石质海岸的过渡。海岸沙丘，新开河口至东山，原是一片延伸 10 余千米的海岸砂丘，最宽处 2 ~ 3 千米，由南向北逐渐变窄，窄到 1 千米左右。砂丘高 10 ~ 20 米，大部分被森林固定。新月型砂丘地貌形态基本不见，森林中地形略有起伏，形态依稀可辨。泻湖沉积，由于海退海侵，海岸砂丘后面形成小片泻湖沉积。比较典型的是山东堡村西人工挖砂后呈现的泻湖。基岩岬角，东山一带海岸有海蚀滩、海蚀崖、海蚀阶地、海蚀穴等海蚀地貌。岬角东侧有海积阶地、砂质海滩。残丘，位于东山和南山，原为壁立于海边的剥蚀残山，经多年海蚀与风化成残丘。主要由太古代花岗岩组成，有石英和伟晶岩穿插。最高点海拔 24.96 米。沿海岸从东山向东北有一道高 7 米的沙堤，颗粒逐渐变粗，形成砂砾混合的海堤。

【河流】 境内河流有汤河、小汤河、新开河、马坊河、沙河，均属沿海小型水系，特点是源短流小，汛期暴涨暴落，非汛期基流少或干涸，为典型的北方山溪性河流。

汤河。因河源多温泉涌入得名。上游有两支，东支较长，亦称温河，发源于抚宁县柳观峪西北，西支亦称头河，发源于抚宁县温泉堡方家河洼子铺。两支于抚宁县平山营汇合后向南，在海阳镇有东北丘陵地带的小部落沟、徐家沟、腰子沟等 6 条支流汇入。而后向南穿越 102 国道进入区境，沿区西界穿过秦皇大街、和平大街、河北大街，于老京山铁路桥下面有支流小汤河汇入后注入渤海。全长 28.5 千米，流域面积 184 平方千米，其中海港区境内河段长 8.2 千米，流域面积 18 平方千米。汤河流域地势北高南低，除西北源头为高峻山区外，其余大部分为地形复杂的陵地带，流域最大宽度 16 千米。汤河源于山区，流程短，上游段河床为卵石、砾石基地，下游砾石、砂质河床。河源、河口最大高差 1070 米，平均坡度 37‰，平均河宽 100 米，进入区境后，河床变宽，达 80 ~ 200 米，河口处近 400 米。纵坡渐缓，为 1/500 ~ 1/1000，河槽深 3 ~ 5 米。汤河源短流急，属典型的山溪性河流，受暴雨过程影响，河水暴涨，极易形成较大洪峰。2001 年后，对汤河下游段实施综合治理，维修美化汤河防潮蓄水闸；修建左岸河北大街至秦皇大街北堤防，设计行洪标准 50 年一遇；根据汤河河道功能区划，在干流和平桥上游 260 米处，修建一座橡胶坝，坝长 135 米，以坝为界，坝上游为饮用水源区，下游至防潮闸段为景观娱乐区，在岸边建成风景优雅别致的带状公园。

小汤河（汤河支流）。发源于海阳镇西北抚宁县苏子峪，由秦皇岛经济技术开发区的孟营村流入境内。穿越西环路、河北大街，流经东白塔岭村后，过老京山铁路桥汇入汤河入海。全长 17 千米，流域面积 56.5 平方千米。区内流长 2.5 千米。均处平原区，河床以细砂、黏土为主，河宽 10 ~ 20 米，下游变宽为 20 ~ 50 米，纵坡 1/1000 渐变为 1/2000。是海港区西部及秦皇岛经济技术开发区的重要排水河道。

沙河。发源于北港镇东陆庄，至鹿头山处进入山海关区，东南流，经安民寨、红瓦店，穿越

102 国道、京山铁路后进入东港镇，经向东南流卸粮口村注入渤海。全长 19 千米，流域面积 62.5 平方千米。沙河流域地势北高南低，北部为浅山丘陵区，南部为滨海平原，平原区内河段长 13 千米，河床为卵石、砾石、砂组成，平均河宽 50 米，纵坡 1/250 ~ 1/2000 渐变。为全区东部重要行洪河道。行洪能力 249 立方米每秒，下游右岸设有土堤，长 1.2 千米。2001 年，为防河口海潮上溯，在沿海公路桥上游 200 米处修建沙河防潮橡胶坝，坝长 100 米，高 2.3 米。

新开河。位于城市区，是城市区主要排水河道。发源于北港镇田家沟南山，南流穿越京沈公路、京山铁路、秦皇大街、建设大街、港区铁路，于河北大街桥上游，汇入大马坊河、护城河，向南经新开河港入渤海。全长 11 千米，流域面积 42 平方千米。流域内地势北高南低，北部为丘陵区，占总面积 62.7%，南部为滨海平原，占总面积的 37.3%。

马坊河。新开河支流，发源于海港镇涂庄北岭，东南流，穿越京山铁路、燕山大街、文化路、民族路、建设大街，于铁路桥西汇入护城河，全长 7.4 千米，流域面积 12 平方千米。流域北高南低，河道穿越城市区，为城市区内雨水排泄主河道。

【气候】 海港区属暖温带半湿润大陆性季风气候。气候特点是四季分明，冬季冷而干燥，夏季潮湿凉爽，春、秋温暖适中。热量充足，夏季水热组合好，适合各种温带作物和温带果树生长。滨海地带夏季海陆风明显，气候凉爽，是避暑的好地方。

2014 年，海港区天气气候特点为：气温接近常年，降水显著偏少。年平均气温为 11℃，属正常年份。年极端最高气温 33.9℃，出现在 7 月 20 日，年极端最低气温 –15.6℃，出现在 2 月 10 日。年降水量为 352 毫米，属显著偏少年份。

冬季（2013 年 12 月 ~ 2014 年 2 月）平均气温 –2.9℃，属正常年份。其中 2013 年 12 月平均气温接近常年，1 月平均气温较常年偏高 1.4℃，2 月平均气温较常年偏低 0.9℃。春季（3 ~ 5 月）平均气温 11.4℃，较常年高 0.6℃，属偏高年份。其中 3 月平均气温较常年偏高 0.8℃，4 月平均气温较常年偏高 1℃，5 月平均气温与常年持平。夏季（6 ~ 8 月）平均气温 23.5℃，属正常年份。其中 6 月、7 月平均气温接近常年，8 月平均气温较常年偏低 0.7℃。秋季（9 ~ 11 月）平均气温 12.4℃，属正常年份。其中 9 月平均气温较常年偏低 1.2℃，10 月平均气温接近常年，11 月平均气温较常年偏高 0.9℃。

2014 年海港区各月平均气温情况一览表

表 1—2

月份	平均气温（℃）	月份	平均气温（℃）
1月	–3.4	7月	24.6
2月	–2.8	8月	24
3月	4.5	9月	19
4月	12.4	10月	13
5月	17.3	11月	5.3
6月	21.9	12月	–3.6

2014 年海港区降水量 352 毫米，比常年偏少 250.3 毫米，属显著偏少年份。冬季（2013 年 12 月 ~ 2014 年 2 月）降水量 6.8 毫米，属偏少年份。其中 12 月无降水，1 月、2 月降水量接近常年。春季（3 ~ 5 月）降水量 95.6 毫米，属正常年份。其中 3 月降水量接近常年，4 月降水量较常年偏少 25.4 毫米，5 月降水量较常年偏多 30.5 毫米。夏季（6 ~ 8 月）降水量 156.8 毫米，较常年偏少 254.2 毫米，属显著偏少年份。其中 6 月降水量较常年偏少 42.2 毫米，7 月降水量 39 毫米，较常年偏少 128.4 毫米，是 1958 年至今气象记录最少值，8 月降水量较常年偏少 83.6 毫米。秋季（9 ~ 11 月）降水量 87.1 毫米，属正常年份。其中 9 月、10 月降水量接近常年，11 月降水量较常年偏少 9.2 毫米。

2014 年海港区各月降水量情况一览表

表 1 — 3

月份	降水（毫米）	月份	降水（毫米）
1月	3.6	7月	39
2月	3.2	8月	70.9
3月	9.1	9月	54.3
4月	1.5	10月	32.6
5月	85	11月	0.2
6月	46.9	12月	5.7

无霜期 204 天，较常年偏长。初霜日出现在 10 月 14 日，终霜日出现在 3 月 23 日。

最大冻土深度 36 厘米，出现在 2 月，较常年偏浅；结冰日数 125 天；冬季最大积雪深度 4 厘米。

年日照时数2598.1小时，年日照百分率59%，较常年偏多。

年平均相对湿度69%，接近常年；雾日57天。年平均风速1.6米/秒，多西北风。

【气象灾害】 2014年，辖区出现的主要天气气候事件有大雾、寒潮降温、夏旱等。

大雾天气57天：1月1天，2月3天，3月5天，4月3天，5月5天，6月5天，7月11天，8月7天，9月5天，10月10天，11月2天。雾日较常年偏多，给交通运输等行业造成影响。

中等强度以上降温天气：1月4日、13日、21日中等降温，8～9日强降温；2月3～4日强降温，8日、28日中等降温；10月13～14日中等降温，27～28日强降温；11月2～3日、6～7日、12～13日、17日中等降温；12月2日中等降温，8日、11日强降温，16日中等降温。

夏旱：夏季全区降水量较常年偏少6成以上，为气象记录次少值，7月降水量39毫米，是1958年至今气象记录最少值，农作物受旱灾严重，各水库蓄水量严重不足。

（齐义君）

自然资源

【植物资源】 木本植物。包括乔木、灌木、藤木。乔木有银杏科，银杏属：银杏；松科，松属：油松、白皮松、落叶松；柏科，侧柏属：侧柏。元柏属：松柏、龙柏；杉科，杉属：云杉、水杉、冷杉；杨柳科，杨属：毛白杨、北京杨、加拿大杨、小叶杨、大官杨、二青杨、钻天杨、山海关杨、沙兰杨、107杨、108杨、中林46杨、84K杨、枫杨。柳属：垂柳、旱柳、杞柳；胡桃科，胡桃属：核桃；山毛榉科，栗属：板栗。栎属：辽东栎；榆科，榆属：白榆、家榆；桑科，桑属：白桑、家桑；柿科，柿属：柿子、黑枣；苦木科，臭椿属：臭椿；柽柳科，柽柳属：柽柳；木犀科，白蜡属：白蜡；立参科，泡桐属：白花泡桐。紫花泡属：紫花泡桐。樱属：樱桃、山杏、李子、山桃、榆叶梅。苹果属：苹果、海棠。山楂属：山楂。梨属：梨；云香科，花椒属：花椒。黄檗属：黄菠萝；楝科：香椿；槭科，槭属：王角枫、八角枫；无患子科，无冠果属：文冠果；谨葵科，木槿属：木槿。灌木有木樨科，连翘属：连翘。丁香属：紫丁香、白丁香；马鞭草科，杜荆属：黄荆；茄科，杞属：枸杞；千层炭科，紫薇属：紫薇；忍冬科，金银花属：金银花；蔷薇科，蔷薇属：玫瑰、月季、蔷薇；卫矛科，卫矛属：卫矛。藤木有葡萄科，葡萄属：葡萄、爬山虎。

草本植物。根据1992年区植保站关于田间杂草优势种及分布情况调查资料，海港区杂草种类多、密度大、分布广。有优势种12种，其他杂草103种，分28科。稻田杂草10科28种。如禾本科：稗草、狗尾草；菊科：苦菜、狼尾巴草；泽泻科：慈姑、长瓣慈姑；车前科：大车前、平车前；苋科：反枝苋、眼子菜；还有香蒲科、萍科、蓼科、莎草科、千屈采科的一些杂草。其中以稗草、莎草、小香蒲、耳叶水苋为杂草优质种。稗草占35%左右，莎草占25%左右，耳叶水苋占15%左右，其他占10%左右。玉米、花生田杂草17科42种。有禾本科、莎草科、旋花科、藜科、苋科、桑科、菊科、大戟科、蓼科、窃科、锦葵科、豆科、蒺藜科、十字花科、玄参科等，其中以马唐、鸭跖草、反枝苋、藜为优势种，马唐占领35%，鸭跖草占20%，反枝苋占17%，藜占15%，其他占13%。蔬菜田杂草14科33种。主要有十字花科、藜科、旋花科、车前科、苋科、桑科、禾本科、菊科、大戟科、蒺藜科、莎草科、蓼科、茄科等，其中马齿苋、辣子草、灰绿藜、马唐为优势种，马齿苋占25%、辣子草占25%、灰绿藜占15%、马唐占15%。果园杂草19科41种。主要有禾本科、茄科、苋科、藜科、菊科、大戟科、旋花科、茜草科、马齿苋科、车前科、木贼科、十字花科、蒺藜科、唇形科、豆科、紫草科，其中马唐、狗尾草、反枝苋为优势种，马唐占50%，反枝苋占15%，狗尾草占15%，其他占10%。

栽培植物。包括大田作物、蔬菜作物、果园型植物3个类型。大田作物20多种，其中粮食作物11种，主要有玉米、水稻、高粱、谷子、小麦、薯类、豆类等。经济作物9种，其中油料作物4种，主要有花生、芝麻、向日葵、白苏；药材2种，金银花、枸杞，还有少许七彩蓖麻、棉花、烤烟等。

果园型植物主要有苹果树、梨树、桃树、葡萄等。蔬菜作物主要有菠菜、韭菜、黄瓜、西红柿、青椒、茄子、马铃薯、豆角、甘蓝、菜花、西葫芦、芹菜、豇豆角、冬瓜、大葱、白菜、小萝卜、茴香、油菜等。

【动物资源】 野生动物。境内野生动物有8类，分别是兽类、鸟类、昆虫类、爬行类、两栖类、节肢类、软体类、环节动物。兽类：野兔、黄鼠狼、刺猬、田鼠、狐狸、松鼠、獾子等。鸟类：麻雀、喜鹊、灰鹊、燕子、鸽子、鹌鹑、海鸥、野鸭、乌鸦、黄鸟、山鸡等。昆虫类：害虫，卷叶虫、蚜虫、食心虫、红蜘蛛、美国白蛾、天社蛾、柳毒蛾、椿象、大青叶蝉。益虫，蜜蜂、草蜻蛉、螳螂、蜻蜓、赤眼蜂、七星瓢虫等。爬行类：蛇、蜥蜴、蜈蚣。两栖类：青蛙、蟾蜍。节肢类：蜘蛛、蝎子。软体类：蜗牛。环节动物：蚯蚓。

【土地资源】 2014年，全区土地总面积2.12万公顷。其中海港镇土地面积273.3公顷、东港镇土地面积1833.3公顷、西港镇土地面积2646.7公顷、北港镇土地面积4873.3公顷、海阳镇土地面积2540公顷、北部工业区及临港物流园区土地面积2826.7公顷。全区耕地面积4737.51公顷，园地面积1170.98公顷；林地面积1142.54公顷；宅地面积927.42公顷，工矿用地面积11356.92公顷，交通用地面积921.06公顷，水域面积562.79公顷，其他用地面积384.98公顷。

【矿产资源】 建筑用花岗岩。主要分布在北部低山丘陵区，矿体多为太古界花岗闪长岩岩体，中细粒花岗结构，岩石由钾长石、斜长石、石英石、角闪石组成，适用于生产建筑用毛石和铺路碎石。

【海洋资源】 全区已开发的海洋资源主要有海岸港址资源、海洋生物资源、滨海旅游资源。此外，还有海水、海底矿藏等未利用的海洋资源。

海岸港址资源。汤河港湾，水域开阔，不淤不冻，风平、浪静、水深、潮小。岸线由城市生活、临港工业和旅游所用。为促进海上旅游客运的发展，汤河港湾已启动实施秦皇国际国际游轮游艇港海螺岛项目和莲花岛旅游综合项目的填海工程建设。新开河河口港址，港池深入陆地900米，水域27万平方米，掩护条件较好，已建成5000吨级及以下散杂货泊位5个，形成码头岸线651米，陆域面积13万平方米。此外有卸粮口渔港。

海洋生物资源种类约为125种，其中鱼类85种，无脊椎动物5种，虾蟹类及口足动物5种，其余为甲壳类品种。捕获游泳动物的总生物量为134.48千克，平均每站生物量为33.64千克每小时，鱼类总生物量为75.59千克，平均生物量为18.9千克每小时，占总生物量的56.21%。头足类总生物量为9.35千克，平均生物量为2.34千克每小时，占总生物量的6.96%。甲壳类总生物49.54千克，平均生物量为12.38千克每小时，占总生物量36.84%。主要海洋资源为鳀鱼，占50.71%，其次为尖尾鰕虎鱼，占19.09%，口虾蛄，占17.86%，日本枪乌贼，占5.72%，小黄鱼，占2.72%。从优势种的组成来看，秦皇岛近岸的优势种是以鳀鱼、口虾姑、尖尾鰕虎、小黄鱼、日本枪乌贼为主。重要种类中，鲛鱇、黑鲪、短鳍衔、方氏云鳚，都是具有一定经济价值的渔获种类。

【水资源】 区域幅员窄小，自产地表水量很少，所利用水源大部分为过境水。由于水文地质条件较差，地下水储量有限，多年平均水资源量为5879万立方米，特枯水年（P=95%）水资源量2127万立方米。随着全区国民经济各业的发展，人口的逐年增多，水资源的紧缺状况趋于严重。

地表水。位处各水系下游，地表水的补给主要来自大气降水，资源量的时空变化特点与降水相同，年内集中在6～9月，各河系河川径流可占全年径流量的75%；年际变化大，具有丰枯交替现象。多年平均地表水资源量3891.3万立方米，平水年（P=75%）1556.5万立方米，偏枯水年（P=95%）467万立方米。

地下水。地下水主要类型为潜水，多储于第四纪含水层中，埋藏较浅，水位季节变化较大。其中裂隙水分布于境内北部，由于风化较强，裂隙节理发育，多属封闭型，水量不大。冲洪积潜水分布于西部，处于汤河冲洪积区，含水层主要为粗、中沙及少量沙砾夹卵石。含水层厚度由南向北变薄，厚度7～5米，单井出水量每小时

20～40吨。地下咸水区主要分布于东部的东盐务、西盐务一带，面积约10平方千米。水位埋藏较浅。多年平均地下水资源量2649.4万立方米，平水年（P=75%）1825.5万立方米，偏枯水年（P=95%）547.7万立方米。

【旅游资源】 自然旅游资源。境内地势北高南低，北部为起伏不平的剥蚀平原，多丘陵、山地，南部滨海地区为泻湖平原，地势低平。北部圆明山风景秀丽，有天然林场面积40公顷。境内海岸线长20.97千米，有东山浴场和西浴场。沙细、滩缓、水清、潮平，是北方地区最优秀的天然浴场之一。东山处有岬角，岩质奇特，极具观赏价值。

人文旅游资源。海港区文化底蕴深厚，秦皇求仙文化独树一帜。据史载，公元前215年，秦始皇第四次东巡，至此拜海祭天，派卢生、韩终等方士入海求仙，秦皇岛由此而得名。在东山公园发现明代成化十三年（1477年）“秦皇求仙入海处”残碑18块（毁于1966年），发现秦汉绳纹板瓦和纹瓦以及明代或之前时代布纹板瓦、陶片和残块。1991年，开始建设秦皇求仙入海处景区。据《临榆县志》记载，圆明山中有一座圆明寺。碑文记载圆明寺始建于唐朝，并经过明成化、万历和清乾隆、民国初年历次重修。周边有弘法寺、大士殿和三教堂。在1922年直奉大战中，寺庙被炮火摧毁，存有古柏1株及寺庙遗址和残碑。

口岸文化资源。1898年，秦皇岛港开始建设。1915年，“老港区”建成。20世纪50年代后，进行大规模码头建设和更新改造，成为中国能源输出大港。港口建设的发展使近代西洋建筑成为海港区一景，保存完好的有南山近代建筑群、开滦路和缸砖路近代建筑群及耀华老区部分建筑等，形成独特的口岸文化。

（海　志）

国民经济和社会发展

【概况】 2014年，全区上下在区委、区政府的正确领导下，认真贯彻国家、省、市的各项决策部署，以“全面打造沿海一流主城区”为奋斗目标，团结一致，奋力拼搏，圆满完成各项任务。

【经济总量与财政收入】 经济总量增长较快。全年完成地区生产总值508.67亿元，同比增长3.7%。其中：第一产业完成增加值1.85亿元，同比增长–4.0%；第二产业完成增加值188.7亿万元，同比增长4.5%；第三产业完成增加值318.12亿元，同比增长3.2%，三次产业结构比调整为0.4∶37.2∶62.4。其中，区属地区生产总值完成234.77亿元，同比增长7.8%。

财政收支状况良好。全年实现财政收入80.93亿元，同比增长3.4%，其中：国税系统收入38.43亿元，同比增长22.7%；地税系统收入38.97亿元，同比增长–13.7%；财政系统收入3.53亿元，同比增长95%。区级一般预算收入16.94亿元，同比增长1.7%。财政支出22.66亿元，同比增长4.3%。

【农林牧渔业】 区属口径农林牧渔业总产值3.79亿元，同比下降6.3%；其中，农业产值1.72亿元，同比下降4.1%；林业产值1604万元，同比下降13.5%；牧业产值1.29亿元，同比下降6.8%；渔业产值3604万元，同比下降22.9%。全年实现粮食产量10665吨，油料1225吨，蔬菜（含瓜果）45525吨，肉类总产量3863吨，奶产量4760吨，禽蛋产量2532吨。全年造林面积285公顷，养殖面积34公顷，实现水产品产量1212吨（增速为当年可比价产值与上年现价产值之比）。

【工业和建筑业】 规模工业生产稳步发展，规模以上工业企业160家，完成工业增加值163.12亿元，同比增长4.7%；实现工业总产值662.95亿元，同比增长1.4%；实现工业销售产值646.14亿元，同比下降0.9%；工业产品销售率达到97.5%。工业效益比上年有所下降，实现主营业务收入704.47亿元，同比下降1.1%；实现利税总额45.91亿元，实现利润总额24.73亿元。其中：区属规模工业生产稳步发展，规模以上工业企业数达到49家，完成工业增加值24.65亿元，同比增长8.6%；实现工业总产值143.43亿元，同比增长3.9%；实现工业销售产值143.05亿元，同比增长4%；工业产品销售率达到99.7%。工业效益比上年有所增长，实现主营业务收入140.96万元，同比上涨3.1%；实现利税总额–936万元，实现利

润总额 -3.13 亿元。

建筑业生产规模略有萎缩，区属建筑业企业 111 家，完成产值 135.76 亿元，同比下降 6.6%。完成房屋施工面积 9432576 平方米，同比下降 15%；完成竣工面积 3234771 平方米，同比下降 5.6%。

【国内贸易】 全年实现在地口径社会消费品零售总额 273.82 亿元，同比增长 12.3%。按销售单位所在地分，城镇实现零售额 273.81 亿元，同比增长 12.3%。全年实现区属社会消费品零售总额 242.69 亿元，同比增长 12.3%。按销售单位所在地分，城镇实现零售额 242.69 亿元，同比增长 12.3%。市场建设稳步有序发展，成交额超亿元的市场有 6 个，成交额共计 57.99 亿元，同比下降 1.5%。

【固定资产投资与房地产】 在地口径固定资产投资完成 313.89 亿元，同比下降 15.1%。其中，建设项目投资完成 131 亿元，同比下降 30.3%；房地产开发投资完成 182.39 亿元，同比增长 0.6%；农村农户投资完成 5000 万元。区属全社会固定资产投资完成 232.23 亿元，同比下降 17.9%。固定资产投资完成 231.73 亿元，同比下降 18%。其中，建设项目投资完成 78.22 亿元，同比下降 39.3%；房地产开发投资完成 153.53 亿元，与上年持平。农村农户投资完成 5000 万元。

【对外贸易】 全年区属出口总额达 5.7 亿美元，同比增长 37.2%；全年区属直接利用外资 1.24 亿美元，同比增长 -34%；新批利用合同外资项目 4 个。

【城市建设与环境保护】 完成背街小巷道路改造工程。由区财政出资，投资估算约 1000 万元，改造货场路西侧、迎秋里小学门前路、新宝街东路等 12 条街巷路，8 月中旬陆续进场施工，11 月底前全部完成。完成河北大街与建国路交叉口渠化改造工程。工程投资约 134 万元，3 月 28 日进场施工，5 月底完工。完成迎宾路街景整治工程。主要对迎宾路沿街人行道路面进行铺装改造、对主干道沥青裂缝进行修补，改造部分地下雨水管线设施、增加交通标线等，同时，重点对沿线路灯、景观灯等进行更换、维修。是 2014 年年初市、区两级政府确定的重点项目之一，4 月进场施工，11 月中旬全部完成，更换路灯 106 盏，维修人行道景观灯 163 盏，新设路口大型景观灯 10 盏，维修路面 1.1 万平方米。

狠抓治理，严查污染，确保环境安全。通过完善污水管网建设工程和日常监察管理，完成 7 家企业减排工程，减排化学需氧量 332 吨、消减 1.18%，减排氨氮 77.5 吨、消减 1.27%；开展燃煤锅炉综合整治、汽车尾气治理及淘汰黄标车工作，整治燃煤锅炉 146 台，发放环保车标 7272 个，认定黄标车 2008 辆，减排二氧化硫 224 吨、消减 3.08%，减排氮氧化物 52.8 吨、消减 7.03%。

【科学技术】 推进创新型海港区建设，增强自主创新能力。海港区连续第三次被国家科技部授予全国科技进步先进区，有 4 人被评为全国科技进步先进个人。省政府正式批准在海港区设立省级高新区——秦皇岛海港高新技术产业开发区。按照《创新型海港区建设方案》，安排 100 万创新型海港区建设资金，全力推进工作，征集 15 家单位的 16 个项目，有 8 个项目获得立项，获 95 万元市级创新城市资金支持。组织企业参加秦皇岛市“中誉通信杯”企业创新创业大赛，全区有 10 家企业参赛，智隆网络科技有限公司晋级决赛；组织企业参加以“创新驱动、融合发展”为主题的第十七届中国北京国际科技产业博览会，视听机械研究所、钢天科技有限公司 2 家企业的产品被省科技厅选中，代表河北省参展产品在展会展出；组织机关、企业、社区等 3000 多人，参观 2014 年全国科技创新成果展，进一步增强科技创新意识。把抓好科技项目建设作为提升科技支撑能力的重要手段，从项目的立项申报到组织实施、产业转化，实行全面跟踪、全程服务。全年征集各类项目 61 项，有 40 个项目被列入国家、省、市科技项目，争取上级资金 465 万元，其中秦皇岛视听机械研究所的“触摸式动感多媒体数字投影球系统的研制”等 3 个项目被列为国家科技计划项目，获国家科技资扶持金 304 万元。

【教育】 深化教育教学改革，促进学生全面发展。组织海港区第二届“有效教学”全员岗位练兵活动，有效提高学校教学管理水平和教师课堂教学能力。部分学科尝试开展学科单项“飞行检测”分析，探索非考试类学科的评价方式。初中生毕业升学考试取得佳绩，连续多年在全市保持大幅领先优势。中小学招生工作圆满完成。对施教区进行局部科学调整，有序确定入学对象，严格禁止择校，实施阳光招生。招生工作圆满完成，招收小学一年级新生 8200 人、初中一年级新生 6616 人。学校建设项目稳步推进，办学条件显著改善。完成系统网络升级改造。投入 750 万元，一期布点 20 个单位，建设远程综合教学系统；投入 92 万元用于网络中心建设。全区港城教育网升级改造工作和学校远程视频系统建设工程调试完毕。推进学校新建、扩建工程。投资约 1.7 亿元，对相关学校进行新建、扩建工作。其中，第十四中学、归提寨小学等 3 所学校正在进行初步设计；东港镇第二小学、滨河路小学平房教室扩建工程已完工；暴庄小学新教学楼已竣工。做好相关维修改造工作。投资约 2500 万元对学校进行维修改造。其中，第四中学等 50 所学校完成屋面防水、输电线路、取暖设施等维修改造；39 所学校直饮水设备安装完毕；建国路小学等 6 所学校操场进行草皮更换；小高庄小学等 4 所农村学校完成土质操场改造；铁新里小学完成操场硬化；建国路小学等 3 所学校完成热力入网工程；对市五中原址进行装修改造，为海阳镇中小学搬迁做好准备。改善学校教学设施设备。投资 505 万元，新建计算机教室 19 个，增加学生用计算机 1124 台；投资 316 万元，安装班班通 124 套；投资 28 万元，新建实验室 5 个；投资 237 万元，更新学生课桌椅 1.15 万套，教师办公桌椅 374 套；投资 113 万元购买图书和环保标本。

【文化、体育】 立足文化基层基础，固本强基，提升文化软实力。区文体中心项目建设工程 10 月竣工，正进行竣工验收及后续的设备购置等工作。继续强化农家书屋建设。出资 10 多万元为农家书屋集中采购图书、征订报纸和期刊，用于各农家书屋图书补充和更新。对 40 个农家书屋统一订制并配送报刊架。创建区图书馆分馆 6 个和流动图书站 10 个。加强群文培训。对群众文化活动基地及区直机关进行培训辅导，共辅导 1000 多人次。通过开展“周末讲堂”系列活动，把各种门类的艺术培训送进社区、农村。倾力文化惠民工程，多措并举，提升服务供给能力。注重节庆文化活动。在重要节庆期间组织春节茶话会、精品秧歌和特色花队展演、秦皇望海祈福文化旅游节、军地联合文艺汇演等活动。打造文化品牌。组织“彩色周末”老品牌活动 37 场，以“城乡文化互动互访”活动为平台，结合“六进”活动和“阳光八送”工程，开展走基层百场演出活动。打造“百姓大舞台”、原创歌曲大赛等新品牌，组织系列文化活动 50 项，500 场次。开展公益文化服务。组建区文化志愿者服务中心，招募志愿者 200 多人，启动“文化志愿者基层服务在行动”活动，组织发动文化志愿服务者开展公益文化演出 30 次，开展各类公益服务活动 500 次。扶持基层文化活动。组建和指导基层文化队伍 110 个，为基层组织大小文化活动 300 多场；组织文化下乡、图书下乡活动；组织公益电影放映 1356 场。加强文化遗产保护工作。北朝长城修缮工程已向省文物局申请立项，修缮设计合同已签订。申报“古文美读”等项目为区级、市级非物质文化遗产保护项目，推选牛育民为省级、区级非物质文化遗产保护项目代表性传承人。参加第七届河北省民俗文化节和非遗日等活动，宣传推介海港区非遗项目。

全民健身活动丰富多样。组织和协助各机关事业单位、村（社区）的群众体育活动，先后组织龙舟赛、区五运会、全民健身舞展示活动等 10 多项体育赛事。竞技体育项目力争上游。第五届区运会比赛历时 7 个多月，举办 20 大项、160 小项比赛，70 多个单位、3 万多人次参加比赛，参与人数之多创历届全运会之最。承办赛事高质高效。先后承办市大众体育项目创记录大赛、文化旅游节健步走活动和 2014 秦皇岛国际马拉松邀请赛海港区参赛组织工作，组织“2014 年元宵节广场舞展演”和“我运动，我幸福，迎端午广场舞展演”大型展演活动和区职工篮协篮球联赛等多项大型体育活动和赛事。“双基”建设均衡发展。开展广场舞等培训工作，培训体育指导员、体育活动骨干140次，参训人数2100人。

【卫生】巩固医改成果，服务保障水平持续提升。持续推进农民健康工程，新型农村合作医疗扩面增效。全区参合农民8.15万人，参合率达到97.6%，人均筹资标准由每人340元提高到390元，筹资总额3179.36万元，最高补偿限额达10万元。全年补偿6.15万人次，发生总费用7398.6万元，补偿金额3128.24万元，统筹基金使用率98.4%。全面开展基本公共卫生服务，提升基层卫生服务水平。以全面落实十一项基本公卫服务项目为重点，强化规范管理。完善考核制度，确保真实公正。加强审计，确保专款专用。规范档案管理，对居民健康档案进行重新梳理核实，确保健康档案的真实性。城区居民建档率70%，规范管理高血压2.09万人、糖尿病8334人、老年人4.4万人；农村居民建档率85%，规范管理高血压3223人、糖尿病1456人、老年人7973人；对城乡7.89万名老年人及高血压、糖尿病等患者进行免费体检。逐步完善配套制度，推进基层医药卫生体制改革。建立健全财政补偿机制，完善绩效工资制度。完善基本药物制度。3家社区卫生服务中心和5所镇卫生院基本药物全部实行网上集中采购，基本药物使用率达到80%以上。严格执行基本药物目录外网下采购备案制度。完善乡村一体化管理。落实"六统一两独立"，提升镇、村两级医疗机构服务能力。全面加强基层人才培养。通过远程教育、继续教育等多种形式，强化以全科医生为重点的基层卫生人才队伍建设，培训全科医师85人，村医成人大专学历教育7人，对乡医开展集中培训教学145人，对610家医疗机构负责人进行诊疗技能培训。

【人口、人民生活与社会保障】2014年年底，全区户籍总户数210380户，总人口590076人。同比增长2%，出生人口6843人，人口出生率11.47‰，人口死亡率4.4‰，人口自然增长率19.5‰。

低保工作稳步推进，提高最低生活保障。根据《海港区人民政府关于提高城乡居民最低生活保障标准的通知》（海民〔2014〕11号）文件要求，年初将城市低保标准由420元每月每人提高到470元每月每人，农村低保标准由2200元每年每人提高到2900元每年每人。全区低保标准在全市处在最高水平。全区有城市低保户6620户、1.22万人，发放城市低保金3897.34万元；有农村低保户3473户、6380人，发放农村低保金1077.95万元。完善医疗救助制度，提升医疗救助水平，城乡困难群众医疗救助封顶线，城市由每人每年5000元，农村由每人每年3000元统一提高到1万元。提高特困群众医疗救助力度。全年，为城乡低保户681人发放医疗救助金140.29万元；落实各项惠民政策，提高服务水平。发放城乡低保户电费补贴77.4万；发放城市低保户取暖补贴430.3万元。

城乡居民生活水平不断提高。城市居民人均可支配收入27830元，同比增长8.6%，农民人均纯收入14126元，同比增长11.9%。城镇、农村人均消费性支出分别为20022元、14808元。

中共海港区委员会

ZHONGGONG HAIGANGQU WEIYUANHUI

ZHONGGONG HAIGANGQU WEIYUANHUI

区委重要决策

2月16日，区委印发《关于全区开展党的群众路线教育实践活动的实施方案》。全区党的群众路线教育实践活动从2014年2月开始，到2014年9月基本完成，在区级领导机关及直属机关和事业单位，镇、园区、街道和村、社区，区属学校和医疗机构，非公有制经济组织、社会组织和其他基层组织中展开。指导思想：坚持以中共十八大，十八届二中、三中全会和习近平总书记一系列重要讲话精神为指导，全面贯彻落实中共中央要求和省委八届六次全会、市委十一届六次全会、区委九届六次全会精神，以为民务实清廉为主题，以“照镜子、正衣冠、洗洗澡、治治病”为总要求，以“党员干部转作风、人民群众得实惠、深化改革迈大步、绿色崛起上水平”为目标，以补精神之钙、除“四风”之害、祛行为之垢、立为民之制为重点，突出作风建设，贯彻整风精神，坚决反对形式主义、官僚主义、享乐主义和奢靡之风，着力解决人民群众反映强烈的突出问题，着力解决影响发展环境的突出问题，着力提高做好新形势下群众工作的能力，为“全力打造一流主城区和沿海经济增长极”提供强大动力、奠定坚实基础。基本原则：充分借鉴运用第一批教育实践活动成果和经验，坚持开门搞活动，注重发挥群众积极性，确保每个环节、每项工作都让群众参与，受群众监督，请群众评判;坚持问题导向，盯住作风问题不放，从小事做起，从具体事情抓起，边学边查边改，让群众看到实实在在的成效；坚持严格要求，教育要深刻，实践要生动，在思想教育、整改落实、建章立制、正风肃纪等环节，都有过硬举措、严格标准，确保取得实效；坚持领导带头，上下联动、前后衔接，既要以上率下，又要以下促上；坚持分类指导，针对不同层级、不同领域、不同对象提出要求，启发思想自觉和行动自觉，明确具体任务和推进措施，不搞“一刀切”“一锅煮”，保证活动不虚、不空、不偏、不走过场；坚持巩固成果，对在第一批活动中要求改正的“四风”问题要做到彻底根除，对在第二批活动中正在戒除的“四风”问题要“连根拔起”，对在以后的工作中出现的“四风”苗头，要源头消杀，要下大气力，巩固成效，防止反弹。

2月26日，区委印发《中共海港区委2014年工作要点》。区委提出2014年总的思路是：以中共十八届三中全会、省委八届六次全会、市委十一届六次全会和中共中央、省、市经济工作会议精神为指导，大力弘扬“开放、包容、崇德、尚美”海港精神，牢牢把握“一流主城区和沿海经济增长极”奋斗目标不动摇，抢抓“沿海开发”和“西港搬迁”两大战略机遇，以推进城市化进程为抓手，紧紧围绕“一中心三基地”产业定位和“一线两片三组团”城市空间布局，全力实施“开放引领、创新驱动、产业强区、项目带动”发展战略，更加突出经济转型升级和产业集聚发展，更加突出城市功能完善和生态环境改善，更加突出民计民生保障和群众幸福指数提升，更加突出干部作风转变和党的建设创新，用新思路引领新发展,用新形象展示新作为,努力成为全市打造“沿海强市、美丽港城”的主力军、主阵地、主窗口。

3月7日，区委、区政府印发《海港区2014年民心民生工程实施方案》。提出海港区2014年民心民生工程指导思想是：坚持以科学发展观为指导，大力弘扬“开放、包容、崇德、尚美”海港精神，按照统筹安排、民生优先，突出重点、量力而行的原则，围绕涉及面广、惠及面大、群众最关心、百姓最急需、可操作性强的基本要求，加大民心民生投入力度，加强民心民生项目的谋划建设，突出为民办实事、办好事，推进各项社会事业又好又快发展，努力实现发展成果更多更公平地惠及人民群众，实现人民群众生活得更加美好、更加幸福。目标任务是重点实施就业保障工程、社会扶助工程、幸福安居工程、环境优化工程、农村基础建设工程、社会服务惠民工程、文化教育提升工程、食品安全工程、平安建设工程等九项民心民生工程28件实事。

3月21日，区委、区政府印发《2014年海港区农村面貌改造提升行动（基层建设年活动）实施方案》。指导思想：以中共十八届三中全会、省委八届六次全会、市委十一届六次全会和区委九届六次全会精神为指导，按照“农业强、农村美、农民富”的要求，以实现农村布局优化、民居美化、道路硬化、村庄绿化、饮水净化、卫生洁化、路灯亮化、服务强化为目标，以17个省级重点村为重点，辐射和带动全区改造提升行动和基层建设年活动的深入开展，不断提升农民生活品质，促进农村经济发展、农民素质提高、党群干群关系改善和基层组织建设进一步加强。基本原则：坚持党政领导，农民自愿；坚持规划先行，注重品位；坚持乡村特色，不盲目跟风；坚持立足实际，分类指导；坚持长效管护，建章立制；坚持整体部署，注重结合。提出农村面貌改造提升行动的15项具体任务，对实施步骤、保障措施提出意见。

4月18日，区委印发《海港区正风肃纪专项行动实施方案》。总体要求：开展正风肃纪专项行动，要深入贯彻落实中共十八大、十八届三中全会和省委八届三次、五次全会及市委十一届六次全会、区委九届六次全会精神，按照开展党的群众路线教育实践活动的要求，以区级领导机关、领导班子和领导干部及乡镇、街道、村（社区）和直接联系服务群众的执法监管部门、“窗口”单位、服务行业为重点，以贯彻落实中共中央政治局“八项规定”精神为切入点，进一步突出作风建设，明确标准，仔细查摆，认真整改，正风肃纪，坚决反对形式主义、官僚主义、享乐主义和奢靡之风，着力解决人民群众反映强烈的突出问题，以专项行动的实际成果促进和保证教育实践活动取得人民满意的实效。主要内容：围绕解决区委《实施方案》中提出的集中实施“十个专项整治”的整治内容，重点开展以“十查摆、十整改”为主要内容的专项行动。具体提出实施专项行动的方法步骤和保障措施。

5月4日，区委印发《强党性聚合力行动实施方案》。总体要求：按照习近平总书记在中共十八届中央纪委第三次全体会议上提出的“在作风问题上起决定作用的是党性”的重要指示精神，以我区被省委组织部列为处置不合格党员试点区为契机，围绕加强党的先进性和纯洁性建设，强化理论武装，优化党员队伍，夯实基层基础，创新党组织和党员联系服务群众渠道，全面激发党员队伍活力，努力把基层党组织建设成为推动科学发展的坚强领导核心，为“打造一流主城区和沿海经济增长极”聚合力、增动力。主要任务：加强教育管理，强化党性观念；加强组织建设，夯实战斗堡垒；加强制度建设，促进规范运行；服务群众凝聚民心；服务发展集聚合力。

5月13日，区委印发《海港区基层工作服务年行动实施方案》。总体要求：以中共十八届三中全会和习近平总书记系列重要讲话精神为指导，全面贯彻落实中共中央、省市委全会精神，以党的群众路线教育实践活动为统揽，以服务基层、服务群众为主题，推动工作职权下放、工作力量下沉、工作重心下移，让群众好办事、为群众办好事，着力解决发生在群众身边的不正之风，着力解决关系群众切身利益的问题，着力解决服务群众“最后一千米问题”，着力提高做好新形势下群众工作的能力和水平，为建设一流主城区和沿海经济增长极提供强大动力、奠定坚实基础。总体目标：以全区各单位各部门党员领导干部和机关工作人员为重点，通过开展基层工作服务年行动，改进服务作风、提升服务水平、创新服务平台、健全服务机制，努力在服务意识上有新增强、服务基层上有新举措、服务能力上有新提高、服务效率上有新突破，增进党群干群关系，提高人民群众的满意度。提出具体工作任务和保障措施。

5月16日，区委、区政府印发《海港区项目建设“挑大梁”行动实施方案》。指导思想是：全面贯彻落实中共十八届三中全会、省委八届六次全会、市委十一届六次全会和区委九届六次全会精神，按照“开放引领、创新驱动、产业强区、项目带动”的发展战略，紧紧围绕“一中心三基地”产业定位和“一线两片三组团”城市化发展布局，谋划和实施一批重大项目，为实现在全市科学发展、绿色崛起中挑大梁、当先锋、做表率，打造一流主城区和沿海经济增长极的目标提供强力支撑。主要目标是：围绕建成投产一批、开工建设一批、前期报备一批、谋划储备一批的目标，全年实施投资千万元以上项目90项，完成投资220亿元；全力抓好兴龙商贸二期、博赫科技等55个计划开工项目；谋划储备亿元以上项目150个；力争30个项目纳入省、市“双百双千”工程，确保香格里拉等30个项目竣工投用。

5月19日，区委印发《区委常委会践行群众路线“十带头、十杜绝”有关规定》。带头倡导健康生活，坚决杜绝大吃大喝、互相吃请；带头落实领导责任，坚决杜绝不敢担当、部门代言；带头奉行用权为民，坚决杜绝权钱交易、滥用职权；带头发扬民主团结，坚决杜绝作风霸道、独断专行；带头遵循科学发展，坚决杜绝形象工程、寅吃卯粮；带头精简会议文件，坚决杜绝文山会海、繁琐重复；带头深入基层调研，坚决杜绝居高临下、走马观花；带头坚持党性原则，坚决杜绝阳奉阴违、任人唯亲；带头提高综合素质，坚决杜绝方法简单、方式粗暴；带头严控“三公”支出，坚决杜绝挥霍公款、铺张浪费。

9月21日，区委印发《中共海港区委关于落实党风廉政建设党委主体责任和纪委监督责任的意见（试行）》。总体要求是：坚持党要管党、从严治党，以明确责任主体为基础，以细化履责措施为重点，以完善考核机制为抓手，以严格责任追究为保障，着力构建责任明晰、权责一致的责任分解体系；着力构建运行顺畅、科学规范的责任落实机制；着力构建公开公正、切合实际的考核机制；着力构建有错必究、有责必问的责任追究体系，促使各级党委（党组）和纪委（纪检组）履职尽责，保障党风廉政建设责任制落到实处，推动全区党风廉政建设和反腐败斗争深入扎实有效开展。并对责任内容、保障措施、责任追究、组织领导等作出具体规定。

10月15日，区委、区政府印发《海港区建设“三级平台”推行“两个代办”进一步完善便民服务体系的实施方案》。指导思想：以“让群众好办事、为群众办好事”为根本目的，充分借助党的群众路线教育实践活动之力，最大限度清理和下放行政审批和服务事项，建立健全区、镇（园区、街道）、村（社区）上下衔接、规范运行、协调联动的政务服务网络，切实转变政府职能和干部作风。总体目标：2014年10月底前，规范完善区、镇（园区、街道）、村（社区）政务服务“三级平台”建设，全面落实为民服务全程代办、重点项目全程代办“两个代办”制度，确保我区上下联动、层级清晰、运转高效、覆盖城乡的便民服务体系实质化运行、规范化运转。

12月16日，区委印发《中共海港区委常委会关于进一步完善科学决策强化落实机制的若干意见》。对科学界定常委会议题范围、坚持科学民主决策、健全强化工作落实制度、建立决策落实保障机制等提出具体意见。

12月16日，区委印发《中共海港区委关于贯彻落实中央从严治党部署进一步加强党的建设的若干意见》。指导思想：以中共十八大，十八届二中、三中、四中全会和习近平总书记一系列重要讲话精神为指导，按照《中国共产党章程》和习近平总书记从严治党的部署要求，以各级党组织和党员干部为重点，把从严治党基本方针和要求贯彻落实到党的建设全过程，切实加强对党员干部的严格要求、严格教育、严格管理、严格监督，不断提高党的领导水平和执政水平、提高拒腐防变和抵御风险能力，始终保持党的生机和活力，为“全力打造一流主城区和沿海经济增长极”奠定坚实的组织基础。主要举措：不断深化理论学习，拧紧理想信念“总开关”；一丝不苟地贯彻民主集中制，维护和增强党内团结；切实走好群众路线，坚决抵制“四风”问题反弹；把好干部队伍建设关口，营造良好的从政环境；坚决落实“两个责任”（中共十八届中央纪委第三次全会习近平总书记强调指出，要落实党委的主体责任和纪委的监督责任，党委、纪委或其他相关职能部门都要对承担的党风廉政建设责任做到守土有责），严格依法执政；深入聚焦党风廉政建设，切实维护党纪尊严；严格党员日常管理监督，持续保持健康的党内生活；持续整顿软弱涣散基层党组织，不断提升基层组织的凝聚力和战斗力。保障措施：夯实责任；强化制度约束；注重狠抓落实。

12月22日，区委印发《关于贯彻落实秦字〔2014〕6号文件精神的实施意见》。指导思想：以邓小平理论、“三个代表”重要思想、科学发展观为指导，深入贯彻落实中共十八大、十八届三中全会精神，坚持标本兼治、综合治理、惩防并举、注重预防的方针，以改革精神加强反腐败体制机制创新和制度保障，坚定不移转变作风、坚定不移惩治腐败，努力实现干部清正、政府清廉、政治清明，为全面实现打造一流主城区和沿海经济增长极目标提供有力保障。工作目标：在2012年初步建成惩治和预防腐败体系基本框架的基础上，经过不懈努力，到2017年，实现惩治和预防腐败体系在全区党的机关、政府部门、司法机关、群团组织和农村基层、公共企事业单位、非公有经济和社会组织的全覆盖。腐败蔓延势头得到有效遏制，“四风”问题得到有效治理，党风政风和社会风气持续好转，制约和监督权力运行的制度体系逐步完善，党员干部廉洁自律意识和拒腐防变能力显著增强，人民群众对党风廉政建设和反腐败斗争满意度明显提高。并就持之以恒抓好党的作风建设、以零容忍态度惩治腐败、科学有效预防腐败、强力推进工作落实等提出具体意见。

12月24日，区委、区政府印发《海港区安全生产“党政同责、一岗双责”实施办法》。分总则、工作职责、工作机制、责任追究、监督检查、附则等6章34条。

12月25日，区委印发《关于严肃查处和坚决防止基层重点领域腐败问题的实施方案》。指导思想：以中共十八大，十八届三中、四中全会和习近平总书记系列重要讲话特别是关于加强和改进巡视工作的重要讲话精神为指导，坚持党要管党、从严治党，以直接威胁基层群众切身利益的基层重点领域腐败问题为指向，以集中查处、专项治理、办事公开、制度建设、警示教育、责任追究为根本手段，严肃查处和坚决防止基层重点领域腐败问题并以切实的工作成效取信于民，推动全区党风廉政建设和反腐败斗争深入扎实有效开展，为努力营造良好的政治生态，全力打造一流主城区和沿海经济增长极提供坚强的政治保障。主要任务：即日起集中力量组织开展四项专项行动并积极探索建立长效机制。组织开展集中查处案件专项行动；组织开展集中整顿治理专项行动；组织开展制度落实督查专项行动；组织开展推进办事公开专项行动。并提出具体的责任分工和保障措施。

区委重要会议

【区委全委会议】 1月24日，中共海港区九届区委六次全委（扩大）会议召开。区委书记冯国林主持会议。会议听取审议并通过区委常委会《工作报告》；安排部署2014年全区经济工作；表决通过2013年中共海港区第九届委员会第六次全体会议决议；进行2013年度党风廉政建设、反腐败工作、干部选拔任用工作及组织工作的民主测评。《工作报告》强调，2014年，海港区要以中共十八届三中全会、省委八届六次全会、市委十一届六次全会和中共中央、省、市经济工作会议精神为指导，大力弘扬“开放、包容、崇德、尚美”海港精神，牢牢把握“一流主城区和沿海经济增长极”奋斗目标不动摇，抢抓“沿海开发”“西港搬迁”两大战略机遇，以推进城市化进程为抓手，紧紧围绕“一中心三基地”产业定位和“一线两片三组团”城市空间布局，全力实施“开放引领、创新驱动、产业强区、项目带动”发展战略，更加突出经济转型升级和产业集聚发展，更加突出城市功能完善和生态环境改善，更加突出民计民生保障和群众幸福指数提升，更加突出干部作风转变和党的建设创新，用新思路引领新发展，用新形象展示新作为，努力成为全市打造“沿海强市、美丽港城”的主力军、主阵地、主窗口。要围绕壮大经济实力，千方百计聚产业，建设“开放创新、势能无限”的海港。要围绕民计民生改善，统筹生产生活生态，建设“宜居宜业、绿色包容”的海港。要围绕提升社会治理能力，大力繁荣文化事业，建设“底蕴深厚、崇德和谐”的海港。要围绕推进城市化进程，提升城市建管水平，建设“功能完善、时尚靓丽”的海港。

【区委常委会议】 2014年，区委召开常委会议11次。

1月21日，召开九届区委第三十二次常委会议。会议研究讨论并原则通过召开区委九届六次全委（扩大）会议有关事宜、区委书记冯国林在区委九届六次全委（扩大）会议上所作《工作报告》《海港区科级领导班子和领导干部综合考核评价办法（试行）（讨论稿）》。学习传达中共中央党的群众路线教育活动第一批总结暨第二批部署会议精神，区委书记冯国林作重要讲话。研究干部任免及大学生村官公选岗位等事宜。

2月16日，召开九届区委第三十三次常委会议。会议学习传达省委常委、市委书记田向利在参加市“两会”海港区代表团讨论时的讲话精神；研究讨论并原则通过召开区“两会”有关事宜、《海港区 2014 年政府工作报告（讨论稿）》《2014 年海港区政府预算（草案）（讨论稿）》《海港区 2013 年国民经济和社会发展计划执行情况与 2014 年国民经济和社会发展计划（草案）的报告（讨论稿）》《海港区党的群众路线教育实践活动实施方案（讨论稿）》。

4 月 11 日，召开九届区委第三十四次常委会议。会议学习中共中央总书记习近平在兰考调研时的讲话精神和通讯文章《焦裕禄——永不磨灭的丰碑》；研究讨论《关于进一步强化领导分包重点项目工作的实施方案（讨论稿）》；听取关于召开海港区重点工作会暨区政府 2014 年第一次全体会议有关情况的汇报；研究讨论《中共海港区纪委、海港区监察局关于清理精简区纪委监察局参加的各类议事协调机构情况的通报（讨论稿）》；学习《党政领导干部选拔任用工作条例》有关内容；听取关于排查软弱涣散基层党组织有关情况的汇报；听取全区党的群众路线教育实践活动阶段性情况汇报及区委常委会征求意见情况的汇报；研究讨论社区换届后有关问题；研究讨论规范党政领导干部在企业兼职有关事宜；研究干部任免事宜。

4 月 16 日，召开九届区委第三十五次常委会议。会议研究干部任免事宜。

5 月 29 日，召开九届区委第三十六次常委会议。会议研究干部任免事宜。

8 月 6 日，召开九届区委第三十七次常委（扩大）会议。会议传达全市经济形势分析暨重点项目观摩会议精神、全市农村面貌改造提升行动现场观摩调度会议精神；听取年内全区经济运行形势和项目建设情况、民心民生工程工作进展情况、全区农村面貌改造提升行动情况、上半年全区安全生产工作及下半年工作安排等汇报；通报 2014 年中小学招生工作情况；研究讨论并原则通过《区委常委会专题民主生活会以上率下、立行立改、务实为民若干举措》。

8 月 15 日，区委召开全区党的群众路线教育实践活动第三环节推进会和第三十八次常委（扩大）会议。会议通报全区各单位领导班子专题民主生活会情况；传达《中共河北省委关于批转廊坊、邯郸市委两个报告，切实落实党风廉政建设主体责任的通知》《中共河北省委关于落实党风廉政建设党委主体责任、纪委监督责任的意见》精神，区委书记冯国林作重要讲话。

9 月 21 日，召开九届区委第三十九次常委会议。会议听取并通过全区正风肃纪专项行动警示教育暨干部作风建设会议有关安排事宜；研究讨论并通过《中共海港区委关于落实党风廉政建设党委主体责任和纪委监督责任的意见（试行）（讨论稿）》。区委书记冯国林就进一步做好党风廉政建设工作作重要讲话。

10 月 17 日，召开九届区委第四十次常委（扩大）会议。会议听取关于软弱涣散基层党组织整顿转化情况的汇报；安排部署下一阶段重点工作。区委书记冯国林作重要讲话。

10 月 30 日，召开九届区委第四十一次常委（扩大）会议。会议学习中共中央十八届四中全会公报和中共中央总书记习近平在全国文艺工作座谈会上的讲话精神；传达省、市委常委（扩大）会议学习十八届四中全会精神的相关要求，观看国务院法制办副主任袁曙宏所作专题辅导讲座视频。区委书记冯国林就全区学习十八届四中全会精神提出要求。

12 月 16 日，召开九届区委第四十二次常委（扩大）会议。会议传达学习《省委办公厅关于认真贯彻〈中共中央关于湖南衡阳破坏选举案处理情况及教训警示的通报〉精神，切实做好有关工作的通知》精神；学习新修订的《中华人民共和国预算法》的有关内容；传达省委农村“两委”换届会议精神；研究讨论并通过《中共海港区委常委会关于进一步完善科学决策强化落实机制的若干意见（讨论稿）》《中共海港区委关于贯彻落实中央从严治党部署进一步加强党的组织建设的若干意见（讨论稿）》《中共海港区委关于严肃查处和坚决防止基层重点领域腐败问题的实施方案（讨论稿）》《海港区安全生产“党政同责、一岗双责”实施方案（讨论稿）》。就做好选举工作、预算工作、农村“两委”换届工作，区委书记冯国林作重要讲话；研究干部调整事宜。

【党政联席会议】 5 月 29 日，召开党政联席会议。会议传达中共中央、省、市党的群众路线教育实践活动会议精神；听取全区教育工作汇报、海港区与河北师范大学进一步加强战略合作有关工作汇报和全区京津冀协同发展对接工作开展情况、省市重点项目进展情况等汇报。区委书记冯国林就开展党的群众路线教育实践活动提出要求：要认真学习、深刻理解相关会议精神，为做好下一阶段党的群众路线教育实践工作做好充分准备；要坚持求真，不搞形式，不走过场，做好表率，积极按照市委、市政府的相关要求，踏实走好每一步；要坚持求实，切合实际做实工作，各级领导干部要带头进行深刻的自我剖析，认真思考群众反馈的问题，通过改正问题实现共同进步；要坚持求效，扎实深入地开展工作，转变作风求发展。冯国林就全区教育工作提出要求：要主动出击、主动跑办，将具体工作落实到位；要认真研究思考，克服困难，制订详细的工作方案；要持之以恒，树立正确理念，树立信心，把教育发展作为一项长久课题来抓。冯国林就项目建设工作提出要求：要正确理解京津冀协同发展的内涵，主动融入京津冀一体化协同发展的大趋势内，抓住机会，加快发展；要认真思考，结合现有环境找准定位，发挥好自身优势，充分展示体现区域特色；要加强招商引资敏锐性，找准对接点，拓宽渠道招项目，通过强化举措引项目，进一步加大跑办力度，加快项目进展；要加速推进重点项目建设，不断加大服务力度，及时解决问题，促进项目早落地、早开工。

【全区性重要会议】 2月17日，区委召开党的群众路线教育实践活动动员大会，贯彻落实中共中央、省、市关于开展第二批群众路线教育实践活动动员大会精神，对全区党的群众路线教育实践活动进行动员部署。市委群众路线教育实践活动督导组组长蔡运国代表市委对海港区第二批群众路线教育实践活动提出指导性意见和明确要求。会议由区委副书记、代区长霍春利主持。区委书记冯国林讲话，他强调：要把思想和行动统一到中央、省、市对活动的要求部署上来，切实提高认识；要把活动的重点聚焦到转“四风”问题上来，牢牢把握主题，确保活动不偏向；要把握好活动的总体要求和关键环节，坚持统筹兼顾，确保活动不走过场；要加强领导，强化各职能部门间协调配合，确保活动取得扎扎实实成效。

2月27日，召开全区政法工作会议。区委副书记张浩主持会议。会议听取《全区政法工作报告》，宣读《关于表彰2013年度政法平安建设维稳工作先进单位和先进个人的通报》。区委书记冯国林讲话，他强调：要围绕“第一责任”，为全区发展大局创造良好的社会环境；要强化法治思维，在司法实践中推进公平正义；要突出群众路线，着力提升政法队伍整体形象。

3月7日，召开区纪委九届四次全委会议。区委常委、纪委书记张晓雁主持会议并作《工作报告》。区委书记冯国林讲话，他强调：要保持政治清醒，以中央、省、市纪委全会精神统一思想；要完善“四项机制”（自律机制、保障机制、制约机制、治理机制），不折不扣地贯彻落实反腐倡廉建设各项工作任务；要强化“三种意识”（忧患意识、责任意识、大局意识），以群众路线教育实践活动推动反腐倡廉工作深入开展；要加强组织领导，着力把反腐倡廉各项工作安排部署落到实处。

3月11日，举行科级干部、基层党组织书记教育实践活动专题培训暨开班仪式，区委书记冯国林作专题辅导。要求全区科级干部和基层党员干部要牢记四句话，即：作为一名党员干部尤其是党的各级领导干部，必须保持政治上的清醒和敏感，这是一个干部成熟与否的标志；做什么事，怎么做事，这既反应了一个人的思想觉悟，更体现出一名干部的政治信念；树立正确的权力观，用好权就是对组织负责，对人民负责，更是对自己和家人负责；只要我们真干了、做实事，做群众期盼的事，就一定会得到百姓的拥护。

4月18日，召开2014年重点项目调度会，对全区一季度项目建设情况进行分析汇报。区委副书记、区长霍春利提出要求：要进一步鼓足干劲，加大招商力度，对待建项目、攻坚项目加强跑办、统筹，促进项目早落地、早开工；要进一步增强服务意识，创新服务方式，积极培养领办、带办人员，对竣工项目要随时回访，及时帮助解决存在困难，全程抓好项目建设工作，不负“挑大梁”的使命；要集思广益，利用“京津冀”一体化的发展契机，借助“西港搬迁”等有利举措，发挥海港区优势，不断谋划新的储备项目。

5月8日，市四大家领导到海港区现场办公，了解教育实践活动和重点工作开展情况，帮助解决经济社会发展过程中遇到的困难问题。市领导先后到北港镇张桥庄村、燕山大街街道铁新里社区，就教育实践活动开展情况、农村片区改造和马路市场整治、社区建设进行实地调研。省委常委、市委书记田向利主持现场办公会，区委书记冯国林汇报教育实践活动和重点工作开展情况。田向利提出四点要求：要强化发展意识，在打造沿海增长极上有新作为；要强化统筹意识，在促进城乡一体化发展上有新作为；要强化服务意识，在回应群众关切问题上有新作为；要强化争先意识，在搞好教育实践活动上有新作为。

5月12日，召开2014年城乡环境容貌综合整治百日攻坚行动动员大会，号召全区各相关部门以城区环境整治和农村面貌改造提升为载体，突出重点，综合治理，疏堵结合，标本兼治，力促城乡容貌真改观、大改观、新改观。区委副书记高立明主持会议。区委副书记、区长霍春利出席会议，并对相关工作提出具体意见。

5月13日，召开"践行海港精神，建设美丽港城，党在我心中"百姓宣讲首场报告会。区委副书记张浩主持会议。10名宣讲员结合自身亲历、亲为、亲闻，真情讲述立足岗位，敬业、奉献、爱民、为民和追梦、圆梦的真实故事，抒发对党无比忠诚、对梦想无比执着、对事业无比热爱的深厚感情。各镇、街及各单位400多名观众参加报告会。

6月30日，召开庆祝建党93周年暨"焦裕禄式好党员好干部"命名表彰大会。区委副书记、区长霍春利主持会议。会上，授予10人"海港区焦裕禄式好党员好干部"称号，基层代表进行表态发言。区委书记冯国林围绕学习"焦裕禄式好党员好干部"提出要求：各级党员干部要牢记宗旨，始终把全心全意为人民服务作为不懈追求，要站在群众的立场了解群众所想所盼所愿，真正把群众需不需要、满不满意、答不答应放在首位，用实际行动和付出，赢得群众的拥护和爱戴；要恪尽职守，始终保持旺盛的工作激情，要拥有坚定的理想信念、树立正确的政绩观、具备强烈的担当意识、进行严格的自我约束；要探求就里，始终以实事求是的精神推动发展，要弘扬焦裕禄精神，学习"焦裕禄式好党员、好干部"，融入群众、提升标准、提高能力、狠抓落实。

6月30日，召开全区暑期工作会议。区委副书记、区长霍春利主持会议。区委副书记张浩通报全区信访稳定总体形势，区委书记冯国林就做好暑期工作提出要求：要在思想认识上真正上位；要在信访稳定上持续用力；要在社会管控上绝对安全；要在服务保障上细之又细；要在借助暑期上主动作为；要在纪律遵守上更加严格。

7月17日，区委书记冯国林主持召开海港高新区产业规划汇报会。与会领导及相关部门就规划内容充分交流意见和建议，区委书记冯国林就进一步做好海港高新区产业规划提出意见：要明确园区产业定位，在提出先进理念的同时，通过宏观研究、数据分析并结合园区实际，明确产业规划内容；要提高规划操作性，提出制定系统的、具体的举措与方法，指导园区产业发展；要明确发展目标，把园区现状与发展规划有机结合，解决园区发展存在的困难；要加强政策引导，认真分析成功地区的先进经验，提供指导性的意见建议；要明确发展主导产业与现有产业的关系，结合现有产业，精炼提出两到三个主导产业，有效提升传统产业。

9月10日，召开庆祝第30个教师节暨表彰大会。会议由区委副书记、区长霍春利主持。会议宣读《中共海港区委办公室、海港区人民政府办公室关于表彰教育系统先进集体和先进个人的通报》，对10个教育系统先进集体、10名模范教师、10名优秀教师、10名优秀教育工作者予以表彰。区委书记冯国林强调：要树牢"基石"的理念；要实现教育改革和创新的突破；要确保教师师德和自身素质提升。

9月23日，召开2014年正风肃纪警示教育暨干部作风建设大会。区委副书记、区长霍春利主持会议。大会组织观看上半年正风肃纪暗访录像，区委常委、纪律书记张晓艳对全区范围内查处的违反财经纪律、违反工作纪律、违反廉洁自律规定等6起典型案件进行通报。区委书记冯国林讲话：作风建设无止境、更无捷径，深刻理解"作风建设永远在路上"的内涵，把践行群众路线作为永恒的主题；作风决定干部行为、工作效率和事业成败，从活动中反映出的问题看，作风建设虽有进步，但仍任重道远；由为官见为人，由作风见德行、见修养、见价值观，作风好坏是衡量一个干部优劣的基本标准；巩固群众路线教育实践活动成果，以鲜明的导向、管用的制度，培树具有海港特色的高效作风。

9月27日，海港区第五届全民运动会在东北大学秦皇岛分校体育场召开。运动会由区委、区政府主办，区文体广新局、区教育局、区直机关工委、区建管工委承办，全区70多家单位、3万多人次参加比赛。副区长桑菊主持开幕式，区委副书记张浩为大会致辞，区委副书记、区长霍春利宣布海港区第五届全民运动会开幕，区委书记冯国林为本届运动会比赛鸣放第一枪。区领导鲁栋、杨永会、齐香民、张立红、刘凤奎参加开幕式。

10月11日，召开创建全国文明城市迎检工作推进会。动员全区上下坚定信心，明确目标，全力攻坚，以良好的城市环境、社会秩序、公共服务和创建成果，确保文明城市创建目标如期实现。海阳镇、太阳城管委、城管局等10个涉及实地考察任务较重的责任单位进行发言。区委副书记张浩主持会议，并就如何进一步做好迎检测评工作提出指导性意见。区委副书记、区长霍春利要求各单位要认清迎检测评工作的重要性，牢固树立服务大局的意识，全力做好各项创建工作，用一流的成绩迎接“总考”。

10月13日，召开党的群众路线教育实践活动总结大会。会议贯彻落实中共中央、省、市会议精神，对全区教育实践活动进行总结和反思，对活动中得到的经验和启示进行提炼，并就巩固和延伸活动成果、在新形势下坚持从严治党等方面进行研究和部署；同时，通过视频收听收看省、市党的群众路线教育实践活动总结大会。会议由区委副书记、区长霍春利主持。市委第一督导组组长、市人大常委会党组成员、市人大常委会原副主任蔡运国代表市委督导组讲话，要求：要更加努力践行党的群众路线，进一步提高贯彻群众路线的自觉性；更加注重发扬钉钉子精神，巩固和扩大教育实践成果；更加注重衔接带动，不断把海港区教育实践活动引向深入。区委书记国林作总结发言。

10月20日，召开巡视工作动员会。省委第八巡视组组长史双胜就即将开展的巡视工作在会上讲话，市委常委、纪委书记郝占敏代表市委讲话。区委副书记、区长霍春利主持会议。区委书记冯国林代表区委和区级领导班子作表态发言：一定会提高认识，切实把思想统一到上级关于巡视工作的决策部署上来；一定会敢于亮相，自觉接受省委巡视组和人民群众的监督；一定会积极配合，全力支持省委巡视组开展工作。

11月18日，召开创建全国文明城市工作调度会。动员全区各部门立即行动，深入查找存在问题和不足，真正做到立整立改、不留死角，确保创城工作圆满成功。会议传达全市创建全国文明城市工作调度会议精神，并通报全区前阶段督导情况。区城管局、市政处、食品稽查大队等6家单位汇报创建工作开展情况、存在问题及下步工作计划。

11月26日，召开农村面貌改造提升行动汇报会。区委书记冯国林主持会议。会议听取区农工委，各镇、园区及相关单位部门农村面貌改造提升行动开展情况、存在问题和工作谋划的汇报；区委书记冯国林提出要求：要提高主体意识；要明确工作标准；要加大资金投入；要严格落实工作要求。

12月2日，召开党外知识分子联谊会成立大会。区政协副主席肖长祥当选会长。会议宣读并表决通过海港区党外知识分子联谊会章程、选举办法，选举党外知识分子联谊会会长、副会长和秘书长。

12月22日，召开归国华侨联合会成立大会和海外联谊会换届大会。选举产生区华侨联合会和海外联谊会领导班子成员，标志着海港区在全市率先实现华侨联合会、海外联谊会、党外知识分子联谊会和基层商会“四个全覆盖”。

区委主要工作

【概况】2014年，区委常委会大力弘扬“开放、包容、崇德、尚美”的海港精神，全面贯彻中共十八届三中、四中全会和省、市委全会精神，以开展党的群众路线教育实践活动为主线，全力实施“开放引领、创新驱动、产业强区、项目带动”发展战略，突出经济转型升级和产业集聚发展，突出城市功能完善和生态环境改善，突出民计民生保障和群众幸福指数提升，突出干部作风转变和党的建设创新，全区经济社会发展取得新业绩。全年实现区属地区生产总值234.77亿元，同比增长7.8%；完成区属社会固定资产投资200亿元，高于市定任务13.4亿元；完成全部财政收入80.93亿元，同比增长3.4%，其中，公共财政预算收入16.9亿元，同比增长1.7%；城市居民人均可支配收入和农民人均纯收入分别达到27830元和14126元，同比增长8.6%和11.9%。

【执政思路】 继承和延续历届区委“一流主城区”梦想不动摇，以打造“一流主城区和沿海经济增长极”为目标，围绕“一中心三基地”产业定位、“一线两片三组团”空间布局谋划和推动发展。把抢抓机遇作为加快发展的源动力，主动研究并积极融入京津冀协同发展、沿海开发、西港搬迁等重大契机，发挥全市主城区的主力军、主阵地、主窗口作用。把攻坚克难作为加快发展的突破口，全力破解发展空间局促、园区发展后劲不足、城市建管权责不匹配、区级财政增长乏力等制约发展的突出问题，并作为检验工作成效的重要标准。把为民务实作为执政行政的第一选择，继续与市直部门错位投入、错位发展，重点研究解决群众最期盼、党和政府有能力办的民生实事。把作风转变作为管党治党的风向标，高标准开展群众路线教育实践活动，抓早、抓常、抓小，注重教育引导、建章立制、严格督导，在转变作风的同时，凝聚推进工作的强大合力。

【经济发展】 始终把发展作为第一要务，调结构、转方式，引导项目向园区集中，鼓励区内骨干企业发挥龙头作用，投入技改资金4.6亿元，引导尼特电子等10家企业完成技改升级；环亚设备、博硕光电分别在天交所、“新三板”成功上市。主动对接京津冀协同发展以及“西港搬迁”工作大局，做好卸粮口渔港搬迁及涉港企业搬迁选址等前期工作，举办“京津冀协同发展海港区对接企业外溢”等系列活动，与北京大学口腔医院附属医院达成合作意向。强化招商引资工作，点对点拜访华润集团、嘉里建设等40多家战略投资企业，总投资50亿元的世贸城市综合体等项目成功签约，全年引进内资57.7亿元，完成全年任务的131%，利用外资3.43亿美元（含秦港股份2.06亿美元），位居全市前列。项目建设步伐不断加快，继续深化一把手抓项目和区领导分包重点项目制度，茂业中心、国药物流等30个项目列入全省“双百双千”重点项目。实施千万元以上项目99项，完成投资223.1亿元（含实际发生但未纳统项目投资额），为全年目标任务的101.4%。园区发展动力不断积蓄，借助市委、市政府主要领导到海港区现场办公的有利契机，争取延长园区税收返还政策年限等支持，缓解园区发展的瓶颈制约。有256家企业落户园区，主营业务收入同比增长27.1%，初步形成北部工业、东部临港物流业、城市中心片区商贸服务业聚集发展的产业格局。

【城乡面貌】 组团建设效果初显，城市轮廓逐步清晰。沿海一线景观带建设加速形成，海碧台、香格里拉酒店等窗口型项目完工投用；西浴场景观综合提升二期工程全面建成，浴场面积增加近2倍，片区形象彻底改变，成为环渤海最大的开放式百姓海水浴场。城市中心片区面貌改观明显，秦皇大街绿化提升工程效果显著，迎宾路街景整治工程亮点纷呈，太阳城改造提升项目全面完工；成立火车站站前广场管理处，片区秩序得到有效治理。西部新中心片区蓄势待发，归提寨片区开发稳步推进，茂业城市综合体项目开工建设，海阳片区拆改工作进展顺利，海港镇范庄村返迁安置房正式动工。圆明山片区开发取得积极进展，核心区建设正式启动，返迁安置房工程具备开工条件。城乡环境卫生整治成果显著，城区主干道机械化清扫作业规范运作，保洁效果明显；城市管理重心下移工作稳妥有序，实现城市区街巷道路、居民小区的网格化管理。近岸海域整治、大气污染防治等专项治理工作全力推进，违法排污企业得到严格规范和治理；农村面貌改造提升行动取得显著成果，17个省级重点村村容村貌发生较大变化，北港镇陆庄村改造工作得到市委主要领导的高度评价。

【民生事业】 全面落实“民生保障工程”28件实事，将有限的资金用到最需要的地方，切实回应群众期盼和需求。社会保障体系进一步健全，城乡低保再次提标，城市居民和农村居民最低生活保障标准分别达到470元/月和2900元/年，在全省名列前茅，实现“应保尽保、应退尽退”动态管理目标。保障性住房建设和棚户区改造力度不断加大，西港镇杨道庄村、公富庄村等保障性住房工程按期推进，年度任务目标提前完成。便民服务体系不断完善，“三级平台”和“两个代办”制度全面铺开，方便群众办事。教育发展取得重要进展，成功与河北师范大学签订战略合作协议，教师培训、顶岗实习支教等合作事项取得积极成果；严格执行就近入学政策，遏制择校现象，得到社会各界好评。全面改善群众居住环境，新宝街东侧路等10条街巷路改造和港城大街街道迎秋西里小区等10个老旧小区改善提升工程完工；新改扩建的春泽园、园丁苑等10个街头游园向居民开放；光明路、奥体街等多条街巷路增绿补绿全面完成。文化氛围日趋浓厚，成功举办第十届秦皇望海祈福文化旅游节，望海游园会、龙舟赛等22项特色文化活动，丰富市民的文化生活，提升海港区的知名度，被中华文化促进会授予“中国望海祈福文化之乡”的称号。全力维护社会和谐稳定，强化矛盾纠纷排查调处和群体性问题处置，提升反恐处突应急反应能力，暑期和重大活动安保实现万无一失；法治海港建设逐步推进，司法公开和执法办案风险评估深入开展，法制宣传、法治惠民举措得到有效落实，全区政法机关严格执法、公正执法能力和水平得到提升；平安港城建设稳步推进，治安防控机制日趋完善，网格化管理作用凸显，平安志愿者品牌做大做强，刑事发案实现大幅下降，群众安全感不断提升。

【党的建设】 扎实开展党的群众路线教育实践活动，并贯穿到党的建设各个环节。坚持把思想教育放在首位。从提高党员干部的党性修养入手，邀请知名专家、学者专题授课，举办“弘扬延安精神、践行群众路线”报告会、开展“重走开山路，再学靖红利”等活动，党员干部心灵受到震撼；在全社会大力营造践行海港精神的氛围，加强社会主义核心价值观的学习和宣传，用时代的精神营造和谐氛围、凝聚发展动力。坚持高标准开展组织生活。区委常委会带头示范，各位常委认真对照“四面镜子”查摆自身问题，深入开展谈心交心，以高度的政治责任感和使命感开好专题民主生活会；区人大、政府、政协党组及全区各级党组织，坚持辣味儿不减，深入开展批评和自我批评，各级党员干部普遍接受一次全面而深刻的精神洗礼，重拾党的法宝，为全市做出表率。省委常委、市委书记田向利先后5次调研指导海港区教育实践活动，并指出“海港区对教育实践活动高度重视、不走过场，认认真真、扎扎实实地搞活动，取得明显成效。尤其值得肯定的是，海港区在整个活动各个环节都表现出色”。坚持动真碰硬，整顿“四风”之弊。紧紧围绕落实中共中央政治局“八项规定”，出台《区委常委会克服“四风”十二项承诺》，“十带头”“十杜绝”有关规定，通过媒体向全区公开，接受群众监督；加大作风整顿力度，组织明察暗访150多次，对41家存在问题的单位和76名违规违纪人员进行曝光和处理。加大党风廉政建设和反腐败工作力度，以推动纪检巡查工作常态化为抓手，对区水务局等4家单位进行巡查，对存在问题进行纠正处理，在全区范围内营造良好的从政环境。区委常委会注重发挥人大、政协及工会、共青团、妇联等人民团体的作用，加强新形势下统一战线工作，党管武装和国防后备力量建设也取得新成绩。

【选拔任用干部】 区委常委会注重从严管理干部，严格按照机构编制部门核定的职数配备干部，树好选人用人风向标，健全监督管理网，焕发干部精气神。从严职数要求。认真贯彻落实中组部《关于严禁超职数配备干部的通知》要求，严格按照核定职数配备干部。开展按职数配备干部专项核查工作，制订整改计划，采取卡职数、控增量、消存量等多种措施，解决超职数配备干部问题，确保2016年底完成超配干部问题的整改消化任务。从严推荐酝酿。从动议、推荐、考察等环节入手，健全干部初始提名制度，公开提名过程，规范提名程序，强化提名责任，严把干部选任第一“关口”，增强干部选任的透明度和公信力。严把民主推荐关，把群众推荐作为选人用人的重要参考，将推荐结果与平时考核、年度考核、一贯表现和人岗相适等情况综合考虑，充分酝酿。从严选任标准。按照“三严三实”要求，结合全区改革发展需要，树立“重实干、重基层、重实绩、重公认”的用人导向，注重在经济建设主战场、基层一线及急难险重任务中识别、培养、考察和使用干部，真正把品行好、有能力、敢担当的优秀干部选拔到重要领导岗位，营造能者上、庸者让、劣者下的选人用人环境。从严监督管理。统一开展个人有关事项报告及清理党政领导干部在企业兼职工作，对领导干部在社会团体兼职行为进行规范治理；结合党的群众路线教育实践活动，加大对不作为干部的惩处力度，对2名因管理松散、缺乏自律意识的一把手免职调整，在全区干部队伍中引起震动。年内区委研究调整干部3次，涉及干部41人次，所调整干部均无不良反映。

【命名表彰焦裕禄式好干部】 6月30日，召开庆祝中国共产党建党93周年暨“焦裕禄式好党员好干部”命名表彰大会。区委副书记、区长霍春利主持会议。授予10人“海港区焦裕禄式好党员好干部”称号，分别是：

费静波　东港镇西向河寨村党总支部书记、村委会主任。在他的带领下，村集体积累由几千元增加到4000多万元，村民人均纯收入达到8500多元。他关心群众，不论谁家的大事小情，他都第一时间到场，主动提供帮助，被大家亲切的誉为“西寨村的110”。西向河寨村被评为省级农村党员干部教育培训基地，他被评为省级优秀村党组织书记，作为全国优秀村书记代表，与中组部部长李源潮视频通话。在2011年的镇党委换届中，费静波高票当选为镇党委委员。

李秀丽　东环路街道东环里社区党支部书记、居委会主任。她为自己确定“团、严、学、苦、勤”的五字工作方针，率先开展廉政文化进社区、党员认领公益岗等活动，所在社区多项工作走在全市、全省前列，多次接待国家、省、市各级领导的参观检查。社区先后被评为国家级学习型家庭示范社区、省级先进基层党组织，她多次被评为市级优秀共产党员。

沈汝波　西港路街道先茂里社区党员。从入党的第一天起，沈汝波就把全心全意为人民服务作为自己人生不变的誓言，坚持每天做4件好事，多年义务值守小区大门，义务清扫楼道，拿出自己获得的省级优秀共产党员奖金，带领社区党员到烈士陵园扫墓，他累计做好事7万多件，先后被评为省、市级优秀共产党员。

邹　愚　海港镇党委组织委员。他始终坚持“党性最强、工作最优、作风最正”的工作准则。为提升党建工作水平，他白天走村串户，座谈调研；黑天度过无数个台灯、键盘伴随的不眠之夜，制订出台《村级组织建设规范化管理办法》，探索建立“两新”组织党建博客，开展“创建青年党员先锋号”等活动，被评为市级优秀党务工作者。

陈学江　西港路街道先盛里社区党员。是一名党员中心户，他把提高社区党员党性修养与打造文化型社区结合，组织开展“文化大课堂”活动，定期组织有兴趣的党员群众开展书法、绘画、京剧等特色活动。每年寒暑假，他都免费举办书法班，培养孩子们的书法兴趣，倾其所学教导孩子。被评为市级社区党员标兵。

杨　超　区法院民一庭庭长。“用百分之百的爱为人民服务”是她的座右铭。18年，她从未休过年休假，加班加点是常事，审结案件1600多件，上诉案件仅7件，无一错案。在全国初任审判员考试中，她获得全省第一、全国第四的佳绩，被同事们称为“学习型”“专家型”法官，个人先后获全国“三八”红旗手、全国巾帼建功标兵等称号。

刘淑珍　文化路街道党工委书记。2005年任书记后，她坚持“定标超越，事争一流”工作理念，提出“打造河北名街，争创全国一流”的工作目标，多项工作走在全省、乃至全国前列。2010年成功承办“首届全国社区党建工作推进会”。2014年，率先成立街道群众工作站和社区党员工作室，丰富党建工作内涵。街道被评为全国文明和谐社区建设示范工程——社区党建示范街道，她先后荣获全国街道工作杰出贡献奖等各级荣誉10多项。

刘玺祥　北部工业区石山村党支部书记。1984年走上村书记岗位，27年他带领百姓调整产业结构，为村里招商引资发展民营经济，先后引进省三混凝土搅拌厂等12家企业，村集体收入逐年提高。成立石山村慈善互助会，编纂全区首部村志《石山村志》等。石山村先后被评为省级文明村、市级文明示范村、区级党员教育培训基地，他8次被市委、市政府评为劳动模范。

苏忠涛　海港区蔬菜产销协会会长、富农蔬菜种植合作社社长。2000年退伍还乡，一直从事蔬菜种植、新品种试验与推广、蔬菜销售等工作。他以组织外销蔬菜、帮助农民增收致富为己任，年组织外销蔬菜数千吨，让当地农民通过发展蔬菜生产走上致富之路。被市政府授予全市十大优秀农村实用人才称号；被评为市级农村党员标兵。

王建国　区委教育工委书记、第七中学校长。担任校长13年，他开拓性地提出"15条教育理念"并坚持付诸于实践之中，学校中考成绩多年位居全区之首。第七中学被评为全国群体工作先进单位。他被评为全国优秀教育工作者，获"全国教书育人楷模"提名奖，作为优秀基层党员代表，受到中共中央总书记胡锦涛的接见。

区委工作机构及其领导

【区委领导人】

书　记：冯国林
副书记：霍春利
　　　　高立明
　　　　张　浩
常　委：冯国林
　　　　霍春利
　　　　高立明
　　　　张　浩
　　　　黄　萍
　　　　周永鑫
　　　　齐香民
　　　　张晓雁（女）
　　　　杨东明
　　　　刘爱秀
　　　　张立红（女）
　　　　高骥恩
　　　　刘凤奎

【区委工作机构主要负责人】

区委办公室主任：刘凤奎
组织部部长：刘爱秀
　　常务副部长：史力方（女，4月免）
　　　　　　　　张华金（4月任）
宣传部部长：张立红（女）
　　常务副部长：张国辉
统战部部长：张素珍（女，5月免）
　　　　　　刘爱秀（5月任）
　　常务副部长：张济荣（女）
政法委书记：高骥恩
　　常务副书记：蔺学光
农工委书记：胡福全
　　常务副书记：刘俊安
文明办主任：张国辉（兼）
信访局局长：董云鹏
老干部局局长：谢桂亮
党校校长：刘爱秀（兼）
　　常务副校长：贺锡学
研究室主任：赵　营（4月免）
　　　　　　王　军（4月任）
保密局局长：杨丽晔（女，4月任）
党史研究室主任：刘　颖（女）
编办主任：李满元
机要局局长：杨广良（4月任）

【区委派出机构主要负责人】

教育工委书记：王建国
建管工委书记：董育松（4月免）
　　　　　　　黄爱国（4月任）
卫生工委书记：赵荣福（4月免）
　　　　　　　晁迎锋（5月任）
区直机关工委书记：刘凤奎
　　常务副书记：周莲洁（女）

区委办公室工作

【概况】 区委办公室深入开展党的群众路线教育实践活动，创新工作思路，提高“三服务”水平，为保障区委工作高效、快捷运转作出贡献，得到区委领导和各级各部门的认可与好评。区委信息中心被评为“河北省党委系统信息工作2014年度优胜工作单位”。

【协调服务工作】 坚持日常沟通与综合协调结合。在日常工作中，发挥牵头、桥梁和纽带作用，主动联系上下、沟通左右。加强与上级机关的联系，加强与“四大家”办公室的协调沟通，加强与全区各单位之间的联系。坚持改进作风与优化服务结合。办公室全体人员牢固树立公仆意识和服务理念，热情细致，高度负责，完成领导交办的各项任务。善于抓大事、谋全局，紧跟领导的工作思路，主动适应领导的工作方法，把问题想在前面，把工作做在前头，做到大事不误、小事不漏。适应新形势、新变化、新要求，精简会议，改进会风，坚持能不开的坚决不开，能合并的合并召开，必须开的也要重点突出，能短则短。全年承办区委全会、区委常委会、党政联席会、第十届秦皇望海祈福文化旅游节等大型综合性会议、活动40多次。

【参谋辅政工作】 主动发挥以文辅政的作用，围绕中心工作，贴近区情实际，做好文稿起草工作。结合京津冀协同发展、西港搬迁等重大战略机遇，开展经济结构调整和突破发展桎梏、招商引资和项目建设、城乡建管和民生改善等重大问题调查研究，提出符合全区实际的指导思想和目标任务，获得领导和各级各部门认可。全年起草各类文稿120多篇，累计65万多字。特别是区委九届六次全会工作报告、区委书记冯国林在全区重点工作会暨区政府2014年第一次全体会议上的讲话等重要会议文稿，重点突出有看点，文风朴实有创新，做到形式和内容统一，提升以文辅政工作层次。信息工作卓有成效。全年上报省委信息中心短篇信息1200条目，长篇信息31条目，网络摘报3.5万多条目，基层反映、观点摘编类信息1000多条目；上报市委信息中心1500多条目，决策参考类信息1100多条目；刊发《每日动态》140期，领导跟踪服务52次，采写领导信息52条目，其中《海港区实施“四三三”战略助推义务教育均衡发展》《岗位服务当先锋，业余奉献红义工——海港区以“四固定一扩大”建立党员志愿服务长效机制》等反映海港区特点、紧跟工作形势的信息被中办采用。调查研究成果显著。围绕区委中心工作找准调研主攻方向，聚焦民心民生热点，关注改革发展动态，开展社区服务平台建设、新型城镇化建设和秦皇岛“五问”等系列有代表性的调研活动，形成一批情况摸得实、问题找得准、对策建议切实可行的调研成果。全年，在省、市刊物上刊发区委书记冯国林署名文章3篇，编发《海港调研》40多期、50多篇文章，编发《领导参阅》1期，撰写的《抢抓机遇，率先发展，积极探索独具特色的主城区新型城镇化之路》获得全省年度优秀调研成果三等奖。

【文秘工作】 高标准做好区委领导日常服务工作，高质量做好文件的收发、传阅和办理工作。全年参与市委公文交换活动140次，交换文件500多件，办理中共中央、省、市、区各类文件1061件，均达到及时、准确、高效办理的要求。做好办公室档案管理工作，顺利通过档案检查验收。严格执行印信使用领导审批和登记制度，明确专人管理和维护，确保印信管理安全、规范。狠抓公文规范化工作，按照《党政机关公文处理工作条例》要求规范公文制发权限、确保公文质量，对上报区委不符合规定的文件予以退回。按照“精文简会”要求，压缩文件数量，全年审核下发文件115件，同比下降20%，按要求向市委报备6件。

【督导检查工作】 以党委中心工作落实为重点，抓好决策督查。对《区委工作要点》《区政府工作报告》进行梳理，起草印发《海港区2014年主要目标责任分解》，明确目标，压死责任，对承办单位开展旬督查、月调度、季通报，确保按时完成年度目标任务。对各项会议议定事项和重点工作及时分解立项，跟进督查。全年下发督办卡 80 多份，提示卡 30 多份，形成《督查报告》10 期（直送区委主要领导），下发《督查通报》20 期。以领导关注、群众关心为重点抓好专项督查。坚持“一事一办，专人负责，严格把关，定期催办，注重实效”的原则，按要求办理领导批示件。全年承办市领导批示件 14 件，区领导批示件 12 件，市政协委员提案 3 件，区人大代表建议 2 件，区政协委员提案 20 件，均如期办结。以创新工作为重点改进督查工作方法。实施双卡督办制。对下级单位下发督办卡进行交办，给有关区级领导递交《工作提示卡》，确保责任领导及时了解和掌握相关工作进度。实施媒体监督机制。利用新闻媒体、市民中心电子屏等载体对全区的重点工作落实情况进行报道，对落实不力的单位公开曝光。实施区级领导周工作动态汇总机制，每周一形成《区领导周工作动态》报送区委主要领导。

【暑期工作】以“安全暑期、和谐暑期、简朴暑期、满意暑期”为目标，下发“海港区 2014 年暑期工作责任分解表”，对暑期工作进行细化分工，协调公安、城管、卫生等涉暑部门对安全稳定、城市环境、医疗保障等暑期工作进行落实，坚持绝对安全和自然和谐并重，完成各类接待服务任务 19 次、170 人。

【群众工作】以解决群众生产生活的难题为主线，为全区经济社会发展奠定良好的群众基础。利用舆情秘书软件，24 小时对涉及海港区的网络负面舆情进行监测、甄别、筛选，第一时间将舆情信息上报领导参阅，而后交相关单位办理。全年刊发《网络民声快报》45 期，下发社情民意督办卡 52 件，反映事项均按要求时限办结。联合多部门深入研究舆论的匿名引导工作，全年回复和疏导各类舆情 38 件。

【后勤工作】做好区委全会、区委常委会、党政联席会等各类会议服务工作，全年服务各类会议 129 次。协调机关事务管理局对机关硬件设施维护维修 60 多次。严格执行周末封车制度，上报节假日封车报备表 33 次。对单位综治维稳工作进行分解细化，确保每个环节都有负责人牵头。精心安排部署，保障全国“两会”、中共十八届四中全会等敏感时期的社会稳定。暑期期间，抽调 3 人到公交站点进行安保服务，加强全区综治维稳力量。财务工作做到规范化、制度化、科学化。合理安排收支预算，做好年终决算；做好“三公”经费统计表、机关工会报表等 32 份报表的上报工作；配合市审计局做好对“三公”经费阶段性检查工作。完成机关事业人员 2014 年度调资晋级、调整养老金、医保和公积金基数等工作。全年整理、分类装订成册各类发票、凭证 14 本，各类财务、人事报表 60 多份，完成各种采购 20 多次。

【保密工作】以保密委主任讲专题保密党课、保密工作培训班为契机，加强保密教育，抓好《中华人民共和国保守国家秘密法实施条例》的宣传工作。调整区委保密委成员，基层各单位成立由党政主要领导任组长、主管副职任副组长的保密工作领导小组。开展涉密文件和涉密、非涉密计算机防护设备联查，检查 43 家单位的 186 台计算机。加强对涉密重点部门部位的监督防护，按照要求统一安装“三合一”防护系统，全区有 68 家单位 72 台计算机进行保密登记。全年组织 3 批、30 人次赴省参加全国保密干部培训。向省、市上报保密工作信息 30 多条，集中销毁涉密文件资料 2 吨，确保全区无失窃密、泄密事件发生。

【值班工作】执行 24 小时正副班双人值班制度和交接班制度，落实区委领导、对应主任双人在岗带班制度。树立“第一时间”理念，坚持急事急办、特事特办，做到值班报告办理“零停留”。在全国“两会”、暑期和中共十八届四中全会等重要时期，对敏感信息主动收集、报送，协调、处置。完善值班工作预案和应急响应预案，全体值班人员随时备岗备勤。形成《区委值班报告》91 期，未出现迟报、漏报、误报现象。

【党史工作】做好《中共河北年鉴（2014）》《海港区年鉴（2013）》、组织史等内容和区委大事记的撰写工作。开展“庆祝建国 65 周年活动”“纪念邓小平诞辰110周年”等系列活动，征集各类作品600多件，优秀作品在《今日海港区》《海港党史学刊》、中共海港区委信息网等报刊和网站刊出，赢得各界好评。编发《海港党史学刊》30多期，向《基层党建贵在创新》《党旗飘飘秦皇岛》推荐优秀文章、优秀单位事迹和优秀个人事迹33篇。

（高　峰）

纪检监察工作

【概况】 2014年，全区各级纪检监察组织大力弘扬和践行“开放、包容、崇德、尚美”的海港精神，以“挑大梁、当先锋、作表率”的政治勇气和责任担当，聚焦中心任务，多管齐下，以硬促强，推进党风廉政建设和反腐败各项工作，营造风清气正的经济社会环境。区纪委监察局被授予河北省纪检监察系统2014年度查办案件工作优秀集体嘉奖，被评为全市查办案件工作先进集体。

【查办案件】 强化案件查处力度。始终把查办案件作为重中之重，坚持“零容忍”，有腐必惩、有贪必肃。全年受理各类信访举报153件次、承办上级巡视组交办信访件74件次，初核案件线索38件，同比上升46.2%；立案34件、结案34件，同比上升54.5%，其中大要案13件，同比上升160%；给予党政纪处分等34人，同比上升54.5%，其中科级干部10人，同比增加10人。强化办案制度建设。建立健全联合办案、全员办案、办案目标责任、“一案三报告”（查办违纪案件的过程中，由案件承办人根据案情写出调查报告、剖析报告、总结报告）“一案两会”（在查办违纪案件过程中，每件案件都要召开案前分析会、案后总结会）等制度；形成三级信访举报网络和五类重点案件线索举报介质；落实谈话室制度，新建谈话室投入使用。强化案件审理质量。推行审理提前介入制度，提前介入案件8件，发挥快结快办和疑难案件突破作用。强化办案治本功能。召开案件通报会、警示教育会，通报典型案件12件。

【整治“四风”】 以正风肃纪专项行动和21项“四风”专项整治活动为着力点，严格落实中共中央“八项规定”精神，持之以恒纠正“四风”。制发各类专项方案54个；全区科级以上干部进行“十查摆十整改”（见条目后注解）；会议数量同比下降41.8%，发文数量同比下降21.9%，各类领导小组和议事协调机构同比下降9.7%，评比达标表彰活动同比下降30%；“三公”经费支出同比下降27.2%；因公临时出国（境）批次人数同比下降100%；拍卖超编超标车辆11辆；调整清理办公用房9276平方米；建立三级便民服务平台213个；梳理确定“三类事项”320项，取消2项；跟踪问效重点项目10个，受理投诉16件，已办结14件；6700多名党员领导干部做出不出入私人会所承诺；1万多人做出持有会员卡零报告；主动上交“红包”14人次1万元；清理“裸官”1人、党政领导干部企业兼职49人。坚持明察暗访常态化，逢节必抓、逢点必查、查实必惩。全年组织明察暗访150多次，对41家单位67名违规违纪人员进行曝光和处理，对4名负有领导责任人员诫勉谈话。牵头成立8个督导组，对94个参加党的群众路线教育实践活动单位及其附属单位进行督导检查。

注：“十查摆十整改”（严肃查摆纪律涣散等问题。坚决整改政治意识不强、组织观念淡薄和纪律松弛等现象，严厉查处有令不行、有禁不止，信口开河、口无遮拦，弄虚作假、欺上瞒下，跑官要官、拉票贿选行为；严肃查摆庸懒散拖等问题。坚决整改机关和公务人员庸庸碌碌、懒惰散漫、办事拖沓、不负责任、推诿扯皮、办事效率不高等现象，严厉查处迟到早退、不务正业、挂名吃空饷、办关系案、人情案行为；严肃查摆衙门作风等问题。坚决整改“门难进、人难找、话难听、脸难看、事难办”和政务服务中心“前店后厂”“体外循环”现象，严厉查处对待群众简单粗暴、吃拿卡要行为；严肃查摆奢侈浪费等问题。坚决整改公款送礼、公款吃喝、公款旅游、奢侈浪费、“三公”经费超支等现象，严厉查处婚丧嫁娶、乔迁履新、就医出国借机敛财，接受红包、礼金、会员卡、商业预付卡，到私人会所、“农家乐”“内部食堂”大吃大喝，超标准接待、无实质性内容的考察旅游行为；严肃查摆侵害民利等问题。坚

决整改党政单位和机关干部拖欠群众钱款、打白条、耍赖账，机关干部借单位公款长期不还等现象，严厉查处党政单位长期拖欠征地拆迁款、农民工工资、工程款、饭店吃喝款，机关干部长期拖欠借款行为；严肃查摆违规执法等问题。坚决整改乱收费、乱罚款、乱摊派等现象，严厉查处公路“三乱”和教育、医疗乱收费行为；严肃查摆违规使用办公资源等问题。坚决整改领导干部超标占用办公用房、住房，违反规定配车、变相配备秘书等现象，严厉查处办公用房整改不到位、豪华装修办公室、超标准配备办公设备、借车换车、公车私用、公车使用私人和假牌照行为；严肃查摆文风会风等问题。坚决整改文山会海、检查评比泛滥、“一票否决”和问责过多等现象，严厉查处靠会议落实会议、靠文件落实文件、擅自举办庆典、研讨会、论坛活动行为；严肃查摆违反干部人事政策规定等问题。坚决整改党政机关、事业单位超职数配备干部、超编制进人，违规设立内设机构、违规提高机构规格“两超两违”以及领导干部违规在企业兼职（任职）取酬等现象，严厉查处乱设机构、乱增编制、乱开口子进人、领导干部配偶子女违规进入公务员队伍或参照公务员管理机关（单位）、领导干部亲属违规进入所属系统行为；严肃查摆领导干部插手工程等问题。坚决整改工程建设、项目招投标、土地招拍挂“暗箱操作”现象，严厉查处领导干部插手工程、经商办企业、从事营利性活动行为。）

【落实“两个责任”】 以分工定责。区委、区政府印发党风廉政建设和反腐败工作任务分工意见，分解任务31项，涉及区级领导64人次，牵头部门40个次，参与部门146个次，全区各级党组织参与6项次。以意见明责。在分工意见中首次明确并强调“两个责任”。制发《关于落实党风廉政建设党委主体责任和纪委监督责任的意见（试行）》，规范各类主体责任14项、监督责任8项以及主体责任失责情形8种、监督责任失责情形6种、追责方式5种、保障措施9项。以考核督责。首次实施并制订《2014年度落实党风廉政建设党委主体责任、纪委监督责任考核方案》，将“两个责任”纳入各级领导班子及其成员目标责任管理，以考核明监督、抓落实、定绩效。以倒查问责。落实“一岗双责”“一案双查”制度，7名正科级、1名副科级领导干部因履行主体责任不力被问责。

【预防腐败】 抓好常规廉政教育工作。建立谈心提醒教育试点“清风茶社”，谈心提醒教育领导干部14人。“清风茶社”工作模式得到中共中央、省、市纪委领导肯定并承办全市现场观摩会；对10名拟提拔科级党员干部进行党政纪法规知识考试；建立廉政短信平台，向全区科级以上党员干部发送《廉政早提醒》手机报35期；以廉政文化示范点评星工作为契机，打造廉政文化进机关品牌2个、进社区品牌4个。编发正风肃纪学习手册2000册，科级以上干部及有关人员人手一册。完善“机制＋科技＋文化”惩治和预防腐败模式，加强基层重点领域执行“三重一大”（重大事项决策、重要工程项目安排、重要干部任免、大额资金使用）集体决策、一把手“四个不直接分管”（一把手不直接分管财务、不直接分管干部人事、不直接分管工程建设、不直接分管物资采购）等制度落实情况监督检查，规范用权行为；对项目建设“挑大梁”行动、环境整治“当先锋”行动、基层工作服务年等区委、区政府重大部署落实情况进行监督检查，确保政令畅通；巡查区直单位4个，下达监察建议书2份，提出整改意见15条、指导性建议12条。

【纪检监察队伍建设】 优化资源配置。全面清理调整区纪委、监察局牵头或参与的议事协调机构，取消或退出91个，减幅87.5%；优化整合内部机构，调整后参与办案科室占内设机构总数53.8%、办案人员占编制总数55.3%。规范33名基层纪检监察机构负责人分工，不再分管其他业务。提升打铁硬度。将“转作风”纳入区纪委开展教育实践活动任务予以推进，严格纪律约束、内部管理和自我监督，带头查摆、整改问题和自我清纠、承诺。严格执行公车、办公用房、精文减会及“三公”经费支出等规定。征求并梳理群众意见建议21条，解决实际问题23个，建章立制24个，建立健全并严格执行内部管理制度21项。培训纪检监察干部210多人次，提升基层办案能力和工作水平。

【中共海港区纪律委员会组成人员】

书　记：张晓雁（女）

副书记：何占峰（8月免）

高洪星（8月任）

姜传文

常　委：张晓雁（女）

何占峰（8月免）

高洪星（8月任）

姜传文

陈　平

胡　萍（女）

周春友

王彦秋（4月任）

【中共海港区第九届纪律检查委员会委员】

王彦秋（4月任）　王桂霞（女）　刘玉僧

孙国富　李满元（满）　何占峰　张秋艳（女）

张晓雁（女）　陈　平　周春友　胡　萍（女）

姜传文　贾晓军　高洪星（8月任）　董云鹏

傅　宁　蔡　岩

（许红斌）

组织工作

【概况】 2014年，全区组织工作紧紧围绕区委中心和全区发展大局，脚踏实地、勤奋工作、努力争先，以“敢于担当、敢于创新、敢于提高”的作风，推动各项工作取得显著成绩，为全区的科学发展提供有力的组织保证。在全国社区服务型党组织建设推进会上海港区被评为“全国社区服务型党组织建设示范城区”。

【社区科学治理】 探索社区科学治理新模式。海港区的社区占全市近80%。聘请华中科技大学乡村治理中心5名博士专家参与调研，借鉴先进地区的成功经验，创造性地出台《关于创新社区治理更好服务群众的实施意见》，以“明权确责、导向考核”为引领，通过“服务组织全覆盖、服务人员全激活、服务内容全规范、服务机制全理顺”的“四全”服务法和20条具体举措，创新社区治理模式，更好服务群众。社区建设专项经费由300万元提高到1000万元；服务经费标准由每年每户5元提升为每户8元。社区工作人员补贴最高由1875.3元提升至2770元，率先实现优秀社区党组织书记比照新录用公务员标准发放补贴，为社区工作人员新增工伤保险和失业保险，实现“五险”保障。将社区工作分为“必须、协助、特色、延伸”四类指标，赋予不同权重，社区工作人员把更多精力集中服务群众，为全市创新社区治理工作做出示范。推行社区工作人员错时上下班制度，畅通服务群众“最后一千米”，被《河北日报》等省级媒体多次刊载和专访。

【党员作用】 在全市率先开展在职党员进社区和党员志愿服务活动，通过“四固定一带动”（固定的志愿服务时间，固定的志愿服务团队，固定的志愿服务平台，固定的志愿服务制度；以红色义工带动全社会志愿服务）形成“岗位服务当先锋、业余奉献红义工”的党员服务新格局，实现党员志愿服务制度化、规范化、常态化。全区6000多名党员参与各领域义务奉献活动，开展志愿服务580多场次，服务群众1万多人次，解决基层实际问题3200多个。省委组织部《基层组织建设情况通报》专发海港区党员志愿服务活动“四固定一带动”经验做法，被授予“河北省优秀志愿服务项目”称号。

【党员管理】 坚持以提升党员整体素质为根本，一手抓提高，一手抓整顿，将从严治党新常态贯穿党员管理全过程。落实新的《发展党员工作细则》，坚持总量调控与优化结构结合，严把党员入口关，全年发展党员300人，同比减少30人。坚持从严管理，落实“六个日”、党员民主评议制度，健全党员“星级管理、千分考核”工作机制，党员队伍管理严格规范。在省内先行先试，出台党员写实分类管理制度，对党员的日常表现和参加组织生活进行详细写实，为处置不合格党员奠定坚实基础。年内除名、劝退党员6人，限期整改98人，作法得到省委组织部领导的认可，被省委组织部列为处置不合格党员试点单位。

【人才工作】 落实党管人才原则，创新人才引进、扶持手段，筑巢引凤。突破性地制发《海港区人才成长基金管理办法（试行）》，用于各类优秀人才的培养和对人才创新创业的扶持，激发优秀人才干事创业热情。全年向20人发放创业贷款贴息7.4万元；审批“名师工作室”等重点项目12个、拨付资金13.5万元。制订《海港区区管优秀人才选拔管理办法》，推动各个领域人才均衡发展。海港区“优秀社会人才培养工程”作为“社工人才队伍建设”类别中的唯一项目入选全省50项县域特色人才重点资助项目，成为人才工作又一新成果。

【党员干部教育培训】 始终把对党员干部教育培训作为基础性工作抓紧抓实。以深入学习党的基本理论、中共中央总书记习近平系列讲话精神为主线，着力提升党员干部党性修养与素质能力。举办科级干部、基层党组织书记轮训班16期，邀请区级领导、知名专家专题授课；举办“弘扬延安精神，践行群众路线”报告会、开展“重走开山路，再学靖红利”系列党性教育活动，引导干部牢记宗旨责任，增强“赶考”意识。利用远程教育站点扩大党员教育覆盖面，全区远程教育站点开通率85%以上，稳居全市第一名，位居全省前列。开展电教套餐进支部活动，面向全区500多个基层党组织，发放光盘2700多张，作法被《河北日报》报道。依托“海港党建网”“远程教育站点”等教育主阵地，刊载信息1900多篇，配合典型教育、网上答题等方式，对全区党员进行思想政治教育，党员宗旨意识和党性观念得到有效提升。制作《弘扬延安精神，践行群众路线》《靖红利先进事迹情景剧》等电教教材近30部，其中专题片《满票村官》获全国“三农人物电视作品”一等奖。

【干部队伍建设】 以“重实干、重基层、重实绩、重公认”的用人导向，注重在基层一线和急难险重任务中识别、培养和使用干部。坚持从严职数要求、从严推荐酝酿、从严选任标准，深入落实初始提名、任前公示等制度办法，干部选任民主化、科学化水平进一步加强。全年调整干部4次，涉及干部41人次，真正把一批政治强、业务精、作风硬、群众认可的优秀干部调整到重要岗位。坚持从严管理，健全干部监督管理体系，强化日常监管。深化干部述德制度，实行正向测评和反向调查的考德机制；严格落实个人有关事项报告、经济责任审计、出国（境）审批等各项干部监督机制。坚持从严惩处，结合党的群众路线教育实践活动，加大对不作为干部的惩处力度，对2名因管理松散、缺乏自律意识的一把手进行免职调整，对全区干部形成威慑，形成能上能下、风清气正的政治生态。开展清理党政领导干部在企业兼职工作，对49名党政领导干部在企业兼职（任职）情况及时进行清理和纠正。

【基层组织建设】 以夯实党建基础为重点，稳步推进。全年投入基层组织建设经费5125万元，实现全区15个镇街、184个村居便民服务站点全覆盖，扩大党组织覆盖面和服务受益面。在全市社区服务平台建设观摩培训会上，海港区2个街道、4个社区被选为示范观摩点，并做经验发言。探索片区联合党委、多村、村企联建等党建模式，将组织资源转化为发展资源，作法在《中国组织人事报》《河北日报》刊载。集中整顿软弱涣散基层党组织，将整顿和帮扶有机结合，20个后进支部全部实现转化。以“五先五严两关键”(五先”即宣传教育在先、查找问题在先、制订预案在先、思想引导在先、过细工作在先。“五严”即严格资格条件、严格程序流程、严格职数结构、严格承诺兑现、严格监督保障。“两关键”即发挥好镇、园区党、工委和村民选举委员会两个关键作用。）推进村“两委”换届工作，基层组织战斗力不断增强。加大党代表工作室建设力度，全区党代表工作室数量增至24个。10月中旬，全市党代表任期制工作会议在海港区召开，实地观摩文化路街道红旗里社区党代表工作室，文化路街道党工委书记刘淑珍就党代表工作室建设作经验介绍。制发《海港区关于进一步发挥“党员中心户”作用的意见》，使“党建做到家，在家做党建”的党建模式发挥更大效用。

（陈　伟）

【老干部工作】 全区有离休干部128人，其中，机关、事业单位离休干部90人，企业离休干部16人，易地安置22人。老干部政治待遇。坚持政策传达制度。加强组织建设和理论学习制度，使老干部党员能够按期、就近参加组织生活。将每月15日定为老干部集中学习日，组织老干部参加政治理论、健康知识讲座、观看录像片等学习活动，使老干部对党的各项方针政策、海港区的经济发展全面了解。坚持订报阅文制度，精心创造老有所学的学习环境。按规定为每位离退休干部订阅党报、党刊，更新阅览室的图书并征订多种报刊和杂志，满足老干部阅读报刊、了解时政的需要。老干部生活待遇。离休干部医药费按月按规定实报实销。全年为老干部核销医疗费840多万元。按照《关于提高离休干部护理费标准的通知》要求，提高离休干部护理费标准，全部落实到位。健全完善老干部生日祝贺制度。全区有离休干部和县级退休老领导170人，区财政拨付年度生日慰问资金5万元，发放给老干部。为离休老干部免费体检，组织老干部代表180多人到北戴河健康疗养。建立完善对特困离退休干部的帮扶机制。由区财政拨付帮扶资金8万元，帮扶特困离退休老干部61人。老干部服务管理。坚持走访慰问制度，坚持做到：生病住院必访必问、家庭有重大变故必访必问、生活遇到困难必访必问、闹矛盾纠纷必访必问、思想情绪不稳定必访必问。年内走访慰问直管离休干部及离休干部无工作遗孀75人。

【关心下一代工作】 发挥离退休干部作用。关工委结合重大节日,实施系列教育活动。组织开展“童心向党”歌咏活动并择优对优秀曲目进行集中展演，潜移默化地增进未成年人心向党、跟党走的情感信念。“九・一八”事变纪念日，中小学校开展形式多样的爱国主义教育活动。通过升旗仪式、主题班会等形式，回顾“九・一八”的历史、宣讲抗日故事，激发师生的爱国热情。邀请老红军进校园进行爱国主义专题讲座，让同学们重温历史，增强民族责任感。开展“缅怀先烈，爱我中华”征文和手抄报评比活动，营造教育氛围。组织学生把写满对祖国祝福的小红心贴在亲手绘制的祖国地图上，祝福伟大祖国更加强大。“九九”重阳节，开展尊老敬老活动，组织学生为孤寡老人打扫卫生等，培养孩子们尊老爱老的传统美德。规范家长学校工作。78个社区建有家长学校，聘请专、兼职教师为学员上课。举办健康知识讲座、开设电脑班、编织班。让家长受到教育,学到知识。

（赵　岩）

【党校工作】 区委党校在区劳动人事和社会保障局6楼办公，教室在区教育培训中心5楼，有大教室1个，容纳学员100人。有藏书5021册，微机13台，笔记本电脑13台，投影仪1台，打印机4台，照相机2部，VCD机1台，电视机1台，音响功放系统1套。

全年举办主体班13期，培训1077人次。举办入党积极分子培训班1期，培训40多人次。下基层宣讲40多次。3月17日～5月9日，分6期举办全区科级领导干部党的群众路线教育实践活动专题轮训班，参训人数600多人。6月16日～7月4日，分3期举办社区工作人员培训班，培训240多人。9月23日～10月31日，分4期举办农村“两委”主要负责人培训班，培训200多人。5月20～27日，举办入党积极分子培训班2期，参训人数40多人。

党的基本知识培训宣讲。抽调骨干教师先后深入到5个镇、10个街道办事处宣讲中共十八届三中、四中全会精神；到区委宣传部、政法委、区委办、政府办、编办、工商局、交通局等单位宣讲党的群众路线；到海港医院宣讲中共中央总书记习近平系列重要讲话精神，到基层授课40多场次。

（李春玲）

宣传思想工作

【概况】 2014年，全区宣传思想文化工作紧紧围绕“两个巩固”根本任务，着力加强思想理论建设和道德水平提高，着力培育和践行社会主义核心价值观，着力提高舆论引导能力和水平，为建设一流主城区和沿海经济增长极，推动全区科学发展、跨越崛起提供有力的思想保证、舆论支持和精神动力。被中宣部授予2013

年度全国舆情信息工作先进单位，连续 7 年获此殊荣。

【理论教育】 围绕贯彻落实中共中央总书记习近平系列重要讲话、中共十八届三中、四中全会和省、市、区委全会精神，分专题、分层次组织学习活动,邀请中国延安干部学院教授王诚安就“弘扬延安精神，践行群众路线”、省委党校教授杨东广就“坚持为民务实清廉，坚决贯彻群众路线”作专题讲座,全年组织区委中心组集中学习 21 次，编发《移动党课周周学》手机报 45 期，编辑理论学习资料 3 册。采取专题报告、草根宣讲、百姓故事汇等多种形式，举办“党在我心中百姓故事汇”和“中国梦 · 赶考行万人大宣讲”活动,在“中国梦 · 赶考行百姓故事汇”活动中，组织 10 名宣传员深入基层巡回宣讲。举办“周末讲堂”活动，组织 160 名机关党员深入全区各单位开展面对面送政策、送知识、送服务活动。组织各类教育宣传活动 1500 多场次，参与群众 20 多万人次。围绕党和国家的大政方针和区委、区政府决策部署及宣传思想文化领域的重点工作，组织机关干部深入基层进行调研，形成专题调研文章 20 多篇。《草根宣讲接地气传递社会正能量》《海港区立足实践培育和践行社会主义核心价值观》等 5 篇调研文章在《河北宣传》《秦皇岛宣传》等省、市级媒体刊发。其中《草根宣接地气，传递社会正能量》受到省委宣传部长艾文礼的批示。

【新闻宣传】 制发《中共海港区委关于党的群众路线教育实践活动宣传工作实施方案》《海港区城乡环境容貌综合整治百日攻坚行动宣传方案》等宣传方案，从指导思想、宣传重点、主要措施、报道安排、工作要求等方面对活动宣传工作作出明确的安排部署。实现在国家、省、市级媒体发稿的重大突破。《让孝德在身边扎根》等新闻稿件在《人民日报》刊发；“第十届秦皇望海祈福文化旅游节”新闻稿件首次在央视新闻联播节目播出；全年省以上主流媒体发稿 900 多篇，其中新华社刊发通稿 200 多篇，市级主流媒体发稿 4000 多篇。围绕项目建设、生态保护、民生民计、群众路线教育实践活动和农村面貌改造提升行动等重点内容，精心设计栏目和专题，通过系列报道、现场报道、跟踪报道、典型报道等多种形式，加大宣传力度。邀请各级媒体记者走进海港区，对全区重大活动、重点、亮点工作进行宣传，推出十几年如一日抚养重病养女的赵玉琴、几十年为民做好事的沈汝波等先进典型事迹报道。全年在《秦皇岛新闻》发稿 400 多篇，独立新闻头条 10 篇，各项指标均居全市榜首。《今日海港区》报纸共刊发 97 期，电台播发 190 多期，稿件 900 多条，发稿分数位居全市各县区之首。

【文化建设】 以品牌文化活动和群众文化活动为平台，组织群众文化活动，宣传践行海港精神。成功举办第十届秦皇望海祈福文化旅游节、望海游园会、广场舞展演、龙舟赛、全国非遗展、中日韩青年艺术家联展、民乐会、沙滩音乐季等 22 项特色文化活动，为市民奉献上文化大餐，提升海港区的知名度和美誉度。中华文化促进会为海港区授予“中国望海祈福文化之乡”的牌匾。成功召开第三届“海子诗歌艺术节”，邀请两岸三地诗人、作家前来创作，完成海子诗歌节作品集。以“践行海港精神，建设美丽港城”为主题的“彩色周末”活动，在金梦海湾、太阳城广场共举行 25 场暑期专场演出。协同区统计局对区属文化项目、文化资源进行摸底，有文化单位 582 家，2013 年文化产业增加值为 9.8 亿元，占 GDP（在地口径）比重的 4.85%。加强文化产业项目、资金申报，圆明山文化旅游服务基地项目被省发改委列入省重点项目，连峪山庄生态旅游观光园、开滦路文化历史街区等项目取得新进展。对君鼎琉璃文化综合产业园区、中广传播移动多媒体广播电视平台等重点项目进行省级文化产业发展引导资金申报。

【舆情信息】 向中共中央、省、市报送舆情信息 2 万多篇，被中央采用 300 多篇，完成省市约稿 40 多篇。组建 500 人的网评员队伍，分“核心层”“紧密层”“松散层”三个梯队，加强网络监控力量，使每个单位都配有专职网络宣传员，网络宣传工作向基层延伸。开通“今日海港区”微信，并在新浪、腾讯“今日海港区”官方微博发布信息1000多条，粉丝600多人，促进全区网络舆论引导工作发展。

（朱宏刚）

统一战线工作

【概况】 2014年，全区统战工作深入开展党的群众路线教育实践活动和基层统战建设年活动，围绕中心，服务大局，充分发挥统一战线的优势，助力全区“加速转型、加快发展”，为奋力打造沿海一流主城区做出积极贡献。

【政治引领工作】 深入学习贯彻中共十八大，十八届三、四中全会和市、区委全会精神，深刻理解对统一战线提出的新思想、新观点、新要求，筑牢统一战线共同的思想政治基础。组织召开各界人士座谈会，就社会普遍关心、关注的热点、难点问题进行讨论交流。组织各民主党派、无党派、非公经济人士等赴北京参观国家博物馆复兴之路展览，增强统战成员接受中国共产党的领导、走中国特色社会主义道路的自觉性和坚定性。

【经济统战工作】 继续开展非公有制经济人士理想信念教育实践活动。组织民营企业家开展“民营企业家与中国梦”大讨论，增强非公有制经济人士对中国特色社会主义的信念、对党和政府的信任、对企业发展的信心。开展“非公企业发展服务年”活动。深入东丰实业、香海粮油等60多家非公企业进行走访调研，了解企业的生产经营状况，就企业如何强化创新驱动、加快产业转型升级征求意见和建议，帮助企业探求科技型企业申报、扩建用地、招工难、融资难等问题的解决办法，为企业发放民营经济政策学习资料100多份，解决企业实际困难30多件。发挥“政企沟通、企企合作、银企对接、校企对接”四大服务平台作用，通过工商联网站，宣传企业，实现企业之间资源信息共享。组织企业参加市工商联组织的走进北京理工大学、走进天津滨海新区考察等对接活动，助推企业转型升级。高鹏泡沫塑料、奥晶玻璃制品等5家公司获全区科技、成长型企业称号。

【党外人士工作】 开展“同心建言，服务发展”活动。动员和引导民主党派成员发挥自身优势，开展调查研究，为促进发展建真言、献良策，形成一批有深度、有见地、有影响的调研成果。区民建《关于发挥财政资金信贷担保作用支持小微企业发展的建议》《中小企业发展外部环境探析》等调研文章对于区委、区政府完善思路、推动工作具有较高的参考价值。各民主党派成员纷纷围绕发展和民生，以项目建设、招商引资、利益诉求等方面为内容，提出具有战略性、前瞻性、可操作性的建议和提案，所提《美化环境加强城市环境综合治理的建议》《关于加强社区统战工作的建议》提案得到市委常委、组织部长、统战部长陈书增和副市长邢留逮的批示，被市政协列为重点提案进行督办；《善用民间资金激发社会经济活力》《打造体育产业基础发展体育产业经济》等提案作为区政协大会发言材料交流。开展“同心奉献，服务社会”活动。组织区各民主党派、疾控、科协、工商和社区的40多名志愿服务者在港城大街新闻里社区开展卫生保健、应急救护、食品安全、社区服务等方面知识的宣传，发放各类宣传资料1.5万多份、调查问卷200多份。邀请海港医院、军工医院、友谊医院、福爱医院的医疗专家20多人现场为居民义诊，对2户特困慢性病患者家庭进行慰问，送去急需药品。各民主党派分别开展服务社会活动。区民建组织志愿者赴市福利院开展“点爱”行动，向市福利院捐赠衣物、玩具图书、婴儿奶粉等，价值3万多元；区民进通过市广播电视台，向9所边远山区学校的孩子们捐献书籍203本。

【新社会阶层工作】 深入10个街道办事处和重点社区进行督导检查，采取听取工作汇报、检查基础台账、和社区干部座谈等方式，了解掌握工作开展情况和存在的问题，有针对性地提出指导意见。组织编印《统一战线知识选编》，指导基层统战工作，增强基层的可操作性。10个社区成立社区统战工作联络站，组织新社会阶层人士开展联谊交友和双向服务活动。建设大街社区诊所积极参与社区组织的免费体检、义工义诊活动；港城大街中西医结合骨科医院，主动为辖区老年人进行健康检查，为辖区弱势群体建立健康档案等。开展新的社会阶层党外代表人士挂职锻炼工作。接收省委统战部选派的5名新社会阶层党外代表人士到区审计局、司法局、圆明山文化旅游产业聚集区管委会、北部工业区管委会、临港物流园区管委会担任副职。

【民族宗教工作】 开展和谐寺观创建活动，加强宗教界人士的教育引导。采取召开座谈会、深入场所调研等方式，引导宗教界人士与信教群众热爱祖国，拥护中国共产党的领导，拥护社会主义制度，加强法律、法规、政策的学习，增强遵纪守法、爱国爱教的主动性和自觉性。8月，法云寺慈善功德会举办“2014年暑期法云寺慈善助学活动”，为16位贫困学子捐助13万元，帮助完成学业。6个宗教场所均被评选为全国和谐寺观教堂。调整区宗教工作领导小组，健全完善“区、镇（街）、村（居）”三级工作网络，镇、街分别成立专项工作小组。发挥平安工作队员、治安巡防志愿者的作用，实行群防群治。区、镇（街）、村（居）和宗教活动场所，分别明确一名联络员，密切关注其所在组织、区域、场所的稳定、安全情况，重点搜集可能发生的涉及民宗领域跨地区串联、集体上访和群众性事件等苗头性信息，确保24小时信息畅通，形成纵向到底、横向到边的管理体系，实现全区无缝隙覆盖。妥善处理秦皇小区某住宅藏传佛教活动扰民问题。对宗教领域存在的问题和隐患进行拉网式排查，组织召开暑期民族宗教工作形势研判会。专门对辖区经营涉及清真食品的专卖店、超市等进行全面检查，对不符合要求的严令整改。年内解决涉及少数民族治安案件5起。

【基层统战组织】 实现党外知识分子联谊会、侨联组织、海外联谊会、乡镇（街道）商会“四个全覆盖”，制发《关于开展征集党外知识分子台情侨情资料工作的通知》，健全完善党外知识分子人才库、海外重点联络人士数据库。完善镇街商会组织。10月，举行工商联分会商会揭牌仪式，10个街道、5个镇及太阳城管委会、金梦海湾管委会、临港物流园区全部建立基层商会组织，在全市率先实现基层工商联组织全覆盖。12月，召开区党外知识分子联谊会成立大会、侨联成立大会和海外联谊会换届大会。在全市率先实现侨联、海联会、知联会和基层商会“四个全覆盖”。

【对台工作】 着力加强对台经贸文化交流，突出抓好对台招商引资，做好因公赴台从事经济、文化、教育等各项交流活动立项工作，全年立项2项，赴台交流人员17人次。为台属赴台做好证明工作，及时与街道社区、派出所联系，为台属赴台提供便利，为22人次开具台属关系证明。

（张　丽）

农村工作

【概况】 2014年，区委农工委紧紧围绕区委、区政府农业发展战略，深度谋划思路，强化措施抓落实，真抓实干、攻坚克难，开拓创新、锐意进取，有效推进党风廉政建设“两个责任”、农村面貌改造提升、农业产业化、山区综合开发、农村产权制度改革等项工作，为全区目标任务全面完成奠定坚实基础。

【农村面貌改造提升工作】 以示范村精品化为亮点，统筹农村面貌改造提升。对17个省级重点村统筹推进、狠抓落实，重点村的面貌改造提升工作基本完成，北港镇陆庄村被评为2014年度河北省美丽乡村。“四清”（清垃圾、清杂物、清残垣断壁和清庭院）工作成果突出。通过集中整治，清理垃圾4.2万立方米、杂物12万立方米、柴草20多万立方米，清除残垣断壁70宗、面积0.51公顷，重点村卫生死角基本消除，每个村都配备专职保洁员，实现垃圾集中收集统一清运。“四化”（净化、绿化、亮化和美化）工作成效显著。对村庄绿化带和道路两侧进行补植，在村中空隙地栽种藤蔓植物，植树3万株，栽花种草面积近1万平方米，实现人均3株、户均10株树的目标；绘制文化墙面积2380平方米，粉刷墙体面积9300平方米；安装太阳能路灯260盏。公共服务设施建设稳步推进。17个重点村的主干道全部完成硬化，对14个村的小街巷进行硬化，改造双瓮式厕所2893座，全部消除连茅圈。新铺设供水管道1

万多米，完成塘坝维修及加固工程7个、修建蓄水池2座、加固排水渠1条，15个重点村的饮水问题得到解决；新修建文化广场5个、面积5600平方米，17个重点村都设有村民活动场所。

【样板村的标准化建设】 将北港镇陆庄村、西连峪村作为美丽乡村示范点重点打造。陆庄村完成“坡屋顶”改造，厕所都改造成双瓮式卫生厕所，卫生室、村民中心的设施设备更新补充或重置等15项工作全部按要求高标准完成，被评为河北省美丽乡村。西连峪村调整优化农业产业结构，提升村庄美丽程度。通过土地流转，初步形成以千米葡萄园、百亩薰衣草观光园、千亩水果采摘园、开心农场、生态跑马场、百亩山野菜基地为支撑的“三园两场一基地”的产业格局。强化景区景观建设，推进荒山绿化，栽植油松8000株；做好村容美化，栽植樱花600株、柳树1300株、国槐30株、大樱桃500株，村容村貌得到改善。加快景区重点项目建设。连峪山庄创业园竣工投入使用。

【农业产业化】 农业产业化项目建设。实施农业产业化重点项目香海粮油油脂加工灌装、牧羊源畜类（羊）养殖及屠宰加工、豪盛水产养殖孵化、宝润生态观光园、冀红海产品仓储加工、海东青冷冻蛤生产线技术改造等项目7个，同比增加1个。计划总投资9.2亿元，同比增长12%，其中固定资产投资6.64亿元。完成投资1.75亿元，同比增加15%。农业产业化企业辐射带动。对22家市级及以上重点农业产业化龙头企业进行动态监测，淘汰不合格企业4家，走访、调研6家农业企业，申报5家。全区有市级及以上重点农业产业化龙头企业23家。引导企业采取技改、扩建、研发新产品等多种措施，提升产品竞争力和市场占有率，巩固、完善和推广龙头企业与农户之间采取合同、合作、股份合作等形式建立利益联结机制，发挥龙头企业对农户的辐射带动作用。

【山区综合开发】 以发展壮大山区特色种植业、绿色养殖业、农产品加工业、生态休闲旅游经济等新兴产业为切入点，从人力、财力、物力等方面予以倾斜，确保重点项目建设。连峪山庄生态农业旅游观光园项目。年内投资200万元，修建创业园、开心农场，修建上山道路两侧垒基加固，栽植生态林面积13.33公顷，经济林面积13.33公顷，种植油松8000株，葡萄1.5万株，大樱桃树苗1.1万棵，种植油葵面积6.67公顷，黑花生面积3.33公顷。宝润生态园农业观光生产示范园项目。计划占地面积100公顷，总投资1.5亿元。年内完成投资2000万元，完成客房装修并投入使用，修整旅游参观道路，建设采摘园占地面积3.3公顷。

【产权制度改革】 以惠农利农为出发点，优化产权制度改革。将西港镇归提寨村作为市级农村集体经济股份制改革工作的试点村，组建海港农工商公司，通过入户走访、宣传、讲解等方式引导村民参与，全村880多户村民入股3300多万元。海港农工商公司与金屋集团合作，完成旧村改造项目，实现利润7亿元，全体村民如愿搬进新居。西港镇归提寨村完善制度，规范管理，实现村集体经济资产产权明晰，增强农民的主人翁意识。村集体资金积累达亿元。

（王　爽）

政法稳定工作

【概况】 2014年，区委政法委紧紧围绕区委中心工作，突出重点、主动作为、创新务实、锐意进取，以深入推进平安建设、法治建设、过硬队伍建设为主线，认真履行工作职责，主动服务发展大局，创造性的开展工作，圆满完成各项目标任务，为维护全区社会大局稳定、促进社会公平正义、保障人民安居乐业做出积极贡献。多项工作受到上级肯定，有的经验被省、市推广，海港区被省综治委评为基层平安建设先进区。

【维护社会稳定】 坚持治标与治本兼顾，打击与防范并举，全面筑牢维护社会和谐稳定防线。抓好严打整治。先后侦破“8·71”伤害致死案、“9·9”重大绑架勒索等651起刑事案件；打掉犯罪团伙18个，抓获各类犯罪成员417人（网逃138人）；捣毁食品加工、“三无”（无生产日期、无质量合格证以及无生产厂家）化妆品销售、非法行医、涉枪涉毒窝点4个，追缴各类赃款物240多万元；清理流动人口10.5万多人，处罚非法出租房屋42家,抓获各类犯罪嫌疑人184人（网上逃犯16人），剔除各类消防安全隐患274处；整治治安复杂区域25个。深化社会稳定风险评估运行机制。制发《社会稳定风险评估工作实施意见》《海港区全面深化社会稳定风险评估工作意见》，成立稳评领导小组及办公室，设立风险评估专项资金，组建海港区重大决策社会稳定风险评估专家库，对54名专家库成员进行集中培训。年内确定重大上访隐患8起，重点上访人53人，对3项重点项目进行风险评估。完善社会矛盾纠纷排查化解机制。强化区、镇街、村居、户四级联动“大排查、大调解”建设，完善动态排查化解机制，实行三级台账管理。加强司法调解与行政调解衔接配合，借鉴交通巡回法庭经验做法，建立完善八个专业调解组织（交通巡回庭、医疗纠纷法庭、婚姻家庭法庭、物业巡回法庭、劳动争议法庭、少年法庭、房产法庭、东港法庭负责民间借贷案件），提高化解效能，调解工作经验入选《中央综治办社会管理实践丛书》。全区排查调处矛盾纠纷1727起，调解成功率100%，未发生民转刑案件。全面加强反恐处突工作。制订《全面加强反恐处突工作意见》及防爆炸、防砍杀、防纵火、防冲撞、防劫持等5套分体预案，严密防范暴恐行为。在火车站等6个重点部位建立“一分钟反应圈”；抽调288名机关干部，对72个重点公交站点进行定点防控。年内处置德大地产购房群众欲到北戴河和市区敏感区域聚集“维权”等112起群体性事件；处置围堵党政机关大门等群体访57批次。做好情报搜集和研判工作。在政法各部门和教育、卫生、国土、城建、环保等职能部门设立舆情工作站，构建全方位、立体化“大舆情”格局。发挥1300名维稳信访工作信息员和80名网评员作用，搜集摸排涉企改制、工地拆迁等苗头性、内幕性信息586条，成功化解群体性事件隐患50起；对383条网络舆情和846条有害负面信息进行导控、删除和封堵。

【**建设平安港城**】 从多领域、多层次、多角度入手，全面提高“平安港城建设”能力和水平。加强社会面治安防控。围绕“六张网”（街面巡逻防控网、城乡社区村庄防控网、单位和行业场所防控网、区域警务协作网、技术视频防控网、虚拟社会防控网）建设，制订完善“全天候、无缝隙”主城区常态化武装巡逻防控机制，实现与“19+2”（分局19个派出所每周分别安排2个后半夜、集中三分之一警力，开展居民区和易发案地段的巡逻防控）警务巡逻防控机制、环城8个警务工作站堵截查控工作紧密衔接,完成全国“两会”、暑期、秦马拉松赛等大型安保任务56次。年内全区刑事发案2079起，同比下降29.5%，“两抢一盗”等侵财类案件累计发案1375起，同比下降36.84%；八类主要案件发案228起，同比下降39.36%。推进科技防范建设，社会面新增监控探头603个，全区布设监控点位2.8万个。强化社会治理薄弱环节整治。落实流动人口服务管理工作，建立185名专管员与社区民警捆绑作业制度，完善流入地和流出地“两头抓、双向管”协同管理机制，为外来人口办理居住证9.31万个。开展安置帮教和社区矫正工作，全区1024名社区服刑人员和刑释解教人员无一重新犯罪；探索建立安置帮建基地，有6名矫正人员和3名刑释解教人员得到安置。开展青少年教育引导工作，选派民警、法官、律师等兼任全区72所中小学和幼儿园法制副校长，打造青少年教育引导新模式；创新青少年网络教育引导，开展“社会论坛”和“五彩假日”网络服务，打造全国网络团建试点。夯实群防群治工作。在全省率先建立区、镇（街）、村（居）三级平安志愿者协会,将每年6月的第2个星期六确定为“平安志愿者日”，成为全市综治工作亮点品牌。在瑞通公司组建“海港区出租车平安志愿者分会”，打造“企业参与社会公益活动”品牌。全区在册平安志愿者8000多人，调解各类矛盾纠纷3500多起，上报治安信息2100多条，协助公安机关破案30多起，避免发生各类刑事案件200多起。突出基层社会治理创新。在城市社区，以实现“社会管理社区化、社区服务社会化”为目标，在东环路街道燕海里社区开展“社区网格动态管理”“党员动态管理”“退休人员社会动态管理”和“工会辖区单位动态管理”等试点工作，经验做法被中政委《长安》杂志刊发。区财政列支资金98万元，在东环路街道和燕海里社区、东环里社区搭建的社区网格化管理服务信息平台正在试运行。在农村，借鉴肃宁“四个覆盖”（基层党组织全覆盖、农村民主组织全覆盖、农村经济合作组织全覆盖和综治维稳组织全覆盖）经验做法，组织实施“双六工程”（农村基层党组织全覆盖，提升农村党组织战斗和凝聚能力；农村民主组织全覆盖，提升服务农村经济发展能力；农村经合组织全覆盖，提升民主管理和村民自治能力；农村综治维稳组织全覆盖，提升排查化解矛盾纠纷和治安防范能力；农村基层文化组织全覆盖，提升公共文化服务能力；农村社会保障组织全覆盖，提升农村民生保障能力），全区98个行政村全面建成达标。加强村（居）辅警队伍建设，公开招录和抽调年轻机关干部155人到社区任辅警，选任村治保主任和治安积极分子77人担任“村警”，提升基层治理能力。

【保障经济发展】 制发《政法机关服务发展大局的九项措施》，全力以赴维护市场经济秩序和提供有效法律服务。做实能动司法“绿色通道”。坚决摒弃“就案办案”观念，突出法治与发展兼顾，做到两个效果的统一。对涉及重点企业的破产、股权和劳动争议等诉讼案件，确需采取人身、财产采取强制措施的，进行全面评估，妥善做好企业生产经营衔接和稳定工作。区法院针对重点企业的金融借贷纠纷，推行“放水养鱼”与“依法打击”结合工作法，对不存在恶意拖欠且有发展潜力的企业，力促达成双方和解，共同发展。推行常态化联系服务制度。建立公、检、法、司中层单位与镇（园区）、街道“四对一”法律服务机制；建立政法部门、重点经济部门季度联席例会制度，政法部门班子成员、中层干部联系规模企业、在建重点项目制度，重点解决企业矛盾纠纷、项目建设司法保障等问题。在20家企业开展“法律体检”活动，得到企业家代表好评。年内解决涉企纠纷5件，涉企治安案件3件，成功侦破一起涉外网络合同诈骗案，挽回经济损失22万美元，赢得马来西亚驻华使馆的赞誉。

【建设法治港城】 以规范公共权力、强化法制宣传和落实法治惠民为重点，以创建法治港城活动为抓手，全面提高依法行政、公正司法、依法办事能力和水平。积极推进司法公开。制订《海港区关于推进司法执法公开的实施意见》，召开海港区全面推进司法公开工作新闻发布会，促进全区司法公开工作的开展。区法院建成审判流程公开、裁判文书公开、执行信息公开“三大平台”；区检察院建成“检务公开大厅平台、案件管理大厅平台、新媒体信息平台、社会公众监督平台”四大平台等。深入开展法律宣传教育活动。以“法律八进”（进机关、进乡村、进社区、进学校、进企业、进单位、进家庭、进市场）、“法治八建”（依法行政示范机关、民主法治示范村、民主法治示范社区、依法治校示范校、学法守法示范家庭、诚信守法示范企业、依法管理示范单位、公平守信示范市场创建活动）为载体，拓展法治文化宣传新领域，在6个繁华公交站点设立“滚动式”宣传栏，打造全区法治宣传工作新亮点。开展法治社区、法治公园等创建工作，在秦皇植物园打造海港区法治文化公园，在燕山大街街道燕北里社区打造法治社区，在燕山大街街道天洋新城社区、西港路街道红卫里社区、河东街道、西港镇倪庄新村建成形式多样的法治文化长廊。有效落实法治惠民措施。制订《关于在全区推行“一村（社区）一法律顾问”制度的实施意见》，解决法治惠民“最后一千米”问题。开展各类法律宣传350多次，“模拟法庭进社区”活动2次，法律咨询1210多人次，调解矛盾纠纷300件，受理法律援助案件425件，追逃农民工工资60多万元。全面规范执法司法。制订《海港区刑事诉讼联席会议议事规则》《关于规范刑事犯罪线索移送工作的意见》等文件，着力解决公检法机关法律认识不同、标准把握不一、程序衔接不顺等问题和各部门之间推诿、扯皮等现象，提升司法效能。加强办案管理，区检察院制发《轻微刑事案件和解的试行办法》《关于办理交通肇事案件的规定》；海港公安分局建立“一案一考评、一日一晾晒、一月一通报”制度。

【政法队伍建设】 以第二批党的群众路线教育实践活动为契机，全面建设为民务实进取的政法队伍。加强理想信念教育。组织全体干警开展观看红色影片，交流学习成果，深刻理解群众路线教育实践活动的内涵。抓好正反面警示教育，组织开展学习杜艳文、陈瑞峰、徐建平等3名优秀政法干警典型事迹活动；组织政法系统中层以上领导干部50人，到冀东监狱第二监区开展警示教育，筑牢拒腐防变思想防线。坚持抓作风转变不放松。组织开展“八征集八征求”（民主评议、座谈约访、入户走访、问卷调查、寄发信函、市民热线、网上征集、关注新闻媒体报道八种征集方式，征求上级有关部门、同级班子成员、分管单位主要负责同志、“两代表一委员”、民主党派和无党派人士、本单位职工及离退休老同志、服务对象、基层群众八个方面的意见建议）“三堂会诊”（群众提、自己找、代表评）、“开门评警”及反向测评等系列活动；在政法部门设立“党员先锋岗”和“文明窗口”，着力将了解群众、服务群众、帮助群众贯穿到工作中，广大干警学会在为民服务中享受快乐，队伍的整体素质和水平得到明显提升。认真落实内外监督管理措施。制发《关于全区政法机关执法办案风险评估工作的实施意见》，建立执法监督员制度，规范政法机关执法办案工作，规避执法办案风险，全区政法机关和广大干警的执法办案水平得到有效提升。将“零容忍”贯彻正风肃纪始终，查处干警违法违纪问题7起。坚持内强素质、外树形象。制订《关于建立健全机关年轻干部培养机制的意见》，采取结对帮学和集中培训模式，通过理论、业务培训和实践锻炼，强化机关干部工作能力，提高综合素质和工作效能。在政法委机关建立公共图书角；在政法系统开展各种文化教育活动，丰富文化建设内涵，其中区检察院提炼的“承载、衡平、激昂、淡雅”的“海港检察精神”得到上级机关和各级领导的认可。

（裴宏雷）

机构编制管理工作

【概况】 2014年，区机构编制委员会办公室紧紧围绕区委、区政府的决策部署，统筹兼顾，突出重点，把握职责定位，着力加强机构编制管理，强化干部队伍和党风廉政建设。落实“两个严控”政策，推进行政管理体制改革，发挥机构编制资源使用效益，提升机构编制服务保障能力，圆满完成各项工作任务。

【机关事业单位及编制现状】 全区区直机关单位56个。其中，区委设工作部门9个：纪检会、区委办、政法委（防范办）、组织部、宣传部、统战部、编委办、农工委、机关工委；部门管理机构2个：信访局、老干部局；政府工作部门20个：政府办（外事侨务办公室）、发展改革局（粮食局、工业和信息化局）、教育局、科学技术局（地震局）、民政局（民族宗教局）、司法局、财政局、人力资源和社会保障局、环境保护局、城乡建设局（人民防空办公室）、城市管理局、交通运输局、农业局、商务局（招商引资领导小组办公室）、文化体育广电新闻出版（版权）局、卫生局（爱国卫生运动委员会办公室）、人口计划生育局、审计局、安全生产监督管理局、统计局；政府管理的行政机构1个：物价检查所（物价局）；政府直属事业单位3个：住房保障和房产管理局、水务局、旅游局；群团7个：总工会、工商业联合会、科学技术协会、残疾人联合会、文学艺术界联合会、团区委、妇女联合会；人大、政协、检察院、法院各1个；街道办事处10个：文化路街道办事处、海滨路街道办事处、燕山大街街道办事处、河东街道办事处、建设大街街道办事处、白塔岭街道办事处、西港路街道办事处、港城大街街道办事处、东环路街道办事处、北环路街道办事处。

区直机关编制总数831人。其中，行政编制471人，工勤编制28人，直属事业、群团等机构事业编制76人，政法专项编制总数256人。区直机关含人大、政协机关，检察院、法院机关，街道办事处机关。镇5个：海港镇、东港镇、西港镇、北港镇、海阳镇，行政编制163人，工勤编制10人。

全区区直事业单位209个，编制9227人。镇街事业单位25个，编制203人。

【机构编制资源优化】 以服务经济社会发展，保证全区中心性、大局性、重点性工作的需要为根本目标，重点研究解决火车站管理处、西港新城开发建设办公室成立和政务服务中心、重点项目办机构调整以及动物疫病预防控制中心加挂牌子、增设信访督查专员、区纪律检查委员会（监察局）内设机构及派出机构和教师进修学校更名等事项。

【机构编制信息核查】 机构编制信息核查工作是中编办统一安排的重点工作。组织各单位主管领导集中收看全省关于核查工作的电视电话会议，召开核查工作培训会，提高对信息核查的认识。机关内部建立联动机制。抽调专人统一办公，分别把关，统一审核。会同组织、财政、人社和审计组成联合审核小组，制订《机构编制和人员核查工作联合审核工作方案》，细化审核程序，明确职责分工。严格按照中编委办制订的标准，规范程序操作。采取本人签字、单位公示、举报监督等方式，实现“四清”（机构清、编制清、领导职数清、实有人员清）的工作目标。通过联合督导，重点抽查的形式，对全区 120 个单位进行实地核查。

【行政审批制度改革】 推进行政审批制度改革，转变政府职能。设立行政审批制度改革领导小组办公室，与区监察局、区法制办、区政务服务中心等单位沟通，掌握全区行政审批工作总体情况。后期逐步理顺工作体制，初步完成《海港区政府行政审批事项目录》《历年取消、下放行政审批事项目录》（2014 版）的制订工作，推进《海港区权力清单》制订工作。

【事业单位分类改革】 做好分类改革前期准备工作，成立事业单位改革专项工作小组，实行“专人专责”制度，及时掌握新政策、新动态、新经验。全面梳理，奠定分类改革工作基础。清楚职责任务、履职依据、人员编制底数，对事业单位进行模拟分类，对梳理出的重点难点单位，重点研究探讨。制发《海港区事业单位分类工作的实施意见》《海港区开展事业单位分类工作的通知》等文件。制订详细的时间表，拉出清单、分门别类，按照先易后难、梯次推进的思路，与主管部门和单位进行沟通。

【地方政府机构改革】 稳步推进政府机构改革，深入工商局、质监局、食品稽查大队等单位调查研究，摸清区情，全面掌握情况，为改革奠定基础。以工商体制、质监体制、食药体制、卫生计生整合等为重点，制订《海港区政府职能转变和机构改革方案》。完成与市编办的沟通工作，待条件成熟，正式启动。

【事业单位登记管理】 完善事业单位登记管理系统，网上登记实现全覆盖。强化网上登记业务培训、登记事项规范化审查、登记档案规范化管理。全区有法人事业单位 158 个，应年检法人事业单位 151 个，网上年检的法人事业单位 151 个，年检率 100%。对 74 个法人事业单位进行变更登记。落实中文域名注册管理工作。全区注册单位 295 个，其中党政群机关 61 个、事业单位 234 个。完成 11 个单位的网站挂标工作和 29 个单位的域名续费工作，实现中文域名注册和续费双覆盖。

【机构编制年度统计】 完成全区 61 个行政机构、200 多个事业机构及其内设、下设机构机关事业编制的统计工作。按照指标解释和填报说明要求，如实填写每项数据，杜绝人为改动或编造。做到统计指标完整有效，统计数据真实准确。

（韩秀梅）

信访工作

【概况】 2014 年，全区信访工作认真执行中共中央、省、市关于信访工作的部署，深入开展群众路线教育实践活动，全力推进联合接访中心运转；扎实开展领导干部接访、信访积案化解等活动，从矛盾隐患排查、突出源头治理、化解信访矛盾、加强风险评估等方面着手，切实转变作风、狠抓落实，解决一批信访积案难案，为促进全区社会和谐稳定发挥积极作用。全年，接待群众到访 106 批、262 人次，其中群体访 19 批、191 人次，受理上级转办转送案件 54 件，全部按期办理并在网上反馈；受理申请复查信访事项 21 件，出具复查答复意见 11 件。

【基层基础工作】 完善区信访联合接待中心规范化建设。年初，区信访局搬入新址，增设综合接访室等科室，中心重新调整班子成员分工，严格各项规章制度，完善《议事例会制度》《突发事件接访制度》等7项制度。尽快适应信访机制体制转型。按中共十八大对信访工作制度改革提出的要求，区信访局及时调整工作思路，把工作重心由控访量转移到加强信访事项的办理力度，完善和规范办理程序，争取信访人息诉罢访。加强基层信访工作业务指导，组织镇、街道、园区、区直重点部门主管领导开展信访工作业务培训3次。完善接访体系建设。邀请律师与政协委员站在中立的角度参与接访，对信访人及责任单位提出解决建议。增设“老胡工作站”和律师、政协委员接访室等相关职能科室，其中“老胡工作站”的做法得到国家信访局局长舒晓琴的肯定。完善驻京接劝返工作。在京发现非访信访人，信访局和公安分局迅速行动，第一时间耐心劝返。

【信访隐患排查】 坚持抓早、抓源头，全面摸清信访隐患底数。坚持日常排查。按照“早发现、早报告、早稳控、早化解”的原则，加大组织基层矛盾纠纷排查力度，发挥镇（街）、村（居）隐患排查网络的作用，筑牢矛盾纠纷排查调处的第一道防线。开展集中排查。分别在全国“两会”前后、暑期以前，APEC会议前夕，组织辖区单位和区直部门，对区内所有隐患进行3次集中拉网排查，把所有涉及市直、涉法涉诉隐患和重点人纳入视野，累计排查出各类重点隐患220件，逐案建立台账，逐案落实“五包一”（县级包案领导、责任单位包案领导、稳控单位包案领导、具体负责人、村居干部包片）稳控人员，制订稳控方案。

【信访案件办理】 加大初信初访化解力度。落实日清、周结、两个月要回告结果机制，提高初信初访一次性办结率；凡是提出复查申请的，一律按照一个月的时限答复。推进专项攻坚活动。开展“信访积案化解”“五大百日攻坚”（对进京非访案件、进京赴省集体访、市委市政府门前集体访、市内三跨三分离、上级交办案件开展百日攻坚）“双月攻坚”三项攻坚活动。建立办案单位周汇报案件进展、半月上报区主要领导及月通报办理情况等机制，确保每项活动按既定目标完成。省交办积案103件，办结102件，结案率99%。其中息诉息访72件，息诉息访率69.9%。市交办积案70件，已办结67件，结案率95.7%；其中息诉息访50件，息诉息访率71%。进京非访整治“双月攻坚”活动，省交办案件35件，其中涉法涉诉案件8件，三跨三分离（三跨：跨地区、跨部门、跨行业；三分离：人事分离、人户分离、人事户分离）案件3件，办结20件，息诉息访15件。专项攻坚活动化解一批积案、难案，各项指标均排在全市县区前三名。领导干部接访包案。坚持每周二、四区领导到区联合接访中心接访，每周五区委、区政府主要领导公开接访。APEC期间，每天安排区级包案领导接访，区委、区政府主要领导约访下访；年内，区委、政府主要领导接待群众到访59批、489人次；其他区级领导接待群众到访278批、1257人次。组织信访听证。召开听证会2次，化解一件村民待遇类信访案，办结重复进京非访案件1件。加强督导检查。对全区各单位的排查稳控、信访积案化解、重点信访人员稳控等工作进行月督查和不定期的暗访，将督导结果形成报告，确保各项工作环节落实到位。

【稳控工作】 稳控责任人主动作为，打感情牌，平时多关心、多接触，与信访人家庭成员保持联系，争取理解支持；发动信访人邻居、亲朋好友、同事协助共同稳控，第一时间掌握信访人动向；发挥辖区派出所的职能作用，制订全面详尽的稳控方案，确保重点人第一时间发现、第一时间控制在区内。打击教育到位。年内处置非访人员28人，其中拘留11人，训诫17人。分别在全国“两会”期间和暑期前启动疑难问题调处中心，全国“两会”期间先后将11名符合拘留条件的重点人送至“中心”教育，防止重点人的进京访和回流。

（孙月恒）

精神文明建设

【概况】 2014年，全区精神文明建设工作围绕“培育和践行社会主义核心价值观”的根本任务，着力提高文明城区创建水平，着力提高全区广大干部群众整体文明素养，为建设一流主城区和沿海经济增长极，推动全区科学发展、跨越崛起提供精神动力。

【公民思想道德建设】 开展“感动港城·平民偶像”评选活动，通过初选、实地考核、媒体公示、公开投票，评选出“感动港城·平民偶像”10人。开展“与文明通行·铸和谐港城”文明创建活动，在开展“六争六创”（争做执政为民公仆，创建文明机关；争做文明村民，创建文明生态村镇；争做文明市民，创建文明和谐社区；争做文明师生，创建文明育人校园；争做亲民便民标兵，创建文明服务窗口；争做爱岗敬业职工，创建文明诚信企业）活动的基础上，细化测评体系。加强“善行讲习所”建设，通过“讲、树、比、培、行”五个全新环节不断丰富“善行讲习所”的活动载体与内容，开展道德宣讲活动1200多场次，参与人数4万多人。

【全国文明城市创建】 坚持把创建全国文明城市作为践行社会主义核心价值观，加快推进四个文明（物质文明、精神文明、政治文明、生态文明）建设的重要手段，对照《全国文明城市测评体系》要求，制订《海港区2014年创城工作方案》，对涉及全区的9大方面内容、30条测评指标、86项测评项目进行部署落实，对32家责任单位所承担的10大项、39个小项的档案进行统一上报，全面充实完善区级创建文明城市档案。

【农村环境面貌改造提升】 为全区14个重点村绘制文化墙，专门制作包括海港精神、善行河北、讲文明树新风、社会主义核心价值观等内容的《海港区文化墙绘制图册》。粉刷院墙面积9500平方米，完成文化墙绘制面积2380平方米，在北港镇麻念庄建设全市首条农村“社会主义核心价值观”宣传文化长廊。

【志愿服务工作】 创新志愿服务工作格局，成立“海港区志愿服务联合会”，制订《海港区志愿服务联合会章程》《海港区志愿服务联合会选举办法》，确定志愿服务组织，对全区志愿者逐个注册登记，实现志愿服务常态化、规范化、群众化。以“志愿服务暑期、倡导文明旅游”为主题，在站前广场、商业区、旅游景区、海浴场及社区卫生服务中心等游客密集区域设立14个“文明旅游志愿服务岗”。在服务暑期、创建全国文明城等活动中发挥积极作用。

【未成年人思想教育】 组织开展美德少年评选活动，选出区级美德少年50人，其中上报市级美德少年候选人20人。加强活动阵地建设，在全区开展创建社区少年宫的活动，全区建成社区少年宫54个，占总数的68%。以“善行河北·美德传承”为主题，组织开展小学生爱国诗文、书法、绘画作品征集大赛活动，50多所学校报送作品1000多幅。

【第四届“感动港城·平民偶像”】 通过初选、考核、投票，选出“感动港城·平民偶像”10人，有奋不顾身擒获抢劫嫌疑人，义无反顾救助受伤老人，真情实感劝导自杀女，循循善诱教导行凶男孩，东奔西走帮人排忧解难的燕山街道迎春里社区居民吴春长；把公益事业当做自己生活和工作的一部分，十年如一日为社区弱势群体提供理发、培训等志愿服务，社区“三无”老人把他当作亲儿子，贫困家庭孩子好叔叔的西港路街道桥东里社区爱心理发店的当家人孙英超；爱岗敬业、热心助人，工作勤勤肯肯、兢兢业业，分内分外从不推诿、勇于承担的河东街道煤港里社区劳动保障协管员史玉洁；为帮助一氧化碳中毒的父母能恢复正常生活，妻子辞去心爱而稳定的工作，丈夫不顾众人的“非议”学起大秧歌，用爱和行动诠释孝道和亲情的东港镇卸粮口村夫妻尚文红、房必阵;牢记使命、恪尽职守的当家人，心系群众、牢记使命带头，开拓创新、积极进取领路的区市政工程管理处维修处主任马丽；身材娇小、却热情洋溢、内心似火，外表柔弱、却无比刚毅、坚定执着的区交建里小学教师刘宏伟；建立“人人都是管理者”的教育理念、提出“滚雪球式”的教学思想的区教师进修学校附属实验学校教师梁红梅；救死扶伤不计报酬、灾难面前不顾安危、为民服务不计得失的白塔岭街道企业联合社区居民李金萍；才华横溢、用诗歌美化生活，出口成章、把宣讲当成重要工作，锲而不舍、用真情感化痴迷者，排难解纷、用爱心为居民服务，甘于奉献、积极组建志愿者队伍，年龄可老、心灵不老的退休12年的东环路街道东环里社区党员荆国舫；不停学习、不停思考、不停创新、努力成为行家里手，工作要围绕市民满意不满意来抓、市民说好才是真的好，把所有的青春和热情奉献给岗位的秦皇植物园管理处党支部书记、主任邓莹。

（朱宏刚）

区直机关党建工作

【概况】 区直机关工委系统辖党委、总支、支部53个，57个单位下设基层党支部115个，党员总数2192人。2014年，区直机关工委牢牢把握“服务中心，建设队伍”两大任务，以“五抓五促”（抓党员教育，促机关党员干部队伍素质提升；抓机制建设，促机关建设更规范化、科学化；抓载体创新，促机关党建永保生命力；抓机关作风建设，加强党内监督；抓工委自身建设，促区直机关系统党建工作水平提档升级）为举措，创新实践，提升工作水平，为实现“沿海一流主城区和沿海经济增长极”的奋斗目标提供组织保障。

如期完成2014年党费收缴工作，收缴党费56.4万元，全额上缴。

7月12日，在金梦海湾广场组织“做人民的好公仆”彩色周末专场演出。其中，以焦裕禄式的好党员安有满等人的先进事迹创作的诗歌《高唱一曲公务员的歌》，宣传区直机关系统优秀党员的良好形象。

【群众路线教育实践活动】 专注学习不放松，注重思想教育。在完成规定任务的基础上，集中7天侧重学习领导讲话原稿、学习焦裕禄精神。下发关于学习笔记规范要求及要点的工作提示，每篇笔记做到有内容、有体会。坚持开门搞活动，征求意见建议。采取开通热线电话、设立意见箱、畅通QQ群等形式，征求意见建议。深入基层单位调研、召开“三堂会诊”专题会议、走访慰问老干部，就区直机关党建、群众路线活动等工作征求意见建议，发放调查问卷57份，征求意见函120份，召开座谈会2场，先后与140多名党代表和党务工作者座谈，面对面找问题、访民情、解民意。切中脉搏找问题，民主生活会开出成效。班子成员对照检查材料集体研究，坚持做到“三个案例、四个讲清、五个回应、六个明示”（三个案例即对照检查材料查摆问题应至少有三个具体案例。四个讲清即讲清执行八项规定和党的纪律情况，讲清自身存在的“四风”问题和表现，讲清产生问题的根源和症结，讲清整改的方向、任务和措施。五个回应即对征求到的科室意见作出回应；对涉及支部成员的意见，本人作出回应；对上级提醒的问题，逐一作出回应；对自己清、家属清、亲属清、身边清“四清”要求，主动作出回应；对民主评议“较差”票相对集中、群众反映问题比较具体的，本人作出回应。六个明示即按照中共中央要求，对“车轮上的铺张”“人情消费”、职务消费、“三公”经费开支过大、违反规定配备秘书、违规占用住房和办公用房6个重点问题逐一进行检查明示），达到“见人见事见思想”和“写得实、画得像”的要求。对遵守政治纪律和贯彻中共中央政治局“八项规定”精神情况进行深刻检查，对自身存在的“四风”问题进行全面查摆、剖析，制定整改措施。对基层党务干部开展经常性的教育培训，坚持用中国特色社会主义理论体系武装头脑，突出履职技能导向。组织党务干部专题培训班，邀请市、区基层党务干部、区委党校教师讲课。走基层进社区，帮助燕山大街街道燕山一社区制做党建知识宣传牌，为建设大街办事处幸福里社区购买空调、安装健身器，改善居委会办公条件。

【党员发展工作】 严格履行工作程序，全力做好发展党员工作。制订发展计划。把握发展重点，改善党员队伍结构，建设数量充足、质量较高、结构合理的入党积极分子队伍。按照“坚持标准、保证质量、改善结构、慎重发展”的原则，制订党员发展计划。经过双层把关筛选，确定培养对象30人。举办入党积极分子培训班。采取集中授课、爱国主义教育、学习笔记评比和心得体会交流、感悟奉献进社区、为农民工子女送温暖等方式，对入党积极分子和培养对象进行培训。6月28日，组织新老党员到昌黎县五峰山接受爱国主义教育，面对李大钊塑像庄严入党宣誓，增强爱国主义观念。区直机关30名培养对象分别走进单位驻地辖区，开展感悟奉献进社区活动，在社会实践活动中锻炼自己。把好党员“入口关”。对符合条件的30名发展对象进行实地考察，与150名党内外人员进行谈话，征求党员、群众意见，对党员发展对象和26名转正党员进行严格审批。

【群团组织建设】 工会工作。丰富职工文化体育生活，协助区文体局成功举办海港区第五届全民健身运动会。举办职工健走比赛和机关趣味运动会，倡导健康生活，强健体魄。多渠道多途径协调资金，解决职工生活困难。走访慰问系统内困难职工24户，老干部6户，困难党员8人，为系统内的困难职工发放米、面、油和现金万余元。共青团工作。组织“五四”青年节登山健身活动，活动过程设多个集体合作与发挥智慧的环节，让团员青年体验青年朋友间互相扶持、互相帮助与协作的团队精神，120多名团员青年参加比赛。妇女工作。组织开展巾帼志愿者服务系列活动，引导女职工利用自身一技之长，用真情服务社会，用行动奉献爱心，在服务中彰显巾帼风采，打造巾帼志愿服务品牌，增强基层妇联组织的凝聚力号召力。

（罗　颖）

城市建设与管理系统党建工作

【概况】 2014年，海港区建管工委系统有党委、总支、支部基层党组织112个，党员总数2331人。工委始终坚持“围绕中心抓党建，抓好党建促发展”的主线，紧扣全区中心工作和发展主题，牢固树立服务意识，积极探索党建工作的新途径、新方法，努力提升党员干部的思想水平和创造能力，为打造群众满意、社会满意的城市形象提供坚强的思想政治基础和组织保证。

【党员思想政治建设】 全面加强学习型党组织建设。系统各单位党组织坚持“五个一”（每天一条新知识，每周一次体会交流，每月阅读一本书，每半年一次书面交流、每年一次大调研）学习制度，把党员、干部、职工参加学习活动情况和学习研究成果纳入年度考核评价体系范畴，鼓励和支持干部职工参加各种类型学历教育和继续教育。宣传倡导社会主义核心价值观。各单位在办公楼、火车站站前广场、社区、执法现场、收费中心对外窗口等地，利用橱窗、宣传栏等载体，张贴宣传画50份。开展“百姓宣讲”活动。工委成立“我骄傲，我是城建人”核心价值观宣讲团，组织宣讲活动，选出11篇质量高的稿件，举办大型宣讲比赛。组织开展建党93周年系列活动。参加全区庆祝新中国成立65周年百姓书画作品征集活动，上报书法作品7篇，获一等奖1个，二等奖2个，三等奖1个，优秀奖2个，建管工委获优秀组织奖。组织系统各单位学习先进事迹和楷模典范，党员观看影片100部，写出观后感和评论文章，上报32份。

【党的群众路线教育实践活动】 认真组织学习。召开党的群众教育实践活动动员会，制订《建管工委党的群众路线教育实践活动实施方案》，成立教育实践活动领导小组，制订学习计划，下发学习要点及工作提示，学习篇目20篇，观看影像资料8部，记录学习笔记每人一万多字，撰写心得体会每人3篇。领导班子实地调研，抓好“落实精神、亲自踏查、积极回应、彻底解决”四个要点，建立领导班子联系点台账，每月第一周、第三周为下基层蹲点日，下基层为所负责联系点解决真问题、缓解硬矛盾。开展“三访三听”（即访党支部书记、访党员干部、访机关干部，听诉求、听意见、听建议）深化大走访活动；召开座谈会，发放调查问卷60份、民主评议测评表30份，梳理出对领导班子和领导的意见和建议27条，涉及“四风”问题5条。召开“三堂会诊”座谈会，邀请“两代表一委员”、系统各单位党办室主任、企业和群众代表等对征集意见建议情况及“四风”方面查摆的问题进行集体会诊，各位参会代表现场点评。搞好谈心交流，认真撰写检查材料。利用1个月的时间谈心交流，组织撰写对照检查材料，参照督导组审核修改意见，工委班子材料多次修改、完善，做到“三个案例、四个讲清、五个回应、六个明示”。召开民主生活会。8月6日，召开专题民主生活会。班子成员间开展批评与自我批评。8月18日，召开民生生活会通报会。建章立制。制订《建管工委领导班子民主生活会整改方案》《建管“四风”专项整治方案》《建管工委领导班子整改清单》《党的群众路线教育活动制度建设计划》和班子成员整改措施和整改清单。明确责任领导，用制度办事，用制度管人。

【基础工作】 党员发展工作。严格按照“控制总量、优化结构、提高质量、发挥作用”的方针，精心培育入党积极分子，严把入党关口。5月，举办入党积极分子培训班，组织系统26名积极分子参加为期4天的集中培训，重点强化对党的基本理论和基本知识的掌握，提高培养对象自身党性修养。6月，举办基层党务工作者和支部书记培训班，重点对党员发展程序及相关要求进行详细讲解和说明，严格入党程序，确保党员发展质量。“七一”前，25名积极分子被吸收为中共预备党员。做好党员日常管理工作。做好党员组织关系调转及党员统计和党费收缴工作。全年接转党组织关系92人次，收缴党费19.45万元。及时完成2014年党员统计工作。

【机关文化建设和群团工作】 开展送温暖活动。春节前走访慰问系统内困难职工20户，发放米、面、油、大衣等慰问品。利用“三八”妇女节、“五四”青年节等节假日，组织团员、青年、妇女开展各种活动，活跃基层各单位之间氛围。组织系统各单位开展“三八”女职工踢毽子活动，组织参加全区运动会、龙舟赛等活动。举办城建系统“彩色周末”专场晚会，整台演出由系统各单位干部职工自编自演而成，展示城建系统干部职工风采，营造城建系统干部职工凝心聚力谋发展、团结拼搏促和谐的工作氛围。举办海港区城建系统第四届职工运动会。设置竞赛项目10个大项、17个小项，1000多人参加比赛。

【党风廉政建设】 成立党风廉政和反腐败领导小组，制订实施方案，进行任务分工，履行“一岗双责”，建立责任检查、责任考核和责任追究等工作机制，严格执行述职述廉、民主生活会、报告个人有关事项等党风监督制度。制订党风廉政建设和反腐败工作实施方案，做到防患于未然。落实《中国共产党党内监督条例（试行）》《中国共产党党员权利保障条例》，深入推行党务公开，编制党务公开目录和党务公开流程图，增强党支部工作的透明度，使党员更好地了解和参与党内事务。学习《中国共产党党员领导干部廉洁从政若干准则》，掌握并牢牢记住廉洁从政行为“八类禁止”“52项不准”，主要领导带头严以律已，做自觉接受监督的表率。开展整治“会所中的歪风”等奢侈浪费行动、正风肃纪专项行动、公务用车及办公用房清理、“四风”专项整治等活动，落实中共中央政治局“八项规定”和“四个不直接分管”，强化党风廉政建设党委主体责任和纪委监督责任。

（马玉虹）

卫生系统党建工作

【概况】 卫生工委辖党委1个（德信医药有限责任公司党委），党总支1个（海港医院党总支），党支部23个（海港区卫生局机关党支部、海港医院内科党支部、海港医院外科党支部、海港医院医技党支部、海港医院五官党支部、海港医院中医党支部、海港医院行政党支部、海港医院离退党支部、海港区疾病预防控制中心党支部、海港区卫生执法监督所党支部、海港区妇幼保健站党支部、东环路社区卫生服务中心党支部、海阳镇中心卫生院党支部、东港镇卫生院党支部、北港镇卫生院党支部、西港镇海港镇卫生院联合党支部、海港口腔医院支部、仁辉化学制药有限公司党支部、德信医药有限责任公司机关党支部、德信医药有限责任公司国药党支部、德信医药有限责任公司连锁党支部、德信医药有限责任公司药品党支部、德信医药有限责任公司退休党支部），党员438人，其中在职党员347人。

【基层党建工作】 围绕中共中央关于整治“四风”问题的要求，召开各层面各种形式的座谈会30场，发放征求意见表1244份，梳理汇总意见建议76条。领导班子重点查摆四个方面的突出问题13个，班子成员查摆“四风”问题67条，批评意见77条。在做好六个专项行动（正风肃纪行动、对标提效行动、“修医德、强医能、铸医魂”提高年行动、“九不准”规定落实年行动、基层工作服务年行动、强党性聚合力行动）、健全十项制度（党组织民主决策制度；权力运行监控制度；重大决策督促落实制度；领导干部作风评议考核制度；领导干部直接联系群众制度；行政审批目录管理制度；经费管理制度；公务接待规范管理制度；党员民主评议制度；效能建设制度）建设等规定动作的基础上，突出行业特色，集中开展好“十项惠民举措”（改善服务态度；提升服务技能；优化服务流程；深入推进“医疗惠民工程”；规范诊疗行为；提高医疗服务透明度；加大“九不准”治理力度；畅通监督渠道；加大执法力度，提高应急处置能力；巩固完善新农合制度），着力解决群众反映强烈的医疗服务中的冷、横、硬、推和执法工作中存在的推诿扯皮、不作为、乱作为等突出问题，加强医疗卫生队伍的作风建设，打通服务群众的最后一千米。严格执行中共中央政治局“八项规定”，加强“三公”经费管理，严格财经纪律，控制文件和会议数量，年内“三公”经费19.6万元，同比减少37%；党、政发文63份，同比减少40%；全年没有组织过系统内大型会议、表彰评比、团拜汇演活动。严格标准，严把程序，做好发展党员工作。组织入党积极分子培训，全年发展新党员9人。组织系统各单位党支部书记、委员、党务工作者40多人开展“基层党务工作培训”，规范基层党建工作。组织开展系统年度集中培训和每月一次的机关干部学习，党员干部的理论和业务素质得到提升。规范干部管理工作。对机关中层干部进行轮岗交流，选调基层单位2名后备干部到局机关进行3个月的轮岗培训。加强系统干部的监督管理，严格执行领导干部重大事项报告制度。

【行业作风建设】 落实责任分工，明确主体责任。专题研究调度党风廉政建设工作，履行一岗双责，落实单位主要负责人“四个不直接分管”工作；调整规范纪工委书记的分工，明确监督责任，成立纪检监察室，集中精力开展纪检监察工作；完善各项工作制度、行政审批流程，成立支付中心，规范各基层单位的财务管理。组织开展机关效能和作风建设督导检查活动，对工作作风、工作纪律进行明察暗访。加强纠风治贿工作，全面落实“九个不准”（不准将医疗卫生人员个人收入与药品和医学检查收入挂钩；不准开单提成；不准违规收费；不准违规接受社会捐赠资助；不准参与推销活动和违规发布医疗广告；不准为商业目的统方；不准违规私自采购使用医药产品；不准收受回扣；不准收受患者“红包”）的要求。召开药品和医疗器械、医用耗材供应商座谈会，签订自觉抵制商业贿赂承诺书。年内，收到患者表扬信108封、锦旗62面、医务人员拒收并主动上缴红包14人次、共1万元。强化权力运行的监督和制约。开展行政权力廉政风险排查，强化对资金管理使用、器械药品采购、基建等重点部门的监控。患者回访中心电话回访住院患者1.5万人，收集意见和建议132条，畅通医患沟通渠道。

【精神文明建设】 将核心价值观的宣传与医疗卫生工作结合，开展“践行社会主义核心价值观”系列活动，印制宣传画900份，发放到各社区卫生服务中心、站、诊所、镇卫生院、村卫生室及辖区宾馆；开展“心系群众跟党走，践行社会主义核心价值观”主题演讲比赛，在系统各单位进行巡回宣讲。

【稳定工作】 抓排查。排查化解不稳定因素，及时排查出秦皇岛德信医药有限责任公司向职工借款尚未偿还的信访隐患，妥善处置，避免越级上访的发生。抓调处。按程序妥善办理上级交办的2个举报件，对信访人反映的情况和问题，召开专题会议协调处理。抓机制。完善一岗双责制、排查调处责任制、重大集体访隐患应急预警机制、领导干部下访制、信访工作分析研判等相关制度，重要会议、节假日期间实行零报告、日报告制度。保稳定。暑期，开展“文明旅游志愿服务岗”活动，在各社区卫生服务中心门前组织平安志愿者为游客免费提供医疗咨询、药品、饮用水服务；抽调

25名职工参加“2014秦皇岛国际马拉松赛”期间的安全保卫工作；暑期抽调8名工作人员到公交站点执勤，确保社会稳定。

（白　杨）

教育系统党建工作

【概况】 2014年，海港区委教育工委以“作风建设年”活动为抓手，认真解决党员干部作风方面存在的突出问题，加强党性党风党纪和反腐倡廉教育；深入开展群众路线工作；积极推进基层党组织和党员干部队伍建设，为全区教育事业的发展提供有力保障。

【群众路线教育实践活动】 成立由局长、书记为组长的党的群众路线教育实践活动领导小组，制订《海港区教育系统党的群众路线教育实践活动实施方案》，召开系统动员大会，对党的群众路线教育实践活动进行动员部署。制订《教育工委党的群众路线教育实践活动学习安排表》，将《中华人民共和国教师法》《中小学教师职业道德规范》纳入学习范围，做到学习教育常态化。开展践行“赶考”精神、“向身边最美教师学习”“缅怀革命先烈、继承革命传统”等系列培训教育。针对“四风”问题和群众反映的突出问题，征集意见和建议，发放并回收调查问卷564份、征求意见表252份。通过群众提、自己找、上级点、互相帮、集体议等方式查实找准自身问题，坚持“触动思想、触及灵魂”开展谈心交心，把思想谈开谈透、谈深谈通，以高度的政治责任感和使命感扎实召开专题民主生活会。12名领导干部查摆“四风”问题103条，有问题、有现象、有实例、有反思，达到红脸、出汗、排毒、治病的效果。建立健全制度机制11项，出台公开中小学施教区范围等便民措施4项。对群众反映强烈的精简会议、文件和表彰等问题，决定能不开的会议一律不开，能合并召开的一律合并，能不发的文件一律不发。通过致学生家长公开信，向学生、家长做出不收受礼品、礼金及购物卡等，不接受宴请、不进行有偿家教等承诺。为师生办实事好事，全年发放免费教科书及教辅书9.7万册，价值63.6万元，1.34万名农村义务教育阶段学生和428名城市区义务教育阶段贫困生受益。按照市教育局《师德考核方案》进行年度师德考核，树立和宣传正面典型。培养青年后备人才和教师。有27名优秀干部参加培训，570名区级骨干教师开展送教导学活动。

【民生民心工程】 回应民生所求，加强服务群众的自觉性。为6所城区学校、4所农村学校更换操场草皮，投入资金841万元。实施学生校园安全饮水工程，为39所中小学校安装和更换饮水设备，投入资金220万元，有203台饮水设备投入使用，近万名学生受益。建立完善远程教学视频系统建设工程，运用现代信息技术召开视频会议，提高效率，精简会议，减轻基层负担。从“民心工程”中凝聚党心、民心，形成推动发展的正能量。

【党风廉政建设】 巩固正风肃纪工作。整治会所中的歪风专项行动中，2315名党员干部全部作出承诺；会员卡专项清退活动中，全系统4561名教职工不存在收受单位和个人会员卡的行为。做好群众信访工作。实行领导“一责双岗”制，坚持领导接访和包校制；对各类来信来访、投诉举报案件，做到有访必接，做到件件有答复，事事有回音。年内，处理群众信访6件，处理群众电话访53次，解决群众到访11次，对上级信访室和市长热线交办的信访件按时办理，完成率100%。

【党员发展工作】 坚持标准、严格程序，科学制订发展党员工作计划，坚持成熟一个发展一个的原则。年内，培养入党积极分子41人。举办入党积极分子培训班，邀请基层优秀支部书记为入党积极分子讲课；组织系统发展对象考试、谈话，了解和掌握每位同志入党的动机及党的基本知识的学习情况，对预备党员提出希望和要求：加强学习，加强党性锻炼，提高其素质。并在各项工作和集体活动中，锻炼和考验积极分子。经过严格的组织程序，按照积极分子的综合表现，30名入党积极分子被吸收为中共预备党员。

【群众工作】 工会工作。走访慰问特困职工2人；为困难职工发放慰问品35份；新建困难职工档案

5 个；申请困难职工补助 3 人。开展金秋助学活动，给予困难职工子女学费资助。组织参加秦皇皓月城杯羽毛球比赛、沙滩袋鼠跳、踢毽子比赛和第三届明珠地产杯龙舟大赛，均获得优异成绩。妇联工作。第七中学、海阳镇中学等 7 个单位被评为海港区“三八”红旗集体，7 人被评为海港区“三八”红旗手，3 人被评为市级“三八”红旗手。组织参加深入社区进行家庭教育讲座、“爱心代理妈妈”“爱心代理儿女”志愿服务活动和“爱心传真情，服务暖人心”学雷锋志愿服务活动，推进巾帼志愿服务活动。组织召开“爱劳动，爱家乡”亲子体验活动、开展“传承良好家风，点亮民族希望”寻找践行良好家风的“最美少年”活动，树立孩子爱劳动爱家乡、诚实守信、助人为乐、勤劳节俭、自立自强的品质。康柏获全市最美少年称号。共青团工作。组织开展学雷锋、征文扫墓、慰问敬老院及空巢老人等活动。选派第七中学、第八中学、建设路小学的 3 名青年教师参加团区委组织的“激情·奋斗·担当”主题演讲比赛，分获一、二、三等奖。开展各类志愿服务活动，为贫困地区孩子捐书 3000 多本；14 名团员青年参加团市委组织的到公交站清理站牌等公共设施、23 名团员青年在秦皇岛火车站的青年志愿者暑期服务站，为游客、市民提供信息咨询、饮用水、雨伞、医疗救助、导游导购、扶弱助残及协助处理急难问题等各项便民服务。3 个团组织被评为省、市区级“五四”红旗团委；5 个团支部被评为国家、省、区级“五四”红旗团支部；3 名团干部被评为省区级优秀共青团干部；6 名青年教师被评为省级优秀共青团员。关工委工作。在白塔岭小学举办家庭教育讲座，邀请省家长学校家庭教育专家梁红梅为家长进行讲座，1200 多人听讲。加强家庭教育和家长学校的育人功能。组织家长学校优质课评选活动，5 名教师的优质课参加省级家长学校优质课评选活动，4 名教师获一、二等奖；开展全国青少年“五好”小公民“美丽中国，我的中国梦”主题教育读书活动。进行征文比赛、摄影大赛，6 人获一等奖、7 人获二等奖、10 人获三等奖。为 133 位退休教师发放独生子女奖励费用 3.99 万元。

（贾玲玲）

优化发展环境工作

【概况】 2014 年，抓住优化发展环境中的突出问题和关键环节，以加强作风建设，规范行政权力运行，优化经济社会发展环境为目标，全面开展机关效能建设及优化发展环境工作。

【正风肃纪专项行动】 围绕群众反映的突出问题，在全区开展正风肃纪、还利于民专项行动。开展惠民政策全面清查行动。4 月，对全区惠民政策进行清查，经梳理，有惠民政策 57 项。开展自查自纠。组织各级领导班子和党员领导干部对照“十查摆、十整改”内容逐一检查，逐项查摆，填报“正风肃纪专项行动对照自查表”，全区 27 名县处级领导干部及 95 个领导班子、603 名党员领导科级干部逐项进行查摆和整改，并通过公开栏、内部网站进行公示。开展专项明查暗访活动。组成 2 个检查组，随机核查，重点检查，开展明查暗访 150 多次。9 月 23 日，召开正风肃纪警示教育大会，通报 6 起典型案件和 16 家问题单位。全年对 39 家存在管理不规范的单位和 67 名违规违纪人员进行曝光和处理；查出部分机关单位长期拖欠企业群众债务问题，责成相关单位清理和整改。健全机关效能投诉举报机制。对优化发展环境投诉举报中心和机关效能投诉举报中心进行整合，建立健全投诉办理机制和工作程序。镇、街道、园区和具有服务群众职能的单位设立机关效能投诉站，受理干部作风及机关效能等方面的投诉。年内，区机关效能投诉举报中心受理和转接群众投诉举报 16 件，办理 12 件，其中立案调查 4 件。开展廉政教育。10 月，编印《海港区正风肃纪学习手册》2000 册，全区科级以上领导干部及基层站所、学校、村居负责人人手一册。

【行政审批制度改革】 继续开展“三类事项”清理工作。对“三类事项”进行重新梳理。经梳理，全区保留行政许可项目 148 项，非行政许可审批项目 63 项，行政监管项目 109 项。取消行政监管项目 2 项（个体工商户验照、内资企业年检）。

开展“三类事项”办理专项检查。组织人员对全区各相关部门“三类事项”办理、行政处罚及落实限时办结制度情况进行抽查。全年抽查“三类事项”案卷830多件，对存在问题的部门，以下发整改通知书的形式，对其限期整改。开展重点项目跟踪问效工作。按照《秦皇岛建设项目跟踪服务工作方案》及重点项目效能跟踪的有关要求，与区重点项目办采取现场走访、电话联系等方式对选定的秦皇皓月城、秦皇岛博赫科技开发有限公司仿真智能化生产线等10个重点项目开展效能跟踪。通过跟踪问效，各项目均有不同程度的进展。

【政务服务体系建设】 按照市《关于在市县乡村四级政务平台全面实行项目审批、便民服务代办制的通知》《海港区基层工作服务年行动实施方案》要求，在全区全面构建三级政务服务体系，推行“为民服务全程代办”“重点项目服务全程代办”两项制度。组织相关单位召开政务服务体系建设现场观摩会，推广北港镇政务服务中心、白塔岭街道政务服务中心、文化路街道河涧里社区和东港镇西向河寨村便民服务室等4个示范点的经验做法。全区建成17个镇街(园区)政务服务中心、195个村居便服务室，基本达到全覆盖。

【建立政务服务电子监察平台】 以政务服务电子监察平台建设为重点，运用视频监控和网上审批系统对区政务服务中心各窗口单位工作状态、业务公开信息、业务受理情况、办事群众满意度评价等进行全程和实时监控。指派2名专职人员入驻区政务服务中心，对区政务服务中心窗口运行情况及行政审批（公共服务）运行全过程进行同步监督。

【面对面评价窗口】 在各窗口单位全面推行客户评价系统，由办事群众面对面对窗口服务进行综合评价。组织各窗口单位完善内部管理制度，明确岗位职责，规范工作程序。大部分窗口单位已购置评价器，加强评价系统的管理与运用，主动接受群众评价与监督。

（韩美华）

海港区人民代表大会

HAIGANGQU RENMIN DAIBIAO DAHUI

HAIGANGQU RENMIN DAIBIAO DAHUI

区人民代表大会会议

【区第十四届人民代表大会第三次会议】 2月20～23日，海港区第十四届人民代表大会第三次会议在海港区文化馆大礼堂召开，大会应出席代表271人，实出席262人。会议主席团由36人组成，冯国林、鲁栋、陈永山、胡福全、韩国祥、杨丽萍为主席团常务主席。

会议听取和审议区人民政府代区长霍春利所作的《海港区人民政府工作报告》；审查批准区发展改革局局长陈占勤《关于海港区2013年国民经济和社会发展计划执行情况与2014年国民经济和社会发展计划（草案）的报告》（书面）、区财政局局长苏文胜《关于海港区2013年财政预算执行情况和2014年财政预算（草案）的报告》（书面）；听取和审议区人大常委会主任鲁栋所作的《海港区人民代表大会常务委员会工作报告》；听取和审议区人民法院代院长刘光明所作的《海港区人民法院工作报告》、区人民检察院检察长陈巍所作的《海港区人民检察院工作报告》。会议通过上述各项报告，并作出相应的决议。

会议选举胡福全为海港区人民代表大会常务委员会副主任；张文静、张利民为海港区人民代表大会常务委员会委员；霍春利为海港区人民政府区长；孙毅、桑菊为海港区人民政府副区长；刘光明为海港区人民法院院长。

会议收到代表建议83件，代表建议办结率100%，满意率100%。

区人大常委会会议

【区第十四届人大常委会第十三次会议】 1月22日，召开海港区第十四届人大常委第十三次会议。补选秦皇岛市第十三届人民代表大会代表。

【区第十四届人大常委会第十四次会议】 2月16日，召开海港区第十四届人大常委会第十四次会议。研究人事任免有关事宜；讨论通过区人大常委会工作报告；讨论通过区人大常委会2014年工作要点；通过代表资格审查委员会名单；讨论通过代表资格审查情况的报告；研究区第十四届人民代表大会第三次会议有关事宜。

【区第十四届人大常委会第十五次会议】 5月30日，召开海港区第十四届人大常委会第十五次会议。研究人事任免有关事宜；听取和审议区政府关于贯彻实施《中华人民共和国教师法》情况的报告。

【区第十四届人大常委会第十六次会议】 9月29日，召开海港区第十四届人大常委会第十六次会议。通过区人民法院关于增加人民陪审员名额的请示；研究人事任免有关事宜；听取和审议区政府关于就业再就业工作开展情况的报告。

【区第十四届人大常委会第十七次会议】 12月30日，召开海港区第十四届人大常委会第十七次会议。听取和审议区政府公共财政预算调整意见的报告；审查批准预算调整方案；听取和审议区政府2014年度代表建议、批评和意见办理情况的报告；听取和审议海港公安分局贯彻实施《中华人民共和国治安管理处罚法》情况的报告。

区人大常委会主要工作

【概况】 区人大常委会秉承“开放、包容、崇德、尚美”的海港精神，全面贯彻中共十八届三中、四中全会精神和省、市委的重大决策部署，以开展党的群众路线教育实践活动为契机，围绕中心，关注民生，创新求实，积极作为，依法履行宪法和法律赋予的各项职责，为加快推进依法治区进程、促进全区经济和社会事业持续健康发展作出贡献。

【工作监督】 完善监督方式，增强监督实效，人大工作始终与党委重大决策同步合拍，与“一府两院”合力并进，与人民群众意愿同频共振。全年召开常委会会议和主任会议10次，听取和审议工作报告20项；组织代表集中开展视察调研15次，对4部法律进行执法检查，提出建议意见148条，完成区十四届人大三次会议确定的各项目标任务。

对经济运行情况的审查监督。常委会严把预算审查关，通过年初介入部门预算编制审查，对重点行业和重点部门的经济运行情况进行实地调研，年中专题听取和审议计划、财政预算执行和审计工作情况的报告等形式，加强对计划预算的初审。坚持实事求是、从实际出发、有利于长远发展的原则，审查批准区政府年度预算的调整方案。增强发展后劲，加强对重点项目建设的支持监督。加强对城乡生态环境的跟踪监督。围绕《加大管理力度，健全长效机制，进一步提升城乡环境面貌》议案的督办落实，组织代表团对城乡环境综合整治开展视察，听取和审议区政府关于代表议案办理落实情况的报告，提出建议，使议案得到落实。连续两年对环保工作开展跟踪监督，为加快环境改善添油助力。

【司法监督】关注民生，开展维护和保障群众根本利益工作的监督。常委会听取和审议区政府关于就业再就业工作开展情况的报告。要求区政府创新思路，加大就业政策的宣传和培训工作力度，建立和完善就业再就业服务体系。深入镇（街）村（居），采取实地查看、个别走访、召开座谈会等形式，详细了解城乡养老、计生工作等有关情况。畅通民情，做好信访接待工作。全年接待到访123人（次）、信访30件，对涉法涉诉案件和群众反映强烈的问题，督促“一府两院”依法妥善处理，及时化解社会矛盾。围绕热点，开展行政执法监督。围绕宪法和法律的贯彻实施，常委会听取和审议区政府贯彻实施《中华人民共和国教师法》情况的汇报。开展《中华人民共和国档案法》《中华人民共和国中医药条例》《中华人民共和国药品管理法》执法检查和视察调研活动，促进相关法律法规的贯彻实施。组织人大代表20多人参加旁听和评议法院庭审专题调研活动2次，增强司法监督实效。

【任免监督】坚持党管干部和人大依法任免干部统一的原则，严格程序，依法行使干部任免权，建设高素质干部队伍。坚持并实施好任前法律知识考试、任职表态发言、颁发任命书等制度，全年依法任免国家机关工作人员21人，任命人民陪审员62人，增强被任命人员的依法履职意识、为民服务意识和岗位责任意识，提高干部任免工作的严肃性和实效性。

【代表工作】坚持不断创新代表工作机制，丰富代表活动内容，为代表履职创造条件，使代表的职能和作用得到有效发挥。以培训为重点，着力提升代表履职能力。通过组织区人大代表和海港团的市人大代表参加市级培训、以会代训、专题培训、代表团组学习等形式，开展代表业务知识和有关法律法规培训25次，提高代表整体素质和依法履职能力。以活动为载体，发挥代表主体作用。开展“学习贯彻《中共中央关于全面推进依法治国若干重大问题的决定》集中宣传月”活动，促进全区人大代表依法履职能力的提高，发挥人大代表在推进依法治区进程中的重要作用。围绕群众关注的热点难点问题，精心组织代表开展持证视察、执法检查、专题调研、座谈评议等活动165次，提出意见建议270多条；安排126名代表参加各类座谈会、行风评议和旁听案件审理等活动。提高代表建议办理质量，区十四届人大三次会议收到代表建议、批评和意见83件，其中交由政府办理的62件，内容涉及经济社会各个方面，代表建议的满意率和基本满意率达到100%。提升基层人大工作水平，建立健全常委会领导联系镇、街人大工作制度，指导各镇人大主席团、各街道人大工委，组织好辖区人大代表围绕重点项目建设、招商引资、新农村建设、街巷路改造等工作，开展视察调研活动。定期召开镇街人大工作会，交流推广基层人大工作的新经验、新方法，提升基层人大工作水平，促进基层民主法治建设持续规范，有序推进。

【自身建设】加强自身建设，在改进作风、提升素质中树立形象。以学习贯彻区委九届七次全会精神为切入点，开展党的群众路线教育实践活动，强化自身建设，增强服务大局的凝聚力、干事创业的战斗力、促进发展的推动力。开展教育实践活动，加强作风建设。常委会按照区委统一部署，扎实做好各个环节工作，确保活动取得实效。开展以走访全区各级人大代表为重点的富有人大特点的走访活动，面对面听取意见，梳理出4个方面57条意见建议。召开专题民主生活会，以整风精神开展批评与自我批评，对作风之弊、行为之垢进行大排查、大清扫，促进常委会领导班子建设。针对存在问题制订整改方案，提出15条整改措施，完善代表监督管理办法、联系代表制度、代表向选民述职等6项制度，落实岗位责任制、限时办结制和首问责任制，以实际行动取信于民。落实领导责任，服务工作大局。常委会一班人按照区委安排，参加全区各项重点工作。定期深入分包的镇街部门就重点项目、招商引资、信访案件等工作协调指导，会同有关部门解决工作中遇到的困难和问题，通过召开协调会、联合督查等形式，促进分包任务的完成。强化对外宣传，提升综合影响力。以制度建设为切入点，利用广播电视、报刊、网络等媒介，宣传报道人大工作重点、代表工作亮点、日常工作特点，提高人大工作的知晓率和影响力。开展纪念全国人民代表大会成立60周年系列活动，组织人大代表、人大工作者、离退休干部参加摄影展、书法展和论文征集等活动，《浅谈增强人大工作实效》一文在论文评比中获得全市一等奖。

区人大常委会机构

【海港区第十四届人大常委会组成人员】

主　任：鲁　栋

副主任：陈永山

胡福全

韩国祥

杨丽萍（女）

委　员：（以姓氏笔划为序）

王　琳（女）　王自俭　王建国　公爱民

史力方（女）　边瑞增　刘立辉　刘嘉诚

孙爱静（女）　杨广俊　杨艳莉（女）

张文静（女）　张利民

张　磊（5月辞职）　郎晓光　房德臣

倪俊友　高　凡（女）　曹信杰

曹耀辉　崔　洋　温志国

【海港区人大常委会工作机构主要负责人】

办公室主任：公爱民

老干部工作办公室：边瑞增

财政经济工作委员会主任：张利民

法制工作委员会主任：房德臣

代表人事工作委员会主任：高　凡（女）

教科文卫工作委员会主任：王　琳（女）

信访办公室主任：张　磊（5月免）

赵荣福（5月任）

区第十四届人民代表大会代表团及代表

【东港镇代表团】 王维民　郭　文　张　鹏　王　哲　王　健　王金华　史力方（女）　冯国林　朱兰田　刘立辉　那　威（女）　杜显兰（女）　李殿民　何世国　张利民　孟凡辉　费静波　夏润君　徐　丹（女）

【海港镇代表团】 王洪泉　温长驰　兰　鹏　王平和　王志勇　王郁岚　王德月　付连永　朱大田　李成玉　肖子平　张立红（女）　张孟秋　张铁忠　张智强　陆洪德　岳会仁　周永鑫　曹国伟

【海阳镇代表团】 杨忠权　苏大忠　高　庚　王　澍　刘海波　杨丽萍（女）　张志民　陈占勤　陈　海　周鹏林　赵凤芝（女）　祖旭波　袁孝本　倪宝全　郭子茹　曹　辉　温志国　谢京海　戴荣元　魏汉良

【西港镇代表团】 石建军　侯中文　孙　贺　于恩林　王彦军　王满成　孔祥东　刘英峰　刘殿昌　孙　毅　杨广俊　杨家琛　张云山　张玉华　张国柱　张利荣　张湘义　郭学深　鲁　栋

【北港镇代表团】李秋来　李贵林　郭宪彬
王东江　王庭锁　田连有
冯志永　印　洪　刘玺祥
杨时慧　杨润芝（女）
张　洁（女）　张德喜
苑同锁　郎海伦（女）
胡福全　徐志敏　郝冀伟
霍春利

【文化路街道代表团】刘淑珍（女）　宫慧艳（女）
王文斌　王建国　刘爱秀
刘嘉诚　齐春霞（女）
孙淑安（女）　宋继良
李　敏（女）　李文生
李会庆　李晓光　张　磊
张茂和　张振江
张晓雁（女）　胡敬林

【海滨路街道代表团】瓮志平　马秀芳（女）
王　琳（女）　王一歌（女）
尹清志　付合全　刘　存
齐香民　安文杰　杨雨春
肖长海　吴文生　张浩然
陈　娜（女）　郎晓光
赵文成　韩国祥

【建设大街街道代表团】林大华　岂福明　于海鹏
王红艳（女）　王海军
申雅秋（女）　吕红新
刘双全　杨铁林　李广民
张　伟　张国军　房德臣
胡富强　郝富连　赵长泰
钟　涛　顾国锋　崔　洋

【燕山大街街道代表团】冯立志　季　平　王有长
王秀红（女）　公爱民
杨连盛　苏文胜　李国新
吴立芳（女）　周　倩
周莲洁（女）　周慧霞（女）
郎喜梅　高　栋　涂学宏
曹信杰　曹耀辉　董宝军

【港城大街街道代表团】卢利辉　刘凤奎　刘继军
许一群　杨艳莉（女）
吴秋来　张国林
张艳东（女）　胡孝文
费敬霞（女）　高骥恩
黄海疆　董彦超　程克军
魏淑娟（女）

【东环路街道代表团】王晓冬（女）　孙志刚
王玉华（女）　王建国
王晓静（女）　王喜亭
王德权　方向明　田秀财
杨爱文　李秀丽（女）
李建国　张　浩　郑云明
赵军朝　昝　欣　高玉彬
高立明　崔清林

【白塔岭街道代表团】梅红霞（女）　许　岩
高洪星　王自俭　东方阳
任　毅　刘晓光
刘清芬（女）　毕卫红
杨　英（女）　杨永会
李克国　李林忠　辛彦怀
武新军　郑国新
赵　伟（女）　倪俊友

【河东街道代表团】王进国　迟　飞　王胜超
边瑞增　杨东明　李双全
张亚杰　陈　巍　邵清惠
罗胡英（女）　周冬菊（女）
高　凡（女）　梁安平
董育松　蒋福长　谢桂亮

【西港路街道代表团】张华津　郭智慧（女）
晁迎峰　朱清国　李天兵
李占谦　李冠霖　李晓奇
吴国生　张文静（女）
陈永山　武　涛（女）

徐志文　徐建华　高　辉
黄　萍　梁　力　裴　勇

【北环路街道代表团】李连仲　陈宏艳（女）
高纯红（女）　丁连斌
王晓民　刘福生　齐秋丰
孙爱静（女）　佟佰军
李　平　张建梅（女）
张春义　迟耀安
荣博英（女）　洪　园（女）
袁会民　康红艳（女）

（郑　苗）

海港区人民政府

HAIGANGQU RENMINZHENGFU

HAIGANGQU RENMINZHENGFU

区政府重要决策

1月9日，区政府印发《海港区人民政府关于聘任第三届兼职督学的通知》，旨在不断加强对教育工作的行政监督与指导，保障教育法律、法规的贯彻执行，促进教育事业的健康发展和教育教学质量的提高。

1月14日，区政府印发《海港区工业企业大气污染综合治理实施方案》，旨在加强工业企业大气污染防治工作，全面提升工业污染源大气污染防治设施技术水平，实现稳定达标排放。

1月14日，区政府印发《海港区削减煤炭消费量实施方案》，旨在确保完成到2017年全区削减煤炭消费量目标任务。

1月14日，区政府印发《海港区发展循环经济实施方案》，旨在推进全区循环经济发展，加强大气污染综合治理，改善全区环境空气质量。

1月14日，区政府印发《海港区城区增绿行动实施方案》，旨在提升全区城市园林景观效果，增加城市绿量。

1月14日，区政府印发《海港区道路扬尘整治实施方案》，旨在贯彻落实《海港区大气污染防治行动计划实施方案》，加强大气污染治理，改善空气环境质量，有效控制道路扬尘污染。

1月14日，区政府印发《海港区露天烧烤专项整治实施方案》，旨在全面规范市容环境秩序，保障人民群众身体健康，遏制露天烧烤造成生态环境污染和影响市容环境的违法行为，提升城市形象品位。

1月14日，区政府印发《海港区建筑施工扬尘整治实施方案》，旨在推进建筑工地安全文明施工标准化进程，大幅提升建筑工程绿色施工、文明施工水平，切实减轻城市扬尘污染，改善空气质量。

1月14日，区政府印发《海港区农业局大气污染防治行动实施方案》，旨在推进以生态农村建设为目标，以农业面源污染综合治理为抓手，发展生态农业、循环农业，节肥、节药、节水、节能和农村废弃物资源化利用技术，推进全区环境空气质量改善。

1月14日，区政府印发《海港区畜牧局大气污染防治行动实施方案》，旨在以加快转变畜牧业发展方式，大力推进生态农业建设为目标，以加强畜禽粪污综合治理为抓手，大力发展生态畜牧业，推广秸杆综合利用技术，推进全区环境空气质量改善。

1月14日，区政府印发《餐饮油烟综合整治实施方案》，旨在加强海港区餐饮油烟污染治理，解决餐饮油烟污染扰民问题，改善城区空气质量，保障人民群众的身体健康。

1月14日，区政府印发《海港区燃煤锅炉污染综合整治实施方案》，旨在有效防治燃煤锅炉造成的大气污染，削减大气污染物排放量，改善全区空气质量。

1月14日，区政府印发《海港区油气回收治理工作实施方案》，旨在狠抓加油站、油库、油罐车油气回收治理，建立和完善监管机制，减少挥发性有机物（VOCs）油气污染。

1月14日，区政府印发《海港区关停违法违规大气污染企业实施方案》，旨在严厉打击违法违规排放大气污染物行为，改善重点区域环境空气质量。

1月14日，区政府印发《海港区环境保护工作网格化监管体系的实施意见》，旨在完善环境保护监督管理机制，提升环境保护监督管理水平，强化环境监管主体责任，创新环境监管体制机制，改善全区环境质量，加快实现环境保护的精细化管理。

1月14日，区政府印发《2014年海港区春运应急预案》，旨在确保春运期间旅客运输工作安全有序高效进行，提高应对春运各类突发事件的能力，维护全区安全稳定。

1月14日，区政府印发《海港区消防安全大检查暨第二次“清剿火患”战役实施方案》，旨在严格落实消防安全责任，防范火灾事故发生，切实做好消防安全大检查工作，确保全区防火形势持续稳定。

2月11日，区政府印发《海港区2014年乡村绿化实施方案》，旨在加强绿色港城和生态港城建设，改善全区农村生态环境，提升绿化水平。

2月19日，区政府印发《海港区治理淘汰“黄标车”工作实施方案》，旨在加快“黄标车”治理淘汰步伐，优化机动车存量结构，削减机动车排放污染物总量，改善空气质量，实现经济社会发展与生态文明建设同频同步、和谐统一。

3月14日，区政府印发《海港区人民政府关于提高城乡居民最低生活保障标准的通知》，旨在提高城乡居民生活水平。

3月19日，区政府印发《海港区2014年食品安全工作实施方案》，旨在全面提高食品安全工作总体水平，保障全区食品安全。

4月10日，区政府印发《海港区2014年地质灾害防治方案》，旨在做好2014年度地质灾害防治工作，确保人民群众生命财产安全，最大限度地减少地质灾害造成的损失。

4月15日，区政府印发《海港区人民政府、海港区人民武装部关于做好2014年民兵整组工作的通知》，旨在抓好民兵组织调整改革，提高民兵组织建设质量水平。

4月16日，区政府印发《海港区2014年新型农村合作医疗实施方案》，旨在通过互助共济，逐步实现农民“病有所医”的医疗保障制度。

4月29日，区政府印发《“奋战七十天、安全迎暑期”安全生产大检查行动实施方案》，旨在排查治理各类安全生产隐患，堵塞安全监管漏洞，强化各项管理措施，提高安全生产保障水平，确保全区安全生产形势持续稳定。

5月9日，区政府印发《海港区2014年城乡环境容貌综合整治百日攻坚行动实施方案》，旨在改善城乡环境面貌，整顿环境秩序，提升环境质量，为美丽港城注入新的生机与内涵。

7月4日，区政府印发《海港区街巷路环境管理考核办法（试行）》，旨在进一步加强街巷路环境管理，不断提高街巷路环境管理水平和质量，努力营造洁净、靓丽、畅通、秩序的市容环境。

7月7日，区政府印发《海港区医疗机构设置规划（2014～2015年）》，旨在理顺医疗管理体制，合理布局医疗资源，提高资源利用效率，促进全区卫生事业健康发展，逐步建立布局合理、功能完善、特色突出、优势互补的医疗卫生服务体系，公平的向城乡居民提供高质量的医疗服务。

7月12日，区政府印发《海港区2011～2020年时期儿童发展规划》，旨在维护儿童权益，优化儿童生存发展环境，促进儿童全面发展。

7月12日，区政府印发《海港区2011～2020年时期妇女发展规划》，旨在提高妇女综合素养与能力，保障妇女合法权益，优化妇女发展环境。

7月17日，区政府印发《海港区小微食品生产经营单位备案监管办法》，旨在规范小微食品生产经营单位生产经营行为，加强食品安全管理，保障公众身体健康和生命安全。

7月23日，区政府印发《海港区2014年土地矿产卫片执法监督检查工作方案》，旨在加强对土地矿产开发利用的全面监管，规范土地、矿产资源管理秩序，促进依法依规管地用地、管矿用矿。

7月24日，区政府印发《海港区人民政府关于推进各镇、园区、街道安全生产监管规范化建设工作的实施意见》，旨在强化各项安全责任落实，夯实安全生产工作基础，有效防范安全生产事故，提升各镇、园区及街道的安全监管能力，为全区安全生产形势持续稳定奠定基础。

7月28日，区政府印发《海港区人民政府关于加强特殊商品、特殊部位管控的意见》，旨在严厉打击涉枪涉爆涉刀违法犯罪活动，有效预防砍杀、爆炸、纵火等暴恐事件和个人极端暴力事件的发生。

8月2日，区政府印发《海港区人民政府关于加强政府性债务管理工作的意见（试行）》，旨在强化政府管理责任，规范政府性债务管理，发挥政府性债务的积极作用，切实防范债务风险，促进全区经济社会健康持续发展。

8月14日，区政府印发《海港区人民政府关于加强政府性债务管理工作的意见（试行）》，旨在强化政府管理责任，规范政府性债务管理，发挥政府性债务的积极作用，切实防范债务风险，促进全区经济社会健康持续发展。

8月19日，区政府印发《海港区2014年主要污染物总量减排实施方案》，旨在确保污染减排约束性指标的全面完成，为建设“一流主城区和沿海经济增长极”的奋斗目标提供坚实的环境保障。

9月1日，区政府印发《海港区农村低保复审工作实施方案》，旨在全面提升农村低保规范化管理水平和低保资金管理使用效能，健全社会保障体系，切实保障困难群众的基本生活。

9月11日，区政府印发《海港区事业单位人事代理人员管理办法（试行）》，旨在深化人事制度改革，规范人事代理人员的管理，建设高素质的人事代理人员队伍，保障其合法权益，提高工作效能。

11月7日，区政府印发《海港区土地节约利用考核实施方案》，旨在推进土地节约利用考核工作有序开展，提高全区土地节约利用水平，更好地发挥土地资源在全区国民经济和社会发展中的支撑保障作用。

11月26日，区政府印发《海港区在职社区工作人员生活补贴待遇实施方案（试行）》，旨在加快推进和谐社区建设，建立有激励机制的在职社区工作人员生活补贴待遇制度。

11月28日，区政府印发《海港区人民政府关于推进市场建设工作的实施意见》，旨在提升城市服务功能、方便人民群众生活、提高社会消费水平、拉动经济快速增长。

12月10日，区政府印发《海港区重污染天气应急方案》，旨在建立健全海港区重污染天气应急响应机制，提高预防、预警、应对能力，及时有效应对重污染天气，减缓重污染程度，保障公众健康，维护社会稳定，促进经济社会全面、协调、可持续发展。

12月31日，区政府印发《海港区森林港城生态花城三年建设工作实施方案》，旨在提升海港区城乡绿化水平，增加城市绿量，全面建设“森林港城”“生态花城”，改善城乡生态环境，逐步形成生态健全、环境优美、布局合理的城乡生态体系。

区政府重要会议

【区政府常务会议】 2014年，区政府召开常务会议6次。

2月12日，召开十四届区政府第十六次常务会议。会议研究并原则同意《海港区2014年民生保障工程实施方案（草案）》；研究并原则同意《关于海港区2013年国民经济和社会发展计划执行情况与2014年国民经济和社会发展计划（草案）的报告》；研究并原则同意《关于区人大常委会对区政府2012年财政预算执行和其它收支审计情况等5项工作审议意见办理情况的报告》；研究《海港区人民政府关于推进农贸（专业）市场建设和提档升级实施方案（讨论稿）》；研究并原则同意《海港区2014年区领导分包重点项目情况》；研究并原则同意《2014年海港区政府预算（草案）》；研究并原则同意《海港区2014年政府工作报告（讨论稿）》；听取《2013年度人大代表建议和委员提案办理情况》。

4月4日，召开十四届区政府第十七次常务会议。会议研究并通过有关人事任免事宜；听取《海港区人民政府办公室关于2014年度建议提案承办工作情况的报告》；传达《秦皇岛市推动京津冀协同发展工作会议精神》；传达《河北春季农业生产暨森林草原防火工作电视电话会议及全市春季森林防火工作紧急会议精神传达提纲》；研究并原则同意《海港区2013年度创业明星评选》；研究并原则同意《2013年度海港区科技、成长型企业评选》；研究并原则同意《2013年度民营纳税十强企业评选》；研究并原则同意《海港区2013年对外开放暨招商引资工作先进单位拟奖励名单》；研究并原则同意《关于表彰2013年度固定资产投资和项目建设工作先进单位先进个人的决定》；传达《省领导安全生产重要批示、指示精神》、听取《第一季度全区安全生产工作情况汇报》；研究并原则同意《区政府2014年第一次全体会筹备方案》；听取《政府机关党的群众路线教育实践活动开展情况的汇报》；研究并原则同意《海港区2014年新型农村合作医疗实施方案》。

6月26日，召开十四届区政府第十八次常务会议。会议研究并调整区政府领导分工；研究并原则同意《海港区街巷路环境管理考核办法（讨论稿）》；研究并原则同意《海港区民政局关于增设社区居民委员会的请示》；研究并原则同意《海港区民政局关于申请提高城乡特困群众医疗救助封顶线的请示》；研究并原则同意《海港区医疗机构设置规划（2014 ~ 2015）》；研究并原则同意《海港区小微食品生产经营单位备案监管办法》。

8月19日，召开十四届区政府第十九次常务会议。会议研究并原则通过《海港区财政局关于对原中共海港区委办公楼资产处置有关情况的报告》；研究并原则通过《西部四村拆迁改造指挥部关于前道西村返迁安置房项目通过法人招标形式确定项目主体的请示》；研究并原则通过《海港区安全生产监督管理职责》；研究并原则通过《海港区关于做好 2014 年秦皇岛国际马拉松赛后勤保障工作实施方案》。

11 月 27 日，召开十四届区政府第二十次常务会议。会议研究并通过有关人事任免事宜；组织学习新《中华人民共和国预算法》；传达《河北省开发区（园区）工会工作会议精神》；听取民心民生工程进展情况；研究并原则同意《关于海港区第十四届人民代表大会第三次会议第 83 号议案办理情况的报告》；听取《1 ～ 10 月全区安全生产情况报告》；研究并原则同意《关于 2014 年人大代表建议和政协委员提案办理工作的报告》；研究并原则同意《关于增设社区居民委员会的请示》；研究并原则同意《海港区 2014 ～ 2016 年农村绿化实施方案》；听取《海港区 2014 年秋冬季森林防火工作开展情况报告》；研究并原则同意《海港区西港镇慕义寨村模拟搬迁补偿安置方案》。

12 月 27 日，召开十四届区政府第二十一次常务会议。会议研究并原则同意《海港区 2015 年民心民生工程项目安排草案》；研究并原则同意《海港区 2014 年公共财政预算调整意见的报告》《海港区 2015 年政府预算（草案）》；研究并原则同意《海港区 2015 年主要指标计划安排及测算依据》；听取《街景整治工程指挥部办公室关于老旧小区改善提升工程有关问题的汇报》；研究并原则同意《海港区关于进一步加强政府法律顾问制度建设的意见》；听取并原则同意《海港区人民政府办公室关于海港区移动办公相关情况的报告》。

【区长办公会议】 1 月 28 日，召开政府区长办公会议，专题研究区政府投资的部分城建工程项目资金安排有关问题。议定的主要事项：土地出让金安排；政府债券资金安排；区预算安排的基建资金情况。

2 月 8 日，召开政府区长办公会议，专题研究区部分单位办公场所变更及固定资产处置有关问题。议定的主要事项：原则同意区财政局关于部分单位办公场所的变更意见，调整如下：区委办原址交由市、区西港搬迁指挥部使用；区政府办原址分配给区人武部使用；区发改局原址分配给区信访局使用；区信访局原址分配给区城管局使用，作为环卫职工之家；区人武部原址分配给区档案局使用；金茂大厦分配给区教育局使用，青少年活动中心迁入；同意文化路街道办事处提出办公场所不再调整的意见。

2 月 10 日，召开政府区长办公会议，专题研究市民中心运行管理有关问题。议定的主要事项：服务管理；物业管理；车队管理；文印管理；会议会务；食堂管理及接待工作等。

2 月 18 日，召开政府区长办公会议，专题研究主要经济指标问题。议定的主要事项：1 月全区经济指标完成情况；做好全市经济“压舱石”的同时，在经济社会发展中“挑大梁”“当先锋”“做表率”，务必确保完成一季度各项经济指标任务，确保首季开门红。

2 月 19 日，召开政府区长办公会议，专题研区级领导分包重点项目有关问题。议定的主要事项：明确分包项目；明确时间节点；强化督导调度。

2 月 21 日，召开政府区长办公会议，专题研究综合治税工作有关问题。议定的主要事项：充分肯定成绩；综合利用成果；持续抓好治税工作。

2 月 26 日，召开政府区长办公会议，专题研究沙河上游河道环境综合整治项目有关问题。议定的主要事项：项目立项手续问题；项目工程款问题；土地规划问题；项目立项后续工作。

3 月 8 日，召开政府区长办公会议，专题研究 2014 年重点城建项目安排有关问题。议定的主要事项：老旧小区改善提升工程；老旧小区物业管理工作；城区绿化工作；过街天桥建设工程；背街小巷道路改造工程；东山浴场二期涉拆居民搬迁过渡费问题。

3 月 15 日，召开政府区长办公会议，专题研究财政投资项目评审工作有关问题。议定的主要事项：定期会审；加强管理；交叉评审；强化二审。

3 月 17 日，召开政府区长办公会议，专题研究大润发购物中心项目建设有关问题。议定的主要事项：充分肯定成绩；成立领导小组；明确职责任务；积极配合协调；强化调度督导。

3月17日，召开政府区长办公会议，专题研究建材学院新校址征拆工作进展情况有关问题。议定的主要事项：做好建材学院新校址征地拆迁工作；公富庄旧村改造范围内征拆工作；归提寨村剩余养殖户征拆工作。

3月17日，召开政府区长办公会议，专题研究迎宾路街景整治工作有关问题。议定的主要事项：区城管局负责实施沿街公交候车亭更换、增设休息椅、公厕改造以及外立面、围挡、门牌字匾改造等工程，所需资金由区财政列支；区园林局负责实施沿街绿化改造（补植及点式绿化）工程，所需资金列入全区绿化工程资金，区财政不再列支；区市政处负责沿街人行道修补及路灯、景观灯改造工程。

3月20日，召开政府区长办公会议，专题研究部分涉迁单位新址装饰有关问题。议定的主要事项：同意将区档案局新址（区人武部原址）1～2层楼梯口东侧办公用房分配给区监察局，作为办案谈话室；原则同意将区人武部、教育局、档案局新址装饰工程交由区市政工程管理处组织实施，要严格对照《党政机关办公用房建设标准》施工，每家新址装饰工程总造价原则上不超过150万元。区财政局负责筹措装饰工程资金。

3月22日，召开政府区长办公会议，专题研究市场建设有关问题。议定的主要事项：关于2014年农贸市场建设管理工作；关于市场建设工作相关问题；关于取缔马路市场工作。

3月27日，召开政府区长办公会议，专题研究一塑厂职工住宅区改造项目有关问题。议定的主要事项：按照挂牌原则，东升房地产公司和嘉太房地产公司就房源情况和资金状况进行确认。嘉太地产实际安置户数36户，安置住宅面积1730.39平方米，货币补偿117.9万元；东升地产实际安置户数123户，安置住宅面积9354.72平方米，货币补偿341.52万元。确保4月3日公开抓阄分房。其中，由嘉太地产负责建设并已具备入住条件的要确保4月8日发钥匙，由东升地产负责建设尚不具备交付条件的要确保于10月底前交付使用。

4月14日，召开政府区长办公会议，专题研究太阳城商业区外立面改造工程有关问题。议定的主要事项：工程建设原则；合同价款问题；工程进度款支付比例问题；材料价格确定问题；措施费确定问题；清借用工费用问题；派驻施工现场专业技术人员问题及相关问题处理意见。

4月18日，召开政府区长办公会议，专题研究项目进展、面临问题等有关问题。议定的主要事项：认清形势，统一思想；突出重点，强化措施；加强领导，形成合力。

5月28日，召开政府区长办公会议，专题研究旧村改造工作有关问题。议定的主要事项：加快旧村改造工作进度，达到净地出让条件后方可提请市国土部门履行土地招拍挂程序；加快旧改返迁安置工作，参照石家庄市现有相关文件精神，原则同意将国有土地上房屋征收、土地征转及拆迁补偿安置成本2%的管理费计入征收总成本；如市政府出台相关文件，按照市政府相关文件精神执行。

7月10日，召开政府区长办公会议，专题研究兴凯湖路南延伸工程征地拆迁有关问题。议定的主要事项：提高认识；加强领导，成立海港区兴凯湖路南延伸工程征地拆迁指挥部；立即行动。

7月16日，召开政府区长办公会议，专题研究韩庄片区棚户区改造有关问题。议定的主要事项：提高认识；创新思路；强化招商。

7月21日，召开政府区长办公会议，专题研究2014年教师招录工作有关问题。议定的主要事项：统一思想，提高认识；明确责任、分工负责；严格程序、公开操作；加强领导、严肃追究。

7月22日，召开政府区长办公会议，专题研究小微企业助保金贷款有关问题。议定的主要事项：统一思想认识；明确部门责任；规范方法步骤；坚持阳光操作。

7月23日，召开政府区长办公会议，专题研究西部片区前道西村、下庄村、新店子村、南大寺村等村庄拆迁改造工作有关问题。议定的主要事项：全力做好返迁址征拆工作；认真做好规划方案报批相关工作；抓紧办理完善各项相关手续；多方筹集资金；返迁安置房建设标准要不低于倪庄村的标准进行制定；项目指挥部要根据各项目实际明确一个时间表，倒排工期，定期进行调度，将有关情况及时报送区政府。

8月5日，召开政府区长办公会议，专题研究海阳片区学校建设有关问题。议定的主要事项：要站位全局、顾全大局，算好总账，确保国有资产不流失；要履职尽责，密切配合及原第五中学维修费和租金、海阳镇中学拆迁补偿、新建学校移交标准、海阳小学迁建工程费用等具体问题。

8月18日，召开政府区长办公会议，专题研究耀华社区接收有关问题。议定的主要事项：社区管理问题，由区民政局、人社局商相关街道办事处具体负责新成立社区的组建和人员配备工作；物业管理问题，区房产局负责对移交的12个小区物业进行接管；资产管理问题；资金管理问题。

8月19日，召开政府区长办公会议，专题研究承秦出海路附路改线工程项目建设有关问题。议定的主要事项：秦皇岛润恒公路工程咨询设计有限公司对承秦出海路附路改线工程项目的设计方案；相关审批手续办理；项目前期费用。工程项目占地征地、补偿工作；片区整体道路绿化规划方案；燃气管网实施；排水主干管网及泵站配套建设；按项目招标程序进行招标，组织建设；资金列入圆明山基础设施建设工程预算；道路交通控制及监控实施。

8月21日，召开政府区长办公会议，专题研究海港规划分局和规划设计单位关于圆明山文化旅游产业聚集区相关规划设计方案有关问题。议定的主要事项：圆明山文化旅游产业聚集区单元控制发展指引方案及文化旅游专篇方案；圆明山文化旅游产业聚集区绿道系统规划设计方案。

9月15日，召开政府区长办公会议，专题研究范家店村及玉峰南里1、2栋居民楼重大消防安全隐患整治有关问题。议定的主要事项：范家店村治理消防安全隐患，确保一旦发生火情，救援力量能够及时到达现场施救；加大对村及周边区域“九小场所”的监督检查力度，对群租群居现象进行摸底整顿；对村内2家“黑幼儿园”进行关停。玉峰南里1、2栋消防安全隐患。区房产局负责将小区物业管理消防安全隐患有关情况整理上报市房产局。海港消防大队牵头加大消防安全宣传教育力度，使居民重视防火安全。小区开发企业尽快解决小区消防安全隐患，确保群众生命财产安全。

9月22日，召开政府区长办公会议，专题研究港东变电站建设有关问题。议定的主要事项：海港分局各相关大队、派出所，海港镇政府要严密部署、提前介入，立即采取行动。抽调警力与镇、村干部一道开展“捆绑作业”，对幕后组织、煽动闹事者开展法律训诫。海港分局抽调20名警力到施工现场维护秩序，如有阻工滋事、聚众闹事等行为，要依法制止，情节严重的依法采取相应强制措施。

9月22日，召开政府区长办公会议，专题研究西连峪北朝长城抢救性恢复及岱山甬道敞轩修建项目有关问题。议定的主要事项：西连峪北朝长城抢救性恢复项目和岱山甬道敞轩修建项目的手续办理；修建项目由区政府财政出资，列入2015年园明山建设资金预算；要进行抢救性恢复，采取支撑、隔离围挡、排水、疏散游人等措施对北朝长城实施保护；要邀请专家进行现场论证，为修复提出指导性意见和具体修复建议；区财政局要做好项目跟踪评审、资金拨付等工作。

9月23日，召开政府区长办公会议，专题研究铭望商业广场项目建设有关问题。议定的主要事项：成立领导小组；明确职责任务；开展好项目前期；强化调度督导。

10月14日，召开政府区长办公会议，专题研究海港区西浴场海滩修复工程有关问题。议定的主要事项：工程规划有关事宜；工程审批手续有关事宜。11月，秦皇岛创建全国文明城市工作考核验收前，务必要有明显的形象建设进度。2015年5月，秦皇岛第二届国际马拉松比赛前，完成全部工程施工以提升整体景观效果。

11月20日，召开政府区长办公会议，专题研究西王岭村旧改工作有关问题。议定的主要事项：海阳镇提出的延长西王岭村模拟征收工作期限的请求，要在不违反政策的情况下原则同意延期5个月。海阳镇要在合法合规的前提下加快工作进度，条件成熟尽快组织实施征拆；要尽快启动返迁安置房规划方案设计、项目立项等前期工作，力争与征拆工作同步进行；要协助开发企业尽快完善棚改贷款相关手续。原则同意开发企业在履行相关手续的前提下，在改造片区内建设临时搅拌站，待项目开发完毕后予以拆除。

12月8日，召开政府区长办公会议，专题研究农民工工资支付工作有关问题。议定的主要事项：各部门、单位要高度重视，采取坚决有力措施，确保全区春节前农民工工资基本无拖欠，社会和谐稳定；明确专人负责工作落实，确保举报投诉渠道畅通；及时制订《海港区农民工工资支付情况专项检查实施方案》，成立相应组织，制订具体措施，确保全区农民工工资支付工作落实到位；要加大执法检查和处置力度，在行政区域内展开全方位排查，对存在隐患问题企业重点检查，做到事前防范、标本兼治。要形成有效联合执法工作机制，对发现的问题，尤其是重大群体性事件，要加大沟通协调力度，确保应急处置到位。

12月9日，召开政府区长办公会议，专题研究海港区油气输送管线占压清理工作有关问题。议定的主要事项：要切实摸清底数；要分清职责范围；要抓紧部署并督导落实。

12月12日，召开政府区长办公会议，专题研究公立医疗卫生机构医疗收入管理有关问题。议定的主要事项：全区公立医疗卫生机构医疗收入管理应按照秦皇岛市财政局关于秦皇岛市公立医疗卫生机构"收支两条线"管理暂行办法，坚持"收支平衡、超支不补、结余按规定使用"的原则执行。鉴于2015年公立医疗机构"药品零差率"改革因素，同意海港医院将2014年除药品收入以外的医疗收入1.6亿元上缴财政。支出时，财政部门予以拨付，用于医疗机构人员支出、公务费支出、卫生材料支出、修缮购置支出等。2015年，暂按医疗收入扣除药品收入后按季上缴财政。

12月25日，召开政府区长办公会议，专题研究河北建材职业技术学院新址征拆工作有关问题。议定的主要事项：退还建材学院土地征拆资金问题；土地征拆工作；完成地上附着物补偿评估工作住户的补偿问题。

12月29日，召开政府区长办公会议，专题研究全区推进民营加快发展工作有关问题。议定的主要事项：各部门、单位要推进全区民营经济实现大发展、快发展；要迅速召开专题工作会议，研究落实推进民营经济发展的具体工作措施。要确定专人负责具体工作落实，确保各项工作有力推进；成立推进民营经济加快发展工作领导小组，办公室设在区工信局，区直相关部门统筹负责推进民营经济加快发展工作；要加大舆论宣传，深入走访企业，及时解决企业遇到的困难和问题，谋划符合全区民营经济发展实际的优惠政策和措施，促进企业持续健康发展。

【全区性重要会议】 3月4日，召开全区安全生产工作会议，贯彻落实全国和省、市安全生产电视电话会议精神，总结2013年工作，分析当前安全生产形势，安排部署2014年的工作任务。会议强调：要强化危机意识，坚守安全发展底线；要突出重点，严把关键环节；要狠抓责任落实，从严从重追究责任。

3月7日，召开全市工业转型升级推进会议，部署工业经济运行有关工作。会议要求：各部门、单位要认清形势，找准问题，坚定工业转型升级的信心和决心；突出重点，多措并举，确保工业转型升级取得实效；淘汰落后产能，加快技改升级，注重科技引领，强化龙头带动。

3月20日，召开春季动物疫病防控工作会议，深入贯彻落实国家、省、市春季重大动物疫病防控工作会议精神，分析面临的严峻形势，安排部署春季防控工作任务。会议要求：各相关单位要增强做好春防工作的责任感和紧迫感，抓好各项防控措施的落实工作，发扬连续作战的作风，扎实工作，确保全区经济社会安全稳定。

3月20日，召开2014年全区食品安全暨食品药品安全城区创建工作会议。会议要求：要不断完善体制机制，加强监管网络建设；将食品安全隐患排查工作与日常巡查和专项整治工作相结合，建立隐患排查情况备案制度，及时分析隐患产生原因，有针对性的加强监管。

4月3日，召开2014年全区教育工作会议，贯彻落实中共十八届三中全会和中共中央、省市教育工作会议精神，安排部署2014年全区教育工作。会议要求：要着眼长远发展，把教育作为最重要基础工程抓好；要狠抓关键环节，推进全区教育工作再上新台阶；要强化保障措施，优化教育发展环境。

4月16日，召开海港区重点工作会暨区政府2014年第一次全体会议，贯彻落实近期省、市重要会议、区委九届六次全会和区两会精神，总结分析一季度全区经济形势，对“项目建设落实年”“环境整治攻坚年”“基层工作服务年”及政府系统年度各项工作、作风建设、廉政建设进行安排部署。表彰2013年度民营纳税十强企业、科技成长型企业、创业明星、对外开放暨招商引资先进单位、固定资产投资和项目建设先进单位及个人、“六大工程”等全区重点工作先进单位和先进个人。

6月11日，召开上半年食品安全调度会暨暑期食品安全部署会议。会议强调：各部门要认真总结上年暑期工作经验教训，采取更有效措施，确保暑期食品安全保障万无一失。

9月5日，召开海港区迎省教育督导“两检”工作推进会议，动员有关单位采取更加有力的措施，确保顺利通过省教育督导综合评估和下年度义务教育均衡发展验收评估，使全区教育工作得到加强。会议要求：全区教育系统要思想上务必高度重视；行动上务必全力以赴；部署上务必抓实抓细。

10月17日，召开全区秋冬季森林防火工作会议，贯彻落实市森林防火工作会议精神，安排部署全区秋冬季森林防火工作任务，提高全区干部群众的思想认识。会议要求：各相关单位要以高度负责的态度，精心部署、周密安排、狠抓落实，把工作做细、做实，确保全区森林资源安全和社会和谐稳定。

10月21日，召开全区重点项目建设暨经济指标调度会议，各项目分包领导和责任单位汇报所属攻坚项目和在建项目的进展情况；承担经济指标任务的部门、单位汇报前三季度工作进展、年底预期、存在问题和具体举措。会议要求：要狠抓项目建设、招商引资、园区发展，确保全年各项经济指标任务圆满完成。

10月28日，召开全区第四季度安全生产工作暨“六打六治”打非治违专项行动调度会议，对全区第四季度的安全生产工作和“六打六治”打非治违专项行动进行再安排、再部署。会议强调：形势严峻、任务艰巨，安全生产依然任重道远；加大力度、周密部署，全力以赴抓好安全生产工作；统一思想、迅速整改，监管责任务必全面落实。

11月19日，召开全区政府性存量债务清理甄别工作会议。会议强调：要提高认识，领会存量债务甄别工作的重要性和必要性；要加强组织领导，明确责任分工；要严格落实政策，坚持实事求是；要确保按时限完成各项任务。

12月9日，召开海港区油气输送管线占压清理工作调度会议，对全区19处输油气管线占压安全隐患清理工作进行专项调度。会议强调：要切实摸清底数；要分清职责范围；要抓紧部署并督导落实。

12月15日，召开洗浴燃煤锅炉整治动员会议。会议强调：各级、各部门要切实将思想和行动统一起来，理清职责，扎实开展好燃煤锅炉整治工作。

12月19日，召开海港区全区“吃空饷”问题治理工作会议。会议强调：要认清形势，提高对“吃空饷”问题治理的思想认识；要强化管理，严格落实“吃空饷”问题责任追究制度;要不留死角，全面推进“清房”“清车”工作；公正公平，营造干事创业的良好氛围。会议要求：各部门、单位要以高度的政治责任感和紧迫感，认真贯彻落实中央和省、市、区的部署和要求，切实抓好专项治理工作，确保“三项治理”工作任务圆满完成。

（海　志）

区政府主要工作

【概况】 海港区政府紧紧围绕“打造一流主城区和沿海经济增长极”奋斗目标，加快结构调整和转型升级，统筹城乡发展和改革开放，着力保障和改善民计民生，经济社会发展呈现出又好又快的良好局面。全年完成区属（下同）地区生产总值234.77亿元，同比增长7.8%（季报）；城镇居民人均可支配收入27830元，农民人均纯收入14126元，同比分别增长8.6%和11.9%（季报）。完成全社会固定资产投资232.23亿元，同比下降17.9%；实现社会消费品零售总额242.69亿元，同比增长12.3%；全部财政收入80.93亿元，其中公共财政预算收入11.6亿元，同比分别增长0.6%和-1.7%。

【产业素质】农业经济稳步增长。全年推介农作物主导品种34个，引进蔬菜新品种15个，落实粮油实验示范项目2项，新增市级农民合作示范社1家、市级龙头企业5家，果树标准化生产基地面积2173.33公顷，杰艺栗园蔬菜种植基地获评部级示范园区。全年实现农业总产值4亿元。工业经济扭亏回盈。深入开展区级领导分包企业、帮扶企业活动，协调解决工业经济发展中的突出问题，指导尼特电子、耀华玻璃钢等10家企业完成技改升级，累计投资4.6亿元。加大准规企业帮扶力度，全年新增规模工业企业5家，实现区属规模工业增加值18.1亿元，同比增长7.4%。指导环亚设备、博硕光电两家企业分别在天交所和"新三板"上市融资。服务产业不断壮大。总投资3700万元的太阳城商业区升级改造工程全部完工，中心商业区形象实现整体提升。对金三角、金街、新宝街等传统商业街区进行规范改造，商业业态日益繁荣。世纪港湾商业广场商家全面入驻，新的城市商圈加速崛起。成功引进世贸综合体、华信物流等现代物流企业，推动传统物流向现代物流的转型升级。加快发展会展服务业，拓展奥体中心片区会展功能，培育和引进系列节庆赛事和商务展会活动。深入实施"旅游兴市"战略，高标准完成秦皇求仙入海处、新澳海底世界、紫云山滑雪场基础设施改造工程。挖掘并打造连峪山庄"开心农场""幽燕秦皇"大型室内演出等特色旅游项目。圆明山旅游服务基地、莲花岛等旅游综合项目开工建设。香格里拉、秦皇半岛等两家星级酒店主体完工。旅游咨询服务中心等基础设施投入使用，全区AAAA级以上旅游景区实现视频监控、无线网络全覆盖，"智慧旅游"更加凸显。全年接待游客662.8万人次，实现社会旅游总收入50.1亿元，同比分别增长7.4%和12.9%。

【项目建设】开展"项目建设落实年"活动，落实区级领导分包重点项目、重点项目领办和一把手抓项目等制度，协调解决项目建设中的困难和问题，确保各项工作有序推进。全年实施千万元以上在建项目96项，累计完成投资203亿元。莲花岛、旭日家具二期等16个项目被列入省、市重点。其中，续建项目35项，累计完成投资112.7亿元;新开工项目61项，累计完成投资90.3亿元。莲花岛、旭日家具二期等16个项目被列入省、市重点，累计完成投资43.1亿元。秦皇皓月城、圆明山旅游服务基地等两个省重点项目完成投资15亿元，征拆等前期工作顺利推进。

【园区发展】坚持速度、质量与效益并重建设现代产业平台。完成《西港搬迁相关产业发展和招商规划编制纲要》，修改完善圆明山控制性详细规划及旅游专项规划，海港高新技术产业开发区产业规划取得初步成果。北部工业区北港大街东延伸二期工程顺利推进，规划三路（西港北路至华美路段）、华耀路相继竣工。新建3座电力开闭所。韩庄片区改造项目具备开工条件。姚杨线路（68号右6号～14号）电缆入地和北部片区污水处理厂项目线路勘测工作全部完成。博赫科技项目主体完工，北方商贸城及国药物流基地项目进展顺利。临港物流园区规划二路（东港路至兴电路段）基本竣工，总投资460万元新建设1座中心开闭所和2座箱式开闭所。彩龙国际商贸广场、义乌小商品城等30多家企业运营态势良好；士伏物流中心项目完成主体建设，华信物流项目取得规划设计条件；兴龙商贸物流中心二期、国际汽配城二期等项目达成投资意向。东部循环经济园横贯园区南北的主要交通干道龙港路具备通车条件；中小企业孵化基地一期开始入驻；投资2.2亿元的20万伏室内变电站项目投入使用。渔业船舶修造基地项目储运业务开始运营，精神卫生中心迁建项目完成场地平整；神曲生物公司5万吨生物添加剂项目取得备案证和规划设计条件。圆明山文化旅游聚集区民族北路建成通车，圆明大街正式开工，东港北路工程进展顺利。完成张桥庄村等4个村庄征地拆迁任务，圆明湖、村民安置工程开工，智慧森林公园、沙河生态公园建设全面启动，园区综合服务和基础配套设施不断完善。3个园区累计完成固定资产投资53.2亿元。

【改革开放】各项改革扎实推进。全面梳理和审核政府债务，实现负债率的同比下降。改革定点供应商准入办法，政府采购行为更加规范。“营改增”扩围平稳有序，降低企业纳税负担。完成农村土地承包经营权确权登记试点任务，确权土地面积64.33公顷。全面实行城管体制下沉，街巷路、居民小区环卫保洁实现网格化、精细化。医药卫生体制改革深入推进，药品销售价格同比降低10%。民营经济快速发展。出台《小微企业助保金贷款实施方案》，加大小微企业融资贷款扶持力度，累计为企业申请贷款2000万元。创建海港区中小企业网络服务平台，指导华电测控、弈珩太阳能申报省工信厅名牌产品。组织6家辖区企业参加“2014年全国科技创新成果北戴河专题展”。推荐耀优玻璃、盛邦教育分别申报市级对标示范企业和省级中小企业培训基地。放开工商注册登记。全年新增内资企业1436家，个体工商户4800家，分别增长26.3%和13%。实施民营企业品牌和商标创建工程，累计申报省著名商标2个、办理著名商标续展6个。帮扶中运物流等6家单位申报“2014年度河北省服务名牌”“2014年度河北省名牌产品”称号。招商引资成效显著。坚持“引进来”与“走出去”结合，赴北京、天津、香港、深圳等地登门拜访华润集团、嘉里建设等20多家战略投资企业，推进华润雪花搬迁、大润发购物中心等重点攻坚项目。借助京津冀协同发展契机，加快京津地区产业外溢承接工作。成立驻京联络点，成功举办“海港区对接北京企业小型投资环境说明会”“天津招商对接会”等招商活动，与河北师范大学、天交所、“中企思”签署战略合作协议。总投资28亿元的世贸城市综合体和总投资22亿元的青少年阳光基地项目成功签约。全区累计引进内资48.4亿元，同比增长18.9%。完成全年任务（44亿）的110%，超时间进度26.7个百分点，累计利用外资8237万美元。

【城乡面貌】 旧改步伐稳健推进。积极探索“模拟搬迁转征收”工作模式，避免潜在风险性行政行为。全面完成富家营村、前道西村、新店子村、下庄村、东李庄村等村庄征拆工作，范庄村返迁安置房开工建设，红光里、建新里、站西里、一塑厂等棚户区改造项目住房正式分配入住。工农里等10个老旧小区形象面貌改造一新。承载能力增强。华山路、长江道西延伸一期工程主体完工，实施新宝街东侧路等10条街巷路修缮改造。新建和改造迎秋西里等农贸市场5座，规范清理马路市场10处。对全区72座公厕和垃圾转运站进行除臭净化。完成闫庄村等12座小二型水库除险加固工程。形象魅力不断提升。启动实施西浴场综合改造二期工程，建成全国最长滨海沙滩木栈道。完成迎宾路街景整治工程。打造10条城管环卫精品街巷道路。开展城乡环境容貌综合整治“百日攻坚”行动，垃圾围城、私搭乱建等顽疾得到治理。投入2710万元，实施农村面貌改造提升行动，东陆庄村被打造市级样板村，17个省级重点村改造任务顺利完成，村级主干道全部硬化。城市管养上档升级。对窗口区域施行封闭管理，火车站站前广场、金梦海湾片区等新接管区域形象秩序显著改善。结合卫片执法、举报巡查，开展控违拆违攻坚活动，累计拆除城市区内违法违章建筑200多处，面积1.5万平方米，拆除郊区违章圈建院落14处，清理土地面积4900平方米。全面实施机械化环卫洗扫作业，购置大型作业车辆8台，添置电动保洁车100辆，实现主次干道20分钟快速保洁。做好主次干道和市政设施的破损维护，累计修缮各类道路1.13万平方米，清掏及修缮污水井1.7万座。

【环境治理】 开展城乡绿化造林工程。启动“森林港城”“生态花城”三年建设行动计划，累计栽植乔灌木42.2万株，小灌木72.1万株，各色花卉486.9万株，造林绿化376.67公顷，森林覆盖率达到47.3%。新建及改造春泽园、园丁苑等10个公园游园，光明路、奥体街等多条街巷路增绿添彩，城市绿化景观新亮点精彩呈现。开展近岸海域综合整治工作。严格落实“河长”“段长”负责制，及时对水面漂浮物、河道滋生物、拦网拦截物进行清理、清运，保证河道垃圾不入海，清理河道生活垃圾6.6万立方米，清淤2.4万立方米。总投资1.43亿元的西浴场海滩修复工程完成总量的80%，离岸潜礁工程全部竣工。开展大气污染防治工作。扭住燃煤、工业、扬尘和餐饮油烟四大污染源，重拳出击、源头治理，大气污染防治工作取得初步成效。淘汰燃煤锅炉 82 台，整治餐饮经营单位 86 家，认定黄标车辆 1818 台，完成 15 座加油站治理任务，43 台的油气回收装置、91 台渣土运输车辆卫星定位系统全部安装到位，空气质量达标率同比提高 10%。落实节能减排责任制，拆除高能耗设备 25 台。北方玻璃集团玻璃窑余热发电等 5 个项目成功列入省节能资金扶持项目。双轮环保科技有限公司被评为河北省节能环保产业骨干企业。1 ~ 10 月，全区规模以上工业企业综合能源消费量 27.3 万吨标准煤，同比上升 44.4%，煤炭消费量为 1.55 万吨，同比下降 7.98%。全区单位 GDP 能耗下降 1.07%，四项主要污染物分别削减 1.18%、1.27%、3.08% 和 7.03%。加快农村环境整治。农村“四清”“四化”工作扎实推进，清理垃圾 4.2 万立方米、杂物 12 万立方米、柴草 20 多万立方米、残垣断壁 70 宗面积 5100 平方米，栽植树木 3 万株，粉刷墙体 9300 平方米，农村死角死面基本消除。排污养殖场得到有效控制，入海河流水质全部达标。饮水安全、用电、通讯等问题基本解决。

【社会事业】 科教事业日益繁荣。深入推进创新型海港区建设，完成市级创新型城市发展资金项目申报工作，被列为国家、省、市科技项目 40 个，争取上级资金 465 万元。为农村道路安装太阳能照明路灯 330 盏。加快学校基础设施建设。南岭国际社区学校、第十四中学和归提寨小学建设正式启动。东港镇第二小学、滨河路小学平房教室扩建工程竣工，完成第四中学等 50 所学校基础设施改造。面向社会招录本科以上学历教师 97 人，其中研究生以上学历 19 人。与北师大在顶岗实习支教、置换脱产研修等 8 个方面开展合作，促进全区教学师资力量不断更新。以最高标准通过河北省县级教育工作督导评估。深化“学校文化建设年”活动，成功承办河北省中小学学校管理与文化建设现场会，全面展示全区学校文化建设成果。文体事业蓬勃发展。集文化馆、图书馆、体育中心为一体的海港区文体中心项目全面竣工。北朝长城修缮工程完成立项。秦皇美术馆正式开放。深入推进文化惠民工程，全力打造“彩色周末”“百姓大舞台”等文化品牌。保障第十届世界徒步大会、秦皇岛国际马拉松赛等重大赛事的成功举行。成功举办第五届海港区全运会，打造一批体育赛事新品牌。卫生事业健康发展。医药卫生体制改革深入推进，政府和公立医院举办的医疗机构全部实行药品零差价销售，国家基本药物报销比例提高 10%。编制《海港区医疗机构设置规划》，引导医疗资源合理布局，方便群众就医。新农合筹资标准提高到每人 390 元 / 年。全面梳理和审核居民健康档案，城乡居民建档率达到 70%。加强基层医疗机构建设，北环路社区卫生服务中心建设项目正式启动。完成东港镇卫生院污水及医疗垃圾处理设施改造工程。34 家村卫生室全部配齐村医。实施中医“治未病”健康工程，全区首家“国医堂”中医服务机构正式启用，开展“中医中药进乡村、进社区、进家庭”等活动 20 多次。海港医院与北京大学口腔医院达成合作意向，将组建全市最大的专业口腔医院。完成埃博拉疫情防控任务，区疾控中心被评为全国伤害监测工作优秀单位。

【居民生活】 就业帮扶取得实效。组织开展高校毕业生“就业服务进校园”活动，开展各类招聘活动 30 多场次，提供就业岗位 3800 多个。1 ~ 10 月，全区实现城镇新增就业 9534 人，完成目标任务的 95%；下岗失业人员再就业 3841 人，完成目标任务的 96%，其中就业困难对象再就业 1963 人，完成目标任务的 98%；农村劳动力转移就业 305 人，完成目标任务的 101%；城镇登记失业率 3.13%。培训失业人员 1476 人，完成目标任务的 98.4%；创建就业见习基地 9 个，征集就业见习岗位 320 个。保障体系逐步健全。推进社会保险扩面征缴工作，新增企业养老保险 1512 人，医疗保险 320 人。低保提标工作全面完成。城市和农村居民最低生活保障标准分别提高到每人每月 470 元和每人每年 2900 元，全面开展农村低保复审工作，清理不合规参保行为。发放城市保障金 1884.1 万元，农村保障金 180.7 万元。新建老年日间照料中心（站）2 个，农村幸福院 10 处。社区建设步伐加快。组建御品星城等6个社区居委会，实施文体里等6个社区标准化办公场所建设。完成耀华家委会移交工作，解决耀华改制企业多年的“企业办社会”难题。开展“社区干部大讲堂”“社区企业家爱心联盟”等社区活动，为社区工作注入新活力。按照“多劳多得、不劳不得、优绩优酬”原则，制发《海港区在职社区工作人员生活补贴待遇实施方案（试行）》，提高社区干部工资待遇。安全稳定形势良好。开展“六打六治”打非治违、油气输送管线专项治理、企业法人承诺制建设等系列安全生产活动，全年出动执法人员3500多人次，检查企业771家次，关停、取缔危化品及涉尘涉爆违规经营企业11家，查改安全隐患3600多处，隐患整改率100%。举行电梯事故救援、地震减灾等应急救援演练3次。发挥森林防火中队作用，全区基本形成“横向到边、纵向到底”的立体防火网络，全年未发生火灾和人员伤亡事故。树立“以打开路、以打促防”理念，开展“扫除行动”、打黑除恶等系列专项行动，破获各类刑事案件867起，12起命案破案率100%。落实完善“19+2”巡逻防范机制，提升街面见警率，全区刑事发案2288起，同比下降27.5%。持续加压、跟踪防控，对重点人群、重点时段实施无缝隙监管，确保安全不出事。全区始终保持安全稳定的良好形势，人民群众安全感和满意度不断上升。加强食品安全网格化监管体系建设。“食品生产经营单位备案监管系统”正式运行，实现对全区所有食品生产经营企业信息录入和运营监控。集中开展农村食品市场、食用油等8项食品安全专项整治行动，食品安全综合抽检合格率99.6%，安全食品市场占有率94%以上。全年未发生一起食品安全事故，人民群众饮食安全和生命健康得到有效保障。

【政府自身建设】 以党的群众路线教育实践活动为核心，全面贯彻中共中央政治局“八项规定”，着力解决“四风”问题，组织开展清退会员卡、整治会所歪风、三公经费检查等系列专项活动，政府服务效能提高。严肃党政机关公务用车纪律，拍卖超编车10辆，全区杜绝违规公务用车情况。整治“庸、懒、散、慢、拖、瞒”行为，开展明察暗访150多次，对41家存在问题的单位和76名违规违纪人员进行曝光和处理，营造风清气正的政务环境。深化政府性债务管理，各项债务指标安全可控。行政效能不断提升，新行政审批中心启用，将具有审批权限的25个区级部门、123项审批事项纳入区政务服务中心，向办事企业、群众提供一站式服务。完善大企业直通车服务、区领导联系重点项目等制度，搭建银企对接和公共服务平台，行政审批与便民服务事项全程纳入电子监察系统，发展环境不断优化。接受人大依法监督和政协民主监督，加强与各民主党派、工商联、无党派人士和社会群众团体的联系。办结市级建议9件、提案26件，区级建议61件、议案1件、提案146件，按时办结率、规范化率、满意率均为100%。

（薛海鹏）

【民生保障工程】 2014年，民心民生工程9大类28个项目全部完成任务。其中，就业保障、低保救助、残疾人救助、农村危房改造、老旧小区改善提升、街头游园建设提升、环卫基础设施除臭、街巷路改造、农村太阳能路灯照明、农村公路建设、水利设施除险加固、沙河上游综合治理、已婚育龄妇女免费检查、教师素质提升、食品安全监管、社会治安立体防护、打击“两抢一盗”专项行动等17项提前完成任务；法律援助、保障性住房建设、医疗下乡活动、儿童口腔疾病综合干预、文化服务惠民等5项按时完成；棚户区改造、大气污染防治、社区用房建设、学校硬件设施提升等4项完成全年阶段性任务；农贸市场建设项目进行调整，将原文昌里和红卫里市场建设项目调整为河东海鲜市场与和安里市场建设，调整后完成工作任务。按照集约高效的工作原则，经统筹规划，婚姻登记中心与现有公用场所合并办公，不再实施项目改造。

2014 年海港区民心民生工程 28 件实事进展情况一览表

表 2–1

目标任务			资金总额（万元）	完成时限	牵头单位	责任单位	完成情况
就业保障工程		新增就业 1 万人，下岗失业人员再就业 4000 人，其中就业困难对象再就业 2000 人，就业困难人员社保补贴 2000 人，城镇登记失业率控制在 4% 以内。加强就业指导和服务，扩大培训范围，加强家政服务业培训学校扶持，培训失业人员 800 人。农村劳动力转移就业 300 人。为 2013 年后高校毕业生征集就业见习岗位 300 个，创建就业见习基地 5 个。	1480	全年工作	人社局	财政局 各园区 各 镇 各街道	实现城镇新增就业 1.03 万人，完成目标任务的 103%。失业人员再就业完成目标任务的 103%。就业困难对象再就业完成目标任务的 105%；城镇登记失业率 3.13%，培训失业人员 1524 人，完成目标任务的 191%；农村劳动力转移就业 315 人，完成目标任务的 105%。征集就业见习岗位 320 个，创建教育局等 9 个企事业单位为就业见习基地。
社会扶助工程	低保救助	加快低保提标扩面，城乡低保标准分别提高到 470 元 / 月和 2900 元 / 年，新增低保 6000 人。	4850	全年工作	民政局	各 镇 各街道	城乡低保标准分别提高到 470 元 / 月和 2900 元 / 年。城市低保 6620 户、1.22 万人，发放低保金 3897 万元；农村低保 3473 户、6380 人，发放低保金 1078 万元。
		为 700 名 70 岁以上低保户及五保老人提供免费体检。	40	全年工作			为 700 名 70 岁以上低保户及五保老人免费体检，完成全年目标任务。
		残疾人救助。免费为 20 户残疾人进行家庭无障碍改造，为 50 名贫困听力残疾人配发助听器。为 100 名贫困精神残残疾人年发放药补 500 元。	35	12 月完成	残 联		家庭无障碍改造工作全部完成。助听工程完成全年任务，配发助听器 50 台。为贫困精神残疾人发放补助工作完成全年任务。
		法律援助。加大援助力度，提高援助覆盖面，年内受理案件数量同比增长 20% 多。开展法律援助牵手农民工活动，维护农民工合法权益。	10	全年工作	司法局		受理法律援助案件 665 件，其中民事 649 件，刑事 16 件，解答咨询 1850 多人次。受理拖欠农民工工资案件 231 件，为农民工讨要工资 83 万多元。
幸福安居工程	保障性住房建设	保障性住房供给量 2610 套。其中杨道庄保障房南区主体及装修完工，北区完成 80%；公富庄限价房项目主体封顶，公租房项目主体施工到 8 层；北部工业区保障房项目主体施工到 10 层。	103350	12 月完成	房产局		西港镇杨道庄南区主体工程全部完成，正在做外保温内外装修等，北区主体全部封顶；公富庄限价房主体全部封顶，公租房施工至 20 层；北部工业区保障房开始主体施工。
		货币配租保障户数 9363 户，预计发放补贴资金 1550 万元，确保完成 1112 套廉租房实物配租。					全年完成 4500 户廉租货币补贴年检工作，补贴资金 1107 万元。

续表 2–1

目标任务			资金总额（万元）	完成时限	牵头单位	责任单位	完成情况
幸福安居工程	棚户区改造项目（按照成熟一个改造一个的原则，稳步推进14个棚户区改造）	秦皇岛军分区燕山大街家属院、东李庄等6个项目年内完成房屋征收并启动返迁安置房建设。	846000	12月完成	征收办 房产局 综开办 各项目指挥部		军分区燕山大街家属院项目完成房屋征收，安置房主体封顶。东港镇富家营村284户征收完成，在办理法人招标和环评工作。海港镇东李庄村返迁安置房718户，完成拆迁610户，待办理立项、环评、土地、规划等手续。西港镇新店子村429户，完成拆迁411户，完成施工图设计，在办理土地证；下庄村590户，拆迁561户，完成施工图设计，在办理返迁房前期手续；南大寺村342户，完成拆迁300户，进行征收工作。
		航海里、西王岭等5个项目启动房屋征收程序并力争年内完成动迁。					航海里项目5月18日开始签订模拟搬迁协议，未达模拟搬迁协议生效条件，终止。海阳镇西王岭村进行模拟征收，总户数325户，完成拆迁146户。西港镇前道西村224户，征收基本完毕；山东堡村280户，完成拆迁户230户。海阳镇大里营村267户，拆迁108户。
		西部四村、海阳片区、北港10个村3个项目房屋征收工作取得突破性进展，同时返迁安置房动工建设。			城乡建设局		海阳镇范庄村项目总户数205户，拆迁200户，开工建设3栋。海阳四村项目总户数776户，完成拆迁675户，正进行征收。北港10个村总户数1138户，完成拆迁851户。街里村、小河村、河北村、张桥庄村征拆完毕，正办理手续。陈庄桥村、魏家沟村、河东村入户征求意见，办理集体建设用地转为国有建设用地。
	农村危房改造。对危房摸底排查造册，逐年列入改造计划，年内完成危房改造100户。		100	12月完成			100户危房改造工程全部完工。
	老旧小区改造提升。对10个小区道路硬化、污水治理、屋顶防水等方面进行改造。对区管136个老旧小区实施菜单式分类管理，对36个重点小区进行封闭式管理。		2000	12月完成	老旧小区改善提升办 房产局		区管136个小区已配置保洁人员并开始工作，其中新征南里、红光北里小区等10个小区实施专业化物业管理。工农里小区、新征里小区、迎秋西里小区等10个老旧小区改造工程全部完成。

续表 2-1

目标任务			资金总额（万元）	完成时限	牵头单位	责任单位	完成情况
环境优化工程		街头游园建设提升。身边增绿，建设生态港城。完成春泽园等 10 个以上街头游园建设。	1200	12 月完成	园林局		完成春泽园、清漾园等 10 个街头游园建设，完成全年目标任务。
	大气污染防治	实施道路保洁低尘作业，增加道路洒水作业频次，城区主次干道机械化清扫率达到 50%，渣土运输车卫星定位监管全覆盖。	513	全年工作	城管局		完成大型扫道车及快速电动保洁车购买。对 45 台渣土运输车辆完成 GPS 安装。
		加大餐饮污染治理力度，实现大中型餐饮企业高效油烟净化设施全覆盖。	100	12 月完成	环保局 太阳城管委 金梦海湾管委 各街道		治理 6 个灶头规模以上的餐饮企业 87 家，巩固提升 35 家，完成率 65%。
		强化燃煤锅炉整治，除保留必要的应急和调峰外，城市建成区每小时 10 蒸吨及以下燃煤锅炉、茶浴炉全部淘汰。	15000	12 月完成			成立 8 个锅炉整治小组并与街道办事处对接，开展锅炉整治行动。全区淘汰燃煤锅炉 80 台，完成全年任务 30%。
	农贸市场建设	推进迎秋西里、红卫里等农贸市场建设，拓展蔬菜、粮油等农副产品流通渠道。	150	12 月完成	为民市场建设管理责任有限公司		红卫里、文昌里市场更名为河东海鲜市场及和安里便民市场，完工。迎秋西里市场完工。
		完成秦皇小区、马坊市场改造项目。	600	12 月完成			秦皇小区市场及马坊市场改造工程全部完工。
		环卫基础设施除臭。逐步改善环卫基础设施周边环境，为 30 座生活垃圾转运站、42 座公厕安装除臭设施。	504	12 月完成	城管局		30 座生活垃圾转运站、42 座公厕除臭设施安装投入使用。
		街巷路改造。年内完成货场路西段、迎秋里小学南门路、新宝街东侧路等 10 条小街小巷道路改造。	1000	12 月完成	市政处		完成迎秋里小学门前路、十中门前路等 12 条街巷路的改造工作，超额完成全年目标任务。
农村基础建设工程		农村太阳能路灯照明。推进农村照明工程，加大科技惠农力度。年内为 15 个村安装太阳能路灯 320 盏，方便村民夜间出行。	200	12 月完成	科技局 财政局		在 5 个镇 26 个村及园区安装太阳能路灯 300 盏，太阳能景观灯 12 盏，太阳能草坪灯 8 盏，完成全年目标任务。
	农村公路建设	完成北港镇东港北路村级公路修建。	2700	12 月完成	交通局 北港镇		项目调整为北港镇西连峪村至木砟峪村 1.5 千米村路，已完工。
		修建鲤泮庄村道龙寺路、西山路，鲤泮庄村至侯庄村道路，田家沟村至新周庄村外环路等 4 条水泥路。	105		交通局 海阳镇		完成海阳镇鲤泮庄村道龙寺路、西山路，鲤泮庄村至侯庄村道路，田家沟村至新周庄村外环路等 4 条水泥路建设。
		水利设施除险加固。对芽子山东等 12 座小二型水库进行除险加固，包括坝体护砌、清淤扩容、修建路桥等工程。	1260	12 月完成	水务局		北港镇芽子山东、街里、河东等 13 座水库维修工程部完工，等待验收。
		沙河上游综合治理。启动沙河上游整治和沙河蓄水工程，改善沙河入海河流水质，保障周边农田灌溉。	4100	11 月 30 日完成			招投标工作进行完毕，正在进行开工前的准备工作。

续表 2–1

目标任务			资金总额（万元）	完成时限	牵头单位	责任单位	完成情况
社会服务惠民工程		社区用房建设。新建红光北里等10个社区办公用房，改善基础设施条件，确保一次性达标。	796	12月主体完成	民政局	河东街道 白塔岭街道 燕山街道 东环路街道 文化路街道	文体里社区达标；红光北里、团结里和企业联合3个社区由开发商提供办公用房，已达标；工人南一、工人南二、北部联合、南山等社区完成地勘、设计的招标，正进行设计。
		婚姻登记服务中心改造。建设多功能于一体的婚姻登记服务中心，便民利民。	300	12月完成			项目正在进行再次论证。
		医疗下乡活动。开展“鱼水工程”送医送药下乡活动，对城乡村居群众进行义诊，免费体检，全年不少于12次，惠众3000人。	10	全年工作	卫生系统各单位		组织医疗专家134人次到儿童福利院、人民广场、海阳集贸市场、北港镇陆庄村等地开展送医下乡及义诊活动12次，开展健康知识大讲堂6次，受益群众8500人次，发放健康宣传资料1.5万多份，免费发放药品价值3.4万元。
		儿童口腔疾病综合干预。对3000名适龄（7～9岁）儿童免费实施窝沟封闭，封闭完好率85%以上。遏制和预防儿童口腔疾病的发生。	16	12月完成			以军工医院和海港口腔医院为定点医院，为3280名适龄儿童免费实施窝沟封闭，封闭牙齿9120颗。
		已婚育龄妇女免费健康检查。为1.9万名农村已婚育龄妇女、5.6万名城市无业已婚育龄妇女、1.1万名流动人口已婚育龄妇女提供免费生殖健康检查。	68.8	9月30完成	计生局		免费生殖健康检查7.5万人，查出妇科疾病420人；乳腺疾病572人。对常见病和多发病患者除给予治疗外，发放指导性生殖健康科普资料3万份。对较严重的8例乳腺纤维瘤、3例脂肪瘤患者提供手术建议，节省检查费180多万元。
文化教育提升工程	文化服务惠民	文体中心投用，文化馆、图书馆、体育馆免费对外开放。	4009	12月完成	文体广新局		文体中心正进行验收工作。
		组建群众文化活动培训基地，设立群众文化活动引导资金，提升群众文化活动水平。	160	全年工作			建群众文化基地20个、基层文化队伍110个，招募文化志愿者200人，举办群众文化活动1064场。

续表 2-1

目标任务			资金总额（万元）	完成时限	牵头单位	责任单位	完成情况
文化教育提升工程	学校硬件设施提升	完成白塔岭幼儿园、第十六中学实验综合楼建设。	1130	12月完成	教育局	财政局	白塔岭幼儿园建成，正进行决算评审。第十六中学实验综合楼建设完成初步方案设计，并报规划部门审批。
		实施建国路小学、第十三中学热力入网及部分学校消防栓改造。	1658				建国路小学、燕秀里小学等3所学校热力入网工程完工。消防栓改造工作完成初步预算，待政府审批。
		更换建国路小学等学校操场草皮。	400				竣工并投入使用。
		对全区中小学校进行直饮水改造。	350				竣工并投入使用。
	教师素质提升	实施"名师工程"，组建"名师工作室"。	1012	12月完成	教育局	财政局	全区有7个名师工作室，各工作室制订年度工作计划和具体活动安排，按照工作进度逐项实施。
		完善学校校长、教师交流轮岗制度。					选派11人城乡交流。开展挂职锻炼活动，6名中层干部校际间交流。
		完成4500名教师师德培训、入职、远程教育培训等培训工作。					按计划完成骨干教师师德专项培训、远程教育培训等工作。
		列支850万元发放农村教师奖励基金，推动教育均衡发展。					农村教师基金全部发放到位。
食品安全工程	食品安全监管	推广科学饲养技术，严把畜禽定点屠宰和畜禽产品质量检测关，做好养殖和屠宰环节"瘦肉精"等违禁添加物的抽样检测，年检测样品7000头份。	35	全年工作	畜牧局 商务局	为民市场建设管理责任有限公司 食安办 各镇 各园区	抽样检测"瘦肉精"7008头份，全部进行莱克多巴胺、盐酸特伦特罗、沙丁胺醇的检测，结果为合格。

续表 2-1

目标任务			资金总额（万元）	完成时限	牵头单位	责任单位	完成情况
食品安全工程	食品安全监管	新增日光温室蔬菜种植面积 13.33 公顷，将 2 个现有蔬菜生产基地与大型超市对接，实现订单生产。	600	12 月底前完成	农业局	海阳镇 北港镇	13.33 公顷日光温室大棚建设完成（梦想家园家庭农场、宝洪蔬菜基地改扩建、青溪农业开发有限公司科技示范园）。青石山蔬菜生产基地在客比超市设直销专柜，宝洪蔬菜专业合作社在生态谷小区设直销店。杰艺荔园农民专业合作社、平顺蔬菜合作社与广缘、家惠超市实现订单生产。
		全面推行食品安全网格化监管，完成全区 193 个一级网格（村、社区）、19 个二级网格（镇、街道、园区、管委会）划分和办公室、工作站组建工作，实现全区约 1 万家食品生产经营单位及个体户监管全覆盖，提升全区食品安全监管水平。	53	全年工作	食安办	镇　街 园　区 农业局 林业局 畜牧局 质监分局 工商分局 食品稽查大队 商务局 教育局 公安分局	完成 279 个一级网格（村 113 个，社区 80 个、学校 74、市场所 12）、21 个二级网格（5 个镇、10 个街道、2 个园区、2 个管委会、为民市场建设管理责任有限公司、教育局）划分和镇街、园区食安村、社区食安工作站组建；完成食品生产经营单位管理系统的研发，各单位食品生产经营单位调查表录入完成；对一、二级网格 623 名食品安全监管员进行培训、发证；对镇、街、园区监管人员开展实地巡查培训。完成镇街和部门工作对接；规范村居食品安全档案。
平安建设工程	社会治安立体防控。完善主城区“护城河”工程，年内建成西港路环城警务工作站。整合党政机关和企事业单位视频资源，年内在重要单位的关键部位和案件多发部位增加监控探头 600 个左右，实现全区视频监控全覆盖。		200	全年工作	公安分局		刑事发案 2770 起，同比下降 32.64%；八类主要案件发案 286 起，同比下降 38.63%。公安分局新指挥中心指挥平台升级改造进入设备安装，部分派出所技防三级平台建设设备安装完成；社会面新增 603 个监控探头运用效果显著；“一分钟反应圈”反恐防恐机制形成常态化，防范严密。
	打击“两抢一盗”专项行动。加大对居民区入室盗窃和撬盗下房，盗窃汽车、摩托、电动自行车，街面涉车侵财、拎包扒窃，农村及城乡结合部破坏盗窃电力、电信、广电设施等案件打击力度，遏制现行犯罪活动高发，实现接报警量和发案量同比下降 20%。		60	全年工作	公安分局		全年“两抢一盗”等侵财类案件累计发案 1677 起，同比 2591 起下降 35.28%。破获“两抢一盗”刑事案件 484 起，抓获嫌疑人 347 人，其中网上逃犯 89 人，打掉团伙 17 个。

（高　伟）

区政府工作机构及其领导

【区政府领导人】

区　长：霍春利

副区长：齐香民

杨东明

赵长泰

袁会民（2月免）

桑　菊（女，2月任）

刘晓光

王　健

印　洪

孙　毅（2月任）

【区政府工作部门直属机构主要负责人】

区政府办公室（外侨事务办公室）主任：

孙　毅（5月免）

王洪泉（5月任）

区发展改革局（粮食局、工信局）局长：陈占勤

区教育局局长：祖旭波

区科学技术局（地震局）局长：黄秀红（女）

区监察局局长：何占峰（9月免）

高洪星（9月任）

区民政局（民族宗教事务局）局长：王　澍

区司法局局长：李所丰

区财政局局长：苏文胜

区人力资源和社会保障局局长：李晓光

区环境保护局局长：郝冀伟

区城乡建设局（人民防空办公室）局长：肖长海

区城市管理局局长：梁安平

区交通运输局局长：肖子平

区农业局局长：张金忠

区商务局（招商引资领导小组办公室）局长：

孙长征（9月免）

何占峰（9月任）

区文化体育新闻出版局（版权局）局长：胡广设

区卫生局（爱国卫生运动委员会办公室）局长：

谢京海

区人口和计划生育局局长：王晓民

区审计局局长：刘海波

区安全生产监督管理局局长：张茂和

区统计局局长：黄彦英（女）

区住房保障和房产管理局局长：王有长

区水务局局长：刘福生

区旅游局局长：骆　欣

【垂直管理部门主要负责人】

海港区国家税务局局长：田印书

海港区地方税务局局长：赵长吉

海港质监分局局长：李学良

海港区工商局局长：刘明祥

海港国土分局局长：赵立新

海港规划分局局长：孟祥玉

海港公安分局局长：刘晓光（兼）

【区政府其他工作机构主要负责人】

区政府政策研究室主任：韩兴隆

区政府法制办公室主任：王立平

区政府督查办公室主任：王保磊

区政府地方志办公室主任：（空）

区政府政务服务中心主任：王　宏

区政府机关事务管理局局长：郭立盘

区政府重点项目办公室主任：刘　勇

区物价检查所（物价局）所长：任德文

区林业局局长：刘玉僧

区畜牧局局长：秦宝林

区园林管理局局长：昝　欣

区城市建设综合开发办公室主任：张亚杰

区档案馆馆长：范春媛（女）

区供销合作社主任：胡金明（6月免）

宋连红（6月任）

区城建管理调度中心主任：陶剑锋

区市政处主任：刘保平（6月免）

董育松（6月任）

区太阳城管委会主任：马　馨

区金梦海湾管委会主任：李晓颖

区食品安全办公室主任：徐　彤

区食品稽查大队大队长：王洪民（12月免）

区为民市场建设经营有限责任公司董事长、总经理：陈文博

区市容综合整治办公室主任：刘环宇

区政府办公室工作

【概况】 紧紧围绕全区“开放引领、创新驱动、产业强区、项目带动”发展战略，按照“整体工作上水平、出精品”的工作目标，紧贴领导工作思路，提高服务质量，建立健全运行机制，有计划、有重点、有针对性地开展各项工作，发挥服务中心、服务大局的作用，为全区经济建设和各项事业的发展起助推作用。

【文秘工作】 牢固树立奉献意识、参谋意识、勤政意识、窗口意识和进取意识，总结探索工作规律，实现由被动服务向主动服务转变。对规章制度查漏补缺，完善办理制度。理顺公文办理制度、文件传阅制度、会务制度、卫生制度等，秘书科工作更加规范、标准。精心做好区政府领导各项工作安排、事务协调，协助领导提高出行及日常事务处理的工作效率，确保领导决策意见统一、步调一致。强化与各级各部门、单位的沟通联系，确保上传下达高效顺畅。认真执行领导参会办理程序，做好各项协调、准备和保障工作，确保领导准时参会。全年接听电话8000多次，办理会议通知320多次。做好文件办理工作。完善文件流转制度，使文件的收、发、传、送、批、借、存、销等环节做到程序化、制度化、科学化。传阅各级文件2300多件，其中省级文件110多件、市级文件700件，办理区内网文件500多件。严把收文关，对不符合公文处理规则、不符合方针政策的，一律作退文处理，办理区级请示报告810多件。贯彻中共中央政治局“八项规定”中精文减文的精神，压缩制发文件20多个，全年制发区政府及办公室公文506件。加强印信管理，严格依规保管和使用印章。严格按照保密制度管理、规范涉密文件，协同电子政务办组织办公室内部保密检查3次，无被盗和失泄密事件发生。

（张　磊）

【综合协调工作】 撰写各类综合材料400多篇，160多万字。其中领导讲话、述职报告及区长个人总结等综合材料87篇、21万字；汇报材料120篇、40万字；调研报告、会议纪要、备忘录及其他综合材料190篇、95万字，起草请示、报告、函、通知等政府公文200篇。组织承办、协办全区重点工作会暨政府全体会、工业转型推进会等各类综合性会议3次，爱国卫生运动、安全生产、食品安全、市场供应检查等综合活动21次，筹备区长办公会、协调会47次。进行对上对下协调工作，密切关注各部门、单位在工作开展过程中遇到的问题，出谋划策，共同解决。通过电话咨询，陪同领导调研等途径掌握全区各领域工作动态。综合秘书定期收集报告中涉及的指标任务、重点项目建设、重大活动及事项完成情况，及时给政府领导信息反馈。尤其是密切关注各部门、单位在工作开展过程中遇到的问题，帮助领导探求解决办法，寻良策献高招，协助部门把工作完成的更好。全年撰写调研报告8篇，结合各区长分管工作编写省、市信息20多篇。

（薛海鹏）

【政策研究工作】 围绕区政府工作重点、社会热点、群众难点等问题制定调研计划，“吃透上情、摸清下情”，增强工作主动性。着力专研中央、省市文件及领导讲话等材料，加强对上级主要领导关注的重点，创新思维，将创新的成果转化为对主要领导的政务服务，体现在各类决策和建议中，推动全区经济社会向前发展。以高度负责的态度，高质高效完成重要会议文稿起草审核工作。指导把关《政府工作报告》《经济工作会讲话》《政府全体会》和市领导调研汇报等重要文稿材料20多篇，参与研究起草区政府清房清车、迎接省教育督导等汇报材料6篇，牵头制订《党风廉政建设和反腐败工作实施方案》等意见方案5篇，编撰调研接待手册1份。深入基层、深入群众调查研究，掌握实情，掌握一线第一手信息材料，形成一批重要调研成果。完成《海港区房地产业发展状况调研》《海港区城市管理状况调研》《土地出让金管理使用情况调研》《区物流产业转型升级跨越发展的思考》《大力培育现代产业、构筑绿色崛起的核心支撑》等多篇重要调研文章，对海港区区域经济发展方向提出积极建议。上报市政府研究室调研课题稿件6篇，其中获三等奖1

篇、优秀奖5篇；安排部署2014年调研课题及领导署名文章，2篇区政府主要领导署名文章上报市政府，区政府主要领导、区直部门领导署名文章各1篇上报市委研究室。编印《海港区政府办公室综合文字材料汇编(2007 ~ 2013)》1 ~ 4，共30套、120册、135万字。

（王济悦）

【督查工作】 对区政府年度或阶段性重要工作，认真细致分解立项，经领导审批同意后以政府文件或政府办文件下发，形成法定授权；对会议决定事项或领导部署的任务，及时制订落实预案，领导签署意见，形成执行文件；对某项工作的督查，先拟出督查方案，经领导签批，形成工作规划；对调查不落实的环节和问题，报送领导阅示，领导提出办理意见，形成督查依据；对领导交办事项，领导做出明确批示，形成授权督查，树立督查权威，形成一级抓一级，层层抓落实的氛围。工作中坚持督查工作与目标管理结合，综合协调与现场督查结合，政府督查与党委督查结合，督查与调研指导结合。科学分解《区政府工作报告》，将报告内容细化分解为120项重点工作，明确任务要求、责任单位、主管领导，为督办落实提供明确依据。全年不定期抽查重点内容，督促进度落后项目，持续督办抓落实。年中、年末两次对2014年目标任务完成情况进行全面督导检查，收关要账。抓住区政府重大工作和会议决定事项落实不放松。对城管体制下沉、安全生产大检查、文明城市创建、重点项目建设、信访稳定、大气污染防治、城乡结合部环境卫生整治、爱国卫生运动、清雪工作督导等关系全局性的重大决策和重要工作部署，及时进行跟踪和催办，撰写督导报告25篇，为领导决策提供依据。完成区长碰头会议、政府常务会议纪要的整理、撰写工作，及时进行反馈；筹备政府常务会5次，整理会议纪要5篇，及时进行督办和整理反馈。

（谢万祺）

【政府法制工作】 组织公务员学法用法活动，进行法律知识的学习和培训，落实行政执法资格考试制度和法律知识更新培训制度。保证行政执法人员年度法律知识学习时间。开展专项行动，改善经济发展软环境。开展以减少审批事项和审批环节，提高行政效率和服务质量为主要内容的“双减双提”专项行动。全面清理规范行政审批和行政处罚事项，优化和减少行政审批环节。对涉及多部门审批的事项，实行联合审查、并联审批。推进政务服务中心的电子政务和网上审批，开展四级政务服务体系联网审批，形成上下贯通、横向连接的网上审批服务系统。开通审批“绿色通道”，实行特事特办、急事急办，提高重点项目审批效率。规范执法行为，推进公平公正执法。对各部门行政执法依据、权限进行新一轮的梳理。按照过罚相当原则、相似违法行为的处罚决定标准一致原则、依法选择适用单处或并处原则等，开展规范行政处罚自由裁量权工作。健全监督机制，加强行政行为监管。加强规范性文件监管。严格执行规范性文件合法性审查和报送备案制度，未经合法性审查的政策文件，一律不予出台。全年出台规范性文件8件。加强行政监察和行政执法监督检查，开展规范行政执法行为、优化发展环境专项监督检查。自觉接受人大及其常委会法律监督、工作监督和政协民主监督，重视社会监督，提高群众对政府和社会事务的参与度和监督力度。落实责任追究制度。对行政不作为、乱作为的责任人员视情形给予效能告诫或行政处分，选择典型案例予以通报。加强行政复议和行政调解工作，畅通化解行政争议渠道。年内，区政府作为被告参与行政应诉15件，具体行政行为的合法性得到法院确认和支持。

（关　爽）

【提案工作】 区政府高度重视建议、提案的办理工作，年初两次召开常务会议，听取2013年建议、提案办理工作情况的报告和2014年建议、提案承办工作情况。建立建议和提案分办交办制度、办理责任制度、联络员制度等，完善代表、委员“办前、办中、办后”三访联系机制，变“应对式答复”为“主动式办理”。转变方式、多措并举，规范领案、交办、督导、答复、走访等办理程序，首次采用无纸化交办，承办单位通过U盘拷取本单位文件夹即完成交办。加强督导，了解民情，解决群众关心关注的“热点”“难点”问题。带着问题深入基层，实地调查研究，制订办理方案。区政府收到市、区代表建议92件（市级建议9件，区级建议82件，议案1件），超范围并向代表解释说明及转相关单位办理的21件，实际办理市、区两级建议、议案71件，其中，经济财贸类8件、城建交通类24件、科教文卫类8件、旅游环保类1件、公安司法类3件、人居环境类5件、社保人事类20件、食品安全类2件。除议案外，全部办理完毕。代表意见、建议落实23件，占实际办理的32.4%。正在落实及列入计划逐步落实的42件，占实际办理的59.2%。因政策、法律规定不允许或条件限制，暂时难以落实，已向代表解释说明，得到代表理解的有6件，占8.4%。政协委员提案。区政府收到市、区两级政协提案171件（市级提案26件，区级提案145件），其中，经济财贸类20件，城建交通类49件，科教文卫类58件，旅游环境类6件，人居环境类15件，社保人事类15件，食品安全类8件。委员提案所提问题已落实的99件，占办理总数的57.9%。正在落实及列入计划逐步落实的有68件，占实际办理的39.8%。因政策、法律规定不允许或条件限制，暂难落实，已向代表解释说明，得到代表理解4件，占2.3%。“两会”期间，市、区人大、政协转交区政府人大代表建议、政协提案243件，其中，市级35件、区级208件（含区级议案1件），分别交由64个部门和单位办理。除区级议案待区人大代表会议审议通过外，市、区两级建议、提案答复走访工作全部完成，代表满意和基本满意率均达到100%。

（刘　静）

【市、区长公开电话】 坚持“统一受理、网络转办、协调督办、限时办结、反馈回访、全程监督”的运行模式，实现市长热线与各承办单位的转办、承办、督办网上运行。全年承办市长热线网络交办件9795件，居全市承办单位首位，办结率100%；电话咨询2925件，电话投诉1029件，回复率100%。

（杨丽芳）

【政府信息工作】 突出重点，提高信息质量。注重打好“特色牌”，唱好“地方戏”，开发、挖掘出“精品”信息。围绕“旅游立市”、环京津旅游等热点工作，及时向省、市报送许多新思路新举措的信息。围绕改善民生、社区建设、关注弱势群体等方面工作，整理报送的《“五三一”模式推进新农合》被省政府办公厅上报国办。围绕解决群众关心的热点、难点问题等方面的创造性工作举措和成功做法，及时整理成信息上报。有4篇区政府领导署名文章被市政府《工作简报》采用。撰写的《海港区推进节能减排工作》等信息被市采用。勇于创新，健全信息运行机制。采取“走出去”的方式，围绕领导关注的难点，社会反映的热点搞“焦点”，提供高视角、高品位、高效应的信息。注重从各层面布网点，培育骨干，实现信息收集网络化。选定财政局等47个单位为联系点，采取定期联系、预约情况、会议交流等形式，融汇信息。以5个镇、10个街道为主体，采取跟班学习、下发要点、季度调度等方式，让信息触角“扎根”基层。全区形成纵到底、横到边的信息联网格局。全年收到各网络单位报送信息4300多条，编发《海港区政务信息》36期，《政府工作简报》2期、《每日快报》221期；上报市政府办信息520条，其中153条被《秦皇岛信息》采用，10条被市《昨日情况》采用，上报专报信息被市《专报》采用2篇，其中获市领导指示1篇，被市《工作简报》采用5篇；上报省政府办公厅信息120多条，其中1条被《省昨日要情》采用，1篇文章被省《政务情况交流》采用，4篇上报国务院办公厅。

（李　坚）

【电子政务工作】 做好政府网站安全隐患排查工作。与网站制作方联通公司协调，排查整改政府网站存在漏洞及安全隐患。协助移动公司完成新移动终端的发放工作；完成旧移动终端的回收工作。完成机关电脑保密自查工作，两轮检查全办计算机150多台次，消除失泄密隐患。协助区保密局完成涉及区政府系统各单位的2013年保密普查情况统计表汇总录入工作。统计汇总机关计算机相关情况及各科室采购需求。做好门户网站信息、每日工作报告、机关门厅大屏幕区领导工作安排的采编、上传工作。审核上传《政务信息》

28期、854条，上传《政府公文》21期、102件，转载各大网站信息375条，向市政府网站报送信息537条，上传《领导每日工作报告》182期。做好全区党政机关领导电话本更新工作。做好机关网站日常维护工作。解决电脑及软件故障630多次；完成机关监控系统的日常维护工作；完成各级领导及各科室纸制文件转电子稿的扫描整理工作；为各类会议演示幻灯文稿或专题片播放提供技术支持。

（侯　宇）

【外事侨务工作】 加强外事工作的集中管理和因公出国（境）经费管理，严格因公出访工作的审批程序，提高因公出访的实效性。严格外事审批程序。严格审核因公出访团组，全年办理随团出访7批、10人次，没有出现重大涉外事件和严重违反外事纪律情况。开展贫困归侨侨眷帮扶。制订全年贫困归侨侨眷走访慰问及帮扶计划，多方筹集慰问资金，做好春节前走访慰问及帮扶贫困归侨侨眷工作，走访慰问及帮扶贫困归侨侨眷25人次。对辖区内归侨侨眷、贫困归侨侨眷、海外亲属简况以及侨属、侨资、外资企业的基本情况进行详细的摸底调查，全区有归侨27人，侨眷102人，其中贫困归侨侨眷10人、侨资企业2家、外资企业25家。做好侨务接待工作。第七届世界华侨华人社团联谊大会河北参访团一行近百人和广州市侨务办公室调研组一行8人，到海港区“全国侨务社区示范点”——东环路街道办事处东环里社区参观，对联侨心、聚侨力，以心助侨、以情护侨等亮点工作表示赞许。搭建归侨侨眷交流平台。举办以“畅家乡变化·抒爱国之情”为主题的老归侨2014年国庆节联谊会。市区侨务工作者与15位老归侨代表共同畅谈祖国和家乡的发展。拓展合作渠道，扩大对外交流。挖掘友城交流渠道，协调安排韩国西归浦市公务员1人到区园林局进行为期一年的工作研修交流。提高外事接待水平。接待丹麦友好学校学生访问团和日本苫小牧市秦皇岛友好之会访问团2批、46人次。做好辖区企业涉外服务工作。帮助企业邀请外国友人14批、47人次访问洽谈，实地走访企业5家。

（丁　帅）

【地方志工作】 年鉴编纂。完成《海港区年鉴（2013）》编纂出版工作。年鉴编辑实行“分工协作、集体商定、逐级负责”制，经过搜集资料、资料归类、编辑撰稿、总编统稿、征求意见、领导定稿、方志出版社审稿、印刷厂印刷等程序，《海港区年鉴（2013）》于2014年7月印刷出版，搜集年鉴初始材料240万字，定稿90多万字，年内发行1000册。该年鉴全面、系统、翔实地载录海港区2013年度的经济和社会发展进程，客观反映全区的新变化、新成就及经验教训，为区内外及海外各界人士和广大读者了解海港区、研究海港区提供准确可靠的信息资料和基本数据，发挥其他媒体和出版物不可替代的作用。《海港区年鉴（2014）》编纂工作。年初，坚持“广征博采”原则，面向全区广泛征集2013年各单位年鉴资料，在征集过程中高度重视年鉴基础材料报送质量，加强指导、重点调度，确保材料内容真实有用，共搜集年鉴初始材料230万字。将搜集到的资料分门别类，分工负责，编纂整理，9月初《海港区年鉴（2014）》形成初稿。分别征求区地方志编纂委员会相关领导、了解海港区发展变化的各行业专家学者及承担编纂单位的意见和建议，综合整理各方意见进行修改完善，完成2轮校对并报送方志出版社终审。海港区大事记编纂工作。海港区大事记由专人负责，随时记载，每月整理。在编纂过程中牢牢把握有大事就记，无大事就不记，绝不漏掉大事的原则，每天关注《秦皇岛日报》《今日海港区》等报刊和区内重要会议、文件，搜集区内发生的重大事件，每事一条，每条一记，确保所记大事时间、事件准确无误。搜集整理大事记137条。及时为省、市年鉴报送海港区概况2万字；为基层单位和部门提供各种资料和数据3万字；为省地理国情普查领导小组办公室提供资料2万字。

（刘景银）

【应急管理工作】 加强应急管理“一案三制”建设，加强应急管理办事机构和职能部门建设，形成统一指挥、反应灵敏、协调有序、防范严密到位、处置快捷高效的应急管理机制，建立应急救援培训、演练基地、装备、信息等基础建设为保障的综合应急救援队伍。应急预案体系实现全覆盖。全区总体应急预案1个，专项应急预案24个，部门应急预案119个、镇（园区）街、村居应急预案418个；287家中小型企业应急预案全部修订完成；区68所中小学校修订应急预案816个，4所幼儿园修订应急预案48个。风险隐患排查定时监管。印发关于《开展风险隐患排查工作》通知，规范危险源管理，完善危险源和危险区域突发事件风险数据库并及时更新。投入资金342万元，为中小学、幼儿园配备专业保安150人，配备安全防范器械，定人定岗巡逻并在重要部位增设摄像头390个，完善校园监控和报警系统。保障救援物资实现配备到位。做好储备库的专人保管，定期补充与更新，确保储备物资质量可靠、数量充足。海域岸线油污防控。区政府主管领导多次召开海域岸线油污防控工作协调会，安排部署海域岸线油污防控工作，多次带队深入实地巡查，做好海域岸线油污防控工作，年内未发生油污污染事故。应急值守制度科学、规范。各部门、单位实行24小时领导带班制度，履行应急值守、信息汇报、综合协调、督促检查职责，有重大紧急情况，确保快速反应、科学应对、高效处置。应急演练培训指导工作。对1086家餐饮单位，8727名从业人员进行培训；安监部门举办安全培训3期，培训300多人；地震部门举办1期，培训200人；卫生部门举办2期，培训330人；对辖区99家托幼机构负责人、医疗机构医护人员进行传染病防治法、托幼机构常见传染病防控要点、托幼机构传染病爆发现场处置及人感染H7N9禽流感、埃博拉出血热防控知识培训，提高对安全突发事件的应急处置能力。组织应急演练18次。

（温　平）

【**教育督导工作**】 健全教育督导机制，聘任区第三届兼职督学40人，聘任第三届乡级督学16人。发挥教育督导的指导作用。与区教育局联合组织开展校长、督学观摩会，对区内4所示范小学和1所中学进行观摩学习，提高校园管理的整体水平。迎接省政府对海港区2010～2014年教育工作的第三轮督导评估，区政府高度重视，精心准备，做好迎检工作。制发《海港区迎接省政府教育督导评估工作实施方案》，成立迎省检工作领导小组，制发《海港区政府关于迎接省政府教育督导评估有关工作的通知》，编辑制作《海港区迎省检资料汇编》，召开迎省检工作动员大会，传达省、市政府教育督导团的检查要求和评估标准，明确整改工作目标。多次深入学校进行检查，召开“迎省检”工作推进会、调度会，逐项解决发现的问题，确保省检顺利通过。10月14日，省评估组对区财政局、支付中心、中小学、幼儿园、校外机构等32个单位进行实地检查，从领导职责、教育改革与发展、经费投入、办学条件、校长教师队伍建设、教育管理与质量等方面进行全方位督导评估。10月16日，召开交换意见大会，省督导团对海港区教育工作给予充分肯定和高度评价。

（马　礼）

【**值班工作**】 逐步完善政府值班工作，细化值班室的工作职能、添加办公设备、增补值班人员，确保值班室工作更加规范，各项工作有章可循、有案可查。值班工作有登记、有报告、有落实、有反馈，特别是对领导交办的事项，件件落到实处。对于各种突发事件，及时请示，认真记录，按照领导的指示意见及时处理。明确信访接待程序，施行轮流接访制度，深入了解到访原由，耐心接待，耐心讲解党的方针政策，耐心宣讲区委、区政府的有关规定，遵循着“接待时要热心、听取时要耐心、处理时要诚心”的原则，接待上访人员130多批次、600多人次。

（杨丽芳）

【**接待工作**】 坚持“围绕发展搞接待、搞好接待促发展”的接待理念，突出“服务政务、服务经济、服务客商”的主题，在思想观念上创新，在机制体制上创新，在特色服务上创新，努力丰富接待工作的内涵，全面提升接待水平。出色完成对省、部级领导，外省、市领导，重要客商，新闻媒体，专家学者，省直有关部门等贵宾的公务接待工作；完成省委巡视组等专项接待任务；完成新加坡到区内考察大型会议、大型团组的接待任务。全年接待各类宾客232批次、2500人（政务接待56批，商务接待126批），其中，省部级领导130人，市厅级领导 768 人。

（王洁璘）

【后勤保障工作】 财务工作。处理日常账务、报销整理各种票据 6000 多笔，及时向各对口单位报送财务报表及各种报表 50 多份。完成年度过账工作，对申请的追加经费和各项预算内指标经费、三公经费严格合理使用。上报 2015 年经费预算。完成年度的票据年审工作。对部分固定资产的划转、报废进行报审和账务处理。对单位工作人员工资、离退休人员的工资及单位工作人员的养老保险、医疗保险、公积金比例进行调整，为调入、调出工作人员办理相关手续。后勤服务工作。认真履行办公用品的审批、登记、领用手续。清理库房，对报废的固定资产及时上报、审批并作处理。完成 2015 年办公室报刊征订工作。认真做好“吃空饷”“办公用房”“公车运行”等项工作清理工作，逐级报送多种表格并接受逐级检查。做好老干部工作，定期组织离退休老干部集中活动，为每位老干部订阅报刊并邮寄到家中、帮助老干部解决生活难题。车勤保障工作。制订司机管理办法，照章办事，奖惩有据；车辆养护做到定期检修、定期维护、定期保养，保证车况良好；司机做到随叫随到，保障全年领导、机关公勤用车。

（孙晓惠）

招商引资

【概况】 2014 年，全区招商工作紧扣发展主题，不断创新招商思路，改进招商方式，拓展招商领域，搭建招商载体，改善和优化投资环境，抢抓机遇引项目，全区招商引资工作保持良好的发展态势，取得招商引资的新成效，超额完成招商引资任务指标，利用外资和引进内资分列全市各县区第一、二名，双创海港区历史最好水平。全区累计利用外资 3.43 亿美元，纳统 2.15 亿美元，完成全年任务（1.96 亿美元）的 110%，同比增长 15%，累计引进内资 57.74 亿元，完成全年任务（44 亿元）的 131%，同比增长 17.1%。

【对外开放】 区委、区政府高度重视招商引资工作，主要领导亲自挂帅、带队参与招商活动，先后赴北京、天津、上海、深圳、香港等地，登门拜访华润集团、嘉里建设等 60 多家战略投资企业，洽谈推进重大项目。全年组织小团组、领导出访、参会等各类招商活动 30 多次，接待到访客商 58 批次，220 多人。对迪士尼产业园、苏宁生活广场等 17 个重点攻坚项目实行区级领导分包制度，严格落实“一个项目、一套方案、一个领导、一套班子、一抓到底”的项目分包制度。总投资 50 亿元的世贸城市综合体和青少年阳光基地项目成功签约；与河北师范大学、天津股权交易所和中国企业家思想俱乐部分别签署战略合作协议。环亚设备、博硕光电分别于 6 月、9 月在天交所和北京“新三板”成功上市，成为全市第 8 家、第 9 家上市公司。

【招商活动】 组建驻京联络点，派出业务骨干轮流驻点，搜集掌握各类动态近 100 条，有 10 多家企业到区内实地考察。结合全区产业发展定位，组织开展京津冀协同发展海港区对接企业外溢、天津招商周等 5 项专题招商活动。通过登门拜访，与北京师范大学、北京大学口腔医院、北京马坊物流基地等建立联系，达成北京大学口腔医院附属医院等 7 项合作意向。抓好大连万达、中国世贸等 10 个在谈项目的跟进工作，通过面对面、点对点推进，了解项目最新动态，破解存在问题，掀起全区在京招商引资新高潮。

【招商模式】 敢于创新，打破原有传统招商模式，借台唱戏。10 月底，参加中国企业家思想俱乐部主办的“今日经济大会”，参会企业近 500 家。通过会前与中国企业家思想俱乐部的有效反复磋商，活动安排占尽先机，海港区对外宣传片《大潮涌动·魅力港城》作为整个大会开幕式的暖场片专题播放。区委常委、区政府常务副区长齐香民在会上做区情推介，与中企思战略合作协议签署仪式成为大会的首个议程，取得海港区招商推介的最佳成效。会上定向发放宣传资料 100 多份，与厦门三江世侨集团、四川省国都联保金融仓储等 50 多家企业建立沟通渠道。11 月中旬，中国企业家思想俱乐部秘书长于彦忠一行 41 人到区内实地考察，参观北部工业区等3个园区，考察港务集团、弘耀玻璃等重点企业，举办京津冀协同发展战略研讨会暨中国企业家思想俱乐部会员实力企业走进海港区活动。

【项目建设】 将引进战略投资者做为招商引资工作的重中之重，通过招商引资大客户管理平台，开展战略投资者的招商工作。全年收录大客户592人，涵盖世界500强75家，范围遍布京津、西北、长三角、珠三角及香港、台湾等地和新加坡等国。通过大客户平台管理，有30多位企业家到区内实地考察，签署世贸城市综合体等8项合作意向。对战略投资项目实施“两个零接触”，对中信生态、新兴际华等15个重点在谈、攻坚项目实行科室分包，责任到人，坚持周联系，月调度，确保项目进度。茂业中心项目已开工建设，法国迪卡侬体验店、和立东升物流、传化物流、居然之家等项目抓紧推进。与湖南和立东升实业集团就总投资30亿元的“秦皇岛·东升国际家具建材商贸城”项目签署框架合作协议。

【招商合力】 实行目标管理，强化责任落实，传递压力，形成合力。年初，下发2014年招商引资目标任务。引进内资44亿元，利用外资2亿美元。将任务指标分解到全区28家园区、镇、区直部门等相关责任单位，每月统计各单位内外资完成情况，每季度下发内外资通报，不定期到各责任单位进行督导调度。严格兑现落实2013年招商引资奖励资金，对北部工业区、物流园区等10家招商引资工作成绩突出的单位予以表彰，发放招商引资奖金66万元。

【国际商会】 搭建平台促合作，商会职能得到深化。发展会员。新发展一萱商贸、圆德文化传播、观恒房地产经纪等3家企业成为国际商会新会员。活动开展。参加2014年全省贸促工作会议，组织秦皇岛凯润商贸等6家会员企业赴杭州参观考察电子商务园区项目。邀请潮汕商会、泉州商会等企业家到区内考察。企业服务。组织会员企业参加市贸促会举办的原产地证办理、涉外法律业务知识讲座等9次，组织11家会员企业参加企业健康管理创新研修班。协助会员企业观恒地产举办海南屯昌推介会，协助秦皇岛圆德文化传媒集团组织策划“中铁·秦皇半岛”高空秀表演和第58届韩国小姐大赛秦皇岛之旅等活动。

【海港区赴北京开展京津冀协同发展对接企业外溢活动】 3月11～14日，区委副书记、区长霍春利带队赴北京开展京津冀协同发展对接企业外溢活动，区领导高立明、桑菊，发改局、教育局、卫生局、工信局、招商办、海港医院等相关部门负责人参加活动。其间，拜访中国产业发展促进会、世界杰出华商协会、中国驻京机构商务协会等重点机构，实地参观考察北京师范大学、北京大学口腔医院、北京马坊物流基地等对接资源，登门拜访大连万达、中国世贸、中民实业等重点在谈项目企业，并举办海港区对接北京企业小型投资环境说明会。活动达成多项投资合作意向：与北京市马坊物流基地达成港口物流投资合作框架协议，与北京大学口腔医院达成建设附属医院合作意向，与北京师范大学达成建立附属学校合作意向，与世界杰出华商协会达成建设金融超市合作意向，与北京雨施接工程技术有限公司达成板材基地项目合作意向，与北京府兴鑫意科技有限公司达成教育产业基地项目合作意向，与融信资本达成在秦皇岛港建设天然气罐合作意向等。开启海港区全面承接北京产业转移的第一步。

【海港区与河北师范大学成功签署战略合作协议】 5月6日，在秦皇国际大酒店举行海港区人民政府·河北师范大学战略合作签约仪式，海港区首个融入京津冀引智项目成功签约。市委副书记、市长商黎光，市教育局局长杨学功，海港区区领导冯国林、霍春利、张浩、张立红、刘凤奎及河北师范大学党委书记李建强，副校长邓明立等校方代表参加活动。区委副书记、区长霍春利与河北师范大学副校长邓明立代表双方签署战略合作协议。海港区将与河北师大在顶岗实习支教、置换脱产研修、合作办学、建立“河北师范大学海港教改实验区”、定向选聘、教师专业培训、家庭生态体验基地等多个方面开展合作。依托河师大社科类专家资源深入研究海港区港口、生态及旅游景点，挖掘旅游资源并数字化，加大宣传力度，弘扬秦皇岛优秀文化。新华社、中新社、《河北日报》《河北经济日报》《河北工人日报》、长城网等新闻媒体参加活动宣传报道工作。

【海港区借廊洽会平台成功推动项目签约】 5月18～21日，区委副书记、区长霍春利带领海港区代表团参加在廊坊市举办的廊坊国际经济贸易洽谈会，区委副书记高立明，区委常委、政府常务副区长齐香民及教育局、圆明山管委、招商办、项目办等相关部门负责人参会。5月19日，在秦皇岛投资环境暨京津产业对接说明会上，世贸城市综合体和阳光体育全国青少年秦皇岛国际户外营地综合开发等2个项目成功签约，总投资50亿元。分别是：世贸城市综合体项目总投资28亿元，项目选址于海港区燕山大街和西港路交叉口，项目占地面积8.97公顷，建设大型商业购物中心、高端住宅、特色商业街区、SOHO公寓等组团的城市综合体项目；阳光体育全国青少年秦皇岛国际户外营地综合开发项目总投资22亿元，选址于海港区东北部，东至沙河，西至民族北路，南至圆明大街，北至拦马庄吉庆鞭炮厂，总面积220公顷，用于建设青少年国际户外营地以及整体综合开发。

【海港区赴北京开展重点招商引资项目对接活动】 5月19～22日，区委副书记、区长霍春利带队赴北京开展重点招商引资项目对接活动，区领导高立明、齐香民，发改局、教育局、北部工业区、圆明山文化旅游产业聚集区、海港镇、东港镇、海阳镇、西港镇、重点项目办、招商办等相关部门负责人参加活动。区委副书记、区长霍春利带队登门拜访北大资源集团、际华新兴重工集团、中信生态环境科技发展有限公司、北京东亚新华投资有限公司、神华科技有限公司、北京新奥混凝土集团有限公司、北京中民实业有限公司等7家公司，做到对接企业零距离。洽谈推进项目7项，分别是：与北大资源集团洽谈北大科技城项目，将带来北大幼儿园、北大附中等优质教育资源和北大国际医院、北大医疗产业园等医疗、医药优势资源；与新兴重工集团洽谈天然气综合应用产业园项目，拟总投资20亿元，占地面积66.67公顷，一期建设双燃料汽车改装厂项目，正商定项目选址；与中信生态环境科技发展有限公司洽谈生态养老项目，拟在海港区投资建设生态养老基地；与北京东亚新华投资有限公司洽谈新经济产业园项目，拟总投资5亿元，占地面积13.33公顷，建设企业金融港、总部和次总部基地、科技成果孵化器、公共服务平台、综合配套设施等为一体的产业地产项目；与神华科技有限公司洽谈高科技转化项目，重点洽谈变色玻璃项目；与北京新奥混凝土集团有限公司洽谈建筑垃圾资源一体化项目，项目拟总投资3.3亿元，占地面积6.67公顷；与北京中民实业有限公司推进大润发商业广场项目。赴廊坊实地参观考察“晚·大爱城”项目，隶属“国家爱晚工程”，以“大爱之城·乐享社会”为开发理念，将打造全龄化、全配套、自循环的健康、养老社区，带给居民全龄乐享、邻里乐享、新城乐享、社会乐享四重乐享的全新养老、健康生活方式，成为辐射京津冀的国家养老示范基地。

【赴北京、上海开展“小团组”招商活动】 8月29日～9月1日，区委常委、政府常务副区长齐香民带领招商办、发改局、北部工业区管委会、海港镇和东港镇等相关部门、单位主要负责人赴北京、上海与相关项目建设单位面对面进行“小团组”洽谈，取得良好成效。大润发城市综合体项目有望顺利推进。上海润泰集团康成投资（中国）有限公司（大润发）及中民集团均表达出在海港区投资兴业的强烈意愿，表示将尽快推进该项目，争取尽快实施。国药乐仁堂秦皇岛医药物流配送中心项目取得突破性进展。为国药公司促进项目建设提供政策指导，丰富工作措施，赢得国药公司的认可。上海国药控股股份有限公司对海港区的物流优势、道路建设及西港搬迁等情况深入了解，表示将按照海港区提出的“两条腿走路”（即公司内部审批与海港区项目申报同步进行）意见，争取缩短国药内部的审批时间，争取项目建设顺利实施。与中国企业家思想俱乐部取得进一步合作意向。中企思详细了解海港区的整体情况，通过“面对面”沟通，中企思希望与海港区加强长期交流，寻找合作机会，实现互利共赢。中企思邀请海港区参加10月下旬的“以创新促转型，以管理创效益，以服务谋发展”第六届《今日经济》大会，希望海港区以团体会员的形式加入中企思，以获得政策咨询等各项服务。

【海港区赴厦门参加第六届《今日经济》大会与中国企业家思想俱乐部达成战略合作协议】 10月25～28日，区委常委、政府常务副区长齐香民带领发改、统计、招商、重点项目办等相关部门负责人赴厦门参加由中国企业家思想俱乐部主办的第六届《今日经济》大会。借助参加《今日经济》大会契机，通过播放《大潮涌动·魅力港城》对外宣传片、5分钟区情推介等多种形式宣传推介海港区优良投资环境。与中国企业家思想俱乐部签署战略合作协议，双方以共同推动地方的经济发展为目标，建立长期性、多层次、宽领域的战略合作关系，在资讯服务、平台建设、招商活动、高端会议等多方面展开合作。参加经济形势和中国治国新方略、国家安全与战略、房地产形势等主旨演讲活动。其间，新结识厦门三江世侨集团有限公司、四川省国都联保金融仓储有限责任公司等企业50多家，发放对外宣传资料100多份。

【举办京津冀一体化中国企业家思想俱乐部会员实力企业走进海港区活动】 11月12～14日，以中国企业家思想俱乐部秘书长于彦忠为团长的商务考察团一行41人走进海港区，进行商务考察。是继10月底海港区组团赴厦门参加中企思举办的第六届《今日经济》大会后的第一次中企思到访活动，开启海港区与中企思思想俱乐部间的全面战略合作。中企思商务考察团一行重点参观考察西港东迁、北部工业区、临港物流园区和圆明山文化旅游产业聚集区，全面了解各园区总体规划、土地现状、开发利用等情况；实地考察秦皇岛港务集团、耀华工业园、兴龙广缘等重点企业和秦皇岛规划馆、圆明寺等地。海港区与中企思双方签署战略合作协议，双方将以合作共赢为基础，以推动海港区社会和经济事业持续健康发展为目标，在资讯服务、平台建设、招商引资、高端会议举办等方面达成合作意向。

（郭　杰）

政务服务工作

【概况】 2014年，区政务服务中心深化“精细化管理、标准化服务”工作理念，推动政务服务提素提质提效，为优化全区经济社会发展环境做出积极贡献。进厅窗口办理各类业务4.8万件，按时办结率99.4%，群众满意率98.5%，总收费355.8万元。收到企业和群众赠送锦旗49面、表扬信58封。区中心组织开展的企业注册前置审批领办服务、政务服务直通车、推进三级平台两个代办等项工作多次受到市政务服务中心和区委、区政府领导表扬，省、市新闻媒体多次给予报道。

【迁入新址办公】 1月25日，区政务服务中心机关及各进厅单位整体从市政务服务中心迁入区市民中心东裙楼及西裙楼一层独立对外办公。共3层，总建筑面积1200平方米。进厅窗口工作人员有区发改局、环保局、水务局等37个单位、131人，行政许可、非行政许可审批和公共服务事项168项。区纪委、监察局派驻2名专职纪检干部常驻大厅，在区中心成立监察室，对进厅部门、事项、人员实行效能监察管理。

迁入新址后，完善便民设施建设，相继增设购置排号机、等候座椅、报刊栏、便民袋、便民伞、书写文具等，设置免费wifi，为群众提供上网服务。协调市公交总公司设立政务服务中心公交站点、路标指示牌，编印《便民服务手册》《办事指南》《便民服务海报》，为办事群众提供良好的办事环境。

【简化办事程序】 组织开展“破解群众办事难问题”专项行动，协调督导25个进厅部门主动简化办事程序，如基本条件具备，主要申报材料齐全且符合法定条件，次要条件或手续有欠缺，由窗口先行受理和审查，在材料补齐后及时出具审批意见，颁发相关批文和证照。年内有组织机构代码证、民办非企业登记、社会团体登记、公共场所卫生许可、户口迁移核准、餐饮服务许可等12项进厅事项简化办事程序，取消25项申报材料，有6项事项由3个工作日压缩为即办件。

【优化审批流程】 按照国务院文件要求，对涉及公共卫生许可、娱乐场所经营许可的餐饮、歌舞厅、商场、足浴等行业领办工作流程由前置变为后置，缩短工商注册前置手续办理时限，激发市场主体活力。调整优化工商注册、税务登记、发改项目核准、林业采伐许可等15项进厅事项的审批流程，为群众和企业提供便利。

【务实为民】 编排2条审批流水线，即工商登记流水线、企业注册前置审批流水线，实现“车间流水线式”的审批作业方式，方便办事群众。无偿为重大项目和有特殊困难的群众提供“两个代办”服务，解决群众和企业不懂办事程序、多次往返大厅等问题。年内，为1027名办事群众，445家企业提供领办、代办服务，发放各类证照802件。创新服务形式，在全市率先开展政务服务直通车活动，为企业和群众提供“零距离”的主动上门服务。年内，“直通车”活动成功开展12期，组织进厅部门先后深入军工里、热电里、中石化易捷便利店、义乌小商品城等，提供政策咨询5400多人次，发放宣传资料2.3万多份，现场受理各类申请事项1200多个，组织现场联合指导、验收服务31次，办理证照329个。

【“一站式”服务】 完善服务功能。继续实施“两集中、两到位”举措，推动涉及人民群众切身利益的行政许可、非行政许可、公共服务和中介服务事项进厅办理。经协调，环保设施验收、物价收费许可、城市建筑垃圾处置、生鲜乳收购许可等7项事项进入大厅办理；取水许可、永久占用林地审批、挖掘城市道路审批等3项收费事项进厅集中收费。引进港城刻章、建设银行等多家中介机构，实现进厅事项各窗口无缝对接、流水作业、一站式办结。

【“三个主动”服务】 主动服务群众需求。开展公休日预约服务、业务办理日清日结、延时服务，实现政务服务空间和时间的延伸。针对工商注册登记制度改革、“黄标车”报废补贴等业务办理高峰，会同相关部门采取增设窗口、增加人员、增添设备、延时服务等方法，提高办事效率。15个进厅单位预约上门服务25次，提供延时服务260个小时。主动服务企业发展。研究制订《区政务服务中心领办导办代办服务工作细则》，对区属重点建设项目、政府投资项目、新设立的外阜驻区企业等特殊服务对象开辟“绿色通道”，安排领办代办服务窗口人员全程协助办理。提供“绿色通道”服务9次，提供代办服务85次，组织企业开办联合指导20次、联合验收6次，提供咨询填表等导办服务200多次。主动强化并联审批领办服务。修改完善《企业注册前置审批领办服务工作细则》《区直驻厅窗口审批业务领办工作流程》，推动并联审批领办服务的制度化、规范化、程序化建设。建立领办工作台账，对餐饮、民办学校、旅馆等热点行业领办流程再细化，印制“办事指南”和十大类热点行业“验收标准”，简化环节，提高企业注册前置审批并联领办服务工作效率。推进“大领办”工作，对所有进厅业务中涉及外出踏勘的事项全部由区中心统一收件、统一踏勘、统一发证，全程组织协调监管，部分重点审批事项全程进行录像监督，杜绝厅外受理、超时办结、违规操作、吃拿卡要等现象，确保办结时限和质量。组织联合指导679次，联合验收1132次，发放各类证照502件，开展单项踏勘验收586次，发放证照472件。

【阳光透明服务】 加强业务监管。通过查证芯、查签字、查印章、查档案，督导各部门对窗口充分授权，减少部门内部审批关节，规范审批流程，确保事项厅内受理、厅内办结。建立办事群众定期回访制度，重点回访办事群众对办理时限、收费、服务态度等方面的意见和建议，提高群众满意度。推行优化发展环境廉政监督反馈卡工作，实行“一事一卡”“一人一评”全领域监管。做好进厅事项调整衔接工作。工商、国税、地税、公安等多个部门进行审批制度改革，区中心组织相关部门研究制订衔接实施方案，梳理再造审批流程，调整办事窗口和人员，省、市下放和调整的10项审批事项全部衔接到位。组织开展“黄标车”报废财政补贴进厅工作，提前组织区环保、商务、财政等3个单位工作人员岗前培训，从服务用语、材料审核等方面予以规范，调整前台办事窗口，组成联合审批流水线，让群众不出厅就可以将相关手续办理完毕。认定“黄标车”1831辆，发放财政补贴115.1万元。加强咨询引导工作。通过印制明白卡、制做公示牌、设立公开咨询电话、组建区中心门户网站等多条渠道，公开进厅事项名称、审批依据、标准、程序、时限、收费标准等，提高群众的知晓率。在政务大厅一楼安排专职代办员2人，开展为民服务全程代办，为老、弱、病、残、孕和特殊群体提供协助填表和代办服务。全年受理群众咨询3.5万多人次，发放明白卡7.2万多份。

【监管与培训】 完善进厅人员管理制度。严格进厅人员考核及日常监管，实行全体人员绩效精细化管理。安装面部识别型考勤机2台，所有人员按规定打卡。将出勤、服务态度、办事效率、党员履职、群众投诉举报等情况细化为88小项，由中心各科室分别负责考核，每月一通报，直接与绩效奖金、年度考核挂钩，激发工作人员为民服务、干事创业热情，发挥绩效考核奖金的激励作用。修订《工作人员六条禁令》《机关干部联系窗口制度》《考勤管理办法》《驻厅窗口临时替岗人员管理办法》等14项制度。实行有进有出人员动态管理，对2名严重违纪人员退回原单位。开展多种形式的培训活动。组织开展“政务服务大讲堂”活动。采取集中授课方式，由各窗口首席代表轮流主讲，适时邀请党校教授、燕大讲师、人民医院医师等，讲解当前政治经济形势、廉政建设要求、窗口法律法规知识及窗口服务经验交流等，提高窗口工作人员素质。“大讲堂”举办12期，培训人员960人次。组织所有进厅人员年度理论业务考试，考试结果向各单位通报。加强电子监察和群众投诉举报处理。处理各类投诉举报案件11件，接待投诉事件32起、投诉信件22封、投诉电话41个，全部在规定时限内给群众满意答复。完善业务电子监察系统建设。开发网上业务办理审批系统软件。对所有进厅事项（专网事项除外）的受理、承办、审批、办结等环节全部录入监管系统，对各环节进行实时监管。有88项进厅事项录入监管系统，按时办结率99.4%。东、西裙楼32个高清摄像头全部联入区优化办视频监控系统，实现效能监察的无缝隙监管。

【完善三级政务服务体系建设】 制订下发《海港区建设“三级平台”，推行“两个代办”，进一步完善便民服务体系的实施方案》，多次召开调度会，组织镇、街道及时研究解决工作推进中的困难和问题，交流经验，相互学习提高。7月中旬，组织开展观摩活动，到东环路街道东环里社区等现场观摩，达到交流学习的目的。建立镇、园区、街道政务中心主任“上站会”制度，每季度召开座谈会，交流工作经验，推动工作落实，加强组织管理和业务指导。全年为重点项目提供代办领办40多次，为民服务全程代办400多次；各镇、街道和村、社区共受理群众申请件9.7万多件，办结9.46万多件，提供代办服务6860次，帮助群众代办各类审批和服务事项3.57万多个。

（郭天一）

机关事务管理

【概况】 2014年，按照“管理科学、服务优质、勤俭节约、开拓奉献”的工作要求，围绕中心工作，坚持为机关服务宗旨，立足机关事物管理规范化、服务社会化、保障法治化的工作实际，与时俱进，开拓创新，深化改革，加快发展，发挥政府事务管理、服务、保障的职能，提供“持续改进，快速反应、人性化管理、全方位保障”的机关后勤优质服务，树立新的党政机关办公形象。

【物业管理】 安全保卫严格规范。对办公楼实施封闭式管理，设置主入口门岗和大厅值班岗，配备安保人员40人，安装门禁系统32个、监控摄像头180个，电子巡更点73个。协助机关信访部门做好信访接待服务和信访秩序维护600多起，涉及上访人员4800多人，处理重大上访隐患130多起，配合省、市、区纪委开展各项工作12次，保障“两会”、求仙节闭幕式、党的群众路线教育实践活动等全区重大活动的举办。保洁绿化不留死角。安排28名保洁人员每天对区市民中心公共区域、区文化馆和室外区域进行保洁，对电梯、大堂等区域进行重点保洁。配合区园林部门完成广场绿化、入口大台阶装饰、区文化馆西庭院绿化、职工餐厅雅间门前绿化、连廊水池绿植摆放和盆景美化等工作。停车位和服务用房管理科学。区市民中心有车位538个，其中地上车位381个，地下车位157个，科学划分停放区域，标明车位车号。职工浴室管理规范，建章立制，细致服务，为职工提供干净整洁有序的环境。设立健身活动室，配齐健身器械、乒乓球、羽毛球和桌球器材，开展学做广播体操活动。设立区市民中心医务室，为入驻单位及人员提供日常医疗服务。维修工作专业高效。开展电气维修540次，电路改造12次，水暖空调维修650次，更换门锁、窗户等90次，电路维修10次，配电柜检修2次。组建区市民中心办公车队，调拨大中型车辆9台，供各单位开展会务、调研和大型活动。全年出车216次，用车严格遵守单位申请、领导审批、定点加油维修的程序，保障各类活动的正常开展。

【会务文印】 成立会务接待科，设立文印中心。全年承接各类会议和演出481场，迎接上级领导和兄弟单位参观37次，印刷各类文件239份。坚持周密细致准备、热情周到服务，保证各类会议的举行。会前认真准备。会议主办单位预约登记，对音响和灯光设备进行认真调试，确保功能正常；协助主办单位对会场进行布置，安装会标、摆放桌椅桌牌。“两会”之前，制做大型会标，安装主席台座椅，反复调试音响灯光设备，确保会议成功举办。会间热情服务。抽调高素质的工作人员组成服务小组，负责盯办会议，实施引领和会间服务。文印中心先后承接区人大、区政协等3家单位的材料印刷工作，从文稿初审到打印校对一丝不苟，没有出现任何差错，保障会议质量。

【公共机构节能减排】 对全区公共机构节能工作进行统计，2014年海港区纳入统计公共机构单位165家，建筑面积64.4万平方米，用能人数4.8万人，拥有公车803辆。2014年，消耗电1526万千瓦时，用水122万吨，消耗煤0.67万吨、天然气14.5万立方米、汽油117万升、柴油37万升。同比电消耗量上升较快，水消耗量略有上升，煤、天然气、汽油、柴油的消耗量均有下降。因纳入统计的公共机构数量增加，上年全区纳入统计的单位76家，同比增加89家，学校、医院均纳入统计；各镇、街道办事处经济建设、维稳任务繁重；部分单位电表、水表不独立，统计数据较上年变动较大。对于数量浮动大的单位，要求其作出说明，给予警示。11月11日，市机关事务管理局到海港区督导检查公共机构节能工作，听取汇报，实地察看北环路街道办事处等单位，对全区工作提出表扬。

（张丽君）

国有资产管理与运营

【概况】 2014年，以“实现国有资产保值增值”为宗旨，将2014年工作规划作为重点，积极推进国有资产管理改革与完善，圆满完成全年各项目标任务，圆满完成区委、区政府制订的各项工作目标任务。完成调研任务17项，包括《关于迁入市民中心单位办公用房原址的处置意见》《关于发改局出售五四路土地房产的意见》《核实耀华集团社区拟移交房产情况》等，为领导决策提供准确依据。

【固定资产管理】 加强各单位固定资产管理，敦促各单位新增及处置资产及时、准确入账，严把资产“入口”“出口”关，确保各单位国有资产账账、账表、账实相符。加强资产处置管理。2014年度累计办理行政事业及国有企业日常资产处置473笔、涉及7.06万项、金额7224.03万元，其中，行政事业单位日常资产处置444笔、涉及7.05万项、金额6823.07万元；国有企业办理资产处置29笔、涉及123项、金额400.96万元。加强资产采购管理。加强固定资产的购置管理。全年完成578笔政府采购审批表的国有资产审核手续，资金1.15亿元。

【国有资产公开招租】 促进全区国有资产有序化使用，确保国有资产保值增值，本着“公平、公正、公开”的原则，认真履行监督职责，积极参与各项前期筹备工作。全年召开区属国有资产公开招租会4期，公开招租30家单位136处房产，其中房产成交135处，总成交额679.41万元，较单位自行出租增长173.66万元，增长率34.34%。

【改制资金管理】 建立企业改制资金专户。本着加强服务、提高效益和规范管理的要求，认真做好改制资金管理工作。建立和完善各项制度，规范操作程序。建立和完善资金使用管理制度，做到用制度规范行为、靠制度管理资金。实行专户管理，集中统一管理国企改制资金。实行专人专账管理。避免国有企业改制资金管理分散、违法违规等问题发生，对企业改制资金全程监控，防范财政资金风险。抓住关键环节，保证企业改制资金收入不流失。对企业国有资产产权租赁、出售、转让等各个处置环节给予及时监控，保证改制资金及产权交易收入及时、足额纳入改制资金专户。执行有关政策规定，严格开支范围和标准。对每一笔支出认真审核、严格把关，累计拨付改制资金771.75万元，解决改制企业及职工的实际困难，确保改制资金拨付及时、准确及安全、高效使用。

【涉迁单位原址剩余资产处置】 做好迁入市民中心单位原址剩余资产处置工作。面对年内剩余资产处置工作涉及单位多、资产数量多、金额大、种类杂等实际，提前布置各单位做好盘点，抽调精兵强将组成2个工作组，做好现场核实，提高处置效率；规范资产处置程序，对逐项资产进行现场核实并留下影像资料，保证处置资料的完整；核实过程中，对能使用的资产坚决不允许报废，确保资产发挥最大效能。全区涉及资产处置单位37家、资产1588件、金额330.72万元。

【企业国有资本经营收益征缴】 制发《海港区人民政府关于进一步加强企业国有资产管理的通知》，对2013年经营盈利的区属国有独资企业、独资公司及国有资本参股、控股企业及集体承包企业征收企业国有资本经营收益。年初对全区国有（集体）企业的人员、资产、债权债务管理、经营等情况进行调研。针对企业管理中存在的问题，提出意见建议。对区属国有（集体）企业法人及管理层人员情况进行摸底汇总，上报区政府。做好全区国有企业办事公开工作。对全区17家国有企业办事公开工作进行认真部署，重点对海发房地产开发公司、海发房地产经纪公司、海港区房产交易服务所和太阳城服务中心等4家单位进行督导检查。年度收缴海阳蔬菜批发市场、望海陵园、海房房产交易服务所等7家企业国有资本收益530.8万元，市政公司因资金困难申请免缴。

【国有资产管理系统更换及产权登记】 根据财政部、省财政厅及市财政局《关于开展事业单位及事业单位所办企业国有资产产权登记与发证工作的通知》要求，8月下旬，全区产权登记工作全面启动。对原固定资产管理系统进行更换，将数据成功导入财政部行政事业单位国有资产管理信息系统，实现数据即时操作、及时查询、即时监控；帮助单位尽快掌握软件操作，邀请软件公司专业人员对全区行政事业单位资产管理信息系统操作人员进行理论及上机培训；与市财政局及软件公司协调，组建新国有资产管理系统的网络构架，保证数据传输的稳定性。全年完成行政事业单位的国有资产数据整理审核169家，完成事业单位产权登记104家。

（张　雷）

财政管理

【概况】 2014年，坚持以组织收入为中心，依法行政，依法理财，强化收入管理，实现应收尽收。合理安排支出，合理组织资金调度，财政支出结构更加优化，民生支出得到加强。财政管理日趋规范，各项改革不断深化，机关党建工作、"两个文明"建设取得新成绩，助推全区经济建设和社会事业的快速、健康发展。

【组织收入】 发挥组织协调作用，开展全区企业税源普查工作，摸清全区财源。各相关部门通力协作，推动建设综合治税协调机制，加强纳税信息沟通和统计分析，开展税收专项治理工作，严格依法治税管费。强化财政收入的组织调度，对重点税种、重点行业实施动态监控，采取有力措施，确保各项收入及时足额入库。全区实现公共财政预算收入16.94亿元，为调整任务的100%，同比增长1.7%。

【优化支出】 控制一般性支出，压减“三公”经费支出，同比下降22%（含政府性基金和其他支出，压减比例为27%）。落实财政政策，推动“营改增”扩围工作，减轻企业负担，促进经济发展稳中向好；支持园区加快建设，投入土地出让金、园区建设资金等专项资金3.08亿元，完善园区各项配套措施；加大企业扶持力度，统筹用好中小企业发展和企业技改等资金1209亿元；全力支持旅游业发展，落实旅游发展专项资金1200万元，改造完善景区道路、停车场等设施。改善民生。支持教育优先发展，全年安排教育支出6.3亿元，暴庄小学教学楼改造竣工，50所学校基础设施改造完成，顺利通过省政府教育督导评估；提高社会保障水平，全区社会保障和就业支出2.38亿元，全面落实社会保险扩面、低保继续提标等社会保障惠民政策，新建老年日间照料中心2个、农村幸福院14个；全面支持医疗卫生体制改革，全区医疗卫生支出3.25亿元，促进大病医疗保险业务开展，新农合医疗保险财政补助标准提高到每人每年320元，建设完工的村卫生室设备购置工作全部完成；推动保障性安居工程建设，拨付保障性住房补助资金2.24亿元，支持杨道庄村、公富庄村、东李庄村等保障性住房项目建设；完善公共安全体系，全区公共安全支出7708万元。城乡发展。落实惠农补贴政策，及时发放粮食直补、农资综合直补资金等多项涉农补贴675万元；开展农村面貌提升改造行动，投入各级专项资金3847万元，确保农村道路硬化建设、水电设施建设、村容村貌整治等项目完工；推动农业规模化产业化发展，整合各类涉农财政资金1264万元，带动以蔬菜生产为主导农业产业化发展；加强农村基层政权建设，足额落实资金593万元，保障农村干部和大学生村官工资及时发放、村级组织正常运转。城市面貌。加快城市基础设施建设，投入建设资金5267万元，确保民族路、圆明山大街等多条道路建设改造的顺利实施；加强城市生态环境建设。拨付园林、绿化资金3148万元，新建春泽园等公园游园10个，启动“森林港城”“生态花城”三年增绿计划，改善全区人居环境；深化城市综合管理，安排各项资金1.07亿元，支持城市管理职能下沉，推进城乡一体化运行，推动老旧小区改造升级；加大文化体育、教育基础设施投入，拨付文体中心建设、操场改造等建设资金4719万元。

【财政改革】 完善综合治税大格局，采集梳理涉税信息，开展全区税源普查工作，加强对重点税种和重点行业的专项检查，做到应收尽收；深入实施公务卡改革，按照《海港区公务卡改革强制结算目录》等规定，做好公务卡结算的推广工作，全年支付公务卡还款4534笔，金额3500万元；加强非税收入管理，依托河北省政府非税收入管理系统，组织各执收单位按照法定的依据、项目、标准、程序进行非税收入征缴；深入推进公车治理工作，依据上级有关规定和《海港区党政机关违规公务用车纠正处理工作实施方案》精神，对全区10辆超标超编车辆进行统一拍卖，处置收入按规定扣除相关费用后上交国库；完成“吃空饷”专项治理及“回头看”工作，清理“吃空饷”人员383人；加大对财政资金的监管力度，开展“小金库”专项治理活动，发挥专项资金监控系统平台的监督作用，向社会公开强农惠农、教育、低保、医疗改革、社区等专项资金8760万元；严格政府性债务管理，制发《海港区人民政府关于加强政府性债务管理工作的意见（试行）》《海港区政府性债务风险管控工作方案》，完成政府性存量债务清理甄别工作，为有效防范政府性债务风险提供依据。

（娄俊杰）

人事管理

【概况】 积极贯彻人事人才工作精神，更加注重细节管理与服务，将人力资源素质提升、有效利用、待遇审核作为工作重点，培养树立干部职工理想信念、道德品质。坚持公平、公正、公开，科学有效的开展工作绩效考核，客观评价干部职工。严格组织开展人员招聘。积极引进高素质、急需人才充实到关键岗位。严格依法履行程序，创新思路，认真做好工资福利待遇各项工作，为全区机关事业单位各岗位工作人员履职尽责提供保障。

【人事管理工作】 组织机关工作人员383人、事业单位工作人员1.1万人参加的2013年度考核。开展股级以下公务员在职培训管理工作。完成事业单位的岗位聘任125家。组织教育系统公开招聘。申报评审高级职称卷251份，中级职称卷371份。对参加中、高职评审的1762人进行继续教育证书审验。整理人事档案2000多本，收集材料1.2万多份，接收档案38本。查阅人事档案420人次。调出档案39人。举办创新能力培训班8期，培训1231人。

【人力资源配置】 引进硕士以上人才26人。与13名大学生村官签订聘用合同。新增人事代理231人。9名大学生志愿者通过报名、考试、培训、签约等环节，走上农村基层支教、支医公共服务岗位，开展“三支一扶”志愿服务。通过核查人事档案，与编办、财政等部门配合，联合审查人员信息1.24万人，建立全区机关事业人员信息管理系统。接收安置随军家属15人。

【工资管理】 审批调整40家机关单位1100多名工作人员津补贴标准，审批调整226家事业单位1.5万名工作人员绩效工资标准。开展事业单位津补贴清理规范工作。为大、中专毕业生转正、定级、审批工资117人。为机关事业单位调整岗位人员核定工资1862人。开展公务员晋升级别工资、事业单位工作人员晋升薪级工资审批工作。审核266家单位1.6万多人2013年度精神文明奖。审批机关事业退休293人、企业退休360人。完成各项工资福利统计上报工作。组织工人技术等级考核相关工作。

（冯 彬）

劳动就业管理

【概况】 以加强基层平台标准化建设、拓宽就业帮扶工作思路、强化劳动执法监察为工作重点，健全工作机制，完善服务体系，发挥就业管理职能作用，开展就业培训、职业介绍、劳务输出、落实再就业的各项优惠政策、建立劳动力市场和信息网络、推进农村劳动力的转移就业工作，完成全年各项工作任务。为推动全区经济发展，保持社会稳定起到积极的作用。

10月，劳动人事仲裁院挂牌开业。

【就业再就业工作】 开展基层人力资源社会保障公共服务平台建设“以奖代补”工作，建设7个镇街服务所、13个行政村及38个社区服务站，全部达到示范等级。设立高校毕业生“就业服务工作室”，公布服务热线，为406名高校毕业生推荐工作岗位。组织高校毕业生“就业服务进校园”活动，170多家企业提供就业岗位3800多个。开展“春风行动”“民营企业招聘月”“就业援助月”“送岗位进社区”等就业专项服务活动。苏宁电器、兴龙工业集团、宏岳塑胶集团、思泰意达等企业入场招聘，各镇、街、园区征集大量用工岗位。组织招聘会11场、“送岗位进社区”活动10场，提供就业岗位1.03万个，发放各类宣传资料5万多份。为234名有创业愿望的失业人员申请小额担保贷款1929万元，帮助自主创业。带动失业人员实现就业800多人。全年认定就业困难人员1099人，建立详尽的信息库。通过机关事业单位腾岗安置就业困难人员270人；鼓励企业吸纳就业困难人员113人。开办免费技能培训班39期，培训失业人员2106人，培训工种涉及家政服务、计算机操作、中式面点、插花、汽车驾驶、收银员等，1400多人实现就业。实现城镇新增就业1.03万人，完成目标任务的103%；下岗失业人员再就业4125人，完成目标任务的103%，其中就业困难人员再就业2108人，完成目标任务的105%；农村劳动力转移就业315人，完成目标任务的105%；城镇登记失业率3.13%。创建就业见习基地9个，征集就业见习岗位320个。

【社会保险工作】 开展《中华人民共和国社会保险法》实施前企业职工补缴基本养老保险费经办工作，补缴115人，补缴保险费313.2万元。连续第10年调整企业退休人员养老金待遇，每月增加待遇支出213.3万元，人均增加退休金178.24元。规范机关事业养老保险经办管理，做好机关事业养老保险改革摸底前期工作。实现城乡居民基本养老保险参保5.53万人，领取待遇1.7万人。保障465名民办代课教师养老金补助按时发放。召开29家定点医院工作会议，全年稽查住院病人2377人，占住院人数的60%。企业养老保险实现参保3.77万人；净增参保1923人，完成目标任务的101%；征缴保险金1.22亿元，完成目标任务的127%。职工医疗保险参保2.91万人；净增参保350人，完成目标任务的175%；征缴保险金8733.4万元，完成目标任务的106.7%。失业保险参保1.77万人；新增参保1801人，完成目标任务的180%；征缴保险金1181.18万元，完成目标任务的148%。生育保险参保1.97万人；净增参保350人，完成目标任务的175%；征缴保险金321.93万元，完成目标任务的105.6%。

【劳动维权工作】 及时处置劳动维权群体访案件19起，涉及劳动者850人。办理劳动者维权类市长热线交办件48件，均妥善解决。开展“农民工工资支付情况专项检查”“清理整顿人力资源市场秩序专项行动”等多项活动。监督检查用人单位640户次，书面审查用人单位390家，为161家用人单位发放劳动保障书面审查合格证书。协调信访、建设、房产、公安等部门，做好因建设领域拖欠农民工工资引发的群体性讨薪及突发事件的协调处理工作。重点对辖区内16个建筑工地进行拉网式排查。开展非建设领域工资专项检查。全年受理劳动者维权案件143起，解决拖欠工资、经济补偿、经济赔偿、工伤补偿及抵押金等2807万元，涉及劳动者2143人。

（冯　彬）

重点项目管理

【概况】 把扩大投资需求作为拉动经济增长的重要着力点，坚持项目带动不动摇，狠抓项目落地、开工、建设和协调服务，责任领导、责任单位全力以赴抓项目、千方百计增投资、齐心协力促发展，全区重点项目建设发展态势良好。

【千万元以上在建项目】 全区计划实施千万元以上项目90项，年度计划投资220亿元，其中，续建项目35项，年度计划投资100亿元，新开工项目55项，计划投资120亿元。全区实施千万元以上重点项目99项，累计完成投资223.1亿元，完成年度计划的101.4%。其中，续建项目35项，累计完成投资113.6亿元，包括耀华整体搬迁、中信渤铝技改、西浴场改造等项目；新开工千万元以上项目64项，累计完成投资109.5亿元，主要包括尼特数字对讲、博赫科技、高鹏新能源玻璃加工、圆明山大街道路工程等项目。

【省、市重点项目】 全区实施省、市重点在建项目16项，总投资783.1亿元，年计划投资44.1亿元，累计完成投资45.7亿元，完成年度计划的103.6%。其中，续建项目2项，秦皇皓月城、香格里拉五星级酒店项目；新开工项目14项，中运机械、博赫仿真智能化生产线、海产品仓储加工、莲花岛旅游综合体、圆明山文化旅游服务基地一期、艾欣有机农产品加工配送、旭日家居二期扩建、国际汽配城二期、煤炭交易中心、国药医疗器械耗材集中配送、茂业城市综合体、华信综合商贸城、温州大厦、精神卫生中心新建项目。

【项目管理】 强化重点项目意识，全力推进项目建设进度。坚持重点项目重点抓，重点项目重点保，重点项目重点管，加强检查指导，及时解决建设中存在的困难和问题。力促圆明山文化旅游服务基地一期项目、秦皇皓月城项目、茂业城市综合体等重点项目顺利推进。对具备或通过努力具备开工条件的项目,组织开展“集体开工”活动，推动项目顺利开工建设。加快推进项目前期工作，促进未开工项目早日开工。全面推行重大项目前期工作责任制，各项目的前期工作责任落实到时间节点、到单位、到个人。对重点工程建设项目的有关报建手续，简化程序，从快办理，限时办结。科学安排，提高效率，协调处理项目前期工作各类矛盾和困难，争取项目尽快尽早开工，形成实物工作量。加强服务意识，营造亲企、重企、安企的环境。拓展服务内涵，在深度上下功夫。与项目业主之间加强沟通、密切配合，特别是涉及规划、国土、环评、建设工程许可等手续办理问题时帮其谋思路、出点子，让项目在推进过程中少走弯路。

【京津冀协同发展工作】 谋划制订《海港区关于推进京津冀协同发展工作的实施方案》，明确指导思想和原则、总体目标和要求、承接区域和重点、具体任务和分工、保障措施和机制。成立加快承接首都功能疏解和产业转移工作领导小组，调专人成立海港区京津冀协同发展驻京工作联络点，联络组多次到省驻京协作办进行拜访，到中信生态环境科技发展有限公司等央企、大型民企进行走访对接。3月中旬，区政府主要领导带队赴北京开展京津冀协同发展海港区对接企业外溢活动，开展与驻京企业、协会、教育医疗机构间的交流，先后拜访世界杰出华商协会、国家发改委中国产业发展促进会、中国驻京机构商务协会等权威协会机构，实地考察北京师范大学、北京大学口腔医院、北京马坊物流基地等涉及教育、医疗、物流机构，推进世贸城市综合体、大润发购物中心等3个在谈重大招商项目，召开海港区对接北京企业小型投资环境说明会，新结识10多位实力企业家朋友。5月中旬，区委、区政府主要领导带领相关部门、单位参加廊坊国际经济贸易洽谈会，拜访万达集团、北京新奥混凝土集团有限公司、北京师范大学、北大资源集团、新兴重工集团和神华科技发展有限责任公司，推进万达广场项目、双燃料汽车改装厂项目、建筑垃圾资源一体化项目和神华科技合作等项目，达成投资合作意向7项。包括：与河北师范大学达成战略合作意向；与际华集团达成建设天然气综合应用产业园项目合作意向；与北京新奥混凝土集团达成建设建筑垃圾资源一体化项目合作意向；与北京大学口腔医院达成建设附属医院合作意向；与北大资源集团达成建设北大科技城项目合作意向；与北京师范大学达成建设附属学校合作意向；与世界杰出华商协会达成合作意向。

2014 年海港区千万元以上新开工项目情况一览表

表 2–2

项目名称	主要建设内容及规模	建设周期	总投资（万元）	当年计划投资（万元）	累计完成投资（万元）	占当年计划 %	形象进度及存在问题
总计 61 项			1776094	856795	902432	105%	
工业项目：20 项			208772	199427	179770	90%	
冉晨工贸	占地面积 3200 平方米，建筑面积 4562 平方米，包括厂房、办公楼等，年产烟气脱硫环保设备 30 套。	2014	1312	1312	1510	115%	竣工
尼特数字对讲系统项目	完成技术研发，改扩建原有生产厂房并购置关键设备 10 台套。	2014	6000	6000	7195	120%	竣工
粉煤灰加气砼砌块建设项目	年产 30 万立方粉煤灰加气混凝土砌块。	2014	2800	2800	2800	100%	竣工
蒸压粉煤灰砖项目	用现有厂房生产蒸压粉煤灰砖及购置设备，年生产 1.8 亿块。	2014	9000	9000	9165	102%	竣工
冀红海产品仓储加工项目	占地面积 1.33 公顷，拟建设交易展示大厅、加工车间、办公楼等。	2014	20000	20000	18000	90%	完成招拍挂，办理开工手续，建设城肥管理处新址
博赫科技项目	占地面积 1.27 公顷，生产数字化、智能化高仿真模拟生产线等教学仪器，用于高等院校实训及科研。	2014	10000	3000	7950	265%	装修
秦皇岛港股份有限公司煤炭堆场防风网建设工程	对煤炭堆场周围进行防风网铺设。	2014	37800	37800	25003	66%	施工
秦皇岛港股份有限公司煤四期翻车机系统改造工程	对煤场翻车机系统进行升级改造。	2014	42500	42500	36433	86%	施工
秦皇岛港股份有限公司煤三期 1 号变电所高、低压柜更新项目	变电所 43.26 面高低压柜更新及进线电缆等。		2345		399		施工
秦皇岛港股份有限公司煤三期堆料机更新	对煤场堆料机记性升级更新。	2014	5400	5400	4161	77%	施工
秦皇岛港股份有限公司含尘污水回用改造工程	对污水处理系统进行升级改造。	2014	3202	3202	3202	100%	竣工
秦皇岛港股份有限公司煤码头二期工程 203 号、204 号泊位码头结构加固改造工程	对码头泊位进行结构加固。	2014	1187	1187	1187	100%	竣工

续表 2–2

项目名称	主要建设内容及规模	建设周期	总投资（万元）	当年计划投资（万元）	累计成投资（万元）	占当年计划 %	形象进度及存在问题
秦皇岛港股份有限公司煤码头三期工程 301 号、302 号、303 号泊位码头结构加固改造工程	对码头泊位进行结构加固。	2014	1165	1165	1165	100%	竣工
秦皇岛柏仁机械加工有限公司投资年加工 30 万只轮毂项目	总建筑面积 4.6 万平方米，建设年产 30 万只轮毂生产线加工车间及办公楼等。	2014	3000	3000	3000	100%	竣工
弘耀 1x4.5MW 玻璃窑余热发电项目	建设 1 台 12t/h10.8t/h 余热锅炉配 1 台 4.5MW 凝气式发电机组及附属设施。	2014	4670	4670	5000	107%	竣工
北方玻璃窑余热发电项目	利用 500t/d 在线镀膜生产线迁建项目和 600t/d 节能颜色浮法玻璃生产线项目，建设 2 台余热锅炉和 1 台 4.5NW 宁汽式汽轮机发电机组。年发电量 2952 万千瓦时。	2014	4658	4658	5000	107%	竣工
建筑工业化研发生产项目	建设研发实验楼、办公用房、仓库等。	2014 ~ 2015	31500	31500	25000	79%	
海盛燃料油有限公司投资海盛船用燃料油（重油）存储项目	年燃料油周转量 6000 吨，建筑面积 2475 平方米，建库房办、公用房及 8 个拱顶钢制重油存储油罐。	2014	3500	3500	3500	100%	竣工
鑫泉包装项目	占地面积 1.33 公顷，建筑面积 7000 平方米，年产 3500 吨新型 EPE 定位包装产品。	2014	5733	5733	5000	87%	施工
秦皇岛高鹏新能源玻璃加工项目	总建筑面积 5.5 万平方米，建设研发中心楼、宿舍、生产车间、库房等。购置压缩机、X 光机等设备 50 台（套）。年加工生产综合玻璃 500 平方米。	2014	13000	13000	15100	116%	竣工
物流服务业项目：11 项			892744	364046	274800	75%	
秦皇岛未来置业投资有限公司莲花岛旅游综合体项目一期工程	占海面积 187.32 公顷，建有高端会议中心、美食购物天堂、演艺中心、观海大桥、防波堤、莲花广场、莲花空间、商业 Mall、文化 Mall、四季海水浴场、分时度假酒店、商业街、娱乐街、酒吧街、美食街、莲花酒店公寓、七星级莲花酒店、帆船俱乐部、游艇俱乐部、游艇及帆船码头、度假公寓、海景公寓和其他配套设施等。	2014 ~ 2016	200000	20000	37000	185%	正在填海
华信现代综合物流园项目	占地面积 16.18 公顷，建筑面积 18 万平方米，建设农产品冷链物流、汽贸城、金融办公区等。	2014 ~ 2016	106446	106446	52000	73%	
圆明山文化旅游服务基地一期	在圆明山片区建设智慧公园、生态公园、圆明湖、安置房等。	2014 ~ 2016	215698	150000	90000	60%	完成 4 村房屋征收，调整控规、准备其他 3 村征收

续表 2-2

项目名称	主要建设内容及规模	建设周期	总投资（万元）	当年计划投资(万元)	累计完成投资（万元）	占当年计划 %	形象进度及存在问题
华苑山庄	圆明山片区内旅游度假山庄。	2014.12	9800	9800	9800		竣工
腾轩加油站	占地面积 3.33 公顷，建筑面积 719 平方米，新建站房 344 平方米，罩棚 375 平方米，购置加油机等设备 6 台。	2014	1300	1300	1500	115%	竣工
连峪山庄三期项目	完善连峪基础设施建设，北朝长城遗址修复开发、朝阳古寺复建、水体景观及建设休闲农庄，完善熏衣草项目。	2014 ~ 2018	50000	5000	5000	100%	创业园、开心农场竣工，北朝长城、朝阳古寺准备施工
秦皇岛医药物流中心	由秦皇岛德信北方医药有限责任公司投资建设，总投资 2500 万元，建筑面积 7260 平方米，占地面积 0.45 公顷，建设办公用房 720 平方米，仓储用房 6540 平方米。	2014	2500	2500	2900	116%	竣工
秦皇岛茂业房地产开发有限公司茂业城市综合体项目	占地面积 5.14 公顷，总建筑面积 40 万平方米，其中地上建筑面积 30 万平方米，地下车库 10 万平方米。包括购物中心、大众餐饮、大型超市、电子娱乐、商务公寓酒店、住宅、体育休闲等多种业态，是集多种功能为一体的大型城市综合体。	2014 ~ 2016	250000	20000	30000	150%	地点位于河北大街与文昌路交叉口，原前道西村，正进行现场围挡施工、临时水电安装施工和降水施工。
成东物流仓储配送项目	占地面积 2.59 公顷，拟建设现代化仓储用房、对唱、停车场等。	2014	20000	20000	22000	110%	竣工
旭日家居装饰有限公司旭日家居二期扩建项目	占地面积 3.07 公顷，建筑面积 4 万平方米，建设大型家居广场。	2014	26000	26000	21100	81%	装修
秦皇岛嘉瑞房地产开发有限公司温州大厦	总建筑面积 2.86 万平方米，新建集办公、商业于一体的综合楼。	2014 ~ 2015	11000	3000	3500	117%	10 月工程主体完成 17 层封顶
基础设施项目：16 项			384286.1	205322	177207	86%	
秦皇岛市六合建设开发项目管理公司大汤河局部河段周边环境治理	对大汤河河段周边环境进行综合治理。	2014	6329	6329	6329	100%	竣工

续表 2-2

项目名称	主要建设内容及规模	建设周期	总投资（万元）	当年计划投资（万元）	累计完成投资（万元）	占当年计划 %	形象进度及存在问题
秦皇岛市六合建设开发项目管理公司新开河局部河段周边环境治理	对新开河河段周边环境进行综合治理。	2014	8000	8000	8000	100%	竣工
秦皇岛市园林局城市绿化工程	城区内道路绿化改造及城区树木补种。	2014	1000	1000	1200	120%	完工
秦皇岛市慈善医院扩建工程	秦皇岛慈善医院住院楼扩建工程。	2014	1300	1300	1300	100%	竣工
秦皇岛排水有限责任公司城市污水管网改造工程	对城区内污水管网进行升级改造。	2014	3031	3031	3031	100%	竣工
秦皇岛市太阳城商业区管理委员会太阳城升级改造工程	太阳城升级改造二期工程。	2014	3500	3500	3500	100%	完工
海港区水务局沙河河道环境综合整治工程	对沙河上游河道环境综合整治工程。	2014	14574	14574	14574	100%	竣工
大旺庄旧村改造项目	村址搬迁后由华润置地整体改造，安置村民 680 户，1994 人。	2014 ~ 2018	200000	30000	1000	3%	准备房屋征收
海港区生活垃圾备用场工程	主要建设海港区生活垃圾场。	2014.12	14000	14000	14000	100%	
海港区林业局北港镇乡村绿化项目	对乡村进行绿化美化工程。	2014	1255	1255	1255	100%	竣工
圆明山大街道路工程（陈庄跨桥 — 承秦出海路）	圆明山大街建设，主要是陈庄跨桥 — 承秦出海路段。	2014 ~ 2015	16964	15000	12480	83%	主体施工
金梦海湾供电工程项目	对金梦海湾片区内供电电缆进行铺设。	2014	1390	1390	1390	100%	竣工
民族路上跨铁路立交桥工程	对民族路上跨铁路立交桥进行施工建设。	2014	19249	19249	19249	100%	竣工
归提寨片区基础设施配套工程	对归提寨片区内基础设施配套进行建设（南岭西路等）。	2014 ~ 2015	33315	33315	38315	115%	竣工
北环路上跨铁路立交桥工程	对北环路上跨铁路立交桥进行施工建设。	2014 ~ 2016	50379	50379	50379	100%	竣工
秦皇岛市九龙山医院投资精神卫生中心新建项目	总建筑面积 2.94 万平方米，新建门诊综合楼一栋，住院楼 2 栋，后勤保障办公楼 1 栋。	2014 ~ 2015	10000	3000	1205	40%	前期手续完备，办理银行贷款手续,做进场前准备。

续表 2-2

项目名称	主要建设内容及规模	建设周期	总投资（万元）	当年计划投资（万元）	累计完成投资（万元）	占当年计划 %	形象进度及存在问题
房地产项目：4 项			290292	88000	192424	219%	
兴龙香熙海项目	占地面积 5.21 公顷，建筑面积 15 万平方米，商品房和商业开发。	2014 ~ 2016	90000	20000	20000	100%	主体施工
达润时代逸城四期、五期			95892		57424		
万通盛秦北苑	总建筑面积 42.87 万平方米，建普通商品住宅 28 栋，幼儿园、商业用房、物业用房、换热站、变电站等配套设施。	2014 ~ 2015	64400	40000	39000	98%	商业楼和部分住宅楼正在主体施工
紫金嘉府 C1 区项目		2014 ~ 2016	40000	28000	76000	271%	竣工
其他：10 项					78231		
沿海高速公路北戴河机场支线及北戴河联络线	沿海高速公路北戴河机场支线及北戴河联络线。	2013.9	105712		16138	100%	
秦皇岛市海东青海上休闲娱乐	秦皇岛市海东青海上休闲娱乐。	2014.3	10000		10000	100%	
东北大学秦皇岛分校	东北大学秦皇岛分校新校区。	2014.3	31453		200	0%	
G205 国道改造秦皇岛段	G205 国道改造秦皇岛段。	2013.8	9600		9600	100%	
海港区文化体育广电新闻出版（版权）局	秦皇岛市海港区文体中心。	2013 ~ 2014	9009		9009	100%	
新型复合板玻璃包装箱生产项目	新型复合板玻璃包装箱生产项目。	2014	1000		1000	100%	
秦皇岛市福寿食品有限公司整体迁建项目	秦皇岛市福寿食品有限公司整体迁建项目。	2014.3	7800		9350	100%	
新建玻璃深加工生产线项目	新建玻璃深加工生产线项目。	2014.3	5300		6360	100%	
海港区老年人服务中心二期扩建工程	海港区老年人服务中心二期扩建工程。	2014.7	8600		8600	100%	
海港区圆明山文化旅游产业聚集区管理委员会长桥岭塘坝项目	海港区圆明山文化旅游产业聚集区管理委员会长桥岭塘坝项目。	2014.8	7974		7974	100%	

2014 年海港区千万元以上续建项目一览表

表 2-3

项目名称	主要建设内容及规模	建设周期	总投资（万元）	到上年累计完成投资（万元）	当年计划投资（万元）	累计完成投资（万元）	形象进度及存在问题
总计：35 项			13270225	1890828	863926	1127946	
工业项目：7 项			767702	364260	29426	189800	
中国耀华玻璃集团有限公司玻璃工业园	项目包括整体搬迁改造、电子玻璃及新能源、技术升级改造等（不含异地扩能），建于北部工业区，占地面积 196.67 公顷，涉及海港区面积 146.67 公顷，需新增地面积 63.33 公顷。	2008 ~ 2014	505876	290260		122500	500t/d 镀膜和 600t/d 节能颜色浮法线投产；600 吨浮法玻璃生产线和 600 吨太阳能基板玻璃生产线投产。耀华机械、工技厂、耀华窑炉热态等搬迁完毕。
(500+600) 吨 / 日镀膜玻璃生产线	年产 1100 万重量箱镀膜玻璃。	2008 ~ 2010	56000	61800			竣工投产
(500+600) 吨 / 日在线 LOW—E 玻璃生产线	年产 583 万重量箱浮法玻璃，其中 Low—E 玻璃 165 万重量箱。	2008 ~ 2010	65000	71260			600t/dLOW—E 线已投料生产
（30+60）吨 / 日硼硅板玻璃生产线	年产 1.8 万吨硼硅浮法玻璃生产线。	2008 ~ 2011	25126	20150		10000	已竣工投产
600 吨 / 日太阳能基板生产线	年产 290 万重量箱太阳能基板玻璃。	2008 ~ 2012	35000	31800		10200	已投料生产
800 吨 / 日超厚浮法玻璃生产线	年产 466 万重量箱超厚浮法玻璃。	2008 ~ 2012	30000	11000		25000	竣工
耀华北部厂区超薄生产线加装在线 Low—E 设备	年产 210 万重量箱浮法玻璃，其中 Low—E 玻璃 50 万重量箱。	2009 ~ 2012	9000	9000			已竣工投产
耀华北部厂区镀膜生产线冷修改造	年产 300 万重量箱镀膜玻璃。	2010 ~ 2012	6000			7200	竣工
一期 60 兆瓦非晶硅薄膜太阳能电池生产线	建设年产 60 兆瓦非晶硅薄膜太阳能电池生产线。	2008 ~ 2012	45000				

续表 2-3

项目名称	主要建设内容及规模	建设周期	总投资（万元）	到上年累计完成投资（万元）	当年计划投资（万元）	累计完成投资（万元）	形象进度及存在问题
其他配套投资			79750	85250			机械制造、玻璃钢项目竣工。工业技术玻璃、耀辉熔炉热态、耀华实业等项目搬完。
二期 90 兆瓦非晶硅薄膜太阳能电池生产线	建设年产 90 兆瓦非晶硅薄膜太阳能电池生产线。		55000			55000	主体施工
TFT—LCD 用玻璃基板生产线	年产 TFT—LCD 用玻璃基板 100 万平方米。		100000			15100	主体施工
益海嘉里环保资源开发有限公司生产线项目	占地面积 56.67 公顷，以废弃油脂回收进行精细加工，占地面积 10 公顷，投资 5.2 亿元。生物燃料和化学助剂加工为主，把废弃油脂做成生物能源，占地面积 26.67 公顷，投资 8 亿元。高级涂料、重度防腐漆、油墨为主，占地面积 20 公顷，投资 4.8 亿元。	2011 ~ 2014	180000	40000		25000	一期竣工投产
博硕光电设备有限公司太阳能电池组件封装设备自动化产业基地二期	总建筑面积 3.75 万平方米，建设太阳能电池组件封装设备自动化产业基地。	2013 ~ 2014	30000	3000	8000	27000	竣工
精益电器	占地面积 1.07 公顷，总建筑面积 1 万平方米，生产高低压开关柜等配电设施。	2013 ~ 2014	3800	1000	3400	3000	竣工
辰海退城进郊太阳能产品制造	总建筑面积 2 万平方米，包括厂房 1 万平方米、办公用房 4000 平方米、库房 4000 平方米、仓库 4000 平方米、变电室及福利设施 2000 平方米。	2013 ~ 2014	8000	1000	7000	8000	竣工
卓龙机械年产 1000 台真空吸砂机项目	总建设面积 9928 平方米，建生产车间 7000 平方米、仓库 2000 平方米、办公用房 780 平方米、其他辅助设施 148 平方米，购置设备。	2013 ~ 2014	10026	6000	4026	4300	完工
中信渤海铝业太阳能型材技术改造项目	对现有设备进行技术改造和更新。	2013 ~ 2014	30000	23000	7000		正在新建生产线

续表 2–3

项目名称	主要建设内容及规模	建设周期	总投资（万元）	到上年累计完成投资（万元）	当年计划投资（万元）	累计完成投资（万元）	形象进度及存在问题
物流服务业项目：5 项			7105500	434700	257500	311374	
文化路地下商场项目	建设大型地下商场。	2012 ~ 2014	64000	62100	5000	2790	完工
运达驾驶员综合能力培训基地项目	新建综合楼面积 1200 平方米，学员培训中心面积 1000 平方米，学员食堂、宿舍面积 500 平方米。	2013 ~ 2014	6500	4000	2500	2550	完工
秦皇岛香格里拉酒店项目	建筑面积 6.6 万平方米，建五星级酒店 1 座及配套设施。	2011 ~ 2014	35000	26600	10000	40000	竣工
燕达实业集团有限公司投资秦皇皓月城项目	总建筑面积 351 万平方米，建设总部商务区、高端研发中心、现代商务服务区、商务会展中心、展厅及其他基础配套设施。	2012 ~ 2016	6800000	300000	200000	232834	滨河大道范庄段开工准备完成，海阳一村段下穿铁路桥路段路进场施工，海阳四村段路开展征迁；大汤河西岸景观整治海阳四村段进场施工；海国街、海发路、大小汤河水系建设及景观整治施工图待批。学校建设方案通过市规划局审批。范庄返迁安置房开工 3 栋；海阳四村返迁安置房完成方案设计。
北京山渊金汇投资有限公司投资圆明山龙泉国际养老中心	占地面积 100 公顷，总建筑面积 60 万平方米，拥有 2 万张床位。建家居式老年住宅公寓，设有医疗保健养护中心、购物中心、餐饮中心、休闲活动中心、文体娱乐中心、教育培训中心、办公服务中心等。	2011 ~ 2014	200000	42000	40000	33200	竣工

续表 2-3

项目名称	主要建设内容及规模	建设周期	总投资（万元）	到上年累计完成投资（万元）	当年计划投资（万元）	累计完成投资（万元）	形象进度及存在问题
基础设施项目：4 项			238350	129812	77000	10000	
金梦海湾项目海岸线生态修复工程	增加沙滩宽 50 米，增加沙滩面积 20 公顷。	2012 ~ 2014	14000	10000	4000	4000	竣工
西浴场改造	硬质铺装，植物绿化，景观照明，声控、监控系统，给排水系统，小型服务性用房及其他辅助设施等。	2012 ~ 2014	35500	5000	5000	6000	一期工程 A B 区主体基本完工
大小汤河、大小马坊河综合治理工程	河道治理工程。	2010 ~ 2015	167890	101838	60000		河道改造
秦皇岛燃气总公司天然气利用工程	建设天然气门站 1 座，制气厂高中压调压站及 CNG 加气母站各 1 座、高中压调压站 1 座。	2013 ~ 2014	20960	12974	8000		主体施工
房地产及其他：19 项			5158673	962056	500000	616772	
恒大地产集团秦皇岛恒大城项目	地上建筑面积 44.87 万平方米，包括：住宅、商业用房、幼儿园；地下车库。	2012 ~ 2014	131113	101000	30000	19000	施工
北城一号（煜明地产）	总建筑面积 23.1 万平方米。共 23 栋楼，其中多层住宅 12 幢；小高层 3 幢；高层 7 幢。	2012 ~ 2014	70000	25049	40000	16000	17 幢住宅主体完工，其中 10 栋 6+1 及小高层竣工，7 栋高层内外装修。
金盛达腰站庄旧村改造工程（三期）	建筑面积 24.8 万平方米，包括 8 幢 32 层高层住宅、1 幢 17 层高层住宅、5 幢 6+1 住宅楼及配套设施；地下车库、下房和地下辅助设施。	2012 ~ 2014	56334	12600	50000	1447	8 幢住宅主体施工，年底前主体竣工。
玉发水岸风情项目	总建筑面积 29 万平方米。建 20 多幢 6+1 居民住宅、20 多幢 18 层高层及 16 幢 12 层小高层居民住宅，其中包含 4 公顷旧村改造范围，共 16 幢 6+1 住宅及小高层。	2013 ~ 2015	72000	45000	10000	18000	主体建设
南四村旧村改造工程	建设 6+1 安置房及高层商品房、绿地及配套设施等。	2012 ~ 2014	500000	17000	20000		市规划局尚未出具规划手续
徐庄、富家营联合开发项目	建设 6+1 安置房及高层商品房、绿地及配套设施等。	2012 ~ 2014	150000	36000	20000	10000	市规划部门同意开发并调整居住用地，区综开办完成统计汇总及成本测算；居住用地调规获市政府联审会批准。

续表 2-3

项目名称	主要建设内容及规模	建设周期	总投资（万元）	到上年累计完成投资（万元）	当年计划投资（万元）	累计完成投资（万元）	形象进度及存在问题
东港花园保障性住房项目一期	占地面积 1.18 公顷，建筑面积 4.73 万平方米。	2013 ~ 2014	23200	14200	10000	17800	竣工
国瑞锦院项目	占地面积 3850 平方米。	2013 ~ 2014	39000	15400	10000	40420	竣工
西部四村拆迁改造项目	总占地面积 142.87 公顷，总建筑面积 420 万平方米。	2011 ~ 2014	750000	137000	20000	30000	商品房主体施工
金梦海湾 2 号、3 号地块项目	占地面积 19.19 公顷，总建筑面积 44.2 万平方米，商品房开发，建设住宅小区及配套设施。	2011 ~ 2014	330000	84800	20000	20000	主体施工
金舍博贤院项目	总占地面积 15.13 公顷，总建筑面积 51 万平方米。	2011 ~ 2014	180000	86000	25000	8000	装修
万和郡（香邑溪谷）一期项目	占地面积 9.8 公顷。总建筑面积 25.74 万平方米。	2012 ~ 2014	125200	38000	20000	100000	施工
南岭国际社区项目	建设 6+1 安置房及高层商品房、绿地及配套设施等。	2012 ~ 2014	300000	33000	20000	20000	主体施工
华润（秦皇岛）橡树湾一期	占地面积 7.73 公顷，总建筑面积 24 万平方米，商品房开发，建设住宅小区及配套设施。	2012 ~ 2014	128036	45000	10000	50000	主体施工
偏坡新村项目	占地面积 9.33 公顷，总建筑面积 15 万平方米。	2012 ~ 2015	30000	13000	5000	7000	主体施工
秦皇半岛项目	占地面积 134 公顷，总建筑面积 400 万平方米。	2013 ~ 2016	980000	90000	50000	70000	主体施工
归提寨片区改造项目	对南岭西路以东，长江道以南，横断山路以西，西部快速路两侧片区进行整体改造，占地面积 202.8 公顷。	2011 ~ 2014	1000000	24150	50000	40820	主体施工
杨道庄保障性住房	为经济适用住房、廉租住房、公共租赁住房综合建设项目。	2012 ~ 2014	181250	77965	50000	103285	竣工
海怡学府	进行商品房开发，建设住宅小区及配套设施。	2013 ~ 2014	112540	66892	40000	45000	施工

物价管理

【概况】全区物价工作紧扣“稳增长、惠民生”主题，以群众路线教育实践活动为契机，开展辖区执法价格监管，优化价格服务水平，以良好的精神状态、优秀的工作作风和一流的工作业绩，为全区经济发展构建和谐稳定的价格收费环境。

【价费管理】启用收费动态监管系统，推进规范化、信息化、科学化进程，严把政策关和收费准入关，实行领导把关，责任到人，确保收费项目、收费标准准确无误，无搭车收费、分解项目、变相提高收费标准等违法行为发生。年内新办收费许可证64个，变更23个，注销350个。开展2013年度收费许可证年审。印制“收费许可证办理明白卡”，一次性告知办理流程，让百姓少走冤枉路。对收费项目多、数额较大的单位，主动上门服务，提供入户收费审验，确保审验流程方便快捷，审验收费许可证550个。解答社会各界对物价政策、收费规定的咨询，主要涉及到教育收费、物业收费、停车收费等多方面，答复“12345市长热线”督办件14件。

【价格信息服务】强化事中、事后监管和宏观监测分析，加强对居民生活必需品价格的监测，安排专人对海港区主要集贸市场、超市及粮油批发市场进行巡视调查，着重监测与人民群众生活关系密切的30种城市重点商品价格，涉及粮油、肉、蛋、奶、蔬菜等品种，及时掌握重点商品的市场供应和价格变动情况，做到及时采价、及时汇总、及时上报。上报30种“城市重点商品价格监测表”303份，为政府决策、企业生产经营、群众消费提供参考。

【价格监督检查】以检查文书规范化为起点，注重受理、取证、查处等各个环节的严谨与科学，灵活运用定期巡查、不定期检查、拉网式排查等多种检查模式，做到错必纠、查必果。开展节日市场专项检查。对家惠、艾欣超市等大型商场的商品价格和明码标价执行情况进行规范，查处价格欺诈行为。开展涉农收费专项检查。对区民政局、农业局、畜牧局等单位涉农收费执行情况进行检查，未发现乱收费行为。开展教育收费专项检查。出动执法人员检查中小学及幼儿园29家，对课本费超过最高限价、民办幼儿园保教费随意涨价等违规行为进行纠正。开展药品价格和医疗收费专项检查。对医疗服务机构，尤其是民办诊所的明码标价情况进行检查，规范医疗服务行为。受理价格投诉举报，及时快速查处各种价格违法行为，节日期间实行领导带班，举报电话保持24小时畅通，做到立案立办，限时办结。受理各类价格咨询举报案件203件，其中“12345市长举报热线”案件51件，处以罚款3.2万元，没收违法所得0.78万元。

【价格服务】开展执业质量“回头看”，从规章制度、内部审议、档案管理等方面进行系统化、规范化、全面化的规范整顿。对出具的报告、结论、意见书等，从委托受理、现场勘验、市场采价、报告审核等环节查摆不足，确保每份报告事实清楚、资料齐全，参照价格真实可靠，鉴证方法科学，程序规范，结论准确。提升鉴证队伍业务素质。组织认证中心全体人员参与省市各级价格鉴证知识培训班，规范认证行为，提高认证服务质量。拓展业务范围。与市物价局协商，将车辆损失评估由单纯高速车辆扩展到市内车辆损失评估，业务量进一步增大。完成各类价格鉴证案件696件，其中刑事案件217件，司法案件118件，车损评估361件。

（刘俊杰）

工商行政管理

【概况】以党的群众路线教育实践活动为动力，高扬改革创新主旋律，立足区局实际，主动自我加压，加强队伍建设和党风廉政建设，自觉服务经济发展；加强市场监管，强化消费维权，推进依法行政，各项工作取得新成绩。履职能力有新成效，全年查办一般程序案件773件，其中，无照经营案件673件，商标侵权案件13件，不正当竞争案件18件，其他案件69件，罚没款总额260.08万元。

【市场监管改革】 全面开展注册资本登记制度改革，除国务院明确规定的27个行业外，其他行业一律实行注册资本由实缴改为认缴登记制。落实省政府“先照后证”实施意见，全面实施113项工商登记前置审批事项改为后置审批。严格执行《河北省企业住所和经营场所登记管理办法》，简化经营场所登记手续，放宽经营范围。全年新登记市场主体6987户，其中企业1613户，个体5374户。全区市场主体总量达4.84万户，其中内资企业1.86万户（区属1.08万户、市属7818户），个体工商户2.98万户（区属2.43万户、市属5543户）。全年减免登记费101.94万元。

【服务经济发展】 围绕自身职能，创新工作机制，加大服务发展的主线，着力创造“五个”环境（创造公平竞争的发展环境；创造规范有序的市场环境；创造诚信守约的信用环境；创造公正廉洁的执法环境；创造公开高效的办事环境）。进一步简政放权，降低市场准入门槛；实施名优工程，扶持企业争创名牌商标；实施合同解忧工程，开展企业诚信工作；落实相关优惠政策，支持个私经济发展。全年新增国内注册商标10件，新增省著名商标3件，办理著名商标续展6件。全区有注册商标2950多件，其中，国家驰名商标2件，省著名商标25件，市知名商标26件。动产抵押登记工作。引导鼓励中小企业运用动产抵押融资，全年办理动产抵押登记17件，帮企业融资人民币3.6亿元、美元5000万元。

【市场监管】 查处取缔无照经营，促进健康发展。将存在安全隐患的危险化学品、加油站、网吧、娱乐场所、学校周边等作为查处取缔无证无照经营的重点行业和重点场所，严格检查证、照是否齐全有效。全年出动执法人员4460人次，检查经营主体6870户次，查处取缔无照经营711家，补办营业执照658份，向区政府相关部门抄送无证信息567条。对6家无照“小饭桌”，15家无证无照饭店进行清查整治。整治违法广告，维护广告市场经营秩序。受理各类户外广告登记630户次，出动执法车辆82台次，执法人员327人次，检查户外广告1300多件，发现违法广告51条次，立案查处违法广告案件7起，罚没款5万多元。

【食品安全监管】 狠抓流通环节，确保百姓吃上放心食品。全年查处食品违法案件51起，查扣不符合安全标准的食品270公斤，罚没34.09万元；对大、中型商场超市负责人和重点食品批发企业负责人约谈36人次；开展食品安全宣传活动27次，发放宣传单3100多张，现场解决群众的提问58条，在学校张贴海报40多份、设立食品安全宣传栏4块；对基层执法人员进行食品安全知识培训20次、960人次；实施食品抽样检测622批次，快速检测室与各分局完成食品快速检测1200批次，合格率97.9%。

【重点领域监管】 开展农资市场动态巡查，严查坑农、害农、损农违法行为，规范和净化农资市场，对农资经营户实施零距离监管。对6个批次化肥进行抽检，开展农资专项整治4次，悬挂条幅30条，发放宣传资料1500多份，现场解答农民朋友咨询提问200多人次。维护网络消费者的合法权益，探索网络市场监管方式方法，集中人力物力加强网络市场监管。查处与网络有关的违法案件3起。开展“打击传销”工作。开展无传销社区（村）创建活动，健全打击传销工作的长效机制，打传工作由“以打为主”转变为“以防为主”，实现对传销活动的“可控可管”。全年捣毁传销窝点10个，教育和遣返传销人员70人，解救被骗被困群众6人。

【维权工作】 贴近群众实际，拓展维权新路子。贯彻3月15日实施、新修订的《中华人民共和国消费者权益保护法》，创新体制，完善机制，提升水平，采取“五进建五站”（进军营建立军人消费维权联络站；进社区建立社区维权联络站；进学校建立青少年维权联络站；进农村建立村镇维权联络站；进商场建立商场消费维权联络站）的方法，将维权工作渗透到社会各个角落。建立消费者维权服务站72家。通过开展“3·15”纪念活动、行政约谈等方式，宣传维权知识，加强经营者自律，维护安全放心的消费环境。12315指挥中心受理消费者投诉2246件，其中，申诉836件，举报258件，咨询1152件，占全市受理总量65%，为消费者挽回经济损失 108.23 万元。

（靳晓峰）

国家税务管理

【概况】 区国税局认真盯住重点，抓收入、强管理；扭住难点，抓队伍、转作风；握住亮点，抓创新、争一流，各项工作取得新突破。完成全部税收收入 38.43 亿元，同比增收 7.11 亿元，增长 22.69%，完成年计划 34.73 亿元的 110.64%。区公共财政预算收入完成 1.91 亿元，同比增收 4599 万元，增长 31.77%，完成全年计划 1.74 亿元的 109.49%。

【税收收入】 组织收入工作行动快，措施实，既统筹施策又精准发力，既不收过头税又加大评估，做到应收尽收，想方设法堵漏增收，确保组织收入工作开展，收入及增幅再创新高。落实税收优惠政策以宽为主，加大政策宣传，强化纳税辅导，加强减免税事宜提醒，确保优惠政策惠及纳税人。对享受税收优惠政策的企业进行核查，查补增值税 11.98 万元，滞纳金 1.24 万元。检查高新技术企业 6 户，查补税款 92.05 万元，加收滞纳金 25.1 万元，调增所得额 745.48 万元。推进整顿和规范税收秩序，辅导纳税人按照实际利润额进行企业所得税预缴，所得税预缴比例大幅提高，申报质量明显提升。开展对 490 户所得税低税负企业、140 户财政性资金征收企业所得税情况、323 户出口货物企业核查专项行动，调整应纳税所得额 1597.83 万元，查补税款 3562.01 万元，加收滞纳金 106.01 万元，调减亏损 1057.29 万元。

【征收管理】 以税咨政。坚持每季度开展重点税源因素分析，每半年撰写并向区委、区政府呈报阶段性税收收入完成情况的报告。11 月 5 日，区委书记冯国林，区委副书记、区长霍春利听取区国税局《关于港口经济相关行业税收情况的报告》，并给予肯定。立足创新求推动。依托科技和创新推动税收管理，与市国税局、技术公司合作研发“所得税汇算清缴数据统计查询系统”“高新技术企业所得税采集分析系统”。实施高新技术企业精细化管理，堵塞征管漏洞，降低执法风险，减轻征纳负担。借助外力搞评估。开展纳税评估合作，重点对房地产、建筑业等行业进行纳税评估。评估重点检查 87 户，案头评审 394 户，查补所得税 2513 万元，滞纳金 241.3 万元。

【纳税服务】 召开系统纳税服务工作会议，总结纳税服务工作开展情况，提出构建“领导重视、纳服牵头、部门协作、全员负责、全程服务”的纳税服务新格局。落实便民措施。从年初的便民春风行动开始，送手册，办培训，促服务，提高纳税人满意度。7 月 8 日，在办税服务厅、市行政审批中心国税窗口、区行政审批中心国税窗口发放宣传资料 5000 多份。维护纳税人合法权益。建立纳税服务质量回访制度，年内组织 2200 多户次，征求意见、建议 57 项。改进和优化纳税服务，强化和谐执法服务观念，定期组织召开纳税服务质量监督员座谈会。

（高　红）

地方税务管理

【概况】 区地税局坚持以组织收入为中心，以“四个更加注重”（更加注重现代征管体系建设，更加注重纳税服务体系建设，更加注重班子队伍建设，更加注重地税系统信息化建设）为抓手，实现“两个满意”（完成上级布置的各项任务，让市地税局和区委、政府满意；全面提高服务意识，让基层干部和纳税人满意）的工作目标，抓落实、促改进、转作风，各项工作提质提效，扎实推进。全年完成税收收入 38.97 亿元，同比减收 6.2 亿元，减少 13.7%；公共预算收入完成 28.84 亿元（其中市本级 17.34 亿元，区本级 11.5 亿元），同比减收 6.58 亿元（其中市级减收 4.68 亿元，区本级减收 1.9 亿元），减少 18.58%，实现应收尽收。征收一分局获省政府颁发的“河北省先进集体”称号。

【税源控管】 就重点行业管理、重点税源管理、重点环节管理和落实情况监督管理制订《2014 年加强税源控管工作措施》，强化征管措施，降低执法风险。强化重点行业管理。对房地产业，严格控管拆迁补偿行为的票据规范；及时收集房地产项目预售信息，了解预收款方式，杜绝预收账款账外循环现象；强化土地增值税清算管理，严格落实相关税收政策，强化联动协调机制，准确掌握开发项目销售进度，加快清算速度。通过土地增值税清算补缴税款3387万元。对建筑业，工程合同金额超过200万元的工程项目，实行项目登记跟踪管理；加强外地来秦项目所得税管理，对不符合0.2%预交所得税的外来项目，就地全额征收企业所得税；强化甲方供材的日常管理，掌握工程项目总造价，分析建筑施工合同项目构成，杜绝“甲供材”少缴营业税行为。强化重点税源管理。对企业采用定期定额方式管理的，督导企业建账，将征收方式调整为核定或核实征收；对国税局、地税局共管户，完善房产、土地信息，掌握税源底数，加强企业所得税管理，规范企业所得税汇算清缴。强化重点环节管理。做好征收、管理、稽查等部门间的信息传递与共享，利用征管信息平台、监控数据指标平台和国地税信息比对等措施，查找税收征管中存在的不足与漏洞，堵塞征管漏洞，提高征管水平和质效。

【“四税”征收管理】 向政策要税源。修正征管系统数据信息，通过强化委托代征管理、完善乡镇协税护税组织等多种方法，抽调有关部门的相关人员组成强化“四税”（契税、耕地占用税、房产税、土地使用税）征收管理联合检查小组，对“四税”税收政策的落实情况逐乡镇进行“拉网式”检查，确保各项税收政策落实到位。全年核查清理契税及滞纳金4499万元，耕地占用税1亿元，城镇土地使用税及滞纳金6606万元，房产税及滞纳金4606万元。

【委托代征管理】 制发《海港区地税局委托代征税收管理办法》，规范商场、市场内个体工商户的税收征管，与27家代征单位签订代征协议，其中商场统一收款16户，代征金额594万元；专业市场代征11户，代征金额76万元。

【网络发票管理】 加强部门间的协调与配合，从源头上加强控管，由征收分局在发票发售环节直接引导纳税人使用网络发票；加强网络发票推广的宣传与培训，让纳税人了解网络开具发票的优越性，熟练操作客户端。全局推广发行网络发票1588户，推广发行775户。

【“以地控税”工作】 多次与规划局协商，采集相关数据，签订保密协议，对所辖区域涉及土地使用税等级进行地图标注。为确保疑点数据下发的准确性，先后对工业、商业、批发零售业、仓储业2000多条数据进行分析，下发数据4批、436户，查补税款751万元。结合“以地控税”软件的实施，下发整改数据117条，纳税人90户，有效防控税收风险。

【稽查工作】 重点对建筑、房地产、制造业等重点税源企业开展专项检查工作，年内实施专项检查57户，组织“四环节”（选案、检查、审理、执行）入库税收收入215万元，其中税款113万元，滞纳金48万元，罚款54万元。大口径入库税收收入2236万元，其中税款2033万元，滞纳金149万元，罚款54万元。年度完成大要案2件，入库税款99万元，滞纳金44万元，罚款47万元。

【纳税服务】 落实“一窗式”服务。梳理日常征管流程，发挥征、管、查三方合力，实现资料内部传递，设置纳税人绿色通道专用电话，制订突发事件应急预案，确保纳税人到办税厅就能完成需要办理的业务，实现纳税人“进一个厅，到一个窗，办所有事”的目标。开展纳税提醒服务。利用网上办税服务厅纳税人通知通告功能，定期对纳税人进行纳税提醒，方便纳税人及时办理各项业务。建立“海港地税掌上税校”公共微信平台。纳税人通过搜索公众账号hgdszssx或者直接扫面二维码等方式即可添加关注，微信平台设置3个大模块、12个子模块，打造出最全面、最准确、最及时的地方税收政策资讯新平台。为纳税人提供预约服务。将开票大户、领验票大户及其他办理复杂业务的纳税人划分为急办业务、缓办业务、特殊业务，采取前台预约、电话预约等手段，合理错开集中办税的时段。推行国税、地税联合办证。

5月1日起，实行国税、地税联合办理税务登记，纳税人只需向国税或地税任何一方申报办理税务登记，即可由受理机关核发一份加盖国税、地税机关印章的代表国税、地税共同进行税务登记管理的税务登记证件；国税、地税双方税务机关通过登记信息共享、比对、监控，规范税务登记管理，降低税收成本，提高工作效率。全年办理税务登记3822户。

【为小微企业办理退税】 落实扶持小微企业税收优惠政策，集中1个月时间为辖区内4900多户小微企业办理退税，涉及营业税、企业所得税税款470多万元。本着特事特办的原则，协调银行、财局、国库等部门合力做好企业退税工作，加快办理退税进程。全年办税服务厅共签订电子缴税协议6296户，税务登录1488户，受理业务咨询3万多人次，为纳税人发售发票1162万份，验票180万份，代开发票3万份。收到纳税人的锦旗、表扬信等30多面/封。

（常　宏）

食品安全管理

【概况】 区政府食安办以创建食品药品安全区为总体工作目标，以食品安全网格化监管为抓手，着力做好日常监管，扎实开展专项整治，努力排查消除隐患，积极开拓探索创新，全区食品安全工作水平得到较大提升，食品安全形势继续稳定向好。

【食品安全隐患大排查】 建立食品安全隐患排查和分析研判工作制度、风险隐患台账登记和整改销案制度，印发《海港区食品安全隐患排查整治和分析研判活动的通知》，深入开展食品安全隐患排查整治工作，重点对辖区种养殖基地、集贸市场、超市、餐饮业食堂等进行全面摸排，对发现的问题及时进行整改。累计巡查7200家次，发现隐患519个，对较大以上隐患下达隐患整改通知单283份，隐患整改率96%。对无餐饮经营许可证、销售过期食品等行为依法进行行政处罚，召开分析研判工作会36次。

【专项整治】 开展对农村食品市场、校园周边及儿童食品、食用油、肉类和肉制品的“三打”（打击反复性“顽疾”、打击无证生产经营、打击制售假冒伪劣）行动、“四打击四规范”（严厉打击无证无照行为，规范食品生产经营者的主体资格；严厉打击销售、使用无合法来源食品和原料违法行为，规范食品生产经营者的采购活动；严厉打击生产经营侵权仿冒和“五无”食品违法行为，规范食品包装标签标识管理；严厉打击生产经营“两超一非”等劣质食品行为，规范食品生产经营过程）等系列专项整治攻坚行动，印发方案，出动执法人员9474人次，检查各类食品生产经营单位6456户次，立案39起，对发现的不合格产品全部进行查封销毁处理，行政罚款19.1万元。加大对食品安全投诉举报案线查处和违法犯罪打击力度，受理食品安全举报案件22件（市转案件7件），办结率100%。

【食品安全风险检测监测】 重要时段的监管工作。在春节、“两会”、暑期、中秋、国庆等重要时段，印发工作方案，开展隐患排查和专项整治工作，及时消除隐患。以“四个重点”（重点区域、重点品种、重点点位、重点环节）为主要对象，对排查和梳理出的20个重点点位、7个重点区域加大整治力度，分阶段分批次对排查出的问题隐患进行全面治理整顿。食品安全风险检测监测工作。制订《海港区2014年食品安全监督抽检工作计划》，抽检样品1.02万批次，其中委托抽检530批次，快速检测9674批次，合格1.015万批次，合格率99.57%，不合格44批次，对其进行下架退市。与市检验检测中心签订《框架协议》，委托其承担全区食品药品检测任务。

【食品药品安全区创建】 围绕各项目标任务，组织召开全区食品药品安全区创建动员大会，全面做好创建工作的思想发动。印发《食品药品安全区创建工作实施方案》，对食品药品安全区创建工作做出明确部署。区政府成立创建工作领导小组，对创建任务进行详细分解，印发《创建工作任务分解表》，强化对创建工作的领导和责任落实，明确各单位的具体任务、实施步骤和时间进度。食品药品安全区创建各项工作全面开展。海港区被确定为全省首批食品药品安全县（区）创建单位。

【食品安全专题宣教】 开展以“共建诚信家园，同铸食品安全”为主题的食品安全宣传周活动。印发《2014年食品安全宣传教育工作实施方案》《关于开展2014年食品安全宣传周活动的通知》。与媒体合作，扩大宣传覆盖面和参与度。在人民广场举办食品安全宣传周启动仪式，现场解答群众咨询200多人次，各监管部门开展食品安全专题宣传活动6次，发放食品安全宣传资料2000多份。开展“食品药品安全县（区）创建”主题宣传活动。印发《海港区进一步加强食品安全区创建宣传工作的通知》。大中型宾馆、饭店、企业、学校全部制作宣传栏、条幅等并在醒目位置悬挂，广场、人流密集区LED显示屏全天滚动播放食品安全区创建主题宣传口号，镇、街、园区采取多种方式，宣传食品安全常识，营造人人关心、参与、支持食品药品安全的社会氛围。开展以食品安全进社区、进企业、进机关、进学校、进农村为主要内容的“五进”活动。开展以“创建食品药品安全区、打造食药安全放心城”为主题食品药品安全宣传活动，举办宣传活动5期，发放食品安全宣传资料2600多份，发放宣传小奖品3000多份；镇、街、园区开展宣传活动100多场次。印制《创建食品药品安全城、打造药安食美海港区》彩色宣传折页7000张、创建食品药品安全区宣传环保布袋1万份、食品药品安全区创建宣传折页1万张。

【食品安全机制建设】 食品安全应急处置能力建设。编制《海港区食品安全事故应急预案操作手册》，制作海港区食品安全事故应急演练全环节操作指南光盘。在第五中学开展食品安全餐饮环节事故应急演练活动，120多人观摩演练。完善各项管理工作机制。印发《海港区食品安全隐患台账登记和整改销案制度》《海港区食品安全定期隐患排查和风险会商研判制度》《海港区食品安全事件和风险因素报告制度》《海港区食品安全事故查处制度》《海港区食品安全“六员联防”群防群控制度》《海港区食品安全目标管理责任制》《海港区问题食品处理机制》等工作制度，全区各项工作扎实推进。

注：六员联防为领导、社区食品安全监督员、社区协管员、社区民警、人大代表或政协委员、社会监督员。

【食品安全网格化监管机制建设】 在食品生产、流通、消费领域推行食品安全“网格化”监管模式，实现食品安全监管全覆盖。按照“条块结合，条块互补”的原则，以村居为最小监管单元，全区形成“横向到边、纵向到底”的区、镇街园区、村居三级食品安全网格化监管体系。建立三级网格组织管理架构，区政府食安办设立全区网格化监管协调指挥中心，二级网格全部成立食品安全办公室，一级网格全部成立食品安全工作站，全面完成以“六有六统一”（有办公场所、有工作人员、有办公设备、有组织机构、有经费保障、有调查取证设备；统一工作制度、统一检查标准、统一工作证件、统一台账格式、统一巡查记录、统一档案标准）为主要内容的规范化建设。研发的“海港区食品生产经营单位备案监管系统”（第一期基础信息分项）上线运行，实现食品生产经营单位信息采集、信息查询、网格管理、监管维护、短信群发、历史查询、用户管理、权限分配等8个模块功能，录入全区所有食品生产经营单位、网格信息、监管人员信息等数据并实现动态更新维护查询，为网格化监管提供最直接、最有效、最便捷的基础工作平台。

【对“小微”食品生产经营单位监管】 制发《海港区小微食品生产经营单位备案监管办法》，要求各监管部门采取“标本兼治、疏堵结合、重在治本”的方针，探索制订科学有效、灵活多样的监管措施，通过扶优去劣、严格把关，全面提升小微食品生产经营单位的质量安全水平，确保不出现问题。各监管部门对符合行政许可管理的食品生产经营单位全部纳入行政许可管理，对不具备行政许可管理的食品生产经营单位及时纳入监管，对小餐饮累计备案7家、小饭桌累计备案88家、小作坊备案9家。

（白雪梅）

食品稽查

【概况】 以确保人民群众饮食用药安全为出发点和落脚点，完善机制，发挥餐饮食品监督管理职能，牢固树立科学监管理念，积极探索食品药品监管新路子，强化措施、突出重点、狠抓落实，强化食品安全监管，推进食品安全整顿和专项整治，规范食品市场秩序，全区食品市场秩序安全稳定，未发生食品安全事故，人民群众的食品安全得到有效保障。

【食品安全专项整治】 开展餐饮消费食品安全大整治“百日行动”。多措并举，强化结合，保障全区人民饮食安全和身体健康。其间，检查餐饮单位1762家次，出动执法人员5286人次，整改160家次，约谈负责人7人，持证餐饮单位食品安全承诺率100%。开展儿童食品和校园及周边食品安全专项整治工作。重点检查各类学校及托幼园所食堂是否建立并落实学校食堂监管责任制，配备食品安全监管责任人，督促餐饮单位规范使用食品添加剂，严格执行餐饮具清洗消毒规定。其间，检查学校食堂及小饭桌43家，校园周边餐饮单位168家，出动执法人员592人次，执法车辆72车次，责令整改27家。开展肉及肉制品专项整治工作。以农村、城乡结合部等区域为重点，加强对餐饮单位食品安全的监管力度，打击违法违规行为，重点治理采购、使用来源不明或不合格畜禽加工食品、加工过程添加非食用物质等行为。餐饮单位落实肉制品的采购查验、采购鲜肉及肉制品索取动物检疫合格证、肉品品质合格证，动物检疫合格印章、肉品品质合格印章。其间，检查餐饮单位1284家次，出动执法车辆423车次、执法人员3852人次，对65家餐饮单位下达整改通知。保证餐饮消费食品安全，保障人民群众利益。

【食品安全监管】 加强食用明胶和含明胶食品质量安全监管。开展拉网式检查，督促企业落实主体责任。其间，检查餐饮单位917家次，出动执法车辆195车次、执法人员2749人次。未发现辖区内餐饮单位使用工业明胶、来源不明或不合格原辅料生产的食用明胶。加强食用油质量安全监管。以食用油采购和使用为检查重点，对餐饮服务单位的索票索证、采购台账登记及使用规范进行拉网式的排查，强化餐饮服务环节原料管控。以学校、托幼机构食堂、中小型餐馆等餐饮服务单位为重点，加大对食用油采购索证索票、进货查验、台账记录等管理制度落实情况的监督检查力度，全面排查餐饮服务环节食用油采购和使用环节的风险隐患，严查重处采购和使用来源不明、无合法生产资质及标识标注不规范的油类产品等行为。其间，检查餐饮单位516家次，出动执法车辆136车次、执法人员1548人次。开展备案制监管。对小饭桌、小餐饮、鲜奶吧等无法纳入餐饮服务许可管理的小微餐饮服务单位，探索建立备案监管制度。纳入备案监管的小微餐饮单位101家。

【食品市场监管】 以打击无证无照经营行为，打击销售、使用无合法来源食品违法的行为，打击生产经营侵权仿冒和无生产厂家、无生产日期、无保质期、无食品生产许可、无食品标签的“五无”食品违法行为，打击生产经营“两超一非”（超范围、超限量使用食品添加剂和非法添加非食用物质）等劣质食品行为为工作目标，开展全方位监督检查，加大案件查办力度，及时纠正、规范和处理违法违规行为，定期汇总上报整治工作进展情况。其间，检查餐饮单位262家次，出动执法人员786人次、执法车辆48车次，取缔餐饮单位20家。查处食品违法案件5例，没收违法食品1.5公斤，罚款1.1万元。

【食品安全保障】 在节假日及暑期，实行“五加二、白加黑”工作制，制订保障工作方案，完善组织和责任体系，明确工作目标和重点，加大对重点点位的监管频次，深化重点食品、高风险食品的综合治理，加强凉菜、生鲜海产品、肉及肉制品、食用油和食品添加剂的监管力度。召开全区餐饮单位、学校食堂、托幼园所、企事业单位食堂、工地食堂等180家餐饮服务单位负责人参加的暑期食品安全保障动员大会，对重点工作进行部署，对相关法律法规进行培训。开展餐饮服务食品安全事故应急演练。通过模拟突发群体性食物中毒事件，演练事故报告、现场监督检查、分析研讨、依法行政处罚等过程，提升快速反应能力。实施明厨亮灶和“双证上岗”（健康证、从业人员培训证）工程。辖区持证餐饮单位明厨亮灶率达 30%。健康证上墙公示和从业人员佩戴培训证上岗覆盖率达 90% 以上。

【宣教培训】 强化餐饮服务从业人员培训。组织监管人员上门对 1086 家餐饮单位，8727 名从业人员进行现场培训。加强执法人员培训。定期、不定期组织执法人员系统的学习食品安全相关法律法规和业务知识，提高执法人员业务素质和依法行政能力。强化基层监管人员培训。对镇、街道、园区监管员进行《中华人民共和国食品安全法》等相关法律法规以及餐饮服务监督要求的培训。采取以干代训的方式，会同镇、街道、园区监管员到辖区进行现场检查，对监管业务进行现场指导讲解。加大宣传力度。深入军工里、北港里以及盛秦福地等社区，为居民讲解《中华人民共和国食品安全法》等相关法律法规，提高群众的自我保护意识和依法维权能力，营造人人关心、参与、支持食品安全的良好社会氛围。年内，在《秦皇岛日报》《食药安全在身边》《今日海港区》《视听之友》等媒体刊发播出工作信息 30 多篇。

（岂燕龙）

质量技术监督

【概况】 海港区质监分局坚持强化监管是首要职责的理念，以特种设备安全监管为重点，统筹兼顾食品、标准化、计量、质量综合管理工作，圆满完成各项工作任务。

【特种设备安全】 全年检查特种设备使用单位 312 家，其中重点设备单位 57 家。检查住宅小区电梯 1220 台，公共聚集场所电梯 518 台。发现安全隐患 148 处，下达《特种设备安全监察指令书》148 份。135 家单位整改完毕，13 家存在安全隐患的单位正在整改。结合“六打六治”（打击矿山企业无证开采、超越批准的矿区范围采矿行为，整治图纸造假、图实不符问题；打击破坏损害油气管道行为，整治管道周边乱建乱挖乱钻问题；打击危化品非法运输行为，整治无证经营、充装、运输，非法改装、认证，违法挂靠、外包，违规装载等问题；打击无资质施工行为，整治层层转包、违法分包问题；打击客车客船非法营运行为，整治无证经营、超范围经营、挂靠经营及超速、超员、疲劳驾驶和长途客车夜间违规行驶等问题；打击“三合一”“多合一”场所违法生产经营行为，整治违规住人、消防设施缺失损坏、安全出口疏散通道堵塞封闭等问题）打非治违专项行动，对全区 10 家气瓶充装站和检验站、17 家涉氨及冷库企业、35 家电梯维保单位进行重点整治，对辖区 57 家重大危险源和重点监控单位进行建档。组织全区 10 家气体充装站和 35 家电梯维保单位，进行液化石油气泄漏事故和电梯应急救援演练。以“安全生产月”为契机，开展特种设备安全知识进社区、进校园活动，开展主题宣传 4 次和有奖知识竞猜活动 1 次，发放各类宣传资料 1000 多份。

【食品质量安全】 严格食品生产许可证换发工作，完成秦皇岛海洋食品总厂等 7 家企业的 12 个单元产品的换证审查。开展肉制品、食用植物油、校园周边食品专项整治，出动执法检查人员 310 人次、检查车辆 90 车次，对辖区获证企业及小作坊巡查 155 家次。加大抽检力度，对糕点、调味品等产品抽样 74 批次，合格 72 批次，合格率 97%。对 1 家日化厂生产的洗涤剂进行抽检，产品检验合格。强化企业培训，对辖区 35 家获证企业进行多次培训，培训内容重点为预包装食品标签通则、食品生产通用卫生规范。

【质量、监督、认证认可工作】 推荐辖区中信渤海铝业控股有限公司等 3 家企业为河北省第三批推广卓越绩效管理模式企业。为 24 家家用汽车 4S 店建立基本档案，督促 4S 店完成“汽车三包”自查。帮扶辖区秦皇岛中运物流有限公司等 7 家企业获河北省服务名牌称号，帮扶辖区河北日泰新型管材有限公司等 2 家企业产品获河北省名牌产品称号。抽检化肥、玻璃等产品 128 批次，合格 111 批次，合格率 86.7%。重点对中阿化肥等 3 家复混肥生产企业及5家危化品生产企业进行专项检查。做好工业产品生产许可证后续监管工作，巡查获证工业企业72家次，对13家企业开展生产许可证年度自查。加强机动车安检机构管理，对秦皇岛市嘉远机动车检测有限公司资质认证和资格许可发证进行现场审核。对辖区环境监测站、疾病预防控制中心实验室运行进行监督检查，对存在问题的实验室暂停检测业务并责令整改。对15家管理体系认证和环境管理体系认证获证企业体系运行情况进行检查。

【标准、计量工作】 完成秦皇岛市四通电器开关厂生产的低压成套开关设备和控制设备产品“双采”（采用国际标准和国外先进标准）现场考核，对“鸡腿菇高产栽培技术规范”等3项农业技术标准进行审核确认。对艾欣超市等5家超市的计量器具进行监督检查，督促5家眼镜店、1家医院开展“计量惠民生、诚信促和谐”双十（国家质检总局在集贸市场、加油站、餐饮行业、商店超市、医疗机构、配镜行业、道路交通、公用事业、中小学校、社区乡镇等与人民群众生活密切相关的领域，引导并培育十万家诚信计量自我承诺示范单位，力争为十万家中小学校和社区乡镇提供免费计量服务）工程。对海阳镇18家医疗机构在用的21台医疗器具进行免费检定。开展能源计量工作，对14家重点用能单位审查12家。

【举报投诉工作】 受理市质监局、区政府和区食安办等部门交办的举报投诉159件，做到件件有回复，回复率100%。

（孙佳颖）

统计管理

【概况】 区统计局履行统计职能，加强统计法制建设，推进党风廉政及机关工作作风建设，加强统计基层基础建设，提升统计服务质量和水平，完成各项工作任务。编辑出版《海港区统计年鉴》（2013年版）。编印海港区《统计信息与分析》专刊18期，撰写信息20篇，分析15篇，其中3篇分析被《海港调研》采用，2篇信息被《今日海港区》采用，1篇信息被《每日动态》采用，1篇信息被省统计局采用。在全市信息分析评比中，2篇分析分获全市评比一等奖和三等奖。

【海港区统计年鉴】 系统汇集全区经济、社会信息，以大量统计数据全面反映海港区国民经济各行业发展状况，是一本信息密集的综合性、权威性资料，是党政领导和各部门进行科学决策的重要依据。1985年，开始出版《海港区统计年鉴》，为64开竖版。1986～2004年，为64开横版。随着统计制度改革的深入和在地统计工作的全面推进，2005年起统计范围、统计方法发生较大变化，大部分专业实行在地统计，统计数据分为在地篇和区属篇两部分。在地篇既包括全部市属单位和原区属单位，又包括开发区西区所有单位的相关内容，区属篇所反映的内容为原区属单位相关内容，其资料与2004年以前出版的《国民经济统计资料》中的相关内容具有历史可比性。《海港区统计年鉴》改版为16开竖版。以适应改革要求，适应在地统计方法，为领导决策提供可靠数据，发挥统计信息、咨询、监督职能作用。2014年，河北省统计局对海港区统计范围进行调整，统计范围自2014年起不包含秦皇岛开发区西区相关内容。区属口径保持与原区属口径一致，海港区行政区域统计范围不包含秦皇岛港务局、秦皇岛秦热发电有限责任公司、秦皇岛发电有限责任公司内容。

【第三次全国经济普查】 根据国家普查制度规定，2013年海港区开展第三次全国经济普查。普查时点为2013年12月31日，普查资料的调查年度为2013年。第三次经济普查的调查对象是在海港区范围内从事第二产业和第三产业的全部法人单位、产业活动单位和个体经营户。普查内容包括单位基本属性、从业人员、财务状况、生产经营（商品销售）情况、能源消耗、科技活动情况等指标。第三次全国经济普查为期2年，分前期准备、正式登记、数据处理和上报、数据评估和发布、资料开发应用、工作总结和评比表彰等6个阶段进行。成立由区委常委、常务副区长齐香民担任组长，44个成员单位组成的经济普查领导小组。各镇、办事处、园区、管委会选调会计、统计人员1197人。1月1日，普查员正式入户登记。联网直报单位普查表由普查机构通过国家统计联网直报平台布置给普查单位填报，非联网直报单位和个体经营户普查表由普查员使用手持电子终端设备（PDA）进行定位、底册信息核查和相关证照拍照采集数据。围绕“全、清、准、实”的普查目标，对区域内的被调查对象进行地毯式普查登记。普查人员逢门必进，一问二看三登记，突出抓好重点区域的普查。如：各普查区域的交界点、楼堂馆所集中地带。对普查登记工作中的难点查遗补漏工作制订专门方案，加强与工商、税务部门沟通协调，深入比对单位核查名录库，查找遗漏单位，汇总生成查遗补漏名单，进行单位复核，保证单位不漏、个体不丢。专门成立数据处理小组，制订实施方案及数据处理流程，建立数据处理岗位责任制，对参加数据处理人员进行培训。做好PDA实地数据采集、上报、普查表在线审核、查遗补漏工作，将已上报的单位再次与普查表、告知书等资料进行核对，梳理漏报名单，加大重要指标的核查，纠错力度。确保专业表数据真实可靠。普查数据结果2015年发布。4人被评为省级先进个人；7家单位被评为省级先进集体；26人被评为市级先进个人；13家单位被评为市级先进集体。区统计局被省统计局评为第三次全国经济普查先进集体。

【2014年人口变动情况抽样调查】 开展人口变动情况抽样调查。调查标准时点为11月1日零时，调查对象是在被抽中的调查小区内具有中华人民共和国国籍并符合下列两个条件之一的全部人口：2014年10月31日晚居住在本户的人；户口在本户，2014年10月31日晚未居住在本户的人。调查内容包括：户的基本情况、迁移流动情况、人口素质情况、婚姻生育状况等。经过国家、省级样本抽取，辖区被抽中调查小区25个。其中，国家样本点5个，省样本点20个。涉及全区2个镇、10个街道、2个园区。调查工作由区普查中心负责组织实施，各镇、园区、街道负责辖区工作的组织协调，调查表由抽中的调查员实地入户调查填写。10月17日，业务培训43人；10月25～31日，被抽中调查小区确定后绘制小区地图，进行清查摸底、编制户主姓名底册；11月1～10日，完成调查入户登记；11月11～15日，进行登记复查；11月16～23日，进行质量抽查、调查表的审核、编码及数据录入、上报。历时近2个月，完成工作任务。数据结果不反馈。

【“一套表”相关统计工作】 开展2013年统计年报和2014年定期统计报表工作，全面及时完成统计年定报任务。以企业“一套表”为核心，推进“四大工程”（建立真实完整、及时更新的调查单位名录库；建立统一规范、方便填报的企业一套表制度；建立功能完善、统一兼容的数据采集处理软件系统；建设安全畅通、便捷高效的联网直报系统）建设。实施企业一套表制度。年内，新增固定资产投资、劳动工资统计、服务业专业正式实施企业“一套表”统计调查制度。新增重点服务业40家，新增限额以上贸易企业20家。推进基本单位名录库建设。利用各相关部门的行政登记记录和各专业统计资料，做好名录库维护更新工作，做到应统尽统、不重不漏；每月认真做好企业“一套表”增减变动的审核和相关审批材料的收集上报工作，确保符合条件的企业及时列入联网直报范围。做好企业联网直报“三查”（查规模以上工业企业、限额以上批发零售住宿餐饮企业、资质以内的建筑业企业和房地产开发企业的数据是否真实、数据是否准确、联网直报工作是否落实到位）工作。

【统计信息自动化建设】 更新设备，推进统计信息自动化进程。年内，更新计算机12台，打印机4台。加强设备管理，服务于统计信息自动化，对每台计算机粘贴标签，收集正版授权书，填写资产编号登记表并归档。

（于斯斯）

审计管理

【概况】 全区审计工作坚持“依法审计、服务大局、围绕中心、突出重点、求真务实”的方针，全面整合审计资源，工作质量和效率进一步提高，全年计划审计项目10项，实际开展预算执行及经责审计项目12项，专项资金审计4项，延伸审计企事业单位22家，开展基建投资二审项目67项，配合相关部门开展专项检查3项。审计发现管理不规范金额5416万元，提出审计建议40多条，出具审计专报及时报送区委、区政府主要领导及相关部门。区审计局获全市审计机关先进集体、先进基层党组织称号。

【预算执行审计】 找准切入点，拟定审计方案，审计覆盖财政组织预算收入、部门预算执行、非税收入管理、政府采购、各类专项资金管理使用情况，全面反映财政资金分配、预算执行、管理使用问题，从政策、制度和机制等方面分析原因并提出审计建议。对区地税局2013年度预算执行及税收征收管理进行审计。核实企业申缴税款的真实合规性，揭示税收征管的薄弱环节，分析税收收入结构和各税种、各行业税收增减变化原因，重点关注营业税、土地增值税两大税种和房地产开发公司、小额贷款公司两大行业，对翰升房地产开发公司等8家单位进行延伸审计，发现欠缴税款682万元。对区财政局2013年度预算执行及财政财务收支进行审计，重点关注财政存量资金规模、结构和财政支出结构、投向，检查部门预算中“三公经费”和会议费管理使用，大额采购，楼堂馆所建设，财政专项资金管理分配情况。在审计中发现管理不规范资金4624万元。

【经济责任审计】 积极稳妥、量力而行、提高质量、防范风险，将经济责任审计与财政预算执行审计、财务收支审计、专项资金审计等结合审计，使各个审计项目间互相利用审计成果，提高审计成果利用率；将审计监督关口前移，加大任中经济责任审计比重。把离任审计的“一次性”监督，变任中审计的“经常性”监督，增强审计的实效性；审计项目开展前，明确审计目标，确定审计重点；审计项目结束后，及时向相关部门反馈审计成果，促进审计成果运用，扩大审计综合效应。年内，实施经济责任审计13项，涉及领导干部19人(其中离任14人，任中5人)，报送区委组织部经济责任审计结果报告8份。审计中发现挤占挪用专项资金、应缴未缴非税收入、扩大开支范围、基建程序违规等问题，涉及管理不规范金额792万元，对被审单位在财政财务收支及资产管理方面存在的问题和薄弱环节提出整改意见和建议。

【固定资产投资审计】 利用自身及中介组织力量，对备案项目全面进行二审，为政府财政资金支出把好“最后一道关口”。全年接收政府投资建设项目70项，其中包括区教育局城市区学校运动场改造、区卫生局社区卫生服务中心装修、区水务局节水灌溉示范项目等，完成二审项目67项，涉及审计资金1.1亿元，审减资金58万元。在已备案并开展二次审计的项目中发现的问题主要有施工合同、洽商等工程资料签订不规范、报送资料不全、工程超概算、超越资质承揽工程、未经二审拨全款等。

【专项资金审计】 从资金源头抓起，按照资金走向，结合项目预算，审查是否有截留、挪用专项资金以及虚报冒领资金等问题，以促进规范管理，提高使用效益。年内，开展农村环境综合整治资金审计，新型农村合作医疗基金的使用、管理和合作医疗费用补偿情况审计，对港口医院等6家卫生机构进行延伸审计。对社会保险基金安全运行、医保和农合资金使用情况进行专项联合检查，提出合理化建议13条，查出违规资金21万元，促使“重复参保重复报销、冒领养老金、欠发养老金、挂床住院”等问题及时整改。就审计中发现的问题撰写审计专报，报送区主要领导及相关单位。

(刘小倩)

安全生产监督与管理

【概况】 全区安监工作严格落实安全生产“党政同责、一岗双责、齐抓共管”要求，加强安全监管工作和基层基础建设，狠抓隐患排查治理，全年未发生安全生产事故，未发生其他有恶劣影响的安全生产事件，未发生与安全生产相关的上访事件，全区安全生产形势持续稳定。

【安全生产“一岗双责”】 深入贯彻落实安全生

产“一岗双责”，层层落实安全监管责任。把落实安全生产责任作为重要环节，强化企业主体责任、政府和部门监管责任、属地管理责任，加强安全管理和监督。镇、街道、园区和行业部门把安全生产监管责任细化到每位领导、每个岗位、每个人，明确责任，完善“一岗双责”监督管理的体制机制。建立健全安全生产责任制，层层签订安全生产责任状。区政府与镇、街、园区管委会及安委会成员单位46家签订“2014年安全生产目标管理责任书”。镇、街道、园区及各部门与本辖区生产经营单位签订责任书。全区形成一级抓一级，层层抓落实，齐抓共管的格局，促进安全生产工作责任全面落实。

【安全生产监管执法】 元旦、春节、“两会”及暑期、汛期期间，组织镇、街、园区管委会、各部门、各生产经营单位持续开展安全生产大检查。针对重点时间段和重点领域，开展“奋战七十天、安全迎暑期”“特种设备安全专项治理”“油气输送管线专项治理”等系列安全生产隐患排查治理活动，消除治理大批安全生产隐患。

【危险化学品管理】 严格审批危化品生产经营许可，认真把好危险化学品生产、经营许可申请、延期、变更审查关。办理危险化学品单位变更、换证22家。加大对危化企业日常监督执法的频次和力度，对辖区51家危化生产经营企业进行安全检查，发现整改隐患71处，均在期限内整改完毕，降低事故发生率。严格审批烟花爆竹销售，年内审批通过零售点39家，全部摆放在主城区以外，统一使用蓝色阻燃帐篷，保证港城市民出行安全。

【职业卫生管理】 以承诺制建设、隐患排查、专项治理、危害申报等工作为重点，完成职业危害因素申报与备案15家，企业法人告知承诺书签订26家，职业危害监测与评价5家。制发《海港区石材加工企业粉尘危害治理工作方案》，对8家石材加工企业开展职业病危害集中检查。

【“五大行业”管理】 坚持“片警”监管模式，做到管理覆盖无缝隙，检查无冲突。江苏昆山工厂8·2爆炸事故发生后，监管重心转移到涉粉尘爆炸企业专项检查。通过制订方案、召开紧急会议、责令停业停产等方式，监管的11家涉粉企业3家申报停产关闭，8家按照要求开展自查自纠，建立安全隐患台账，制订企业整改方案，投入安全生产资金300多万元，全部换上专门的防爆电气设备、防爆维修工具、通风系统等，避免同类事故发生。

【应急救援】 组织辖区企业一线从业人员应急知识培训6次。邀请专家对镇、街、园区150多名安全生产应急管理工作人员进行预案编制培训。23家企业完成应急预案评审（论证）、修订、报备工作。300多个部门、单位及企业进行事故应急预案的演练活动，提高应急救援能力。

【“六打六治”打非治违】 开展“六打六治”打非治违专项执法活动。强化组织领导。组织召开专题会议安排部署，成立专项行动领导小组，制发《海港区安全生产“六打六治”打非治违专项行动实施方案》。召开专项行动调度会议，对重点工作、重点环节详细部署，确保执法活动“横向到边、纵向到底”，彻底排查和治理各类安全隐患。突出宣教活动。深入开展“企业主要负责人履职尽责警示教育”活动，质监、交通等部门组织分管行业企业300多人观看“事故案例”。在重点场所悬挂宣传标语20多幅，展出展牌20多块，发放宣传品500多份。强化督导检查。成立专项督导检查组。3次对23家重点行业部门及企业“六打六治”活动开展情况进行督导检查。对个别单位出现的宣传氛围不浓、行动不迅速、落实不到位的情况，提出具体整改意见。强化安全生产执法。按照谁检查、谁签字、谁负责、谁复查的原则，保持严打重罚的高压态势。全年，检查企业（场所）771家次，填写现场检查记录753份，下达责令改正指令书544份，排查整改一般事故隐患3600多条，处罚违规企业2家。

【安全生产宣传教育】 开展以“强化红线意识，促进安全发展”为主题的“安全生产宣传月”活动，悬挂宣传条幅100多条，张贴标语、宣传画120张，发放宣传单7000份。宣传骨干队伍进一步加强，宣传渠道进一步拓宽，信息数量和质量明显提高，安监工作信息多次在省、市、区各级媒体、网络刊发。向省、市相关媒体及区委、区政府信息部门报送信息110多篇，其中，被省级媒体报道采用6篇，市级媒体采用26篇，区级媒体采用18篇。组织开展“企业主要负责人履职尽责警示教育”“少燃烟花爆竹，呵护我们的蓝天”未成年安全教育等系列教育活动。依托安全生产培训中心，举办特殊工种、安全员等各类培训班9期，受培训632人，发放“特种作业操作证”“电工证”“焊工证”“安全员资格证书”447人。

（李　曈）

民政管理

【概况】 认真履行“解决民生，维护民利，落实民权”的职责，以“为民解困”为要事，以“适应形势”为主题，以“求真务实”为要求，以“群众满意”为标准，以“自身建设”为手段，推进社会救助、社会福利、“双拥”优抚、基层民主政治建设和专项事务管理等工作科学发展，为构建和谐社会，提高居民生活水平，促进社会公平做出应有的贡献。

【低保工作】 低保标准全市最高。城市居民最低生活保障标准由每人每月420元提高至每人每月470元，农村最低生活保障标准由每人每年2200元提高至每人每年2900元。全区有城市低保户6620户、1.22万人，累计发放城市低保金3897.4万元；有农村低保户3473户、6380人，累计发放农村低保金1078万元。按照城乡低保户每月每户发放7.8元电费补贴标准，城市低保每户发放650元取暖补助标准，累计发放城乡电费补贴52.7万元，城市低保户冬季取暖补助430.3万元。完善制度建设。创新社会救助机制，制订海港区城乡居民最低生活保障管理办法操作规程，对低保对象的确认、收入的计算、申报审批程序等系列问题进行明确规定。成立海港区民政局低保家庭经济状况核查中心，强化对低保审批把关力度。落实医疗救助。医疗救助封顶线由农村每人每年不超过3000元、城市每人每年不超过5000元统一提高至每人每年不超过1万元。年内为681人发放医疗救助金104.3万元。

【救灾工作】 灾民基本生活得到妥善安排。发放救灾粮5.19万公斤、油1.01万升，棉被褥100床，棉大衣30件。救助困难户118户，发放救助金12.53万元。制度建设日趋完善。编制应急预案，制订包括组织机构、职能职责、预防预警、分级响应、后期处置、保障措施、宣传培训、演练演习等为重要内容的一套完整适用的《海港区自然灾害应急预案》《海港区民政局地震应急预案》《海港区民政局防汛应急预案》。确保第一时间启动应急响应，第一时间调运救灾物资，第一时间深入一线救灾。

【扶贫开发工作】 细化《海港区“十二五”扶贫开发实施方案》。确定帮扶青龙县4个贫困村以“造血”方式扶持农业产业化项目3个，农村基础设施项目1个。编写《扶贫工作操作指南》，及时发放到镇、街道及园区。对区内11个贫困村进行走访调研，分析各个贫困村的不同特点，制订科学合理的帮扶方案，为全区贫困人口建立数据库，各项工作稳步推进。

【慈善工作】 开展“慈善一日捐”大型募捐活动，97家机关单位募集善款28.4万多元。开展大病救助活动，救助100多人次。慰问海港区老年公寓及孤儿院并带去慰问品。

【基层政权和社区建设】 全面实施“农村民主组织全覆盖，提升民主管理和村民自治能力”，加强农村基层民主选举、民主决策、民主管理、民主监督，推进基层民主政治建设。明确农村民主组织即村委会、村代会、村监会的产生办法、主要职责及工作制度，督导村级民主组织按照“双征四议两公开”（双征：征求党员和村民代表意见；征求上级党委意见。四议：村党支部会提议；村“两委”会商议；党员大会审议；村民代表会议或村民会议决议。两公开：决议公开；实施结果公开）的工作程序，对村级重大事项进行规范化管理。实施程序管理，推行“六本五盒”（六本：村“两委”联席会议记录；村委会会议记录；村民会议及村民代表会议记录；村监会会议记录；民主议政日会议记录；征求意见、建议记录。五盒：上级文件资料档案盒；本级文件资料档案盒；村务公开档案盒；村委会选举资料档案盒；村代会和村监会选举资料档案盒）档案管理制度。统筹规划民政基础设施建设。86个社区中有53个社区用房达到300平方米，其中4个社区用房达到1000平方米。全年解决社区办公用房6处，其中新建1处，面积1000平方米，其余均为开发商提供。新建日间照料服务中心2处。

【“双拥”优抚工作】 拓展优抚新途径。完成全区优抚对象个人基本信息采集录入工作，对全区重点优抚对象建立个人档案，全面系统的整理1400多位优抚对象档案，做到基础数据清、个人信息明、基本现状掌握准。“双拥”建设有成果。组织277名在乡老复员军人开展“深入基层心系群众，迎‘八一’爱心献功臣”为主题健康体检、休疗、参观革命纪念馆系列活动。全年接收审理2013年度退役士兵档案306份，其中包括城镇退役士兵244人、直招士官3人、农村退役士兵17人、在校大学生42人。举办2013年退役士兵职业技能培训班5期，主要有创业培训、计算机培训、养生烹饪培训和驾驶培训，为退役士兵考取驾驶证报销70%的学费。服务保障到位。全年发放各类优抚对象的补助金879万元，其中发放伤残金750万元，涉核参战及三属优待金87万元，农村60周岁补助金42万元。2012～2013年城镇义务兵优待金基本发放到位，发放义务兵优待金950多万元。优抚服务设施提升。优抚医院全面启用。协调市区有关部门，优抚医院立项手续完备，争取上级资金200多万元，优抚医院服务功能得到提高，面向全区优抚对象开展医疗服务。

【社会事务管理工作】 审批成立民办非企业单位40家、社会团体5家。对340家民间组织进行年度检查，对260家参加年检的单位进行现场核实。对民间组织的法人、地址、业务范围、注册资金、财务建账情况、证书的有效期限进行核查。对符合条件的孤儿发放儿童福利证，落实孤儿每月700元的生活补助。发放补助金19.3万元。完成“全国收养登记管理信息系统”基本信息录入工作和孤儿录入“全省儿童福利信息管理系统”工作。

【社会福利工作】 全面推进农村“幸福工程”建设。制订建设10个村的“幸福院”规划目标和实施方案。全部完成10个村幸福院目标任务，投入建设资金47.3万元。落实民办养老机构每月每张床位40元的营运补贴，落实低保户80～89岁老人每月每人30元的补贴。

【老龄工作】 办理老年证4200个，发放老年人各类补贴23.08万元。重阳节对20户百岁老人和5户特困老人进行走访慰问，发放慰问物品。开展“5580”助老健康御险活动，全区投保1534人，参保金额6.14万元。

（李月涵）

民族宗教事务管理

【概况】 认真贯彻党的民族宗教政策，紧紧围绕“民族和睦，宗教和顺，社会和谐”的工作目标和全区工作大局，依法管理民族宗教事务，着力推进民族宗教工作，充分发挥少数民族同胞、宗教界人士和信教群众在促进经济社会发展中的积极作用，切实维护民族宗教领域和谐稳定，各项工作均取得新的进展和突破。

【民族工作】 落实少数民族优惠政策。完成少数民族中、高考考生考试加分证明信的开具工作，为海港区户籍的480名少数民族考生办理民族成份证明，其中高考考生408人，中考考生72人。对高考成绩优异的18名少数民族考生给予物质奖励。严格执行党和国家的民族政策，维护少数民族的合法权益。全年办理民族成分更改99份、102人，经市民宗局批准99份、102人，初审合格率100%。落实少数民族企业扶持政策，争取少数民族扶持资金3万元，帮助解决金牧种鸡场发展中的困难。帮助解决实际问题。春节期间，为宗教活动场所及困难群众发放米、面、油等生活用品100份及棉服50套；在伊斯兰教开斋节等重大节日，为穆斯林困难同胞发放米、面、油、肉等物品价值万元。开展民族团结月活动。围绕“共同团结奋斗，共同繁荣发展”主题，组织少数民族知识讲座、宗教政策法规宣传教育及民宗政策培训等活动，巩固和发展全区各民族和睦相处、和衷共济、和谐发展的局面。指导清真寺组织穆斯林青年联谊会，为区内及周边地区的500多名穆斯林同胞提供相识、相知的交友平台。周密安排部署，多次深入现场，对接待工作、治安消防、医疗卫生等进行检查指导，确保伊斯兰教开斋节、古尔邦节、圣纪节的顺利举行。引导穆斯林爱国爱教遵纪守法。以清真食品检查、处理突发事件、工作调研及各大节日等活动为契机，宣传国家民族宗教政策法规，与伊斯兰教义结合，做优秀穆斯林，做遵纪守法的好公民。

【宗教工作】 推进和谐寺观教堂建设。占地面积0.77公顷、建筑面积2700平方米、总投资2000多万元的佛教场所圆明寺完工并投入使用。海港区天主堂在天主堂原址举行天主堂扩建工程奠基仪式，工程总投资2700多万元，建成后的天主堂总面积1.22万平方米，其中爱国会培训中心总面积5658平方米，天主堂总面积6521平方米，工程2015年8月完工。由海港区佛教协会申请并筹资复建的北港镇朝阳寺，完成民宗审批、发改备案等工作，用地手续在办。全年佛教界举办浴佛节、盂兰盆节、仲秋祈福法会等大型教务活动8次，参与人员超万人。伊斯兰教和天主教、基督教如期举行教务活动，所有活动均按程序予以报批，提前做好活动现场的安全检查，组织相关部门现场督导，确保活动安全有序开展。完成海港区佛协换届工作。12月19日，海港区佛协第二次代表大会举行，全国数十位高僧大德、海港区佛教教职员及上百佛教信众参加会议，推选法云寺方丈释圣清为海港区佛协第二届理事会会长。引导宗教界投身社会主义慈善事业。区佛协秘书长印光念佛堂管委会主任侯维真居士向区慈善协会定向捐款20万元；印光念佛堂管委会成员魏国红居士等15人，为青龙满族自治县隔河头乡城山沟村13户贫困家庭送去米、油及生活用品，筹资3万元委托村委会为村民修桥；法云寺慈善功德会主办“2014年暑期法云寺慈善助学活动”，16位贫困学子受到资助13万元；秦皇岛女子医院董事长吴国兴携百康女性关爱团一行20人前往青龙满族自治县彭杖子村开展扶贫济困活动。为村民进行义诊并发放免费药品，为3户家庭发放米、面、油、鸡蛋、棉衣棉被及洗衣粉等生活用品。提升宗教工作水平。开展“宗教政策法规学习月”和“宗教活动场所安全年”活动。开展以“发挥正能量，共筑中国梦”为主题的宗教政策法规学习月活动，引导宗教界坚持走与社会主义相适应的道路，弘扬爱国爱教传统，为促进全区乃至全市经济社会发展发挥积极作用。

【维稳工作】 暑期，采取高处着眼、细微处入手的工作方式，制订《2014年暑期民宗工作应急预案》，做好暑期宗教活动场所的防火、防盗等安全防范工作。为保障暑期和“斋月”期间清真食品安全和少数民族的合法权益，强化清真食品市场监管，对100多家清真食品经营销售单位进行全面检查，多次不定期抽查和回查，向清真食品经营单位发放《河北省清真食品条例》，解决东港路北段家惠超市清真食品专柜存放猪肉的问题。提早部署春节、“两会”、国庆等重要节假日宗教活动场所安全工作，确保信众及少数民族群众过一个平安、祥和的节日。开展“规范正教，抵御邪教”工作，通过深入学习宗教教义、进行舆论宣传、增强法律意识、制订应急处置措施、落实信息上报制度等方式，防止不法分子、涉外势力及“全能神”等邪教组织借机滋事，确保全区宗教领域和谐稳定。解决涉及少数民族治安案件5起，处理非法宗教活动3起，无上访隐患和重大矛盾冲突。全区所有宗教活动场所均被评为全国创建和谐寺观教堂先进集体。

（魏　鹏）

档案管理

【概况】 围绕区委、区政府的中心工作，以业务建设为主线，科学谋划，履行档案工作职能，做到依法治档，丰富馆藏，科学管理，创新发展，服务社会，稳步推进档案事业各项工作开展，提高服务全区经济社会发展大局、服务民生能力，推动全区档案事业实现新的发展。

11月，档案馆迁入东港里19栋对面（原人民武装部办公楼）新址办公。

【馆藏建设】 档案馆集中统一保管乡科级和区级机关、团体、企事业单位档案资料，存贮46个全宗、2.5万卷、50万件，存贮资料8000册。其中，年内接收165卷、1192件。包括区委、区政府、民政局、审计局、组织部、财政局、镇等单位档案，内容涉及常委会记录、干部任免、实施方案、土地延包、宅基地登记、婚姻登记、统计报表、非典档案等。保存年代最早的为新中国成立初期的区政府档案，年代最近的为2012年婚姻档案和2013年区委、区政府档案，保存最完整的为20世纪80年代后形成的档案。馆藏档案以纸质载体为主，还包括照片、光盘、硬盘、电子档案等载体档案。根据《中华人民共和国档案法》规定，满30年的馆藏档案全部向社会开放。

【馆库建设】 区政府把档案馆搬迁列为重要议事日程，统筹规划、方案谋划、现场查勘、征求意见，经区长办公会研究，终迁新址。新档案馆占地面积1158平方米，建筑面积1500平方米，符合国家建设部、国家发改委《档案馆建设标准》三类县级档案馆建设标准，可接收20年，容纳30万卷。

【数字化存储】 区政府拨款20万元，购置全省统一数字化档案软件、添置机房设备。年内，完成20.5万页的档案全文扫描和相关目录输入。完成全部馆藏档案46个全宗、2.5万卷、135.6万页档案的数字化工作，包括全部区政府文书档案（1979 ~ 1995年）、全部区委文书档案（1951 ~ 2000年）、部分民政局婚姻档案（1982 ~ 2012年）、全部马坊乡档案（1971 ~ 1995年）。

【网络建设】 位居全省前列。根据《秦皇岛市档案收集管理办法》有关规定，纸质档案应与电子档案一并移交。借助区政府公务网络平台，档案馆在全省率先开发和使用区电子档案管理系统。包括档案采集、档案抽检、档案查询、档案打印、档案统计等5个模块，实现全区单位网上整理档案、网上传输进馆、网上验卷查询、网上监督指导的功能。已在25家单位推广使用，提高工作效率，降低运行成本。

【档案安全】 制订完善《消防应急预案》《破坏性地震应急预案》《防汛应急预案》《库房“八防”措施》（防火、防盗、防潮、防光、防霉、防虫、防水、防尘）等管理措施。安装和配备监测视频、防盗门窗、冷暖空调、灭火器、温湿度记录仪等硬件设施。实时监测，定期更换防虫药，实现库房内无鼠、无虫、无新霉、无积尘、无火灾、无水浸、无失窃、无泄密，库房温湿度也基本达到国家标准。着手进行全区保管年限为30年及永久档案的20万卷接收进馆工作，拟利用3年时间集中接收，实现馆藏档案翻10番。

【档案编研】 主动拓宽编研思路，突出服务中心，强调精品意识，2013年起，每年精心编制1套同步反应和真实记录全区重点工作的档案资料，为全区中心工作提供史料存储、宣传推介、档案查询等有效服务。年内，编辑完成《2013海港记忆》（包括图书、图册、光盘各一），重点征集区委、区政府主要领导讲话和重要文件、市以上领导到区检查指导工作的图片及影像资料、区四大家领导工作中形成的图片及影像资料、全区经济发展、城市面貌提升、民生保障等领域图片及影像资料。

【档案利用】 档案利用频率快速提升。在馆藏档案中，利用率最高的是婚姻档案、宅基地档案、知青档案和土地延包档案。年内，接待档案查阅人员4000人次，提供财产分割协议2230件，提供准生证、少数民族、独生子女材料520件，提供遗产继承材料650件，提供工龄续接档案资料20件，提供宅基地和司法部门办案证明500件，为机关单位提供资料100件。

【档案指导】 以电话咨询、实地指导、讲课、示范、提供档案员轮值岗位等方式对档案员进行全面培训，组织全区档案员参加市档案局的业务培训。

对承担重点工作和中心工作的单位突出指导，勤问多跑，确保重点档案及时归档保存。对搬家的单位，提醒注意档案安全，提高档案库房和硬件设施标准。重点指导区委、区政府文书档案、组织部群众路线档案、人社局劳动人事档案、水务局工程建设档案、海阳镇婚姻登记档案、发改局和机关事务管理局重点项目档案、财政局和北港镇财务档案，正进行土地延包档案的指导。

【档案检查】 对区直机关、团体和事业单位进行执法检查，完善、调整、细化《档案检查考核评分细则》，通过档案管理、档案整理、安全保管、档案利用、档案移交等5个方面17项内容连续3年的执法检查，各单位档案室都做到"四有一能"（有领导主抓、有专兼职档案人员管理、有独立档案室、有档案管理制度，能够为百姓提供利用）。各单位档案工作的优秀率从2012年的30%提升到85%，其中海阳镇、法院、海滨路街道办事处、园林局和国税局等档案管理规范。

【星级认定】 从"十二五"起对全区所有单位档案进行星级认定，认定标准分AAAAAA、AAAAA、AAAA、AAA、AA等5个等级、4大项、54小项，主要有组织管理、档案业务建设、档案信息化建设、档案开发利用等内容，年内完成16家。全区41家单位完成星级认定工作，其中，AAA级单位15家，AA级26家，走在全市档案星级认定工作的前列。区法院获全国档案工作先进单位。

（杨秋君）

政协海港区委员会

ZHENGXIE HAIGANGQU WEIYUANHUI

ZHENGXIE HAIGANGQU WEIYUANHUI

区政协全体委员会议

【区政协第八届委员会第三次会议】 2月20～22日，海港区政协第八届委员会第三次会议在文化广场剧场召开。会议由区政协第八届委员会常务委员会主持。出席会议的政协委员233人，因事、因病请假17人。

区委书记冯国林代表中共海港区委祝贺大会召开，作重要讲话。对八届区政协2013年的工作给予充分肯定，指出新的一年全区各级政协组织和广大政协委员要围绕中心、服务大局，认真履职献策，在社会发展进程中发挥积极作用，做出更大贡献。

会议听取和审议区政协主席杨永会所作的《政协海港区第八届委员会常务委员会工作报告》，听取和审议区政协副主席张继成所作的《政协海港区第八届委员会常务委员会关于八届二次会议以来提案工作情况的报告》。列席区第八届人民代表大会第三次会议，听取和讨论《海港区人民政府工作报告》《关于2013年国民经济和社会发展计划执行情况和2014年国民经济和社会发展计划报告》《关于2013年财政预算执行情况和2014年财政预算报告》，并就经济社会发展中的重要问题进行协商讨论。

会议通过提案审查情况的报告和政治决议。

区政协常务委员会议

【区政协第八届委员会第七次常务委员会会议】 2月17日，召开区政协八届七次常委会。讨论通过区政协八届三次会议议程（草案）；区政协八届三次会议日程（草案）；区政协八届三次会议常务委员会组成人员主持全体会议分工建议名单；区政协八届三次会议秘书长、副秘书长建议名单；区政协八届三次会议常务委员会工作报告（草案）；区政协八届三次会议常务委员会关于八届二次会议以来提案工作情况的报告（草案）；调整委员相关事宜。

【区政协第八届委员会第八次常务委员会会议】 2月21日，召开区政协八届八次常委会议。听取各委员活动小组讨论政协八届三次全委会各报告，政府工作报告、财政预算执行情况的报告、国民经济和社会发展计划等报告的汇报。以举手表决的方式通过区政协八届三次会议提案审查情况的报告（草案）、区政协八届三次会议政治决议（草案）。

【区政协第八届委员会第九次常务委员会会议】 7月24日，召开政协八届九次常委会议。区政府副区长王健及区直有关部门负责人应邀出席会议。会议就河道环境整治工作进行专题议政。强调河道整治是一项系统工程，也是一项长期工作，重在不断治理，贵在长效管理。河道环境可以采取四项措施：完善体制机制。可借鉴城市绿化、环卫等管理模式，建立河道管理目标责任制；加大资金投入，提升管护水平。建议区政府协调市政府及相关部门理顺收支责任体制，将河道管理费及排污费按照事权、财权统一的原则按比例下拨海港区，专款用于河道治理和管护;加强源头治理。建议在不影响防洪的前提下，在污染严重的村庄下游修建小型拦截坝，在河道中形成悬浮物拦截沉淀池，使水体中的悬浮物在坝前的沉淀池中沉积净化；加大宣传力度，达成社会共识。通过宣传明确河道管护的标准和要求，宣传激励先进村镇，督促后进，保持平衡，达成“管好河道，造福百姓”的社会共识。

区政协主要工作

【概况】 2014年，区政协锐意进取，认真履职，在推进发展中献良策，在改善民生中建净言，在促进和谐中聚共识，在转变作风中扬正气，为全区经济社会健康稳定发展做出积极贡献。依托秦皇望海分会平台，加强与全国徐福会、各地徐福分会的联络，接待考察、采访60多人次；加强与省、市政协文史资料委员会和新闻媒体的联系沟通，协助做好全国政协《十四个沿海城市对外开放史料·秦皇岛卷》的资料征集工作，扩大海港区的影响力和知名度。

【履职活动】 紧扣全区中心工作，积极开展履职活动。组织政协委员围绕西港搬迁和京津冀协同发展深入开展调查研究，就产业转型升级、经济结构调整等重大问题广泛协商议政，为促进全区产业园区“二次腾飞”积极建言献策，并形成多篇有价值、操作性强的调研报告，为区委、区政府决策提供第一手资料。关注民营经济发展。深入企业走访调研，多层面，多角度了解情况，为企业科技创新、落实扶持政策提出合理化建议。为推进全区重大项目建设和重点企业发展，邀请部分市政协委员视察圆明山片区，为重点区域发展建设宣传造势。为改善全区生态环境现状，区政协常委会专项视察河道环境整治工作，主席会重点调研农村面貌改造提升课题，组织全体委员和政协机关干部开展“走开山路,植政协林”活动，在北港镇西连峪村捐种大樱桃树500多株，助推港城生态文明建设。

【提案工作】 政协委员和政协各参加单位围绕全区经济社会发展及群众普遍关心关注的热点难点问题，提出提案196件，经审查立案186件。年内提案全部办复。委员满意和基本满意率均达100%。把握“质量是基础、办理是关键、服务是保障”的原则，提高提案工作水平。拓宽提案信息来源渠道。开展面向社会公开征集提案线索活动，建立社情民意网络信息平台，组织委员深入基层，倾听群众呼声，了解真实情况，发挥提案在扩大公民有序政治参与中的作用。注重知情引导。围绕全区经济社会发展中的重大问题，定期组织区情通报会，帮助委员了解区委、区政府工作重点，提高提案针对性。严格审查立案。认真执行提案审查制度，实行专委会初审与大会终审结合的办法，对选题不准、建议不具体的提案，及时联系提案者修改完善，从源头上保证提案质量。注重提案办理，形成提案工作合力。区委、区政府领导在八届三次会议期间对11件重点提案批示办理意见，主管领导逐件进行审阅批示，提出具体办理要求，促进提案落实。各承办单位与提案人沟通联系，交流协商，取得办理实效。加强统筹协调，提高服务水平。加强与政协委员和政协各参加单位的联系沟通，精心组织委员培训，深入开展视察调研活动，定期向委员通报全区的重大工作部署，为委员全面了解全区经济社会发展情况，提出高质量提案做好服务。加强与提案承办单位的协作配合，及时发现和解决提案办理中的新情况、新问题。做好市政协提案组织工作，组织驻区市政协委员深入开展调研，撰写提案，向市政协会议提交提案48件，其中被列为市政协重点提案5件，区政协被评为2014年度市政协提案工作先进单位。

【服务大局】 紧扣西港搬迁和京津冀协同发展的战略机遇，组织相关人员深入调研，形成《助推临港产业大发展，积极打造沿海经济增长极》的调研报告，提出促进临港产业规模化、多元化发展，有机整合城市、临港产业各功能区建设，打造运输、装卸、仓储、工业、贸易和服务整体联动的临港经济新优势等意见建议，受到有关领导重视。抢抓京津冀协同发展契机，就化解房地产产能，承接北京第三产业展开深入调研和思考，形成《积极承接北京养老产业的建议》，提出制订海港区乃至秦皇岛市养老发展规划，推进秦皇岛市与京津地区1小时交通圈建设进程，尽快制订养老机构扶持政策等建议，受到市政协领导关注，被选为市政协全会发言。为促进全区产业园区“二次腾飞”，组织委员开展园区建设情况调研，就政策争取、规划突破、模式创新等方面提出意见建议，为破解园区发展瓶颈提供有益参考。关注民营经济发展，深入相关部门、企业走访调研、发放调查问卷、组织企业家研讨，多层面、多角度了解全区民营经济发展情况，形成《优化民营企业发展环境》《大力拓展民营企业融资渠道》等调研报告，就支持民营企业开展联保贷款、促进科技创新、落实民营企业扶持政策等方面提出合理化建议。区政协领导经常深入所联系的重大项目、重点企业开展调研服务，推进重大项目建设和重点企业发展。紧贴生态建设，就全区河道环境整治工作进行专项视察，提出合理化建议，得到采纳和落实。以主席会形式对农村面貌改造提升工作进行专题协商议政，提出发挥群众主体作用、统筹涉农资金使用、建立长效管护机制等意见建议。

【关注民生】 开展践行党的群众路线“五个一”活动（开展一次集中学习活动、建立一个联系点、提交一份有价值的提案、促办一件提案或社情民意、办一件民生实事），鼓励和引导政协各参加单位和政协委员深入基层、关注民生。区政协各位主席带头深入各自联系点了解情况、协调关系，促进一批涉及食品卫生、街巷路拥堵、后进社区建设、私搭乱建等群众关心的热点难点问题的解决。动员政协委员投身公益事业。组织各民主党派和部分政协委员30多人集中开展“同心奉献，服务社会”活动，发放各类宣传资料1500份，义诊300多人次，收集社情民意100多条。政法组委员帮助化解信访矛盾，接待到访群众78人次，协调解决问题24件，引导群众通过司法途径寻求解决12件，提供法律服务20次。经济组、城建组、群工组委员发挥各自专长，开展各类爱心帮扶、创业就业指导、心理咨询等志愿服务活动30多场次，服务群众2万多人，捐赠各类善款5万多元。与市政协开展联合调研，形成《全力扶持社会办医，加快民营医院发展的建议》。提出消除民营医院发展政策壁垒，制订专科建设和专业人才引进专项规划，引导社会资本举办综合性医疗机构等建议，被市政协采纳。组织委员就全区居家养老服务、养老机构建设、养老产业发展进行调研，形成《加快我区居家养老事业发展》《关于我区养老机构建设发展情况的思考》等调研报告，为全区发展养老事业提供有益参考。就便民市场改造、老旧小区物业管理、城管体制下沉等工作进行调研视察，推进民心民生工程28件实事的落实。

【践行群众路线】 把开展党的群众路线教育实践活动作为一项重大政治任务和统揽全局的工作，扎实推进，务求实效。坚持把学习贯穿活动始终。区政协党组举行专题学习会8次，机关党员干部组织专题学习讨论会13次，重点学习中共十八大和十八届三中全会精神，中共中央总书记习近平的系列重要讲话，深入开展党性党风党纪和道德品行教育，在思想上、政治上、行动上同党中央保持高度一致。坚持开门搞活动。通过召开不同层面的座谈会、发放征求意见表、个别访谈等形式，广泛征求意见建议，自觉接受评议和监督。党组成员开展谈心谈话130多人次，撰写对照检查材料，召开专题民主生活会，开展批评与自我批评，聚焦“四风”，深挖根源，找准症结，明确整改方向。坚持立行立改求实效。把解决问题作为开展活动的出发点和落脚点，就贯彻落实中共中央政治局“八项规定”、转变文风会风、改进调研视察方式等，制订16条整改措施，逐项整改。同比文件简报减少60%，会议费节约65%，“三公”经费减少35%。

区政协机构

【政协海港区第八届委员会常务委员会】

主　席：杨永会
副主席：张素珍（女）
　　　　肖长祥
　　　　张继成
　　　　李国强
秘书长：敬卫兴
常　委：（以姓氏笔画为序）
　　马春元　马洪琪（女）　牛志刚（回族）
　　王玉东　王国光　王爱民（满族）
　　史建秋(女,满族)　叶永鹏　艾会荣(女)
　　刘中杰　刘晓军　何占峰　吴桂娥(女)
　　张文东　张志强　张济荣（女）
　　张艳君（女）　张　晶　李　工
　　李方阁（满族）　李　观　李思达
　　李满元（满族）　李福廷（满族）
　　国铁英（女）　姜述玉（女）　徐晓民
　　董云鹏　蔺学光

【政协海港区委员会办公室及各专门委员会主要负责人】

办公室主任：敬卫兴
提案委员会主任：黄秀卓（女）
经济科技委员会主任：吴桂娥（女）
社会事业委员会主任：马洪琪（女）
城乡建管委员会主任：赵卫群（女）
老干部办公室主任：王家海

【政协海港区第八届委员会委员】

丁润会　才汇强　马玉生　马宏艳（女）
马忠锋　马春元　马洪琪（女）　公严春（女）
公建芳（女）　牛志刚　王　平　王　君

王 宏 王 松 王 娜（女） 王 笑（女）
王玉东 王宏利（女） 王国光 王国芳（女）
王金成 王春玉 王洪民 王胤龙 王家海
王晓东 王爱民 王雪菲（女） 邓 波（女）
邓 浩 付 强 代新武 兰晓辉
史建秋（女） 史冠工 史莹洁（女）
叶永鹏 圣 清 左 宁（女） 田 奇
田印书 石万年 石融冰（女） 艾会荣（女）
任德文 伍保玖 刘 飞 刘 勇
刘 洁（女） 刘 莉（女） 刘 锐 刘中杰
刘玉僧 刘吉曜 刘宇腾 刘来生 刘明祥
刘环宇 刘金志 刘俊安 刘保平 刘晓军
刘海臣 刘清文（女） 刘晶春（女） 吉 极
孙 瑜（女） 孙长征 孙伟春 孙晓琴（女）
孙海波 安 媛（女） 岂连强 庄克永
朱 力（女） 朱立波 纪 红（女）
纪文颉（女） 许永昌 邢文华 邢启明
那 钰 齐金成 何占峰 何继东
冷冰霜（女） 吴孝明 吴建鹏 吴桂娥（女）
宋昌春 宋海英（女） 张 卓 张 和
张 姣（女） 张 荻（女） 张 斌 张 晶
张 超 张文东 张永江 张石国 张立起
张向阳 张志强 张国丽（女） 张国辉
张英华（女） 陈国平 张金忠 张金海
张俊红（女） 张济荣（女） 张秋妮（女）
张顺利 张振娟（女） 张晓翼（女）
张素珍（女） 张继成 张艳君（女）
张静漪（女） 张鹤云 李 工 李 伟
李 观 李 邯 李 佳 李为民 李方阁
李 伟（女） 李成铭 李作彬 李劲松
李宏光 李宏瑶（女） 李国强 李学良
李建立（女） 李所丰 李思达 李春生
李晓红（女） 李晓颖 李栩楠 李维佳
李雪征 李满元 李福廷 杨 征 杨永会
杨会常 杨庆喜 杨佩君（女） 杨英娜（女）
杨栋昌 杨树旺 杨晓玲（女） 汪长春
汪玉萍（女） 肖长祥 苏 涛 苏南鹏
苏贺卿 邸树纲 陆建银 陈 静（女）
陈文博 陈立杰（女） 陈贺营 单亚军
单亚春 单志琴（女） 周 健 周丹良（女）
国铁英（女） 林凡军 林崇爱 果卫东
罗颖君（女） 范文祥 郎晓峰 郑书良
郑全军 郑新利 侯瑞雪 姚长明（女）
姜志国 姜述玉（女） 胡广设 贺学英（女）
赵 刚 赵卫群（女） 赵长吉 赵立新（女）
赵延海 赵志勇 赵荣福 项 宁（女）
骆 欣 徐 彤 徐 巍 徐明辉 徐晓民
秦 忠 秦 峰 秦纪祥 秦宝林
贾 静（女） 贾晓军 贾海燕（女）
郭永生 郭立盘 郭美璇（女） 高 伟
高宏颖 高忠敏 高馨月（女） 崔文玲（女）
崔汉毅 曹 磊 梁道喆 黄秀红（女）
黄秀卓（女） 黄岳强 敬卫兴 景利伟
曾胜文 程淑艳（女） 董云鹏 蒋利国
蒋洪信 谢振华 韩凤臣 韩艳萍（女）
翟竹博 蔺学光 阚俊华（女） 薛向华
戴明宇 鞠尧魁 魏晓兰（女）

（李 兵）

法治 · 国防

FAZHI GUOFANG

FAZHI GUOFANG

司法行政工作

【概况】2014 年，海港区司法局以开展党的群众路线教育实践活动为契机，进一步改正工作作风，激发创新活力，发挥司法行政的职能作用，为社会和谐稳定和经济发展提供法律服务和法律保障。

【人民调解】组织建设进一步加强，组建行业性、专业性调委会，成立海港区农贸市场人民调解委员会。全区有人民调解委员会 256 个，人民调解员 1431 人，形成覆盖全区的人民调解组织网络。全区排查调处各类民间矛盾纠纷 1556 件，调解成功 1547 件，成功率 99.4%，未发生一起矛盾激化和民转刑案件。

【安置帮教】与区为民市场建设经营责任有限公司联合建立社区矫正人员和刑释解教人员过渡性安置帮教基地。由区为民市场建设经营责任有限公司直管的农贸市场及合作市场为社区矫正及刑释解教人员提供摊位和临时性就业岗位，区司法局利用社区矫正及安置帮教经费对市场局给予一定补贴。区为民市场建设经营责任有限公司专门设立安置帮教基地办公室，有 6 名社区矫正人员和 3 名刑释解教人员安置在区为民市场建设经营责任有限公司所辖市场。

【社区矫正】日常矫正工作。做好入矫谈话，掌握矫正人员的家庭、工作、生活情况和他们的思想动态，发放《社区服刑人员手册》，重点强调违反规定应承担的法律后果，促使他们摆正位置，调整心态，认真接受教育和改造。每月组织矫正人员参加集中教育学习活动及公益劳动。心理矫正工作。对不同矫正对象分别采取集中授课疏导、心理矫正热线咨询、心理测评、个别谈话等形式，开展心理矫正工作，全年开展心理矫正辅导活动 10 多次，为 400 多名矫正人员进行心理测评与辅导。

【法律服务】加大监管力度，受理对法律服务工作者的投诉 7 起，对其中 1 人给予警告处分。打造司法行政窗口形象，提升综合法律服务中心硬件设施，在临街路边悬挂明显标牌、对房屋进行粉刷、制作新的公开栏、为“12348”服务更换子母机。开展“法律援助牵手农民工”活动，对于拖欠农民工工资的法律援助申请，开辟“绿色通道”，提高法律援助工作效率，受理拖欠农民工工资案件 212 件，为农民工讨要工资 73 万多元。

【普法宣传】开展针对性普法，提高重点人群法律意识。为区领导购置法律读本、法律光盘，举办法律知识考试，提高领导干部学法用法的意识和依法行政的能力。举办 2014 年“世纪港湾杯‘法治梦想，翼起飞翔’海港区第三届中小学生普法夏令营”。组织企业法律需求座谈会，为企业提供免费法律体检并赠送《秦皇岛市重点工程建设法律实务指南》。延伸法制宣传触角，实现全覆盖。落实一村一法律顾问制度，为全区 193 个行政村、社区聘请法律顾问。村（社区）法律顾问开展“模拟法庭进社区”活动 2 次，社区巡回法庭咨询活动 20 次，法制讲座 5 次。

【公证工作】加强诚信建设，筑牢“诚信为公、立证为民”公证服务品牌，完善便民措施，简化办证程序，缩短办证时间，在阳光服务、微笑服务、规范服务、高效服务的基础上，推行延时服务、预约服务、上门服务等利民举措。严格公证质量标准，全年无错假证，办理各类公证事项 7641 件。

（李艳红）

公　安

【概况】2014 年，海港分局坚持下先手棋、打主动仗，建立“一分钟反应圈”，有效预防暴恐事件和个人极端行为；坚持以打开路、打防结合，实施“19 ＋ 2”巡逻防控机制，刑事发案率大幅下降；坚持精确打击、依法办案，“港城风暴”严打整治行动全市综合排名第一，命案侦破率 100%；坚持大事牵动、整体防控，圆满完成暑期、APEC 会议、国际马拉松邀请赛等安保警卫任务。

【严打整治】全年立刑事案件 2770 起，同比下降

32.64%，破获案件 1247 起，同比下降 55.87%。其中，杀人、抢劫、强奸、绑架等 8 类主要案件发案 286 起，破案 2636 起（包括积案、外协案件），抓获各类作案成员 795 人，打掉犯罪团伙 33 个，抓获团伙犯罪成员 139 人，破获团伙案件 58 起。移送起诉 657 人，抓获网上逃犯 294 人。刑事拘留 541 人，逮捕 320 人，取保候审 375 人，监视居住 40 人。破获“1·2”丁颖故意杀人案、“1·8”纤维里达达台球厅李坤故意杀人案等现行命案 13 起；赵凯系列盗窃案，崔晓军、崔石军系列盗窃案，林吉生系列盗窃案；曲日拉几、吉克木曲、的地吾合系列趴阳台盗窃案；朱超龙、谭永辽系列诈骗案，马俊华系列抢劫、强奸、猥亵案等系列大要案。破获毒品犯罪案件 20 起，抓获犯罪嫌疑人 23 人，缴获冰毒等各类毒品 1783 克。刑事技术中队勘察现场 579 起，尸检 143 起。

【治安管理】 全年受理治安案件 1.46 万起，查处 1 万起，查处率 74.27%，行政处罚治安违法人员 1.02 万人。开展“治爆缉枪专项行动”“灭枪治爆专项行动”和“集中整治民用爆炸物品、剧毒危险化学品、放射性危险品、管制刀具专项行动”，全年收缴子弹 2041 发，收缴汽枪 2 支，小口径长枪 1 支，管制刀具 350 把，钢珠 3000 粒。查获 2 家手续齐全的游艺场所存在设置赌博机行为，依法将具有赌博功能的游艺机予以收缴，查封无证照电子游艺场所 7 家，查处场所内卖淫嫖娼案件 1 起。

【社区警务工作】 派出所总警力 407 人，占总警力的 50.74%，高于省厅、市局要求的 40% 以上。制订《秦皇岛市公安局海港分局压发案、保平安工作意见》，以警务区为单位，每周发布发案通报。设 93 个警务室，每个警务室配备辅警 2 人。依托志愿者协会，发动志愿者 6000 多人在居民区、厂企内部开展防范巡逻，利用电子显示屏、板报、宣传单等形式开展防范宣传，安装预警宣传栏 50 多个，印发预警宣传单 2000 多份。

【暑期保卫】 年内，暑期警卫任务呈总量多、高级别任务数量猛增、警卫任务集中的特点。2 个月执行警卫任务 50 次，出动警力 4000 多人次，其中一级警卫任务 35 次。科学组织、周密部署，完成市、区“两会”安保，2014 年龙舟大赛，海洋音乐节等大型活动的安全保卫任务 62 宗，168 场次，出动警力 8200 多人次，实现“绝对安全、万无一失”的工作目标。

【社会政治稳定】 全年排调各类矛盾纠纷 5267 起，成功化解 5249 起。妥善处置农民工群体讨薪维权、德大地产购房群体网上串联聚集维权、港务局职工子女安置问题等群体性事件 158 起。发动群众，利用特情耳目、信息员和社区干部加强对邪教人员的监控，查处邪教案件 7 起，处理 7 人。打击非法宗教活动 2 起，执行宗教场所信教群众活动现场保卫 8 次。

【人口管理】 全区有人口 59.01 万人，21.24 万户。其中，男性 29.33 万人，女性 29.68 万人。全年出生 7541 人，死亡 2569 人。开展流动人口和出租房屋专项清查，完善日租房报警系统建设，在有条件的小区加装日租房管理系统，并由公益性岗位人员专职管理，推动流动人口和出租房屋管理的动态化、信息化、规范化和社会化。全年登记流动人口 10.62 万人，办理居住证 9.78 万个，建立出租房屋备案档案 1.23 万份，查获各类流动人口违法犯罪嫌疑人 615 人。

【执法规范化建设】 开展执法办案场所办案区专项检查活动，抽调专门力量对各分局所有执法办案场所进行排查督导，登记各单位硬件缺口，统一按标准配齐。成立由局长任组长的领导小组，在法制大队设立执法公开工作办公室，制发《执法公开工作实施方案》等文件 4 个，制订任务分解表和执法公开目录，在抓好工作进度、工作重点、为民主题等关键环节上下功夫，确保执法公开目标任务按标准如期完成。将门户网站及官方微博的二维码张贴在分局大门醒目位置，方便群众享受网上咨询、网上互动、网上办事等服务。办理行政复议案件 7 起，行政诉讼案件 14 起，国家赔偿 1 起，接待信访投拆 52 起，办结 25 起。

（王　颖）

审　判

【概况】 2014年，海港区法院以“努力让人民群众在每一个司法案件中都感受到公平正义”为目标，以党的群众路线教育实践活动和司法公开工作为契机，围绕“公正司法、司法为民”工作主题，履行宪法和法律赋予的职责，各项工作顺利推进。全年办理各类案件1.18万件，结案8711件。有16个集体和33名干警受到上级表彰奖励，刘艳红获全国人民法庭工作先进个人，董林华获得第三届全国审判业务专家，杜艳文获全省最美基层法官。

【刑事审判】 依法审理各类刑事案件，打击犯罪，保障人权。受理各类刑事案件680件，结案619件。始终对严重、暴力、多发性犯罪保持严打高压态势，判处10年以上有期徒刑21人，5年以上10年以下有期徒刑46人。抓好大案、要案的审理，妥善、高效审理“6·09”16名犯罪分子利用邪教组织破坏法律实施犯罪案件，得到省委防范办、省高院领导的高度评价。坚持宽严相济刑事政策，全面推行量刑规范化。加大调解力度，刑事附带民事诉讼案件调解率达100%。落实社会治安综合治理各项措施，开展少年审判、法制宣传、参与社区矫正、提出司法建议等工作，拓展办案效果。

【民事审判】 发挥民商事审判职能，保障民生权益。受理民商事案件8541件，结案6782件。牢固树立大局意识，充分发挥民商事审判服务保障职能，认真、慎重、稳妥地审理婚姻家庭、人身损害赔偿、涉农、涉企等案件，促进经济发展与社会和谐。全面推动建立人民调解、行政调解、行业调解等结合的工作格局，与村委会、居委会、工会、共青团、妇联等组织密切配合，形成化解社会矛盾的合力。为妥善化解医疗纠纷，与市医疗纠纷调解委员会建立联动调解工作机制。在立案庭推行诉前委托律师调取证据的调查令制度。推进调解机制建设，坚持开展全程、全员、全方位诉讼调解，民商事案件调解撤诉率65.31%。

【行政审判】 加强行政审判，促进依法行政。受理行政案件265件，结案259件。加强与行政机关的联系沟通，建立重大行政案件联席会议制度，发挥司法与行政良性互动机制作用，形成化解行政争议的合力。探索行政诉讼案件协调和解等工作机制，促进行政相对人与行政机关互相理解、彼此沟通，妥善化解行政争议。坚持主动服务理念，对秦皇皓月城、前道西茂业等市、区重点项目，与房屋征收部门、镇、村联动，促成被征收人主动搬迁。

【执行工作】 加大执行力度，缓解执行难题。受理执行案件2336件，执结1051件。加强执行联动机制建设，协调金融机构和有关部门，将被执行人信息纳入征信系统，推进公民身份、出入境管理、车辆登记等信息共享，合力化解执行难问题。成立执行指挥中心，对辖区执行工作进行动态监控，制订应急预案，确保及时应对执行中的突发事件。推进涉民生类案件集中执行活动，重点解决拖欠农民工工资、刑事附带民事赔偿不到位问题，共执结此类案件46件，标的280万元。加大工作力度，向公安机关移送拒不履行案件线索5件，其中2件已进入诉讼程序，有效震慑“老赖”。

【审判管理】 借助法院综合信息管理系统，实现对审判全过程的动态监控，向管理要质量，以管理促效率。根据《河北法院阳光司法指数评估暂行办法》，制订7项一级指标和27项二级指标及权重的具体实施意见，就相关考核内容逐项进行责任分工，明确责任领导和责任部门。建立通报制度，每月对各业务庭司法审判中存在的问题及短板及时进行提示，有重点地进行改进和提高。落实巡查制度，每天由专人对临近审限的案件进行网上催办，对案件流程信息填写是否规范、全面、准确进行提示，确保全体法官时时绷紧弦，既要多办案，又要办好案。

【司法公开】 制订《司法公开目录》，提出立案、庭审、执行、听证、文书、审务公开6大项、42小项公开内容。着力推进审判流程公开、裁判文书公开、执行信息公开等三大平台建设，全年审判流程公开9793件，裁判文书公开2490份，执行信息公开2471个。推进信息化建设，确保省、市、区三级联网数字法院业务应用系统的投入运行，结案件上传文书率和电子卷宗同步生成率均达100%。规范庭审直播，开展人民法院“公众开放日”活动，实行新闻发布例会制度，拓展司法公开的广度和深度。

【为民新举措】 探索交通事故、劳动争议、医疗纠纷等案件类别管辖模式，统一法律的理解与适用，解决裁判不一、同案不同判的问题，增强群众对于司法裁判结果的信任度和接受度。推行诉讼服务中心建设，实行立案诉讼指导、风险告知、立案缴费“一站式”服务，对偏远地区或行动不便的当事人推行预约立案、上门立案、巡回办案等便民措施。开展法官送法进社区活动，将指导社区民事调解工作进行拓展和延伸，制订《社区巡回法律服务机制规划目标》，组成9个社区巡回法官团，与街道民调组织一道参与调解纠纷和综合治理。社区法官诉前接待咨询、做调解工作300多人次，指导人民调解组织开展调解700多人次，进社区法律宣传8次，成功化解纠纷35件，取得良好的社会效果。

【调研、信息、宣传工作】 全年上报调研文章46篇，院内刊发、上报中院或其他部门26篇，其中省级采用2篇。上报信息349篇，院内采发123篇，区委研究室采发72篇，市中院、市政法委采发49篇，省高院采发45篇。向各级媒介报送宣传稿件700多篇，其中国家级采用2篇，省级采用264篇，市级采用200篇，区级采用33篇。

（李春香）

检　察

【概况】 海港区检察院以开展党的群众路线教育实践活动为契机，进一步改正工作作风，激发创新活力，发挥司法行政的职能作用，为经济发展和社会稳定提供法律服务和法律保障。

【服务全区经济社会发展】 增强大局意识和责任意识，找准服务改革发展稳定的切入点和着力点，为全面深化改革营造良好法治环境。突出重大工程建设项目预防，采取预防咨询、预警预测等措施，对海港区公园游园改造工程、秦皇大街及北环路绿化改造工程等重大国有投资项目建设开展专项跟踪预防。依法打击非法集资、制假售假、合同诈骗等犯罪，依法逮捕、起诉破坏市场经济秩序犯罪案件30件、58人。深入秦港集团、市热力公司等15家企业开展共建走访、“法律体检”活动，提供多层次法律服务。强化对商业贿赂和不正当竞争的法律监督，基本实现政府采购、工程建设、招投标行贿档案查询全覆盖。向社会提供行贿犯罪档案查询395次，涉及单位1100多个。开展生态环境司法保护及食品药品安全专项执法监督工作，与食药监管部门建立衔接配合机制，依法查办制售伪劣药品、有毒有害食品犯罪案件5件、8人。

【打击刑事犯罪】 参与“平安港城”建设，坚持以执法办案为中心，开展“业务工作攻坚年”活动。全年受理移送审查批捕案件402件、518人；批准逮捕335件、413人；受理移送审查起诉案件627件、894人；依法提起公诉602件、862人。依法从快批捕吴某等3人杀害燕山大学学生的故意杀人案，办理造成500多名被害人损失1.5亿元的高某非法吸收公众存款案等有重大社会影响的案件。贯彻落实宽严相济刑事政策，不断完善刑事和解、检调对接机制，完善刑事被害人求助制度，促进社会矛盾化解。推动信访工作规范化，妥善办理群众来访、申诉118件次。

【查办职务犯罪】 坚持“老虎”“苍蝇”一起打，惩治和预防两手抓，促进反腐败斗争深入开展。重点查办国家机关工作人员犯罪、贿赂犯罪案件和窝串案以及发生在群众身边、社会反映强烈的职务犯罪案件。全年立案侦查贪污贿赂犯罪案件11件、16人，全部为大案要案；立案侦查渎职侵权犯罪案件5件、8人，其中司法工作人员6人。大要案率同比增长82.6%，办案力度明显提升。依法查办港口医院原门诊收费员贪污窝案、中国银行秦皇岛分行和苑支行原行长张某受贿案等有震动、有影响的案件。查办秦皇岛耀华浮法玻璃股份公司原财务总监信某等共同贪污案，经法院一审判处被告人有期徒刑18年，为历年之最。开展预防职务犯罪“进机关、进企业、进乡村、进学校、进社区”活动，深入东港镇中心庄村、市海事局等单位举办预防宣讲26场，受教育3000多人。

【创新社会管理】 依托基层检察室，开展巡回检察，建立“四对一”法律服务机制，受理案件线索，接待群众举报和控告申诉，协助排除隐患，为百姓提供零距离服务。创新开展未成年人检察工作，建立“保护＋预防”未检模式，利用未成年人帮教基地，建立健全多层级的涉罪未成年人观护体系，保护未成年人合法权益。被团中央授予“国家级青少年维权岗”称号。加强社区矫正法律监督，帮助相关部门完善管理、消除隐患，推动社会治理能力的提升。

【法律监督】 突出监督重点，创新监督手段，强化刑事、民事、行政诉讼法律监督。加强侦查监督，依法监督侦查机关立案48件，撤案18件，纠正漏捕37人，漏诉23件，纠正违法侦查行为40件次。加强审判监督，依法提请刑事抗诉12件，法院发回重审3件。依法提请民事抗诉4件，提出再审检察建议4件，督促起诉110件，支持起诉6件。加强刑罚执行监督，全面落实对507名社会服刑人员的跟踪监督，纠正违法行为51件次。向河北省唐山监狱、女子监狱等单位发出纠正违法通知书10份。集中开展侦查立案专项监督，交通肇事、危险驾驶案件专项监督，对人民法院执行程序、审理程序、文书送达程序以及小额诉讼案件的监督，收到良好法律效果和社会效果。加强民事行政诉讼监督。加强对人民法院执行过程中是否遵循执行程序的监督，加强对人民法院在审理民事行政案件是否存在违反法定程序、文书送达程序的监督，加强一审终审的小额诉讼案件监督。开展和解息诉工作，对于当事人有和解意愿且具备和解条件的，加强释法说理，引导当事人和解。年内完成市院交办案件20件，审结12件，提请抗诉2件，发出检察建议21件，提出再审检察建议案件30件，督促履行职责案件发出110件，支持起诉6件，不支持起诉21件。

【自我监督】 开展规范执法强化年活动，安装统一业务软件，实施案件流程节点控制，规范办案流程。推行案件质量评查常态化机制，成立由党组成员组成的评查小组，开展专项评查4次，及时发现、整改问题。接受外部监督，落实区人大有关检察工作的决议，邀请代表委员和社会各界人士观摩庭审活动和视察专项检察工作。编送《人大代表政协委员专刊》10期。办理人民监督员监督案件7件。

【检务公开】 完善检务公开大厅建设，逐步推进检务公开信息平台、电子平台、案件管理平台和社会公众监督平台建设。开通检务公开微信、微博、网站，完善公开机制，开展对不立案、不批捕、不起诉、不予提起抗诉等“四不”终结性法律文书的公开工作。强化文书说理培训，利用检校共建资源，邀请专家开展专案咨询研讨，增强公开文书写作的规范性和专业性，使公开内容经得起社会的检验。

（谷佳佳）

人民武装

【概况】 海港区人武部以“强班子、带队伍，讲团结、树形象，保安全、求发展，创一流、当窗口”为全年工作的根本点，统筹兼顾，重点突出，勤奋求实，开拓创新，较好完成年度各项工作。周永鑫获省军区三等功一次。

【思想政治建设】 开展“牢记强军目标献身强军实践”主题教育活动。作为省军区、军分区党的群众路线教育实践活动联系点，部党委高度重视，认真学习党的创新理论和党的群众路线观点，深入调查研究，广泛征求意见建议，深入查找问题、解决问题，取得良好效果。在组织召开专题民主生活会时，省军区、军分区首长全程参加指导，与党委成员逐个谈心，参加集体交心，得到各级首长肯定。在民主评议阶段，北京军区检查组给予高度评价。部党委抓学习的经验做法被省军区转发；查纠问题的做法被《战友报》刊载。

【党管武装】 区委、区政府对党管武装工作高度重视，主要领导经常过问武装工作，提出具体要求，研究解决武装工作中遇到的困难和问题。5月，完成营院置换工作，区政府投资为新营院进行装修，达到一类人武部的硬件条件。在区党校专门开设国防教育课程，200多名科级以上领导干部接受国防教育，重视国防、支持武装工作的观念得到强化。

【征兵工作】 召开全区征兵工作会议，对征兵宣传、体格检查、政治审查等工作作出具体部署。调整征兵工作组织机构，组成8个工作组，分工包片，责任到人。为部队输送优秀青年入伍，实现零责任退兵和零告状，完成直招士官政审和军校招收学生的面试、体检和政审工作。省军区副司令员王志国、副省长杨汭到海港区调研征兵工作，对有关工作给予高度评价。杜建辉被省政府、省军区评为征兵工作先进个人。在河北建材学院和环保学院组建“退役大学生教练团”和“退役大学生军人宿舍”，在强化大学生国防意识、征兵宣传、院校管理、大学生军训等多项工作任务中发挥中坚作用。

【安全管理】 注重安全教育，制订年度安全教育实施方案，开展以安全理论、安全形势和安全常识为主要内容的学习教育活动。严格安全管理责任制，实行党委包科室、科室包个人、个人包场所的“三包”责任制，层层签订《安全管理责任书》，为50项具体工作、18个库室、公共设施和卫生区明确责任部门和责任人。抓好安全保密工作，加强组织建设，严格安全保密各项规章制度，对办公电脑和移动存储介质进行统一编号、统一注册、统一安装保密和水印标签系统，实行统一保管、专柜存放、专人管理。抓好干部职工“八小时”以外管理，把干部职工业余管理与家庭跟管结合，采取召开家属座谈会、定期谈话、电话沟通等形式，与干部职工家庭建立联系，联管联促。

【民兵组织】 科学调整组织布局，在城管、林业、水务、园林、科技等7个局及市再就业孵化基地完善反恐维稳、森林扑火、抗洪抢险和抗震救灾民兵应急排4个，组织结构更趋合理，装备器材更加配套，管理使用更加规范。圆满完成作战值班室正规化建设试点现场会任务，得到军分区的高度肯定。高标准完成军分区民兵应急连整组对检验收。省军区副司令员李毅带检查组，采取现场随机抽点的方式，对全区民兵应急连进行拉动点验，得到好评。组织民兵80人，参加全市暑期维稳工作；组织各镇街民兵400多人参加国际马拉松比赛维稳，圆满完成任务，得到市、区领导的高度赞誉。

【海港区人武部主要领导人】

部　长：周永鑫

政　委：葛静华

（吴　刚）

人民防空

【概况】 区人防办深入贯彻《中华人民共和国防空法》，以提升防空核心能力建设为工作着力点，坚持人民防空建设与城市建设结合，与平时防灾、减灾、救灾工作结合，求真务实，扎实工作，全面完成各项目标任务。

【指挥通信】 机动指挥系统设施和功能日趋健全，卫星、网络、超短波通信保障体系全面建成。参加市人防办组织的全市人防指挥通信系统培训与拉动演练，完成3G图像传输、北斗导航系统、海事卫星电话、短波电台、超短波电台具体科目的实战演练，检验人员、装备遂行应急任务能力，保持良好的战备状态。组织开展全区警报普查活动，进行全面维护保养，对每台警报器建立档案。维护保养固定警报器45台（套），其中，具备语音和信号双重报警功警报器24台，移动警报器3台，警报中间控制设备1套，防空警报音响覆盖整个市区。在警报试鸣日，组织东环里社区居民进行疏散演练，组织十八中学学生参加疏散应急演练，增强居民和学生应对空袭、灾害和突发公共安全事故的自我防护能力和防范意识。整组人民防空专业队伍，按照连级编制编组，组建抢险抢修、治安、防化、医疗救护等专业队伍。

【工程建设管理】 组织人员对区辖工程和警报设备的位置、面积、使用状况进行坐标测绘与统计，准确掌握人防战备资产资源的现状。加强人防工程日常维护保养，对区管的1万多平方米始建于20世纪70年代初的人防工程进行以防坍塌、防火、防倒灌为重点的巡查工作。依法落实安全管理责任主体，与人防工程使用单位签订安全生产目标责任书，签订率100%。

【宣传教育】 分清层次，明确重点，有的放矢，推进人民防空宣传教育进机关、进学校、进企业、进社区工作的深入开展。组织10个街道的人武部长和社区干部参加市人防办组织的“人防知识进社区”志愿者队伍专题培训班。举办为期3天的初级中学防空防灾知识教育辅导员培训班。人防宣传覆盖到全区19所初级中学的120个班级，免费发放各中学人防教材6000册。提高老师的授课质量，区人防办与市教育局、市人防办、区教育局组成优质课评选小组，对7所初级中学授课质量进行评选，3所学校获得一等奖，4所学校获得二等奖。东环路街道东盛世家社区、第十八中学成为“人防宣传示范社区”“人防宣传示范学校”，成为人防宣传教育的样板工程。

【准军事化建设】 按照“政治坚定、业务精湛、纪律严明、作风过硬、廉政高效”的总体要求，深化机关“准军事化”建设。开展为期4天的“军事训练日”活动，邀请专业军训教官训练军姿、正步走、格斗技巧和防暴技巧，增强员工的命令意识和军事素质。严格落实战备值班和警报定期鸣响制度。建立战备值班室，严格落实24小时值班制度。

（贾宇琦）

民主党派　工商联

MINZHUDANGPAI GONGSHANGLIAN

MINZHUDANGPAI GONGSHANGLIAN

民主党派

【概况】2014年，海港区有6个民主党派组织，即中国国民党革命委员会海港区总支、中国民主同盟海港区支部、中国民主建国会海港区委员会、中国民主促进会海港区工作委员会、中国农工民主党海港区支部和九三学社海港区支社。

【中国国民党革命委员会海港区总支部】下设2个支部，有党员25人。其中，市政协委员1人，区人大代表1人，区政协常委1人，区政协委员4人。加强理论学习，强化自身建设，围绕经济社会发展全局性、战略性的重大问题开展调研，发挥参政议政职能，为全区社会经济社会发展多谏富民之言，多谋利民之策，提交《关于我区开放式游园管理的几点建议》《关于取消中小学教室出租影响教学环境的建议》《关于加强公用服务事业管理的建议》《关于解决我市交通问题的几点建议》等提案。开展"伸出博爱之手——民革组织牵手困难群众"活动，与青龙县木头凳镇山东小学学生孙迎新及家庭结成帮扶对子，为其购买衣物、食用油等生活必需品，提供去石家庄上学的路费500元。党员任毅5年一直资助脑瘫患儿、孤寡老人和贫困小学生，捐款2万多元。

民革海港总支主委：牛志刚

【中国民主同盟海港区支部】有盟员39人，新发展盟员4人。盟员中研究生学历2人，大学学历17人。盟员中市政协委员1人，区人大代表1人，区政协常委1人、委员6人，特约监督员5人。12月，民盟海港区支部完成换届，成立海港区总支，下设2个支部。在市、区政协大会上提交集体和个人提案26件，被大会采纳11件，其中《美化环境，加强城市环境综合治理的建议》《关于加强社区统战工作的建议》分别得到副市长邢留速和市委常委、组织部长、统战部长陈书增的批示，在区政协大会上作《关于加强老旧小区管理的建议》的大会发言。获省级优秀支部称号，获省级优秀盟员2人，获市级优秀盟员4人，获市、区级先进个人7人。海港区支部在全市基层支部量化考核中排名第一，受到盟市委表彰6人。

民盟海港区支部主委：胡孝文

【中国民主建国会海港区委员会】下设4个支部，有会员61人。其中区人大代表2人、区政协委员15人。认真履行参政党职能，提出人大建议2件、政协提案20件。编辑上报社情民意、宣传信息40条。其中，被民建中央网站采用2条，民建省委采用15条，民建市委采用28条。撰写调研报告10篇。民建海港区委获民建市委2014年度先进区委、政协海港区2014年度提案工作先进集体，7人获民建市委优秀会员，2人获政协优秀委员；2人获区政协提案工作先进个人。

民建海港区委主委：王自俭

【中国民主促进会海港区工作委员会】辖第二中学支部、第四中学支部、第十八中学支部、教师进修学校支部、第十二中学支部等5个支部，有会员116人，新增会员2人。会员中，市政协委员1人，区人大代表2人，区政协常委1人，区政协委员3人。履行参政党职能，提出人大建议1件，市、区政协提案4件。会员提案《关于加强医疗保险基金监管的建议》被民进市委采纳，作为民进市委提案提交到市政协十二届二次会议。在区人大十四届三次次会议上，会员提出《关于社会保障卡、市卡、区卡享受同等待遇的建议》。在区政协八届二次会议上，会员提交提案《切实加强中小学校各项医疗卫生保健工作》，政协委员提交提案《加强城区小吃摊点管理，解决卫生脏乱差现象》《关于加大对我区"失独家庭"的养老扶助力度的建议》。参与社会公益活动，捐献中小学读物200多本，分发到市9所边远山区学校。第十二中学支部联系第十二中学向北戴河新区东河南大庄小学捐献图书1万多册。组织志愿者参加民进秦皇岛市委开展的"民进助残"活动，开展"送教上门"，帮助未能上学的残疾儿童接受教育。

民进海港区工委主委：张艳君

【中国农工民主党海港区支部】有党员21人，其中硕士研究生学历1人，本科学历17人，大专学历3人；正高级职称5人，副高级职称5人，中级职称8人；区政协常委1人，政协委员3人，区人大代表2人。全体党员立足本职，参政议政，服务社会，较好完成各项工作任务。上交提案《加强乡镇卫生院建设，改善农民就医环境》。组织党员中医疗专家参加乡村街道义诊活动。党员石小晶获市级科技成果三等奖。

农工民主党海港区支部主委：国铁英

【九三学社海港区支社】 有社员42人。其中，中高级以上知识分子占64%；市政协常委1人，区政协委员4人，区人大代表2人。认真学习中共十八大各项文件，深刻领会精神，强化参政党的政治意识，建言献策。提交《城市管理港区城区空气质量的几点建议》《关于我市增加停车场的几点建议》等提案。热心社会公益活动，送医、送药、送健康，在山海关望峪山庄组织义诊，赠送药品；组织医护人员在新闻里社区、人民广场、文博城社区等进行义诊，方便社区居民。

九三学社海港区支社主委：王国光

（张　丽）

海港区工商业联合会

【概况】 海港区工商业联合会有会员910人，其中非公有制经济代表人士695人。建有街道、乡镇分会15个，园区、商业区商会5个，异地商会、行业商会8家。2014年，海港区工商联牢固树立“服务立会、创新兴会”的办会理念，围绕中心，服务大局，发挥桥梁纽带和助手作用，为促进“两个健康”（非公有制经济健康发展、非公经济人事健康成长）和区域经济发展做出积极贡献。获省民营企业思想政治工作先进单位、区文明单位等称号。

【会员思想政治工作】 通过召开主席办公会、座谈会、专题讲座等形式组织、引导会员认真学习贯彻中共十八届三次、四次全会精神，中共中央总书记习近平系列重要讲话精神，国家、省、市民营经济工作会议精神，省市区委全会精神及《关于加强和改进新形势下工商联工作的意见》《中共中央十六号文件》等重要文件。通过举办企业发展论坛、“践行群众路线、助推企业发展”专题讲座、“全网营销培训班”等活动，对会员企业开展内容涵盖宏观经济形势分析、企业管理、企业文化建设、融资等多方面的专题培训。全年培训会员200多人次，发放学习材料400份。广大会员的政治理论水平、知识结构和企业管理能力显著提升。深入开展以“民营企业家与中国梦”为主题，以“信念、信任、信心、信誉”为主要内容的非公经济人士理想信念教育实践活动。通过学习相关文件、举行座谈会、参观复兴之路展览、开展“贴心服务、访企解困”等各种活动，全区非公有制经济人士坚定对中国特色社会主义制度的信念、增强对党和政府的信任、提振对自身企业发展的信心。

【基层组织建设】 完善工商联组织网络体系。以组建基层商会分会为突破口，努力完善工商联组织系统建设。海港区物流行业联合会、与爱同行企业家联合会等2家行业商会相继揭牌。文化路街道工商联分会、金梦海湾分会、临港物流园区商会等11家街道和园区分会、商会的成立，全区实现所有镇、街、园区的工商联分会、商会的全覆盖。年内发展会员1117个，团体会员28个。建有街道、乡镇分会15个，园区、商业区商会5个，异地商会、行业商会8个。加强基层商会组建、运行的过程化管理。制发《商会会长、班子成员资格审核办法》《商会筹建程序明白卡》等商会组建的规范性文件，严把商会组建质量关。制订商会例会制度、会长述职制度等6项规章制度，确保基层商会运转的科学化、制度化、规范化。通过到基层商会走访调研和召开专题主席办公会等形式，加强与各商会班子的交流。严把会员质量关，坚持“不求数量但求质量，成熟一个发展一个”的原则，重点发展素质高、有规模、有代表性、热心工商联工作的非公经济人士，会员结构逐步优化。依托新组建的基层商会、分会大量发展会员。年内新增会员180家，会员数量年增长率超过20%。

【参政议政】 开展下基层调研活动。年内，走访会员企业70家，召开座谈会6次，发放调查问卷

100份，主动帮助企业解决生产生活中的实际困难40多件。撰写《关于发挥财政资金信贷担保作用支持小微企业发展建议》《优化民营经济发展环境问题分析及建议》等2篇调研报告，得到相关部门的重视和采纳，为区委、政府科学决策提供依据。组织撰写提案、议案，积极参政议政。两会期间，组织会员中市、区两级人大代表、政协委员围绕民营经济发展、城市建设、民生等话题撰写提案、建议30多件，会员企业17人获得优秀政协委员称号。推荐非公经济人士代表24人担任行风评议监督员，参加民主评议行风活动，为优化区域发展环境做出贡献。

【会员服务】 搭建“政企沟通”平台，改善民营经济的发展环境。聘请区发改局、科技局、地税局等多家职能部门为顾问单位，建立工商联与政府职能部门联动机制和定期会议联系制度，开通政府与会员企业间沟通联系的快车道。通过开展“政企对接会”“法律进民企”及各街道园区筹建工商联分会等活动，为民营企业与政府部门间交流沟通创造机会。做到依法行政，切实维护企业合法权益，为企业发展提供优质的服务和有力的保障。搭建“银企对接”平台，解决民营企业的融资难题。发挥工商联与银行联系紧密的优势，建立银企对接长效机制，多次组织召开银企对接会，邀请工商银行、民生银行、农业银行、保险公司等多家金融机构与企业洽谈合作项目20多个，融资1亿元。搭建“企企合作”平台，开创互利共赢的良好局面。以“企企合作”平台建设为抓手，通过开展商会联谊会、会员球类友谊赛、企业家沙龙、名优新特产品展示会等活动，多方为企业家创造交流沟通的机会，使会员企业在信息共享、理念提升、融资担保、行业间优势互补等方面取得显著成效，促成秦皇岛香海粮油有限公司和秦皇岛恒捷有限公司等会员企业之间对接项目16个，金额近3亿元。搭建“校企合作”平台，促成校企双方合作意向。组织会员企业参加“走进北京理工大学”校企对接活动，引导企业创新发展、转型升级，提高产品科技含量和企业核心竞争力。为会员企业奥晶公司与同济大学、河北建材学院牵线搭桥，促成双方签署“校企联盟单位”和“校外实训基地”协议，奥晶公司与同济大学、河北建材学院在企业转型升级、产品研发、人才引进、技术服务等多方面开展合作。

【经济联络】 搭建经济联络平台，助推区域民营经济发展。组织会员企业赴唐山市滦县，通辽市科左后旗、霍林郭勒市进行考察交流，学习交流优化民营经济发展环境、设立民营经济发展基金、搭建融资服务体系等方面的经验做法。与北部工业区联合举办“企业家沙龙”活动，组织25家会员企业到山东青岛海尔集团、海信集团、青岛啤酒集团等多家大型现代化企业参观学习。与内蒙古通辽市科左后旗工商联、霍林郭勒市工商联，四川省雅安市石棉县工商联签订友好商会协议。拓宽工作思路，开阔眼界，加强与外地商会之间的友好交流，营造两地会员企业投资创业的良好氛围。

【光彩公益事业】 通过捐资助学、赈灾济困、民企进老区等形式，引导会员投身社会公益事业，全年会员向社会捐款捐物300多万元。组织会员企业参与民营企业招聘活动，安排就业600多人。成立“与爱同行”企业家联合会，筹集善款17万元，用于帮扶困难山区的学生。光彩事业工作由工商联引导下的个体自愿行为向团体化转变。

【“海港区商会大厦——煤炭交易中心”建设项目】

此项目列入区经济发展“十二五”规划重点项目。完成项目土地测绘、平面规划设计（初稿）工作。完成项目环评、节能、水保等前期工作，区发改局批准立项。完成土地挂牌组卷工作，启动拆迁协议的村民意见征集、附着物统计等工作。

（陈永波）

人民团体

RENMIN TUANTI

RENMIN TUANTI

海港区总工会

【概况】 全区有各级各类工会组织6738个，会员17.4万人，基层工会涵盖单位4961个。2014年，海港区总工会务实创新，竭诚履职，不断强化自身建设，全面提升工作水平。工会组织建设、厂务公开、民主管理、工资集体协商、和谐企业创建、困难职工帮扶、职工文化建设、物业公司建会、群众工作室建设等多项工作走在省、市前列。获区级先进职工之家称号企业85家，达到市级职工之家标准企业93家。

【工会基层组织建设】 把工会基层组织建设摆在工会工作重中之重的位置，全区的村、社区、区域、行业、楼宇等工会组织建设的创新方法得到省、市工会领导的肯定，开发区、工业园区、产业聚集区工会建设工作效果明显，物业公司建会、群众工作室建设走在全市前列。工业园区工会组建实现标准化、规范化；工会组建工作中心下移到小型企业，突破组建难的瓶颈；强化村、社区等基层工会组织的领导，配强班子，发挥作用。通过把企业主请上来和走下去的方式，了解100多家企业情况，按层次有顺序和重点的逐个开展建会、规范档案、协商等工作。村、社区由书记、大学生村官担任工会主席，全部配齐领导班子。将群众工作室的各种制度上墙、存档、规范，新建立工会组织开展群众工作室建设。制订、修改组织、例会、岗位责任等10多项规章制度。镇、街党委将工会组建工作纳入党建工作统一部署，党建带动工建、工建服务党建，随党建目标责任制统一考核。全区三级工会组织形成人员配备高，位置设置全，工作能力强的新局面。涌现组织健全、档案规范的高鹏泡沫工会，协商民主、劳资和谐的裕罗电器有限公司工会，环境整洁、“三提升”工作突出的尼特智能有限公司工会，制度规范、教职工之家的和美学校工会等典型。

【群众工作】 全区683家企事业单位建立群众工作室，培树瑞通公司工会、第二中学工会、市政工程管理处工会、城管局工会、启泰物业公司工会等群众工作典型。把工会服务窗口直接摆到职工家门口，方便基层民意征集和矛盾排查，为职工提供心理咨询、法律援助等多项贴近民生的服务，搭好党与职工群众的连心桥。深入职工劳动一线，了解职工心理动态及生活状况。通过建立社情民意反馈、群众利益表达、矛盾纠纷排查调处等工作机制，推动社会和谐稳定。全年处理劳动争议调解案件19件，涉及人员38人，未发生越级上访和群体性上访事件。组织42名省部级以上劳模免费体检，召开劳模座谈会，详细掌握各位劳模的生活、工作情况，对劳模存在的困难给以协调解决。组织劳模去山海关甲申史鉴纪念馆参观，为劳模定制生日蛋糕，重大节日走访慰问特困劳模，全年发放劳模慰问金5000多元，米面油100多份。

【民主管理】 巩固工资集体协商建制率。根据市协调劳动关系三方《关于制定工资集体协商规范化标准体系提升协商质量和实效意见》，制订海港区规范化标准和实施意见。开展“工资集体协商质量对标年”活动。全区建立单独工资集体协商机制企业1001家，覆盖职工7.86万人；区域性工资集体协商16家，覆盖企业967家，覆盖职工2118人；行业性工资集体协商4家，覆盖企业1061家，涵盖职工2156人。推进劳动关系和谐单位创建活动。发挥创建和谐劳动关系园区和先进企业的示范引领作用，引导企业履行社会责任，把企业内部和谐拓展到企业与社会与环境的全面和谐，全年达到A类、B类标准的企业数均超过100家。

【经济技术创新】 引领职工当好企业主力军。开展“征集节能减排合理化建议”“十佳经济技术创新成果”活动，收集合理化建议400多条，经济技术创新成果4个。开展“金牌工人”“能工巧匠”评选活动，瑞通公司王宪文被评为“河北省能工巧匠”。开展“建功立业职工标兵”“工人先锋号”集体评选工作。全区选树建功立业职工标兵4人，工人先锋号集体2家。将“安康杯”活动与“创建学习型组织、争当知识型职工”活动结合。举办“职工公共安全健康知识答题”活动，参与职工2000多人。开展安全生产大检查行动，及时排查安全事故隐患；为全区3家劳模创新工作室授牌。

【帮扶保障】 开展困难职工“常年救助”活动，每月为无法脱困的10名特困职工和20名极困难职工发放米、面、油生活物资和“工会爱心卡”救助。开展节日救助，春节、“五一”、中秋、“十一”等节日期间，走访慰问困难职工2000多人次，发放救助金和米面油、羽绒服、毛毯等生活物资。金秋助学活动中，为2名在档困难职工子女申请“助学育才千人计划”救助金。为203名在档困难职工子女发放“爱心书包”。救助44名在档困难职工子女，发放助学金9.35万元；组织开展职工大病医疗互助活动，上缴2014年“职工大病医疗互助”补偿金81.55万元，发放互助补偿金23万元，为15名职工申报“白内障光明项目”专项医疗补贴；为27名在档困难职工申报2015年度尿毒症肾透析救助金；开展建立三级典型库深化企业职工后勤保障“四提升”（职工就餐、居住、医疗、文体活动提升）活动和“一会一品”（工会围绕本单位中心工作拿出一个有特色且能促进本单位整体工作的特色品牌项目）服务职工创新项目展评活动。走访香海粮油、日泰管业等辖区企业，帮助提升企业饮食、住宿、卫生、文娱等条件。开展免费“困难职工体检”活动。

【宣教文体工作】“五一”前夕，组织全区职工开展“迎‘五一’沙滩袋鼠跳”职工趣味运动会，机关、企事业单位的130支参赛队800名运动员参加；组织选拔一线职工参加市总工会“中国梦·劳动美·我与改革创新绿色崛起”主题演讲比赛，获优秀奖；开展“千家万户齐参与争当美丽港城人”活动，区总工会机关全体干部职工深入到瑞通、市政集团等企业，开展“清洁企业我奉献”义务宣传教育活动。印发安全生产知识问答、法律知识读本等手册，增强职工依法维权意识和能力；组织2014年职工乒乓球比赛，各企事业单位300多名职工参加；组织基层工会开展“中国梦·赶考行·劳动美”摄影比赛活动，评选出优秀组织单位4个，一等奖3人、二等奖6人、三等奖10人；组织基层工会参加第二届“中国梦·劳动美”职工诗词创作大赛，上报诗词作品40多篇。全年上报各级各类信息40多篇，《河北工人报》刊发8篇，市级媒体刊发7篇。

区总工会主席：陈永山

（贾丽莉）

共青团海港区委员会

【概况】 共青团海港区委员会有直属团组织26个、基层团支部655个。全区有青年1.7万人，团员5605人。其中，学生团员4558人，农村团员668人，其他团员379人。直属少先队组织50个，少先队员3.6万人。2014年，共青团海港区委坚持“4+1”（梦、助、基、业和团干部作风建设）总体工作格局，遵循“五方着力”（坚持引领，坚持把“育人”谋在心上；坚持助力，坚持把“攻坚”扛在肩上；坚持强基，坚持把“活力”抓在手上；坚持服务，坚持把“帮扶”落在行上；坚持夯实，坚持作风建设永远在路上）工作理念，推动团的各项工作取得较好成绩。获河北省优秀团县（市、区）委、共青团基层团组织“特色工作奖”、青年志愿服务20周年“标杆志愿服务集体”、优秀青少年维权岗；市级文明单位、青年志愿服务优秀项目奖、优秀青年志愿服务集体。

【理想信念教育】 开展青年读书班、政策宣讲堂等集中学习活动20多场，举办“青春‘三想’对话”、青年故事会、“红领巾相约中国梦”等活动150场，使“中国梦”成为全区青年共同的价值坚持和精神家园。开展以“三热爱”为主要内容的自主教育实践活动和“青年好声音，我为核心价值观代言”等活动，参与青少年3万多人。开展“向上向善好青年”和各类“最美”团青典型选树活动，设立“善行青年功德榜”，宣传展示50名先进青年事迹。开展“什么样的青春最美丽”分享会及“争当美德好少年”活动，全区涌现出美德少年50人。举办首届“五四”青年音乐节和“青春有约”系列活动，满足团员青年婚恋交友、精神文化需求。建立完善微信集群建设工作体系，覆盖城乡青年骨干5000多人。开展“演绎善美青春梦、铺就出彩人生路”新媒体大赛，征集微作品160多件。组建200人的网评员队伍，实时发布话题，传递青春正能量。

【基层组织建设】 组建片区联合团委10个，实现“大团建,大区域,大融合”工作理念。结合村“两委”换届，完成村级团组织换届工作。推进乡镇实体化“大团委”建设，全年新建非公企业团组织30家，培育优秀青年社会组织4个。推进服务型团组织建设，建立以“青年益友汇”“社区少年宫”“青春雷锋之家”为特色载体的青少年综合服务平台。推行“团支部+合作社+团青+农户”的发展模式，新建合作社团组织12个，惠及青年300多人。推行“一点双户”工作体系，实现典型示范、整体推进的格局。设立团代表工作室5个，发挥团代表服务组织协调职责。组织团干部素质竞赛、少先队辅导员技能大赛、“流动团校”送教下乡等活动，全年培训各类人员1000多人。启动“在职党团员进社区”活动，将每月第一个星期六定为集中活动日，3000名团员青年投身服务。落实10个街道团的基层组织建设工作经费，激发基层团组织活力。涌现全国“五四”团支部1个。

【服务党政中心工作】 开展“和谐海港温暖之城”海港精神践行活动、“青春情暖夕阳红”及“港城先锋·红色义工·青年行动”，1000名注册青年志愿者全年向社会提供志愿服务近10万小时。创新服务机制，推行志愿服务“连心卡”，实现活动定时、定人、多样。围绕创建全国文明城市工作，启动“一十百千”行动，发放流动车贴2000张，组建公交站亭“青”靓队30支，集中清理公交站牌500多块。围绕农村面貌改造提升工作，开展“百号助百村，青春在基层”活动。围绕生态环境建设，建成“青年卫生示范厕”1座，为村民办实事60件。投入帮扶资金10万元，开展“植绿减霾，绿映海港”和“保护母亲河，我们在行动”活动，建成沿海2公里的“海港青年林”，组建26支“护绿小分队”定期维护。

【青年就业创业】 成立网上青年创业交流中心，发挥青年就业见习基地、农村青年致富大讲堂的作用，全年配合相关部门培训400人次，发放贷款120笔，金额538万元，扶持创业青年200多人，带动青年就业近1000人。联合邮储银行、秦皇岛银行等金融机构，为30家企业提供政策对接、银企合作。成立全市唯一的县（区）级青年企业家协会，吸纳青年企业家会员150人，通过“政企面对面”“青年企业家乡村行”、海港籍企业家座谈会等形式，为全区经济发展建言献策130多条。建设青年产业孵化基地2个，联合科技部门举办“小微企业创新创业大赛”，受益青年2000多人。

【公益帮扶】 启动关爱留守儿童“微心愿”活动，筹集资金3万元，购买学具500套。推进“春雨行动”“阳光助残”“城乡少年手拉手”等扶贫帮困活动。实施青少年健康成长守护工程，开展“法制报告进校园”“面对面”等活动30场。全年涌现国家级青少年维权岗2个，省级青少年维权岗7个。

团区委书记：张文静

（赵薇薇）

海港区妇女联合会

【概况】 全区有镇妇联组织5个，街道妇联组织10个，园区妇联组织2个，区直各委办局妇委会8个，村（居）妇代会181个。2014年，区妇联以“抓重点、创特色、树品牌”为工作主旨，以广大妇女追求美好生活、实现美丽愿景的实际需求为出发点，创新工作思路，做好“美”字文章，推动全区妇女儿童工作科学发展、和谐发展。《中国妇女报》先后4次刊登海港区在家庭美德建设、美丽庭院创建、巾帼志愿服务等方面的经验做法。被评为省级“巾帼建功先进集体”。

【组织建设】 以东环里社区、滨海城社区为试点，探索建立社区网格化妇女组织模式，将妇女小组组建到楼栋，利用网格化平台开展服务活动。打造以“社区—片区—楼栋”为基本框架的新的妇联组织体系，构建以“社区妇联主席—妇女网格小组长—妇女楼栋长”为主要架构的社区妇女网格组织。在网格中开展妇女服务活动，为网格中的妇女儿童和家庭提供面对面、有针对性的服务，使居民群众“小事不出网格，大事不出社区”。在全区推进社区网格化妇女组织模式，将妇联基层组织全部延伸到社区网格中，实现社区网格妇女小组全覆盖，为妇女解决好“最后一公里”服务问题。

【维权工作】 结合综治工作实际和妇女儿童维权工作现状，从提升家庭成员心理健康水平，促进家庭和谐稳定入手，在全区开展“星星火”妇女儿童维权行动。从组建一支三员服务队（心理疏导员、法律指导员、爱心调解员）、开通一部“星星火”维权服务热线、建立“一卡两访三课堂”服务机制（印制服务联络卡，做好来访接待及下访服务，开设法律讲堂、心理知识课堂、幸福之家大家谈知识课堂）、推出辖区特色活动等四环节着手，使行动真正植根基层，植根群众，为群众提供暖心、贴心服务。服务队结合辖区实际，开展心理健康课堂、阳光心态沙龙等服务活动20多场。把心理健康指导和维权服务送到基层、送到群众身边，提高广大家庭成员的心理健康水平和依法维权能力，实现以家庭和谐促进社会稳定。

【儿少工作】 强化“三个建设”，提供“六项服务”，统筹资源管好用好“儿童之家”。强化阵地建设、队伍建设、制度建设，依托村（居）妇女之家和文化活动中心，组织志愿者开展生活技能指导、心理行为咨询、家庭教育辅导等活动，全年完成30家儿童之家建设。在北港镇连峪景区开心农场创建“爱劳动、爱家乡”亲子体验基地，开展亲子体验和劳动实践活动。开展“家庭农作物劳动种植”“果品采摘享受绿色成果”“爱祖国、爱家乡、爱劳动儿童摄影绘画作品展”等亲子体验活动，培养少年儿童吃苦耐劳、坚韧不拔的意志品质及爱国爱家的思想感情。

【巾帼志愿服务活动】 创新多种形式，加强对空巢老人的关爱。组织巾帼志愿者与辖区“空巢老人”结对帮扶，开展“送健康暖心、送文化暖情、送服务暖冬”服务活动，为老人提供生活方便和养老保障。对生活困难的老人，有针对性地进行心理帮扶，疏导老人的负面情绪，帮助老人保持乐观健康的生活态度。为行动不便的老人进行家中免费健康体检。丰富和活跃“空巢老人”的精神文化生活，创新服务方式，组织社区巾帼志愿者带着“流动书袋”走进家门，为老人提供文化、娱乐、健康等方面的书籍与图片。守望互助、敬老助老、文明和谐的良好氛围基本形成。

【家庭美德建设】 以“寻找最美家庭”为抓手，推进家庭美德建设。宣传造势，寻找最美。联合《秦皇岛晚报》，开展寻找“巾帼最美身影”和“幸福家庭”活动。在3月5日《秦皇岛晚报》用7个版面进行专栏报道。发挥“妇女之家”的优势，通过宣传栏、广播、社区QQ群等方式，发动妇女和家庭踊跃自荐、相互推荐、互评互议、共同分享。历时5个月，征集“最美家庭”故事50多个，选定27个幸福家庭故事结集成册，编印《讲述幸福故事，传承家庭美德》最美家庭故事集发放到全区“妇女之家”等活动阵地。教育引领，传承最美。通过开设“家庭美德课堂”，开展家庭读书活动、征集家规家训等方式，引导家庭成员树立积极向上的家庭价值观。用良好的家规家训净化心灵、提升自我、警示后人，推动善行善举成为家庭文化主旋律。释放正能量，传播最美。开展“传承家庭美德、践行社会主义核心价值观”美德故事会宣讲活动。召开推举会或座谈会100多场，成立镇、街宣讲团17个，吸纳故事宣讲员80多人，参加故事会的群众近万人。11月，区妇联选出8名“最美家庭”代表组成宣讲团，举办家庭美德专场故事会，在全区统一进行宣讲。居荫平家庭入选全国百户“最美家庭”，李秋玲家庭入选全省“最美家庭”，王丽华家庭被全国妇联授予第九届全国“五好文明家庭”。陈淑兰家庭事迹被《中国妇女报》报道。海港区《讲述幸福故事，传承家庭美德》百姓故事汇活动被《中国妇女报》以《百姓故事汇传播正能量》为题进行专题报道。

【美丽庭院创建工作】 推进美丽庭院创建，引导妇女共建设幸福家园。宣传助力，营造氛围。印制5000份《致广大农村妇女的一封信》发放到妇女手中，逐户发放“美丽庭院”宣传册3000多册，宣传到群众身边；设计定制印有宣传标语的毛巾、垃圾筒等日用品200套，发放到示范村农户家中。在北港镇陆庄村制作专题墙体宣传橱窗，将创建内容、标准等以图文并茂的形式进行宣传，使村民一目了然；在村民聚集区和显眼处张贴美丽庭院宣传画、宣传标语，调动村民的参创积极性。利用广播，在每天早、晚饭时间循环播放“美丽庭院”创建内容、“五美”标准，把创建意识渗透到每个家庭成员，形成家庭合力。设计布置宣传文化墙，把美丽庭院漫画植入墙体画。凝心聚力，引领思潮。把“妇女讲习所”当作农村妇女加强学习、引领思想、转变观念的重要阵地，唱好讲习所“建、讲、习”三部曲。以北港镇陆庄村为示范，从建章立制、健全档案入手，在全区重点村建立妇女讲习所，使妇女学有阵地。组建志愿者组成的区讲师团，进村入户灵活宣讲；邀请市“美丽庭院”讲师团讲师，利用专题课件在讲习所集中宣讲普及创建知识和科学生活理念，全区开展各类宣讲30多场。协调联动，共促开展。为北港镇暴庄村、陆庄村、长桥岭村等创建重点村栽植树木2000多株、花草500平方米。

【妇女手工业发展】 通过走出去调研、请上来座谈等方式，围绕妇女手工业发展征求意见、建议，结合需求送服务到妇女手工业者身边。开展以送政策、送技能、送推广、送平台为内容的“四送”服务，将妇女手工业发展政策、手工业制做技能、妇女手工业产品推介、妇女手工业产品销售等项服务送到妇女手工业从业人员身边。举办妇女手工艺品征集活动，收集刺绣、编织、木板画、剪纸等10多个品种,400多件作品。精选110件作品，以第十届秦皇望海祈福文化旅游节为契机，在秦皇求仙入海处举办“海港区首届妇女手工制品展示会”。编印发放妇女手工艺宣传册1000多册，为妇女手工业者提供产品推介和宣传销售平台。

区妇联主席：杨艳莉

（李　菡）

海港区科学技术协会

【概况】 全区有基层科协17个、专业学（协）会14个、大中专院校联合会1个、民营企业科协3个、老科学技术工作者协会1个、大学生村官志愿者协会1个。2014年，区科协突出“搭台架桥建家服务基层”工作主线，抢抓机遇，锐意进取，开拓创新，科协整体工作水平有较大提高，完成各项既定任务目标，综合工作在全市科协系统评比中名列第一。

【基层组织建设】 结合创建全国文明城迎检活动，开展基层科协组织建设大检查，规范社区、村科普组织建设，各镇街、园区和社区、村基本实现科普工作组织、人员、场地、标识、制度、档案“六落实”。贯彻落实全省园区科协建设现场会议精神，配合市科协进行园区科协建设调查摸底，促使各园区全部明确科协工作主管领导和工作人员，理顺园区科协工作关系。举办首届全区科普创新人才培训班，支持基层科普工作者参加省市培训，开展横向交流，提高基层工作人员的专业水平。

【基础设施建设工作】 新建河涧里社区应急科普馆，指导帮助燕海里社区和文博城社区完善海洋科普馆和抗震减灾科普馆，全区有各类社区科普馆7家。燕海里社区青少年科普活动室成为全市唯一一家省级示范室，文博城社区被列为第二批创建单位，创建工作走在全省前列。8月28日，河北省社区青少年科普活动示范室经验交流会在海港区召开。新建西港镇西白塔岭新村科普画廊和东港镇西向河寨村文化广场科普文化墙，更新改造东环路街道东华里科普园和燕山大街街道天洋新城社区科普画廊，基本实现全区科普画廊（橱窗）全覆盖。

【科普信息化建设】 推进云科普示范区建设。举办科普应用培训班、私有云空间创建评比等推广活动，承办全市云科普开通体验活动。争取上级科协项目资金，采用市、区联合投入的方式，安装触控云屏10个，培训基层骨干60多人，创建私有云空间31个，有2个社区的私有云空间人气指数超过1万人次。云科普公共服务平台应用走在全市乃至全省前列，多次接待省、市科协领导和兄弟县、市科协考察学习。完善区科协网站，进行改版升级，增添最新科普信息抓取功能，使网站的信息量更大，使用更方便。探索新媒体科普形式，在全市率先开办“港城科普”微博，全年发布科普信息68条，粉丝人数达329人。

【全民科学素质建设】调整充实区科学素质工作领导小组，成立科学素质工作联络小组，完成对镇街及科素成员单位的年度考核，社会化大科普格局进一步巩固。举办讲座、培训、广场宣传和知识竞赛等科普活动，“五大重点人群”（未成年人、农民、城镇劳动者、社区居民、领导干部和公务员等）科学素质建设工作稳步推进。组建流动科普驿站，在农村和社区开展“点菜式”科普服务，组织流动驿站进社区活动15次，受益群众近千人次。

【主题科普活动】开展全国科普日活动。组织25个单位参加广场科普、现场咨询、义诊、青少年趣味科普活动等7大主题活动，展出展牌、展板200块，发放科普图书、资料5000多本（份），现场咨询200多人次，义诊180多人次。开展形式多样的主题科普活动。开展科普促进月、科普微视频创作大赛、全民网络科普大冲关等参与性强的科普活动，收到各类科普作品200多件（篇），全年举办各类科普活动近百场次，制做展牌12套、200多块，发放科普资料2万多份，其中图书3000多册，受益群众8000多人次。

【为科技工作者服务】开展建言献策活动。深入科技工作者集中的驻区高校和企事业单位，开展各类走访调研活动5次，征集各类意见建议20多条，涉及科协基层组织建设、群众性科普活动和全区经济社会发展等各个方面，转化为区政协委员提案3件。实施“金桥工程”。探索实现高校—科协—企业协调联动的有效途径，加大与驻区高校和企业的双向联系力度，多次组织高校专家教授企业行活动，促成部分企业与高校科研人员的合作关系，帮助企业解决技术难题。吸纳燕大老教协会会员以个人身份加入区老科协，密切与高校的联系。

区科协主席：李　观

（牛艳玲）

海港区文学艺术界联合会

【概况】2014年，区文联坚持“二为”方向，贯彻“双百”方针，锐意进取，扎实工作，履行“联络、协调、指导、服务”职能，当好艺术家与党和政府之间的桥梁纽带，一手搭平台，一手抓创作，调动一切积极因素，各方面的工作都取得较好成绩。

【文艺活动】第三届海子诗歌艺术节在燕山大学西校区大学生活动中心举办，市文联领导和海港区主要领导参加开幕式。全国20多位著名诗人、文学评论家、翻译家及海外诗人出席开幕式。燕山大学的300多名学生现场朗诵海子诗歌。区文联应邀参加青海省海西州德令哈海子青年诗歌节和康保草原诗会。对海子诗歌艺术节的宣传报道力度日益增大，第一届艺术节有120多个网站进行报道，第二届艺术节有200个网站报道，第三届艺术节有220多个网站报道。与江苏盐城市联合举办盐城秦皇岛主城区大型书法联展。组织全区美术教师赴北京参观庆祝中法建交60周年法国作品展。与市音乐家协会、东北大学语言学院、燕山大学语言学院和市满文化协会联合举办传统文化进校园之冬至听雪丝桐愔愔古琴音乐会。

【协会活动】区书协与江苏盐城市联合举办盐城秦皇岛主城区大型书法联展，展出两个城市书法家的作品200幅，促进城市之间的文化交流，南北不同风格流派的碰撞。举办会员书法培训及中小学美术教师的书法培训活动3次。区美协组织全区美术教师赴北京参观庆祝中法建交60周年法国作品展。常虹、卢颖、徐金辉、齐更双等4位青年画家入展全国美展河北省优秀书画作品展。举办庆祝教师节教师书画作品展。区音协与廊坊音乐文学学会、张家口音乐文学学会香港音乐文学学会联合举办音乐交流活动，多名词作家与兄弟市的词作家一起到香港，和香港音乐文学学会的蔡丽双、博士张继争等20多人进行交流。中元节，区文联和山海琴社联合举办古琴雅集，八月十五，与山海琴社在求仙入海处举办“碧海冰轮”

中秋古琴雅集，弘扬传统文化，歌唱人间真情。开展高雅文化进校园活动。在燕大举办以古琴演奏为主的音乐晚会。与秦皇岛市音乐家协会东北大学语言学院和燕山大学语言学院、秦皇岛市满文化协会联合举办传统文化进校园之冬至听雪丝桐愔愔古琴音乐会，山海琴社张昭老师演奏古琴，东北大学吉羊教授讲解，市电台播音员冯颖友情朗诵。区作协将与礼仁幼儿国学馆、山海琴社联合举办迎新禅茶音乐读诗会，主演朗诵古今歌唱秦皇岛的诗歌作品，品茶听琴读诗。摄影协会在区机关大楼里举办以海港区变化为主题的新春摄影展。

【艺术创作】 张鹤云的散文《西部的阳光》，赵永红的散文《想念德令哈》在《柴达木文学》发表。曲湘春全年发表小说、散文等文学作品 33 篇，其中省级 16 篇、地区级 17 篇。常虹、卢颖、徐金辉、齐更双等 4 位青年画家入展全国美展河北省优秀书画作品展。赵永红应安徽出版社之邀开始创作 2012 年中国诗人欧洲行的游记散文集《他城时光》，共 11 万字，交出版社。

【《海港区文艺》】《海港区文艺》注重贴近社会贴近人民，出版以靖红利事迹为素材的文学专辑。和市文联创作院共同组织作家到西连峪深入生活，寻找靖红利的足迹，采访村民和他的家人，创作一批以靖红利为素材的诗歌歌词剧本等作品，宣传先进典型。刊发海港区纪念新中国成立 65 周年征文作品及区妇联组织的幸福家庭故事会演讲专辑，为广大艺术家提供深入生活的机会，配合区委、区政府中心工作，弘扬社会正能量。

区文联主席：张鹤云

（赵永红）

海港区残疾人联合会

【概况】 全区有残疾人 8229 人。其中，视力残疾 757 人、听力残疾 406 人、言语残疾 35 人、肢体残疾 4958 人、智力残疾 855 人、精神残疾 735 人、多重残疾 483 人。2014 年，区残联以“健全残疾人社会保障和服务体系、保障残疾人权益”为主线，以“改善残疾人民生”为目标，着力解决残疾人最关心、最直接、最现实的问题，建设“国家级残疾人职业培训基地”和“爱心驿站”，构建康复服务体系、助学服务体系、就业服务体系、扶贫服务体系、法律援助服务体系、社会助残服务体系、文化体育服务体系，为残疾人做好事、实事，圆满完成全年工作任务。新闻单位组织集中采访 10 多次，向中残联、省残联和市残联报送信息 56 篇，中国残联、省残联采用信息 49 篇，《秦皇岛日报》《秦皇岛晚报》发表文章 8 篇，秦皇岛电台、秦皇岛电视台报道 24 次。区残联被区委、区政府评为文明单位。

【“爱心驿站”】 给残疾人朋友及其家属提供优质的心理咨询服务，成立“爱心驿站”。爱心驿站针对残疾人朋友定期开展团体、个体游戏咨询、沙盘治疗，幸福指数问卷调查，举办心理健康辅导讲座等系列活动 40 多次。邀请市心理咨询师协会的咨询师深入社区开展心理健康讲座、沙龙活动，建立跟踪心理健康档案，为残疾人心理康复搭建起桥梁。

【康复工作】 开发社会资源，构建以康复、助学、就业、扶贫等为核心的服务体系，残疾人生活质量显著提高。全年完成机构托养残疾人 60 人、居家托养残疾人 110 人、假肢配装 3 人，发放助视器 50 件、轮椅 168 件、其他辅助器具 220 件，救助贫困精神病患者住院治疗 10 人、贫困精神病患者服药 310 人。围绕“七彩梦计划”实施抢救性康复工程，45 名贫困残疾儿童得到抢救性康复。依托蓝翔融合幼教园，为 10 名孤独症儿童提供行为训练、学前指导及日间康复照料。为北环路办事处西港里社区、西港路办事处在水一方社区配备康复器材 22 套件。

【维权信访】 成立燕海里社区法律救助工作联络站，为残疾人开展法律咨询、调解、代书等服务。加大残疾人稳控力度，抽调工作人员深入现场接访，针对可能出现的上访情况，落实 24 小值班制度，消除不稳定因素。开展残疾人机动轮椅车燃油补贴发放工作，及时将 2014 年 8.19 万元燃油补贴发放到位。

【残疾人就业】按照打造国家级残疾人职业培训基地的目标要求，紧扣就业形势，把握残疾人群体就业特点，依托残疾人职业培训和康复中心建立残疾人职业技能培训基地，举办计算机应用、面点制作、插花、手工编织等技术培训。抓住残保金地税代征的有利时机，做到征期前上门服务，征期时严格年审，征期后依法补缴，完成全年征收任务。残疾人就业实现新突破，城镇残疾人就为1218人。

【解困助学】将1147名重度残疾人纳入“河北省贫困重度残疾人生活补贴”范围，每人每月发放生活补贴50元。围绕春节、中秋、助残日等重要节日，筹集资金31万元，为586户贫困残疾人赠送米、面、油等慰问品和慰问金。以残疾人扶贫基地为依托，通过“基地＋骨干＋项目”的运营模式，带动周边残疾人从事水果、蔬菜种植和蛋禽种畜养殖，参与创业经营的30名残疾人中80%当年实现脱贫。采取“政府资助＋社会救助”新模式，连续开展高中以上阶段贫困残疾学生及残疾人子女资助行动，筹集助学金16.2万元，资助贫困残疾学生36人。寻求爱心企业家的帮助，募集救助金5万元，资助贫困残疾孩子15人。

【青年志愿者助残】依托助残志愿者联络总站，整合社会爱心资源，助残志愿者注册达1378人。开展“善行河北，志愿助残”专项行动，深入福利院为残疾孤儿办理残疾人证，河东街道东港里社区的志愿者组织残疾人游览集发观光园，东环路街道东环里社区志愿服务队开展爱耳日义诊活动，港城大街街道服务里社区的志愿者为贫困残疾人送去米、面、油等慰问品，让残疾人感受到社会的关爱。

【残疾人活动】围绕“关心帮助残疾人，实现美好中国梦”主题，开展“全国助残日”庆祝活动。组织40名残疾孩子游览新澳海底世界，全区100名残疾人观看3D电影，20名残疾人运动员在轮椅上参加秦皇岛市国际马拉松比赛，鼓励残疾人参与社会活动。通过区残联门户网站，宣传残疾人政策法规、发布工作信息、实现政务公开，更多的残疾人及时了解相关信息。

区残联理事长：魏 琦

（尹 路）

农业和农村经济

NONGYE HE NONGCUNJINGJI

NONGYE HE NONGCUNJINGJI

种植业

【概况】2014年，区农业局以“农业增效、农民增收”为目标，突出工作重点，狠抓农业产业结构调整，推进全区农业和农村经济平稳发展。全区落实粮油播种面积2819.11公顷，产量1.13万吨。其中，粮食播种面积2316.98公顷，产量1.03万吨；油料播种面积481.8公顷，产量940吨；其他作物播种面积20.33公顷，产量100吨。

【项目建设】狠抓农业项目建设，促农业增效、农民增收。重点实施杰艺栗园蔬菜种植有限公司争创部级示范园区项目、清溪农业科技种植有限公司争创区级科技示范园区项目、蔬菜配送体系建设项目、海阳批发市场服务体系建设项目、蔬菜龙头企业及现代管理机械设备引进项目、花生“2+X”测土配方施肥试验项目、丘陵地油料作物试验示范项目、近岸海域环境综合整治项目。杰艺栗园蔬菜种植有限公司争创部级示范园区项目，通过省市专家组验收，进入公示阶段，项目填补全区农业项目没有国家级园区的空白。清溪农业科技种植有限公司争创区级科技示范园区项目，园区采用秸秆反应堆、膜下微滴灌、防虫网、杀虫灯、卷帘机等高效种植模式，试验示范适合海港区种植的蔬菜，尝试以无土栽培技术种植“优菜”“特菜”，把“菜园子”搬进百姓家的阳台上。扶持栗园蔬菜生产基地、宝洪果菜专业合作社、茂源果蔬专业合作社和西连裕清溪农业开发有限公司购买蔬菜配送车5辆，解决蔬菜最后1公里的加价问题；扶持平顺蔬菜农民专业合作社修建蔬菜分拣、清洗包装区1座，对园区内1000平方米的道路及场地进行硬化。海阳批发市场服务体系建设项目，扶持建设冷库、保鲜库1100平方米，完善批发市场各项服务设施，增创年利润20万元。扶持海东青食品有限公司购买滑子菇罐头生产线相关设备以及实验室设备。“家庭农场”项目，海阳镇郭高庄村的梦想家园家庭农场和范庄家庭农场，可为游客提供采摘、游玩、餐饮等服务。花生“2+X”测土配方施肥试验项目，实验地点为北港镇西连峪村，占地面积0.67公顷；丘陵地油料作物试验示范项目占地面积6.67公顷，在海阳镇新周庄村、田家沟村和北港镇西连峪村种植黑花生面积6.67公顷。近岸海域环境综合整治项目，召开第二批海港区近岸海域环境综合整治农业项目培训暨验收会，各镇完成收尾工作和项目档案资料整理，为迎接审计做准备。

【农业生产】全力做好春耕备耕各项工作。做好春耕备耕知识宣传。制发《关于做好春耕备播知识宣传工作的通知》，印发春耕备种注意事项等宣传资料。各镇、园区积极行动，提前做好春播准备。搞好优种推介，引导农民选择优种。根据2013年全区农作物品种试验示范结果及大田生产表现，筛选出丰产性、抗逆性、品质等综合性表现好，且品种通过国审或省审、有效种植区域在河北的品种，作为全区玉米、水稻、花生、大豆等作物主导品种，及时将优种信息发布到各镇、园区。做好春耕备耕数据统计工作。技术人员深入各农资门市部，了解种子、化肥等农用物资购进情况及市场行情。做好种子执法检查工作。全区购进种子4.63万公斤（其中玉米3.12万公斤、花生1.23万公斤、大豆1900公斤、水稻900公斤、谷子40公斤），肥料2500吨，农膜3.5吨，农药5.5吨。继续实施优种工程。争取上级资金、技术等支持，组织技术人员编写试验示范方案，选择适宜地块及品种。全年推介主导品种34个、示范品种12个。做好大田作物试验示范项目工作。市农业局花生“2+X”测土配方施肥试验项目，3月底完成方案编写；4月完成肥料配比，称取试验用肥样25个；5月8日，在墒情好、气温适宜的情况下完成试验项目26个小区的施肥工作；9月22日，技术人员到北港镇西连峪试验地块进行测产工作，抽取花生样品26个、土样6个；10月中旬完成花生试验项目样品室内考种、数据记录等工作。市农业局丘陵地油料作物试验示范项目，在海阳镇新周庄村、田家沟村和北港镇西连峪村种植黑花生6.67公顷，由于天气干旱少雨，花生产量略受影响。出动各种农业机械54台（套），完成大田耕地面积3933.33公顷，其中，机耕面积3800公顷，化肥深施面积

3533.33公顷，机械播种面积1266.67公顷，手工播种面积2666.67公顷。机械收获面积1000公顷，手工收获面积2266.67公顷。

【农村灭鼠】 做好农村灭鼠工作。4月15日、10月31日，统一向各镇下发粘鼠板3060张、鼠笼1000个、鼠夹400个、鼠药5.82万袋、宣传资料1.5万份。鼠情监测。在东港镇王庄村设立农舍鼠情监测点，监测点每次放50个鼠夹（10户，每户5个鼠夹）。每月15日和灭鼠当月投药前3天、投药后连续3天采用鼠夹法进行鼠情监测。监测结果：全区鼠种类基本为小家鼠、褐家鼠、小田鼠等3种，鼠密度为1%，低于2%的国家标准。做好灭鼠工作督导检查。检查结果：鼠药基本发放到户。技术人员入户对农户进行技术指导，对鼠药投放地点、投放方式不科学的农户进行纠正，现场进行演示。做好农贸市场违规鼠药清缴工作。农业技术站联合执法大队对全区农贸市场违规销售的剧毒鼠药进行不定期检查。清缴违规销售的鼠药溴敌隆3公斤、没收违禁剧毒鼠药闻倒死100克，向群众发放灭鼠宣传资料《农村灭鼠技术问答》300多份。

【新能源工作】 做好沼气池运行调查及安全排查。加强沼气池安全管理，确保建池户用气安全，制发《关于开展沼气池运行情况调查的通知》《关于做好夏季沼气池安全管理的通知》，要求各镇对辖区已建沼气池运行情况进行全面调查，填写沼气池安全排查表，建立沼气池安全管理档案，发现安全隐患及时上报。制发《沼气池安全使用及养护常识》等宣传资料900多份。做好沼液利用技术示范。选定海阳镇温家洼村宝红果菜专业合作社和郭高庄村梦想家园家庭农场作为沼液综合利用示范点，选取示范作物，制订详细的示范方案。宝红果菜专业合作社以西红柿、豆角、黄瓜、杭椒等果菜类蔬菜作为示范作物，果菜类整个生长期浇灌沼液4次，间隔15～20天，整个生育期每棚可节省复合肥200～250公斤。梦想家园家庭农场以草莓为示范作物，整个生长期浇灌沼液，间隔20～30天，增产增效幅度20%左右。学习新能源先进技术，促进推广应用。以建太阳能多能互补采暖房及秸秆压块技术作为生态家园富民工程的重点工作。组织区、镇相关人员到青龙县娄杖子镇后牛山村、后土台村参观学习太阳能多能互补采暖房综合利用技术；到卢龙县石门镇团山子村参观学习秸秆压块技术。结合全省农村面貌改造提升行动，对海阳镇、东港镇、北港镇17个重点村的3896户进行厨房改造调查，3742户完成厨房改造，完成率96%。

【新型职业农民培训】 确定区农业技术站为全区2014年新型职业农民培育工程培训基地，负责培训工作。12月15日，在中煤大厦开展为期7天的新型职业农民培育工程培训。编写《海港区2014年新型职业农民培育工程实施方案》下发到各镇，从市农业局聘请相关专业农业技术人员担任培训教师，进行集中授课，采用学校授课加基地参观的模式。

【农作物良种补贴】 6月20日，向各镇及园区下发《海港区农业局关于做好2014年良种补贴面积统计工作的通知》。全区良种补贴全部发放到农户手中，补贴金额51.08万元。其中，玉米面积3057.28公顷、补贴金额45.86万元；水稻面积232.24公顷、补贴金额5.22万元。

【蔬菜生产】 从山东寿光引进新品种30个，根据季节及品质特性分别安排在清溪农业、栗园、温家洼、鲤泮庄等蔬菜基地进行试验示范。发放叶菜类病虫害综合防控技术资料和30项蔬菜标准化生产技术规程2万份，技术普及率达80%，应用比率达75%以上。加大蔬菜标准化生产宣传力度，推广国家和地方制订的各类蔬菜技术标准和操作规程。以无公害标准化生产达标村为依托，全面普及杀虫灯、防虫网等生物物理防控技术防治病虫害。搞好新品种试验示范培训，举办各种形式培训班5次，受训800多人，发放宣传资料1万多份。

【农机监理】 对各镇、园区大中小农用机械进行年度检审和安全教育工作的培训，对不符合规定设备责令停产维修。突击检查各镇农机维修网点，检验拖拉机、联合收割33台，同比增长17%，复训驾驶员64人，新车上牌照9台，发放驾驶员《拖拉机在复杂道路上的驾驶要领》等宣传材料150份。开展农业机械普查工作，登记农业机械1000多台。其中，拖拉机有效拥有量136台，报废484台，联合收割机1台，其余为大棚卷帘机、微耕机、脱粒机等小型机械。办理补贴20份，受益农户13户。销售机具35台，其中，饲料粉碎机2台，拖拉机9台，旋耕机7台，卷帘机17台，共计74.92万元，通过补贴为农民节省资金22.52万元，补贴资金全部拨付到农民一卡通账户。利用市农业局信息科设备，将农业科测土配方等数据群发至农民手机，组织镇、村、种植大户、养殖大户等建立域名的信息员进行信息化知识培训。组织开展隐患排查、安全生产大检查、奋战70天安全应暑期、暑期安全生产检查和“六打六治”（打击矿山企业无证开采、超越批准的矿区范围采矿行为，整治图纸造假、图实不符问题；打击破坏损害油气管道行为，整治管道周边乱建乱挖乱钻问题；打击危化品非法运输行为，整治无证经营、充装、运输，非法改装、认证，违法挂靠、外包，违规装载等问题；打击无资质施工行为，整治层层转包、违法分包问题；打击客车客船非法营运行为，整治无证经营、超范围经营、挂靠经营及超速、超员、疲劳驾驶和长途客车夜间违规行驶等问题；打击“三合一”“多合一”场所违法生产经营行为，整治违规住人、消防设施缺失损坏、安全出口疏散通道堵塞封闭等问题）打非治违等安全生产工作，抽查农业机械160台次，查出隐患7起，全部整改完毕。对全区200多个大棚中的卷帘机、微耕机等高危机械进行安全抽查，确保无安全事故发生。与渔政、港监联合参加安全生产月宣传活动，发放各种安全生产图册50册、传单200多张。

【农业执法】 强化宣传引导和培训，营造农资市场良好社会氛围。开展“做好农资监管，促进诚信经营”活动。要求全区20个农资经营单位严格遵守有关法律法规。加大执法力度，净化全区农资市场。出动人员390人次，出动车辆120台次，检查农资经营单位105个次，检查标签420个。其中，种子标签152个，农药标签224个，肥料标签44个。对存在问题单位下达限期整改通知书10份。开展卫生用农药专项整治，确保百姓用上放心卫生类农药。向大型超市、居委会、集贸市场、卫生用农药批发部下发《关于开展卫生用农药专项整治行动的通知》，向各相关单位发放悬挂条幅80条，下发宣传材料1300份。加强卫生用农药市场监管。重点检查农药登记证号、成分含量、毒性标识、生产厂家等内容。开展以“放心农资下乡、保障春耕生产”为主题的“放心农资下乡进村宣传周”活动。利用赶大集、执法检查、深入基层等形式向各镇、园区、农药经营单位及广大农民发放《如何辨别农药、种子、肥料》《农药科学使用手册》《植物检疫条例》等宣传材料300份，接待咨询群众200多人次。广大农民识假辨假及自我维权的能力得到提高。

【农产品质量监管】 开展农产品农残检测工作。制订蔬菜检测计划，对蔬菜生产基地、农贸市场采取每月抽检2次，节假日加密的方法进行检测。全年从生产基地、农贸市场、海阳农副产品批发市场等地抽取西红柿、洋白菜等蔬菜样品390个，其中，配合省农产品质量检测中心从海港区抽检样品60个，送市农产品质量检测中心样品160个，自检样品170个，检测结果全部合格。加强对儿童食品安全工作的关注度，对建设路幼儿园、文化里幼儿园食堂日常食用的蔬菜产品进行抽检，检测结果合格。开展豆芽菜专项整治工作。对辖区内所有豆芽菜生产经营户和海阳农副产品批发市场销售的豆芽菜进行集中拉网式摸底调查，逐户建立登记档案。强化对生产经营者的宣传培训，规范豆芽菜生产销售行为，建立豆芽菜质量安全监管的长效机制；加强日常监督抽查，定期不定期对海阳农副产品批发市场销售的豆芽菜进行质量检测。抽取5个样品送市出入境检验检疫技术中心进行铅、汞及亚硝酸盐等含量的检测，检测结果全部合格。

【食品安全区创建】 制订《海港区农业局农产品质量安全隐患排查整治活动实施方案》，召开隐患排查风险研判工作会议。专门对农产品质量风险评估检测、如何预警等问题进行讨论研究，提出建立由生产基地负责人、农资经营人员组成的专家组，每季度对农产品质量安全隐患及风险进行评估预判一次的合理化建议。制订《海港区农产品质量安全追溯制度》《问题农产品后处理机制》《海港区农业局农产品质量安全隐患排查工作制度》《2014 年海港区农业局农产品质量安全监管工作实施方案》《海港区农业局 2014 年度农产品质量安全监管计划》等多项制度，保障农产品质量安全。举办风险研判会议 3 期。营造浓厚的食品安全氛围。利用食品安全宣传周、科普宣传、现场服务、发放展牌、印发宣传册等形式，开展以“社会共治，同心携手维护食品安全”为主题的宣传活动，向生产者、消费者宣传《中华人民共和国农产品质量安全法》《中华人民共和国食品安全法》等法律法规；宣传《最高人民法院、最高人民检察院关于办理危害食品安全刑事案件适用法律若干问题的解释》《海港区食品安全奖励实施办法》；宣传农产品质量安全常识、农产品质量安全生产知识。向各镇村发放展牌 78 个，宣传册 6000 个，其他宣传材料 2000 份。

【无公害产品标志使用专项检查】 对乐购、金源、广源等各大超市进行执法检查，各大超市实行无公害农产品标志使用情况月报制度。发放无公害农产品标志使用定义、图案、真伪辨别等宣传材料 200 份。经检查，超市内均无无公害农产品销售。

2014 年海港区农业主要产品生产情况一览表

表 3-1

项　目	海港区			东港镇		
	播种面积（亩）	单产（公斤 / 公顷）	产量（吨）	播种面积（亩）	单产（公斤 / 亩）	产量（吨）
一、谷物	1413	5581	7886	1050	541	568
其中：夏收谷物	—	—	—	—	—	—
秋收谷物	1413	5581	7886	1050	541	568
1. 稻谷	32	7750	248	450	529	238
2. 小麦	—	—	—	—	—	—
（1）冬小麦	—	—	—	—	—	—
（2）春小麦	—	—	—	—	—	—
3. 玉米	1276	5790	7388	600	550	330
4. 谷子	50	2080	104	—	—	—
5. 高粱	55	2655	146	—	—	—
6. 其他谷物	—	—	—	—	—	—
其中：大麦	—	—	—	—	—	—
燕麦（莜麦）	—	—	—	—	—	—
荞麦	—	—	—	—	—	—
二、豆类	329	2213	728	400	160	64
其中：大豆	312	2295	716	400	160	64
绿豆	7	714	5	—	—	—
红小豆	10	700	7	—	—	—
三、薯类播种面积	239	42908	10255	660	1027	678
1. 马铃薯	17	22941	390	260	300	78
2. 甘薯	222	44437	9865	400	1500	600
附：粮食作物	1981	5384	10665	2110	364	768

续表 3-1

项　目	海港镇			西港镇		
	播种面积（亩）	单产（公斤 / 亩）	产量（吨）	播种面积（亩）	单产（公斤 / 亩）	产量（吨）
一、谷物	—	—	—	5473	328	1795
其中：夏收谷物	—	—	—	—	—	—
秋收谷物	—	—	—	5473	328	1795
1. 稻谷	—	—	—	25	400	10
2. 小麦	—	—	—	—	—	—
（1）冬小麦	—	—	—	—	—	—
（2）春小麦	—	—	—	—	—	—
3. 玉米	—	—	—	5448	328	1785
4. 谷子	—	—	—	—	—	—
5. 高粱	—	—	—	—	—	—
6. 其他谷物	—	—	—	—	—	—
其中：大麦	—	—	—	—	—	—
燕麦（莜麦）	—	—	—	—	—	—
荞麦	—	—	—	—	—	—
二、豆类	—	—	—	443	115	51
其中：大豆	—	—	—	443	115	51
绿豆	—	—	—	—	—	—
红小豆	—	—	—	—	—	—
三、薯类播种面积	—	—	—	144	438	63
1. 马铃薯	—	—	—	—	—	—
2. 甘薯	—	—	—	144	438	63
附：粮食作物	—	—	—	6060	307	1859

续表 3-1

项　目	海阳镇			北港镇		
	播种面积（亩）	单产（公斤 / 亩）	产量（吨）	播种面积（亩）	单产（公斤 / 亩）	产量（吨）
一、谷物	3950	230	909	7865	191	1506
其中：夏收谷物	—	—	—	—	—	—
秋收谷物	3950	230	909	7865	191	1506
1. 稻谷	—	—	—	—	—	—
2. 小麦	—	—	—	—	—	—
（1）冬小麦	—	—	—	—	—	—
（2）春小麦	—	—	—	—	—	—
3. 玉米	3561	242	862	6683	195	1303
4. 谷子	198	111	22	547	150	82
5. 高粱	191	131	25	635	191	121
6. 其他谷物	—	—	—	—	—	—
其中：大麦	—	—	—	—	—	—
燕麦（莜麦）	—	—	—	—	—	—
荞麦	—	—	—	—	—	—
二、豆类	800	25	20	2696	90	243
其中：大豆	800	25	20	2434	95	231
绿豆	—	—	—	108	46	5
红小豆	—	—	—	154	45	7
三、薯类播种面积	—	—	—	2511	275	691
1. 马铃薯	—	—	—	—	—	—
2. 甘薯	—	—	—	2511	275	691
附：粮食作物	4750	196	929	13072	144	1887

续表 3-1

项　目	工业区			临港物流园区		
	播种面积（亩）	单产（公斤 / 亩）	产量（吨）	播种面积（亩）	单产（公斤 / 亩）	产量（吨）
一、谷物	950	349	332	2171	380	825
其中：夏收谷物	—	—	—	—	—	—
秋收谷物	950	349	332	2171	380	825
1. 稻谷	—	—	—	—	—	—
2. 小麦	—	—	—	—	—	—
（1）冬小麦	—	—	—	—	—	—
（2）春小麦	—	—	—	—	—	—
3. 玉米	950	349	332	2171	380	825
4. 谷子	—	—	—	—	—	—
5. 高粱	—	—	—	—	—	—
6. 其他谷物	—	—	—	—	—	—
其中：大麦	—	—	—	—	—	—
燕麦（莜麦）	—	—	—	—	—	—
荞麦	—	—	—	—	—	—
二、豆类	—	—	—	552	855	472
其中：大豆	—	—	—	495	840	416
绿豆	—	—	—	—	—	—
红小豆	—	—	—	—	—	—
三、薯类播种面积	120	600	72	303	1449	439
1. 马铃薯	—	—	—	192	1500	288
2. 甘薯	120	600	72	111	1360	151
附：粮食作物	1070	324	346	3026	458	1385

（郭　杰）

畜牧业

【概况】 2014 年，区畜牧局在“夯基础、促发展、保安全”方面下功夫，依法治牧，狠抓落实，圆满完成全年目标任务。肉、蛋、奶产量分别为 3924.8 吨、3235.3 吨、2557 吨；生猪存栏 2.16 万头，出栏 4.04 万头。奶牛存栏 1012 头；禽存栏 28.47 万只，其中蛋鸡存栏 24.63 万只，肉鸡存栏 3.25 万只。

【特色产业】 加强规模养殖场的标准化规范化管理，打造富莱士鸡蛋和金牧种鸡品牌；通过引导生猪规模养殖场实施无公害养殖，打造昊兴年猪肉特色品牌；推进暑供备用奶源基地软硬件建设，打造旭兴鲜奶品牌;延伸肉羊屠宰产业链条，实施产业化经营，重点打造牧羊源羊肉品牌。全年通过无公害畜产品产地认定养殖场 8 个、部级标准化示范场 2 个，省级标准化示范场 3 个。

【项目建设】 完成 2004 ~ 2008 年动防体系建设项目，新建冷库、兽医实验室、物资储备库等设施，通过省兽医局组织的兽用生物制品 GSP 认证和化验室验收。争取清洁养殖中央项目补助资金 56.52 万元，指导规模养殖场完成清洁养殖工程续建项目 12 个，带动全区畜牧业向清洁养殖、生态养殖转型。引进总投资 1000 万元的三富膨化饲料厂，辖区内饲料生产企业达到 5 家。

【污染治理】 重点指导昊兴生猪养殖场、善源蛋鸡养殖场和惠农小尾寒羊养殖场等 3 家规模养殖场的升级改造，实现净污道彻底分离，粪污科学处理综合利用，提升养殖场的抗病风险等级。开展沿河养殖污染治理，逐场逐户进行现场技术指导，发放技术指导资料 200 多份，签订承诺书 80 份，合力治理，实现排污口全部关闭，确保全区养殖污染治理效果。

【动物疫病防控】 调整动物疫病防控思路，变过去的春秋两季集中防疫为全年防疫，制订印发《海港区重大动物疫病防控行动实施方案》，全面落实动物防疫双轨目标责任制，做到组织领导、资金保障、人员培训、免疫监测、疫情排查、督导检查等6个“到位”。争取防治禽流感经费30万元，保证动物防疫经费和防疫物资供应充足。组织开展春季、夏季、冬季集中大消毒活动3次，发放消毒药品699件。对1家养羊场的53只疑似患小反刍兽疫羊进行无害化处理。全年无重大动物疫病发生。

【动物卫生监督】 加强对养殖场和屠宰场的动物防疫条件审核，落实检疫员包场责任，实行产地检疫告知，引导养殖场户自觉进行产地检疫申报。全年产地检疫生猪4.41万头，鸡32.44万只，羊270只，鹅400只。严把屠宰检疫入场关、待宰关、同步检疫关和宰后处理关。全年屠宰检疫生猪10.92万头，鸡14.43万只，羊1.37万只。依法查处经营未经检疫畜禽产品违法案件3起。加强病死畜禽无害化处理，印发《病死畜禽无害化处理知识百问和工作指南》3000册，组织专题讲座1次，为28家生猪规模养殖场申请病死猪无害化处理补贴资金7.87万元，与镇村共同妥善处理丢弃死猪19头，降低疫病传播风险，消除食品安全隐患。对辖区畜禽养殖场、屠宰场、动物产品交易场所、动物诊疗机构和动物产品储藏场所进行摸底调查和动物疫病风险评估，按照量化等级进行疫病风险评估。

【畜产品质量安全监管】 把畜产品质量监管纳入全区民心民生工程，申请资金35万元，购置快速检测试剂，培训化验检测人员和加强化验室检测能力建设，签订饲料、兽药等生产经营单位承诺书150份，建立动物检疫电子出证系统，更换识读器SIM卡4个，完成全区动物养殖、产地检疫、屠宰检疫等多方面信息的数据采集，初步形成以畜禽标识二维码和动物检疫电子出证体系的数据轴心，推动全区畜产品质量安全网络数据库和数字化可追溯系统的建设。

2014年海港区畜牧业生产情况一览表

表3-2

项　目	计量单位	海港区
一、畜禽存栏		
（一）猪存栏	百头	209
其中：能繁殖的母猪	百头	36
（二）牛存栏	百头	29
1. 肉牛	百头	12
2. 奶牛	百头	17
（三）羊存栏	百只	57
1. 山羊	百只	42
2. 绵羊	百只	15
（四）活家禽存栏	百只	3628
其中：活鸡	百只	3626
其中：肉鸡	百只	1279
蛋鸡		2347
二、畜禽出栏		
（一）猪出栏	百头	344
（二）牛出栏	百只	16
（三）羊出栏	百只	74
1. 山羊	百只	53
2. 绵羊	百只	21
（四）活家禽出栏	百只	6023
其中：活鸡		6021
三、畜产品产量		
（一）猪肉	吨	2641
（二）牛肉	吨	298

续表 3-2

项　目	计量单位	海港区
（三）羊肉	吨	99
1. 山羊肉	吨	69
2. 绵羊肉	吨	30
（四）禽肉	吨	823
其中：鸡肉	吨	823
（五）禽蛋	吨	2532
其中：鸡蛋	吨	2532
（六）生牛奶	吨	4760
附：1. 肉类总产量	吨	3863
2. 奶类总产量	吨	4760
3. 生猪规模养殖场（小区）个数	个	82
生猪规模养殖场（小区）存栏	百头	184
生猪规模养殖场（小区）出栏	百头	147
4. 肉牛规模养殖场（小区）个数	个	3
肉牛规模养殖场（小区）存栏	百头	2
肉牛规模养殖场（小区）出栏	百头	2
5. 奶牛规模养殖场（小区）个数	个	3
奶牛规模养殖场（小区）出栏	百头	10
6. 羊规模养殖场（小区）个数	个	5
羊规模养殖场（小区）存栏	百只	17
羊规模养殖场（小区）出栏	百只	28
7. 肉禽规模养殖场（小区）个数	个	5
肉禽规模养殖场（小区）存栏	百只	325
肉禽规模养殖场（小区）出栏	百只	1945
8. 蛋禽规模养殖场（小区）个数	个	14
蛋禽规模养殖场（小区）存栏	百只	2355

（马文军）

林果业

【概况】 2014年，区林业局围绕加强城乡生态建设总目标，做好造林绿化工作，完成造林绿化面积376.67公顷，为全年造林绿化任务目标的112.1%。配合绿化工程，发展特色林果产业，全年新植优质果品面积51.8公顷。全年未发生重大森林火灾。被评为全市文明单位、造林绿化工作先进单位、林业有害生物防治工作先进单位。

【造林绿化】 完成造林绿化面积376.67公顷：完成义务植树基地面积53.33公顷，群众绿化造林面积73.33公顷，沿海防护林建设（近岸海域治理）面积100公顷，宜林荒山绿化面积85公顷，北港镇临燕塞湖区域封山育林面积92公顷，共栽植法桐、毛白杨、杨树等树木48.15万株，森林覆盖率达47.34%。以北港镇陆庄村为重点，完成39个村农村面貌提升绿化任务，共植树6.46万株。顺利通过国家退耕还林工程阶段验收、省退耕还林后续产业综合验收、省森林净增量考核及市2014年造林验收。在西港镇慕义寨村，东港镇西向河寨村、卸粮口村开展全民义务植树活动，栽植优质毛白杨、法桐、国槐1.47万株，面积14.67公顷。

【林果种植】 在北部山区发展以大樱桃、核桃、板栗等树种为主的特色树种，提高全区标准化果品基地面积。全年新植果树面积51.8公顷，新增面积20公顷的果树基地1个。其中，大樱桃面积33.13公顷，核桃面积7公顷，葡萄面积8.67公顷，板栗面积2公顷，桃面积1公顷。果树标准化生产基地面积2173.33公顷，标准化生产覆盖率达92%以上。

【林政执法】 重点打击盗伐、滥伐林木以及非法征占用林地等行为，加大管林、护林力度，坚持实行执法人员全天24小时备勤，在办理林木采伐证、木材经营加工许可证等证件工作中实行公开承诺和限时办结制。全年查处林政案件8起，开展野生动物保护行动31次，办理林木采伐许可证

72份，消耗活立木蓄积1053.29立方米，收取育林基金1.27万元。收取森林植被恢复费入国库资金300多万元。

【森林防火】 做好节假日期间森林防火带班、值班制度。清明节等重要时点，取消节假日休息，对有防火责任的3个镇15个防火重点村进行督导、宣传及巡查，严格执行“2小时一报告”制度，确保信息通畅。组织护林员及消防大队每天对圆明山、东连峪、西连峪、民族路北延伸等重点地段进行防火巡查。封山期间，在各进山路口设置森林防火检查站，禁止游人、车辆入山，做到见烟查，违章罚。组织消防队员开展体能训练及演练，对森林防火储备物资进行检查、维护。宣传车辆在防火重点地段进行流动宣传，悬挂宣传标语300多条，发放宣传单1万多张。

【森林病虫害防治】 制发《海港区查防美国白蛾指挥部关于认真做好查防第一、二代美国白蛾的通知》，采取飞机防治、地面防治、摘除网幕结合的方法，做好以防治美国白蛾为主的森林病虫害防治工作。实施喷药防治面积2586.67公顷。其中，飞机防治面积1533.32公顷，使用仿生药剂2吨，飞行36架次；地面防治面积1053.33公顷，出动喷药车辆180多台，人工剪除网幕70个。发放飞防通告80份、美国白蛾防治宣传画85份。

2014年海港区水果生产情况一览表

表3-3

项 目	计量单位	海港区
一、园林水果	吨	1790
1. 苹果	吨	327
其中：红富士苹果	吨	166
国光苹果	吨	47
2. 梨	吨	692
其中：雪花梨	吨	—
鸭梨	吨	—
3. 桃	吨	559
4. 猕猴桃	吨	—
5. 葡萄	吨	55
6. 红枣（干枣应折成鲜枣）	吨	4
7. 柿子（柿饼应折成鲜柿）	吨	—
8. 杏	吨	15
9. 红果	吨	1
10. 其他	吨	137
二、食用坚果产量	吨	73
其中：核桃	吨	49
板栗	吨	23
松子	吨	—
杏扁	吨	—
三、年末果园面积	公顷	781
其中：苹果园	公顷	118
梨园	公顷	128
桃园	公顷	131
猕猴桃	公顷	—
葡萄园	公顷	27

2014年海港区林业生产情况一览表

表3-4

项 目	计量单位	海港区
一、造林面积	公顷	285
（一）按造林方式分		
1. 人工造林面积	公顷	285
其中：灌木林面积	公顷	—

续表 3-4

项 目	计量单位	海港区
竹林面积	公顷	—
2. 飞播造林	公顷	—
3. 无林地和疏林地新封	公顷	—
（二）按经济成分分		
1. 公有经济造林	公顷	77
（1）国有经济造林	公顷	—
（2）集体经济造林	公顷	77
2. 非公有经济造林	公顷	208
（三）按林种用途分		
1. 用材林	公顷	40
2. 经济林	公顷	130
3. 防护林	公顷	115
4. 薪炭林	公顷	—
5. 特种用途林	公顷	—
二、更新造林	公顷	—
三、四旁（零星）植树	株	1100000
四、年末实有封山（沙）育林面积	公顷	—
五、未成林抚育作业面积	公顷	—
六、未成林抚育实际面积	公顷	—
七、中、幼龄林抚育面积	公顷	—
八、林木种子采集量	吨	—
九、当年苗木产量	株	545210
十、育苗面积	公顷	74
其中：本年新增育苗面积	公顷	14
十一、主要林产品产量		
（一）生漆	吨	—
（二）山杏仁	吨	—
（三）花椒	吨	—
十二、商品材	立方米	837
其中：村及村以下各级组织和农民个人生产的木材	立方米	837

（王 晨）

水产业

【概况】 全区水产品总产量 1212 吨。完成捕捞渔船 2013 年国家成品油财政补贴审核网络上报工作，补贴资金发放到位。联合省渔政处、市农业局及市渔政监察支队，到北戴河水产种质资源保护区进行增殖流放，投放梭子蟹幼体 1052.69 万只。

【水产品质量安全监管】 对全区各个水产品批发市场、超市和海水养殖基地进行检查。严格落实农产品质量安全监管责任制和责任追究制。每周对养殖基地检查 1 次。全年配合农业部质检中心抽取样品 45 个，均送农业部质检中心检测，合格率 100%。

【渔政监督管理】 加大伏季休渔宣传力度和检查力度，在沿海各村、港口、码头和渔船停靠点张贴关于伏季休渔通知 90 张，发放宣传资料 500 多份，向渔民讲解国家的海洋伏季休渔新制度的有关规定。检查人员每天对卸粮口港、新开河港、山东堡、归提寨等沿岸渔船停泊点进行检查。3 个月出动检查 500 多人次、160 多车次，出海检查 3 艘次、检查渔船 421 艘次，清理地笼 200 多笼、封存底拖网 200 多块。向上级渔政部门及时上报伏季休渔信息 90 多条。

【渔业安全生产】 加强日常安全监管。做好防灾减灾工作，预防渔业船舶水上事故，向渔民宣传科学编队生产模式，提高渔民生产自救能力，减少伤亡和财产损失。落实渔业应急值班制度。坚持 24 小时不断岗，值班人员认真做好海洋气象预报和军事演习预警通知的转发工作，督促渔民及时收听气象预报，保证渔船出海生产作业安全。渔船生产全年未发生安全事故。落实渔业船舶航行签证制度。对全区 424 艘渔业船舶免费发放渔业船舶航行签证簿，对渔船船主进行法律法规的宣传教育。

【渔船年度检验工作】 严格按照检验要求逐船登船检验，每船照相并粘贴电子标识，对没有船名号、船体机械设备不合格、消防通信救生设备不齐的不予检验。全年检验辖区捕捞渔船 415 艘。

2014 年海港区水产业生产情况一览表

表 3-5

项　目	计量单位	本年累计产量
一、水产品总产量	吨	1212
（一）海水产品产量	吨	1136
1. 海水捕捞	吨	1055
（1）鱼类	吨	317
（2）虾蟹类	吨	537
（3）贝类	吨	113
（4）藻类	吨	—
（5）其他类	吨	88
2. 海水养殖	吨	81
（1）鱼类	吨	76
（2）虾蟹类	吨	5
（3）贝类	吨	—
（4）藻类	吨	—
（5）其他类	吨	—
（二）淡水产品产量	吨	76
1. 淡水捕捞	吨	—
（1）鱼类	吨	—
（2）虾蟹类	吨	—
（3）贝类	吨	—
（4）其他类	吨	—
2. 淡水养殖	吨	76
（1）鱼类	吨	76
（2）虾蟹类	吨	—
（3）贝类	吨	—
（4）其他类	吨	—
二、水产养殖面积	公顷	34
（一）海水养殖	公顷	2
1. 海上养殖	公顷	—
2. 滩涂养殖	公顷	—
3. 陆基养殖	公顷	2
（二）淡水养殖	公顷	32
1. 池塘养殖	公顷	32
2. 湖泊养殖	公顷	—
3. 河沟养殖	公顷	—
4. 水库养殖	公顷	—
5. 其他养殖	公顷	—
附：稻田养鱼面积	公顷	—

（郭　杰）

水务管理

【概况】 2014年,区水务局本着“上水平、出品位、生财富、惠民生”的工作要求,抓发展、上项目、惠民生、促和谐,顽强拼搏、团结奋进,精心谋划水务工作,攻坚克难争取大型水利工程建设项目,夯实水利基础设施,完善水利建设与管理体系,强化水资源保护,促进水生态环境和谐发展,圆满完成全年各项水利任务。

【水利工程】 水库塘坝除险加固工程。为顺利度过汛期,保护周边居民的生命财产安全,汛前对全区15条河流、18座水库和重点小塘坝进行全面隐患排查,对病险水库及塘坝进行维修加固,完成拦马庄、刘家河等4个塘坝除险加固工程,对塘坝进行溢洪道疏通、护坡加固、清淤扩容等项工程,总投资68万元。对街里村水库、新周庄村水库、河东村水库等12座水库进行除险加固,对溢洪道进行清淤扩容并加固河堤,每座水库修建生产桥,方便村民通过。海港镇栗园村节水灌溉项目工程,实施节水灌溉面积13.33公顷,年节水1万立方米,铺设管道4条。北港镇刘家河村蓄水池工程,修建蓄水池1座,解决556人的用水问题。农村人畜饮水安全工程。投资78万元,对东港镇第二小学、萃文中学等4个学校实施水源工程,解决2600名农村师生的饮水安全问题,打井4眼,建设泵房4座,制做水箱4个,安装变频加压机组4套及配套管道铺设工程。投资106万元,为海阳镇郭高庄村、海阳镇小苇芝巷村,东港镇黄南村,临港物流园区小李庄村等4个村庄、2798人解决人畜饮水安全问题,铺设管道1.3万米,打深水井3眼,建设泵房3座并安装相应变频供水设备等。

【防汛抗旱】 做好防汛准备工作。立足防大汛、抗大洪、抢大险、救大灾,精心部署,从早、从严、从实做好各项防汛准备工作。加强领导,明确责任,层层落实防汛责任制。全面检查,排除隐患,确保各项水利设施安全度汛。畅通通信网络,完善汛情监测系统。建立通信联系网络,确保区、镇、村相关负责人24小时手机畅通。储备防汛物资,构筑防汛安全屏障。制订防汛物资明细表,储备锹镐5487把、编织袋12.7万条、铅丝4804公斤、雨具297套、水泵8台,如有大汛可调集车辆91辆。组建抢险队伍8个,抢险人员883多人,明确防守堤防具体任务,加强培训和演练。运用现代数字化技术手段,建成实时视频音频监控防汛指挥系统,提高全区防汛指挥能力。以最新三方视频会议系统为基础,可同时接通9处任意地点进行实时视频音频交互,可由手机、电脑、主机等多种方式进行远程控制。在全区重点水库、河道、易出现汛情区域安装摄像头,可进行现场实时指挥布控,提高防汛指挥的现代化水平和灾情现场指挥的反应速度。

【河道综合治理】 积极争取上级支持,将沙河上游综合整治项目纳入近岸海域综合治理项目,治理沙河上游河道,新建拦河蓄水池1座、拦河溢流坝1座、陡坡2道,恢复岸边蓄水池4座,恢复北港镇张桥庄桥和小河桥开展沙河蓄水工程。近岸海域环境综合整治工作。对排洪河、大马坊河、小马坊河等6条河道进行清淤治理,将河道淤积的淤泥及障碍物清理干净。对大马坊河、新开河、大汤河支流小河子、归提寨河道等4条河段进行清碍工作,清理河道违章建筑物及陈年淤积物。清理郊区河道重点河段生活垃圾。投资80多万元,对临近城市主要干道涉河路桥两侧、小汤河、沙河、新开河、大汤河支流小新庄等重点河段的生活垃圾进行清理。投资15万元,对市区河道进行蚊虫消杀,减少蚊蝇滋生现象。做好河道日常保洁。每日派出保洁员48人、专业船8条、保洁专用车4辆,清理水面漂浮物、生活垃圾等,清除河道生活垃圾、漂浮物930立方米。

【水政水资源】 强化宣传教育。以“世界水日”“中国水周”为契机,开展《中华人民共和国水法》《中华人民共和国水土保持法》及节约、保护、安全用水的宣传活动,悬挂横幅20条,发放宣传资料300多份,通过临街门店电子滚动屏呼吁广大市民人民保护水资源。完成全区最严格水资源管理考核工作。确立水资源开发利用控制、用水效率控制、水功能区限制纳污三条红线指标，监控重点用水单位严格用水情况。严格水资源费征收管理。全年征收水资源费94万元。加强水利审批管理。清理审批事项，由原来的12项缩减为9项。全年审批事项22项，其中取水许可审批5项、开发建设项目水土保持方案审批17项，办结率100%。

【移民工作】 建立移民矛盾安全隐患排查台账，对2769名桃林口水库移民进行隐患排查，将排查出的隐患问题逐一登记，在敏感时期全面做好稳控工作。解决移民个性、难点问题5个。解决移民实际生活困难，下拨26多万元对困难移民进行生活救助。完成生产开发项目移民入户扶持工作，入户走访调研10次，研究制订相关实施办法及方案，项目奖励资金全部落实到位。

（杜明旭）

工　业

GONGYE

GONGYE

综　述

【概况】 2014年，全区有规模以上工业企业45家，实现总产值143.4亿元，同比增长4%，累计实现工业增加值24.6亿元，同比增长8.6%。累计实现利润-3.1亿元，同比减亏0.47亿元。累计实现税金3亿元，同比下降3.6%。指导2家企业上市，超额完成市政府下达全年完成1家企业上市的任务指标。

【工业经济运行】 2014年，规模工业增加值同比增长8.6%，超出年初既定任务0.6%，完成小转规工业企业8家。对新纳统的10家规模以上工业企业简介进行整理收集，完成市政府对新纳统10家规模工业企业34万元纳统奖励资金的申报发放工作。完成民营经济网上直报、月报、季报工作，对传统产业百家领军企业耀华玻璃集团服务需求情况进行调查摸底。

【工业企业技术改造】 指导全区工业企业进行省工业企业重点技术改造项目申报工作，申报省级重点技改项目13个。指导技改工业企业项目备案申报工作，新增备案工业技改项目9个。指导全区工业企业争取省、市技改项目扶持资金，为3家工业企业争取省级技改资金240万元。

【服务辖区企业】 组织企业开展各类培训活动。举办订单式服务专题讲座、清华大学企业家培训班、电子商务培训班、2014年重点技术改造项目申报工作培训班。推荐耀优玻璃工程有限公司申报市级对标示范企业，盛邦教育申报市级、省级中小企业培训基地。以时讯网络为依托创建海港区中小企业网络服务平台并挂牌，指导华电测控、羿珩太阳能申报省名牌产品评定工作。指导秦皇岛玻璃研究设计院创建省级工业设计中小企业服务平台，指导华族合创（秦皇岛）有限公司创建省级创业服务网中小企业服务平台。开展帮助辖区企业争取各级各类资金工作，为中国建材检验认证集团秦皇岛有限公司、科智创业服务有限公司等10家企业争取资金443万元。

【全民创业】 引导、支持全民创业，推动“大众创业、万众创新”“众创空间”“互联网+”，科技研发与投入，拓展新产品市场。促进科技转化为生产力，保障社会化、规模化大生产与个体、专业化分工结合，完善和延伸产业链条，打造新的产业聚集区和专业产业园。谋划建设海港区铝制品工业园和玻璃工业园。指导港城创业中心、义乌创业园进行市级创业辅导基地重新认定工作。推荐市级创业先锋候选人2人并获评；推荐香海粮油（秦皇岛）工业有限公司总经理郎海伦申评省级创业功臣；牵头组织评选全区2013年度创业明星20人，发放奖金60万元；推荐2013年度市优秀民营企业家4人并获评。

【贷款融资】 9月30日，正式启动小微企业“助保贷”融资业务，为3家成员企业融资1850万元。引导担保机构帮助辖区企业贷款融资，10家担保机构帮助辖区企业融资4.8亿元。推进工业企业上市工作，促成海港区政府与天交所达成框架协议，完成环亚设备股份在天交所上市，博硕光电股份在“新三板”上市。

【中小企业网】 完善海港区中小企业网。收集和整理辖区企业有关资料，帮助企业发布产品需求信息，对科技含量高、发展前景好的成长型企业在网站宣传推介。对服务网站进行改版升级，利用网站的综合服务功能帮助企业及时发布最新信息，促进企业间的产品、业务对接。

2014 年海港区规模以上工业企业办科技机构情况一览表

表 4–1

	机构数（个）	机构人员（人）				机构经费支出（万元）	仪器和设备	
		合计	博士毕业	硕士毕业	本科毕业		原价（万元）	进口（万元）
总计	4	553	2	28	241	7151.9	7219.7	2352
一、按企业规模分组								
大型	1	406	1	9	142	5884.5	7165.2	2352
中型	2	87		18	69	597.4	12.5	—
小型	1	60	1	1	30	670	42	—
二、按隶属关系分组								
地（区、市、州、盟）	2	428	1	9	164	5894.5	7167.7	2352
其他	2	125	1	19	77	1257.4	52	—
三、按登记注册类型分组								
内资企业	3	147	1	19	99	1267.4	54.5	—
股份有限公司	1	22	—	—	22	10	2.5	—
私营企业	2	125	1	19	77	1257.4	52	—
私营有限责任公司	1	60	1	1	30	670	42	—
私营股份有限公司	1	65	—	18	47	587.4	10	—
港、澳、台商投资企业	1	406	1	9	142	5884.5	7165.2	2352
合资经营企业（港或澳、台资）	1	406	1	9	142	5884.5	7165.2	2352
四、按国民经济行业大类分组								
制造业	4	553	2	28	241	7151.9	7219.7	2352
非金属矿物制品业	2	428	1	9	164	5894.5	7167.7	2352
专用设备制造业	2	125	1	19	77	1257.4	52	—
五、按经济成分分组								
非公有经济	4	553	2	28	241	7151.9	7219.7	2352
六、按企业控股情况分组								
私人控股	3	147	1	19	99	1267.4	54.5	—
港澳台商控股	1	406	1	9	142	5884.5	7165.2	2352

2014 年海港区规模以上工业企业技术获取和技术改造情况一览表

表 4–2

	技术改造经费支出（万元）
总计	1446
一、按企业规模分组	
大型	—
中型	1446
小型	—
二、按隶属关系分组	
地（区、市、州、盟）	1446
其他	—
三、按登记注册类型分组	
内资企业	1446
股份有限公司	1446

续表 4–2

	技术改造经费支出（万元）
四、按国民经济行业大类分组	
制造业	1446
非金属矿物制品业	144
五、按经济成分分组	
非公有经济	1446
六、按企业控股情况分组	
私人控股	1446

2014 年海港区规模以上工业企业新产品开发、生产及销售情况一览表

表 4–3

指标名称	新产品开发项目数（项）	新产品开发经费（万元）	新产品产值（万元）	新产品	
				销售收入（万元）	出口（万元）
总计	58	6546.2	58319.7	56850.8	75
一、按企业规模分组					
大型	17	4023.9	42360	43650	—
中型	13	1418.5	6279.2	3226.9	45
小型	28	1103.8	9680.5	9973.9	30
二、按隶属关系分组					
地（区、市、州、盟）	26	4794.6	44305.7	45595.7	—
其他	32	1751.6	14014	11255.1	75
三、按登记注册类型分组					
内资企业	41	2522.3	15959.7	13200.8	75
有限责任公司	5	167	2941.8	2541.8	—
国有独资公司	—	—	—	—	—
其他有限责任公司	5	167	2941.8	2541.8	—
股份有限公司	29	1366.8	7699	8455.7	30
私营企业	7	988.5	5318.9	2203.3	45
私营有限责任公司	3	340.7	985.4	922.1	—
私营股份有限公司	4	647.8	4333.5	1281.2	45
港、澳、台商投资企业	17	4023.9	42360	43650	—
合资经营企业（港或澳、台资）	17	4023.9	42360	43650	—
四、按国民经济行业大类分组					
制造业	58	6546.2	58319.7	56850.8	75
非金属矿物制品业	27	4827.7	44305.7	45595.7	—
专用设备制造业	31	1718.5	14014	11255.1	75
五、按经济成分分组					
非公有经济	58	6546.2	58319.7	56850.8	75
六、按企业控股情况分组					
私人控股	41	2522.3	15959.7	13200.8	75
港澳台商控股	17	4023.9	42360	43650	—

2014年海港区工业企业主要经济指标（区属）情况一览表

表4–4

	企业单位数（个）	亏损企业（个）	工业总产值（当年价格）（万元）	工业销售产值（当年价格）（万元）	资产总计（万元）	负债合计（万元）	营业收入（万元）	营业税金及附加（万元）	利润总额（万元）	利税总额（万元）	全部从业人员年平均人数（万人）
总　计	49	17	1455888.3	1452742.7	2149031.7	1384755.9	1511167.3	6265.6	–27669.9	8373.6	18391
一、按登记注册类型分组：											
内资企业	39	13	1088622.9	1086658.7	1417039.4	848318.7	1103634.5	3561.9	8392	39051.6	13732
国有企业	7	3	811248.2	805029.3	893067.5	554672.2	828908.9	1917.5	4502.2	27471.3	7211
中央企业	4	1	692542	690131.9	659218.8	430845.6	693197.7	1727.4	5015.8	26297.5	4186
地方企业	3	2	118706.2	114897.4	233848.7	123826.6	135711.2	190.1	–513.6	1173.8	3025
集体企业	—	—	—	—	—	—	—	—	—	—	—
股份合作企业	—	—	—	—	—	—	—	—	—	—	—
联营企业	—	—	—	—	—	—	—	—	—	—	—
国有联营企业	—	—	—	—	—	—	—	—	—	—	—
集体联营企业	—	—	—	—	—	—	—	—	—	—	—
国有与集体联营企业	—	—	—	—	—	—	—	—	—	—	—
其他联营企业	—	—	—	—	—	—	—	—	—	—	—
有限责任公司	14	6	115865.9	119353	314461.9	192112.9	129215.7	1331.2	–1291.3	3583.2	3681
国有独资公司	1	1	46702.4	47098.3	105221.8	49564.4	56360.6	629	–591.8	1289.2	1065
其他有限责任公司	13	5	69163.5	72254.7	209240.1	142548.5	72855.1	702.2	–699.5	2294	2616
股份有限公司	2	—	20055.6	19444	40120.8	18000.6	22016.6	28.8	1632.7	1881.5	571
私营企业	16	4	141453.2	142832.4	169389.2	83533	123493.3	284.4	3548.4	6115.6	2269
私营独资企业	—	—	—	—	—	—	—	—	—	—	—
私营合伙企业	—	—	—	—	—	—	—	—	—	—	—
私营有限责任公司	14	4	93439.7	94818.9	95285.2	59982.4	105723.5	251.7	2529.3	4980.6	1691
私营股份有限公司	2	—	48013.5	48013.5	74104	23550.6	17769.8	32.7	1019.1	1135	578
其他企业	—	—	—	—	—	—	—	—	—	—	—

续表 4–4

	企业单位数（个）	亏损企业（个）	工业总产值（当年价格）（万元）	工业销售产值（当年价格）（万元）	资产总计（万元）	负债合计（万元）	营业收入（万元）	营业税金及附加（万元）	利润总额（万元）	利税总额（万元）	全部从业人员年平均人数（万人）
港、澳、台商投资企业	4	3	138752.5	137781.9	445060.5	339075.6	149183.8	298.5	–32703.8	–31485.5	2395
合资经营企业（港或澳、台资）	3	2	116825.3	113431.1	427040.1	320922.7	120674.2	187.7	–32055.8	–30963.7	2290
合作经营企业（港或澳、台资）	—	—	—	—	—	—	—	—	—	—	—
港澳台商独资经营企业	1	1	21927.2	24350.8	18020.4	18152.9	28509.6	110.8	–648	–521.8	105
港澳台商投资股份有限公司	—	—	—	—	—	—	—	—	—	—	—
其他港澳台商投资企业	—	—	—	—	—	—	—	—	—	—	—
外商投资企业	6	1	228512.9	228302.1	286931.8	197361.6	258349	2405.2	–3358.1	807.5	2264
中外合资经营企业	3	—	17815.9	18136.1	23855.3	8515.7	18516.2	2170.1	1585.7	4595.5	565
中外合作经营企业	—	—	—	—	—	—	—	—	—	—	—
外资企业	3	1	210697	210166	263076.5	188845.9	239832.8	235.1	–4943.8	–3788	1699
外商投资股份有限公司	—	—	—	—	—	—	—	—	—	—	—
其他外商投资企业	—	—	—	—	—	—	—	—	—	—	—
二、按经济组织类型分组											
独资企业	11	5	1043872.4	1039546.1	1174164.4	761671	1097251.3	2263.4	–1089.6	23161.5	9015
国有企业	7	3	811248.2	805029.3	893067.5	554672.2	828908.9	1917.5	4502.2	27471.3	7211
集体企业	—	—	—	—	—	—	—	—	—	—	—
私营独资企业	—	—	—	—	—	—	—	—	—	—	—
港澳台商独资经营企业	1	1	21927.2	24350.8	18020.4	18152.9	28509.6	110.8	–648	–521.8	105
外资企业	3	1	210697	210166	263076.5	188845.9	239832.8	235.1	–4943.8	–3788	1699
合作、合伙企业	—	—	—	—	—	—	—	—	—	—	—
股份合作企业	—	—	—	—	—	—	—	—	—	—	—
国有联营企业	—	—	—	—	—	—	—	—	—	—	—
集体联营企业	—	—	—	—	—	—	—	—	—	—	—
国有与集体联营企业	—	—	—	—	—	—	—	—	—	—	—
其他联营企业	—	—	—	—	—	—	—	—	—	—	—

续表 4–4

	企业单位数（个）	亏损企业（个）	工业总产值（当年价格）（万元）	工业销售产值（当年价格）（万元）	资产总计（万元）	负债合计（万元）	营业收入（万元）	营业税金及附加（万元）	利润总额（万元）	利税总额（万元）	全部从业人员年平均人数(万人)
私营合伙企业	—	—	—	—	—	—	—	—	—	—	—
合作经营企业(港或澳、台资)	—	—	—	—	—	—	—	—	—	—	—
中外合作经营企业	—	—	—	—	—	—	—	—	—	—	—
其他企业（内资）	—	—	—	—	—	—	—	—	—	—	—
其他港澳台商投资企业	—	—	—	—	—	—	—	—	—	—	—
其他外商投资企业	—	—	—	—	—	—	—	—	—	—	—
股份有限公司	4	—	68069.1	67457.5	114224.8	41551.2	39786.4	61.5	2651.8	3016.5	1149
股份有限公司(内资)	2	—	20055.6	19444	40120.8	18000.6	22016.6	28.8	1632.7	1881.5	571
私营股份有限公司	2	—	48013.5	48013.5	74104	23550.6	17769.8	32.7	1019.1	1135	578
港澳台商投资股份有限公司	—	—	—	—	—	—	—	—	—	—	—
外商投资股份有限公司	—	—	—	—	—	—	—	—	—	—	—
有限责任公司	34	12	343946.8	345739.1	860642.5	581533.7	374129.6	3940.7	–29232.1	–17804.4	8227
国有独资公司	1	1	46702.4	47098.3	105221.8	49564.4	56360.6	629	–591.8	1289.2	1065
私营有限责任公司	14	4	93439.7	94818.9	95285.2	59982.4	105723.5	251.7	2529.3	4980.6	1691
合资经营企业(港或澳、台资)	3	2	116825.3	113431.1	427040.1	320922.7	120674.2	187.7	–32055.8	–30963.7	2290
中外合资经营企业	3	—	17815.9	18136.1	23855.3	8515.7	18516.2	2170.1	1585.7	4595.5	565
其他有限责任公司	13	5	69163.5	72254.7	209240.1	142548.5	72855.1	702.2	–699.5	2294	2616
三、在总计中：亏损企业	17	17	503236.2	502132.2	1080644.5	726159.7	545784.7	1927.8	–48936.5	–40889	9335
在总计中：国有控股企业	10	5	887412.2	881589.2	1105949.3	680790.4	914731.1	2880.3	2584.8	29083.4	9690
在总计中：农村工业	—	—	—	—	—	—	—	—	—	—	—
在总计中：轻工业	—	—	—	—	—	—	—	—	—	—	—
重工业	—	—	—	—	—	—	—	—	—	—	—
在总计中：大型企业	—	—	—	—	—	—	—	—	—	—	—
中型企业	—	—	—	—	—	—	—	—	—	—	—
小型企业	—	—	—	—	—	—	—	—	—	—	—
纯小型企业	—	—	—	—	—	—	—	—	—	—	—
微型企业	—	—	—	—	—	—	—	—	—	—	—

2014 年海港区区属规模以上工业企业主要产品产量情况一览表

表 4–5

产品名称	计量单位	本年累计生产量
精制食用植物油	吨	29935.7
罐头	吨	230
饮料酒	千升	82676.3
啤酒	千升	82676.3
鞋	万双	752.4
胶鞋	万双	752.4
单色印刷品	令	74752.5
多色印刷品	对开色令	92611.6
初级形态塑料	吨	5635
塑料制品	吨	6608
泡沫塑料	吨	6608
沥青和改性沥青防水卷材	平方米	1672556
平板玻璃	重量箱	18729403
钢化玻璃	平方米	148327.2
夹层玻璃	平方米	104570.5
中空玻璃	平方米	200025.4
玻璃纤维布	米	19371777
纤维增强塑料制品	吨	1950
铸钢件	吨	1234.4
钢材	吨	53337.2
其他钢材	吨	53337.2
用外购国产钢材再加工生产钢材	吨	53337.2
用外购钢材再加工生产钢材	吨	53337.2
铝材	吨	132881.9
钢绞线	吨	26652
金属冶炼设备	吨	440
电子工业专用设备	台	439
环境污染防治专用设备	台（套）	46
大气污染防治设备	台（套）	46
改装汽车	辆	28
自来水生产量	万立方米	5751

重点企业

【秦皇岛市傲森尔装具服装有限公司】 公司始建于 1968 年，原为中国人民解放军第 3524 工厂。2000 年，股份制改造，注册资金 5000 万元，厂区整体占地面积 10 公顷，固定资产近 2 亿元，有员工 800 多人。2014 年，总产值 5084.6 万元，主营业务收入 5084.6 万元，工业销售产值 5084.6 万元，利润总额 –97.38 万元，增值税 56.9 万元。公司技术实力雄厚，研发能力强，有专业技术人员 100 多人，中高级职称占专业技术人员的 60%，中高级管理人员中本科以上学历占 67%。主要产品有各种军用账篷、救灾账篷、民用账篷；各式装具、背包、背囊、睡袋及取暖炉、服装鞋帽和各种机械加工产品。民政救灾品和民用、外贸产品畅销国内外 40 多个国家和地区。

【秦皇岛博硕光电设备股份有限公司】 2003 年成立，占地面积 5.35 万平方米，总投资额 3.62 亿元，有员工 307 人，资产总额 5.3 亿元。2014 年，总产值 1.6 亿元，主营业务收入 7812 万元，工业销售产值 1.6 亿元，利润总额 683 万元。是一家以太阳能产业为核心，集科研、生产、销售、安装、服务为一体的综合性高科技企业，主要产品有太阳电池组件层压机、太阳电池组件测试仪、太阳电池分选机。产品被国内外百余家大中型光电企业使用，市场占有率极高，产品先后出口到朝鲜、德国等 12 个国家。

【秦皇岛市华科煤矿机械有限责任公司】 2002 年成立，占地面积 1.64 万平方米，总投资 550 万元，有员工 120 人，资产总额 1.27 亿元。2014 年，总产值 7305.9 万元，主营业务收入 7190.7 万元，工业销售产值 7190.7 万元，利润总额 121.9 万元，增值税 174 万元。公司是在原秦皇岛煤矿机械厂改制后成立的股份制企业，是专业生产煤矿机械产品的厂家，有近 30 年的煤机生产历史。公司集产品研发、制造、销售为一体，是原煤炭工业部的定点企业，公司品牌“秦煤机”是国内知名品牌。主要产品有刮板输送机，刮板给料机，重型刮板机，铸石刮板机，斗式提升机，矿车，煤泥搓和机、给煤机、推车机，阻车器，摇台，闸门，跳汰机，浮选机，矿浆准备器，悬臂桥式起重机。产品销往全国各地，远销俄罗斯。

（杨继明）

邮政通信业

YOUZHENG TONGXINYE

YOUZHENG TONGXINYE

邮政业

【概况】 2014年，秦皇岛市邮政分公司实现业务收入2.47亿元，完成省邮政公司下达预算计划的101.76%，列全省第二位；同比增长绝对值1930万元，增幅8.48%，列全省第一位。圆满完成省邮政公司下达的收支差额预算目标和各项通信质量指标，用户服务满意度达95分以上。全员劳动生产率达到17.31万元，同比提高8.32%。

【网路运营】 强化网路运行组织。克服火车站大楼拆迁过渡期间生产场地分散的困难，全年分拣封发邮件4050万件，同比增长22.76%，转运邮件426万袋捆，同比增长11.23%；网上信息分拣及时率100%，实现邮件丢失损毁率为零、机要邮件总包失密丢损率为零的工作目标。加大安全技防投入，完成全市邮政金库的视频、报警联网工程，实现县局金库与市公司金库的指纹授权联网，确保邮政金库安全。

【企业管理】 完善企业组织架构。扩充大客户中心，配设“营销策划中心、市场开发中心、数据分析中心”等3个中心，突出大客户中心的引领作用。增设审计监察室，完善自我约束机制，增强企业内控管理能力。加强资金预算管理，督导业务部门加快应收款归集、提高库存周转率；在邮储银行搭建“省—市—县”三级的现金管理体系，实现经营资金、报刊和代收付资金的物理分离和快速归集，提高资金使用效率；开展邮政普遍服务和特殊服务成本核算，完善采核数据信息，合理分摊普遍服务成本。加强人力资源管理。企业职工大专及以上学历占比较2013年增长4.59个百分点，金融从业人员持证率提高5.2个百分点，基金及证券销售持证率提高9.15个百分点。完成营业、储蓄、投递等工种共计632人次技能鉴定工作，鉴定合格率在全省名列前茅。

【综合能力建设】 通过整合邮政业务资源和社会渠道资源，推进渠道建设工作，夯实企业发展基础。年内建设特色主题邮局1个；新建农村合作社3个，累计达到4个；网点超市化试点新增6个，累计达到14个；新建报刊零售网点13个；新建空白乡镇局所25个，竣工率、验收率、接收率、开业率均为100%;新布放助农取款设备26台，累计达到48台；新建三农直营店1处，累计达到43处；新建三农加盟店70处，累计达到172处；新建酒水社会渠道159处，累计达到199处；新建便民服务站925个，累计达到1934个；四县代收农电费覆盖行政村1891个，覆盖率93%。基本实现城乡便民服务的全覆盖。

（秦　志）

通信业

【中国移动通信集团河北有限公司秦皇岛分公司】 位于建设大街247号，经营范围包括国内、国际移动通信业务（包括移动电话业务、数据业务、多媒体业务），国际互联网接入业务、IP电话业务及其他电信与信息业务等。下设市场经营部、集团客户部、网络部、人力资源部、财务部、综合部、党群工作部、企业管理部等8个部门，采购供应中心、业务支撑中心等2个直属中心，辖6个县分公司，1个市内营销中心，1个自营厅运营中心。有员工1168人，平均年龄31.7岁，大学专科以上学历达82.3%。缴纳地税3436万元、国税8631万元，连续多年保持全市“纳税大户”与纳税信用等级A级荣誉。

3月17日，公司召开“移动4G，领航港城”4G商用启动仪式，推进4G网络建设与发展，年内开通4G站点1600多个，为广大客户提供全面、优质、高效的信息服务。公司除为客户提供基本的话音业务和来电显示、短信息、移动秘书、彩信、彩铃、随E行、手机上网、手机报纸等新业务。拓展移动信息服务，推广集团行业信息化和农信通、校信通、气象通、警务通、银信通、供销通等重点行业应用业务，客户通过手机即可获得丰富的信息服务。助力城市信息化建设，推进“智慧城市”建设步伐，为政府、企业、家庭提供多维度移动信息化服务。

年内，公司投入5.5亿元进行网络建设优化与服务提升，积极应对各类通信保障事件，出动应急通信车3次，投入保障人员2538人次，车辆692车次，发电1021多站次。为中式八球国际大师邀请赛、“6789”海洋音乐节、秦皇岛国际马拉松大赛等重要活动提供通信保障。

【中国联合网络通信有限公司秦皇岛市分公司】位于秦皇西大街102号，是中国联通在秦皇岛市境内的分支机构，是秦皇岛市具有全业务经营资质的宽带通信和信息服务主导运营企业。主要经营GSM/WCDMA/LTE移动电话、固定电话、宽带和信息应用、信息内容、系统集成等通信和信息服务产品。公司辖6个县区分公司。年内累计完成投资1.51亿元，新建LTE基站393个，新建WCDMA基站333个；室分覆盖楼宇492幢；新增FTTH端口4.6万，PON宽带端口2184个，PON窄带端口576个。年末秦皇岛联通IP城域网出口带宽达到360G。移动网络优化综合排名6次名列全省第一。集团公司第三方网络测试成绩排全省第一。1月19日24：00，关停秦皇岛市1900—1920MHz（小灵通）频段网络。

实施3G/4G一体化运营，打造“WCDMA+LTE”协同领先优势和融合业务优势，4G户均流量达到315.23兆，3G户均流量达到244.62兆，联通电视发展取得新突破。契合智慧城市建设完成天网、智慧城市二期、交警支队信息化建设等大项目20个。创新校园客户营销，校园宽带总量达1.25万户。围绕客户需求，实施社会渠道网点规模翻番计划、营业厅标准化服务建设和网上营业厅体验优化工作，专业化服务能力明显提升。完成秦皇岛国际马拉松比赛等系列重要活动的应急通信保障工作，装移修时效管控取得实效，障碍查修及时率达到99.93%，一日通率为93.35%。

【秦皇岛长途通信传输管理】2014年，秦皇岛传输局一、二级干线阻断0次/年百皮长公里。本地网光缆阻断235次、1.766次/年百皮长公里。传输系统割接合格率100%。光缆备用光纤测试率与合格率均为100%。年内无伤亡和各种事故发生。采取外聘和内训结合的方式，举办熔接机、OTDR、汉佳系统、带状光缆的接续等培训班，开展本地网光缆障碍查修竞赛，通过笔记本远程登录，实现随时随地进行线路资源的查询。组织全局的架空比赛，参加省局架空光缆抢修接续比赛，获得第三名。安全管理与日常生产有机结合，组织驾驶员安全教育、员工安全操作流程培训，按照预案制订和演练计划，进行消防演练。做到围绕生产讲安全、围绕生产抓安全，坚持月检查、季开会的制度。被市平安委评为“建设平安活动先进单位”。

维护工作。围绕省传输局“管理为本、效益至上”的指导思想，着眼“质量与效益”，提升干线和本地网标准化和规范化水平；聚焦“防障和压障”，探索提高防障和压障效果。落实包线员、分局、维护中心三级巡回和检查制度，外力施工采取“前、中、后”三个时期的控制，看护和巡检结合的方式杜绝责任性障碍的发生。重通保障期间，建立保障组织，制订保障措施和应急通信调度预案，实施分级保障措施，详细部署，严格执行配档巡回工作要求，根据重通保障级别，执行“一级重巡、宣传为基础，二、三级重处理和检查为补充，逐级负责逐级考核”。完成各类重通保障、秦皇岛国际马拉松和中直暑期办公通信任务。

线路整治。克服人少车少，维护设备量大等不利因素，常态期间，分时段、抓重点、统一行动、力求质量与实效。对线路易施工动土地段、城乡结合部利用撒灰线、插旗牌、加警示带等措施做到形象统一、指向清晰、指位准确，使线路明显化水平提档升级。重保期间，不分时段、查找隐患、力求线路标志无死角、标志保持明显有效。

【无线电管理】全年办理行政许可27件，指配超短波双工频点33个、单工频点3个，指配船舶呼号6个，批准设置各类台站1548部；办理停用（撤销）申请16份，停用台站281部。频率占用费收缴107.94万元，其中增收25.75万元。核验97家设台单位4559张执照，换发执照176张。新增数字超短波通信网10套，批准4G基站693座。组织辖区2014年A类业余无线电台操作技能验证考试。全年监测时间2.26万个小时，排查不明信号36个。排查山海关列车调度和港务局集群调度2起干扰案件。开展第4个“世界无线电日”和《中华人民共和国无线电管理条例》颁布21周年纪念宣传活动。

打击非法设台专项治理活动。市无线电管理委员会发挥体制优势，重拳出击，取得显著成效。全年执法检查53次，行政处罚案卷立案30起，其中“伪基站”案件10起、“黑广播”案件2起、卫星电视干扰器10起、考试作弊案件4起、其他案件4起，没收无线电设备30台（套），罚款7.6万元。

首届国际马拉松赛无线电安全保障工作。指配包含6对450MHz双工频率、7个微波传输频段、4个无线摄像微波频段、2个直升飞机航拍微波频段。同意组委会临时建立超短波无线电通信网。安排30个备用频率。监测超过800小时，协调相关单位临时关闭无线电发射设备18部，协调赛时关闭周边LED电子屏幕。赛时设立1个领导小组和5个保障组，对赛事用频进行全时段保护性监听监测，确保赛事无线电通信和央视转播的“零干扰”。

（秦　志）

商贸　旅游业

SHANGMAO LVYOUYE

SHANGMAO LVYOUYE

商贸综述

【概况】 全区商贸工作继续落实“促消费、保增长”的政策，开展招商引资，加强行业管理，提高流通服务水平，促进商贸工作健康平稳发展。实现区属社会消费品零售总额 242.69 亿元，城镇实现零售额 242.69 亿元。实现市场成交额 57.99 亿元。区属出口总额达到 5.7 亿美元，区属直接利用外资 1.24 亿美元。

【国内贸易】 全年实现在地口径社会消费品零售总额 273.82 亿元，同比增长 12.3%。按销售单位所在地分，城镇实现零售额 273.81 亿元，同比增长 12.3%。全年实现区属社会消费品零售总额 242.69 亿元，同比增长 12.3%。按销售单位所在地分，城镇实现零售额 242.69 亿元，同比增长 12.3%。市场建设稳步有序发展，成交额超亿元的市场有 6 个，成交额共计 57.99 亿元，同比下降 1.5%。

【对外贸易】 全年区属出口总额达 5.7 亿美元，同比增长 37.2%；全年区属直接利用外资 1.24 亿美元，同比增长 –34%；新批利用合同外资项目 4 个。

2014 年海港区社会消费品零售总额情况一览表

表 5-1

项　　目	金　额（万元）		
	2014 年	2013 年	2014 年比 2013 年 +-%
社会消费品零售总额	2426857	2161048	12.3
按销售单位所在地分			
城镇	2426857	2161048	12.3
其中：城区	2426857	2161048	12.3
乡村	—	—	—

商贸行业管理

【概况】 2014 年，区商务局围绕“为民、务实、清廉”的主题，稳增长、促改革、调结构、惠民生各项政策措施落实到位，市场体系建设和便民服务业持续推进，较好完成各项工作任务。19 家重点流通样本监测企业累计销售 94.42 亿元，同比增长 1.02%；社会消费品零售总额 243.53 亿元，同比增长 12.3%。深挖消费潜力，全年组织开展各类促销活动 160 多场次。

【市场监测】 准监测，精分析，注重监测成果转化。商务部对重点流通和生活必需品监测企业报表再次进行更新，重新划分监测商品种类，重点流通监测种类包括：粮油食品、服装、鞋帽、烟酒、家具、化妆品、金银珠宝等 19 大类、37 种；生活必需品监测种类包括：桶装食用油、禽类、鸡蛋等 8 大类，25 种。分周、月、季、半年、全年对商品的零售额、销售额、销售量、环比率、同比率和库存量进行统计分析，遇重大节日实施日报制度。年内生成监测分析报告 53 篇，其中被市商务预报网站采纳 40 篇，19 家监测样本企业报送率、准确率、及时率均为 100%。

【节日市场】 组织开展各类促销活动 124 场次。新天地购物广场开展“购物狂欢”“换上新装去踏青”；广缘超市与秦皇岛电视台共同举办“逛超市”活动；商城开展“倾城之恋，带爱回家”活动；现代商场会员日活动等。春节放假期间，6 家商场、超市销售突破亿元，累计销售额 1.44 亿元，同比增长 16.49%。“3 · 15”消费者权益日期间（3 月 14 ~ 16 日）茂业物流销售额 1693 万元，同比增长 21%；苏宁电器公司的 3 家连锁门店实现销售收入 0.83 亿元，同比增长 14.7%。“五一”放假期间，4 家大中型商场、超市和 3 家餐饮企业累计实现销售额 5603.55 万元，同比增长 8.13%。“六一”儿童节、端午节，累计实现销售额 4548.3 万元，同比增长23.84%。“十一”放假期间，苏宁电器、广缘等6家大中型零售企业和全聚德、秦皇岛大酒店等5家餐饮企业累计实现销售额1.44亿元，同比增长6.24%。

【创新消费新模式】 推进农产品流通新模式。借助商务部搭建的新农村商网，指导富鲤、旺帝菌业、宝红蔬菜等企业成为新农村商网长期供应商，为农村合作社的农产品交易提供便捷服务，扩宽企业销售渠道，为各超市增添新的采购平台。全区在新农村商网的意向销售额达315万元。举办特色展销，打造特色品牌。5月31日～6月2日，与市商务局、秦皇岛义乌小商品城联合举办“秦皇岛市第二届端午节特色商品展销会”，天马酒业、华昆熟食、求仙岛、燕山板栗、丰泽园酱业等50多户商家参展，展品种类涉及农产品类、酒类、健康类饮品及食品等。吸引客流6万人次，场内、场外整体销售额达600多万元。求仙岛旅游休闲食品签约代理商，在义乌小商品城专柜出售，月销售达5万元。借助会节活动，促进消费增长。指导茂业物流、蜀川天府、广缘超市、艾欣超市、家惠超市、苏宁云商等商贸流通企业参与省商务厅主办的第三届“消费促进月”暨“幸福河北欢乐购”活动，其中的“肉菜惠民，补贴供应”“周周送惊喜，畅享一卡通”“购物赢大奖，汽车开回家”“百团大战，限时秒杀”“微信导购，幸运不停”五大主题的促销活动，使茂业物流公司旗下的华联、商城、金原、现代和茂业等5个商场实现销售收入2.79亿元，同比增长16.8%；苏宁电器公司的3家连锁门店实现销售收入0.83亿元，同比增长14.7%。倡导新型消费方式，普及信息消费。引导高端商务酒店将传统的进店消费转向信息消费，指导其在美团、糯米、拉手等团购网站推出实惠套餐，建立微信公众平台，通过简单的扫二维码将酒店的各项优惠活动告之顾客。

【电子商务】 探索电子商务新领域，推进全区特色产业电子商务交易平台发展。8月21日，在慧聪产业园与慧聪网正式签约“产业带——慧聪电子商务”项目。与慧聪网的深化合作，延伸全区产业链条，塑造产业品牌。将海东青、海琪花、华昆熟食、求仙岛、富来士等12家特色企业纳入慧聪网河北特色产业带，通过为产业带量身策划专场促销活动、举办线上交易会、推荐买家资源和O2O展e通等，为企业创造更多的贸易机会。组织微小企业学习利用手机客服端进行移动互联网微营销，组织电商培训课6次。

【商务执法】 开展食品安全宣传。加强日常检查中的法律法规宣传。向酒类流通企业及畜禽定点屠宰场宣传有关法律法规，加强企业经营者的法律意识。组织人流密集区食品安全宣传活动。利用节假日及周末，多次在人民广场、太阳城等人流密集区进行宣传活动。制作食品安全宣传条幅悬挂于畜禽定点屠宰场的门口及酒类零售企业门店内，时刻提醒企业及消费者食品安全重要性。加强畜禽定点屠宰企业监管。采取日常巡查和定期抽查暗访，对西港、北港、牧羊源和华坤鸡定点屠宰厂停食静养制度、屠宰操作规程、肉品品质检验制度、出厂检验制度、不合格肉品召回制度等进行监管，保障出厂肉品安全。每天派专人监管企业无害化处理情况，做好无害化处理情况和宰后残渣油脂产品流向的记录，定期查看资料，保障无害化处理的彻底性。全年无害化处理不合格肉品887头。暑期对4家定点屠宰场实行监管人员驻厂制度，全天监控屠宰场内畜禽的进场头数、留栏情况、检疫情况及病害情况，确保暑期出厂肉品合格率100%，圆满完成暑期食品安全任务，未发现私屠滥宰违法行为。酒类流通市场秩序稳定。取消酒类零售许可证的年检制度，简化酒类零售许可证审批材料。办理酒类零售许可证107份。9月，停止办理酒类零售许可证，改为酒类流通备案登记制度。10月，开始走访辖区各酒类零售企业，加强对酒类流通管理办法和酒类流通备案登记制度的宣传。办理酒类流通备案32家。发现无许可证经营9家，依法进行处理。

【商贸流通】 商贸流通工作职能不断完善，服务经济发展作用日渐明显。再生资源回收经营备案工作取得明显进展。7月，对2013年已办理“再生资源回收经营备案登记证书”的92家再生资源企业进行年检、验证，年检84份，重新颁发8份，取缔12份，新备案4份。大气污染防治工作稳步推进。5月，完成所属加油站点油品升级改造。全区成品油批发企业全面供应国四标准汽油，零售企业新购进汽油全部为国四标准；全部完成加油站油气回收治理任务。10月，对所属6家民营加油站及1家柴油网点进行详细的专项检查，存在问题的站点已整改。所属加油站点对散装汽油销售采取实名登记制度。安全生产工作。召开安全生产会议，与监管的10家商贸流通企业、6家加油站和1个加油工作网点及4家定点屠宰场签订“安全生产承诺书”。重要节假日、暑期，组织所管企业召开安全生产工作会议，提高企业安全生产意识。将安全生产检查作为重要手段，日常检查坚持不发通知、不打招呼、不听汇报的“三不原则”，对各企业消防设施、值班制度等情况进行检查，对发现问题企业下达整改通知，限期整改。确保日常及节假日期间安全生产零事故。大型商贸企业数据库统计。5月，对大型购物中心、百货店、大型连锁超市、专业店、专卖店、家居建材商场等33家营业面积5000平方米以上的大型商贸流通企业进行逐一走访调查，对企业的运营状况、发展规划及建议进行统一梳理上报，建立全市大型商贸流通企业数据库。

【早餐工程和蔬菜直销店】 新建幸福百合滨海城店、绿食源交运里店、绿食源工人北里店、小北站纯羊汤馆、味多多汤饼店5家早餐连锁门店。连锁店采取统一装修、统一购置家具、统一配货、统一经营，提供放心可口、价格低廉的早餐食品，早餐工程服务体系延伸至社区。加强媒体宣传，利用“港城事大家议”等栏目宣传早餐工程，提高市民对早餐重要性的认识并呼吁更多的致力于服务百姓、采用健康、安全饮食原料的企业加入早餐工程队伍，展示旅游城市餐饮名城风范。实施农产品品牌带动战略，鼓励城、乡对接，建立以农贸市场、连锁超市、社区蔬菜直销店为基础，以大型批发市场、蔬菜种植基地、农户为依托，农村合作社、物流配送中心为链接，形成产销结合的便民销售网络。通过政府推动和引导，全区蔬菜直供店发展呈稳步上升趋势。全年社区蔬菜直销店新增6家（易品超市3家、家惠超市2家、名硕超市1家），蔬菜直销店26家，辐射30多个社区近60万人口，各大超市等设立蔬菜直供专区，每天至少有3～4种特价菜供市民挑选，全区便民蔬菜直销网点的蔬菜价格比市场平均价格低10%～20%，蔬菜销量大增。

（杨常凯）

市场建设与管理

【概况】 全区市场工作围绕党的群众路线教育实践活动，推进老旧市场升级改造工程和新市场建设项目，着力解决历史遗留问题，注重日常管理提升，圆满完成各项工作任务，农贸市场持续保持繁荣，全年实现市场交易额近21亿元，同比增长8.5%。实际利用内资800万元，完成全年工作目标任务。

【市场建设与管理】 合理布点，推进农贸市场、专业市场项目的选址建设工作。完成迎秋西里市场、和安里便民市场、河东海鲜市场建设，填补市场不足，满足百姓的购物需求。推进少儿跳骚市场建设，利用电动车市场场内空地为全区小学生提供交易平台，并被列为全区青少年活动基地，举办4期，设立摊位400多个。对马坊市场和秦皇小区市场进行升级改造，更换棚顶、抬高路面、重新铺设电路、翻建部分门市房等，完善市场服务功能，提升老旧市场的整体形象，取得良好效果。规范整治工人北里市场、燕山市场等脏水外溢问题；取缔西大坑早市、火车站夜市等5个马路市场，对燕山夜市、海阳路夜市等市场的烧烤摊点进行取缔规范。自筹资金对桥东里市场、工人南里市场地面进行平整，统一安装台案和顶棚，解决侵街占道和环境卫生问题。组织开展“美丽港城，从我做起”的主题活动，发放宣传单1500多份，制做宣传标语30条，清理市场卫生死角12处，清理各类垃圾200多吨。在港城市场、马坊市场、天开市场、天桥市场、港北市场、燕山市场等有条件的农贸市场内设立休息区。成立市场管理行业协会，多次组织经营户到红色基地进行爱国主义教育；建立安置帮教基地，为矫正人员提供临时性就业岗位；设置公平秤、调解室，推行先行赔付制度，加强对市场内缺斤短两等行为的打击力度，维护百姓利益。

【安全生产、食品安全】利用LED屏和宣传条幅，在市场内广泛开展食品安全和安全生产宣传活动。组织开展安全生产防火演练，提高管理人员和经营户的安全消防知识、防火灭火技能和应对突发事件的能力。开展肉菜追溯体系建设，推进省级食品药品安全区创建活动。各市场做好经营户台账、进货台账、销售台账的登记备案，投资16万元为有条件的市场配备蔬菜农药残留检测仪器，每日对市场内10种蔬菜进行抽检，发现不合格蔬菜立即下架。对市场内宰杀出售活禽、无冷柜经营凉拌菜、使用不合格气罐、私搭乱接电线线路等违法违规经营行为进行重点整治，确保食品安全、安全生产零事故。全年抽检蔬菜样本5000多份，开展各类安全检查300多次。

【市场简介】港城市场。位于建设大街东段原建国木器厂内，建于2003年6月，占地面积2万多平方米，年成交额达亿元，服务人口约10万人。2010年，借助东环路修建之契机，投资3000万元进行原址升级改造。建成后的港城市场占地面积1.41万平方米，总建筑面积1.68万平方米，建有门市房及办公用房221间，建设摊位623个，可以提供就业岗位2000多个。市场"软硬件"设施完善，功能齐全，为百姓提供良好的购物环境。市场入口处设置电子显示屏，滚动播放商品信息和市场动态，为百姓购物提供参考。配备覆盖全场的电子监控设施，保护百姓的财产安全。设立公平秤、休息区，提供饮水机、医药箱、广播等服务设施，为消费者提供必要的服务。配备农残检测设备，每天对10种果蔬进行农残抽样检测，确保百姓吃到放心食品。年交易额可达2.7亿元。

马坊市场。位于新兴街，始建于1986年，市场全长500多米，占地面积6373平方米，房间192间，是秦皇岛市较大农贸市场的标志产业，更是远近闻名的老字号市场，在全区农贸市场的发展过程中发挥着领导者的作用。2012～2014年，进行升级改造，改造后拥有经营面积5589平方米，市场内设有公共卫生设施、农副产品质量检测、监测及查验等相关配套设施及休息区、公平秤等公共服务设施。

海阳农副产品批发市场。位于西外环路102国道北侧。始建于1992年4月，是海阳镇集体企业，市场占地面积15.27公顷，职工90多人。交易额40亿元，有商户2.5万多户，带动3万多人再就业。建场24年，市场领导班子狠抓管理，向管理要效益，用诚信赢得客户，取得良好的经济效益和显著的社会效益，经营品种从蔬菜、水果发展到调味品、粮油、猪肉、水产、水果等多种农副产品。市场对所有进场蔬菜进行农药检测，对农药超标的蔬菜禁止在市场销售，对粮食、调味品、猪肉等按照《中华人民共和国食品安全法》等法律法规要求加大准入力度，实行索证索票管理，确保食品安全万无一失，全场实行电视监控管理。2004年，市场成为全省首家通过ISO9001:2000国际质量体系认证的批发市场。2007年1月，被中国检验认证集团质量认证有限公司授予绿色市场，是农业部定点批发市场，是城市区的"菜篮子"、暑供的重点单位，在保障全市农产品供应、确保农产品质量安全方面发挥重要作用。市场已成为辐射东北、西北、华北、面向全国的大型现代化农副产品批发市场。2011年，结合全市实施旅游立市战略的总体部署，投资近2000万元，建设的农副产品精品区，主要经营高档海鲜、水果、干果以及驰名中外的秦皇岛市土特产等。2012年，投资近1000万元建设1700平方米的冷库，促进市场整体功能提档升级。

天桥市场。最早形成于上世纪70年代末，是改革开放后海港区首家农贸市场，原市场位于西沙滩小区站前街，2002年市场整体迁至太阳城。市场占地面积2000多平方米，3层结构，场内配备公共卫生设施、农副产品质量检测、监测及查验等相关配套设施，其中一层台案214节，二层房间30间，台案192节。

2014 年海港区亿元以上商品交易市场成交情况一览表

表 5-2

单位名称	金额（万元）
合 计	579949
海阳农副产品批发市场	400000
秦皇岛市旧机动车交易市场	88224
秦皇岛市华运建筑装饰材料城	26500
秦皇岛市供销合作社贸易服务公司 果菜批发市场分公司	39000
马坊市场	13069
天桥市场	13156

（张　洋）

粮油流通

【概况】 2014 年，区粮食局明确思路，抢抓机遇，创新实干，以“确保粮食安全、服务发展大局”为第一要务，推动粮食宏观调控的基础工作，全力推进全区粮食工作发展。

【粮食清仓查库】 做好清仓查库、仓储设施核查和国家粮食仓库清查工作。完成全区粮食清仓查库工作。通过检查，全面掌握国有及国有控股粮食企业粮食库存情况。把仓储设施核查作为“粮安工程”准备工作抓好落实。通过核查，企业仓房现状、仓储功能提升情况、仓储设施统计报表等均与上级要求的核查统计工作数据一致。7 ~ 8 月，开展粮食仓库清查工作，加强全区粮食仓库管理，准确掌握粮食仓库底数，通过市级普查和省级复查。

【粮食执法】 开展粮食流通管理政策法规宣传活动，深入经营户、企业、市场发放粮食执法宣传资料 400 多份，新发放粮食流通统计台账 2 本；与秦皇社区携手开展“爱粮节粮”进社区活动，邀请粮油专家向现场群众讲解日常生活中粮油质量的鉴别常识，现场发放宣传册 500 多份和节粮器具 300 多个。加大执法监督力度，购置电脑、打印机、照相机、摄像机等办公设备，提高全区粮食行政执法水平。出动执法人员 171 人次，开展日常检查和专项检查 83 次，检查企业 42 家。暂时保管粮食收购许可证 2 个。检查秋粮收购企业 3 家，未发现违规行为。完成省政府部门行政审批事项目录表的上报及行政执法监督的有关配套制度的拟定和编制工作。

【粮食流通】 开展 2013 年度社会粮食供需平衡调查工作，增加对企业进口大米和进口大豆的数据采集。调查以全区城镇居民总户数为基数，按照万分之三的比例，采取抽样调查的方式抽取 46 户、166 人进行调查。全区城镇居民口粮消费 9.28 亿吨。供给以省内、外调入为主，非国有粮食经营企业在粮食购销业务中占据主导地位。完成辖区涉粮企业的最高、最低库存量的核定工作。为 3 家加工企业、5 家收购企业、22 家粮油经营企业核定最高和最低库存量。完成夏粮生产收购形势调查工作，全区夏粮播种面积 31 公顷，单产 0.785 万公斤，总产 24.5 万公斤。完成秋粮生产收购形势调查工作，全区具有粮食收购资格的企业 20 家，其中国有企业 4 家、民营企业 15 家、外资企业 1 家。

【粮油仓储】 对辖区 2 家国有企业、3 家非国有企业仓储设施和新建设施建设投资情况进行全面统计调查。向上级争取资金 80 万元，对下属国有粮食企业——秦皇岛茂泽省级粮食储备有限公司部分仓储设施进行维修改造，维修仓顶面积 3213 平方米、外墙处理面积 1.03 万平方米、挖排水沟 200 米、垒大墙和大墙加固面积 150 米、院内地坪面积 200 平方米。

【“放心粮油示范店”】 开展“放心粮油示范店”年审工作。对已评定的家惠超市河北大街店等 14 家“放心粮油示范店”进行年审。重点检查环境卫生、放心粮油品种及占有比率、进货索证索票和《粮食流通统计台账》登统等情况。经检查，12家示范店经营情况较好，家惠超市燕大店及滨河路店因拆迁不再经营，被取消“放心粮油示范店”称号。

【粮食产业化经营】发展粮食产业化经营。以省级粮食储备库为依托，建立区级储备粮为基础，推动秦皇岛粮油交易市场项目建设。引入8家具备一定规模的粮油经营企业进场经营，经营量达全区粮食经销量的五成以上。加强农村粮油服务组织建设，引导和规范粮食企业开展“放心粮油”进农村、进社区活动，为城乡居民提供安全粮油食品。召开粮食骨干企业座谈会，共谋行业发展。通过经常性请上来、走下去的工作方式，加强政府与企业、企业与企业间的沟通与交流，促进全区粮油市场的公平、规范、有序运行。

【安全生产】开展粮食企业安全生产、消防安全、防汛安全大检查工作，“两节”“两会”和防汛期间，开展安全生产日常和专项检查44次，出动行政执法人员92人次，检查企业15家。完成粮食系统安全生产承诺制签订工作，完成承诺制签订14家。制订防汛预案，由局主管领导带队对库区汛期安全生产情况进行检查。开展“奋战七十天，安全迎暑期”安全生产大检查、“六打六治”打非治违专项行动和消防、防汛及行业监管企业（10家）基本信息采集工作等，全区粮食企业安全生产状况基本良好。解决退休职工医药费报销问题、职工住宅拆迁安置问题、职工医疗保险补差问题等历史遗留问题，消除信访隐患。

（张元虹）

供销合作

【概况】区供销合作社辖农业生产资料行业协会、柳春商场、海阳供销社等3个独立核算单位。有农资配送龙头企业1家、农资综合服务站15家、日用消费品网点20家、新型基层供销合作社5家、农村社区综合服务中心（社）6家、供销社超市8家、专业合作社18家、行业协会9家。2014年，按照“改造自我、服务三农”的总体要求，不断改革创新、大胆实践，努力搭建为农服务新平台，圆满完成各项工作任务。实现销售收入8100万元，实现利润18万元。被评为市级文明单位。

【供销综合改革】“供销社超市”建设。选择交通便利、影响力较大的村、镇具体实施，做到合理布点，所建的“供销社超市”严格执行建设标准，统一制订经营守则，超市牌匾均按照省、市社的规定比例、颜色统一制做。年内建成“供销社超市”8家，其中2家日用品店为吸纳社会资源形式组建。合作社联合社建设实现突破。12月，秦皇岛市群生农产品专业合作社联合社正式注册成立。由宝洪果菜专业合作社、茂源果蔬专业合作社和万东蔬菜专业合作社3家联合，注册资金450万元，联合社以互助、合作、发展、共赢为宗旨，主要从事蔬果、花木的种植以及农副产品配送等服务。填补全区农民专业合作社无联合组织的空白。构建农产品经营服务新体系。按照“小超市、大连锁”“小网店、大网络”的发展思路，茂源专业合作社与客比超市联合，合理布点，茂源专业合作社将自己专业社种植的新鲜蔬菜统一包装，每天早上配送到客比5家连锁超市。蔬菜价格由茂源专业社理事长统一定价，所定价格均价低于市场价。宝洪果蔬专业合作社在生态谷社区开设面积100多平方米的果蔬直供直销点，从早上6点到晚上10点为居民提供新鲜低价的果蔬，品种不低于30种，所有销售的果蔬均由宝洪果蔬专业合作社科技园提供。深化社有资产改革，确保社有资产增值保值。对社有资产进行清产核资，摸实家底，明晰产权，履行产权界定和登记制度。对各门市临建进行测量、绘图，对新增临建面积做到心中有数，尤其是西港镇慕义寨、北部工业区韩庄及海阳即将面临拆迁的资产，以便资产置换时争取更大的效益。租金收入合理使用，专款专用，对新建、改建和扩建严格把关，防止国有资产流失。建立和完善对经营者的激励与约束机制，提高国有资产的经营管理水平。

【农资供应】围绕“农业增效、农民增收、农村稳定”三大目标，开展服务“三农”工作。圆满完成化肥冬储工作。农资公司采取各种措施抓好化肥冬储工作。多方筹措资金，加大化肥采购和储备力度。坚持从正规生产厂家进货，与其建立稳定的货源支撑体系。严把进货质量关，确保为农民提供质优价廉的农资商品。加大对各村级农资综合服务站、村级农家店的配送力度，尽量减少流通环节，直达销售终端，降低农资流通成本。坚持以市场为导向，增强化肥冬储的针对性。从源头确保品种齐全、货源充足，保证全区农业生产需要。开展会员培训工作。与秦皇岛园林植保公司联合召开园林绿化养护新技术交流会。聘请园林植物保护培训师对草坪、花卉等养护、病害的识别及防治技术等进行详细讲解，农资协会70多名会员参加。聘请市科技师范学院教授为“农合联”会员、蔬菜种植大户及农资公司销售人员等50多人对设施蔬菜的施肥、温湿度管理、病虫害防治等进行讲解。做好农资供应工作。发挥农资经营主渠道作用，做好农资商品供应工作。农技人员深入到各农资供应第一线，了解检查农资货源到位和销售情况，加大对化肥库存、销售和市场价格情况进行动态监测，适时组织适销对路的农资商品，保证市场供应、价格稳定。全年，累计销售各种化肥2600吨、农膜20吨、农药30吨、种子420吨、农机具4500件。

【防汛应急抢险物资储备】 重新修订防汛应急领导小组工作职责和防汛物资储备管理办法，确保防汛应急物资专库储备、专人保管，如期入库、及时调用。对防汛应急物资进行清点，对超期、变质、不能使用的物资进行处理并及时补充更新，建立汛期期间周检查制度，确保全区安全度汛有保障。汛期，向全区各单位调运塑料膜1000公斤、铅丝400公斤、尖镐156把、铁锹990把、编织袋2.38万条、编织布400平方米、无纺布400平方米、麻袋6000条、丝绳100公斤、棕绳200公斤、手电筒45个、断线钳4把、救生圈10个、雨鞋50双、喊话机11台、强光手电筒8个。

（张　楠）

太阳城商业区

【概况】 2014年，太阳城管委会以“推动跨越发展，建设美丽太阳城”为目标，以升级改造成果为抓手，统筹优化，促进太阳城协调持续健康发展。全年上报信息130篇，其中区采22篇，市采11篇，网采13篇，省以上媒体采1篇；上报舆情信息265篇。

【重点项目】 以打造特色城区为切入点，着力推进外立面升级改造工程。重点对商贸区12幢楼体建筑外立面实施升级改造，突出建筑形态，增加空间层次，着力实现风格统一、特色鲜明的城区格局。拓展资金渠道，筹措资金200多万元，倾力打造太阳城文化旅游特购街，完成改造面积1000多平方米，为全面打造宜游、宜购、宜业、宜居商业区奠定坚实基础。

【招商引资】 加大招商引资力度，创优商业发展环境，引进内资1100万元，超额完成年度800万元的招商引资任务。其中，麦当劳、鹿儿岭服装批发城项目的引进，提升商业区的人气，带动周边商业项目的繁荣，商业区呈现良好发展态势。

【城区监管】 开展社会矛盾排查化解和社会治安综合治理宣传日活动，构建社会治安防控体系。关注太阳城4号楼房屋产权纠纷隐患，做到早发现、早处理、早解决。加强维稳宣传，通过设立宣传展示牌、发放宣传材料、现场为群众排忧解难等，营造安定团结的和谐氛围。

【安全生产】 结合辖区实际，制订安全生产事故应急救援预案，组织开展“安全生产月”“安全生产标准化达标”活动，发放宣传资料200多份，督导辖区商家企业进行消防演练20多次，排查整改太阳城1号楼、4号楼、23号楼消防安全隐患。通过深化法人代表安全承诺制度、与商家企业（40家）签订“安全生产目标管理责任状”，消除安全隐患76项，整改39项，下达隐患整改通知单53份，确保太阳城商业区安全有序经营。

【食品安全】 全面落实食品安全责任制，与辖区10多家餐饮企业、120多家食品经营户签订“食品安全工作目标责任状”。对涉及食品安全商户进行全面排查和登记造册，摸排备案商户125家。组织开展由辖区餐饮业参加的食品安全宣传活动，发放宣传资料2000份，设置展板14块，提高从业者和公众的食品安全意识。

【城区治理】 加大城区绿化资金投入，对辖区中心广场、江东路、民族路停车场进行绿化，集中布置花卉1万多株，美化绿化城区环境。加大城区基础设施维修力度，对城区破损路面进行全面整修，修缮盲道150延长米。实施太阳城燃气管网改造工程，完成管网改造1568延长米。加大城区基础设施维护保养力度，定期对污水管网进行疏通和保养，对辖区折返点进行加固和维修，增设交通路桩12根，规范城区交通秩序，优化城区发展环境。

（刘　莉）

旅　游

【概况】 2014年，全区接待游客598.3万人次，同比增长8.4%；实现旅游综合总收入60.28亿元，同比增长14.4%。景区累计接待游客122.1万人，门票收入2578.34万元，同比增长12.83%。全年引进内资4180万元、外资500万美元，实现固定资产投资2500万元。

【项目建设】 秦皇求仙入海处室内演出剧场，计划投资1.83亿，引入大型室内演艺项目，集中展现秦皇岛的人文风情和时代风貌。区政府原则同意“幽燕秦皇”演出项目落户秦皇求仙入海处景区，正与誉鼎公司就合作具体事宜进行洽谈。香格里拉五星级酒店，总投资9.6亿元，建筑面积7.57万平方米，项目正在进行内部装修，做好开业前准备工作。秦皇半岛酒店，投资1.6亿元，计划与瑞士瑞斯丽酒店管理公司合作，正在进行内部装修。莲花岛旅游综合项目通过围海造陆的方式建设集文化、休闲、运动为一体的四季旅游度假岛，一期工程（水工工程）投资20亿元，填海造地面积48.08公顷，正进行外护岸工程施工。连峪山庄二期项目，计划投资3500万元，完善基础设施建设，北朝长城遗址修复开发、朝阳古寺复建、水体景观及建设休闲农庄，完善薰衣草园项目。新增开心农场3.33公顷，农事体验、采摘收获等项目正式接待游客。圆明山文化旅游服务基地项目征拆工作基本完成，正在跑办前期手续，进行规划设计。

【基础设施建设】 围绕旅游标准化建设，整合资源，提升旅游基础设施的人性化、便捷化、舒适化和国际化水平。加大老景区改造力度。秦皇求仙入海处暑期前投资400万元，修缮修复健身器材，引进3D兵马俑雕塑，增加望海祈福圆梦轮和水上游乐项目，购置小型观光电瓶车。增设游客休息区，进行高标准绿化美化，改善景区环境。暑期后筹资2500万元，启动基础设施提升改造工程，改造景区生态停车场、步游路、游客中心，维修加固旅游码头及栈道，改造水、电及消防监控系统。新澳海底世界投资500万元，落实AAAA级旅游景区标准，更换、新增标识标牌95个，完善游客中心，改造星级厕所，提升停车场。完善乡村旅游服务设施。投资800万元，改造紫云山滑雪场生态休闲大厅，完善安全设施，增加蒙古包特色餐饮，改建星级厕所。投资600万元，新建宝润生态园石磨面粉项目，集观赏和食品加工于一体，展现传统工艺特色；新建传统文化园，打造传统文化培训基地；新建休闲茶楼1座。推进智慧旅游体系建设，开展智慧旅游“五个一”工程，提供数据资料及技术保障，在各景区设置智慧旅游服务站，改造门禁系统，配备多媒体信息查询设备，增加监控设施。

【整顿旅游市场】 规范市场秩序。出动检查车辆90多台次，出动检查人员200多人次，检查旅游经营单位145家，实地审核从业资质，对旅游业务档案不完整、签订旅游合同不规范、涉嫌超范围经营、不合理低价组织经营旅游业务、欺客宰客及强迫或者变相诱导游客购物等违法行为进行重点查处。完善投诉机制。健全涉旅企业旅游服务质量监督员管理机制，在各涉旅单位公示旅游投诉方式，设专人负责投诉接待，确保投诉电话24小时畅通、确保投诉案件按时限办结。全年接待旅游投诉47起，结案率100%，为游客挽回经济损失15万元，游客满意率100%。

【旅游宣传】 组织参加第十四届中国承德国际旅游文化节、第十九届北方十省市旅游交易会，借助会展平台发布项目信息、宣介特色产品、吸引目标客源。秦皇街舞泡泡大叔代表秦皇求仙入海处景区出席各类综艺活动，亮相央视及山东卫视、山西卫视、江苏卫视，通过电视台热播节目进行宣传推介，成为秦皇岛旅游的新名片。制作精美宣传折页、地图、光盘等宣传品，开发琉璃系列、紫砂系列旅游纪念品，强化名片效应。邀请河北电视台《我为购物狂》节目组在秦皇求仙入海处景区举办“狂粉欢乐会”联欢活动；端午节期间，举办第十届秦皇望海祈福文化旅游节，设置全国各地非遗展，举办“百姓趣味打擂台”等地方特色活动；与广东佶佶龙展览服务有限公司合作举办“侏罗纪恐龙主题展”，增加景区的趣味性和吸引力。鼓励景区联合促销，推广秦皇岛特色线路。嘉年华游船与秦皇求仙入海处景区联合营销，使“秦皇文化游”与“海上观光游”两条路线有机结合，有效延长游客游览时间。以求仙入海处等AAAA级旅游景区为重点，增加微营销宣传，消息即时传送，增强与游客互动。与同程、携程、大众点评、大美中华、美团、窝窝、拉手等团购电商合作，整合电商资源，推广电子票务，强化网络宣传。全年求仙景区电子票务交易额占散客票务的20%。暑期，求仙景区游客日接待量超万人，创历史新高。

【行业管理】 组织A级景区对照标准进行自查整改，全面完成整改提升任务。指导金梦海湾浴场按照《旅游景区质量等级的划分与评定》进行自检，对照各项标准及评定要求准备《旅游景区质量等级申请评定报告书》及创A档案。开通官方微信。定期发布最新的旅游资讯、风景推介、吃住行游购娱等信息，为大众提供交流互动的新平台。完成每月及重大节假日的统计任务，为领导决策和游客出行提供有效参考。对上年度全区旅游行业中表现突出的集体和个人予以表彰。评选出标兵单位10家，优秀经理11人，标兵个人10人。全年完成国内旅行社的设立初审2家，受理旅行社业务变更44项，旅行社服务网点备案6家，现场查看旅行社经营场所19家。

（段丽颖）

交通运输业

JIAOTONG YUNSHUYE

JIAOTONG YUNSHUYE

公路运营

【概况】2014年，区交通运输局强化国省干线及农村公路管养，整顿道路营运市场秩序，加大超限超载车辆治理力度，加强执法队伍建设，各项工作稳步开展。

【公路管养】公路管、养两手抓，确保辖区公路畅、洁、绿、美。加强公路养护，优化公路环境。辖区内国省干线总里程54.42千米，其中，国道25.92千米，省道28.5千米。有农村公路总里程262.23千米，其中，乡道88.561千米，村道173.67千米。以国省干线为主骨架，重要农村乡道为支骨架，"村村通"水泥混凝土公路的公路网络基本形成。推进日常养护工作的标准化、规范化进程，明确职责分工，强化养护力度，加强检查考核，规范完善桥梁技术档案，推进特色公路美化绿化等方法，国省干线养护基本达到全天候保洁，公路养护达到路面全天候保洁、路拱适度、排水通畅、路面与路肩分界顺直、醒目，边沟顺畅，桥涵下无淤泥。开展公路环境综合整治行动，制订年度保洁计划，将管养公路进行分段管理，责任到人。全年全线整修路肩、平台82千米，清理疏通边沟135千米，清运垃圾1480立方米，零星填方740立方米。全面完成公路桥梁中修工程。完成京哈连接线中修工程和京哈高速秦东连接线石山小桥中修工程。全长12.9千米京哈连接线工程和长5.5米、宽为24.5米石山小桥工程全部完工。加强路政管理,维护路产路权。严格路政执法，加强对非公路标牌、摆摊设点、侵占公路用地等行为的整治。对辖区内非法广告牌进行集中清理整治。取缔非公路标志牌330多块，劝离摊位商贩300多处，清除路阻路障37处，受理12件审批许可案件，2件处理案件，1件处罚案件。

【超限超载治理】依托固定治超检测点，加大流动稽查力度，确保24小时稽查不放松，加强源头治超企业监管，实行重点源头治超企业例会制度，对发现的违规装载行为和不规范经营行为依法予以处罚。全年查处双超车辆2415台，卸载货物10.3万吨，辖区超限超载率为1.24%。

【客、货运输行业管理】货运：辖区拥有道路运输经营业户1.24万户；货运挂靠车队20家；道路危险品货物运输业户18家。营运货车1.39万辆，其中，2吨以下营运货车5520辆，2 ~ 5吨营运货车3650辆，5 ~ 10吨营运货车468辆，10吨以上营运货车3725辆,30吨以上营运货车317辆。客运:辖区拥有长途客运车站、海阳路汽车站2个。营运班车277台，班线103条，运量407万人次，周转量5.5亿人 / 公里,分别同比下降6%和5.2%；辖区有出租车挂靠公司4个，出租车2839台。提升客运行业服务水平。春运期间，安全发车1.17万班次，加车31班次，运送旅客29.83万人次，圆满完成春运任务。高考期间，协调177台出租车组成爱心送考车队，接送考生1692人次。抽调多名执法人员进驻火车站出租车管理办公室，重点查处待客区出租车拒载、拼客等非法经营行为。审验营运出租汽车2783辆，严格按标准更新出租车462辆；接收群众举报1800多起，全部予以回复解决。

【机动车维修市场监管】有机动车维修企业389家，其中，一类企业18家，二类企业36家，三类企业335家。严厉打击非法运营，保证运输市场健康发展。加大违规运营行为稽查力度，打击非法营运客车。全年查处非法营运车辆1100多台，其中"黑车"210台。完善货运行业监管手段。加强对危险品运输、驾校、物流公司等运输企业的监管，督导检查500多次，对不规范经营行为全部整改，保障货运市场的规范发展。加强机务维修市场监管，营造安全的车辆运营环境。严把营运车辆检测关和维修企业市场准入关，以安全质量为抓手，加强维修企业的监管，开展汽车维修企业质量信誉考核和二级维护作业技术大比武等活动。检测机动车3.45台次，技术等级评定4911台，处理非法经营行为60多起，办理机动车维修业道路运输许可经营66户。

【淘汰黄标车】3月，开展2013年度提前淘汰黄标车工作，党政机关单位发挥示范带动作用，率先淘汰黄标车，机关单位黄标车淘汰工作进展顺利，任务基本完成。对于社会车辆，组织环保、商务、财政部门设立黄标车补贴联合服务窗口，对黄标车淘汰补贴工作进行集中审核，实施一站式服务。认定 2013 年黄标车 150 台，符合补贴条件并办理相关补贴申请手续 119 台，拨付补贴资金 115.1 万元。

【民心工程】 成立民心工程领导小组，制订民心工程实施方案，选派优秀的勘测、设计人员，为道路设计、施工等方面提供有力的技术支持，多渠道沟通协调，筹措资金 50 万元，力促民心工程顺利完工。9 月底，涉及海阳镇和北港镇的 5 条公路，总投资 145 万元，全长 4.4 公里的民心工程全部完成。

【农村面貌改造提升】 积极谋划村庄道路硬化美化工作。主动与有关乡镇和村庄沟通、联系，掌握各村道路硬化的主要情况，完成 17 个村的主街道硬化，硬化里程 2.6 千米，补助金额 26 万元。争取资金 140 万元，为 14 个村硬化道路 10 千米，修建桥涵 2 座。驻村帮扶工作。对东港镇孙庄村在前期走访调研和征求村民意见的基础上，确定多个帮扶项目。在村主要路口安装监控摄像头，对村内治安环境建设、震慑“两抢一盗”起到积极作用；对村主干道进行绿化，栽种 2000 多棵树苗；将村西的天然池塘和污水处理渠进行清理改造；翻修街道破损路面，硬化和砌护街边排水沟，在村民家门前修筑花池；改造全村旱厕 300 多户，全部安装双瓮式厕所。

【绿化造林】 结合省、市交通运输系统开展的“绿色廊道”建设工作，对辖区国省公路干线、农村公路开展绿化建设。在出海路复线栽植国槐 2848 株、桧柏 2000 株，栽植野花组合面积 1.43 万平方米。在农村公路绿化建设中，多方筹措资金，联系各镇和区林业局，种植杨树、柳树 1 万多棵，栽种金娃娃萱草几十万株，绿化总里程约 7 千米。其中，海峪路被市交通运输局作为全市农村公路绿廊建设的样本示范路进行推广。

（张　涛）

铁路运营

【大秦车务段】 大秦车务段毗邻秦皇岛港、京唐港及新兴港口曹妃甸港，是山西、陕西、内蒙西部等“三西”地区煤炭“陆转水”的重要出海口。大秦车务段管辖大秦线、迁曹线 2 条主要干线，贯穿河北、北京、天津等“一省两市”，营运里程 817.89 千米。2014 年，发挥路港合署办公优势，实施“四港联动”均衡卸车组织，拉通各港口部分煤种进行互调，确保接卸畅通。采取科技攻关、装卸车专项考核、推进设备改造等方式，挖潜提效。全段完成日均卸车 1.69 万车，日均装车 1499.7 车，分别超计划 3.9%、18.8%，再创历史新高。全段完成运输总收入 2.94 亿元、非运输业收入 1.33 亿元，均超额完成任务指标。全段共研判安全风险点 141 项、制订风险控制措施 336 条，追踪整治安全重点隐患问题 1163 件，杜绝责任一般 D 类及以上事故，实现第 9 个安全年。

【秦皇岛车务段】 秦皇岛车务段为非独立中间站客、货运运输的组织管理单位，下设 19 个二等及以下中间站和秦皇岛站、秦皇岛南站 2 个段管一等站及信息化、房建维修 2 个车间。年末职工总数 1729 人。2014 年，秦皇岛车务段运输收入 10.74 亿元，运输总支出 3.07 亿元，旅客发送量 746.9 万人，货物发送量 871.8 万吨，日均装车 363.2 车，日均卸车 442.8 车，中转时间 22.2 小时，停站时间 24.6 小时，静载重 65.8 吨，多经收入 565 万元,实现利润 5.2 万元。截至 12 月 31 日，实现连续安全生产 1272 天。

2014 年，发生铁路交通一般 D 类（D10）事故 1 例。5 月 16 日 6 时 28 分，京哈线 K717 次客运列车（沈阳机务段 HXD3C 型 033 号机车牵引）昌黎站 3 道开车时，因 1 名无票男性旅客进入站台后强行上车并抓住 9 号车厢车门手把杆导致列车不能正常开车，6 时 55 分经车站、公安部门处理后开车，耽误列车 27 分钟，构成铁路交通一般 D 类（D10）事故。

（秦　志）

秦皇岛港

【概况】 秦皇岛港股份有限公司（以下简称秦港股份）全力应对国家宏观经济不振、进口煤冲击加剧、老旧码头和设备设施改造集中等系列困难和挑战，吞吐量创出历史新高，在H股上市开局之年创造良好的业绩，保持强劲发展势头。2014年，秦皇岛港完成吞吐量2.66亿吨，同比增长0.85%；节能减排任务全面完成；环境保护水平进一步提升。

【生产运行】 积极开拓市场，改进生产管理，坚持以煤炭为重点，统筹杂货、集装箱、油品运输，煤炭、杂货、集装箱均实现同比增长。

煤炭运输。强化生产组织，提高中转效率，实现大进大出，快进快出。把好煤炭进港菜单关，按需提报，按船调进，优化货源结构，适应市场需求。把好船舶靠泊关，以船舶到港顺序兼顾装船效率为原则，合理制订靠泊计划，减少垛位流程冲突，实现全港煤炭泊位整体效率最大化。深入挖潜，发挥合署办公优势，加强与铁路和重点客户沟通协调，提高协同作业效率。与海事、引航部门密切协作，最大程度减少封航时间，同比减少288小时。发挥港前待泊区作用，船舶走靠效率得到提高。坚定实施大客户战略，优先保证运量大、中转快货源调进。放宽柳南准入条件，配合中煤引进低硫货源，通过配煤带动专场中转。狠抓服务质量，完善服务功能，提升服务水平。对装船洒水、配煤和机械化采样进行不定期、高频次现场抽查，对过度洒水等问题进行彻底整治。

杂货运输。坚持以内强管理、外拓市场为主线，提高装卸生产效率，促进生产规范化、标准化，连续8个月超额完成月度任务，特别是水渣、化肥、粮食分别增加66万吨、62万吨、35万吨。

油品运输。争取客户支持，全力争市场、保份额。完成1号、2号、5号储罐清罐检修及加温排管改造，启动6万立方米储罐建设，为后续生产提供能力储备。

集装箱运输。推进散改集、杂改集，粮食装箱量增长8%。加强与铁路部门、船公司合作，开通海铁班列运输。对进口货源进行重点开发，外贸进口量增长34%。

【项目建设】 煤四期翻车机系统改造工程。完成基础施工，进行一层主体施工和铁路接触网安全防护设施施工，安全防护设施完成后进行二层主体施工。设备方面，重点落实煤四期翻车机改造收尾工作，对工程遗留及运行中发现的问题进行整改，督促厂家尽快完成工程交工备案，整理施工变更资料，为工程正式验收做准备。老码头结构加固改造工程。为减少对生产的影响，设备工程部门积极协调，科学安排泊位改造顺序。各泊位改造施工有序开展，年内202号、203号、204号、302号、303号、901号泊位均已改造完成，301号泊位改造与煤三期1号变电所改造同步进行，8月28日开工，10月17日已交付投产使用。905号、906号待泊兼生产性泊位改造工程。取得河北海事局下发的通航批复文件及秦皇岛市港航管理局对试运行的批复和试运行延期的批复，试运行延期至2015年3月31日。试运行期满后将向港航管理部门申请进行竣工初步验收。煤三期1号变高低压改造项目。9月2日开始进场分段施工，9月25日完成Ⅰ段高低压柜改造并投入运行，9月27日开始进行Ⅱ段高低压柜改造施工，10月中旬完成全部主体工程并交付使用。煤三期两台堆料机更新项目。完成安装、调试，2015年1月进行试运转。环保项目建设。煤三期至煤五期及矿石堆场西侧防风网工程：完成金环西路段钢结构主体、钢网片安装及混凝土路面的恢复，堆西路段钢结构主体、钢网片安装及道路恢复，久安路段钢结构主体、钢网片安装及连锁块路面恢复。煤四期至煤五期堆场抑尘墙工程：1月11日通过河北省水运工程质量安全监督局验收。煤五期堆场南侧防风网工程：3月下旬开工，年内完成钢结构主体安装、钢网片安装及连锁块路面恢复等附属设施的施工。含尘污水回用改造工程：九分公司污水处理场改造于6月中旬开工，9月初施工全部完成，进入试运行期。六分公司污水处理场的改造于9月24日开工，年内完成。煤四期及扩容堆场洒水除尘系统改造工程：6月完成除尘系统及电控系统改造系统调试，8月通过河北省水运工程质量安全监督局验收。翻车机干雾抑尘改造工程：年内完成设备采购及厂内制做工作，具备设备出厂条件，待施工备案手续办理完即可组织施工。其他工程项目。完成内燃机车及800兆数字对讲机、灌包机项目的购置工作，完成资产验收。车载移动式降尘喷雾机、自卸车、皮带秤等大批购置项目也在安全、有序地进行。西港搬迁改造工程。6月，对西港区可立即拆除的设备、设施资产进行摸底，进行现场确认，提出先期拆除设施的初步方案，组织实施西港区铁道线路等设施的拆除工作，共计拆除铁路9100米。

【环境保护】 强化监管力度。以现场监管为核心，加大现场监管频次，通过加密、延时等手段，以专项检查、综合联查等方式，实现管理时段、管理范围的全覆盖；采取检查、提示、整改的动态监管形式，实现系统管理的闭环运行，管理效果的螺旋式提升。推进煤粉尘综合整治。落实《秦皇岛港区煤粉尘综合整治实施方案》要求，推进煤粉尘综合整治。推进环保项目建设，煤四期堆场洒水除尘改造工程、煤四期翻车机房和煤一期4号、煤二期1号翻车机干雾除尘改造工程、煤三期至煤五期及矿石堆场防风网西侧及南侧工程等一批关键项目先后完工，丰富和完善港口环保设备设施体系。六、七、九分公司含尘污水回用工程和煤一、二期污水回用项目按进度推进；905号、906号待泊兼生产性泊位环保竣工专项验收通过河北省环保督查中心的现场核查。重点抓好特殊天气、特殊货种的粉尘控制。落实执行重污染天气应急预案，妥善应对特殊天气、重污染天气对港口生产与区域环境的影响。严格监督检查科学洒水的执行情况。规范煤尘清扫，杜绝高空落尘，建立港区积尘清理常态化机制，从源头控制二次扬尘的发生。以环保创新工作室为抓手，推进环保技术创新。坚持“创新源于生产、创新服务生产、创新促进生产”的原则，突破制约港口粉尘治理的技术瓶颈，推动港口污染治理体系完善。强化港区水环境管理。加强对输油管线的巡查，及时消除污染隐患。规范油品作业中的围油栏布防，起到预控作用。通过日常检查与系统联查，全面掌握码头封堵、污水处理、港池清捞等实际情况，做好水环境管理。加强雨季对油污染隐患的巡视检查，及时排查消除各种隐患。加强海域清捞保洁管理。加强放射及危险环境管理。定期检查各放射源涉源单位台账、运行日志、日常点检记录等基础管理情况，全面掌握辐射安全管理制度和应急预案执行情况。与河北省辐射主管部门沟通协调，为七分公司三枚放射源办理接收备案、送贮备案及入库等手续。做好放射源替代的环境安全监管工作，开展放射源拆除、贮存过程环境安全论证，确保不发生污染。适时开展危废管理专项检查，规范危险贮存场地管理，加强对易发生入海污染的危废贮存点监管，杜绝危废泄漏、入海事故。

【与横琴煤炭交易中心共建煤炭物流与交易平台】

2月19日，由珠海横琴煤炭交易中心、秦皇岛海运煤炭交易市场共同主办的“2014（首届）横琴煤炭交易商洽谈会”在珠海横琴开幕。洽谈会以“共建煤炭物流与金融结合的新平台”为主题，以打造新市场环境下完整供应链服务为重心，深入探讨煤炭物流与金融结合的服务新思路。珠海横琴煤炭交易中心整合多方面资源，拥有珠海市面向粤、港、澳以及亚太地区国际市场的区位优势，拥有行业协会、珠海市和横琴新区的政策支持，集中秦发集团、河北港口集团和珠海金控集团等3家发起人在贸易、物流和金融方面的资源优势，有着良好的发展前景。河北港口集团拥有全球最大的煤炭中转港口，正致力于成为全球最强的煤炭供应链服务商。伴随集团多港战略的推进，河北港口集团将构建以秦皇岛、唐山、沧州等3个港区为中心，连接晋、陕、蒙煤炭产区和中国沿海、沿江煤炭消费区域的物流网络，形成煤炭行业效率最高、成本最低、服务最专业的煤炭配送渠道。秦皇岛海运煤炭市场在现货交易、物流金融、信息服务和市场运作等方面积累丰富的经验，将代表河北港口集团参与珠海横琴煤炭交易中心，双方将通过深入合作，共同搭建“资源共享、优势互补、南北响应，离岸到岸通畅、内贸外贸兼顾”的煤炭交易平台，共同开发到岸指数，以完善价格指数体系。

【秦皇岛港保税仓库正式运营】 2月25日，秦皇岛乒洋贸易有限公司进口的14吨澳洲橄榄油、蜂蜜在秦皇岛海关的监管下，成为入驻秦皇岛港保税仓库的首批货物，秦皇岛港保税仓库开始正式运营。2013年年底，秦港股份推出首个公用型保税仓库区，总面积达5.55万平方米，可存储货物50万吨。进入保税仓库的货物暂时免征进口税费、免交进口许可证，享有“境内关外”的优惠。进入保税仓库的货物只需在达成商品交易、货物出库时缴税，为进口企业缓解资金压力。

【秦港股份3项科技成果通过省级鉴定】 4月23日，2014年度秦港股份科技成果鉴定会召开，参选的3项科技项目成果全部通过鉴定。鉴定会邀请北京航空航天大学、北京交通大学、交通部水运科学研究院等单位的7名专家组成评审委员会进行项目鉴定。评审委员会认为申报项目的技术资料齐全、规范，与港口生产实际紧密相关，经济及社会效益显著，在国际、国内达到领先水平，为港口产业的发展提供有力的技术支持。其中，秦港股份申报的“智能港口煤炭物流平台”项目有效指导并支撑对港口煤炭物流工程技术的应用研究，为港口煤炭物流业的发展规划、业务模式、项目设置、工程技术等方面提供技术支持和决策依据，被鉴定为达到国际领先水平；“控制网络监控管理技术”实现对于控制网络的自动拓扑和监管，保障控制网络安全，被鉴定为达到国内领先水平；“秦皇岛港煤二期预留堆场皮带机电气控制系统改造”项目实现煤二期翻车机系统在向原有堆场供料的同时，又可向预留堆场供料，解决因生产饱和而无法增加煤炭运输量的问题，被鉴定为达到国内领先水平。

【西港搬迁改造工程东扩港区建设全面启动】 6月16日，秦皇岛市政府、河北港口集团在秦皇岛港西港搬迁改造工程东扩港区海岸护坡工程现场召开西港搬迁改造工程东扩港区建设推进会，省委常委、市委书记田向利宣布西港搬迁改造工程东扩港区建设前期工程全面启动。随着16辆工程车依次将满载的石方填入围堤下的海水里，东扩港区建设正式拉开帷幕。东扩港区是秦皇岛港西港搬迁改造工程的重点建设项目，将建成以集装箱、杂货等运输业务为主的现代化、综合性港口码头，以承接外迁的秦皇岛港西港区杂货和集装箱运输功能。将改扩建20万吨级深水航道、临港物流园区、疏港铁路等集输运基础设施，提升港口拉动地方经济发展的整体实力。河北港口集团制订西港区大小码头片区的整理方案，进行区域设备拆除和场地整理，推进临港物流园区建设。东扩港区与秦皇岛发电有限公司签署拆迁协议，完成中阿化肥等4家涉迁企业的测绘评估。西港区初步完成征地拆迁前的各项基础工作。

【秦港股份人才实训示范基地正式启动】 7月18日，在七分公司机电创新工作室，秦港股份总经理田云山按下启动电钮，秦港股份人才实训示范基地正式启动，首期培训班同时开班。基地以“科技兴港、立足服务、突出重点、注重实效”为指导方针，以培养“技能大师”“技术专家”为主线，全力打造绝技绝活传承纽带和专业技术人才成长平台，丰富教育培训形式，推动人才培训工作迈上新台阶。秦港股份人才实训示范基地依托七分公司机电创新工作室，利用煤四期翻车机大修报废的旧设备，通过拆修、整装，按生产工艺复原，开展实物教学，基地占地面积432平方米，设置教育培训展示区、实验研发区和办公区，配备变频器调速实验平台、机械传动系统装配实验平台、液压系统模拟调试平台、多媒体培训平台。基地的投入使用，提升东港区二、六、七、九分公司专业技术人员的业务水平和实操能力，弥补秦港股份实物教学的空白，与之前在西港区成立的“张海波国家级技能大师工作室”形成东、西港区优势互补、资源共享、强强联合的培训工作新格局，为港口的技术、技能人员提供技术攻关、技术创新的交流平台。

【渤海津冀港口投资发展有限公司注册成立】 8月7日，河北港口集团与天津港集团公司共同签署《渤海津冀港口投资发展有限公司合资经营合同》，开启冀津港口群无缝对接、转型升级的大幕，是河北省政府、天津市政府实施京津冀协同发展战略、实现两省市港口间战略合作共赢的一项重大举措，也是秦港股份和天津港集团公司贯彻落实交通运输部《环渤海港口规划》，推动双方优势互补、错位发展的客观需要。新成立的渤海津冀港口投资发展有限公司注册于天津东疆保税港区，双方出资比例均为50%，主要负责开展天津及河北区域内港口项目的投资与开发。东疆保税港区作为天津自贸区所在地将建设5个产业聚集区和展示交易、采购分拨、融资服务、贸易便利化、电子商务等5大平台。自贸区的建设，除吸引物资进入外，还将吸引全球的新技术和资金，成为京津冀区域对外开放的新亮点，助推区域内产业转型升级。自贸区带来更自由的贸易和投资规则，必将使城市经济增长功能进一步释放，进而带动整个区域的经济发展，届时，渤海津冀港口投资发展有限公司将充分享受到自贸区给予的政策红利。秦港股份将会获得比以往更广阔的经济腹地和更多样的发展商机，有利于进一步优化港口资源配置，加快推进港口功能延伸到内陆腹地。新投资公司的运营将会构造新的区域优势，在开辟新产业空间的同时打造新的经济增长点。

（秦　志）

秦皇岛新港

【概况】秦皇岛新港有泊位4个，其中杂货泊位3个、散货泊位1个，港池常年不冻、不於，港口航道水深为-9米。其中：1号、2号泊位为5000吨级泊位，水深-7.5米；3号、4号泊位为万吨级泊位，水深-9米。有4台10吨、1台40吨门座式起重机；1台40吨电动吊车，1台50吨履带吊车，日装卸能力1万吨。港口货物堆存场地面积3万平方米，可同时堆存8万吨钢材（钢坯、带钢等）及其他货种。

【质量管理】树立质量是企业核心竞争力的服务理念，端正服务态度，把握服务细节，正确认识面临的经营形势和不利因素，为货主和客户创造最优质的物流环境。全年装卸船只401艘次，完成吞吐量207.23万吨，为年计划的115%，是上年同期的84%。实现主营业务收入2158.26万元，利润-333.25万元，同比下降24%。

【市场开发】加强港区内的清扫力度，每天清扫、洒水，暑期清扫、洒水2～3遍，做到货物清，场地清，及时有效地控制作业场地及周边扬尘。停用燃煤锅炉1台，将其改造为降耗减排的太阳能。结合《大气防治应急预案》，制订相关的管理制度，对港、货、船三方提出具体要求，环保工作走在同行业的前列。加大对矿渣和矿渣微粉的揽货力度。保证货主降低运输成本的需要，对万吨级船舶的靠泊提高保障。在稳定水渣、水渣粉等重要货种的同时，开发出水泥熟料货种。

（秦　志）

金融业

JINRONGYE

JINRONGYE

银行业

【概况】 2014年，全市金融业增加值60.88亿元，同比增长9.03%，占全市GDP的5.07%；上缴税金12.45亿元，同比增长20.99%，占全市全部财政收入的6.03%。截至12月底，全市金融机构本外币存款余额2278.27亿元，比年初增长155.67亿元，增幅7.33%。本外币贷款余额1515.22亿元，比年初新增149.64亿元，增幅10.96%。全市本外币存贷比66.51%，新增存贷比96.12%。全市保费总额49.98亿元，同比增长11%；赔款及综合给付23.18亿元，赔付率46.38%。保险深度4.16%；保险密度1641.22元/人。全市证券业交易额304.31亿元，同比增长384.42%；客户总数16.85万人，同比增长9.15%；客户资产108.78亿元，同比增长59.67%。小额贷款公司累计发放贷款15.19亿元，共3367笔，1046户，同比减少7.71亿元、1601笔、496户;贷款余额16.06亿元，同比降低11.17%，占全部注册资本的81.46%，同比降低10.27个百分点。其中，累计发放农户贷款10.2亿元，中小企业贷款1.17亿元，占比达到74.9%。全市金融产业发展水平不断进步，金融服务水平显著提升，金融生态环境继续优化，金融工作整体实现新的跨越和发展。金融业成为全市社会经济的一个重要产业，为加快建设富有实力、充满活力、独具魅力的沿海强市、美丽港城提供坚强的金融支撑和保障。

【中国人民银行秦皇岛分行】 位于迎宾路153号。2014年年底，本外币各项存款余额2278.27亿元，比年初增加155.67亿元，增长7.33%。本外币各项贷款余额1515.22亿元,比年初增加149.64亿元，增长10.96%，存贷比66.51%。人民币各项存款余额2252.9亿元，比年初增加160.78亿元；人民币各项贷款余额1421.77亿元，比年初增加114.65亿元。全市人民币单位存款余额781.19亿元，比年初增加29.95亿元。其中，单位活期存款余额352.45亿元，单位定期存款余额258.73亿元，单位通知存款余额9.44亿元，单位保证金存款余额79.5亿元。人民币个人存款余额1447.62亿元，比年初增加135.96亿元。其中，人民币储蓄存款余额1430.39亿元，比年初增加137.42亿元。外币各项存款余额4.15亿美元，比年初减少0.85亿美元。外币各项贷款15.27亿美元，比年初增加5.68亿美元。

【中国工商银行股份有限公司秦皇岛分行】 位于河北大街129号。2014年，中国工商银行秦皇岛分行始终坚持依法合规、稳健经营的发展理念，牢牢抓住转型创新和精细管理两大主线，突出支持经济增长、结构调整、产业发展和服务民生等核心目标，创新进取，求实奋进，认真履行社会责任，着力提升金融服务水平，全行核心竞争力和可持续发展能力增强，在全国系统二级分行综合绩效考核中，名列第29位，被工商总行授予“全国二级分行经营30强”称号。全年实现拨备前利润11.02亿元，同比增加7951万元；实现中间业务收入3.27亿元，上缴利税1.46亿元；全部贷款余额331.50亿元，同比增加12.33亿元；全部存款余额338.65亿元，同比增加18.15亿元；全行不良贷款余额较上年减少3797万元，不良贷款率降至0.67%，成功实现不良贷款双下降。全行连续8年内控评价一级，连续15年无案件、无事故。被评为总行安全保卫工作先进集体。

【中国农业发展银行秦皇岛分行】 位于迎宾路75号。全年累放各项贷款21.98亿元。其中，累放粮油类贷款16.08亿元；累放中长期贷款5.62亿元。年末，各项贷款余额44.07亿元，比年初增加5.47亿元，增幅14.15%；全年存款日均余额7.36亿元；实现中间业务收入230万元；累计办理国际结算业务6138万美元，完成省分行下达指令性计划的142.72%。实现账面盈利6995万元，同比增加309万元，完成省分行下达全年利润计划的121%。实现利润7683万元，完成利润计划的133%。

【中国农业银行股份有限公司秦皇岛分行】 位于迎宾路75号。有营业机构67个，其中一级支行14个，二级支行14个，分理处39个。在职员工

1369人。实现拨备前利润4.6亿元、拨备后利润4.8亿元。全年未发生经济、刑事案件和重大责任事故。截至年末，本外币各项存款余额达到304.3亿元，比年初增加8.9亿元，其中对公存款余额89.9亿元，个人存款余额214.4亿元；本外币各项贷款余额126.7亿元；全年实现中间业务收入1.9亿元。

【中国建设银行股份有限公司秦皇岛分行】 位于光明路56号。至年底，一般性存款余额297亿元，新增17.47亿元；个人存款余额170.8亿元，新增13.6亿元；对公存款余额126.3亿元，新增3.9亿元。各项贷款余额252亿元，新增23.6亿元；房开贷款余额18.9亿元，新增3.2亿元；个贷余额74.4亿元，新增12.2亿元。实现中间业务收入2.7亿元，账面利润7.55亿元，同比增长3100万元。不良贷款余额9828万元，不良率0.39%。

【中国交通银行股份有限公司秦皇岛分行】 位于文化路174号。有营业机构21个，其中营业部1个、支行20个。员工482人。全行资产总额173.52亿元，较年初增加13.64亿元，增幅8.53 %；本外币各项存款余额152.69亿元，较年初增加4.89亿元，增幅3.31%。本外币各项贷款余额94.14亿元，较年初增加3.65亿元，增幅4.03%。实现中间业务净收入6485万元，较上年增加1081万元；实现经营利润2.37亿元。人民币对公存款余额82.77亿元，比年初增加7.18亿元，增长9.5%。小微企业贷款增量14.19亿元，高于2013年增量1.41亿元，高于各项贷款平均增速10.51个百分点。人民币储蓄存款余额达到68.39亿元，比年初增加1.39亿元，增长2.08%。

【秦皇岛银行股份有限公司】 位于燕山大街209号。成立于1998年，是秦皇岛市唯一一家具有独立法人资格的地方性股份制商业银行。有支行41家，营业网点46个，有员工1110人。截至年末，全行资产总额344.77亿元，同比增加44.28亿元，增幅14.74%；负债总额327.08亿元，同比增加40.76亿元，增幅14.24%。各项存款余额306.6亿元，同比增加42.22亿元，增幅15.97%。各项贷款余额151.19亿元，同比增加25.13亿元，增幅19.93%。全年实现利润总额5.2亿元，同增加比1.16亿元，增幅28.71%。

【河北银行秦皇岛分行】 11月12日开业。设有自动取款机3台，存取款一体机2台，内设办公室、财务会计部、公司银行部、个人银行部、风险管理部、业务发展一部、业务发展二部、业务发展三部、营业部等9个部门。有员工38人，其中在岗员工38人（含劳务派遣用工14人），在岗员工平均年龄30.6岁。主营业务：吸收公众存款；发放短期、中期和长期贷款；办理国内结算；办理票据承兑与贴现、发行金融债券；代理发行、代理兑付、承销政府债券；买卖政府债券、金融债券、开放式基金代销业务；贵金属业务；从事同业拆借；从事银行卡业务；从事电子银行业务；提供信用证服务；提供担保、代理收付款项；提供保管箱业务；外汇存款；外汇贷款；外汇汇款；外币兑换；国际结算；同业外汇拆借；外汇担保；外汇票据的承兑和贴现；结汇、售汇；自营外汇买卖、代客外汇买卖，买卖或者代理买卖股票以外的外币有价证券业务，资信调查、咨询、见证业务；企业财务顾问；理财业务；经中国银行业监督管理委员会依法律、法规批准的其他业务。截至年底，各项存款余额2.91亿元，其中，对公存款余额2.48亿元，储蓄存款余额4358万元。投放对公贷款1.33亿元，销售个人理财1.15亿元。

【河北省农村信用社联合社秦皇岛办事处】 位于燕山大街118号。辖5家县级联社，信用社128个，信用分社35个，储蓄所1个，村级金融助农服务点1529个。全市农村信用社员工1796人。至年末，全市农村信用社各项存款余额372.73亿元，比年初增加38.65亿元；各项贷款余额183.23亿元，比年初增加11.92亿元。各项存款占全市金融机构存款总额的16.5%，位居第一，各项贷款占全市各项贷款总额的12.9%，位居第二。全年实现总收入24.54亿元，同比增收2.36亿元，其中贷款利息收入14.56亿元，同比增加2194万元；实现中间业务收入5828万元，同比多收入345万元。实现拨备前利润6.61亿元，账面利润5.17

亿元。纳税总额达 2.59 亿元。

【中国邮政储蓄银行股份有限公司秦皇岛市分行】 位于建设大街 191 号。有员工 520 人。有营业网点 74 个，其中，一类网点 17 个，二类网点 23 个，代理网点 34 个。全年实现业务收入 2.91 亿元，同比增长 25.77%，增幅列全省第三位；实现利润 1.22 亿元，同比增长 32.44%，增幅列全省第 5 位。存款余额 146.67 亿元，其中，个人储蓄存款余额 122.61 亿元，公司业务存款余额 24.06 亿元；累计净增 9.61 亿元，增幅 7.01%，其中，个人储蓄存款累计净增 8.77 亿元，增幅 7.7%，公司业务存款累计净增 8455.21 万元，增幅 3.64%。贷款结余 47.51 亿元，其中短期贷款结余 17.63 亿元，中长期贷款结余 29.89 亿元。累计净增贷款 9.12 亿元，增幅 23.75%。截至年末，存贷比为 32.39%，不良率为 0.64%。票据业务全年贴现 41.26 亿元，全市同业占比第二位。

【中国银行秦皇岛分行】 位于迎宾路 157 号。下设机构 43 家，设有自助柜员机 146 台（增加 26 台），其中离行式 36 台，自助交易终端 178 台（增加 81 台），网银自助体验机 65 台。设 14 个部门，分别负责业务发展、风险控制、管理保障及离退休人员工作。有员工 1165 人。2014 年，实现计费收入 9.13 亿元，同比增长 2.01%。本外币各项贷款新增 42.2 亿，达到 238.18 亿元。其中，人民币贷款新增 8.4 亿元，外币贷款新增 5.51 亿美元。票据贴现量突破 18 亿元，中小企业授信余额 28.11 亿元。本外币各项存款余额 287.26 亿元，较年初增长 21.67 亿元，增幅 8.16%。新增市场占比 36.11%，居当地同业首位；余额市场占比 23.53%，提高 0.65 个百分点；全年存款偏离度为 2.59%。对公账户新增 1408 户，达到 9713 户；个人基础客户新增 4.66 万户，其中，个人中高端客户新增 6382 户、突破 3 万户。新增行政事业户 179 户、达到 937 户；月均代发薪客户新增 6553 户，达到 8.11 万户，累计代发资金 48.37 亿元，同比增长 7.42%。全年完成国际结算量 24.69 亿美元，同比增长 17.71%，市场占比 40.27%；跨境人民币结算量 24.01 亿元，同比增长 9.92%，市场占比 50.19%，取得国际结算、跨境人民币市场份额双第一的佳绩。

【中国民生银行股份有限公司秦皇岛分行】 位于燕山大街 242 号。下设营业部、滨海城支行、海阳路支行、建设大街支行、迎宾路支行。全功能自助银行 23 家。有员工 183 人，比年初增加 23 人。其中正式员工 166 人，派遣员工 17 人。截至 2014 年年末，各项存款余额 53.64 亿元，其中，对公存款余额 35.36 亿元，储蓄存款余额 18.17 亿元；理财产品余额 31.56 亿元。表内各项贷款余额 41.2 亿元，较年初增长 15.63 亿元，其中，对公贷款余额 32.26 亿元，较年初增长 15.17 亿元；个人贷款余额 8.94 亿元，较年初增长 0.46 亿元。表外风险敞口 7.38 亿元，其中，对公 6.06 亿元，小微 1.32 亿元；不良贷款余额 15347.34 万元，不良贷款率 3.72%；全年实现经营利润 7876 万元。

（秦　志）

保险业

【概况】 2014 年，有保险机构 52 个，其中，产险公司 17 家、寿险公司 20 家、代理公司 15 家。从业人员 1.2 万人。至年末，保险行业完成保费收入 49.97 亿元，同比增长 12%。其中，财险保费收入 18.13 亿元，同比增长 15.42%；寿险公司保费收入 31.84 亿元，同比增长 9.55%。保险赔款及综合给付 23.18 亿元。其中，财险赔款 9.84 元，赔付率 54.28%; 寿险赔款（给付）13.34 亿元。保险业纳税 1.36 亿元，其中，营业税 1.05 亿元、个人所得税 0.31 亿元。代收代缴车船税 1.34 亿元。保险业承担风险 5300 亿元。

【秦皇岛市保险行业协会】 有会员保险机构 52 个，其中，产险公司 17 家、寿险公司 20 家、代理公司 15 家。从业人员 1.2 万人。开展大规模全覆盖风险排查 3 次，发现问题及时处理。实施《秦皇岛市保险从业人员业内流动自律公约》，有效控制业内违规挖人、相互诋毁、相互告状等乱象，从机制上保证保险从业人员业内正常流动。成立保险消费者权益保护站，与市消费者协会有效配合，妥善处理好投诉案件。印发《做好保险宣传工作的指导意见》，整合行业宣传资源，在《秦皇岛晚报》《秦皇岛日报》开辟《保险专版》，利用市区LED大屏幕两次60天播放“保险让生活更美好”宣传广告。定期向唐山保监分局报送52份“信息专报”。完成唐山保监分局行政委托事项。完成代资考试，1.2万人取得保险代理人从业“资格证”。举办拟任高管人员培训班3期，对78名拟任高管进行调查审核；受理银行、4S店等34家兼业资格审核换证申报事项。组织完成产险公司现场查勘演练活动3次。全年调解合同纠纷案件526件，诉前调解成功率达95%，为各主体减少诉讼金额1000多万元。

【中国人寿财产保险股份有限公司秦皇岛市中心支公司】 位于海阳路51号云通大厦。辖4个县级支公司。经营业务范围涵盖车险、财产损失保险、责任保险、信用保险和保证保险、短期健康保险和意外伤害保险等。年内，投保企业由22家增至42家，新增公共责任险、团体意外险；继续与人保共同承保全市28家公立医院医疗责任险；完成河北港口集团、中心戴卡、唐山禹天、海景假日酒店、中信渤铝、朗格斯酒庄、五兴能源的船舶险等单位保险业务续保工作；新增石济客运专线工程险和建意险、山海关造船重工钻井平台船舶建造险、中国海监河北省总队海监船舶保险、太行海运公司船舶险、冀中能源财产险等多家大型企业保险。至年底，实现保费收入1.34亿元，同比增长31.27%，完成年度预算目标的107.52%，在全市财险市场排名第四位。其中，车险保费收入1.04亿元，占比77.7%；非车险保费收入2997万元，占比22.3%，同比增长52.52%，高于全省平均水平14.07个百分点。非车险业务提前98天完成全年任务。支付赔款5577万元，综合赔付率54.5%。

【中国人民财产保险股份有限公司秦皇岛市分公司】 位于八一街60号。内设部门14个，辖分支机构18个，员工477人。开办机动车辆保险及其附加险产品30种、各类财产保险产品105种、责任信用保险126种、意外伤害保险45种、船舶货运险20种、各类农业保险12种，代理其他保险公司办理有关保险产品。年内，累计承担风险保额1813亿元，实现保费收入5.74亿元，同比增长6.68%。实现保费收入5.74亿元，同比增长6.68%，保费规模连续三年突破5亿元。全年处理赔案6.2万件，支付赔款3.64亿元。向地方政府缴纳各类税金6775.76万元。其中，营业税及附加2914.19万元；个人所得税226.05万元；代收车船使用税3635.52万元。为2014秦皇岛国际马拉松赛独家提供8.2亿元保险保障。7～8月发生旱灾，启动农险大灾理赔查勘工作应急预案，为8.3万受灾农户支付赔款2891万元，帮助农户及时恢复生产。农险实现保费收入3250.34万元。

【中国太平洋财产保险股份有限公司秦皇岛中心支公司】 位于河北大街269号。辖支公司8个，有员工136人。公司办保业务险种322个，其中机动车及其附加险种27个、各类财产险业务险种96个、责任信用险种118个、意外险44个、其他险种37个。年内，公司为秦皇岛港务集团、山海关船舶重工有限公司、中国石化等重要企业和重大客户提供车辆保险、财产险、责任险、工程险、意外险等保险保障。至年底，全市实现保费收入2.35亿元，同比增长13%。车险完成保费收入2.11亿元，同比增长11%；企财险保费收入939万元；意健险保费收入395万元；责任险保费收入192万元。

【中国平安财产保险有限公司秦皇岛中心支公司】

位于河北大街中段9号。辖分支机构6个，员工197人。公司经营业务范围涵盖车险、财产险、工程险、货运险、责任险及意外健康险等法定产险业务。年内，公司为山海关造船重工有限责任公司、秦皇岛首秦金属材料有限公司、抚宁县妇幼保健院、河北省高速公路沿海管理处、京秦高速管理处、沧州渤海港务有限公司、秦皇岛市地方税务局等重要企业、机关事业单位及众多个人客户，提供车辆保险、财产险、责任险、货运险、意健险等保险保障。至年底，公司实现保费收入3.7亿元，同比增长18.28%，市场占有率21.29%，列居秦皇岛市财产保险主体第二。其中，车险实现保费收入3.3亿元，同比增长26%；财产险实现保费收入2677.2万元。意健险实现保费收入1265.47万元,同比增长0.01%。全年赔款支出1.78亿元，其中车险赔款支出1.51亿元、财产险赔款支出1753.08万元、意健险赔款支出908.75万元。

【阳光财产保险股份有限公司秦皇岛中心支公司】

位于河北大街中段商业银行海城支行楼上。内设部门7个，辖3个营销服务部和2个支公司，有员工79人。开办险种有财产损失保险、责任保险、信用保险、保证保险、短期健康保险等。2014年，实现保费收入6788.28万元，同比增长16.63%；总保险金额136.98亿元；支付赔款3208.06万元。公司实行全年365天，7×24小时现场查勘服务；7×8小时车辆定损服务；5000元以内的闪赔案件，现场完成定损；5000元以内的非闪赔案件，报案后4日内完成定损。

【中华联合财产保险股份有限公司秦皇岛中心支公司】 位于文化路259号。下设支公司2个，营销服务部4个，直属营业部2个，实现市区、县域全面覆盖。有正式员工158人。公司经营业务范围涵盖财产损失保险、责任保险、信用保险和保证保险、短期健康保险、意外伤害保险等。经营险种达3700多个（含附加险），涉及社会生产生活各个方面。至年底，实现保费收入1.2亿元，同比增长9.35%。其中，机动车辆保险实现保费收入8615.91万元，同比增长11.47%；农业保险实现保费收入2052.17万元，同比增长28.7%；非车财产险保费收入779.79万元；短期意外保险及健康保险实现保费收入350.03万元，同比增长61.74%。有效报案件数1.48万件，已决案件1.5万件，同比增长31.11%；已决赔款6840.88万元，同比增加8.33%。承保年度制满期赔付率60.43%，其中车险承保年度制满期赔付率64.53%。历年制赔付率58.57%，其中车险历年制赔付率61.57%。查获假骗赔案件25起，挽回经济损失141.9万元。

【永诚财产保险股份有限公司秦皇岛中心支公司】

位于燕山大街220-2号。内设部门7个，有员工28人。开办险种电力企财险、企业财产保险、家庭财产保险、工程保险、责任保险、船舶保险、货物运输保险、意外伤害保险、车辆保险。至年底，实现保费收入5622.1万元。其中，车险保费5306.57万元，非车险保费315.53万元。受理各类理赔案件7877件，赔款支出2689.16万元。历年制赔付率53.75%，满期赔付率42.8%。缴纳税金1083.72万元。

【中国人寿保险股份有限公司秦皇岛分公司】 位于燕山大街115号。内设部门9个，辖分支机构85个，有员工286人，各类销售人员3000多人。开办险种200多种，其中包含短期健康险、短期意外险、传统寿险、分红寿险、长期健康险等多种险种。至年底，实现保费收入12.06亿元。其中个险渠道长险首年标准保费6248万元；长险首年期交保费1.06亿元；10年期及以上期交保费7680万元；短期险保费2004万元；财险互动业务保费2469万元。银保长险新单保费3.61亿元，团险短期险保费3049万元，向地方政府缴纳各类税金1357万元。处理理赔案件1.26万件，赔款金额6064.78万元。

【中国太平洋人寿保险股份有限公司秦皇岛中心支公司】 位于和平大街22号。辖7家支公司，营销服务部7家；有内勤人员198人，外勤人员2400多人。主要经营承保人民币和外币的各种人身保险业务，包括人寿保险、健康保险、意外伤害保险等保险业务；办理各种法定人身保险业务；与国内外保险公司及有关机构建立代理关系和业务往来关系，代理外国保险机构办理对损失的鉴定和理赔业务及其委托的其他有关事宜；经批准参加国际保险活动；经保监会批准的其他业务。开办险种100多个，是全市唯一一家涵盖各种寿险业务的综合性保险公司。至年底，实现保费收入4.45亿元，占市场份额14.1%，市场排名第二位。其中长险期缴保费收入6095万元，同比增长14%，市场占比16.5%；意外险保费收入1229万元，同比增长5%，市场占比26.8%。理赔6630笔，赔付金额5321万元。上缴税金778.68万元。承办全市各县、区城镇职工大额补充保险业务，为县区20多万名参保职工和居民提供“事前咨询、事中理赔、事后跟踪”的“一站式”服务。

【中国平安人寿保险股份有限公司秦皇岛中心支公司】 位于河北大街新天地B座14层。辖营销服务部8个。有外勤业务员1340人。主要经营承保人民币和外币的各种人身保险业务，包括各类人寿保险、健康保险、意外伤害保险等保险业务；办理各种法定人身保险业务；代理国内外保险机构检验、理赔及其委托的其他有关事宜；经中国保监会批准的其他业务。全年开展险种有智胜人生、世纪天骄和智慧星。至年底，个险首期规模保费超过7254万元。

【泰康人寿保险股份有限公司秦皇岛中心支公司】 位于河北大街176号八达大厦。下设支公司5家、营销服务部1家和营销服务部13家。有内勤员工43人、保险代理人491人。主要经营个人意外伤害保险、个人定期死亡保险、个人两全寿险、个人终身寿险、个人年金保险、个人短期健康保险、个人长期健康保险、团体意外伤害保险、团体定期寿险、团体终身保险、团体年金保险、团体短期健康保险、团体长期健康保险。实现保费收入6亿元。其中，个险新契约保费收入1463万元，续收保费9515万元，银行保险保费收入1.9亿元，团体保险保费收入400万元。推行e站到家、电子化投保、微信理赔等创新服务模式。年内，理赔829件，给付795件，赔付金额185万元。

【新华人寿保险股份有限公司秦皇岛中心支公司】 位于河北大街292号。内设部门7个，下设营销服务部4个。有内勤员工51人。主要承保个人和团体意外伤害保险、定期死亡保险、两全寿险、终身寿险、年金保险等；安装工程保险、保证保险、船舶保险、飞机保险、航天保险、货物运输保险、机动车辆保险、建筑工程保险、能源保险等多类险种。年内实现保费收入1.41亿元。其中，个人业务保费收入2494.65万元，同比增长27.55%；续期保费收入1.05亿元；银行代理保费收入920.54万元，同比增长4.1%；法人业务保费收入209.16万元，同比增长3.66%。受理案件794件，给付金额494万元。

【太平人寿保险有限公司秦皇岛中心支公司】 位于太阳城正阳街36号。内设部门7个，下设支公司3个。有内勤员工40人，续收专员4人，银保理财经理12人，代理人387人。经营个人寿险产品有康颐金生终身寿险(分红型)、太平稳赢二号两全保险（分红型)、太平福利健康终身寿险（分红型）等；经营银行保险产品有太平财富成长一号两全保险（分红型)、太平金生恒赢年金保险（分红型)、太平稳赢一生A款年金保险。年内实现保费收入1.33亿元，同比增长53%。其中，个险保费3891.25万元，同比增长13%；银行代理保费收入9432.03万元，同比增长80%。支付理赔162.07万元。

【富德生命人寿保险股份有限公司秦皇岛中心支公司】 位于河北大街292号。2014年，由“生命人寿保险股份有限公司秦皇岛中心支公司”变更为“富德生命人寿保险股份有限公司秦皇岛中心支公司”。内设部门9个，下设支公司4个。有管理和销售人员243人。经营业务涵盖个人意外伤害保险、个人定期死亡保险、个人两人全寿险、个人终身寿险、个人年金保险、个人短期健康保险、个人长期健康保险、团体意外伤害保险、团体定期寿险、团体终身寿险、团体年金保险、团体短期健康保险、团体长期健康保险业务。经营个险产品有生命福星高照终身寿险、生命福上福终身寿险、生命安行无忧两全保险、生命富贵花年金保险(分红型)、生命鑫宝贝少儿年金保险；经营银代产品有生命红上红F款两全保险（分红型)、生命如意宝一号年金保险、生命财富宝一号年金保险、生命理财一号年金保险（万能型)、生命理财三号年金保险（万能型)、生命理财三号年金保险（万能型)。年内实现保费收入1.69亿元，其中，个人业务保费收入461万元、银行代理保费收入1.64亿元、团险保费收入37万元、专业代理保费收入24万元。

（秦　志）

证券业

【概况】 全市有证券营业部10家，其中，财达证券营业部7家、银河证券营业部1家、广发证券营业部1家、海通证券营业部1家。2014年，全市证券业交易总额1299.71亿元，同比增长383.42%；年末客户总数16.85万人，同比增长9.15%；年末客户资产总额108.78亿元，同比增长59.67%；营业总收入1.8亿元，同比增长284.68%；净利润9007.3万元，同比增长885.81%；营业税845.37万元，同比增长334.76%；所得税1650.87万元，同比增长385.34%。

【中国银河证券股份有限公司秦皇岛证券营业部】 营业部设综合管理部、交易运行部、理财服务部、市场营销部。有管理服务人员20人，销售类客户经理9人。代理股票基金交易额232亿元，实现营业收入4618万元，利润3170万元。服务项目有全面代理沪深交易所A股、B股、基金和债券现券、债券回购等交易品种的买卖，开放式基金申赎业务及代办股份转让业务（三板），代理融资融券业务、银河期货公司IB业务等。

【广发证券股份有限公司秦皇岛河北大街证券营业部】 营业部设客户服务部、营销拓展部、财务部、综合部、电脑部、机构业务部。有员工22人，营销人员28人。股民开户总数5.52万户，客户资产35.33亿元。营业部提供股票、开放式基金、国债、B股、期货、融资融券等投资品种。推出系列创新型产品有现金增利、多空杠杆、金快线、约定购回式证券交易、股票质押、私募债股票质押回购、投资组合彩信大唐一号、睿2。

【财达证券有限责任公司秦皇岛河北大街证券营业部】 营业部设综合部、电脑部、交易部、客户发展部。有员工18人，全部具备证券从业资格。实现营业收入2000万元，客户保证金余额1.9亿元，托管市值18亿元，营业支出900万元，实现利润1157万元，两融利息收入393万元。推广销售现金类理财产品，实际销售2.3亿元，标准销售额4244万元，完成全年任务265.26%；融资融券客户169户，融资融券获批授信额度2.9亿元，客户信用额度余额8000万元，两融业务佣金收入176万元，利息收入393万元；销售公司承销三板股票联讯证券1000万元，创新业务实现新的利润增长。

【财达证券有限责任公司秦皇岛迎宾路证券营业部】 营业部设综合部、电脑部、交易部、客户部。有正式员工13人，全部具有证券从业资格。营业部托管客户资产总额11.25亿元，实现交易量186.13亿元，营业收入2225.46万元，利润1419.66万元，上缴营业税117.53万元。服务项目有代理开立A、B股股东账户，代理基金销售，发售理财产品，为客户融资，提供投资顾问服务，代理买卖沪、深A、B股股票，基金，权证，债券。

【财达证券有限责任公司秦皇岛关城南路证券营业部】 营业部设交易部、电脑部、综合部、客服部。有正式员工11人，全部具有证券从业资格。实现营业收入1004万元，利润603万元。累计开户1.15万个，理财产品销售4394万元，日均融资余额762万元。服务项目有证券经纪，证券投资咨询，与证券交易、证券投资活动有关的财务顾问，证券承销与保荐，证券自营，证券资产管理，融资融券，证券投资基金代销，代销金融产品，为期货公司提供中间介绍业务。

【海通证券秦皇岛迎宾路营业部】 2013年12月注册成立，有正式员工3人、客户经理3人、入职经纪人8人。服务项目包括沪、深A、B股，企业上市推荐、辅导、策划；代销理财、基金产品；融资融券；代理登记证券股票、开放式基金、新三板、创业板开户。

上市公司

【概况】 全市上市企业11家。其中，A股上市2家，分别为茂业物流股份有限公司、秦皇岛天业通联重工有限公司；香港联合交易所主板（H股）上市1家，为秦皇岛港股份有限公司；全国中小企业股份转让系统（新三板）挂牌企业2家，分别为河北鹏远光电股份有限公司、秦皇岛博硕光电设备有限公司；天交所挂牌企业4家，分别为秦皇岛中兵建设集团股份有限公司、河北海纳电测仪器股份有限公司、秦皇岛环亚设备股份有限公司、秦皇岛天道物产股份有限公司；石交所挂牌企业2家，分别为秦皇岛粮丰海洋生态科技开发股份有限公司、秦皇岛泰来路桥工程股份有限公司。

【茂业物流股份有限公司】 位于河北大街146号。公司简称茂业物流，股票代码000889。下设华联商厦、秦皇岛商城、现代购物广场、秦皇岛华联商城金原超市有限公司、秦皇岛金原家居装饰城有限公司、秦皇岛市金原商业管理有限责任公司、秦皇岛市金原房地产开发有限公司、秦皇岛华联商城金原物业服务有限公司、秦皇岛茂业商厦经营管理有限公司（金都店）、安徽国润投资发展有限公司、淮南茂业、芜湖茂业、滁州茂业等13个分公司、控股子公司。主要从事国内商业零售、批发、房地产开发、市场建设、物业管理、电子商务、商业管理等业务。公司获中国商业名牌企业、中国商业服务名牌、中国商业百强企业、全国3·15荣誉企业、全国顾客满意企业、全国百城万店无假货活动示范店，河北省文明单位、河北省诚信企业、重质量守信誉单位、守合同重信用企业等称号，被省政府确定为十五家商贸龙头企业之一，为河北省百强企业。

【秦皇岛天业通联重工股份有限公司】 公司简称天业通联，股票代码002459。集研发设计、制造安装、销售服务为一体重大装备制造骨干企业。产品覆盖装备制造、氟化工、工程服务、采矿业等四大行业板块，涉及交通工程、能源工程、采矿工程、物流工程等国家重点工程领域，主要产品为盾构机、TBM硬岩掘进机、矿用自卸车、高铁设备及氟化工产品等。公司自主研发制造的900吨高速铁路架桥机、900吨轮胎运梁车、900吨轮胎式、轮轨式提梁机等系列产品，应用于哈大、京沪、京津城际、京石、温福、石太、郑西、武广等客运专线；900吨桥式起重机、2650吨造桥机应用于长江苏通大桥、北京四丰桥、南通联合重工启东LPG液罐工程项目、广州珠江大桥、杭州湾跨海大桥等国家重点建设工程；架桥机、龙门吊、平板动力车等产品相继出口韩国、沙特阿拉伯、阿尔及利亚、波兰等国家和地区。公司通过ISO 9001：2008国际质量体系认证和OHSAS 18001：2007职业健康与安全管理体系认证，取得国家A级特种起重设备制造许可证。公司被河北省诚信企业评选委员会评为诚信企业；公司发明专利“铁路架桥机架设隧道最后一孔桥及进隧道方法”被国家知识产权局评为“第十四届中国专利奖优秀奖”；公司河北省重型装备工程技术研究中心被河北省科技厅列入建设计划；公司通过国家第四批全国企事业单位知识产权试点企业验收。

【秦皇岛港股份有限公司】 位于海滨路35号。“秦港股份”或“公司”连同其附属公司（统称集团）为全球最大公众大宗干散货码头运营商，经营的秦皇岛港是全球最大煤炭港。集团是环渤海地区最重要矿石码头运营商之一。集团综合港口服务包括货物装卸、堆存、仓储、运输及物流等业务，经营货种包括煤炭、金属矿石、油品及液体化工、集装箱及其他杂货。集团及联营公司运营秦皇岛港、曹妃甸港码头、黄骅港码头，运营泊位62个。秦皇岛港位于大秦线东端，铁路线直达港口，是大秦线运输煤炭主要中转港。曹妃甸港通过迁曹线与大秦线相连，所在的唐山港（包括京唐港及曹妃甸港）是继秦皇岛港之后大秦线第二大煤炭中转港。黄骅港靠近河北省中南部与山东省西北部经济腹地，是冀中南最便捷、最经济出海口之一。集团通过提供配煤服务和海运煤炭交易平台等增值服务，提高煤炭运输的一体化综合服务能力。

【秦皇岛中兵建设集团股份有限公司】 位于迎宾路57号。公司简称中兵股份，股权代码813013。所属企业包括秦皇岛中兵建设集团股份有限公司、秦皇岛中兵工程设计咨询有限公司、秦皇岛工建工程咨询有限公司、秦皇岛工建工程试验检测有限公司、秦皇岛千同建筑工程有限公司等 5 家公司。主要从事地基处理与基础工程施工，涉及工程勘察、工程设计、工程图审查及工程造价咨询等业务的综合性专业性产业集团，集团所属企业同时具有工程勘察专业类岩土工程甲级资质、地基处理与基础工程专业总承包壹级资质、工程造价咨询甲级资质、施工图审查一类二类资质及工程设计、房屋建筑总承包、建筑装修装饰工程专业承包等多项资质。2006 年中兵股份率先通过 ISO 9001 质量管理体系认证、ISO 14001:2004 环境管理体系认证和 GB/T 28001—2001 职业健康安全管理认证，达到国内同行业领先水平。中兵股份勘察完成的唐山国丰维景国际花园酒店工程项目获 2011 ~ 2012 年度国家优质工程银质奖；设计、施工的宣钢高强度棒材技术改造工程一次沉淀池基坑支护工程获秦皇岛市 2012 年度优秀工程勘察一等奖、河北省 2012 年度优秀工程勘察二等奖。

【秦皇岛环亚设备股份有限公司】 位于北部工业园区丰业路 21 号。2004 年成立。5 月，改制设立股份有限公司；6 月 27 日，在天交所挂牌交易。公司简称环亚设备，股权代码 913009，发行价 1.38 元，发行股数 1000 万股，融资金额 1380 万元。公司占地面积 12.5 万多平方米，拥有总资产 7.5 亿元。主要以设计、生产、安装钢结构及管道支吊架为主导产业，与国外电力设备知名企业阿海珐输配电意大利有限公司配套生产高压隔离开关支架及托架。年钢结构生产能力 15 万吨，支吊架 3000 吨，刀闸支架和托架 2000 套。为国内三大动力厂哈锅、东锅、上锅配套生产锅炉钢架及辅属设备结构件，生产规模跻身全国电力结构件生产厂家前十名。与电力设计单位合作、研发大型自动化储煤罐及电力设备改造和研发，由粗放型向科技型转化，由加工制作向自行设计创新制造方向转化。与华北电力大学机械研究生系签定合作协议，自筹资金 3.5 亿元，二期扩建工程建设全面投产，企业二期扩建后吊车单吊起重将达 100 吨，年生产能力达到 15 万吨，产值达 10 亿元，成为华北地区电力系统主要钢结构生产基地。2007 ~ 2008 年，被天津电建和东锅集团评为优秀供应商，被评为全市发展最快十强企业。

【秦皇岛天道物产股份有限公司】 位于友谊路 182 号。2014 年，企业性质变更为股份有限公司，秦皇岛德联实业公司入股天道公司并占有大部分股权，注册资本金扩大至 13 倍。主要经营项目为铁精粉、铁矿石、球团焦炭、钢材销售。铁精粉购销业务经营区域为辽宁凌源地区和内蒙古宁城地区。

【秦皇岛博硕光电设备有限公司】 位于北部工业区揽月街 33 号。公司业务以太阳能产业为核心，集科研、生产、销售、安装、服务为一体的综合性高科技企业，是全国唯一一家生产太阳能电池组件封装、测试全套设备厂家。主要产品有太阳能电池组件层压机、太阳能电池组件测试仪、太阳能电池分选机。公司是国内最早生产太阳能电池组件封装及测试设备的厂家。2004 年，打入国际市场，出口创汇。产品出口西班牙、德国、新加坡、意大利、印度、韩国、菲律宾、约旦、美国、印度尼西亚、古巴、巴基斯坦、埃及、越南等多个国家。公司自主研究开发性能优异、结构合理、质量可靠、外形美观、使用方便的太阳能电池封装、测试设备，为客户量身定做太阳能电池封装生产线。聘请光伏行业资深高级工程师为客户提供业务咨询和技术支持。公司被评为河北省高新技术企业、河北省软件企业，通过 GB/T 19001—2000 idt ISO 9001:2000 管理体系认证和产品 CE 认证，产品达到国际标准。

（秦　志）

其他金融业

【小额贷款公司】 全年累计发放贷款 1046 户，3367 笔，累放额 15.19 亿元。其中，累计发放农户贷款 10.2 亿元；小微企业贷款 1.17 亿元，占比达到 74.9%；贷款余额 1275 户、3625 笔、16.06 亿元，贷款余额占总注册资本 81.46%。

海港区百佳小额贷款股份有限公司。公司设立财务部、信贷部、风险控制部、行政部等，有员工 23 人。主要向农户、个体工商户、小型及微型企业发放小额贷款。在担保方式上将采矿权、地上附着物以及库存商品等进行质押，实行部分权利的协议抵质押；采用最高额担保方式，一次授信，反复使用，节约借款人融资成本。年内，发放贷款365笔、71户，发放金额1.74亿元，收回贷款金额1.7亿元。贷款余额2.03亿元，386笔、79户。实现业务收入1164.83万元，上缴税金207.28万元。到期贷款和利息收回率均实现100%。

秦皇岛临港产业聚集区天华科技小额贷款股份有限公司。公司设信贷业务部、风险控制部、行政部、财务部，有员工15人。公司贷款主要投向临港产业聚集区范围内高新技术企业、战略新兴工业、农业、个体工商户和小企业等，涉及农林牧渔、商贸、物流等行业。公司对种植、养殖农户开展联保贷款。年内，发放贷款8700万元，收回贷款8550万元，贷款余额1.07亿元。实现营业收入790.9万元。

【担保公司】全市融资性担保机构17家，市直属2家，海港区9家，北戴河区2家，昌黎县、抚宁县、卢龙县、开发区各1家。总注册资本总额14.77亿元，其中亿元以上（含亿元）担保公司12家。国有资本出资额2.4亿元，占比16.25%；民间资本出资额12.37亿元，占比83.75%。全年为369户中小企业、个体工商户提供担保总额10.79亿元。制发《关于认真落实融资性担保机构重大风险事件报告制度的通知》《关于建立全市融资性担保机构资本金监管台账的通知》《关于进一步加强融资性担保机构客户保证金管理的通知》《关于进一步加强融资性担保机构监管和风险防范的通知》等文件，强化风险意识，规范担保机构日常经营管理。

秦皇岛市恒嘉投资担保有限公司。位于和平大街168号。11月成立，注册资本金1亿元。公司与中国农业发展银行秦皇岛市分行、公司由多品种的贷款担保业务转向专业为中小企业提供融资服务，创新担保产品，优化业务流程，以适应中小企业融资需求。年内开展担保业务109笔，担保金额3.65亿元。

秦皇岛市融泰担保有限公司。位于西港路345号。2006年10月成立，注册资本金1.01亿元。公司客户目标定位为中小企业，坚持每笔业务都从企业角度出发，缓解市中小企业融资难问题。年内新增担保业务43笔,担保金额1.58万元。秦皇岛市金财担保有限公司。2010年2月成立，注册资本金1.1亿元。公司为市中小企业等提供优质、快捷融资担保服务。2014年，开展融资性担保业务25笔，担保金额1.31亿元。

【拍卖公司】全市拍卖行12家。河北省商务厅指定会计师事务所对全市所有拍卖企业进行年度审计，未发现违规经营行为。全市拍卖行业发展态势良好，拍卖范围全面扩大。

【典当公司】全市典当行19家，典当分支机构6家。市海洋典当行和融通典当行被省典当协会评为“全省诚信经营企业”。

（秦　志）

口岸管理

KOUAN GUANLI

KOUAN GUANLI

秦皇岛海关

【概况】 2014年,秦皇岛海关深入践行"四好"(把好国门、做好服务、防好风险、带好队伍)工作总体要求，认真开展党的群众路线教育实践活动，全面履职，实现有效监管和通关便利，各项工作均取得显著成效。发挥关区优良区位优势和便捷通关环境的吸引力,强化依法征管,全面做好审价、原产地、归类、减免税等各项基础工作，全年征收税款26.84亿元。

【服务地方经济】 深化通关作业无纸化改革和区域通关改革，推广电子税费支付业务，将通关无纸化试点工作放开到秦皇岛口岸通关的所有B类以上企业，节约企业的通关时间；推进京津冀区域通关一体化改革，节约企业通关时间和物流成本；推进关检合作"三个一"(一次申报，一次查验、一次放行)工作,优化关检合作机制,推行"联合查验，一次放行"新模式，为企业通关提供便利；落实新的企业管理规定，简化报关单位注册登记手续,落实国家优惠政策,扶持重点项目建设,支持科学研究和技术开发、重大技术装备、关键零部件、工艺优化、节能环保等紧缺技术、资源、产品进口等方面减免税审核，审批进口减免税货值2亿美元，减免税款1.3亿元；召开政策宣讲会5次，班子成员下企业50多次，宣讲政策，解决实际问题；关注西港搬迁进程，参与北戴河机场筹建工作，对相关建设标准提出合理意见；促进出口加工区发展，开展招商引资工作；完善7×24小时全天候、无假日预约通关、提前报关、担保验放等便捷通关措施，营造便捷的通关环境。

【海关监管】 加强正面监管，提高监管场所巡查频率，加大机动巡查和船舶登临检查力度，全年监管货运量1396.88万吨；监管查验工作机制进一步优化，强化选查、布控、查验等部门的联系配合，发挥H986大型集装箱检查设备的作用；开展"绿茵行动"，查获28件涉嫌侵犯知识产权运动上衣；规范落实取消删改单自由裁量权、取消删改单行政许可等政策，优化出口退税证明联签发；采取风险分析确定稽查重点，探索科学的稽查方法，开展企业稽查22家，保税核查38次，减免税核查12次；推动通关作业无纸化改革工作，全年审核通关无纸报关单3.94万份，占报关单总量的94.38%；秦皇岛出口加工区启动复制推广"货物流转自行运输""批次进出、集中申报""备案清单统一""简化随附单证""集中汇总征税"5项创新制度，细化复制推广方案，对接上海自贸区制度创新，使企业能享受到海关改革带来的红利；严格备案、审价管理，全年办理加工贸易备案手册373份，合同备案金额7.6亿美元。

【海关缉私】 围绕打私中心工作，突出打击重点，保持打私高压态势。侦办"4·17"专案，抓获犯罪嫌疑人10人，起获涉案枪支63支；开展案件自主查发工作，推动网上缉私小组工作，推进反走私综合治理，加强执法规范化建设；全年立案侦办刑事案件5起，行政受、立案51起，立案案值121.49万元；结案53起，结案案值290.29万元，涉税48.55万元,罚没入库28.87万元,补税46万元。

【海关统计】 发挥海关统计的资源优势，为政府及时掌握进出口动态、准确把握外贸走势、科学应对宏观经济风险提供参考依据。深入企业开展调研，开展进出口信息动态跟踪，及时完成报关单数据、贸易统计数据和业务数据的采集、分析、上报工作；针对秦皇岛口岸进出口货物种类多、难点多的特点，以专报形式分析原因，提出合理化建议，为相关部门及领导提供宏观决策依据。本着"扎根一方，服务一方"的方针，为秦皇岛地方经济发展建言献策。

(秦　志)

出入境检验检疫

【概况】 2014年，秦皇岛检验检疫局检验检疫出入境货物1.01万批，货值31.41亿美元，同比批次减少11.55%、货值减少10.99%。其中，出境货物7851批，货值8.76亿美元；入境货物2295批，货值22.65亿美元。检验检疫出入境不合格货物175批，货值8.21亿美元，批次不合格率 1.72%、货值不合格率 26.15%。出入境人员检查 6.77 万人次，其中，出境人员检查 3.4 万人次，同比增加 59.34%；入境人员检查 3.37 万人次，同比增加 84.22%。健康检查 4944 人次，预防接种 3237 人次，艾滋病监测 4911 人次，发放国际旅行健康证书 4015 份。发现病例 1444 例，其中，性病 29 例，肺结核 15 例，肝炎 11 例，澳抗阳性 111 例，非传染病 1278 例。卫生检疫船舶 1484 艘，飞机 38 架。查验入境海运集装箱重箱 1.19 万个，空箱 3779 个，对其中 1.2 万个疫区的集装箱进行卫生除害处理。收费金额 1177.93 万元，同比减少 3.17%，其中，出境 4.65 万元，入境 1173.27 万元，包装费 32 元。

【退证查询】 对印度尼西亚海关 6 份退证查询函进行调查回复，证实该 6 批签证商品确属中国完全原产品，生产企业均为秦皇岛骊骅淀粉有限公司，产品为一水葡萄糖医药级，证书内容真实准确，符合印度尼西亚原产地规则要求，应享受印尼关税优惠待遇。

【通关业务】 受理出入境报检 1.12 万批次，同比减少 7%，其中出境 6403 批次，同比减少 19%；入境 4763 批次，同比增加 16%。签发各种检验检疫单证 1.35 万份，同比减少 6%。出境电子转单 1449 批次，同比减少 15%。完成进口马尾藻、进口天然橡胶烟胶片、进口褐煤、进口木薯淀粉、进口越南海贝壳、进口加拿大转基因高油酸菜籽油等新开验商品的报检审核。纠正签证证稿签证日期不当、启运地填写错误、报检重量错误、品名拟制错误、擅自修改品质证书格式等问题。

【产地证业务】 签发各类产地证 5976 份，同比增加 10.6%。其中，普惠制产地证 1166 份，同比减少 4.8%；一般产地证 2419 份，同比增加 20.3%；优惠性产地证 2391 份，同比增加 10.3%。普惠制和自贸区优惠性原产地证书为全市出口企业带来的关税减免 1979.58 万美元。签发首批《海峡两岸经济合作框架协议》原产地证书。

【认证监管】 完成出口食品生产企业备案审核 44 家，注销 3 家；食品农产品认证执法监督检查 6 家，网格化监督检查 9 家，受理免办 3C 业务 75 批次。备案监管由日常监管、定期监管转变为报告审查、现场检查和专项检查，实施验证检查和见证审核，将出口备案监管和采信第三方认证结果以及 HACCP 验证等结合。组织编写《出口食品生产企业备案指南》。通过河北出入境检验检疫局督查组“出口食品企业备案和免办 CCC 认证证明监管业务工作”专项督查。

【出口物品风险监测】 出口水生动物风险监测。完成出口食用水生动物安全风险物质监控，对 15 份活章鱼样品重金属指标、5 份海水双壳贝类 17 个项目送实验室检测，建立风险监控工作档案，将监控数据录入质检总局动植物检验检疫信息资源共享服务平台。出口水果风险监控。对苹果、桃、梨、葡萄、李子、柿子等 6 种出口水果 12 个样品进行监控，获取检测数据 244 个。阳性监控样品和监控数据分别为 8 个和 17 个，阳性率分别为 62% 和 6%。

【进境物品风险监控】 进境粮谷风险监控。对进境大豆、大麦等 2 种进境粮谷实施风险监控，重点监控检测进口大豆 9 船 20 批次，大麦 10 船 19 批次，监测结果全部合格。对 17 船 59 批次进口转基因大豆进行的自检监控物质黄曲霉毒素 B1、克百威、异丙甲草胺、多菌灵、甲霜灵、马拉硫磷、砷、汞、氰化物的检测全部合格；对 17 船 36 批次进口大麦监控物质麦角、毒麦、汞、砷、铅、马拉硫磷、氰化物、敌敌畏的检测全部合格。在 1 船 1 批次进口澳大利亚集装箱大麦筛检中检出杀螟硫磷，含量为 3 毫克 / 千克，未超标。完成对 6 个玉米淀粉样品和 6 个玉米蛋白饲料样品的食品安全风险监控工作，完成粉丝、淀粉、板栗、豆粕、饲料 5 个品种的农产品监控，完成检测项目 20 个、193 项次，检测结果全部符合国家标准。外来有害生物监测。完成检疫性实蝇、有害杂草、舞毒蛾、苹果蠹蛾、斑翅果蝇等有害生物监测防控，监测点选择在注册果园、入境港口、装卸码头、运输沿线、定点加工厂和仓库等周边地区，设置 125 个监测调查点，发现检疫性杂草 11 种，其中，北美苍耳、滨州苍耳、意大利苍耳、柱果苍耳、法国野燕麦为辖区首次监测发现，其他杂草 36 种；诱到 12 头实蝇成虫，未发现地中海实蝇、苹果蠹蛾、斑翅果蝇、瓜实蝇。

【分类管理】 对 7 家备案食品包装生产企业实施分类管理；利用分类管理监管进口工业产品 1223 批、货值 10 亿美元，对 610 批货物实施核查验证免于检验，涉及企业 32 家；对质量稳定的大豆蛋白产品实施分级分类管理，近 70% 大豆蛋白产品出口实现随报随放。

【口岸疫情防控】 对重点国家、航线实施重点查验，加强医学巡查和可疑病例排查，对区交通工具、报告可疑病例交通工具 100% 锚地检疫，秦仁航线旅客 100% 红外体温检测仪快速检测，做到疫情及时发现、快速处置、联防联控，与秦皇岛边防检查站签订《对来自埃博拉疫区入境人员的信息沟通及合作协议》，确保埃博拉等疫情有效防控。

【口岸卫生监督与处理】 严格开展口岸供船食品、饮用水监管，依法处理擅自供应伙食事件，确保供船食品卫生安全。卫生监督船舶 656 艘次，其中，国际航行船舶 597 艘次，国内航行船舶 59 艘次。新受理 1 家供船食品企业办证，为 2 家卫生许可证到期的供船企业换证。接受供船食品申报 163 批次，供船饮用水 57 批次。开展供船食品快速检测 40 批次，进行供船饮用水快速检测 40 批次。对供船食品饮用水企业进行卫生监督 78 频次。无食物中毒、饮用水污染的事故发生。卫生处理疫区及医学媒介生物阳性船舶 630 艘次，卫生处理疫区集装箱 9381 标箱。对 57 艘次入境船舶携带的 65.86 万吨压舱水实施预防性消毒处理，灭蚊 40 艘次，消毒垃圾 630 艘次，消毒甲板 624 艘次，确保秦皇岛海域水质的卫生安全。

【口岸医学媒介监测】 开展输入性医学媒介生物动态监测工作，监测入境船舶 630 艘次，发现携带医学媒介生物的入境船舶 133 艘次，阳性率 21.11%。其中，蝇 123 艘次、蚊 42 艘次、蜚蠊 10 艘次；封存动物疫区肉类 57 艘次共 5135 千克；发现植物一般性害虫 67 艘次，危险性害虫 2 艘次，二类害虫 8 艘次；发现鼠粪 1 艘次。截获旅客违规携带物 2 次 4 批次，共 55 千克；发现发热病人 1 人次。捕获 3 个输入性蠓类世界新物种并以局内卫检专家聂维忠名字命名，累计发现输入性医学媒介 12 个新种，中国新纪录种 15 个。

【进境物品检疫】 进境动物检疫。隔离检疫进境奶牛 3 批 8875 头，检出二类动物疫病牛 18 头进行扑杀和无害化处理。不合格牛检出率为 0.2%，其中病毒性腹泻 12 头，副结核病 6 头，均按照相关规定进行扑杀和无害化处理，合格放行种牛 8857 头，分别调往内蒙古、宁夏、新疆等省（区）目的地饲养。对秦皇岛野生动物园进口的 12 只南非灰冕鹤进行临床检疫和采血送检。进境粮谷检验检疫。全年进口大豆 95 批、117 万吨，货值 5.77 亿美元；进口大麦 36 批、36.29 万吨，货值 1.05 亿美元。在 95 批进口大豆、36 批进口大麦中全部检出检疫性杂草，疫情截获率均为 100%。其中，在进口大豆中截获检疫性杂草 16 种、301 种次，检疫性杂草有假高粱、黑高粱、刺蒺藜草、豚草、三裂叶豚草、苍耳（非中国种）、长芒苋、锯齿大戟、阿洛葵、意大利苍耳、北美苍耳、猥实苍耳、滨州苍耳、刺苍耳、北美刺龙葵、沃氏苍耳，截获一般性有害生物有杂草 39 种 770 种次、真菌 11 种 238 种次；在进口大麦中截获检疫性杂草有法国野燕麦、硬雀麦，截获一般性有害生物有杂草 15 种 333 种次、真菌 11 种 190 种次。北美刺龙葵、阿洛葵在河北辖区属首次截获。进境大豆有 1 船次杂质项目不合格，重量为 5.99 万吨，货值 3281.83 万美元，占进口大豆总量的 7.42%；进口大麦有 12 船、22 批次不合格，不合格中重量 11.24 万吨，货值 3231.77 万美元，占进口大麦总量的 30.97%。进境大豆不合格项为杂质超标，进境大麦不合格项为杂质、瘦小粒、饱满粒。

【创建进口食用植物油安全放心口岸】 建立产品追溯体系，实施境外出口商和国内进口商实施双备案管理，对进口食品进行批批检验及比对实验，全年进口各类食用油 46 批、3.66 万吨，货值 3774.99 万美元，其中，棕榈油 10 批、1.93 万吨，货值

1546.5万美元，椰子油与棕榈仁油20批、1.34万吨，货值1646.18万美元，葵花籽原油12批、0.36万吨，货值539.14万美元，精炼菜籽油2批、299.44万吨，货值39.39万美元，进口食用植物油合格。

【禽流感监控】制订禽流感监测计划，深入正大公司备案养殖场、周边社会散养鸡场开展禽流感疫情监控，引入胶体金法快速检测禽流感，从养殖、疫情监控、屠宰、热加工、人员流动各环节形成一个密闭链条，全年无禽流感疫情的发生。

【矿产品进口】检验进口矿产品151批、511.8万吨，货值7.69亿美元。经检验水分超标折合干吨短重铁矿4928.5吨、锌矿1697.9吨、铜矿650吨，加上品质超标等减价条款，按检验证书结算，为国家挽回经济损失411万美元，维护收货人的利益。

【进口商品鉴定】完成检验鉴定业务502船次，1664批，鉴定重量832万吨，货值16.83亿美元，鉴定船次、批次、重量同比分别增长5.7%、7.98%、2.2%，货值减少3.1%。其中，完成进口煤炭水尺计重172船次，鉴定重量146.9万吨；完成其他进出口杂货重量鉴定110船次，610万吨；船舱适载鉴定54船次，92个舱；衡器鉴重164船次，鉴定重量75.5万吨；出口包装检验871批，3484万件。检出进口商品溢短重146船次，溢短重总金额478.4万美元。三资企业进口设备品质检验110批，货值3580万美元，进口货物残损鉴定索赔2339美元，检出进口旧机电不合格3批，索赔9.7万美元。

【煤炭检验】检验进口煤炭258船次，重量182.5万吨，同比减少13.3万吨，减幅6.79%。进口国家以俄罗斯、朝鲜和印尼为主。对进口煤炭中灰分、硫分、发热量、汞、砷、磷、氯、氟等8个质量环保项目实施监测，检出不合格131船次，86.7万吨，不符合项涉及全水、灰分、挥发分、粒度、发热量等指标。检验出口煤炭11船次，重量约46.6万吨，同比增加25万吨，增幅115.74%。出口单位为中煤公司，煤种全部为平朔煤。检验内贸煤炭约2.35亿吨，出具检验证书2.2万份，同比增加4580万吨，增幅28.5%。其中装船检验3151船次，重量1.25亿吨；卸车检验1.18万列，重量1.1亿吨；秦皇岛地区检验2.22亿吨，京唐港和曹妃甸地区检验1286万吨。客户以中煤、浙电、同煤、伊泰和华昱为主体，增量较大的有蒙泰、国电、睿港、华昱、伊泰、粤电等。

【实验室建设】完成植检实验室改造，启动省局医学媒介实验室土建改造工作，葡萄酒国家重点实验室通过总局核查验收。组织或参与能力验证，各实验室分别参加A类和B类项目实验室能力验证。煤炭检测国家重点实验室通过CANS能力验证提供者监督评审和实验室复评审，组织2014年度“煤炭常规分析”和“煤炭元素分析及煤灰熔融性测定”能力验证活动；技术中心实验室增开956个检测项目，通过CANS监督评审，认可参数达到6514项，居系统前列；建设油品实验室，完成仪器设备计量校准，推进17025体系认可；完善植检实验室质量管理体系。

秦皇岛2014年大宗〔出境〕货物增减变化情况一览表

表6-1

货物名称	1～12月		上年同期		同期增减%	
	批次（次）	货值（万美元）	批次（次）	货值（万美元）	批次（次）	货值（万美元）
动物水产品类	1510	40436.5	1321	21420.4	14.3	88.8
植物饲料类	146	8835.1	180	11940.9	–18.9	–26
糖，巧克力和可可制品类	2474	7846.2	1194	4157.2	107.2	88.7
肥料	31	7223.2	22	3967.5	40.9	82.1
水产制品	146	5898.9	215	5949.5	–32.1	–0.9

续表 6-1

货物名称	1 ~ 12 月		上年同期		同期增减 %	
	批次（次）	货值（万美元）	批次（次）	货值（万美元）	批次（次）	货值（万美元）
熟肉制品（非罐头包装的）	529	3166	710	4267.9	–25.5	–25.8
食品添加剂	382	1884.5	886	4032.8	–56.9	–53.3
机动车辆	48	1675.3	50	2010.3	–4	–16.7
罐头	340	1361	496	2415.4	–31.5	–43.7
干果类	80	699.8	159	1357.5	–49.7	–48.4
钢铁及钢铁制品	14	614.6	166	4660.6	–91.6	–86.8
无机化工产品	4	358.9	5	566.7	–20	–36.7
有机化工产品	12	350.5	335	1157.7	–96.4	–69.7
软体及其他水生无脊椎动物类	29	344.4	281	446.7	–89.7	–22.9
蔬菜水果制品	79	290.8	220	561.8	–64.1	–48.2
干（坚）果、炒货类（熟制）	24	158.7	36	264.8	–33.3	–40.1
其他植物产品	49	131.4	33	53	48.5	147.9
其他化工品	48	97.8	62	166.1	–22.6	–41.1
动物肉脏及杂碎类	5	69.2	5	57.4	0	20.6

秦皇岛 2014 年大宗〔入境〕货物增减变化情况一览表

表 6-2

货物名称	1 ~ 12 月		上年同期		同期增减 %	
	批次（次）	货值（万美元）	批次（次）	货值（万美元）	批次（次）	货值（万美元）
金属矿类	168	87813.8	166	91466.3	1.2	–4
豆类（干）	81	62129.1	43	57968	88.4	7.2
煤	332	19244.8	298	19705.5	11.4	–2.3
钢铁及钢铁制品	926	17354.2	956	17260.9	–3.1	0.5
粮谷类	39	11120	16	6626.6	143.8	67.8
肥料	23	6985.4	14	7308.6	64.3	–4.4
食用油	38	3419.4	60	6270.3	–36.7	–45.5
饲养哺乳动物类	7	3163.8	3	1353	133.3	133.8
机床	38	2967.6	37	1338.2	2.7	121.8
植物饲料类	52	1670.7	41	915.6	26.8	82.5
医疗仪器	42	1469.4	32	1285.9	31.3	14.3
成套设备	31	1177.3	27	485.8	14.8	142.3
轻工机械	14	1062.3	37	1324.6	–62.2	–19.8
粮食制品类	51	1047.2	14	240.4	264.3	335.6
其他机电产品	40	981.4	26	913.6	53.8	7.4
油籽和初榨植物性油类	15	907.9	23	3429.8	–34.8	–73.5
酒类	24	799.6	23	913.3	4.3	–12.4
涂料	50	678.7	61	501.9	–18	35.2

（秦　志）

海上安全监督

【概况】 秦皇岛海事局是秦皇岛地区水上交通安全监督主管机关，隶属于河北海事局。管辖岸线从环海寺地嘴灯塔到滦河口，总长162.7公里，海域面积5900平方公里。负责秦皇岛市内陆桃林口水库、燕塞湖和天马湖水域船舶安全监督管理和水上应急管理。辖区有泊位109个（含造船坞1个、修船坞5个），锚地5个，航道11条，旅游船艇出船点42个。2014年，秦皇岛海事局监管进出港大型商船2.25万艘次、电煤运输船舶进出港1.39万艘次。辖区港口吞吐量2.75亿吨，其中电煤吞吐量2.4亿吨。监管旅游船艇安全载客出航11.7万多艘次，安全载运旅客119.8万多人次，连续9年保持旅游船艇安全监管零事故、零伤亡、零污染。

【电煤运输】 开展智能化交通组织平台研究建设，发挥港前待泊区效用，对使用待泊区电煤船舶进行科学排序，合理调度，全年1200多艘船舶使用待泊区，减少泊位空泊时间2000多小时。推进风险分级信息管理系统，对到港电煤船舶实施分级监管，提高电煤船舶安全监管科学性、有效性。强化电煤运输船舶安全保畅“六个机制”（每日信息通报机制、沟通协调机制、安全信息播发机制、系统监控机制、船舶应急疏导机制和应急联动机制），提高防抗海冰的能力。及时发布气象预警信息，完善落实恶劣天气应对方案。组织辖区各港航单位参加防抗寒潮大风、防抗海冰部署会，制作和发放安全管理建议书，落实各项安全措施，做好防范工作。

【旅游船艇安全监管】 深化“四方联动机制”，加大各海事处同县区一级地方政府相关职能部门的联系，建设共管平台，实现地方政府、海事部门、游艇公司、景区景点齐抓共管的局面。开展暑期联合执法检查和督察行动，打击旅游船艇违章航行、非法船艇载客等行为。实施“五早一加强”（早联系、早宣传、早培训、早安检、早办证，加强现场监管）工作制度，合理规划船艇运营航线，组织开展秦皇岛旅游船艇四方联动应急搜救演习。吸取韩国“岁月”号客轮沉没事故教训，对辖区旅游船艇运营情况进行全面排查和风险评估，严格督导辖区50客位以上的游船下水运营前完成“三个一”工作（一次水上弃船演习、一次船员安全教育、一次船舶关键设备和结构的自查）。完成全国劳模海上游览安全保障工作任务7批次，受到秦皇岛总工会、全国劳模的一致好评。旅游船艇安全监管连续9年实现零事故、零伤亡、零污染目标。

【通航环境优化】 开展辖区码头泊位靠泊能力核查工作，全面掌握辖区最新通航资料，强化泊位靠泊能力管理。对秦皇岛港通航密集区内沉船“沧龙”轮强制打捞，清除碍航物和沉船污染源。对西港搬迁、山海关地方港及海螺岛、莲花岛等涉水工程项目，提前召开施工方案、应急预案审查会和施工前会商，健全各项保障措施。实施施工船舶挂牌制度，推动成立涉水工程建设联合调度室。开展涉水工程信誉等级评定和现场联合检查，对存在的安全隐患提出限期整改要求。协调进出港商船与施工作业船合理避让，确保最大限度减少施工船舶对进出港商船的影响。研究分析船舶误入养殖区事故规律，开展专项整治工作，做好事故预防工作。

【海上应急反应能力】 编制《秦皇岛水上搜救志愿者发展规划》《秦皇岛市防治船舶及其有关作业活动污染海洋环境应急能力建设规划》，印发《秦皇岛海事局辖区船舶污染事故应急反应行动指南》。开展沿海养殖区救助通道前期摸排工作和沿岸旅游区及水库水上志愿者救助站建设活动。举行海上遇险手机报警信号定位演习和无脚本桌面船舶污染事故应急演习，强化寒潮大风等恶劣天气的预警预控工作，实现险情次数历年最低。全年协调组织海上搜救行动3起，成功救助遇险人员36人，救助船舶7艘，救助成功率100%，妥善处置8起船舶溢油事故，没有对敏感资源和地方经济社会活动造成影响。

【危险品与防污染管理】 推行危险品货物远程申

报，实现防污染作业的网上申报、审批。发布《船舶污染和船舶载运危险货物违法行为举报奖励办法》，构建全员参与、全民动员的污染举报立体监控网络。建立国际航行船舶的防污染检查选船机制，规范船舶防污染检查行为。对船舶污染物接卸作业的实施跟踪管理，实现对船舶污染物收集—接收—转运—处理环节的闭环管理。组织实施危险货物集装箱开箱检查，打击谎报、瞒报等违法行为。制订《秦皇岛海事局2014年暑期防污染工作方案》，确立岸线水陆“两栖”巡查制度和不明油污联络报告制度、取样和送检登记制度。开展2014年海上危险化学品运输安全专项整治活动，遏制危险化学品运输的安全事故。全年安全监管危险货物吞吐量746.1万吨，易流态化固体散装货物吞吐量130.52万吨，载运危险货物集装箱146标准箱。

【港口建设费征收】 做好资金清理、账务核对工作，按规定做好审核、汇总和报送工作。实现“直转代”征收模式平稳过度。建立代收单位申报、海事处审核、港建费管理部门定期稽核检查的代征管理新模式。加强对减免缓征低值货物、水—水联运货物的监管工作，确保港口建设费征收应征不漏。全年上缴港口建设费10.5亿元。其中，上缴中央财政8.4亿元，上缴秦皇岛地方财政2.1亿元，无错收漏收现象。

（秦　志）

边防检查

【概况】 2014年，秦皇岛边防检查站牢固树立科学发展宗旨，坚持“固本强基、稳中求进”的工作理念，从“党的建设、政治建警、全面建设、中心主业、和谐兴站”五个方面下功夫，完成以出入境边防检查为中心的各项工作任务。全年检查出入境（港）船舶、飞机2439艘（架）次，检查出入境（港）船员5.01万人次、旅客4.18万人次，处理查控报警1391人次，签发各类证件1.2万多张，未发生任何事故案件。

【边检执勤执法】 加强执法检查考评、执法监督和执法公开工作，构建开放、动态、透明、便民的阳光执法新机制。总结提炼《边防检查勤务中常遇中国海员问题浅析》《浅议出入境证件风险评估系统在边检勤务中的作用》《秦仁现场3M机查验技术小技巧》等查验经验和技巧，发挥边检微博、边检群众微信、边检亲情QQ等警民互动交流平台，实现警民沟通“零障碍”。

【口岸管控】 探索创新“小单元、大协调”“小前台、大后台”的勤务管理模式，提高智能通关系统、电子文检仪、执法记录仪等执勤装备的实用效能，探索开展移动电子门禁等新式执勤装备的应用研讨。完善基础查验设施，加强口岸限定区域封闭和监管，组织开展港区武装巡查和锚地巡逻，做到“不该进来的一个不进，不该出去的一个不出”。建立完善边检协管员队伍，明确工作任务和职责，定期开展培训和会晤，形成常态化的联勤联动工作局面。

【边检服务】 融入地方经济发展战略，依托“知民意、解民忧、惠民生”大走访活动，主动走访地方党委政府及口岸单位，提前介入口岸开放、航班新增、码头新建等项目规划，提供边检政策咨询和配套服务举措，做好新开放口岸、码头的服务管理工作。健全边检服务监督机制，定期开展边检勤务质量考评，固化服务定式养成，年内，相继与交通部海事局、市出入境管理支队等单位开展互动和交流，服务水平稳步提升。全年开启绿色通道19次，紧急救助通道8次，解决难事13件，收到感谢信3封，锦旗9面。开展“服务对象评边检”活动，群众满意率达99.5%以上。

（秦　志）

边防治安管理

【概况】 2014年，秦皇岛市公安边防支队开展“蓝盾2014”“暑期净海”“平安沿海”等专项清港查船行动及渔船民基础信息采集录入会战，办理船舶户口簿1358本、船民证2963张；建立沿海观察哨11处，出动船艇1120艘次，警力4100多人次，检查各类船舶9500艘次，查破海上治安案件23起，处罚违规载客出海船舶33艘。开展“破案追逃”“缉枪治爆”“利剑”缉毒收戒等专项治理行动，发现和整治治安突出问题和隐患133个，化解各类矛盾纠纷1281起，查处治安案件395起，破获刑事案件57起，打掉吸毒团伙1个，打击违法犯罪嫌疑人312人，抓获网上逃犯35人，收缴仿真枪12支、钢珠枪1把、步枪子弹111发、管制刀具39把、毒品7克。支队被评为全国边海防工作先进单位。

【重要安保工作】 严密部署，精心组织，确保“暑期安保”“马拉松安保”“十八届四中全会及APCE会议安保”等工作万无一失。按照暴恐事件“一分钟处置”、重点区域常态化巡逻的要求，组建19支、115人的“5人快反小组”和1支40人应急快速处置分队，对辖区重点部位和场所实行动态管控。暑期，支队官兵全部压到一线，通过搭建“2+6”指挥平台，融入“环秦板块”区域警务合作机制和秦皇岛市公安局暑期警卫安保调度指挥系统“1号台”，出动警力1.05万人次，执行各类勤务任务2100多次，完成各项警卫任务，确保警卫对象绝对安全，保持辖区治安秩序稳定。

【爱民固边工作】 深化爱民固边战略，推进民警兼任村官作法，开展“爱心会诊”“暑期夏令营”“困难儿童边防行”“关爱蓓蕾”等爱民实践活动，出台便民利民十项措施、“五个一”窗口服务规范，在群众满意度测评中，边防辖区群众满意度达98.8%。开展基层基础工作，边防辖区治安案件和刑事案件发案分别同比降低18%和11.5%，29%的行政村实现“零发案”，45%的行政村实现矛盾纠纷“零激化”，96%的行政村实现涉法涉诉“零上访”。市、县部门刊发26期快报推介支队群众工作经验做法，16个模范村受到市、县部门表彰。

【执法规范化建设】 投入人力、财力、物力，加强基层边防派出所勤务指挥室建设，将216个辖区部位探头纳入技防工程，构建“点、线、面”结合的可视化海陆联防治安防范网。全年实现执法场所100%改造完成、执法民警100%通过执法资格考试的“双百目标”，案卷质量在边防总队、市公安局评查中均位于前列。定期召开法制员专项工作会议，实行执法文件军事主官和法制干部双报告、基层法制员100%脱离办案两项制度，聘请170名执法监督员，提高群众参与执法监督热情，促进派出所执法工作规范化。

（秦　志）

城市建设

CHENGSHI JIANSHE

CHENGSHI JIANSHE

综 述

【概况】 城市轮廓逐步清晰。沿海一线景观带建设加速形成，海碧台、香格里拉酒店等窗口型项目完工投用；西浴场景观综合提升二期工程全面建成，浴场面积增加近2倍，片区形象彻底改变，成为环渤海最大的开放式百姓海水浴场。城市中心片区面貌改观明显，秦皇大街绿化提升工程效果显著，迎宾路街景整治工程亮点纷呈，太阳城改造提升项目全面完工；西部新中心片区蓄势待发，归提寨片区开发稳步推进，茂业城市综合体项目开工建设，海阳片区拆改工作进展顺利，海阳镇范庄村返迁安置房正式动工。环境卫生整治成果显著，城区主干道机械化清扫作业规范运作，保洁效果明显；城市管理重心下移工作稳妥有序，实现城市区街巷道路、居民小区的网格化管理。近岸海域整治、大气污染防治等专项治理工作全力推进，违法排污企业得到严格规范和治理。

【农村面貌改造提升】 旧改步伐稳健推进。全面完成东港镇富家营村、西港镇前道西村、新店子村、下庄村、海港镇东李庄村等村庄征拆工作，海阳镇范庄村返迁安置房开工建设，红光里、建新里、站西里、一塑厂等棚户区改造项目住房正式分配入住。投入2710万元，实施农村面貌改造提升行动，北港镇陆庄村被打造为市级样板村，17个省级重点村改造任务顺利完成，村级主干道全部硬化。

【城市管养】 港城大街街道工农里社区等10个老旧小区面貌改造一新。承载能力增强。华山路、长江道西延伸一期工程主体完工，实施新宝街东侧路等10条街巷路修缮改造。新建和改造迎秋西里等农贸市场5座，规范清理马路市场10处。对全区72座公厕和垃圾转运站进行除臭净化。形象魅力不断提升。启动实施西浴场综合改造二期工程，建成全国最长滨海沙滩木栈道。完成迎宾路街景整治工程。打造10条城管环卫精品街巷道路。开展城乡环境容貌综合整治“百日攻坚”行动，垃圾围城、私搭乱建等顽疾得到治理。对窗口区域施行封闭管理，火车站站前广场、金梦海湾片区等新接管区域形象秩序显著改善。结合卫片执法、举报巡查，开展控违拆违攻坚活动，累计拆除城市区内违法违章建筑200多处，面积1.5万平方米，拆除郊区违章圈建院落14处，清理土地面积0.49公顷。全面实施机械化环卫洗扫作业，购置大型作业车辆8台，添置电动保洁车100辆，实现主次干道20分钟快速保洁。做好主次干道和市政设施的破损维护，累计修缮各类道路1.13万平方米，清掏及修缮污水井1.7万座。

【环境治理】 开展城乡绿化造林工程。启动“森林港城”“生态花城”三年建设行动计划，森林覆盖率达47.3%。新建改造春泽园、园丁苑等10个公园游园，光明路、奥体街等多条街巷路增绿添彩，城市绿化景观新亮点精彩呈现。开展近岸海域综合整治工作。严格落实“河长”“段长”负责制，及时对水面漂浮物、河道滋生物、拦网拦截物进行清理、清运，保证河道垃圾不入海。西浴场海滩修复工程完成总量的80%，离岸潜礁工程全部竣工。开展大气污染防治工作。控制燃煤、工业、扬尘和餐饮油烟四大污染源，重拳出击、源头治理，大气污染防治工作取得初步成效，空气质量达标率同比提高10%。北方玻璃集团玻璃窑余热发电等5个项目列入省节能资金扶持项目。双轮环保科技有限公司被评为河北省节能环保产业骨干企业。农村死角死面基本消除。排污养殖场得到有效控制，入海河流水质全部达标。饮水安全、用电、通信等问题基本解决。

【老旧小区改善提升工程】 对10个小区实施改造。按照“群众反映大、焦点问题多”优先、“一个小区一个方案”、节约资金、“政府主导，群众参与”四原则，对有一定规模具备条件的老旧小区以完善基础配套和环境整治为主要内容，提高老旧小区居民的生活质量。对基础条件较差的，专项解决影响居民生活的尖锐问题，如雨水不畅、污水外溢等问题。改造任务圆满完成。改造道路面积5.23万平方米，墙体粉刷面积11.92万平方米，改造污水管道4765延长米，修复屋面防水面积3.65万平方米，总投资3000万元。

城乡规划

【概况】 2014年，区规划局编制规划3项，全面推进规划编制进程4项，编印《社会调查问卷》《致社会各界的公开信》《规划市政管理宣传册》《农村面貌改造提升规划宣传简本》资料手册4项，实施违法建设“亮剑”专项整治行动6次，圆满完成全年工作任务。被市城乡规划局评为2014年度城乡规划执法监察先进单位，被区委、区政府评选为固定资产投资暨重点项目建设工作实绩先进单位。

【圆明山文化旅游产业聚集区专篇规划】 依据圆明山文化旅游产业聚集区总体规划，继续编制圆明山片区单元控制发展指引、城市设计及文化旅游专篇，对圆明大街以南，民族北路以东片区进行深入研究。从市政设施配套、公共服务设施配套、用地指标平衡等方面对片区发展制订各项控制性、指导性技术指标；通过对文化产业、旅游项目、配套服务设施等项目的深入研究，对片区产业提出指导性发展纲略；从建筑形态、空间组合、景观形态等方面对核心区提出城市设计基本要求。单元控制发展指引、文化旅游专篇及城市设计按市规划局技术审查会要求进行修改完善。绿廊绿道规划覆盖整个圆明山文化产业旅游聚集区面积34.2平方千米。进行实地调研，准确进行道路选线，结合圆明山特色及周边产业资源，形成紫云山滑雪、山地运动、圆明山森林公园、圆明湖湿地及乡村民俗文化等五大主题公园有机联系的绿廊绿道系统。解决园区内部各个景区及功能区相对分散的问题，完善园区内部各项旅游服务设施。规划方案通过区政府审查，移交相关单位。

【迎宾路街景整治规划】 从提升城市品位、打造城市名片的角度出发，解决迎宾路城市家具、广告牌匾、公共设施、亮化、建筑和绿化等六大问题，打造滨海城市现代精美迎宾线。对公交站点、便民信息亭、标识牌、垃圾桶、阅报栏等路面设施，从位置、数量、特征和智能化等方面进行景观形象提升；增设渠化道路景观灯，将功能照明与景观照明结合，突出街道简洁、优雅的美感；对道路铺装和盲道进行改造，提升沿街景观效果；更换路灯及景观灯，改造有碍观瞻的建筑立面和景观绿化，追求疏朗、大气、通透的设计风格。

【农村面貌改造提升规划】 提高农民生活质量，转变生活方式和改善农村生活环境，解决农村垃圾没有统一处理、照明不足、道路硬化率低、厕所老旧等民生问题，开展17个村庄农村面貌改造提升规划编制工作。北港镇陆庄村为市级精品示范村。编制规划充分尊重民意，采取召开村民代表座谈会、抽样访谈的形式，与村民进行沟通，了解村庄现状、村民急需改善提高的实际问题。规划编制完成后，多次组织规划方案审查会，邀请村民代表参加设计方案审查及讨论。创建北港镇陆庄规划展示室，编印《农村面貌改造提升规划宣传简本》1000册，免费发放村民。

【“港城互动”可持续发展规划研究】 注重以人为本、立足实施，结合发展现状，对整个规划区的功能布局、产业定位、片区结构等方面进行规划研究；注重远近结合，考虑远期规划和近期规划在时间和空间上的衔接；注重吸收，力求创新。引进国外先进的“白地政策”规划理念。规划以“西港东迁”为契机，在对西港及周边区域、临港物流区进行深入调研的基础上，对临港物流区用地布局、城市绿道、旅游专线、东山起步区（湾海仙岛）、西港临海用地弹性控制等五方面进行规划研究，完成“港城互动”可持续发展规划研究初步成果。

【大北部片区规划研究】 就产业布局、空间结构、基础设施配套等方面对大北部片区进行深入研究，关注全区范围内生活空间、产业空间、设施配套的统一谋划和科学布局。与市城乡规划局进行多次沟通，争取将大北部片区纳入市级层面规划范围，将大北部片区及抚宁杜庄工业园区统一进行规划研究，市规划院完成总体规划初步方案，报市规划局进行审查。

【规划执法监察】 全年接群众举报电话400多起，接待群众访180多人次，查处各类违法建设200多处，立案31起，接上级各类督办件及市长热线网上交办件550件，全部进行现场调查并将办理结果及时反馈。本着“主干道严禁，次干道严控，小区内逐步规范”的原则，执行“片区划分”工作方法，坚持每日重点巡查，严格履行执法程序。制订《建筑外立面装修管理办法》，简化环节，以批评教育为主，明确外立面装修备案流程和处罚标准。组织强制拆除活动6次，督导违建实现自拆15处，强制制止施工4次，累计拆除违法建筑面积4500多平方米。拆除港城大街街道建兴里社区、迎秋西里小区违法建筑133处、面积5800多平方米。

【市政规划管理】 编印《海港区市政规划管理资料选编》手册，到相关市政单位进行走访，明确工作职责和工作流程，承诺在审批盖章事项等相关资料完备的情况下，3个工作日内办结。对经市城乡规划局审批的8处市政项目建设进行批后管理，确保各市政项目按规划推进。对50多处违反规划的市政建设行为进行依法查处，下达《停工通知书》20多份。

【规划保障服务】 制发《海港区政府关于进一步做好项目规划管理工作的通知》，实行辖区重要项目规划初审制度，规划手续领办、代办、跟办制度及规划报备制度，加快项目运作效率。与茂业集团及西港镇前道西村两委班子进行数次协调、沟通，合理确定茂业城市综合体项目用地规模及范围，反复修改调整西港镇前道西村返迁安置房规划方案。对圆明山、秦皇皓月城、海港镇东李庄村、西港镇前道西村返迁安置房项目及百脑汇地块项目等方案进行初步审查，将修改意见反馈相关单位。完成圆明山片区返迁安置房、西港镇下庄返迁安置房棚户区改造的规划意见。

【规划宣传工作】 发挥规划展示馆的宣传媒介作用，对展馆部分设备及展板进行更新、维护，设置大型LED展示屏。邀请各镇、各街道办事处的相关领导和干部群众分期分批前往规划展馆参观。全年参观人数225人次，其中，韩国客商16人，市级、区级领导带队参观89人，群众120人。向河东街道东港里社区、海滨路街道南山社区和海阳镇鲤泮庄村等3个联系点及北环路街道、海滨路街道、海阳镇发放《社会调查问卷》《致社会各界的公开信》及相关宣传资料600份，深入调查社会各界对规划服务及提高城市规划管理水平的意见建议。拓展规划宣传阵地，在河东街道东港里社区、海滨路街道南山社区和海阳镇鲤泮庄村等联系点编辑、设置4个固定规划公示宣传栏和电子显示屏，展示规划成果，普及规划知识，完善规划公示制度、推进阳光规划运行。

（陈照东）

国土资源管理

【概况】 2014年，全区国土资源管理工作围绕国土资源“保护与发展”两大主题，推进节约集约用地，做好市、区重点项目用地工作；完善执法监察工作机制，加大执法监察力度，严厉打击违法占地行为，完成年初确定的工作目标。

【重点项目用地】 全区用地指标面积158.33公顷（农用地面积154.6公顷、未利用地面积3.73公顷）。其中，市级统筹指标面积58.67公顷，西港搬迁面积26.67公顷，市级储备地面积25.33公顷，保障房面积14.53公顷，北部污水厂泵站面积0.33公顷，2个省重点项目面积33公顷（秦皇皓月城面积18.33公顷、圆明山文化旅游服务基地面积14.67公顷）。注重将用地指标与项目用地实际需求结合，合理利用土地指标，确保市、区重点项目用地需要。全年6个批次和单独选址项目（圆明山大街）经省政府批准。

【规范土地供应】 全年完成工业用地招拍挂项目2宗，面积2.19公顷，上缴土地出让金984.6万元；为临港物流园区小张庄村安置房、十六中、市民政局等7宗土地办理划拨手续，面积24.44公顷；秦皇皓月城项目3宗土地的出让方案获区政府批准。全面清查闲置土地，对2008～2013年批准征转的土地全面进行统计汇总，摸清未供土地情况，制订相应供地措施，增加供地面积551.2公顷，供地率由原来30%提高至55%。

【耕地保护】 落实耕地保护责任制，区、镇、村、户主要责任人为耕地保护第一责任人。加强建设项目用地审查，落实“先补后占”，利用闲置土地和空闲地，尽量减少占用耕地，尤其是基本农田和标准农田，确保全区的耕地保有量不减少、质量不降低。划定基本农田面积2444.69公顷，通过省厅验收。

【征地区片价修订】 以被征地农民生活水平不降低、长远生计有保障为原则，按照增加幅度不低于25%的标准，调整完善征地区片价修订方案，初步成果经省国土资源厅批准，2015年1月1日正式实施。

【土地利用总体规划】 推进海港区重点项目建设，解决项目用地选址与土地利用总体规划的衔接问题，以全市2014年土地利用总体规划修改调整为契机，制订《市中心城区土地利用总体规划（2006～2020年）》和《海港区土地利用总体规划（2010～2020年）》调规方案，调整中心城区土地利用总体规划，涉及南大寺园艺场、东港镇等用地项目，拟调整面积18.89公顷；海港区土地利用总体规划涉及圆明山片区项目，拟调整面积73.23公顷。

【地籍地政管理】 完成市城区土地登记发证2.14万宗。其中，个人住宅1.89万宗，企事业单位139宗，商业门市2354宗。全区农村集体建设用地和宅基地使用权的地籍测量全面完成，共1.7万宗地，面积25平方公里。完成海阳镇9个村、北港镇34个村和物流园区5个村的地籍调查任务。

【农村宅基地管理】 加快农宅清理换证工作，严格把握尺度，妥善解决权属纠纷，减少农宅纠纷信访量。全年换发集体土地使用证542宗，换证率达到96%，换证清宅工作基本结束。对宅基地纠纷无法确权或者历史遗留问题造成不能确权问题进行专题调研，对存在的问题进行梳理分类，研究解决意见，结合农村宅基地使用权登记，解决历史遗留问题。

【海洋管理和地质灾害防治】 做好涉海企业经济调查，及时准确上报涉海企业数据43家。加强辖区海域巡查，及时发现、制止、处理各种非法用海、破坏海洋环境行为。全年对辖区西部海域海上巡查时发现违法养殖5户，用海面积400多公顷，责令拆除违法设施。严格执行海洋环境、海洋灾害速报制度，及时上报海洋灾害及突发事件。进行岸线、浴场巡查135次；海上巡查17次，制止违法用海6起，下发责令停止违法通知书5份。加强海洋工程和海洋倾废监管，配合市海监支队定期巡查在建海洋工程，实现监管工作常态化，确保海洋工程环境措施全面落实。对辖区内地质灾害易发区和危险地段进行调查，及时掌握灾情动态。出台《2014年度海港区地质灾害防治方案》，全面落实汛期24小时值班、群测群防、预警预报、巡查监测、应急处置等各项防灾抗灾措施。

【土地执法监察】 制发《国土资源监察巡查工作实施方案》《国土资源违法案件查处办法》和辖区三级执法监察动态巡查岗位责任区域图，明确分工，包片到人。出动巡查车辆750台次，下达停工通知书172份，制止违法建设8次。建立土地巡查月调度会制度。对2014年土地卫片执法监督检查数据进行整改落实，做到罚款到位、拆除到位、没收到位、移交移送到位，实现“双零”目标。土地卫片执法监督113个图斑、103宗地全部组卷完毕，通过验收。制订完善《信访工作制度》《处理信访突出问题及群体性事件联席会议制度》，落实信访工作责任制，实行“一岗双责”，建立信访工作长效机制，全年接待信访案件55件，办结49件。

（刘　彬）

城乡建设管理

【概况】 2014年，区建设局发挥对全区市政基础设施建设和建筑业管理的综合协调职能，团结一致、开拓创新、自我加压、尽职尽责、负重奋进，落实责任，推进全区各项城建工作。完成固定资产投资6040万元。

【重点城建项目】 在建工程和完工项目4项。

民族路北延伸工程。民族路北延伸一期工程。南起民族路检察院，上跨北环路、京山铁路，北至新102国道，道路全长2.8千米，规划红线50米，北环路下穿民族路形成菱式立交，民族路上跨京山铁路处新建铁路桥1座，工程预算投资2.5亿元。铁路以北道路路面最后沥青面层的摊铺完工。民族路北延伸二期工程（京沈高速以北段）。南起京哈高速北，经北港镇大旺庄村、小旺庄村、太平寨村，上跨陈庄村向东，经圆明山大街与秦承出海路相连，道路全长4.5千米（其中陈庄桥约650米，圆明山大街约1200米），规划红线50米，工程预算投资3.7亿元。北港镇大旺庄村、小旺庄村、太平寨村、陈庄村段2650米道路工程全部完成并具备通车条件。绿化补植任务全部完成。

长江道西延伸工程（一期）。东起横断山路，西至南岭路，全长1.2千米，道路红线宽50米，双向六车道，沥青混凝土道路，设计速度60千米/小时，工程预算投资5900万元（不含征地拆迁费用）。横断山路—南岭东路具备通车条件。

圆明山大街工程。起点为民族路北延伸二期工程终点，终点为现况承秦出海路，全长1.8千米，包括陈庄跨线桥、跨河桥各1座及排洪涵洞2处。道路红线50米，双向六车道，工程预算投资1.69亿元。完成跨河桥东西两侧桥梁桩基、承台施工，陈庄村拆迁后，进行道路路基施工任务。

农村危房改造。按时完成市建设局下达的100户农村危房改造任务（其中翻建40户、维修60户），完成投资400多万元。

【建筑领域管理】 安全生产管理。始终把建筑领域安全生产工作作为确保社会安全稳定的重中之重，与区政府签订“安全生产目标管理责任书”和“消防安全责任状”。坚持每月对所辖47个行政村和区属建筑企业的所有在建工程进行拉网式安全生产大检查，检查内容包括施工现场、安全生产台账及文明施工、防火防灾等，组织大规模安全检查总面积82万平方米，做到安全检查全覆盖。对检查中发现的问题逐一纠正，限期整改，对整改情况进行复查，做到不留隐患，不留死角。全年建筑工地未发现重大安全生产隐患，未发生重大安全责任事故。安全生产宣传培训。组织全局职工及各镇（园区）、各施工单位项目经理、安全负责人参加的消防知识讲座，提高建筑从业人员的消防意识和处理突发事件的应变能力。组织海一、海三、兴企等建筑企业参加全市“全国安全生产月”大型宣传活动。文明施工管理及大气污染防治。制发《海港区城乡建设局环境保护工作网格化监管体系实施方案》，检查管辖范围内所有在建工地，加强文明施工管理。做好相关信息的收集、整理、汇总、上报工作，全年向区大气办等相关部门上报各类信息、工作总结62份。参加全区“让我们携手、向污染宣战”主题宣传月活动，出示展牌2块，对施工现场扬尘污染的危害及治理方法等内容进行现场讲解，增强群众对施工现场扬尘污染治理重要性的认识。

【建筑行业行政监管】 建筑施工许可管理及工程招投标工作。对市牧羊源食品有限公司畜类（牛、羊）养殖及屠宰加工、区信访局疑难信访问题调处中心等2项工程发放建筑工程施工许可证。完成北港镇鹿头山小学迁建等4项工程的施工及施工监理的资料审查、招投标交易及质量安全监督管理及备案。村镇建筑工程管理工作。先后3次联合对47个行政村的基本建设情况进行检查，现场发放各类相关法律法规、文件500多份。建筑稽查大队不定期对所辖47个行政村进行巡查，实施动态管理。查处违法施工案件8起，下达停工通知书8份，做出停止施工限期改正的行政处罚，收到良好的管理警示效果。清理“两个拖欠”工作。做好“两节”“两会”期间的清欠工作，强化日常清欠值班工作，全年未发生因拖欠农民工工资而引发的群体性越级上访事件。工程备案管理工作。完成各类工程备案248项，备案金额2.79亿元。造价从业人员资格管理工作。完成全区第二批造价员年检及2013年度造价员考试合格人员的证书、印章办理工作。组织工程造价人员的继续教育和资格预审工作。材价信息管理工作。走访全区建材生产、销售、采购部门、施工企业等10多次，为市造价站上报建材价格10次。建立专门的材价信息数据库，对各个渠道采集的信息进行系统的比较分析，研究各种材料价格的变化趋势，确保材料指导价格信息的及时、准确发布。

【建筑协会工作】 组织全区企业完成建筑业诚信

企业、先进企业、优秀项目经理、优秀企业管理者的申报，3个单位获得2013年度市级先进企业，2个公司获得诚信企业，3人获得优秀企业管理者，6人获得优秀项目经理。组织企业参评港城杯优质工程，完成各家企业60多名管理人员的岗位证书培训和年检工作。

【城区防汛】 制发建设局系统防汛工作实施方案和防汛抢险预案，建立健全以各企、事业单位党政一把手负总责，行政一把手为指挥长的防汛组织和汛期24小时值班通信网络，实行领导包重点部位的防汛岗位责任制度。召开建设局系统防汛动员会，对全系统防汛情况进行集中检查，对防汛物资种类、数量、车辆、应急分队等情况进行统计造册，对河北大街、文化路等主要道路的雨水井清掏情况进行现场查看。各单位加强防汛应急分队建设，一旦发现险情，迅速反应，保证拉得出，打得赢。实施排水改造，有效缓解解放里小区积水问题。进入汛期，局领导带领防汛队员日夜巡查，对解放里等重点部位严看死守，整个汛期未发生重大险情。

（李大维）

建筑业管理

【概况】 2014年，有区属建筑业施工企业30家，建筑设计企业1家。施工总承包企业17家，一级资质企业3家、二级资质企业2家、三级资质企业12家；专业承包企业8家，劳务分包企业5家。全年完成产值24亿元，增加值6.8亿元，实现利税1.67亿元。建筑企业获省级以上奖励9项，分别为：海三建设工程发展股份有限公司承建的鹏远LED产业园研发生产楼工程、海港区市民中心工程、秦皇岛渤海在线信息网络有限责任公司办公楼工程、河北外国语职业学院一期扩建工程教学主楼工程、红光里改造1号、2号、3号、4号、5号、9号、10号楼工程被河北省建筑业协会评为省优工程；海三建设工程发展股份有限公司承建的鹏远荷香书苑工程、金海湾森林逸城五期、金屋生态谷一期一标段、珠江道12号住宅小区工程B标段被省住建厅评为2014年度省级文明工地。

【安全生产管理】 安全法规宣传。从安全法规的宣传普及工作入手，结合全国、市级“安全生产月”活动，重点普及《中华人民共和国安全生产法》《河北省安全生产条例》等法律法规。组织全局职工上街宣传安全知识，制做展牌8块，发放宣传材料1000多份，在建工程上悬挂宣传条幅15个，在局办公楼两侧悬挂宣传条幅2个，提高各界群众的安全防范意识，增强处理突发事件的应对能力。安全生产检查。狠抓建筑领域安全生产，采取日常拉网式巡查和重点部位突击检查结合的方式，强化各施工企业安全生产意识，发现问题及时解决。每月定期检查施工现场，不定期组织较大规模安全检查17次，重点对所辖47个行政村内在建工程进行拉网式安全生产大检查，安全监督覆盖率100%。

【文明施工管理】 以整治工程现场脏、乱、扬尘等现象为突破口，把专项整治工作、创建文明工地、树立企业形象结合，监督各工地实行出入口道路硬化，完善车辆冲洗；运输沙石、泥土等散料货物的车辆必须做遮盖处理；施工围挡必须采用砌体围墙；现场土方散料、易扬尘的露土场地必须采取覆盖等防尘措施。向管辖47个行政村制发《海港区城乡建设局环境保护工作网格化监管体系实施方案》，对辖区所有在建工地文明施工情况进行逐一检查。重点对所辖47个行政村和区属建筑企业所有在建工程进行拉网式安全生产大检查，全年组织较大规模安全检查17次，发现安全隐患23处，下发整改通知书7份，管辖范围内建筑工地未发现重大安全生产隐患，未发生重大安全责任事故。

【清理“两个拖欠”】 把工作重点放在所辖行政村，加强对辖区建设领域工程项目监管，定期对在建工程项目进行实地走访检查，全年未发生“两个拖欠”问题。配合市建设局、市区两级人力资源和社会保障部门处理建设领域因工程款拖欠所造成的拖欠工资案件。协调解决河北建工集团北张庄水渠工程、中冶恒大城项目等2起劳动纠纷，涉及农民工687人次，清偿农民工工资1089.5万元。

（李大维）

城市管理

【概况】 2014年，区城管局解放思想、更新观念，从改革城管体制入手，趋利除弊，把加强城市管理作为树立城市形象、打造城管品牌、促进全区经济发展的战略举措，以创新的思路破解城市管理难题，以务实的作风促进工作落实，坚持精细化管理、市场化运作、法制化规范、长效化巩固原则，营造干净整洁、和谐有序、安全通畅、文明和谐、宜居、宜业、宜游的城市环境。

【市容综合整治】 环境卫生治理。创新扫保模式，建立以“增加百名环卫工人，配备百台箱式电动收集车,发放百元绩效奖励”为措施,以“主次干道20分钟快速保洁”为目标的“三百二十”模式;健全早午“两扫”跟班作业模式,以新方法、新模式推动环卫工作实现上档升级。清除城区积存垃圾。坚持与主次干道作业时间同步，做到“每日两扫，全天保洁，垃圾日产日清”；加大巡查频次，严厉整治垃圾乱倒行为；将安居东路、工人南里小路、临安街等12条街巷路定为样板路,进行提升打造。推进机械化洗扫作业。有各式清扫车、洗扫车25台，对全区重点道路进行机械化洗扫作业;暑期，每天夜间出动人员、车辆对主干道进行清洗，保证每条主干道一周清洗2次。治理露天烧烤。发放《致全区烧烤经营者的一封信》，组织召开整治大会，与经营业主签订责任状，对其经营行为逐项规范；每周开展3～5次夜间集中整治工作，处理露天烧烤行为422起、桌椅外摆行为285起，收缴烧烤炉具28套。严厉查处马路遗撒。具有合法运营资质的渣土运输车辆全部加装GPS，进行全天候、全时段管理；要求施工现场必须配备车辆冲洗设施，运输易扬尘物质时必须严格执行加盖、加苫布等密闭措施；建筑垃圾和工程渣土管理执法中队进行24小时不间断巡视，与交警部门多次开展联合执法活动。全年规范治理施工工地24处，查处违章车辆126台次。及时清理道路积雪。雪后迅速出动车辆及多功能撒布机，对积雪进行清理，方便市民出行。

【基础设施建设】 暑期前，对城区内主干道、各街巷道路果皮箱进行重新摆放，安排专人进行清理、擦拭和维护，对破损严重的果皮箱进行更换，新投放各式果皮箱700个。购置大型湿扫车1台、洒水车2台、快速保洁车辆100台。推进张桥庄生活垃圾填埋场封场项目，市发改委已批复项目建议书，区国土局、市规划局出具同意封场意见，环境影响评价报告书编制完成。新建公厕3座，改造老旧公厕3座，对42所公厕和30个转运站加装除臭设施，运行良好。

【市容执法监察】 以城市环境容貌综合整治、环境整治攻坚战等专项整治活动为载体，强力推进市容执法监察工作。强化执法力量，推进专项管理。成立建筑垃圾和工程渣土管理执法中队、文明监督执法中队、市容监察机动执法中队、“门前五包”管理办公室等4支专项执法队伍，分别负责监管整治马路遗撒、纠正处罚不文明行为、维护中心和窗口地段秩序、强化“门前五包”管理工作。开展联合执法，整治重点区域。重点对金三角周边秩序混乱的情况进行整治，将北侧的商贩统一集中到小公园一侧，进行规范管理；在道路两侧加铁艺栏杆（市场化运作，铁艺栏杆上加装广告位，暑期进行公益宣传，暑期后做商业广告，费用算做制作经费），将行人与机动车分流，美化环境，确保安全；对金三角与供销大厦中间胡同商贩过于聚集问题，采取以疏为主的人性化管理措施，满足城市弱势群体的谋生需求和市民的日常需要，每个商贩在经营货架下加装车轮，遇火险能够及时撤离让出通道；对海阳路（金三角至华联路段）道路两侧摆摊设点的占道商贩及占道经营车辆，拖走违规经营车辆3辆，治理占道商贩86户。拆除私搭乱建。组织执法人员开展拆除违章建筑活动，出动350人次，对西港镇前道西村、港城大街街道建兴里社区、北港镇、港城大街街道迎秋西里社区、文坛路、和煦街等违章建筑进行强制拆除。

【市容秩序管理】 主动延长工作时间，采取定点盯守、徒步巡查、机动巡查结合的方式，重点完善高峰时段及重要节点、区域、路段的管理，加大对占道经营、散发广告等违章行为和流动商贩的治理力度，加强与各市场管理方的工作联系，遏制市场外溢现象。主次干道治理流动商贩4310人次，清理马路市场1处，清除乱贴乱挂1528处，收缴违法小广告6190张。按照“主干道严禁、次干道严控、街巷路规范”的原则，全面推进支路和街巷路治理。划分禁止区域、限时禁止区域和规范经营区域分类管理，要求经营者按时、按位置经营并做好周边卫生。坚持日常巡视，对门牌字匾存在不合乎设置标准等情况的商家下达通知，限期整改；坚持市场运作，进行第三次户外广告设置位使用权拍卖工作，19处广告位中的15处拍卖成功。对工地围挡进行全面摸底，逐一进行实地拍照建档，全区有围挡63处、1.51万延长米。对破损的工地围挡进行规范，提档升级，将公益宣传口号设置在工地围挡上。

【重点项目建设】 迎宾路街道景观改造工程。4月，开始与市政、园林部门对迎宾路进行街景改造。粉刷建筑物外立面7498平方米，粉刷围墙铁艺610延长米；设置休息椅36套，改造公厕2座；完成秦皇大街以北至佳伦酒店的门市房景观改造，更换店招81块，改造外立面面积1166平方米。垃圾处理场建设和封场项目。将“海港区生活垃圾备用场项目”和“张桥庄生活垃圾填埋场封场项目”相关任务事项进行分解，责任到人，确保项目稳步推进。两个项目的《项目建议书》，市发改委均批复；备用场项目的用地预审意见和规划选址意见书，相关部门均出具，水土保持方案取得批复；封场项目的封场意见，相关部门均出具；两个项目的《环境影响评价报告书》编制完成。

【人文建设】 依托电视台、电台、报社等新闻媒体，丰富社会与城管之间的互动渠道，让社会各界关注城市管理、理解城市管理。发稿174篇，其中，国家级5篇，省级4篇。拍摄制作多部城市管理公益宣传片，在主流媒体和户外大屏幕播放，在作业和执法车辆播放各类城市管理宣传广播，多角度、立体式传播文明理念。新建改造“环卫之家”3座，减轻环卫工人生活负担。10月26日，“环卫工人节”为环卫工人放假1天，开展换位体验、十佳表彰、发放车载垃圾桶等主题活动，在全社会形成关心环卫工作、尊重环卫工人的氛围。

2014年海港区环卫设施投资情况一览表

表7-1

名 称	项 目	数 量	投资金额（万元）
购 置	大型湿扫车	1台	85
	洒水车	2台	94万元
	快速保洁车辆	100台	64万元
	果皮箱	500只	50万元
环卫建设	公厕新建改造	新建1座改造3座	120万元
合 计			413万元

（徐　杨）

城市绿化

【概况】 围绕增加绿量、大力植树的工作目标，改善城乡环境，提升海港区城市园林景观效果，完成迎宾线景观改造、主次干道增绿、街头游园建设、老旧小区改造、街巷增绿、森林港城等工程建设；以生态景观林建设为重点，开展专群结合的植树活动；建立健全监督管理机制，提高城区园林绿化管养水平，城区园林绿化工作取得显著成效。全区栽植乔灌木42.2万株、小灌木72.1万株、各色花卉486.7万株、铺植草坪面积2.3万平方米。新增公共绿地面积2.15万平方米，建成区绿化覆盖率32.78%、绿地率29.58%，人均公共绿地面积10.18平方米。

【迎宾线景观提升工程】 秉承“绿化+文化+特色”“大气+精细+品味”的工作理念，对秦皇大街、河北大街西段和迎宾路道路分车带及两侧绿地进行改造提升。合理调整植物群落，增加乔灌木品种、数量，进行高标准绿化改造，道路绿地层次、色彩、密度、绿量得到较大提高。栽植金叶榆、西府海棠等乔灌木6.5万株，水腊、卫矛等小灌木18.7万株，萱草、金叶薯等各色花卉187.8万株。

【街头游园建设改造工程】 为实现3～5年全区范围内建设改造街头游园100个、500米见园的目标，2014年选取春泽园、新世纪公园、春晖园、红旗园、三益园、范家店绿地、月园、园丁苑、三角花园、新开河带状游园等10个街头游园进行重点建设。通过塑造地形，增设广场、花池、坐凳、照明、健身器材等园林设施，打造景观优美、设施完善、可供市民休闲娱乐的精品游园。栽植金叶榆、木槿等乔灌木2.3万株，金叶女贞等小灌木3.9万株，鸢尾、柳叶马鞭草等各色花卉87.7万株，地锦5220株，铺植草坪面积3350平方米。

【老旧小区改造提升】 提升老旧小区面貌，改善居民居住环境，对东环路街道军安小区、建设大街街道秦皇小区、东环路街道东华北里小区、海港镇胜利村等老旧小区进行绿化改造。改造以观花、观叶等低冠植物为主，打造融入型小区绿地。栽植火炬、丁香等乔灌木7760株，水腊等小灌木9.1万株，萱草、马蔺等宿根花卉78万株。

【城区增绿工程】 主次干道增绿工程。优化道路景观布局，加快主次干道增绿建设，完成文化路、东港路、北环路、友谊路、红旗路及西环路等城区6条主次干道增绿提档工程。栽植金叶槐、西府海棠等乔灌木3.1万株，北海道黄杨等小灌木16.5万株，萱草、蛇莓等各色花卉54.6万株，铺植草坪面积2100平方米。街巷增绿工程。对光明路、渤海路、东华小街等小街小巷见缝插绿，选择白蜡、西府海棠、木槿、蔷薇等适生的乔灌木和攀缘植物对小街小巷空地墙体绿化。栽植白蜡、木槿等乔灌木1.6万株，萱草等宿根花卉7万株，街巷绿化环境得到明显改善。“森林港城”建设。对建成区园林绿地、大中专院校、中小学、新旧居民区及各企事业单位进行见缝插绿、增绿、补绿，实现城区绿量增长。栽植白蜡、樱花等乔灌木24.2万株，黄杨等小灌木20.3万株，美人蕉、牵牛等各色花卉54.8万株，地锦2万株，铺植草坪面积1.7万平方米。群众绿化工作。开展义务植树活动。在奥体街（奥体中心—森林逸城）南侧开展春季义务植树活动，栽植火炬、紫叶李等乔灌木3.5万株，绿化面积6万平方米；深入开展认种认养活动。在新世纪公园举行认种认养木槿、丁香等花灌木5000株。

【绿化养护管理】 开展以特色修剪、病虫害防治为重点的养护管理工作，对主干道、公园游园的乔灌木进行精细整形，配以各路段的桧柏球、黄杨球、水腊球等特色植物造型及绿地模纹整形作业，提升园林植物的观赏性、艺术性。结合城区环境综合整治攻坚行动，建立班子成员分包路段，徒步日巡查、观摩评比、挂账督导考核等工作机制；严格执行《海港区园林绿化养护管理规范》，以日、月、季为周期定期开展综合养护管理或特色修剪、病虫害防治、卫生保洁等单项管理考核，提高城区绿化养护管理水平。对养护管理单位进行重新分区配置，成立2个游园管理处，以文化路为界，对辖区范围内游园进行划分。重新划分后人均养护管理面积由4500平方米降到3500平方米。深化网格化管理的经验做法，在每个养护分区明确专门责任班组和责任人，设置绿化监督牌，推进城区园林工作精细化管理。将林政监察日常巡视与市城管热线、区城调中心指令结合，执行24小时值班制度，发现问题快速解决，形成更完善的管理体系。集中开展清理绿地乱堆乱放、圈地种菜、树木栓挂、依树搭建等专项整治活动，纠正、清理违规行为596起。增加生产用车12辆（水车2辆、药车2辆、货车3辆、皮卡车5辆），新购置绿篱机等园林机械17套。

【游园简介】 清怡园三角地。2013年建成。位于清怡园东侧，占地面积1200平方米。清怡园以“健康、环保”为主题，通过铺设园路，综合运用木质平台，情景雕塑、休闲座椅等元素。栽植法桐、西府海棠、金银木、珍珠梅等乔灌木，景天、马鞭草等各色花卉，形成乔、灌、草、花的有机结合，丰富植物品种，提高绿化档次，成为清怡园的一大亮点。

园丁苑。位于港城大街与东环路交叉口，占地面积1.58万平方米。塑造地形、铺设园路、增设园林设施及植物的合理配置，形成春有花、夏有绿、秋有色、冬有景的绿化景观。

石韵园。位于东环路与燕山大街交叉口，占地面积5400平方米。原为市房产局三产公司办公及储存地，2011年，规划为街头游园。由天津市华泰苑环境艺术景观设计有限公司进行规划设计，以体现景石艺术为重点，通过石刻、书法等艺术形式表现秦皇岛的历史文化。通过塑造地形、增设园林小品、添加体育健身设施、合理搭配植物等手段，将其打造成以石头为主题的特色游园。

得趣园。位于民族路与燕山大街交叉口西南侧，始建于1985年，占地面积3500平方米，绿地面积1900平方米。2013年，对得趣园进行改造和完善，集成双薇榭、小南山、花溪、入画轩、曲桥、松月泉、小桥等园林小品景观，建设可供游人休憩、娱乐的活动广场。栽植油松、桧柏、银杏、合欢、五角枫等高大乔木，配植海棠、玉兰、榆叶梅、紫荆、碧桃、紫薇等花灌木和各种宿根花卉，点缀以各种球类。

益寿园。始建于1988年，位于迎宾路与燕山大街交叉口东南角，占地面积2.7万平方米。益寿园绿化改造工程分两期实施，2012年，对南半部包括主入口及两侧、土坡及坡南侧广场、池塘等处进行改造。通过砌筑入口挡墙、设置百寿景墙、砌筑干垒砖挡墙、修整园路、设置围树坐凳和池塘护栏、丰富植物品种等手段，形成绿树成荫、繁花似锦、环境优美的园林景观。绿化改造面积7500平方米。2013年，对北半部包括广场、休闲健身区、植物展示区等处进行改造。秉承合理性保护，创新性发展的原则，通过改造路面、设置矮墙坐凳及入口花架、增添活动设施、组团栽植植物等方式，与一期建设相呼应，为周围的小区居民提供乘荫纳凉、娱乐休息的场所，绿化改造面积1.5万平方米。

（张　洁）

房地产开发管理

【概况】 全区房地产开发工作以服务开发项目建设为中心，一手抓规范管理，一手抓行业服务，积极扶持房地产企业持续、健康发展。受全国房地产市场不景气影响，在建项目的开发企业仅有金屋、海洋置业、金龙等3家地产企业，没有新建项目，为圆满完成任务目标，采取措施抢抓进度，最终完成固定资产投资24亿元，超年度任务指标102.9%。

【保障性住房管理】 从完善政策、规范程序、健全机制、严格考核等方面入手，推进保障性住房科学化管理。根据“四房并轨”（2013年，根据《秦皇岛市保障性住房统筹建设并轨运行实施细则》，全面实行“四房并轨”政策。廉租房、公租房、经济适用房、限价商品房统一称为保障性住房）新政策要求，重新理顺工作程序，优化业务办理流程，增设资审科窗口3个，对不同条件人群办理业务，增加问询服务，提高办事效率。建立多方查询平台，对申报信息进行核查，通过网络、媒体、社区等多渠道加大公示力度，减少营私舞弊行为。

【民心民生工程】 贯彻《2014年海港区民心民生工程目标任务分解表》精神，强化督导，加强与各相关镇、街、园区沟通力度，全力推进。东港镇富家营村全部签订征收协议；海港镇东李庄村、西港镇新店子村和下庄村正办理返迁房建设前期各项手续；西港镇南大寺村征收工作接近尾声；航海里因未达到模拟搬迁协议生效的条件，模拟搬迁终止；西港镇前道西村和山东堡村、海阳镇西王岭村和大里营村正进行征收工作；海阳镇范庄村返迁安置房开工建设3栋，形象进度建筑主体封顶；海阳镇海阳四村正在进行征收工作；北港十村正在准备各项手续和返迁房建设；西港镇西白塔岭村返迁安置房建设完毕，村民正在返迁入住；西港镇东白塔岭村已完成入户调查。

【棚改及融资贷款】 对需列入改造计划的旧村进行梳理、补报，对各单位上报年度棚改项目数据进行核实，制订《2014～2020年度海港区旧村棚户区改造计划》，为有序开展棚户区改造工作奠定基础。做好棚户区融资信贷工作，加快推进全区旧改、棚改工作，破解资金瓶颈，争取开行资金支持，协调省、市各相关部门，争取到第一批贷款额度7.6亿元。制订《海港区棚改贷款融资审批流程及管理规定》，加强对棚改资金使用情况的监管，确保资金安全，提高资金使用效率。

【老旧小区改造】 做好拟改造小区前期工作，加大辖区范围内老旧小区等旧改项目的宣传力度，打消居民顾虑、利益预期过高和在片区内、片区间相互攀比的不良心理，使旧改工作健康有序开展。全年完成燕山大街街道燕山小区、迎春里小区入户调查摸底及数据汇总归档工作。一塑厂职工住宅区征收安置工作圆满结束，123 户居民全部分到满意住房，居民返迁入住，以政府作为征收主体的第一个旧改项目圆满结束。

【开发企业行业管理】 坚持每月到在建项目开发企业施工现场检查、督导，调度其年度目标完成情况。对与百姓生活密切关注的返迁安置房建设重点督导，密切关注形象进度。特别是圆明山片区、海港镇东李庄村、东港镇富家营村和西港镇新店子村、南大寺村、下庄村、慕义寨村等棚户区改造项目，增加调度频次，加大工作力度。做好区属开发企业行业管理及日常统计工作。做好所属开发企业安全生产工作。

（冯智坤）

房产管理

【概况】 2014 年，区房产局把解决人民群众最关心、最直接、最现实的住房问题作为突破口，以服务重点工程建设为已任，以强化行业管理职能为依托，严格履行职能，优化服务环境，加大住房保障力度，努力构建和谐房产，促进全区房地产业的稳步健康发展。全年完成固定资产投资 13.2 亿元，超额完成 0.2 亿元，在区直部门固定资产投资额中列第二名，获全区固定资产投资实绩突出单位称号。全区住房保障性安居工程任务分别是：新开工限价房（北部工业区项目）项目 106 套、棚改项目（军分区燕山大街家属院）51 套，其余均为续建项目。

【保障性安居工程建设】 海港镇东李庄村保障房项目于 10 月 31 日竣工交付使用；西港镇杨道庄村保障房项目南区主体工程全部完成，正在进行配套施工，北区全部主体封顶；西港镇公富庄村保障房项目限价房部分楼栋全部封顶，公租房部分楼栋主体封顶；北城一号限价房项目主体已封顶正在内外装修；军分区燕山大街家属院改造项目返迁房部分主体封顶，正在进行二次结构施工。西港镇杨道庄村和公富庄村、“北城壹号”3 个在建项目共申请资金 1.77 亿元。

【征收项目】 聘请专家为全区各征收工作指挥部等相关单位召开专题培训会，将“模拟搬迁”征收模式引入海港区。制订《海港区模拟搬迁工作流程》。选取航海里项目、西王岭村项目作为试点运行，其中航海里项目经过一段时间的运行，因居民同意搬迁人数未达到规定比例，项目中止，有效避免政府资源浪费和由此引发的信访隐患；发挥监管职能，为全区征收工作把好政策审核关。根据《海港区旧城村征收补偿安置工作规范性操作流程》《海港区老旧小区改造房屋征收补偿安置标准（试行）》，审核各征收项目的安置补偿方案及征收工作流程，确保征收工作依法依规推进。

【保障性住房管理】 从完善政策、规范程序、健全机制、严格考核等方面入手，推进保障性住房科学化管理。根据“四房并轨”新政策要求，重新理顺工作程序，优化业务办理流程，增设资审科窗口 3 个，针对不同条件人群办理业务，增加问询服务，提高办事效率。建立多方查询平台，对申报信息进行核查，通过网络、媒体、社区等多渠道加大公示力度，减少营私舞弊行为。年内，受理各类保障性住房申请 3510 份，经审核合格 3176 户，发放廉租补贴 1250 份；投入资金 15 万元，改善提升保障房档案室硬件设施，整理、转移保障性住房档案 8000 多卷；增设专线电话 2 部，为群众解答“四房并轨”政策出台后各类疑问，解答各类现场、电话咨询 3000 多次。

【物业管理】 以“加强服务”为宗旨，开展各项工作；本着从优从速的原则，优化办事流程，缩短办事时限，将前期物业审批工作由 7 个工作日压缩至 5 个工作日；增强对社区用房的监管，确保物业用房和社区用房的交接。严把企业准入关，全年审批项目4个，分别为香玺海、盛明海、万和郡、在水一方小区。召集物业服务企业举办“执行团队训练营”活动，增强物业服务企业的服务素质、更新服务理念；多次召开由街道、社区、业主代表、物业企业多方参加的座谈会，听取各方面的不同意见，搭建政府、居民、物业服务企业之间的沟通平台；建立企业信用档案，备案一级物业企业5家、二级物业企业10家、三级物业企业70家；推进老旧小区物业管理工作，接管老旧小区136个，年内对36个小区进行热力管线改造、大门封堵、管道清掏、绿化改造、设备设施完善等方面实施改造提升，投入资金3000万元。根据百姓需求，实行“菜单式”服务，陆续增加绿化管理、停车管理等服务项目。全年出动1000多人，清运无主垃圾、建筑垃圾2000车。

【产权产籍管理】 将原产权交易科与档案室合并，确保工作环节更加顺畅。投资200多万元完成市、区两级联网工作，聘请10多名专业人员补录房产档案工作，房屋确权档案实现数字化管理，极大提升工作效率。推行“上门办公”“一站式”服务、延时服务、预约服务等特色服务，对身体残疾、行动不便的办件人实行现场办公、送证上门服务。为服务对象解决各类产权纠纷10多起。全年完成房屋产权登记业务1375件，转档1254件，接受公检法查、解封房产35件，查档3000多次，接待业务咨询1500多人次，实现零失误、零投诉。

【房地产市场日常管理】 房屋租赁管理工作与区公安分局合署办公，严格执行备案登记制，加大对房屋出租管理力度，联合税务、公安等部门开展联合执法活动20多次，打击违法违规租赁行为。办理房屋租赁备案2500份，加强流动人口管理，维护社区治安稳定。房屋监察工作，将巡查列为稽查工作的重要内容，不定期排查小区，发现违章行为严令整改，责令恢复原状。全年承办12319城建热线2起，市长热线2起，与公安、工商、环保、城管等部门综合执法1次，接待群众信访6次，发现问题18起，全部当场解决。

（李　梦）

环境保护

【概况】 2014年，全区环保工作以改善环境质量为核心，以保障群众环境权益为目标，扎实推进污染减排、大气污染防治、近岸海域环境综合整治等各项重点工作，为建设一流主城区和沿海经济增长极的奋斗目标提供坚实的环境保障。全年二级以上天数239天、比2013年多30天，PM2.5下降7.7%；受理各类环境信访案件1353件，案件处理率100%；审批建设项目112个；北港镇东连峪村、西连峪村和郭高庄村建成省级生态村。

【环保指标完成情况】 水污染减排。完善污水管网建设工程，加强日常监察管理，7家企业减排化学需氧量332吨、消减1.18%；减排氨氮77.5吨、消减1.27%。大气污染减排。开展燃煤锅炉综合整治、汽车尾气治理及淘汰黄标车工作，整治燃煤锅炉146台，发放环保车标7272个；认定黄标车2008辆，减排二氧化硫224吨、消减3.08%；减排氮氧化物52.8吨、消减7.03%。项目审批。审批新、扩、改建建设项目112个，验收项目89个，“三同时”执行率100%。排污许可证办理。核发排污许可证39家。环境监测。完成各类监测231家次，出具各类监测报告345份，获有效监测数据2100多个。环境信访，受理各类环境信访案件1353件，案件处理率100%，群众满意率98%。征收排污费202万元。完成清洁生产审核2家。

【环境管理】 严格执行产业政策和环保标准，对新、改、扩建建设进行环保审批，为群众提供便捷的审批服务。全年审批建设项目112个，验收项目89个。加强对建设项目环评审批及项目竣工环保验收管理，对全区无环评手续单位进行拉网式排查，排查违法企业85家，对不符合环保要求的建设项目进行停止建设、限期整改等处罚措施，补办环评手续。强化日常环境监察，按照“属地管理、分级负责、无缝对接、全面覆盖、责任到人”的原则，建立以政府职能部门为一级网格监管主体，镇、园区（管委）、街道为二级网格监管责任主体，113个行政村（居）为三级网格监管责任主体的监管体系，对辖区169家申报企业进行细致核查，强化重点污染企业的现场监察工作，按照属地管理原则进行划分，按照上级“1+6”环境监管运行体系要求，跟进企业自律体系建设，建立、实施企业内部的网格化管理体系。监测保障到位，全年完成各类监测231家次，出具各类监测报告345份，获有效监测数据2100多个。

【大气污染防治】 加快燃煤锅炉整治步伐。坚持局长亲自抓，主管局长现场指挥，各执法小组明确责任，定期调度，确保治理进度和效果。整治燃煤锅炉146台。加大餐饮油烟治理力度。对规模以上的186家餐饮业逐一制订置换方案，做到整改一批、验收一批、巩固一批。整改餐饮经营单位103家、205台。扬尘污染治理。制订《大气污染防治行动建筑施工应急计划实施方案》《建筑施工扬尘整治实施方案》，落实道路硬化、围挡、物料遮盖、洒水和车辆清洗等防尘措施。协调3家企业对西港镇公富庄村路面进行清理喷洒水，抑制道路扬尘污染。工业污染管控。严格控制“两高”（高耗能、高污染）和产能过剩行业新上项目，杜绝污染企业进入。完成正康砖厂的治理任务，关停田家沟砖厂。完成3座储油库、16座加油站和60台油罐车的油气回收治理工作。机动车污染防治。在区政府服务中心设立“一站式”联合办公窗口，加大黄标车淘汰力度。年内认定黄标车2008辆。APEC会议期间空气质量保障。对涉及海港区的10家重点监控高空排放污染源企业监管责任明确到人，加大现场检查频次和实时在线监控等监管手段，对电力、玻璃企业现场监察每天不少于2次。对辖区建筑工地、储煤场、搅拌站等易产生扬尘场所，停止施工作业，对土堆料堆进行遮盖。禁止城区内10吨以下燃煤锅炉的使用。

【环保执法】 巩固近岸海域综合整治成果。加大对大小汤河、新开河、大汤河支流等15条河流的排查力度，采取突击检查、交叉排查、错时排查等多种执法方式，重点排查沿河涉水企业、渗坑渗井。对2013年已排查过的企业进行“回头看”，对所有排查过的企业登记造册，建立电子排查台账，保持高压监管态势。对19家已关停的企业进行监督检查，防止暗中生产。开展“利剑斩污”联合执法专项行动。与海港公安分局联合，开展“零点行动”，打击夜间环境违法行为，出动联合执法人员30人，出动联合执法车辆6台，重点检查辖区内污水处理厂、化工、医药、玻璃等行业，涉气、涉水企业污染物处理设施夜间运转情况等，对国中污水处理厂等5家企业进行夜间突击抽查，对存在的问题进行跟进督导，关停小塑料加工企业2家。开展环境安全隐患排查工作。排查环境风险隐患企业28家，出动执法人员110人次，其中，包括国控企业6家、沿海溢油风险企业9家、危险废物产生及经营企业10家、垃圾处理企业1家、危险化学品企业1家，排查出环境风险隐患问题4个，责令其进行整改及督导检查，确保整改落实到位。做好环境信访应急工作。做好各类信访件的受理、登记、转办、协调、督办和上报工作，受理各类环境信访案件1353件，修订《海港区重污染天气环境应急预案》，组织列入重污染天气应急响应停产限产名单的19家企业编制应急方案，确保减少大气污染物排放比例达标，做好重点企业突发环境事件应急预案备案工作，组织海盛燃料油有限公司等4家企业完成《突发环境事件应急预案》评审及备案工作。开展饮用水水源二级保护区突发环境事件应急演练。严密布控噪声监管，圆满完成护考任务。对辖区3个高考考点周边进行严密巡查，重点对考点附近的在建工地进行严密防控，出动执法人员124人次，对24个建筑工地重点防控，对46家企业进行现场监察。

【环境保护宣传】 开展形式多样的宣传活动，营造公众参与环境保护的良好社会氛围，组织开展“地球一小时”“让我们携手，向污染宣战”和“第43个世界环境日”等环保宣传活动10多次。制作大气污染防治宣传片，在秦皇植物园、绿洲酒店等电子屏幕进行播放，整理和存储影像资料80个，剪辑视频5条。加强在《河北日报》、中华环保网、燕赵环保网、秦皇岛市电视台等新闻媒体的宣传，上报信息300多条，被采用240多条。

【生态创建】 强化农村面貌改造提升，联合相关部门组织2000人次参加“四清”（清垃圾、清杂草、清庭院、清残岩断壁）活动，清理垃圾6.96万立方米，新建垃圾池27个、垃圾分类设施53个，新增垃圾箱80个、手提式垃圾桶1000个、三轮车2台，新增保洁员10人。为东港镇中心庄配备玻璃钢垃圾箱20个，手提垃圾桶300个；为海阳镇温家洼村配备垃圾箱30个、户用垃圾桶400个、人力三轮车2辆；为北港镇陆庄村配备垃圾箱30个，户用垃圾桶300个。开展省级生态村创建工作，北港镇陆庄村、西连峪村和郭高庄村创建成为省级生态村，同时，东连峪村由于创建工作突出，得到上级10万元的奖励资金。

【环境应急管理】 修订《海港区重污染天气环境应急预案》，组织列入重污染天气应急响应停产限产企业19家，编制应急方案，组织海盛燃料油有限公司等4家企业完成《突发环境事件应急预案》评审及备案工作，联合相关部门开展饮用水水源二级保护区突发环境事件应急演练，圆满完成北京APEC会议期间环境应急保障工作。

（杨安行）

城建管理调度

【概况】 2014年，区城调中心发挥协调各种城建资源解决问题的工作职能，优化数字化城管平台软硬件，整合市、区两种资源，提高全区城市管理的数字化、信息化、智能化水平。全年受理各类城建城管问题3.48万件，其中，数字化城管平台受理3万件、督导发现3876件、解决舆情问题353件、接听热线342件、上级交办182件。在各类新闻媒体报送信息新闻稿件100多篇，其中，区级媒体刊登稿件33篇，市级媒体43篇，国家级媒体1篇，刊发调研性稿件11篇。

【督导协调工作】 实行重点路段巡查日覆盖、其他区域巡查周覆盖制度。确保每日对重点部位进行一次巡查，每周对全区其他部位进行一次巡查，及时发现各种市容环境问题。投入应急资金15万元，用于解决某些产权关系不清、责任不明等问题。通过加强巡查、定期检查、加强处罚等措施，确保市场化管理的44条主次干道非法小广告得到及时清理。

【调度和数字化城市管理】 加强调度网络建设工作。听取各部门对城市管理调度工作的意见和建议，发挥城调中心二级平台的作用；再造工作流程。确保数字化城管平台能够发挥城市管理响应、指挥、应急的作用；软件集成运用。通过对工作流程、操作方式、问题处理程序等进行深入研究和归纳总结，对软件系统进行整合集成，实现热线处理、群众到访、上级交办等系列工作内容的无纸化、数字化、高效化处理；做好软件使用培训工作。发挥信息化、科学化手段，发现问题解决问题，提高工作效率。

【市容管理、环境卫生考核工作】 制订《海港区街巷路环境卫生考核办法（试行）》，完成街巷路环境卫生考核办法制订工作。向各街道办事处征求意见，对收集的意见认真研究、整理和吸收。为街道办事处提供物资和技术上的帮助，投入20多万元，购入多功能污迹清除机1台、高压清洗机1台、手推式电动扫地机2台、电动驾驶式扫地车1台，用于街巷路乱贴乱画和非法小广告的清理及路面清扫保洁。狠抓街巷路环境管理考核。出台《海港区街巷路环境管理考核办法（试行）》，采取日督导、周考核、月通报、季奖惩、年总评的方式，每周、每月、每季度进行全城区、全覆盖的现场巡查、检查、考评。发挥区财政每年200万元奖励资金作用，激发工作积极性，促进工作落实。建立日常覆盖式巡查考核机制。每周对10个办事处街巷路进行一次覆盖式考核打分，每月排名通报，每季度按得分情况进行统一排名，按名次进行奖励，奖励资金专项用于各街道辖区内环境卫生和市容秩序整治工作。

【非法小广告治理】 采取加强巡查、定期检查、加强处罚等措施，确保市场化管理的44条主次干道非法小广告得到及时清理。深入研究非法小广告治理向街巷路、社区等部位延伸的解决方案。通过市场化运作，聘用专业公司，清理44条主次干道非法小广告253.49万条。

【农村环卫设施移交工作】 完成63个村以及湖东车辆段、科技师范学院等企事业的105座垃圾收集站和30多台垃圾转运车辆移交城管局工作。

（刘　娟）

社会事业

SHEHUI SHIYE

SHEHUI SHIYE

教育事业

【概况】 2014年，全区有中小学校68所。其中，初中18所（城市13所，农村5所），小学49所（城市27所，农村22所），九年一贯制学校1所。有国办独立幼儿园4所，小学附属幼儿园16所，校外教育机构4个（青少年活动中心、中小学生社会实践基地、社区教育管理委员会、教师进修学校），民办教育培训机构153个，民办幼儿园79所。有教职工5429人（中学教职工2254人，小学教职工2724人，国办独立幼儿园教职工179人，校外机构教职工272人）。中小学在校生6.16万人，教学班1262个。其中，小学在校生42281人，教学班866个；中学在校生1.93万人，教学班396个。获国家级集体奖励16项，省级奖励75项，市级奖励286项，区委、区政府奖励54项；承接省级现场会3个，市级现场会17个；接待北京、新疆、石家庄等地参观考察团14次。

【德育工作】 开展2014年度德育工作示范校、绿色学校等特色学校创建活动，扩大学校优势，推动学校德育工作发展。实施“英姿少年”培养计划，创新经典诵读形式，推动篆刻艺术进校园，举办海港区中小学生书法篆刻艺术展。通过运动会大型文体表演、教师节文艺演出、大课间评比等活动展示学校办学特色，提升学生体能和艺术素养。建立社团辅导教师人才库，组织各学校开展“社团开放日”活动，举办海港区第三届社团文化节。

【教学改革与创新】 以“推进课程改革”为重点，以全面构建“生本课堂”为核心，指导各校探索切合实际的课堂教学方式，构建校本课程体系。确定12所学校为区级“生本教育”实验学校。组织开展中小学各学科课堂教学改革研讨展示活动、第二届有效教学“全员岗位练兵”、区级教师岗位竞赛，利用远程教育系统组织开展的教学能手“生本课堂”观摩展示等活动，促进教师专业成长。加强教育科研课题研究的过程性管理，组织成果推广会，使课题研究有效促进课堂教学改革。完善教学质量评价体系，注重过程性评价与结果性评价结合。创新教学质量分析，使之更具针对性、实效性。是年，全区中考成绩平均分数同比提高4.7分，再次实现阅卷、登统、考务管理三项零差错。

【学校资源配置】 学校建设稳步推进，完成固定资产投资8300万元。归提寨小学、第十四中学新建工程完成立项、招标代理比选、勘察、设计招标工作。投资70多万元，为东港镇第二小学、滨河路小学新建平房教室面积350平方米。投资600多万元，完成暴庄小学教学楼新建工程，鹿头山小学迁入。完成原第五中学装修改造工程，海阳小学搬入。全区校安工程任务全部完成。基础设施维修改造。投资400多万元，完成建国路小学等3所学校热力入网工程；投资200多万元，为新生路小学等20所学校安装203台净水设备；投资900多万元，完成建设路小学、铁新里小学等11所学校操场改造；投资390万元，完成部分学校屋面防水、输电线路、取暖设施、门窗及上下水等改造。教学设备投入。投入505万元，新建计算机教室19个，增加学生用计算机1124台；投入316万元，安装班班通124套；投入28万元，新建标准化实验室5个；投入237万元，更新学生课桌椅1.15万套，教师办公桌椅374套；投入170万元用于购买图书和环保标本。投资400多万元，进行港城教育网站重新改版和城域网升级扩容工作；投资700多万元，建成远程教育系统。教育信息化建设迈上新台阶。城域网升级改造，实现校校光纤互联，网络总出口带宽由200兆增至1000兆，校与校之间访问带宽达到500兆，网络结构得到优化。新建成的远程教育系统，实现教育局、进修学校和中小学校20个点的互联互通，依托远程教育系统进行公开课网络展示、分片教学研讨等活动，解决学校分散、不便开展面对面全员教研的难题。全区共有82个计算机教室、1.13万台学生用计算机，1382间教室全部实现班班通（包括部分功能教室和767间电子白板教室），中小学均实现标准化校园网络。

【队伍建设】 干部队伍建设不断加强。城区学校33名干部到农村中小学挂职锻炼，选派4名校长、书记赴深圳市龙岗区挂职培训，选派2名校长到北京海淀区挂职培训，促进学校领导干部业务水平和管理能力的提高。成立3个区级名校长工作室，吸纳27名优秀校长、副校长加入，通过外出考察学习、到成员学校调研、名校长讲座等形式，促进中青年校长的快速成长。举办中小学校长沙龙、校（园）长书记培训班、德育干部培训班等活动，邀请教育专家对优秀校长代表进行专题培训，参训干部350多人次。55名校长、书记及骨干教师参加省家庭教育指导师培训。教师队伍素质全面提高。开展多层次培训。举办由570名骨干教师参加的师德专项培训活动；组织1954名区级骨干教师及学科教师进行专题培训；139名教师参加国培、省培等15个培训项目的外出学习；组织572名教师参加国培计划远程培训学习，705名市级以上骨干教师及学科教师参加专题培训、高级研修后续跟踪培训；依托省培、国培平台，着力构建教师终身学习机制。发挥名师引领作用。2个区级名师工作室及辖区内2个市级名师工作室开展主题研修、课题研究、送教下乡等活动，发挥示范引领作用。年内增选3个区级名师工作室，吸纳学员30人。落实教师常规管理。落实师德考核办法，实行年度师德考核制；557名骨干教师以“集中送课”的形式开展送教导学活动，发挥骨干教师示范辐射作用；开展“骨干教师与新教师的互动成长”活动，实现优质师资共享；组织初中1000名45岁以下教师参加市级业务水平考试，各科成绩在全市均名列前茅；组织“教师专业发展宣讲团”下校宣讲138节，25个专题采用菜单式选送，由各校自主选择培训课程，以满足个性化需求。

【**教师激励机制**】 表彰优秀教师及先进集体。教师节隆重表彰获国家、省级称号的先进集体和先进个人，表彰为教育事业做出突出贡献的30位教师和10个单位，分别授予其“模范教师”“教育系统先进集体”“优秀教师”和“优秀教育工作者”称号。其中，“模范教师”主要面向从教时间不少于30年的一线教师，首次对集体进行表彰。改善农村教师待遇。在教师奖励性绩效工资中设立农村教师津补贴，根据学校地理位置、交通等实际，设立100～350元不同档次。区财政每年专项列支850万元作为农村教师基金，设立任教服务奖励基金和交通补助，提高农村教师待遇。农村教师基金全部发放完毕。

【**对接高校吸引和培养优秀人才**】 开启教师招录新模式。为吸引优秀高校毕业生，首次赴河北师大、陕西师大、东北师大等3所师范院校招录教师27人（其中研究生12人，本科生15人）。2015年第一批教师招录工作于12月提前启动，签约教师52人，为全区教师招录工作开启全新模式。与河北师大的战略合作得到实质推进。双方积极开展顶岗支教与置换研修培训，师大21名学生到辖区4所农村中学、2所小学顶岗实习，辖区29名干部、教师参加师大组织的3期国培置换研修培训，赴石家庄部分中小学跟岗实践，实现互利双赢。

【**义务教育**】 义务教育公平得到切实保障。合理调整施教区。对青云里小学、第十中学等10所学校的施教区作出合理调整，扩大优质教育资源覆盖面，缓解城区部分学校的生源压力。保障外来务工人员随迁子女平等接受义务教育。按照“划片招生、就近入学”原则严格招生，加强生源调配，确保包括外来务工人员随迁子女在内的适龄少年儿童顺利入学。全区中小学就读的外来务工人员子女2.18万人，占在校生总数的34.9%。严格控制择校。招生期间，安排包括纪检部门在内的工作人员组成审核组，审验相关证件，严格依据招生原则，有序确定入学对象，依次办理入学手续，择校现象得到有效遏制，生源质量趋于均衡。

【**非义务教育**】 学前教育。加强国办幼儿园建设。投资850万元，用于先盛里幼儿园改扩建工程；投资380万元，完成白塔岭小学幼儿园改扩建工程。落实学前教育奖补政策。为5所公办幼儿园发放城市学前教育发展奖补资金198万元，为35所民办幼儿园发放扶持发展资金121万元，重点用于幼儿园师资培训、补充玩教具和生活设施设备、校舍维修改造、弥补公用经费不足等；对家庭经济困难的193名幼儿发放资助资金19.3万元，用于改善其学习条件。引导更多幼儿园办成普惠性幼儿园，缓解“入园难”“入园贵”问题，促进全区学前教育健康发展。民办教育。加强民办教育机构管理。制订《海港区民办教育培训机构检查办法》，量化考核标准，对教学、师资、场地、安全等方面进行督导，规范办学。加大教师培训力度，组织75名民办教育机构教师观摩公办学校教师优质课，促进民办学校教师教学水平。聘请青岛民办教育专家为民办教育机构举办者、法人进行培训，答疑解惑，更新观念，开阔视野。创建以镇政府为主导、村民参与的学习型组织。以终身教育理念为指导，开展各级各类成人教育培训工作。聘请燕大专家对5个镇村民进行培训，加强法制教育，免费发放农业政策法律法规书籍。推进农科教结合，培养一批有文化、懂法律、会经营的新型农民，帮助农民增收致富。

【校外教育】 青少年活动中心组织开展小图书管理员、科普日、“六一”下校演出、环保主题画展等11项公益性主题活动，到25所中小学校开展声乐、舞蹈、军乐、模型等教学免费培训110多次，为青少年搭建平台，举办全区创新大赛、中小学生才艺大赛等活动。中小学生有8万多人次参与到图书借阅、科技教育、艺术演出、校外竞赛等活动。在模型运动锦标赛、机器人大赛等赛事中，获得6项省级以上团体奖励。社区教育管理中心在20多个社区开设各类培训班61个，学员1500多人;举办各类讲座20多场，参与人数5000多人;成功举办各类演出、比赛、展览活动20多场。“齐兵剪纸工作室”被评为全国“终身学习活动品牌”。中小学生社会实践基地组织社会实践活动25期，接待参训学生4800多人。结合中小学生青春期特点，通过在常规军训中体验、在专题讲座中学习以及在阅读观影中感受三种方式开展国防教育，效果显著。

【安全稳定】 落实“党政同责、一岗双责”，强化重点环节、重点部位管理，加大安全隐患排查力度，加强安防建设。深化学生安全教育，开展“安全读本进课堂”工作，组织各种应急演练活动800多次。加大安全工作投入力度，在中小学、幼儿园重要部位增设摄像头390个，开展校园警卫室建设工作，为校园增添一道安全“防护网”。协调相关部门，对校园周边交通、食品、治安、市场等环境进行集中整治，确保校园安全稳定。

【学校体育】 对全区11所申报中小学体育传统项目学校进行检查、评估，第七中学、第十中学、建国路小学被评为“2015 ~ 2018年河北省体育传统项目学校”。开展全区中小学校体育场地、设施对社会开放试点工作。

（周光欣）

【学校选介】 第二中学　始建于1954年，是公立全日制初级中学。位于河北大街190号，占地面积2.2万平方米，建筑面积1.7万平方米。学校有教学班23个，学生824人；教职工165人。其中，研究生学历2人，本科毕业161人，取得高中教师资格64人，省级骨干教师2人，市级骨干教师5人，区级骨干教师18人。学校以“基础宽、适应广、特色明、出人才”为办学目标，推行以“信任、尊重、理解、激励、宽容、提醒”为理念的“赏识”教育。全校艺术生比例80.3%，为艺术特色学校。试行小班教学，每班班额不超40人，便于教师关注每一个学生的思想、行为和进步，增强教育针对性。被授予语文教师专业发展工程基地校、市级文明单位、学校安全工作先进集体、读书教育活动先进集体等称号。

（常曼曼）

第八中学　始建于1978年，是公立全日制初级中学。位于秦皇东大街349号，占地面积2.53万平方米，建筑面积1.2万平方米。有教学班36个，学生2294人，教职工199人。坚持“为学生幸福人生奠基，为教师专业发展铺路”的办学理念，以“把学生培养成体魄健康、心理阳光、习惯良好、气质优雅的人”为办学目标。学校师资力量雄厚，教师学历达标率100%。其中，省级名师1人，省级骨干教师2人，市级骨干教师4人，区级骨干教师24人；市、区优秀教师，师德标兵，模范班主任，文明教师等近50人。以课题研究统领教学，通过课题研究推动工作不断创新，促进教育工作科学发展。德育国家级子课题“关于中学生责任意识培养的研究”作为贯穿德育工作的主线，渗透于学校日常德育管理，规范学生道德行为，为学生终身发展助力。被授予省级素质教育示范学校、省级依法治校示范校、市级安全工作先进单位、区中小学教师专业发展示范校等称号。

（刘　洁）

第十六中学　始建于1997年，是公立全日制初级中学。位于玉峰里小区，占地总面积1.7万平方米，其中教学楼、办公楼建筑面积7180平方米，操场1万平方米。有教学班30个，学生1833人，教职工181人。以“建高标准校、育高素质人”为办学宗旨，树立“爱国、团结、文明、奋发”的校风、“严谨创新、求精务实”的教风和“勤学、精思、深研、博览”的学风。重视德育工作，以“少年军校”为平台，通过军训、阅兵、国防知识讲座、走进军营等活动加强学生的军事国防教育，提升学生的综合素质。以课题研究为引领，促进教师专业化发展，带动各学科质量的提高，“十二五”课题结题16项。其中，省级课题8项、市级课题4项、区级课题4项。被授予教育部基础教育课程改革“综合实践活动研究与实验”重点研究项目全国先进实验单位、区教育系统先进集体、区中小学教师专业发展示范校等称号。

（宁冬梅）

青云里小学　始建于1928年，是公立全日制小学，为省级示范性小学。位于文化路青云里19号。占地面积1.14万平方米，建筑面积9238平方米。有教学班34个，学生1904人，教职工102人。坚持“规范、和谐、积极、高效”的办学理念，以学校发展内需为出发点，以德育工作为核心，以学科建设为重点，以队伍建设为关键实施素质教育。坚持德育为首，五育（德、智、体、美、劳）并举，以“净、静、敬、竞”为抓手，落实养成和习惯教育；羽毛球、乒乓球、篮球、足球训练有序开展，传统项目彰显实力；校园100项竞赛活动扎实推进，陶笛、京剧、轮滑等特色社团工作蓬勃开展。深化课程改革，深挖校本课程，实施青蓝工程，全面推进教师专业化成长，有省级骨干教师2人，市级骨干教师6人，区级骨干教师11人。被授予省中小学校一级图书馆，省第十届“邮政杯”青少年书信文化和邮票设计大赛活动优秀组织奖，市级文明单位标兵等称号。

（李威威）

建设路小学　始建于1975年，2001年改扩建，是公立全日制小学。位于新兴里小区内，占地面积1.11万平方米，总建筑面积8546平方米。有教学班28个，学生1507人，教职工124人。坚持“以人为本，科学管理，成就每一位师生”的办学理念，本着“为学生幸福的人生奠基，为学生成功的人生铺路”的办学宗旨，使学生在成长中享受快乐，使教师在工作中享受幸福，努力使校园成为师生流连忘返的乐园。以开放教学为特色，以“小课题”研究为载体，依据课堂教学现状及存在的问题，通过学习—实践—研究的研修模式，开展有针对性的主题研究，深化教育教学改革，促进全体教师专业化成长步伐，教师学历达标率100%，有省级骨干校长1人，省级骨干教师、省级名师各1人，市、区级骨干教师19人，区级教学能手8人。坚持传承中华民族文化，弘扬传统美德，创设以中华文明礼仪等传统文化为特色的廊道文化。被授予全国教育改革创新示范校、全国青少年爱国主义读书教育活动组织优秀奖、省素质教育示范学校等称号。

（堵爱君）

明珠学校　始建于2011年，是公立全日制小学。位于建设大街东段39号，建筑面积1.3万平方米。有教学班18个，学生739人，教职工53人。明确“全纳教育，精致管理，个性发展”的“璀璨明珠”特色文化，“璀璨明珠”特色文化主张在学校中创造一种关注和发展每一个人，按照学生的不同个性和需求进行教学，发挥学生的主动性和创造性。推进小班化理念教学，创建“阳光校园、书香校园”；以主动发展为引领，实施自学、自治、自律的“三自”德育，打造“绿色”校园；以情感影响、制度提醒、人格凝聚、榜样带动的人本管理，打造“人文”校园。以课堂教学改革为中心统领教学，通过课改研究使教学工作不断创新。7月，通过市教育局验收，“秦皇岛市课堂教学改革实验校”在明珠学校正式挂牌。被授予省中小学校一级图书馆、市先进职工之家、市课改实验校等称号。

（杨 霞）

启航幼儿园　为全省示范性幼儿园，其前身是创建于1986年的市直机关第二幼儿园。位于新闻里小区，占地面积1.38万平方米，建筑面积9068平方米。有教学班18个，幼儿696人，教职工80人。以“一切为了孩子”为办园宗旨，本着“规范＋特色、实干＋创新、和谐＋共赢”的办园理念，加强教职工思想道德建设及教科研水平。具有先进的电脑网络系统、智能化音响系统、智能化通讯系统、多媒体投影系统，设有教师电子备课室和幼儿微机室、幼儿图书室、幼儿创意室、探究室等多种功能性教室，每班配有视频展示仪、空调、钢琴等设施，为孩子的成长提供物质保证。通过开展教师集体备课、说课、结对子、教具制作比赛、多媒体课堂教学、岗位练兵等教研活动提高教师专业化水平及执教能力，教师90%以上取得专科以上学历，有中学高级教师2人，小学高级教师45人。被授予市先进职工之家，“善行河北美德传承”未成年人诗文、书法、绘画大赛优秀组织奖，市庆“六一”活动优秀组织奖等称号。

（郭馨媛）

文化里幼儿园　始建于1956年，1999年晋升为省级示范园，也是全省“双语”教学示范园、卫生保健示范园。位于兴龙国际城12号楼，占地面积4600平方米，建筑面积3800平方米，有教学班12个，幼儿480人，教职工45人。坚持以“孩子是脚，教育是鞋”为办园理念，以“高起点的办园思路，高水平的办园设施，高素质的师资队伍，高质量的保教水平”为办园目标，以“做最好的自己，全心全意为家长服务，全部爱心奉献给幼儿”为办园宗旨，培养“懂礼仪、知乐群、益智、快乐、健康”的儿童。拥有一支业务精干、求知进取的教师队伍，多次承办幼儿园现场会，每年接待1000多名幼儿园园长及教师参观学习。坚持走科研引领之路，教研活动带动教育教学的有效发展。被授予市绿色学校、卫生保健先进单位、市先进职工之家等称号。

（于春霞）

科学技术事业

【概况】 2014年，区科技局创新工作举措，以提升科技创新能力为核心，以完善科技创新体系为重点，全面开展科技工作，较好完成各项目标任务。连续三次被科技部授予全国科技进步先进区，黄秀红等4人被评为全国科技进步先进个人。被省科技厅评为省科技管理工作先进单位。

【省级高新技术产业开发区】 编制高新区产业规划，以科技引领区域发展，聘请国际专业机构——广州博为国际咨询集团公司为高新区制订产业规划。完成产业规划初稿和修改第三稿，区领导和区相关部门对高新技术产业规划给予肯定。借鉴国内各高新区经验，开展高新技术产业调研，形成《海港区高新技术产业发展专题调研报告》。制发《海港高新技术产业开发区优惠政策》，向相关单位征集意见，多次进行修改完善，上报区政府。

【创新型海港区建设】 按照《创新型海港区建设方案》，开展创新型企业，创新型园区、创新型社区建设，安排创新型海港区建设资金100万元，推进工作开展。组织企、事业单位做好市级创新型城市发展资金项目申报工作，征集15家单位的16个项目，有8个项目获得立项，获得市级创新城市资金95万元。组织企业参加市“中誉通信杯”企业创新创业大赛，智隆网络科技有限公司晋级决赛。组织企业参加以“创新驱动、融合发展”为主题的第十七届中国北京国际科技产业博览会，视听机械研究所、钢天科技有限公司两家企业的产品被省科技厅推荐代表河北省参展产品在展会展出。组织机关、企业、社区等3000多人，参观2014年全国科技创新成果展。

【科技立项工作】 坚持把抓好科技项目建设作为提升科技支撑能力的重要手段，从项目的立项申报到组织实施、产业转化，实行全面跟踪、全程服务。全年征集各类项目61项，被列入国家、省、市科技项目40个，争取上级资金465万元。其中，秦皇岛视听机械研究所的“触摸式动感多媒体数字投影球系统的研制”等 3 个项目被列为国家科技计划项目，获得国家科技资金 304 万元。注重加强项目后期管理，对实施完成的项目，组织项目单位进行结题验收和科技进步奖申报，有 8 项科技成果获市科技进步奖，其中二等奖 1 项，三等奖 7 项。

【科技惠民工作】开展农村太阳能路灯照明民心工程，安排专人，到相关村摸清路灯需求情况，安排资金 200 万元，为 5 个镇的 26 个村安装太阳能路灯 330 盏。与各村签订产权移交协议，做好安装太阳能路灯的质量检验和维护工作，委托相关企业研发太阳能路灯远程监控系统，加强路灯科学化管理。

【科技惠农工作】与河北科技师范学院合作，开展自有品牌无土栽培、阳台蔬菜设施及技术的研发，试种名优特新蔬菜新品种，试种成功秋葵、四棱豆等品种，试验示范远程视频监控系统，实现种植流程可追溯和专家、农户零距离辅导。在北港镇连峪山庄选址，建设光伏农业大棚，与北京专家联系进行大棚主体设计，进行太阳能薄膜发电实验。

【防震减灾工作】组织燕山大街辖区居民参观尼特公司智能家居馆和尼特公司消防展馆，增进居民对科技改善生活的认识。开展区防震减灾示范社区创建，拨付专项经费，协助文化路街道红旗里社区、西港路街道红卫里社区建设地震科普宣传馆。在燕山大街街道天洋新城社区开展防震演练，提高灾害防御能力。加强地震应急物资管理，对应急物品进行分类，建立台账，张贴标签，确保应急物资处于完好待用状态。发放《防震减灾知识手册》2 万多份，提高全区防震应急意识。

2014 年海港区辖区内国家级科技计划项目情况一览表

表 8-1

项目名称	承担单位	计划类型	争取资金（万元）
科技型中小企业创业投资引导基金项目	秦皇岛市瑜阳光能科技有限公司	国家中小企业发展资金	100
科技型中小企业创业投资引导基金项目	秦皇岛求索信息技术有限公司	国家中小企业发展资金	100
触摸式动感多媒体数字投影球系统的研制	秦皇岛视听机械研究所	转制科研院所创新能力专项资金（国家）	104

2014 年海港区辖区内省级科技计划项目情况一览表

表 8-2

项目名称	类　别	承担单位	争取资金（万元）
SL 双液分流曲向技术（脱硫、脱硝、除尘一体化）开发与示范	省科技支撑计划项目	双轮环保科技有限公司	30
半导体裸芯粒分选测试设备	省科技型中小企业技术创新资金	秦皇岛视听机械研究所	20
多段式 BIPV 电加热太阳能电池组件封装设备	省科技型中小企业技术创新资金	秦皇岛新禹机械设备有限公司	30
基于专家系统的中高压无源无线温度监测预警系统	省科技型中小企业技术创新资金	秦皇岛华本科技有限公司	20
离网式风力发电成套设备	省科技型中小企业技术创新资金	秦皇岛德邦电气设备有限公司	30
全工况高精度汽包水位内装磁致精准测量装置	省科技型中小企业技术创新资金	秦皇岛华电测控设备有限公司	20

2014 年海港区辖区科技进步奖二等奖情况一览表

表 8-3

项目名称	完成单位	主要完成人
基于物联网技术的智能社区系统	秦皇岛尼特智能科技有限公司	邢树志　林永强　郭爱娇　闫宏军　沈秀敏　李有虹

2014 年海港区辖区科技进步奖三等奖情况一览表

表 8-4

项目名称	完成单位	主要完成人
大樱桃优质高效生产技术推广	区林业局	王丽萍　范文祥　王艳慧　田　媛　胡志鹏　张建美　师淑亮　梁晶晶
人乳头瘤病毒分型联合 TCT 检测对宫颈癌早期诊治的临床应用研究	海港医院	徐　闽　李　静　李天贺　张婷婷　曹信杰　单铁强　姜　柳　刘　鹏
双侧子宫动脉栓塞治疗子宫瘢痕妊娠的临床研究	海港医院	陈金龙　陈　宏　刘媛媛　李艳华　张　颖　郭艳红　郭艳民　常丽艳
辅助生殖相关并发症的治疗与护理的临床研究	海港医院	郭艳民　刘金英　郭艳红　吴丽红　张　颖　徐学艳　张丽荣　李艳华
从医院到社区连续性健康教育对心内科患者服药依从性的影响	海港医院	孙秀红　刘金英　李素坤　付　敏　马爱茹　周丽红
甲状腺癌的早期诊断研究	海港医院	杨鹏飞　曹信杰　刘　艳　杜　江　王慧娟　张林华　胡翠兰
舒肝解郁胶囊对脑卒中后抑郁患者去甲肾上腺素及多巴胺影响的临床观察	海港医院	张春荣　王　帅　景长英　石小晶　杨文军
高同型半胱氨酸血症与脑小血管病所致认知功能障碍关系的探讨	海港医院	于怀成　石小晶　刘媛媛　李霜梅　杨文军　张春荣　苏宏图

（宋　丹）

卫生事业

【概况】 2014 年，区卫生局抓班子、带队伍，提素质，强化宗旨意识、改进工作作风，推进医药卫生体制改革，统筹城乡卫生发展，完善医疗卫生服务网络，为广大群众提供优质高效便捷的医疗卫生服务。

【卫生医疗机构及人员】 区辖医疗机构总数 643 个，其中，二甲综合医院 1 个、疾病预防控制中心 1 个、妇幼保健站 1 个、社区卫生服务中心 10 个、社区卫生服务站 73 个、乡镇卫生院 5 个、村卫生室 112 个、诊所 435 个，医务室及卫生所 5 个。下属医疗和预防保健机构 14 个，其中，综合医疗单位 1 个（海港医院）、疾病预防控制中心 1 个、卫生执法监督所 1 个、妇幼保健站 1 个、农村合作医疗管理中心 1 个、社区卫生服务管理中心 1 个，农村卫生院 5 个（海阳镇中心卫生院、海港镇卫生院、东港镇卫生院、西港镇卫生院、北港镇卫生院），社区卫生服务中心 3 个（北环路卫生服务中心、东环路卫生服务中心、西港路卫生服务中心）。设病床编制数 625 张。有职工 2081 人，卫生技术人员 1819 人，其中，高级技术职称 233 人，中级技术职称 614 人，初级技术职称 605 人。

【医药卫生体制改革】 持续推进农民健康工程，新型农村合作医疗扩面增效。全区参合农民 8.15

万人，参合率达97.6%，人均筹资标准由每人340元提高到390元。最高补偿限额为10万元，意外伤害封顶线补偿由1万元提高到10万元，国家基本药物报销比例提高10%,新增加药品数量366个。新增大病保险，对补偿费用1万元以上的，由保险公司按比例再次给予补偿。编制《海港区医疗机构设置规划（2014 ~ 2015）》，引导医疗服务向农村转移，科学设置，布局合理，方便就医，解决群众看病难问题。落实项目任务，加快推进基础设施建设。投入530.34万元，用于购买北环路社区卫生服务中心业务用房；投入50万元，打造结构合理功能完善的“国医堂”；投入100万元，用于东港镇卫生院业务用房建设；投资640万元，为镇卫生院和社区卫生服务中心购置医用设备。

【医疗质量管理】 落实药品用量动态监测超常预警制度、抗菌药物分级管理制度、临床用药审批制度等药品管理制度，合理规范用药行为。每月按药品使用数量和使用金额进行“双十”（医疗机构药品销售每季度数量、药品销售金额每季度排名前十位）排名，对排名前10位的品种进行重点监测和干预。全年开展新技术项目27项；申报省级科研立项3项、市级18项；获市科技进步二等奖1项、三等奖4项。按照“京津冀一体化发展战略”，与北京医疗机构进行对接，与北京大学口腔医院初步达成合作组建北京大学口腔医院秦皇岛分院的战略合作意向。

【传染病防控工作】 全年上报法定传染病例3850例,其中,乙类传染病1547例、丙类传染病2303例，无传染病的暴发和流行。做好重点传染病防控工作。对人感染H7N9禽流感、手足口病、暑期肠道传染病、埃博拉出血热疫情等重点传染病进行严密防控，制订防控预案，开展应急演练。强化呼吸道门诊监测，落实首诊责任，全年报告手足口病例1893例，聚集性病例8起，重症病例7例，均及时妥善处理。开展2013 ~ 2014年2个月 ~ 3岁儿童脊髓灰质炎强化免疫活动，两轮常住儿童投服2.14万人，流动儿童投服6024人。开展艾滋病防治工作,对60名HIV感染者及病人进行随访，开展自愿咨询检测800人，HIV抗体检测结果阳性1人，高危干预9872人次，羁押人员抗体筛查561人，结果全部为阴性。

【卫生执法监督】 加强信息网络建设，卫生许可、行政处罚系统使用率100%，日常监督信息报告率90%以上。规范卫生行政许可审批流程，简化窗口办证程序，提高办事效率，全年办理卫生许可2150件。开展以公共场所、学校、医疗机构、传染病等为重点的卫生监督检查。全年对公共场所监督检查2470家次，餐饮用具消毒单位建档率100%。加强医疗市场监管，打击非法行医，监督检查医疗机构1043家次，取缔无证行医14家。关停无证托幼园所8家。做好生活饮用水卫生监督监测,检查集中式供水6家次,二次供水81家次，涉水产品生产、销售单位15家。饮用水单位监测采样28家，水质现场快速检测200份，全部合格。

【妇幼保健】 年内有产妇1.04万人，住院率分娩率100%，健康管理率92.4%，产后访视率95.6%。对农村孕产妇住院分娩实施补助709人，补助资金21.27万元。落实农村孕妇增补叶酸项目，叶酸服用率85%，避免出生缺陷发生。0 ~ 6岁儿童管理率91%、体弱儿管理率100%，新生儿疾病筛查1.27万人，筛查率98.72%。入托儿童体检1062人，再托儿童4311人。月嫂、保育员健康检查767人。严格出生医学证明的发放管理工作，发放1.34万份，补发203份。免费婚前医学检查及咨询3860对。

【爱国卫生】 开展“千家万户齐参与，争当美丽港城人”活动，全区企事业单位4000多人参加活动，清理垃圾40多吨，平整绿化道路1000多米。开展春秋季灭鼠活动。对城区60万平方米无主空地、城乡结合部、河道及铁路沿线重点地段进行外环境灭鼠，投入资金40万元，购置鼠药17吨、鼠夹4000个、粘鼠板4万张。鼠密度达到国家规定的不高于2%的标准。通过宣传发动、示范引领、技术培训等多项措施，推动农村改厕工作进展，完成改厕2893个。

【医疗惠民】 组织医疗专家到儿童福利院、人民广场等开展义诊12次，健康知识大讲堂6次，受益群众6700人次，免费发放药品价值3.4万元。确定市军工医院、秦皇岛口腔医院和海港口腔医院作为窝沟封闭定点医院，为3310名适龄儿童免费实施窝沟封闭，封闭牙齿9345颗。落实“四优先”（对持有“河北省优抚对象医疗补助证”的人员实施优先挂号、优先就诊、优先取药、优先住院的服务）和“一免三减”（免收挂号费、减收5%的治疗费、减收10%的检查费、减收50%的住院床位费）政策，对急重症患者实行先抢救、后付费。全年对低保患者287人次减免费用10.47万元，为28人次优抚患者减免费用3400元，为324名城区低保户及农村居民免费进行白内障筛查，实施手术27人，减免费用5.4万多元。

【海港医院】 有职工914人，其中，正高级职称44人，副高级职称102人，中级职称219人。开放床位733张，设有内、外、妇、儿、骨、肿瘤等28个病区，27个一级科室，33个专科专病门诊。全年门诊量45.71万人次，出院病人1.79万人次，业务总收入2.9亿元，同比增长3%。开设耳鼻喉科眩晕门诊。加快设备更新和引进，投入1740多万元，引进飞利浦彩超、Drager麻醉机、全自动生化分析仪等高精尖设备279台件。开展科研创新，在国家级核心医学期刊公开发表论文43篇。落实药品管理制度，加强临床用药监管，全院药占比由52.63%降为47.63%，门诊药占比由55.27%降为49.97%，住院药占比由50.19%降为47.48%。落实重点优抚对象医疗保障办法，全年为6.07万人次减免费用26.32万元。在住院部与3、4号楼间增建新楼，对原4号楼进行装修，新增建筑面积1万平方米，装修面积3000平方米。

（白　杨）

人口和计划生育

【概况】 2014年，区计生局将服务融于管理之中，关注民生，攻坚克难，全区人口计生工作呈现良好态势。全年出生人口6843人，男婴3512人，女婴3331人，出生人口性别比为105，处于正常值范围；政策外出生309人，出生政策符合率95.48%，比市下达的责任目标高3.48个百分点；人口自然增长率5.69‰，低于6.2‰的控制目标。

【落实人口计生责任】 5月30日，“单独两孩”人口计生新政在河北省全面实施。采取多种形式，广泛宣传，使广大居民对“单独两孩”政策拥有明确的认知。落实省人口计生委《关于进一步深化依法行政着力解决群众办证难的通知》精神，简化第一个子女生育登记、再生育审批及流动人口婚育证明办理等程序。对“单独两孩”的审批期限和审批程序进行严格规范，制订审批材料模板。全年审批再生育申请1156件，无错办、错发等问题发生。

【稳定低生育水平】 开展季服务工作，将孕查工作与“六项服务”（术后访视、宣传教育、优生优育、免费生殖健康检查、药具发放、落实长效节育措施服务）活动结合，调动育龄妇女参与孕查的积极性。全年开展季服务40万人次，服务率达96%。查出意外怀孕42例，均采取补救措施。下大力解决社会抚养费征收强制执行难问题，区法院专门成立执行三庭，委派专人，采取依法扣押财产等方法开展集中清理活动。考核年度内全区发现违法生育案件309件，立案率100%。

【依法管理】 解决流动人口服务管理难题。制发《海港区流动人口和计划生育基本公共服务均等化工作实施方案》。连续第5年被国家确定为流动人口动态监测点。制发《“送政策、送温暖、送服务”活动实施方案》，多次组织镇街、园区开展宣传服务活动，全年为流动人口免费健康检查83人次，发放药具500多份。解决出生人口性别比偏高治理难题。开展“性别比重点治理年”活动，严厉查处“两非”（非医学需要的胎儿性别鉴定和非医学需要的人工终止妊娠行为）案件。与区卫生局等部门联合开展暗访检查3次，检查个体诊所8家和药品批发零售点9家，未发现违法案件。解决统计求实难题。多次开展数据库纠错、检查、完善工作。落实信息共享和工作协作制度，区公安分局、卫生局、民政局等部门分别明确1名计生联络员，每月通报1次人口出生、新生儿落户等信息，实现资源信息数据共享。

【奖励优惠】 强化政策落实，奖励扶助不折不扣。为农村和城市无业居民兑现独生子女父母奖金324.7万元，落实率达100%。为享受奖励扶助对象1475人兑现扶助金141.6万元，享受特别扶助对象508人兑现扶助金76万元，准确率和资金落实及时率均达100%。为解决全区205户失独家庭和149户伤残家庭的公益金缺口，区财政局制订具体的救助公益金解决方案。全年救助失独家庭4户，发放救助金1.2万元。

【拓展服务领域】 开展免费孕前优生健康检查。实现组织领导、目标管理、经费保障和渠道疏通“四个到位”。通过上门劝导、报销交通费、发放补贴等方法引导目标人群积极参检。区计生服务站与市妇幼医院联合，全年组织各类培训45场次，培训2100多人次，开展上门服务19次，70%的目标人群主动报名接受检查。通过医疗服务队进村入户的方式，拓宽生殖健康检查免费服务项目和目标人群。为包括城市无业和流动人口在内的6.3万名已婚育龄妇女提供除规定项目外的血常规、尿常规免费检查，查出妇科疾病420例，乳腺疾病572例，患病率大幅下降，育龄妇女的生殖健康水平连年提高。

（崔　涛）

文化艺术事业

【概况】 2014，全区文化工作以国家首批公共文化服务体系示范区创建后续工作为抓手，深入实施“文化铸市”战略，实现全区公共文化事业跨越发展。获全省文化市场管理先进集体，服务农民、服务基层文化建设“先进基层文化管理执法机构”“扫黄打非”工作先进集体等称号。

【公共文化事业】 以国家级公共文化服务体系示范区创建后续工作为载体，做好“巩固成果、查漏补缺、提档升级、搞好配套、拓展创新”等5个方面工作，构建完备的公共文化服务体系。文化发展规划形成持续化、科学化。制订《海港区文化生态保护传承涵养培育规划（2014～2020）》和《海港区文化生态保护传承涵养培训规划实施意见》，出台《海港区文化超市建设规划》《海港区图书分馆和流动图书站建设规划》和《海港区基层文化服务引导资金管理办法》，进一步研究群文基地建设规划、文化志愿者队伍建设规划等。形成区、镇（街）、村（社区）三级公共文化服务体系。依据《海港区创建公共文化服务体系示范区后续建设规划》，全面规划海港区公共文化服务体系建设的17个目标任务。建成区、镇（街）、村（社区）三级公共文化基础设施网络。区文体中心主体工程10月竣工，正进行二次装修准备和设备实施安装调试，尽快投入使用并对外开放。形成完善的公共文化服务投入保障机制。建立健全相应组织机构，依据《海港区基层文化服务引导资金管理办法》，以奖代补，改善社区文化软硬件等。加大对农村文化建设配套资金的投入力度，申请两馆一站免费开放、农村文化建设中央补助等专项资金180万元。

【文化服务队伍建设】 建立以区文化馆和专业文艺团体的专业人才为核心、镇（街）文化管理人员为支撑、村（社区）文化骨干为纽带、文化群众广泛参与的文化队伍。培育年轻文化人才、乡土文化能人、民间文化传承人，扶持民间院团建设。建成群众文化培训工作网络，群众活动培训基地达到20个，更新完善文化人才动态数据库。开展“周末讲堂”系列活动，把20多个门类的艺术培训送进社区、农村，全年开展专业辅导1000多次，受益群众达到2.1万人次。

【文化服务供给】 形成品牌带动、面向群众、全民参与的良好局面。打磨提升“彩色周末”等原有品牌，组织专场演出37场；打造“百姓大舞台”、原创歌曲大赛等新品牌，组织50项、500场系列文化活动；培育秦皇望海祈福文化旅游节、精品秧歌和特色花队展演等特色节庆文化品牌。优化文化服务配送，开展“城乡文化互动互访”、图书下乡、文化“六进”（进农村、进学校、进部队、进社区、进企业、进工地）、“阳光八送”（送政策、送技术、送文化、送法律、送健康、送教育、送温暖、送新风）等走基层演出100多场，组织农村公益电影放映1356场。组建区文化志愿者服务中心，招募志愿者200多人，启动“文化志愿者基层服务在行动”活动，开展公益文化演出30次，各类公益服务活动500次。加强文艺精品作品创作。鲁薇创作的歌曲《雪花》《这是一片蔚蓝的港湾》《善美河北》分获省“五个一工程奖”、省群星奖和省“善美河北歌曲征集”一等奖,郑名创作的诗文《父母在堂》获“孝行天下”全国诗文大赛优秀奖。

【文化遗产保护】 抓好重点项目建设工作，助推经济发展。西连峪北朝长城修缮工程已向省文物局申请立项，同北京国文琰文化遗产保护中心有限公司签订修缮设计合同。申报“古文美读”等5个项目为区级第三批、“海阳白腐乳制作技艺”等4个项目为市级第四批非物质文化遗产保护项目，推选牛育民为省级第四批、徐家骥等为区级第二批非物质文化遗产保护项目代表性传承人。参加第七届河北省民俗文化节和非遗日等活动，宣传推介海港区非遗项目。

【文化市场管理】 重新梳理审批依据、受理条件和需提交材料，缩短审批时限，统一承诺审批时限为3个工作日，个别事项承诺即时办结。开展校园周边文化市场环境整治、“扫黄打非”等10多项专项整治行动，全年出动执法人员800多人次，出动执法车辆350台次，检查各类场所1100多家次。对全区文化市场进行安全生产大检查12次，对各文化经营场所实施不间断巡查，把隐患消灭在萌芽状态，全年检查文化市场经营单位675家，发现存在安全隐患问题单位3家，整改率100%。提高市场监管科学化水平，开展经营单位主体信息录入工作。加强版权保护工作。推进机关单位软件正版化，协调区财政出资253.48万元，为78家机关单位采购正版操作系统和正版办公软件，实现全区政府机关办公软件全部正版化，如期通过省、国家级验收。

（文智博）

体育事业

【概况】 2014年，全区体育工作立足区情实际，挖掘自身特色，通过开展丰富多彩的群众体育活动，引导民众积极主动的参与健康、科学的健身活动，提高全民素质，促进社会和谐发展。

【社会体育】 举办海港区第五届全民运动会、秦皇岛市第三届龙舟大赛等10多项体育赛事。选派专业教师深入镇、街开展广播体操、健美操、广场舞培训，协助组织城建系统运动会等体育活动。承办市大众体育项目创记录大赛和文化旅游节健步走活动，组织“2014年元宵节广场舞展演”“我运动，我幸福，迎端午广场舞展演”，承接2014秦皇岛国际马拉松邀请赛海港区参赛组织工作，得到市、区两级领导的认可。

【老年体育】 对5个镇、10个街道老年人体育工作情况进行检查，推进行政村成立老年人体育协会和联合会的试点工作。组队参加市运动会老年门球比赛，举办海港区老年门球比赛和老年乒乓球比赛，参赛运动员1600多人。

【学校体育】 坚持普及与提高结合、课堂与课外结合的原则，全面贯彻“国家体育锻炼标准”。在安排全年竞赛活动中，首先保证学校竞赛项目，丰富学校体育活动。对全区12所体育传统项目学校（青云里小学、先盛里小学、临河里小学、建国路小学、和安里小学、东港里小学、燕秀里小学、迎秋里小学、白塔岭小学、第七中学、第八中学、第十中学）进行检查评估。第七中学、第十中学、建国路小学被评为2015～2018年河北省体育传统项目学校。

【体育基础设施建设】 重视群众体育基础设施和基层队伍建设，夯实体育工作的基础。对全区健身器材进行巡视维修工作，协调有关部门新安装健身路径25条，维修健身路径60多处。体育指导中心开展面向社会体育指导员、体育活动骨干的各类培训140次，参训人数2100人。

（文智博）

镇

ZHEN

ZHEN

海港镇

【概况】 2014年，海港镇辖16个村（居）。其中城市居民区委员会15个、农业村1个。总面积15平方千米，耕地面积90.27公顷。总户数5583户，总人口1.2万人，流动人口2万人。全年实现经济总收入45.9亿元,同比增长10.5%;总产值42亿元，同比增长10.2%；利润1.03亿元，同比增长8.5%；税金9474万元，同比增长8.2%；增加值10.4亿元,同比增长10%。全年固定资产投资11.68亿元，完成目标任务10.5亿元的111%；实际利用内资6亿元，完成全年目标的150%；外资2000万美元，完成全年目标的100%;农民人均纯收入1.35万元，同比增长12.6%；城镇登记失业率3.4%、人口自然增长率5.88‰，均低于4%、6.2‰的目标要求。基层党建、精神文明、旧村改造、生态环境、民生保障、安全生产和社会稳定工作均取得新的成绩和进步。

【镇域经济】 招商引资与项目建设实现新突破。全年实施千万元以上项目3个，投资15.3亿元，完成全年目标的102%;其中在建、续建项目2个：国瑞锦院项目，总投资3.9亿元，占地面积0.39万平方米，建设面积9.45万平方米；东港花园保障性住房项目一期,总投资1.5亿元,占地面积1.18公顷，建筑面积4.73万平方米。新开工项目3个：旭日家居二期扩建项目，投资2.6亿元，占地面积3.07公顷，建筑面积5.16万平方米；紫金嘉府C1区项目，总投资10亿元，总建筑面积30.5万平方米；六合商业综合楼，总投资1.2亿元，建筑面积2万平方米。民营经济发展势头良好。推行“三不限”（不限发展速度，不限发展形式，不限发展对象）政策,提升非公经济发展的内生动力;发挥民营企业家协会作用，吸引人才，融通资金，引导和扶持一批规模较大、带动能力强的企业进行技改扩能，带动全镇产业转型升级。协会下属骨干民企28家，通过“以商招商”引进的投资超过1亿元,民营经济成为支撑镇域经济发展的“主力军”和新的“增长点”，在调整产业结构、安排就业等方面发挥重要作用。

【基层党建】 深入开展群众路线教育实践活动。坚持“常、准、诚、严、实”五字方针，深入开展群众路线教育实践活动，得到市、区督导组的高度评价。加强党员干部队伍建设。制发《海港镇工作人员行为规范》，推行机关干部轮岗交流和述职考评制度，加强作风建设；完善《科级干部党建联系点制度》，增加党建在村（居）年终考核中所占比重，推动党建责任向基层延伸传递；严把“程序、质量、纪律”三个关键环节，加大竞争性选拔力度，完成村（居）“两委”班子换届工作。加大党风廉政建设工作力度。深入落实“两个责任”，出台《党风廉政建设和反腐败工作任务分工意见》，严格执行公车封存报备制度和公务经费压减工作，镇纪委全年承办各类案件9件，召开警示教育会5场。镇机关“三公经费”支出同比下降11.73%，其中招待费下降89.32%；将“三项治理”向村（居）基层延伸，压缩不合理开支7.6万元。创新构建党建新格局。探索新老、镇街、强弱“三个对接”，推进和创新党建新格局；以瑞通、德胜伟业等2个区非公党建示范点为引领，将基层党建与企业文化结合，建强红色引擎“1+4”（“1”即突出党组织这一政治核心。“4”即四轮驱动，包括党群共建，构建和谐瑞通；榜样带动，构建激情瑞通；社企互动，构建感恩瑞通；职企连心，构建幸福瑞通）平台，引领带动两新组织发展。

【城镇建设】 旧村改造。坚持将工作提前、把方案做细，注重长远考量和居住后效，“城中村”拆迁改造进程稳步有序推进。东李庄村村址拆迁完成交房85%，申请国家棚改贷款后等续工作陆续启动；李姓安庄村12月重新启动剩余171户拆迁工作；范家店村等村正谋划运作改造相关事宜。农村面貌改造提升。完成改造的12个村（居），以东王岭村、东盐务村为典型，开展精细化提升工程，加强物业管理，建立长效管护机制。未拆改的4个村，以东李庄村为典型，加快改造进度，扭转”脏、乱、差”面貌。城镇执法管理。发挥城管“下沉”作用，对金港花园、胜利村等“返迁房”集中小区“私占车位、破坏绿地、私搭违建”行为进行集中整治，前马坊胜利村小区移交东华物业管理，其他村陆续规范；以东王岭村为重点，采取村委会全程监管等措施，加大对新建返迁小区主动“干预”力度；对东李庄村等在建返迁小区，在规划设计阶段就提前介入，与开发企业沟通，增加车位和硬化景观，确保入住效果。市容环境整治。以环境整治和生态保护为重点，对辖区内3条主要河段进行集中整治，关停非法排污企业1家，取缔小锅炉4座，对污染源实行“三定”（定人、定位、定责）监管。

【社会事业】 落实计生奖励政策。全年落实独生子女父母奖励31.57万元；开展出生缺陷干预和免费生殖健康筛查4500人次，其中728人得到及时治疗。建立“谁接收谁管理，谁用人谁负责，谁租房谁有责”的流动人口计生管理机制，初步解决流动人口计生管理难题。全年新出生人口191人，人口出生率10.28‰，自然增长率5.88‰。为群众办实事、好事。全年争取种粮补贴及农资综合补贴6.39万元；开展医疗救助34人次；为13名优抚对象发放定期定量补助金9.7万元；办理灵活就业人员社保补贴返还1346人次、550万元，开展企业退休人员资格认证3240人次，就业困难认定36人次，办理新农保和城镇居民养老保险698人次，开展职业技能培训4次，推荐就业岗位12个，完成农村劳动力转移386人，为4人申请小额贷款。“转城村”干部工资补贴纳入2015年区财政预算。

【社会稳定】 深抓信访稳控。坚持维稳、综治、防范“三位一体”，齐抓并进。新建110平方米信访接待室，完善《科级干部包村（居）制度》《中层干部下派村（居）任职副书记制度》，实行信访代理制和责任制，确保“早发现、妥处置、有效果”。全年接待群众到访62件次，完成交办件12件，无重大越级访案件发生。狠抓治安防范。以“双六工程”（“六个组织覆盖、六大能力提升”工程。实施农村基层党组织全覆盖，着力提升基层党组织的战斗力和凝聚力；实施农村民主组织全覆盖，着力提升农村民主管理、村民自治的能力；实施农村经合组织全覆盖，着力提升服务农村经济发展的能力；实施农村综治维稳组织全覆盖，着力提升农村排查化解各类矛盾和治安防范的能力；实施农村基层文化组织全覆盖，着力提升农村公共文化服务的能力；实施农村社会保障组织全覆盖，着力提升农村民生保障的能力）为依托，通过健全调解机制，加强平安队伍建设，完善社区矫正功能，深抓安全防范等措施，维护辖区平安。全年调解矛盾纠纷18起，调解成功率98%；开展帮教活动80次，社区服刑人员无再犯罪。严抓安全生产。以“六打六治”打非治违专项行动为工作重点，结合安全生产大检查“回头看”活动，出动车辆90多车次、300人次，检查企业93家，发现整改安全隐患92处，整改率100%。深入开展联合执法检查和危化产品、道路运输、油气管线、涉尘涉爆等重点行业领域专项集中整治，形成上下联动、齐抓共管的良好工作局面。加大对食品安全监管力度，实施“一把手”责任制、签定责任状、不定期巡查等措施，辖区安全生产和食品安全实现零事故。

【精神文明】 坚持正能量引路。以学习践行社会主义核心价值观为依托，开展“文明乡镇”创建活动。利用世纪港湾外墙制做文化宣传墙300米，开通“海港一家人”博客；在16个村（居）成立“善行讲习所”“周末课堂”；举办“中国梦·赶考行”百姓故事汇、“寻找最美家庭”等系列主题活动；利用《海港镇工作通讯》，颂扬倡导镇内的好人好事；开展“八好镇民”（带头致富好镇民、热心公益好镇民、诚实守信好镇民、邻里和睦好镇民、好家庭、好夫妻、好公婆、好媳妇）、“十星级文明农户”（致富星、守法星、计生星、文化星、科技星、敬老星、教子星、恩爱星、义务星、卫生星）评选活动，宣传“好站长”“好儿媳”“老有所为”“敬业模范”等一批先进人物，倡导精神文明，引领道德风尚。打造文化新品牌。以“创建文化强镇，打造文化品牌”为目标，提升海港镇文化艺术团的规模和档次，通过深入挖掘地方传统戏曲精华，注入时代元素，打造基层文化建设新平台。海港镇文化艺术团有专兼职演员80人，包括市级非物质文化遗产许同清，唢呐传承人常玉华，市级文化名人王秀芳、李莲凤等10多人，是一支涵盖传统评剧、戏曲小品、音乐舞蹈、表演唱等多元表演形式的专业农民演出团队，获国家戏剧票友大赛等奖项30多项。年内创作新作品12部，举办下乡演出40多场，新排历史评剧《谢瑶环》成功入选市羊年“百姓春晚”，新编评剧《花为媒》、戏曲小品《擒包勉》等节目。举办“舞动和谐·悦享健康”广场舞大赛等主题活动。组建晨晚练健身队、老年合唱团等爱好者队伍13支，吸引群众500多人。

【村（居）简介】 西盐务居民区　总户数642户，总人口1136人，人均纯收入1.36万元。

邵岭居民区　总户数110户，总人口225人，人均纯收入1.42万元。

东盐务居民区　总户数600户，总人口1741人，人均纯收入1.35万元。

前马坊居民区　总户数271户，总人口379人，人均纯收入1.31万元。

东王岭居民区　总户数608户，总人口1435人，耕地面积5.8公顷，人均纯收入1.35万元。

南李庄居民区　总户数83户，总人口95人，人均纯收入1.31万元。

兴隆村居民区　总户数72户，总人口79人，人均纯收入1.29万元。

百姓王庄居民区　总户数249户，总人口293人，人均纯收入1.33万元。

网匠庄居民区　总户数145户，总人口191人，人均纯收入1.32万元。

张庄居民区　总户数86户，总人口101人，人均纯收入1.41万元。

安子寺居民区　总户数147户，总人口175人，人均纯收入1.33万元。

李姓安庄居民区　总户数533户，总人口1047人，人均纯收入1.35万元。

邹吕庄居民区　总户数208户，总人口615人，人均纯收入1.33万元。

土台子居民区　总户数237户，总人口540人，人均纯收入1.41万元。

范家店居民区　总户数662户，总人口1340人，耕地面积22公顷，人均纯收入1.41万元。

东李庄村　总户数930户，总人口2600人，耕地面积62.47公顷，农民人均纯收入1.29万元。

【领导班子主要负责人】

党委书记：史力方（女）

镇　　长：兰　鹏

人大主席：温长驰

（徐　巍）

东港镇

【概况】 东港镇辖12个行政村，总面积16.8平方千米，耕地面积517.07公顷，总户数5528户，总人口1.5万人。2014年，全年完成社会固定资产投资10.1亿元，为全年任务的101%；完成千万元重点项目投资完成16.6亿元，为全年任务的111%；引进内资4.5亿元，为全年任务的113%。

【镇域经济】 实施推进重点项目7项，其中拟开工项目4项（徐庄富营联合旧改项目、年产5万吨生物添加剂项目、秦皇岛煤炭交易中心项目、秦皇岛精神卫生中心新建项目），在谈项目3项（中国八达物流秦皇岛集散地项目、雨润冷链物流项目、神华科技项目）。徐庄富营联合旧改项目，取得规划设计条件，富家营村房屋征收补偿拆迁工作基本完成，正办理环评手续；年产5万吨生物添加剂项目取得备案证和规划设计条件，组卷工作、测宗地图、征地图等测绘工作完成，正进行招拍挂；秦皇岛煤炭交易中心项目前期手续完备，项目用地招拍挂组卷工作完成；精神卫生中心项目完成土地平整和工棚建设，施工方准备开工。八达物流（秦皇岛）集散地项目与投资方就项目用地规模、用地指标等进行洽谈，初步达成一致意见；雨润冷链物流项目，正加强与项目方联系，争取列入2016年雨润公司全国布局计划；神华科技项目，正与项目方协商。

【园区建设】 按照控规进行路网建设，完成港城大街东延伸线建设、龙港路建设、秦二路改造、东孙路改造等多条线路建设；电力配套方面，由华北电网公司出资2.2亿元的20万伏室内变电站项目投入使用。园区有企业88家，年内完成营业总收入13.09亿元、工业总产值12.11亿元、利税0.23亿元。采取引入投资者的方式推进中小企业孵化基地建设。经过商谈，与亿嘉投资达成初步意向，由亿嘉投资注入资金接手中小企业孵化基地项目的后续建设。与神华科技总部和八达集团上层接触，协调推进神华科技和八达物流秦皇岛集散地项目。参加“5·18”廊坊经贸洽谈会，通过“走出去”的方式展示园区，吸引客商投资。

【基层党建工作】 开展党员领导干部挂点、组织部长及组工干部下基层讲党课、大学生驻村、村企共建、村村联建等活动，采取“促膝访谈”“问卷调查”等方式，与村“两委”班子成员、部分老党员进行个别访谈。建立《东港镇群众路线教育实践活动推进制度》，创新领导组织推进机制，狠抓教育实践活动督导，成立12个督导组，对村企活动开展情况进行督导检查。制订《“知村情、问民计、解民需——包村联心”主题实践活动方案》《节假日期间深化落实纪律作风规定》《规范请销假管理制度》《东港镇党员干部走访群众制度》《民情日志制度》《东港镇厉行节约反对浪费实施细则》等项规定，群众路线教育实践成果初显。以整顿领导干部开会的“会风”、机关上班的“班风”以及党员干部的“作风”为重要突破口，加强机关工作纪律。坚持党务政务公开，开展账务巡查，对12个村的财务收支情况进行严格把关。开展“吃空饷”、办公用房和公务用车三项治理活动，全镇工作人员办公用房基本达标，无“吃空饷”人员，无公车私用现象。

【西港搬迁】 积极对接西港搬迁工作，成立东港镇西港搬迁改造工作领导小组，组织专门人员对卸粮口渔港进行清点，完成200多间渔铺的清点及评估，对清点评估结果进行首轮公示。完成南四村旧改项目前期入户摸底、拆迁安置成本测算、村址内外152.13公顷土地转用等工作。对南四村旧改重新调规，上报申请规划设计条件。富家营村、徐庄村联合旧改项目，完成房屋征收补偿方案制订、44.67公顷土地转用及村址内外房屋征收工作，安置房建设审批、环评审批和安置房建设法人招标手续正在办理。

【社会事业】 围绕建设“环境整洁、设施配套、田园风光、舒适宜居”的美丽乡村目标，以中心庄村、孙庄村等5个村为重点，从道路硬化、垃圾处理、村庄绿化、节能改造、污水处理等方面，进行全面改造。全镇翻修硬化街道2.67万延长米，硬化铺垫路肩2000延长米，修砌沿路沿街花坛、花池260个，栽植经济、绿化树木10万株，安装路灯63盏，绘制文化墙面积860平方米。清理建筑、生活垃圾2万多立方米，修砌蓄水池1个，清理河道2500延长米，清理排水沟4000延长米，铺设污水管道2480米，改造低压线路1000米，完成双瓮式厕所改造706个，出动人工4000人次，车辆3000台次。坚持以人为本理念，健全社会保障体系。对全镇低保人群按照15项不准的条件要求，全部重新审核上报。经初步审核符合低保上报条件的6户。宣传落实单独两孩政策，定期组织开展育龄妇女孕情普查，市妇幼医院免费为辖区82对育龄妇女进行孕前优生健康检查。全年办理一胎登记卡154个，二胎生育证27个，受理单独两孩申请8个，发放独生子女父母光荣证71个，为70名符合条件的中、高考独生子女办理加分。完善镇级政务服务中心和村级便民服务室建设，政务服务能力显著增强。改造升级镇政务服务大厅，梳理出2类41项行政职权，实现行政权利向职能科室集中，职能科室向大厅集中的一站式服务工作模式。

【村简介】 卸粮口村　总户数451户，总人口1346人，耕地面积15.9公顷，农民人均纯收入9373元。

王庄村　总户数589户，总人口1703人，耕地面积29.26公顷，农民人均纯收入9665元。

东向河寨村　总户数861户，总人口2350人，耕地面积63.73公顷，农民人均纯收入9673元。

西向河寨村　总户数684户，总人口1752人，耕地面积2.9公顷，农民人均纯收入9651元。

上营村　总户数457户，总人口1142人，耕地面积45.97公顷，农民人均纯收入9506元。

龙家营村　总户数237户，总人口635人，耕地面积37.09公顷，农民人均纯收入8708元。

孙庄村　总户数338户，总人口945人，耕地面积 23.2 公顷，农民人均纯收入 8933 元。

中心庄村　总户数 273 户，总人口 751 人，耕地面积 5.59 公顷，农民人均纯收入 9855 元。

黄南村　总户数 405 户，总人口 1056 人，耕地面积 39.09 公顷，农民人均纯收入 9855 元。

黄北村　总户数 467 户，总人口 1243 人，耕地面积 31.39 公顷，农民人均纯收入 9494 元。

徐庄村　总户数 512 户，总人口 1496 人，耕地面积 55.7 公顷，农民人均纯收入 9514 元。

富家营村（已拆迁）总户数 297 户，总人口 872 人，农民人均纯收入 9844 元。

【领导班子主要负责人】

党委书记：王维民

镇　　长：张　鹏

人大主席：郭　文

（纪　冉）

西港镇

【概况】 西港镇辖 16 个行政村，其中 3 个城市村，13 个农业村。总面积 29 平方千米，耕地面积 1200 公顷，总人口 2.2 万人。2014 年，完成固定资产投资 40.41 亿元，为全年任务的 183.68%；引进内资 6.6 亿元，为全年任务的 165%；引进外资 2405 万美元，为全年任务的 120.25%；完成重点项目投资 43.2 亿元，为全年任务的 216%，全面超额完成上级下达的各项任务指标。

【镇域经济】 秦皇半岛、南岭国际社区、金舍博贤苑等续建项目 10 个，总建筑面积 1150 万平方米，总投资 301.2 亿元；兴龙香玺海、莲花岛旅游综合体一期工程、茂业城市综合体等新开工项目 3 个，总建筑面积 93 万平方米，总投资 54 亿元；南大寺村、新店子村、下庄村等村的旧改拟开工项目 3 个，总建筑面积 205 万平方米，总投资 38 亿元；万达商业广场、慕义寨村旧改及万华金融服务中心等在谈项目 3 个，总建筑面积 200 万平方米，总投资 100 亿元。

落实好国家和省市区扶持粮食种植的各项政策，完成播种面积 473.8 公顷，其中，粮食作物 404 公顷，油料作物 55.47 公顷，蔬菜 14.33 公顷，优质高产利用率达到 95% 以上。发放良种补贴 7.49 万元，其中，玉米补贴面积 493.34 公顷，金额 7.4 万元，水稻补贴面积 3.93 公顷，金额 885 元。完成果品种植面积 280.33 公顷，林果业已向着果品生产、科技示范、苗木观赏、休闲娱乐等融为一体的城郊型农业发展。有规模养殖场 12 个，鸡存栏 6.99 万只、猪存栏 4114 头、牛存栏 114 头、羊 1059 只。貂、狐、貉、梅花鹿等特种动物存栏 2010 只。发放粮食直补和综合补助 50.8 万元，良种补贴 7.4 万元，退耕还林补贴 4.2 万元。完成公富庄村水库护坡加固、溢洪道改造工程。落实森林防火工作要求，坚持野外巡查和每日两沟通制度，未发生火险。

【新农村建设】 全镇 16 个村有 14 个村实施征收改造，总征收面积 235 万平方米，完成征收面积 172 万平方米，返迁面积 93 万平方米。其中，倪庄村、杨道庄村、后道西村、西白塔岭村、归提寨村完成返迁；偏坡村、公富庄村返迁房建设主体完工；前道西村、山东堡村、南大寺村、新店子村、下庄村征收工作基本完成，涉征 1730 户，征收面积 47 万平方米。新店子村返迁房即将开工建设，南大寺村返迁址完成清点工作。东白塔岭村征收工作正在推动，慕义寨村模拟搬迁方案经区政府审批通过，待准备工作完成后进入实施阶段。列为全市重点建设项目的市、区保障房项目涉征土地面积 54 公顷，涉拆 102 户，基本完成。市重点项目兴凯湖路南延伸工程征拆工作进展顺利，黄河道立交工程和兴凯湖路增项工程已进场施工，道路征拆工作进入放线、清点阶段。建材学院新址项目持续推进。津秦客专项目征拆进入收尾阶段。市中级人民法院项目归提寨地块征拆工作完成清点，进入评估、评审阶段。以市容环境提升、农村环境整治活动为抓手，对辖区卫生进行突出整治，清理垃圾 1.9 万立方米，清理河道 5000 延长米，清淤 3800 多立方米。义务劳动 21 次，清扫道路 15 千米。以大乐安寨村、小乐安寨村、慕义寨村为重点，落实农村面貌改造提升行动15件事（抓好饮水安全，抓好道路硬化，抓好垃圾处理，抓好厕所改造，抓好村庄绿化，抓好民居节能改造，抓好污水处理，抓好土地整理和公墓建设，抓好厨房改造和秸秆处理，抓好村民中心建设，抓好环境美化，抓好农村教育设施建设，抓好传统文化保护，抓好产业支撑，抓好基层组织建设），大乐安寨村新增道路硬化2000延长米、花墙1200米、太阳能路灯48盏、深井1眼、文化广场面积1200平方米、地坑式垃圾收集站2座，种植树木800棵，改厕150户，水库除险加固1座，总投资200多万元。加强近岸海域环境整治工作，对镇内沿河企业严格监管，取缔排污的废旧塑料颗粒加工厂2家。配合环保局及其他相关单位对公富庄道路扬尘进行综合治理。慕义寨村港西绿地春季种植毛白杨5·18万棵，造林46.67公顷，提升城市西部的含氧量。归提寨村投资1800万元，改造建设欧式风格商业一条街，总建筑面积1.6万平方米，作为旅游配套，承接北戴河旅游资源转移的亮点，乡村游初具规模。

【社会事业】 完成第三次全国经济普查、第六次全国体育场地及村卫生室摸底调查，除7个拆迁村外，9个村卫生室建设达到标准。利用节假日、全民运动会、农闲时节，组织群众开展象棋赛、龙舟赛、篮球赛等活动，大乐安寨村健身舞队代表西港镇参加广场舞巡演。开展新型农村合作医疗，参合人数1.79万人，参合率达97.4%。65岁以上的老人实现免费体检，全市第一个农村合作医疗基金会——归提寨村农民合作医疗基金会健康运行。办理灵活就业人员社保补贴465人，补贴金额191.2万元。开展城乡低保工作，动态保障541户、996人，做到应保尽保，年底对农村低保进行复查。为“五保户”及大病人员发放医疗救助金、优抚资金、高龄老人补贴款36万多元。对西白塔岭村、倪庄村、后道西村等被征地村农民保险问题，以代表建议、发函、专人走访等多种形式提请上级政府予以落实。严格落实计划生育政策，符合政策生育率93.57%，免费为3600名已婚育龄妇女进行生殖健康检查，为计划生育家庭发放各类奖励、奖扶资金及救助金58万多元。

【村简介】 大乐安寨村　总户数472户，总人口1200人，耕地面积100公顷，农民人均纯收入9099元。

东白塔岭村　总户数1047户，总人口2100人，耕地面积20公顷，农民人均纯收入1.07万元。

公富庄村　总户数662户，总人口1740人，耕地面积75.4公顷，农民人均纯收入8957元。

归提寨村　总户数1360户，总人口3328人，农民人均纯收入8948元。

后道西村　总户数248户，总人口510人，农民人均纯收入9339元。

慕义寨村　总户数1132户，总人口2930人，耕地面积266.67公顷，农民人均纯收入9100元。

南大寺村　总户数338户，总人口765人，耕地面积28.05公顷，农民人均纯收入9612元。

倪庄村　总户数250户，总人口670人，农民人均纯收入1.11万元。

偏坡村　总户数329户，总人口703人，农民人均纯收入1.03万元。

前道西村　总户数386户，总人口900人，农民人均纯收入1.09万元。

山东堡村　总户数320户，总人口850人，农民人均纯收入1.07万元。

西白塔岭村　总户数783户，总人口2300人，农民人均纯收入1.06万元。

下庄村　总户数410户，总人口976人，耕地面积53.33公顷，农民人均纯收入8679元。

小乐安寨村　总户数169户，总人口450人，耕地面积109.33公顷，农民人均纯收入7678元。

新店子村　总户数563户，总人口1492人，耕地面积98.67公顷，农民人均纯收入9456元。

杨道庄村　总户数185户，总人口550人，农民人均纯收入9735元。

【领导班子主要负责人】

党委书记：石建军

镇　　长：孙　贺

人大主席：侯中文

（朱　丰）

北港镇

【概况】北港镇辖32个行政村，总面积54.42平方千米，耕地面积1800公顷。总户数5493户，总人口1.79万人。全年完成固定资产投资15.01亿元；实施千万元以上项目6个，完成项目总投资15.29亿元，为全年任务的101%;引进内资4.02亿元，外资2000万美元，为年任务的100%，农民人均纯收入8566元。

【镇域经济】圆明山沙河文化旅游服务基地项目总体规划方案调整初步完成，设计、报批、土地征收等工作全面展开。村民安置工程完成规划图审批，街里村、小河村村庄原址废墟清理完毕。沙河生态公园项目申报省重点项目，进入工程招投标阶段；圆明湖项目可研报告获批，施工图完成，进入工程招投标阶段，正进行土地征收；暴庄小学扩建项目完成，鹿头山小学搬迁完毕，教职工全部整合到其他学校；圆明山智慧公园项目正进行项目摆放总平面图和施工图设计。全国青少年秦皇岛国际户外营地综合开发项目签订投资协议书，正进行项目规划设计和土地流转工作。连峪山庄二期项目完成规划设计。东港北路工程施工图已经完成，河东村、魏家沟村房屋征收工作一并组织施工。圆明大街工程土地征收工作完成90%，建设完成魏家沟村到张桥庄村的桥基工程。给排水、供热、燃气等市政配套设施完成规划，进入实施阶段。

【新农村建设】加强新能源建设应用与管理，秸秆压块炉和采暖房建设在全镇普遍推开；鼓励扶持农户改种经济类林果树种，加大新华村、暴庄村等村温室大棚建设力度，打造连峪生态观光园旅游产业，山野菜种植区、果树种植区、开心农场建设有效推进，经济园建成5000平方米的冷棚，创业园工程完工，连峪山庄被区妇联确立为全区亲子教育基地，被评为2014年省级观光采摘园。加强美丽乡村建设，以承秦出海路至连峪山庄沿线7个村为重点，按照“打造一个样板村（陆庄村）、建设一条示范线、提升一批重点村、新建一批中心村”的思路实施改造，全镇投入人力3000多人次、机械车辆600多台次，清理垃圾8万立方米，修沏河道1000延长米，修整残垣断壁6000延长米，拓宽路基3000延长米，改厕1213座，建成双瓮式公厕2座，修建花坛60处，栽植绿化苗木20万株，庭院经济苗木5万株，陆庄村被授予全省2014年美丽乡村称号。

【基层党建】推动作风转变，加强队伍建设，夯实基层基础，改进党的建设。在开展教育实践活动中，采取个人自学与集中辅导结合，撰写心得体会与交流讨论结合，邀请教授集中辅导“学习贯彻习近平总书记系列重要讲话精神”“新时期做好群众工作的方法艺术”等课程，召开专题民主生活会，镇村两级班子成员以整风精神开展批评和自我批评。整顿软弱涣散党组织，对后进党支部存在的问题，调查摸底，建立整顿台账，一村一策制订整顿工作方案，采取组织下派、跨村任职、适时选举等方式配齐配强村级党支部班子。严格执行“村财镇管”制度，加大村级财务审计和公开力度，规范村务决策和管理，对村重大工程和事项的民主议定程序进行审查备案。开展惠民政策落实情况清查行动，对“一事一议”奖补资金、农业综合开发专项资金、粮食直补资金、低保救助资金、玉米良种补贴资金等惠民政策资金拨付和使用情况进行全面清查。推进村“两委”换届工作，建立村情选情台账，严格资格条件，严格程序流程，确保干部队伍质量。推行“一村一法律顾问”制度，实现法律服务在农村的全覆盖。

【社会事业】落实“一个平台、两个代办”（镇政务服务大厅、村级便民服务室；镇级、村级代办）要求，推进完善镇级服务中心建设，在原设置10个服务窗口的基础上，新增设导办和邮政窗口，办理6大类39个服务项目，创新推出“六办”（领着办、代理办、上门办、预约办、延时办、延伸办）工作法，制订《便民利民十项服务措施》（首问首办责任制、限时办结制、责任追究制、服务承诺制、AB岗工作制、一次性告知制、限时办理制、考核评议制、一站式服务制、岗位责任制），着重完善限时办结制、责任追究制和村级事务代办等制度，印发明白卡和服务指南，从服务内容到办事流程作出具体规定、公示上墙，全年为群众免费复印各类证件3000件，办理各类证件1900件，受理各类服务事项8100件，接待群众咨询、业务办理6900多人次；建成覆盖镇村的便民服务网络，32个村建立便民服务室、明确代办员，完善村级代办各项服务制度。镇村标准化建设，高效规范的服务，得到市区领导的高度评价，在市级"三级平台"建设推荐会上进行典型发言。对全镇1344户、2411人低保户进行全面复审，发放"五保户"慰问金3200元，组织3次优抚对象健康体检活动。新农保缴费6191人，发放养老金2600人。人口出生率4.67%，符合政策生育率97.56%，免费为3820名已婚育龄妇女进行健康体检。宣传编写上报信息700多篇、市级以上媒体采用70多篇，在文明网第三季度排名中获乡镇组第一名。宣传学习践行社会主义核心价值观及海港精神，在陆庄村、西连峪村设置"善行功德榜""时代楷模馆"，西连峪村原党支部书记靖红利被评为第四届"感动港城平民偶像"。完善"一村一书屋、一村一场地"活动场所，新配置科普书籍4000多册，文体器材4套，各村组建秧歌队、乐器演奏队、剪纸艺术协会等文化组织30多个，举办文艺汇演20多场，成功承办区第五届全民运动会篮球比赛。

【群众工作】 工会、共青团、妇联、残联等群团组织健康发展并发挥作用，镇团委青年工作被团市委评为基层团组织"特色工作奖"，镇团委被授予秦皇岛市"五四"红旗团委，圆满完成中共团中央调研课题，得到领导好评。完善党政领导接待日制度，接待群众访150多人次，答复信访案件8件，完成上级督办件5件，完成"两会"、暑期、APCE会议等重要时期安保工作。规范安置帮教和社区矫正各项制度，安置帮教率100%。开展"土地整治突击月"行动，对8个村20多处3万多平方米违法违建进行强制拆除。建立健全安全生产、食品安全网格化监管，开展"安全生产月""安全生产承诺制建设""六打六治，打非治违"与安全生产大检查活动，检查企业35家，发现的问题和隐患全部整改到位；建立监督档案，登记各类食品企业单位70户。圆满完成第三次全国经济普查工作任务，获市级先进集体称号。

【村简介】 北张庄村　总户数327户，总人口910人，耕地面积67.6公顷，农民人均纯收入9336元。

小旺庄村　总户数460户，总人口1431人，耕地面积132.13公顷，农民人均纯收入8374元。

大旺庄村　总户数680户，总人口2086人，耕地面积186.2公顷，农民人均纯收入9095元。

姚周寨村　总户数356户，总人口1146人，耕地面积130.8公顷，农民人均纯收入9913元。

茅子山村　总户数340户，总人口1050人，耕地面积118公顷，农民人均纯收入8371元。

徐庄村　总户数320户，总人口930人，耕地面积26.33公顷，农民人均纯收入8353元。

新华村　总户数164户，总人口510人，耕地面积39.93公顷，农民人均纯收入8074元。

太平寨村　总户数92户，总人口266人，耕地面积30公顷，农民人均纯收入7895元。

街里村　总户数193户，总人口553人，耕地面积49.2公顷，农民人均纯收入8624元。

小河村　总户数136户，总人口480人，耕地面积51.73公顷，农民人均纯收入8674元。

陈庄村　总户数125户，总人口405人，耕地面积46.8公顷，农民人均纯收入8359元。

张桥庄村　总户数145户，总人口543人，耕地面积51.53公顷，农民人均纯收入8478元。

河北村　总户数73户，总人口238人，耕地面积20.47公顷，农民人均纯收入8474元。

河东村　总户数135户，总人口520人，耕地面积50.13公顷，农民人均纯收入8081元。

魏家沟村　总户数81户，总人口320人，耕地面积29.13公顷，农民人均纯收入8552元。

南王庄村　总户数63户，总人口264人，耕地面积32.33公顷，农民人均纯收入8677元。

麻念庄村　总户数69户，总人口246人，耕地面积33公顷，农民人均纯收入8527元。

陆庄村　总户数152户，总人口520人，耕地面积50.67公顷，农民人均纯收入7497元。

尹家沟村　总户数50户，总人口170人，耕地面积13.2公顷，农民人均纯收入7857元。

刘峪村　总户数 121 户，总人口 435 人，耕地面积 50.47 公顷，农民人均纯收入 8657 元。

刘家沟村　总户数 80 户，总人口 275 人，耕地面积 36.67 公顷，农民人均纯收入 7909 元。

拦马庄村　总户数 79 户，总人口 292 人，耕地面积 32.27 公顷，农民人均纯收入 8033 元。

李新庄村　总户数 70 户，总人口 265 人，耕地面积 30.47 公顷，农民人均纯收入 7954 元。

木砟峪村　总户数 130 户，总人口 460 人，耕地面积 61 公顷，农民人均纯收入 7316 元。

西连峪村　总户数 135 户，总人口 455 人，耕地面积 51.33 公顷，农民人均纯收入 7479 元。

东连峪村　总户数 102 户，总人口 320 人，耕地面积 40.27 公顷，农民人均纯收入 8292 元。

长桥岭村　总户数 80 户，总人口 273 人，耕地面积 41.67 公顷，农民人均纯收入 7550 元。

刘家河村　总户数 168 户，总人口 620 人，耕地面积 79.67 公顷，农民人均纯收入 8230 元。

石科子村　总户数 94 户，总人口 327 人，耕地面积 47 公顷，农民人均纯收入 7816 元。

暴庄村　总户数 250 户，总人口 869 人，耕地面积 95.53 公顷，农民人均纯收入 8517 元。

高岭沟村　总户数 150 户，总人口 510 人，耕地面积 54.6 公顷，农民人均纯收入 7290 元。

闫庄村　总户数 73 户，总人口 235 人，耕地面积 24.53 公顷，农民人均纯收入 7650 元。

【领导班子主要负责人】

党委书记：李秋来

镇　　长：郭宪彬

人大主席：李贵林

（陈艳芝）

海阳镇

【概况】 海阳镇辖 17 个行政村，总面积 25.4 平方千米，耕地面积 1106.7 公顷。总户数 7727 户，总人口 1.9 万人。全年引进内资 5.8 亿元，为目标任务的 145%；完成固定资产投资 16.3 亿元，为目标任务的 101.9%；完成重点项目投资 23.2 亿元，为目标任务的 116%；实际利用外资 2000 万美元，为目标任务的 100%；农民人均纯收入 1.25 万元，同比增长 11.5%。

【镇域经济】 项目建设。海阳片区开发（秦皇皓月城）项目，范庄村、海阳四村签订房屋补偿安置协议 893 户，拆除房屋 18.3 万平方米，流转集体土地 146.67 公顷，发放补偿资金 14 亿元。加快片区路网、基础配套设施建设，华山北路道路工程竣工并具备通车条件，滨河大道、海发路等道路工程部分路段先期开工建设，大汤河西岸景观整治项目完成堤防工程 750 米，九年一贯制学校改扩建方案完成规划审批和征拆工作，范庄返迁安置房 1 号、9 号、10 号楼于 2014 年 4 月开工并完成工程主体建设，海国街、北大街、海民街、海达路、海旺路、大小汤河水系建设以及景观整治项目完成施工图设计及审查工作。

农业。加大农村土地流转力度，全镇土地流转面积 240 多公顷。扶持农业合作社和家庭农场建设，成立农业合作社 26 家；发展设施农业，全年新增蔬菜大棚 8.67 多公顷，引进错季葡萄、棚栽草莓、蓝莓、波兰大樱桃等新品种 4000 多株；栗园杰艺休闲农业园创建“全国蔬菜标准化示范园区”，改造封闭蔬菜大棚 20 多座，新建育苗室 2 间，经济效益显著提升。打造特色旅游项目，年初依托郭高庄村“梦想家园”家庭农场，成功开启“冬春草莓采摘季”；6 月，海阳镇第二届乡村旅游节在郭高庄村和小苇芝港村成功举办，吸引周边 4000 多名游客到海阳镇采摘草莓和大樱桃，为农户创收近 280 万元。

【新农村建设】 市国土部门将大里营村旧改项目纳入“绿色通道”审批，12 月开展“模拟搬迁”工作；西王岭村旧改项目启动“模拟搬迁”程序，签订模拟搬迁协议 205 户，占总户数的 56.3%。农村面貌改造提升工作，投入资金 400 多万元，实施惠民工程 30 多件。新建侯庄村至鲤泮庄村等主要道路 7 条 10 多公里，硬化村内主要道路及街巷路面积 3.6 万平方米，方便群众出行；新建小苇芝港村饮水工程，做好郭高庄村饮水工程前期工作；安装路灯 100 盏，修复河堤 1160 延长米；完成改厕 549 个，新植环村林带面积 2300 平方米，修建道路两侧花池花坛100多个，栽植各类树木9800多株；实施墙体改造面积700平方米，改造危房44户；新建小苇芝港村污水处理设施，村民生活污水达到集中收集排放；建设完善文化广场面积2500多平方米，绘制文化墙、外墙粉刷面积3万平方米，镇村环境面貌明显改善。

【基层党建】 开展党的群众路线教育实践活动，全镇24个党支部、1133名党员围绕“为民、务实、清廉”的活动主题，聚焦“四风”突出问题，联系全镇工作实际，开展“党课下基层”“五访五听”“我与百姓面对面”等活动；制订学习计划，开展集中学习20次，召开专题报告会3次，组织“移动党课”15期，培训1103人次，撰写心得体会等文章300多篇；以联系制为载体，深入推行“一线工作法”，注重调查研究，撰写《关于加强村民委员会组织建设的几点建议》《统筹城乡发展的调研》等蹲点调研报告14篇；广泛征求社会各界意见建议，发放征求意见表2000多册，组织召开座谈会6场次，走访企业30多家、群众150多户，梳理汇总意见建议39条；镇党委班子认真开好专题民主生活会，开展批评和自我批评，实打实、动真格、有辣味，取得“红脸出汗、排毒治病”的效果；针对群众意见反馈和查摆发现的问题，建立整改落实台账，制订和完善《领导班子十项基本制度》《机关管理各项规章制度》等制度30多项。开展软弱涣散党组织转化工作，帮助大苇芝港村、新周庄村党支部制订发展思路，协调相关部门投入资金300多万元用于村级致富项目及基础设施建设，增强村党支部的战斗力和凝聚力。

【社会事业】 加大社会救助力度，发放临时救助、医疗救助、农村公益事业建设、粮补等各项惠民资金260多万元。做好就业服务工作，联系接洽用人单位37家，提供就业岗位408个，实现农村劳动力转移60人，镇劳动保障所被省政府评为农民工服务中心示范性单位。落实新农合、新农保制度，居民参保率分别达到95%和90%；抓好镇政务服务中心和村便民服务室“三级平台”建设，健全各项规章制度，整合国土、民政、计生、劳服、财政等业务部门到窗口办公，全镇17个村全部建立村级事务代办室，实现“村级代办、镇级集中办理”的一站式服务体系。成立维稳应急分队，建立暑期领导干部ABC岗接访制度，接待来访群众200多人次，答复信访案件30件；建立“四位一体”综治管理体系，全镇成立综治小区22个，平安志愿者129人；有巡逻队5支，队员55人；完成“两会”期间和暑期的铁路护路任务。健全安全生产网格化监管，与辖区内17个村委会和67家企业签订安全生产责任状，常态化开展安全生产执法检查活动。创建省级食品安全示范区，抓好镇村两级食品安全办公室建设，将全镇范围内的所有食品企业纳入监管范围。落实农村计划生育家庭奖励扶助政策，健全村级计生管理服务网络，人口出生率和人口自增率分别为15.51‰和9.41‰。开展“周末讲堂”活动，组织农技知识、农村政策等宣讲活动20多次。组织广场舞展演、百姓大舞台文艺汇演、第十届世界徒步大会等大型群众活动20多场。

【村简介】 海阳一村　总户数963户，总人口2661人，耕地面积33公顷，农民人均纯收入1.09万元。

海阳二村　总户数1054户，总人口2601人，耕地面积73公顷，农民人均纯收入1.09万元。

海阳三村　总户数968户，总人口2262人，耕地面积27公顷，农民人均纯收入1.16万元。

海阳四村　总户数1099户，总人口2571人，耕地面积58.8公顷，农民人均纯收入1.06万元。

范庄村　总户数291户，总人口711人，耕地面积14公顷，农民人均纯收入1.06万元。

侯庄村　总户数320户，总人口811人，耕地面积60公顷，农民人均纯收入9121元。

栗园村　总户数270户，总人口782人，耕地面积52公顷，农民人均纯收入7917元。

郭高庄村　总户数157户，总人口432人，耕地面积42公顷，农民人均收入9273元。

大苇芝港村　总户数147户，总人口411人，耕地面积56公顷，农民人均纯收入8788元。

小苇芝港村　总户数132户，总人口300人，耕地面积47公顷，农民人均纯收入1.06万元。

鲤泮庄村　总户数750户，总人口2264人，耕地面积265公顷，农民人均纯收入9310元。

青石山村　总户数165户，总人口454人，耕地面积106公顷，农民人均纯收入8754元。

田家沟村　总户数57户，总人口180人，耕地面积21公顷，农民人均纯收入8330元。

新周庄村　总户数181户，总人口457人，耕地面积33公顷，农民人均纯收入8955元。

温家洼村　总户数354户，总人口875人，耕地面积134公顷，农民人均收入8802元。

大里营村　总户数492户，总人口1165人，耕地面积37公顷，农民人均纯收入1.07万元。

西王岭村　总户数491户，总人口1256人，耕地面积37公顷，农民人均纯收入1.06万元。

【领导班子主要负责人】

党委书记：杨忠权

镇　　长：高　庚

人大主席：苏大忠

（樊庆海）

园　区

YUANQU

YUANQU

金梦海湾商务旅游度假区

【概况】 金梦海湾管辖区总面积4.66平方千米，海岸线全长3.6千米。金梦海湾片区是秦皇岛市滨海地区特色性、标志性区域和全市重要的旅游经济板块，定位为“海岸核心区”，被誉为城市的“第二中心”，着力打造成高品质住宅样板区、健全的滨海度假区、北方滨海浴场的精品区。辖区规划总建筑面积312.97万平方米，占地总面积180公顷，建设五星级酒店、高档住宅公寓、商业中心、观海广场、岛屿综合体等。项目概算总投资255亿元，累计完成投资58.14亿元。

【项目建设】 省重点项目莲花岛项目，通过围填海的方式建设人工旅游度假岛，拟总投资150亿元，总用海面积187.32公顷，其中，港池面积97公顷，围海造地47.72公顷，透水构筑物面积42.6公顷，完成投资4亿元，环带区建设完成总工程量的60%。海螺岛项目，拟建成秦皇岛豪华游轮的海上通道，填补秦皇岛无海上旅游交通港的空白，拟总投资100亿元，总用海面积87.98公顷，其中，港池面积21.6公顷，围海造地65.47公顷，基本完成围海造地建设。金梦海湾一号项目，总投资18亿元，完成投资9亿元，总建筑面积32.05万平方米，一期工程18万平方米。嘉里·海碧台项目，总投资33亿元，总建筑面积55万平方米。项目分三期建设，一期2幢32层L型住宅，完成投资11.3亿元，主体完工正进行内外装修。兴龙·香玺海项目，总投资5.8亿元，总建筑面积16万平方米，完成投资5.1亿元，5幢住宅（25～28层）1幢公寓（22层）及商业房完工。香格里拉大酒店项目，总投资9.5亿元，建筑面积7.57万平方米，完成投资7.1亿元。金梦海湾第一观项目，总投资10亿元，总建筑面积20.35万平方米，完成投资7.1亿元，一期2幢30层建筑主体完工，内部装修完成60%。金梦海湾8号项目，总投资7.4亿元，总建筑面积7.6万平方米，2幢33层，完成投资1.5亿元，主体完成总工程量的90%。

【基础设施建设】 西浴场海滩修复工程，计划投资1.43亿元，包装跑办西浴场海滩修复等项目筹措改造资金，争取到中共中央分成海域使用金5700万元，清理渔民网铺区域非法渔船32条，为实施浴场改造扫清障碍；完成滩肩补砂15万立方米，新增沙滩面积9公顷；全长4200米的金梦海湾木栈道工程全线贯通，与北戴河原有木栈道对接，全长1.17千米，形成国内最长的亲海沙滩木栈道——秦皇岛万米木栈道。实施金梦海湾1号、5号、7号电源工程，总投资1390万元，保证香格里拉大酒店等3个项目用电需求。协调公安、交通管理部门，将19路公交线路终点站延伸至金梦海湾1号，填补辖区公共交通空白。多渠道投入资金1560万元，开展金梦海湾绿化提升工程，抢抓绿化黄金时间，改造园林景观，大幅增加绿量，栽植绿化植被25万株、30个品种，新增绿化面积5.6万平方米。协调市财政资金93万元，完成文泰路、文安路两条U型路路灯建设。

【综合管理】 提升卫生保洁水平。加大市场化保洁管理力度，严格保洁人员“三统一”，保洁质量“六净”标准，重视细节保洁，坚持垃圾随见随清，片区垃圾桶、景观花坛、休闲座椅每天擦拭，街道保持每天进行2次冲水式清理。投资100万元引进河北省首台具有世界先进水平的沙滩清洁车1台，暑期浴场沙滩每周2次翻沙清滤，提高浴场沙滩质量和保洁效率。加大旅游环境整治力度。规范市场经营行为。定人定岗定线巡查，强化流动商贩管理，清除占道经营、清除伪劣商品、查处倒票和“拉抢游客、欺客宰客”等不法经营行为，开展暑期旅游环境综合检查整治，重点查处新澳海底世界和游船码头倒票行为，抓获倒票嫌疑人9人，没收非法门票200多张。整治浴场不文明行为。采取媒体宣传、设置警示牌、夜间巡查等方式强化对浴场不文明行为的监管，劝阻捕捞垂钓、燃放鞭炮孔明灯、驾车碾压沙滩、乱扔果皮杂物等不文明行为400多次。规范交通管理秩序。加强交警力量，指示标识、视频坚控配置，严格河滨路单行线监管，通过明察暗访等方式监督停车场经营行为，维护停车场周边交通秩序。强化污染源整治。严格限定施工车辆行驶时间路线，在文体路设置限高杆有效阻止施工车辆噪音扬尘污染和道路遗撒，督导海螺岛填海工程运石执行海上路线运输。抓好大气污染整治，取缔露天烧烤，餐饮单位全部实现油烟净化处理，持续改善片区卫生环境和空气质量，露天烧烤整治措施得到区政府及相关部门推广。配合开展海岸线环境监测，及时清理海藻及油污，保持近岸海域水质稳定达标。

【精细化服务】 推行规范化管理。制订《金海湾浴场管理与服务规范》，细化管理流程，健全服务功能，做到系统规范，有章可依，浴场整体服务质量和环境质量明显改善。游客咨询服务中心投入使用。投资近300万元建设的390平方米的游客咨询服务中心6月投入使用，中心内设触摸屏、休息座椅、助残轮椅、急救药品等便民设施，为游客及市民提供旅游咨询、游客投诉、失物招领、景区展示等人性化服务。完善旅游投诉与处理程序。通过举报电话、市长公开热线等渠道公开接受社会监督，游客投诉接待率、问询解答率、投诉查处率均达100%。全年办理市长热线交办单80多件，及时整改片区在服务管理、环境设施、安全生产等方面存在的问题，游客满意率显著提高。打造严密安全环境。建立海监、边防、公安部门及经营户安保联动机制，严密防范突发性事件。健全消防安全、旅游项目安全、建筑施工安全、食品安全工作机制，开展浴场游客溺水及海蜇蜇伤急救、火灾事故逃生、建筑施工工地安全事故应急演练，提升事故防范、突发事件应急处理的能力。重点抓好海蜇伤人预防工作，泳区设置6000延长米防鲨网，打捞清理海域内海蜇600公斤，联合市120急救中心建立浴场急救站，为海蜇蜇伤、突发疾病的游客提供应急医疗救助50多人次。全年未发生重大游客伤亡事故。

【领导班子主要负责人】

管委会主任：李晓颖

（梁　军）

临港产业聚集区循环经济园

【概况】 东部循环经济园总面积16.8平方千米，耕地面积517.07公顷，总户数5528户，总人口1.5万人。2014年，完成社会固定资产投资10.1亿元，为全年任务的101%；完成千万元重点项目投资16.6亿元，为全年任务的111%；引进内资4.5亿元，为全年任务的113%。农民人均纯收入1.03万元，同比增长10%。

【招商引资】 把招商引资作为园区发展重中之重，实现从“招商”到“选商”的跨越。科学谋划项目。围绕西港搬迁改造工程，参照新港区功能定位，引进涉港项目和电商物流；结合全市大市场发展战略，谋划推出农副产品及果品集散中心、干杂海鲜批发市场等地域特色明显、市场前景看好的项目。广泛推介项目。精心筹备参加省、市、区组织的招商活动，有目的性、有针对性的拜访世界、中国500强企业和央企、国企，通过中物联、省现代物流协会等行业组织推介园区和项目。严格遴选项目。组建园区招商咨询委员会，聘请高等院校、主管部门、行业协会等各界专家学者为拟入园项目把关。严格按照规划和准入标准选商，引进投资额度大、带动作用强、税收贡献高的项目。传化智能公路港、新兴际华现代物流园、顺鑫农业农产品加工及配送基地、迪士尼消费品产业园、华美家具建材城、水果批发市场、干杂海鲜商贸城等多个10亿元以上项目达成投资意向或正在选址。

【项目建设】 实施推进重点项目7项。其中，拟开工项目4项，在谈项目3项。徐庄村、富家营村联合旧改项目，取得规划设计条件，正在跑办返迁安置房建设相关手续；年产5万吨生物添加剂项目、秦皇岛煤炭交易中心项目取得备案证和规划设计条件，招拍挂前期手续完备；精神卫生中心项目完成土地平整、工棚建设及灌装工作，主体建设正在施工；八达物流（秦皇岛）集散地项目、雨润冷链物流项目、神华科技项目，稳步推进。

【园区发展】 按照控制规划进行路网建设，完成港城大街东延伸线建设、龙港路建设、秦二路改造、东孙路改造等线路建设；电力配套方面，由华北电网公司出资2.2亿元的20万伏室内变电站项目投入使用。有企业88家，营业总收入完成13.09

亿元，工业总产值完成12.11亿元，利税完成0.23亿元。采取引入投资者的方式继续推进中小企业孵化基地建设。经过商谈，与亿嘉投资达成初步意向，由亿嘉投资注入资金接手中小企业孵化基地项目的后续建设。与神华科技总部和八达集团上层接触，协调推进神华科技和八达物流秦皇岛集散地项目。参加“5·18”廊坊经贸洽谈会，通过“走出去”的方式展示园区,吸引外来客商投资。

【领导班子主要负责人】

党委书记、管委会主任：王维民

（张明希）

圆明山文化旅游产业聚集区

【概况】 圆明山文化旅游产业聚集区规划总面积34.2平方千米，辖24个行政村，总户数2754户，总人口9595人，将建设集休闲度假疗养、山地运动康体、田园文化体验等功能于一体的省级文化旅游产业聚集区。

【圆明山文化旅游服务基地一期工程】 列为省重点项目，总用地面积151.09公顷，总投资21亿元，包括村民安置、圆明湖、生态公园、智慧公园等子项目。村民安置工程已开工。建设周期2年，总投资10亿元。完成街里村、小河村、河北村、张桥庄村房屋征收工作，房屋征收率99%，完成规划图审批，街里村、小河村的村庄原址废墟清理完毕。河东村、魏家沟村、陈庄村房屋征收征求群众意见工作已完成，集体建设用地转为国有建设用地工作经省国土资源厅、省政府批准。生态公园项目。定位为集环境和人工景观和谐共生的度假休闲、康体养生、生活工作为一体的现代滨水生活及旅游中心，占地面积54.33公顷，建设周期2年，总投资4亿元，正在办理项目前期手续及项目施工图设计。圆明湖项目。建成冀东地区最大的生态人工湖，可开展滑冰、游船、垂钓及音乐喷泉、大型水幕电影等娱乐活动，占地面积51.13公顷，建设周期2年，前期投资2.4亿元，项目可研报告得到批复，施工图完成，进入工程招投标阶段，湖边15个大院部分完成评估，发放征地费1700万元，如资金到位（5000万元），可全部拆迁。暴庄小学扩建项目完成，鹿头山小学搬迁完毕、教职工全部整合到其他学校。圆明山智慧公园。定位为集休闲、健身、养生、禅修为一体的开放性公园，占地面积100公顷，总投资2亿元。完成景区环山路、木栈道、石蹬道及绿化等项目，区园林局抓紧就圆明山智慧森林公园项目管理权限进行移交给圆明山管委会，利于片区整体项目的摆放，总平面图和施工图的设计。

【阳光体育全国青少年秦皇岛国际户外营地综合开发项目】 项目总投资30亿元，占地面积266.67公顷，分两期投资建设，一期建设青少年户外营地项目，二期为相关整体综合开发配套项目建设。选址在石科子村，签订投资协议书，完成项目初步设计，进行土地流转。

【连峪山庄综合开发建设】 一期建设，完成投资7000多万元，重点实施旅游基础设施建设、生态环境治理、村容村貌整治、游客服务设施、产业基地建设等工程。正在进行山庄二期建设，重点实施北朝长城遗址部分修复、朝阳古寺复建等项目建设，北朝长城遗址修复完成规划设计，立项报告已报省政府有关部门，总投资170万元；朝阳古寺复建民宗手续齐备，准备奠基。建设连峪生态经济园，发展生态产业经济。加强对村容村貌的整治，村庄内栽植柳树、樱花树，发展庭院经济，栽植葡萄40户；进行产业结构调整，在马场周边调整土地面积2公顷建设“周末开心农场”，种植绿色农作物，建冷棚面积5000平方米，建高科技暖棚面积1000平方米。

【路网建设】 东港北路建设工程。配合圆明湖建设，启动实施承秦出海路复线改线工程（区政府已定名为东港北路），改线路段全长1.92千米，由于路宽红线增加到40米，总投资3451万元（不含征地拆迁费），经过现场勘查，占用村庄房屋较多，建议结合河东村、魏家沟村房屋征收工作一并进行，工程施工图纸已完成。东港北路路宽由17米增加到40米的重新设计工作全部完成，正与相关部门沟通，沿用原审批手续尽早开工建设。

圆明大街工程。圆明大街是贯通园区东西方向的连接线，道路全长1.26千米，总投资1.7亿元，完成土地征收工作，待征收费到位和土地指标落实后即可完成拆迁建设，正在施工建设连接魏家沟村到张桥庄村的桥。圆明湖大街。总长2.6千米，西起民族路，东至规划路，计划总投资9000万元。完成方案设计，正在进行前期手续办理。

【领导班子主要负责人】

党工委书记、管委会主任：李秋来

（陈艳芝）

北部工业区

【概况】 辖13个行政村，规划面积17.99平方千米，建成面积6平方千米，是与秦皇岛港最近的工业园区，总人口1.2万人，入区企业125家（规模以上企业20家）。2014年，累计实现工业总产值26.86亿元，实现工业增加值7.03亿元；完成固定资产投资18.15亿元；引进内资12亿元，实际到位外资4000万美元；缴纳四税合计1.6亿元。

【党建工作】 以落实中共中央"八项规定""六条禁令"为尺度，按照"照镜子、正衣冠、洗洗澡、治治病"的总要求，高起点谋划、高标准推进各个环节工作。结合工作实际，分门别类，有针对性查找出"四风"问题10项，针对各项问题研究细化整改措施31条；针对存在的问题，在逐一"对表"、分析研究的基础上，重新制订规章制度19项。运用教育实践活动成果，举办"秦皇岛北部工业区企业家沙龙"活动和"秦皇岛北部工业区企业发展成就展"系列宣传活动，提升辖区企业的知名度和美誉度。加强党风廉政建设和反腐败工作的落实，坚持履行"一岗双责"，制订并完善《北部工业区党风廉政建设和反腐败工作实施方案》及责任分工，将工作任务分解到个人，责任落实到个人。加强反腐倡廉制度建设，从源头预防腐败。制发《政务公开制度》《公务用车管理制度》《财务管理制度》《领导班子议事规则》《加强机关纪律规范工作秩序的通知》等制度，开展以转变机关干部作风，创建服务型机关为目标的专题活动，强化管理权力运行和制度监管，实现廉政建设的制度化和规范化。

【项目建设】 围绕"项目建设"挑大梁活动，抓住项目建设不放松。突出一把手抓项目机制，严格落实项目服务承诺制度，对重点项目实施专人负责、跟踪问效制度。对项目手续实行跑办、代办制，尽量简化审批程序，压缩项目前期准备时间，确保项目早开工、早竣工，早投产。年内，在建千万元以上项目10个（续建项目5个、新开工项目5个），其中亿元以上项目5个；拟开工项目10个，其中亿元以上项目5个；重点前期项目3个，其中亿元以上项目2个；竣工投产项目4个。新经济产业园项目，计划总投资5亿元，占地面积12.89公顷，完成建议书编制、总平面布置图等前期工作，拟分两期建设，先期建设20多层的新经济产业大厦，占地面积0.67～1.33公顷，正就方案进一步论证，待区领导审定。韩庄片区改造项目，涉及韩庄村、田家沟村、小高庄村、石山村，是改善居民生活环境，提高生活质量的重点民生工程。组织专人对片区地上附着物进行清点补偿，督促兴龙公司筹措资金，民族路东面积17.33公顷，具备开工条件，开始修建围墙，局部平整场地。拟定韩庄片区拆迁补偿方案（讨论稿），待报区政府审定后实施。北方商贸城项目，计划总投资8.1亿元，按照规划局要求调整可研报告及设计方案，正在重新申请规划条件，按相关程序申请调规。工业区正在抓紧推进除受弹药库影响以外部分的项目手续跑办工作，分期供地，分步实施，力争项目2016年上半年开工。博硕光电二期项目，总投资2.4亿元，占地面积5.33公顷，因弹药库搬迁问题，市、区两级政府正协调处理。博赫科技项目，计划总投资6630万元，占地面积1.27公顷，是一家生产模拟工业生产教具的高科技公司，是工业区进行产业调整期的重点项目，车间及科研楼主体已完工。国药物流基地项目，计划总投资6000万元，占地面积0.93公顷，公司内部已批准项目可研报告，待总平面图初步设计完成后，开始办理立项及申请规划条件等工作。

【基础设施建设】筹措资金1855万元，加快重点基础设施建设。耀华东路工程涂庄段基本完工，弹药库段工程方案办理审批手续。规划路道路工程完成招投标手续。协调电力、自来水等部门，完善园区供电、供水等市政设施配套。协调电力公司专项资金9000万元，新建电力开闭所3个；完成投资170万元的姚杨线路（68号右6号～14号）改电缆入地工程。市自来水公司组织实施给水加压泵站工程正在进行土方平整，投入使用；北部片区污水处理厂项目前期线路勘测完成，正在着手地上附着物的清点、补偿、拆迁工作。全面实施园区绿化景观提升工程，完成绿化面积2万平方米，加强苗木养护管理，推进路灯设施配套进度，绿化、美化、景观化水平明显提升。

【社会事业】落实《被征地农民基本生活补助保障暂行办法》等5个配套办法，发放失地农民基本生活保障金2895万元，失地农民子女入学补助金36.5万元。推进新农合参保工作，参保率97%。把加快辖区旧村改造作为改善人居环境、提高村民生活质量的主攻方向。和美社区二期竣工并完成返迁安置，村民居住水平明显提高。做好石庄村、晒甲会村剩余未拆迁户的工作，工业区成立拆迁领导小组，进村入户走访，已拆迁11户。韩庄片区多村联建项目一期起步区地上附着物拆除工作基本完成。妥善解决涂庄村问题，将恒大地块四中面积8.67公顷土地作为涂庄村拆迁改造平衡用地。市政府同意将地块四面积8.67公顷土地收回，用于支持涂庄村改造。协调金盛达地产公司与腰站庄村拆迁改造问题，已签订《补充协议》，公布拆迁补偿安置公告，拆迁改造工作取得积极进展。开展“感动青春·崇德尚美”“鱼水情深·青年志愿帮扶”等主题活动。抽调5人参加全区组应急分队训练，训练期间突发抚宁山火，预备役战士出色完成扑救任务。

【园区管理】健全园区环卫体系。以各主次干道为重点，重点对市容“六乱”（乱搭建、乱堆放、乱设置、乱停放、乱吊挂、乱张贴）进行整治，采取机动巡查、集中整治和定点守候的方式。加强早、中、晚空档时间段内的执勤，确保城市环卫24小时不间断管理。通过城市数字化管理系统，加强对道路上的渣土车遗撒情况进行监控，及时处理乱丢乱倒现象。加强农村面貌提升。狠抓农村卫生环境整治，出动500人次，大小车辆140台次，对辖区13个村的越冬垃圾进行彻底清理，清除垃圾6000立方米，改造旱厕140所。建立长效管理机制，采取每月定期检查和每周不定期抽查的方式，检查督促各村环境卫生情况。对辖区的河流进行清淤治理，落实“河长、段长负责制”，拉网式摸排入海河流沿线的排水沟、排水口，从源头保证入海河流水质。加强临建违建监管。加大对临违建筑的整治力度，将拆违工作纳入常态化管理，遏制私搭乱建，保持工业区市容整洁。拆除侵街占道违章建筑11处，对6处正在施工的违章建筑勒令停工，遏制私搭乱建现象。抓好辖区的安全生产工作。严格落实安全生产工作的“党政同责、一岗双责”制度，强化安全生产的重要性。组织召开辖区各村、企业安全生产工作会，对春节、“两会”等敏感时段的安全生产工作进行重点部署和安排，与村、企业签订安全生产责任状和消防责任状，明确各自安全职责和企业主体责任。对入区企业进行全面检查和督导，检查企业129次，督促整改隐患306个。加强对辖区食品安全的排查力度，严格履行《食品药品安全工作目标责任状》条款，确保辖区全年无食品安全事件发生。

【村简介】腰占庄村　总户数540户，总人口1450人。

晒甲会村　总户数297户，总人口729人。

石庄村　总户数279户，总人口838人。

新庄村　总户数96户，总人口287人。

四合庄村　总户数120户，总人口307人。

新崔庄村　总户数284户，总人口895人。

缪庄村　总户数420户，总人口1302人。

韩庄村　总户数507户，总人口1349人。

杨庄村　总户数435户，总人口1170人。

涂庄村　总户数372户，总人口1010人。

田家沟村　总户数410户，总人口1356人。

小高庄村　总户数 326 户，总人口 876 人。

石山村　总户数 338 户，总人口 835 人。

【领导班子主要负责人】

党工委书记、管委主任：刘继军

（胡启明）

临港物流园区

【概况】 临港物流园区辖 7 个行政村，规划占地面积 34.38 平方千米（起步区占地面积 12.78 平方千米）。2014 年，完成总产值投资 11.97 亿元，完成总任务的 100%；引进内资 7 亿元，完成总任务的 100%。

【招商引资】 围绕西港搬迁改造工程，参照新港区功能定位，引进涉港项目和电商物流；结合全市大市场发展战略，谋划推出农副产品及果品集散中心、干杂海鲜批发市场等地域特色明显、市场前景看好的项目。参加省、市、区组织的招商活动，有目的性、有针对性地拜访世界、中国 500 强企业和央企、国企，并通过中物联、省现代物流协会等行业组织推介园区和项目。组建园区招商咨询委员会，聘请高等院校、主管部门、行业协会等各界专家学者为拟入园项目把关。严格按照规划和准入标准选商，着力引进投资额度大、带动作用强、税收贡献高的项目。传化智能公路港、新兴际华现代物流园、顺鑫农业农产品加工及配送基地、迪士尼消费品产业园、华美家具建材城、水果批发市场、干杂海鲜商贸城等多个 10 亿元以上项目达成投资意向或正在选址。

【项目建设】 通过开展经济普查，全面掌握辖区 508 家企业的情况，根据企业需求，建立项目手续领跑代办、建设过程跟踪服务、投产以后继续联系等一整套服务企业制度体系。帮助彩龙、义乌、国际汽配城谋划推出系列主题活动，扩大影响，培育市场。谋划推进园区电子信息服务管理平台，争取到专项扶持资金 60 万元，帮助冀盛物流争取到发改系统专项扶持资金 55 万元。实行入园项目手续办理挂图作战、时间倒排。推进城肥停车场迁建事宜，推进冀红海产品展销园建设，帮助企业争取专项扶持资金 200 万元。帮助国药集团完成各项手续办理，确保医药器材配送中心项目如期开工。多次就华润雪花搬迁项目组织召开推进会。联系市规划、国土部门，帮助华信综合物流园项目变更规划设计条件，做好土地招拍挂准备。推进五金机电城征拆工作，与东李庄村、地质勘测大队等单位达成一致，加紧协调加油站迁建。秦皇岛粮油交易流转市场项目编制完成，秦皇岛冀盛物流有限公司与区粮食局基本达成合作协议。定期开展安全生产培训，组织集中培训 9 次，培训企业负责人和专职安全员 300 人次。开展“六打六治”专项行动，摸排检查辖区企业 160 家，其中，涉氨企业 4 家，责令整改 10 家，停业整改 2 家。全面推进食品安全网格化管理，检查食品生产经营单位 290 家。筹建园区工商联组织，引导辖区企业组团发展。通过深挖服务内涵，拓展服务外延，增加市场开拓、企业营销内容，变区域内服务为全领域服务，促进项目建设。

【基础设施建设】 与市热力总公司就热力管线铺设事宜达成一致。启动北环路和燕赛大道临时给排水管网工程，完成北环路 200 米管道铺设工作。快速推进部分拦马线改迁工程和 10 千伏架空电缆改迁工程。争取市排水公司将园区部分排水管网纳入建设计划。坚持土地巡视制度，安排专人每天至少巡视辖区 2 次，出动人员 600 人次，制止违法建筑 11 处，遏制私搭乱建现象。定期巡查主干道沿线、项目周边及各村卫生情况，加强保洁队伍管理，组织公路沿线垃圾清理 10 次，清理垃圾 1 万立方米。落实“河长、段长负责制”，拉网式摸排入海河流沿线的排水沟、排水口，定期疏通河道，拦截漂浮物、垃圾，从源头保证入海河流水质。园区承载能力不断提升，企业入驻条件更加成熟。

【社会事业】 全面审核享受失地农民基本生活保障人员的资格，对存在问题的 80 多人暂停发放保障金。享受居民 1978 户、5101 人，占辖区农业人口近 80%，全年发放保障金 1400 多万元。将男 60 周岁以上、女 55 周岁以上失地农民保障金标准上调至每人每月470元。对94人发放失地农民子女上学奖励17万多元。做好救灾救济、优抚定补、高龄补贴、低保户、“五保户”核查等工作，组织残疾人体检3次，经常性走访特殊群体，全年发放慰问金、慰问品4万元。做好社会和农村养老金资格认证，筹建小李庄幸福院。计生年度符合政策生育率93.1%，完成任务目标。人口统计求实率达到95%，全员人口信息数据库基础信息准确率达到98%。办理一胎证71个，二胎证25个，独生子女光荣证43个。办理农村独生子女中考加分18人，高考加分12人。为1007人发放农村独生子女奖励金11.8万元。接待群众访54批、400多人次，开展主动约访、下访，完成敏感时段维稳工作，做好柳村村民与垃圾发电厂纠纷等突发事件处置工作。完成各敏感时段护路工作，全年巡查50车次。开展大型普法宣传活动。在全区首创司法电子管理，初步建立社区矫正电子档案管理系统（单机版），基本实现无纸化档案资料查询与数据统计。综治治安保险覆盖率达到100%。平安志愿者人数增至223人，新发展“十户法制宣传员”182人。社区矫正解矫11人，帮教12人。调解矛盾纠纷24起，提供法律咨询服务9次。帮助辖区7个村与3家律师事务所（法律服务所）签订“聘请法律顾问”协议，第三季度为各村提供各类法律咨询服务10件、群众满意度100%。

【村简介】 小李庄村　总户数356户，总人口990人，农民人均纯收入8060元。

大高庄村　总户数320户，总人口858人，耕地面积28.7公顷，农民人均收入8980元。

柳村　总户数270户，总人口805人，耕地面积20公顷，农民人均收入9470元。

小张庄村　总户数248户，总人口740人，农民人均纯收入8870元。

东付店村　总户数538户，总人口1435人，耕地面积102公顷，农民人均纯收入9120元。

西付店村　总户数590户，总人口1796人，耕地面积102公顷，农民人均纯收入9890元。

崔庄村　总户数207户，总人口553人，耕地面积21.87公顷，农民人均纯收入8870元。

【领导班子主要负责人】

党工委书记、管委会主任：张　晶

（周　浩）

街　道

JIEDAO

JIEDAO

文化路街道

【概况】 文化路街道辖人民里社区、河涧里社区、团结里社区、红旗里社区、新一街社区、海建里社区、碧海云天社区等7个社区。总面积1.97平方千米，总户数2.19万户，总人口5.69万人。2014年，秉承“起点超越，事争一流”的工作理念，高标准、高质量完成各项目标任务。完成固定资产投资6.6亿元，为全年任务的660%；引入内资7040万元，为全年任务的176%。获区级以上荣誉21项，其中国家级4项、省级7项。街道被确定为全市唯一一家市级领导教育实践活动街道联系点。

【社区党建】 利用远程电教、电子光盘等学习资源，深层次学习讲话精神，结合实际，撰写心得体会，确保“学得透”；开展“学习贯彻中共中央总书记习近平系列讲话精神”“我的中国梦”征文活动，动员辖区党员积极参与学习，确保“全覆盖”。开展“五学”活动，通过“每天四点半课堂”，机关党员集中学；与非公企业党员结成对子，微信沟通时时学；开办“网络课堂”，流动党员及时学；身体不便党员送学上门，关爱服务点单学；制作幻灯片，图文并茂兴趣学等形式深入学习。举办学习笔记展评、“为民务实清廉”主题演讲比赛和知识竞赛，巩固学习成果。组织各类学习400多次、编发活动简报15期、撰写心得体会40篇、调研文章20篇。指派科级领导代理倒排社区党支部书记，强化党支部龙头作用争取资金，改造人民里社区、新一街社区、海建里社区、红旗里社区办公用房，新建会议室、活动室，购置电脑、大屏等办公设备，提升硬件基础；探索建立数字化党建平台，按照“支部活动+网络活动”模式，依托党建博客、QQ群、微信群、党建共享邮箱、二维码查询等，为党员建立网上活动空间，党建博客点击率超过5万多次，二维码展示街居工作信息图片，获《中国组织人事报》新闻摄影比赛三等奖。定期培训非公企业书记，召开非公企业党支部书记述职大会。以党建带群建，指导非公企业工会、团支部开展技能比拼、趣味运动、关爱孕期职工等活动，扩大党支部影响力。全年发展非公党员4人，占发展总数50%，新建视光眼科医院、秦皇岛口腔医院两家非公党支部。在对1256名在册党员摸底调查的基础上，落实党员分类写实管理，将党员分四类进行管理。帮助35名失联党员与党组织取得联系，补缴党费3000多元。

【社区建设】 进行老旧小区改造。成立工作队伍，提前就老旧小区改造工作，入户征求群众意见建议，及时梳理，协调相关部门解决，成功改造团结里小区、人民里小区等6个老旧小区，引入物业管理。全面提升硬件环境水平。从生活上关心一线环卫工人，购置防暑降温物品、组织体检、节假日慰问，稳定队伍；争取区政府和城调中心支持，添置清扫车等设备；成立“盯得紧”督查组和群众监督员队伍，对街居环境全天候、无缝隙督导，发现问题随时处理，对洋洋花卉周边进行规范管理，打造人民路、新一路等精品街巷路。开展义务劳动15次，出动人员200人次，捡拾白色垃圾3.5公斤，清理生活、建筑垃圾20多车，转运其他各类垃圾30多车。持续推进生态环境建设。整治入海河流。对流经辖区的护城河、小马坊河沿岸进行义务清理，清理建筑垃圾、生活垃圾90多方。开展“花城花街·绿满港城”活动。为渤海明珠小区、翡翠新居小区、博维新坐标小区免费发放、栽种树苗3000多株，租赁高空作业车，砍伐枯树、死树20棵，修剪、绿化树木1500多平方米，树木病虫害免疫1万平方米。

【社会事业】 规范建设街道政务服务中心和7个社区便民服务室，设置导办台，配备电子显示屏和触摸屏，安装满意度评价器9个。实施“导办领办—代办帮办—办后测评”，优化办理流程。在全市率先建立河涧里社区低碳环保科普馆、红旗里社区防震减灾科普馆，购置宣教设备，新建科普宣传长廊，开展活动20多次；依托河涧里社区少年宫，开展未成年人走进社区活动，举办“为妈妈画眉”等活动30多次，参与居民达1500多人次“蛋壳脸谱弘国粹·文化传承在社区”被新华社采用；“感恩母亲节，为环卫妈妈送温暖”信息，被中国新闻网采用；开设青少年红色电影院、社区绿色网吧、青少年悄悄话室，开办“青苹果”教育课堂，举办活动50多次，青春健康教育经验2次在《国家人口报》上刊登；聘请教育局等单位专业人员担任早教辅导员，购买亲子活动设备，开展早教服务10多次。组织辖区医疗机构，为1000多名老人义诊15次。与秦冶医院联合，为800多名育龄妇女进行免费生殖健康检查。为46名低保人员、12名优抚对象提供免费体检。为居民提供法律宣传、咨询、服务、援助、调解服务，开展法制宣传活动30多次、受理法律咨询60多次。在辖区公布用人信息550多次。新增城镇就业人员815人，失业人员再就业311人，就业困难人员再就业152人，办理就业困难人员认证93人，培训就业困难人员30人，为4684名企业退休人员和101名社区居民进行资格认证。为26名应届毕业生提供失业补助金，3名大学生申报创业补助。完成低保年审和自查390人；新增低保户16人、调整户31人、注销户21人；办理医疗救助32人次，为59人申报重度残疾低保人员补贴；申领精神残疾人药品免费服务卡15个；办理保障性住房申报54份。为7个社区、22家辖区单位开展业务培训6期，受训人达300多人次，对2.5万名核查夫妇中的单独家庭信息进行登统核查；开展“关爱女孩”活动，募集资金3000多元，救助特困母亲3人、贫困女孩2人。

【精神文明建设】 发挥社区教育培训学校的作用，开办英语班、书法班、剪纸班等各类培训班10多个；利用活动室、宣传栏等阵地，宣传党的方针政策、海港精神；开展“文明社区”“文明楼栋”“文明家庭”等评选活动，提高居民社区归属感。社区文化活动做到天天有排练、周周有演出、月月有主题、常年不断档，引导20多支文体队伍，树立精品意识，发展特色文化，河涧里社区连续举办4届社区音乐节。街道新文化艺术团及团长分获全省基层文化之星称号。发挥“星光党员义工俱乐部”等17支志愿服务队伍、1000多名社区注册志愿者的作用，围绕重大事件和重要时间节点，开展志愿服务。辖区企业负责人胡巧致、李秋杰被中国社工协会评为中国第二届社区志愿者服务之星。河涧里社区被命名为全省学雷锋志愿服务工作站。

【社会治安综合治理】 强化网格基础。科学合理划分一级网格7个、二级网格40个，确定重点部位12个。健全网格长、楼栋长、单元长队伍，明确网格巡查员270人，开展业务培训3次，配备电动巡查车8辆，每天对主要干道和重点部位巡查，确保网格化管理体系有序运行；注重网格实效。街道科级领导包居指导一级网格工作，坚持一般问题网格长当日处理、突发问题巡查员即时处理、疑难问题指导员协调处理的原则，提高网格解决疑难复杂问题能力，解决金龙景园小区成立业委会、锦绣家园小区更换物业、文君酒店餐饮垃圾乱堆等问题100多个，办结率98%以上；延伸网格触角。整合派出所、城管中队、律师、平安志愿者等资源纳入网格服务，帮助推动各项中心工作的开展;全面查清隐患。明确街道、社区、楼栋三级矛盾隐患排查体系，形成“日排查、周调度、月汇总”的排查工作机制。组织开展重点敏感时期集中排查，对排查出的隐患，落实“六包一”（区级领导、责任单位包案领导、具体办案人、稳控单位包案领导、社区责任人、民警）制度，逐一建立台账，实行动态销账管理。排查各类隐患苗头90件，化解90件，化解率100%。

【社区简介】 人民里社区　总户数3624户，总人口8651人，其中流动人口2173人。辖人民里、康乐里、轻安里、康健里、文百里、市委楼、锦绣家园、天贺公寓等8个自然小区，有居民楼81幢。辖区有企事业单位11家，社区服务功能完善，居民和谐相处，生活环境优美。开展“亲民、利民、爱民”“党员奉献日”“扶贫济困送温暖”“义务奉献在社区”等系列活动。

河涧里社区　总户数2798户，总人口8706人。由河涧里、金龙景园、红旗里13～16栋3个小区组成。率先开展365便民服务制度，推进错时和预约制服务。获国家级居民自治示范社区，市十佳社区等称号。

团结里社区　总户数5128户，总人口1.23万人。辖团结里、兴隆里、红旗里、鸿雁里、市政小区、博维新坐标等6个自然小区。开通党建服务新干线——“一网三管五服务”平台（建立网格化管理；对在册党员进行“直管”、对在职党员进行“同管”、对流动党员进行“协管”；体贴式、愉悦式、港湾式、帮扶式、家庭式服务）；推出移动社区工作法，第一时间解决群众关心的热点、难点问题；推进社区服务信息化，开通党建e家博客、微博社区、社区QQ群，为居民提供形式多样的信息沟通平台；建立红色义工服务之家，让志愿者的服务触角延伸到社区每一个角落。获全国减灾示范社区称号，被《秦皇岛日报》评为“十大便民利民社区”。

红旗里社区　总户数3356户，总人口8960人，其中流动人口332人。是由多个小区合并而成的“敞开式”社区，有居民楼48幢，商业网点242家。在册党员121人，在职党员87人。在全市率先制订“365”全年无休日阳光政务服务和错时上下班制度，公共服务下移，建立社区老年日间照料中心。接待国家、省市区现场观摩、指导工作59次、600多人次。获全国综合减灾示范社区、市食品安全示范社区称号。

新一街社区　总户数4560户，总人口1万多人。辖12个自然小区。建立学雷锋志愿者服务站，开展治安、义务巡逻、扶危济困、文体等志愿者服务活动10多次，解决居民关注的热点难点问题。获市级优秀科普示范社区等称号。

海建里社区　总户数1226户，总人口3464人。由海建北里、长城村、红旗里、海建里等4个小区组成，有居民楼29幢。形成“班子过硬、队伍得力、设施齐全、载体丰富、服务到位”的党建工作新格局。坚持“为居民服务、帮弱势群体、架党群桥梁、助政府工作”的宗旨，实现社区建设文明和谐工作目标，获先进工会之家、市级绿色示范社区、文明社区、优秀市民学校等称号。

碧海云天社区　总户数2900户，总人口6700多人。有高层住宅18幢、商用楼1幢、公寓1幢。在册党员50多人。大小门店108家。将社区划分成4个网格，每个网格都由2名社区干部负责，实现全覆盖、全方位、全天候、零距离的动态管理和服务。开展为贫困山区献爱心的“春风行动”义捐、为空巢老人送窗花的“一朵窗花，传递温暖”、心理咨询师教育座谈会、“三八”维权周法律服务宣传、“家校沟通、共同育人”家庭教育讲座等活动。获十大便民利民社区称号。

【领导班子主要负责人】

党工委书记：刘淑珍（女）

办事处主任：王文斌

人大工委主任：宫慧艳（女）

（姜　伟）

海滨路街道

【概况】 海滨路街道辖滨海城社区、吉星里社区、开滦路社区、南山社区、铁路里社区、耀华社区、耀中里社区等7个社区。总面积3.86平方千米，总户数2.41万户，总人口5.8万人。2014年，完成固定资产投资1.02亿元，招商引资4250万元。获市级文明单位标兵、先进职工之家称号，区重大动物疫病防控工作先进单位、人口和计划生育工作先进单位、依法行政工作成效突出单位、食品安全工作先进集体、全民健身工作优秀组织单位等称号。

【社区党建】 开展党的群众路线教育实践活动，以“七项教育”为载体，带领机关、社区党员干部强化学习。机关每位党员干部记录学习笔记超过1万字，观看《周恩来的四个昼夜》《焦裕禄》等先进事迹影片8部，撰写体会文章40多篇。以“红色教育”为载体，组织党员干部到甲申史鉴馆、李大钊纪念馆参观学习，带领街居干部到汤河公园革命烈士纪念碑祭扫。组织召开党的群众路线教育实践活动专题民主生活会，开展批评和自我批评，增强班子遵守党的政治纪律、贯彻中共中央政治局“八项规定”的自觉性，制订整改清单，按照清单所列项目时限逐一整改。建立完善《加强领导班子建设制度》《党员领导干部民主生活会制度》《党员干部联系、走访群众制度》《工作人员请销假制度》等10项制度，形成作风建设长效机制。贯彻执行“三会一课”制度，落实好党员教育管理机制；以党员写实分类管理为抓手，依据党员自身特点及社区实际创新管理，拓宽党员管理渠道；以“一联六促、访解帮带”活动为契机，推进软弱涣散党组织转化，以推进党代表工作室建设为依托，新建党代表工作室2处。开展在职党员进社区活动，将220名在职党员全部纳入社区“志愿者服务团队”，组建服务小队56支。以“港城先锋·红色义工”党员志愿服务活动为载体，推进市直单位党员志愿服务队“一对一”服务社区，构建党员联系服务群众的长效机制；以庆祝建党93周年为契机，评选、表彰“焦裕禄式好党员好干部”，激发党员干部爱岗奉献热情。以滨海城社区党支部为试点，推广党建网格化管理经验成果，制作《创建党建网格机制助推实现美丽社区》党建宣传片，获区委组织部评比一等奖。

【廉政建设】 制订《党风廉政建设和反腐败工作实施意见》，层层签订《党风廉政建设责任书》，切实履行党风廉政建设责任。落实中共中央政治局“八项规定”，严格执行领导干部个人重要事项报告制度，严控“三公”经费支出。以“正风气，优环境”行动为载体，组织党员干部严格自查，撰写自查报告。实施“阳光工程”，做到要求公开的事项全部、及时公开，开展会员卡清退、会所歪风调查、“小金库治理”等活动，均无违纪行为。组织100多名评议员，集中开展民主评议街道工作部门会议，将评议结果与年度评先评优挂钩。以廉政文化示范点创建活动为契机，申报滨海城社区“三星级”示范点。坚持开门搞活动，以查找“四风”问题为抓手，采取入户走访、设置意见箱、公开街道微博等形式，征集社会各界意见和建议。组织评议代表召开“三堂会诊”和反向测评会议，对领导班子及成员“四风”方面存在问题进行点评，查找出主要问题10多条，意见建议20多条。

【社区建设】 推进政务服务中心和社区便民服务室建设，制做桌牌、胸卡，明确窗口科室代办员，完善首问责任制、限时办结制等岗位职责，通过开展优秀科室评比挂牌活动，培树“群众满意窗口”。受理服务事项2635件，便民服务室受理服务事项1.18万件，代办事项2865项，全部办结。为铁路里社区选址拟建综合性办公场所520平方米。集中开展环境卫生整治，组织街居干部、辖区志愿者100多人对耀华老旧小区卫生进行集中清理，清理垃圾30多车，150多吨；以“创城迎检”为契机，开展环境集中整治，组织街居和帮扶单位干部职工800多人，清运垃圾300多吨，粉刷小广告墙体2627平方米，粉刷福寿里5栋及8个单元的楼栋外墙；打造精品街巷路，将大件路墙体高标准粉刷，印刷墙体画和标语12幅。协调市政局对海安里小区门前破损路面进行修复，协助完成渤海路和铁路街的硬化改造提升工作。联合城管中队，组织执法人员对铁路里旧货市场周边进行清理整治，历史遗留问题得以解决。加大对街巷路的自查监督和检查力度，在全区街巷路考核中连续多次排名第一，全年争取街巷路管理考核奖励资金23万元。与进驻老旧小区的物业公司主动对接，建立网格化管理模式，发挥街道、社区及环境卫生监督员的监管作用，对主要路段、重点区域进行高密度巡查，对违反城市管理规定的行为进行劝阻和查处。打造耀兴里老旧小区改造示范点。

【社会事业】 举办社区工作者“素质提升月”活动，通过“坐下来”集中培训、“走出去”参观学习、“讲一讲”主题征文演讲比赛等形式，提高社区干部服务意识和创新能力。实施“民心民生工程”，全力做好低保、优抚、老龄、救灾救济、退养居干等工作，全年发放米面油280套，购药小票6.6万多元，发放高龄补贴、退养居干生活补贴、残疾人专职委员津贴等金额80万元。落实计生奖励、救助、扶助政策，建立“流动人口之家”，推行“阳光计生”，开展“生育关怀行动”和药具发放“暖心”工程。吉星里社区开创全区首个经过腾讯官方认证的社区微信公众服务平台，为居民提供便捷对接服务，关注人数500多人。打造吉星里社区、滨海城社区、耀中里社区劳动保障示范性基层服务平台，建立社区、失业人员、驻街单位三方联络制度，形成“手拉手”就业援助服务模式，实现201名社区就业困难对象再就业，为21名大学生申请失业补助金，为2名大学生创业成功者成功申请到创业扶持基金1万元，举办“让梦想扬帆起航——大学生创业经验交流会”。推进农民工综合服务工作，为外来务工者赠送《农民工进城就业生产生活》读本，在吉星里社区成立“打工妹之家”。开展“安全生产月”和“六打六治”打非治违专项整治行动，做好安全生产和食品安全工作，对富滋食品有限公司、中国外运和博阳商贸等重点企业进行定期督导检查，将液氨液氯、生产车间、消防设施等作为检查重点，督促企业提高安全防范意识；强化食品安全网格化监管机制，开展食品安全宣传活动，对2个食品生产加工作坊、32个小商店、22个餐饮消费单位进行摸排，及时排除食品安全隐患。与海景假日酒店联合举办消防应急演练，承办海港区地震灾害应急演练，通过疏散转移服务、生活安置服务、医疗卫生服务等重点内容的演练，增强居民的防灾避灾意识。在“森林港城、生态花城”工程建设中，种植树木2645株。做好动物检疫和夏季消毒，对797只鸽子强制免疫、488只鸡鸭鹅圈舍消毒作业。将规范执法与亲民执法结合，处理居民投诉65件，受理市长热线123件，回复率100%。

【**精神文明建设**】 开通“海滨路街道”新浪微博，居民共享精神文明创建成果。创办社区少年宫，丰富辖区未成年人课余生活。建立“星星火”妇女儿童维权服务站，通过政策法规宣讲，增强辖区妇女姐妹维权意识。开展“五四”志愿服务周活动，引导居民讲文明懂礼仪。以“双拥”共建为平台，对驻街部队进行慰问。举办“讲述幸福家庭故事大赛”，营造建设幸福家庭浓厚氛围。开展“我们的节日在社区”系列活动，让优秀传统文化及海港精神在居民中传播。设立街道社区“善行功德榜”，用榜样影响和带动居民践善行。开展核心价值观主题讲座7次，收集征文20多篇，诗词作品60多篇，书画作品50多幅。开展“全民健身、你我同行”健步走大赛，丰富职工文化生活。举办“中国梦·赶考行·劳动美”摄影比赛，获区工会评比三等奖。组织参加企业退休人员迎重阳快乐健康趣味运动会，获市劳动局评比团体二等奖。

【**社会治安综合治理**】 构建街道、社区、网格三级服务管理体系，将7个社区划分49个网格，利用网格开展志愿服务等活动，组建300多人的平安志愿者队伍，对辖区30名优秀平安志愿者进行表彰。开展平安建设知识竞赛，普及治安、消防、公共生活等安全防范常识，提高街居干部和居民的安全意识。将平安志愿者巡防工作与社区警务工作站紧密融合，成立7个平安志愿者警务服务站。开展“法律八进”活动，宣传《中华人民共和国消费者权益保护法》《中华人民共和国食品安全法》等法律法规，发放“六五”普法宣传书籍30多套。建立26位矫正人员信息档案，对新纳入的15名安置帮教对象妥善安置。做到隐患排查常态化，尤其在敏感时期，坚持日排查、日报告、24小时值班制度。对排查出的各类矛盾纠纷，分类登记，建立台账。街道、社区调解组织，对发现的矛盾隐患进行梳理、分析研判，及时上报，确保信访苗头发现得早、处理得好、控制得住。成功协调耀华小区、省三居小区民办理房本，解决省三小区110户居民供水等多个信访隐患。排查出民间矛盾纠纷80起，其中，呈交上级卷宗协议5起，口头承诺协议75起，调解成功率100%。

【**社区简介**】 滨海城社区　总户数3094户，总人口7500人，其中流动人口420人。以群众路线教育活动为契机，向108名党员下发《论群众路线》等必读书目，为每名党员发放《致党员的一封信》，在党员学习、缴纳党费、红色义工志愿服务、环境整治百日会战等10个方面对党员实行写实分类管理。组织召开专题座谈会6场、发出征求意见单1500份，征集建议和意见42条。利用“网格化”管理模式累计培训治安志愿者、人民调解员、法制宣传员、计生信息员等各类人员200人次，开展志愿服务活动56次，成功调解矛盾纠纷10起，进行人口信息采集830人次。开展“退休职工迎春手工作品展”“缅怀先烈歌颂经典”诗歌朗诵会等。依托“民族融合之家”开展“民族团结月”活动，多次组织滨海学社学员参加摄影、诗词创作大赛，其中李宗廉的书法作品在“建国65周年书画展”中获一等奖。社区制作的《创建党建网格机制助推实现美丽社区》宣传片获区级微电影观摩评比一等奖。

吉星里社区　总户数4455户，总人口1.11万人。有党员326人。向社区党员发放《群众路线教育应知应会学习手册》100本。为75名失业人员办理失业保险登记。对1557名企业退休人员进行资格认证，办理灵活就业人员社保补贴67人。城镇居民养老保险参保215人。全年接待各地市的参观学习4次。全省的农民工综合服务中心现场会在社区召开。创建食品安全示范社区，制做宣传展牌10块，明确组织机构，完善各项档案。成立海滨路街道首批社区青少年宫，参加社区少年宫活动的孩子579人，组织“参观敬老院”“小小清洁工”“七彩的夏日环保制作——非洲鼓”“参观北京蓝天城及玻璃博物馆”等系列活动14次。治安志愿者队伍70人。

开滦路社区　总户数4667户，总人口9981人。有党员235人。开展集中学习23次，专题报告会1次，讨论交流征集意见建议6次，抽查学习笔记3次，与督导组谈心2次。进行国防知识宣传，张贴通知50张，悬挂条幅6条，登记适龄青年262人。春节期间，为160户低保家庭发放米面油。为贫困家庭子女和农民工子女办理助学金50人。为空巢老人提供上门义诊。为10家危房户发放苫布。开展葡萄节采摘活动、趣味运动会、茶话会等，“周末大讲堂”定期举办知识讲座。围绕“寻访家乡美、童心梦飞扬”主题开展系列活动，观看中共十八大精神电教宣传片和动画片、举办“家乡文化大搜索”的家乡美主题活动、开展“眼中美丽家乡”贺卡制做大赛等活动。

南山社区　总户数2673户，总人口6203人，其中流动人口508人。组织155名党员参加教育实践活动，发挥党员中心户和先进典型作用。组织专题报告会4次，发放调查问卷1750份，征求群众意见、建议663条。社区支部与39名区属在职党员、下派干部共同开展母亲节慰问、卫生清理、慰问社区优秀党员等活动13次。开展各类志愿者服务30次。到困难居民家中进行走访30多次。组建合唱团、舞蹈队、京剧票友会、书法班等文体队伍，服务居民。组织辖区居民开展“法律进社区”宣传活动，开展法制学习，悬挂各类法制宣传横幅12条，更换普法宣传板报5期，发放普法宣传单200多份。

铁路里社区　总户数2709户，总人口7141人。有党员143人。学习《论群众路线》、新《党章》等12次，组织专题报告会5次、讨论交流8次。参加“红色义工”参加义务巡逻、义务植树等活动。组织40多名党员到柳江地质博物馆参观。开展“访民情、惠民生、聚民意”调查问卷。邀请高俊霞律师事务所6位法律顾问进社区为辖区居民就房产、婚姻、物业纠纷等问题进行答疑解惑，为居民发放法律宣传书籍。进行法律宣传4次、集中学习各类法律法规3次。为17名大学毕业生建档，掌握他们的就业情况和求职意愿。开展除“四害”活动，发放消毒药品8瓶，投放鼠药11箱，粘鼠板100多块。利用科普画廊进行“防震减灾”“生活健康常识”等宣传，增加居民科学意识。

耀华社区　总户数4027户，总人口9047人。组织红领巾小分队、巾帼小分队、夕阳红小分队等社区绿色志愿者队伍，定期开展捡拾白色垃圾、清理非法小广告等活动，每月清理一次小区卫生死角，清扫员全天保洁，绿化员维护保养草坪。有低保户198户，为特困家庭发放医疗救助金3万元；全年办理离退休认证2457人；收缴居民养老保险3.64万元；办理老年优待证135本。发放老人高龄补贴2.85万元。为100多名育龄妇女做免费生殖健康检查等服务。社区阅览室藏书量2000多册，免费向对居民开放。

耀中里社区　总户数2518户，总人口7060人。有驻区企事业单位8个，有个体工商户37家。全年组织集体学习23次，梳理群众意见建议29条。通过“零距离便民服务”，为居民提供帮助，收到居民意见建议700多条，做到事事有反馈，桩桩有回应。开展“爱护环境、低碳环保”活动，组织环境卫生大扫除活动10多次。善行讲习所进行讲座12堂。周末大讲堂授课8次。开展“爱护环境、低碳环保”活动，组织环境卫生扫除十多次。

【领导班子主要负责人】

党工委书记：瓮志平

办事处主任：李　越（女）

人大工委主任：马秀芳（女）

（王洪科）

燕山大街街道

【概况】 燕山大街街道辖燕山一社区、燕山二社区、燕北里社区、铁新里社区、迎春里社区、天洋新城社区等6个社区，有居民楼304幢。总面积2.96平方千米，总户数1.51万户，总人口2.89万人。2014年，树立“明确定位抓发展，理清思路树形象，强化保障促和谐，加快建设保平安”的总体思路，开创各项工作新局面。全年完成固定资产投资6.05亿元，引进内资7500万元，分别为全年目标任务的605%和183%。获全国减灾示范社区、全国优秀侨胞服务站、省优秀科普示范社区、省基层优秀科普典型等称号。

【社区党建】 深入开展党的群众路线教育实践活动，创新提出“一四七”工程（创建一个目标；做到“四个保证”，即保时间、保内容、保进度、保效果；实施“七个带头”，即带头反对四风、带头率先垂范、带头查找问题、带头廉洁自律、带头学习理论、带头联系群众、带头调查研究），采取固定时间集体学、重要精神及时学、灵活方式自主学、经验交流互相学等方式组织学习。按照“示范引导、一支一特、整体提升”的工作思路，结合社区特点，打造服务型、居家养老型、文化型、廉政型、共建型、法治型等六大类型社区。采取认岗定责式、关爱式、加强式、挂名式“四式”工作法加强党员教育管理，严格党员发展程序，以党员活动日为载体，以在职党员志愿服务为平台，通过党员大培训、播放电教片、举办“微型党课”等形式，实现党员素质、能力“双提升”目标。

【社区建设】 全面完成社区卫生服务中心建设，力促社区“两室”建设全面提标。对建成的社区老年日间照料中心和早餐工程进行全方位指导、跟踪服务，完善运行机制，及时总结经验，督查运营情况，发挥项目为民服务作用，促进全街经济平稳发展。采取社区风险地图方式，明晰风险源、脆弱性区域、救援点、应急疏散集合点、疏散点路径，加大民情民意反馈，正确引导和处理突发舆情，完成迎春里社区、天洋新城社区全国减灾示范社区申报工作。探索准物业管理模式，依托街道社区服务中心成立社区服务站，组建服务队伍，为小区提供保洁、护绿等日常服务。对于弃管小区、天洋新城8～9栋物业撤离、小区无人管理等问题，协调小区业主成立业主委员会，调动社会各阶层、各方面的积极性，促使群众自我管理、自我服务功能不断完善。

【社会事业】 完成燕山大街街道政务服务中心和6个社区便民服务室建设，在管理制度、工作人员守则、工作流程等方面实行街居统一标准，对内部服务设施进行高质量配置，建成高标准街居便民服务中心（室）。推行“两个代办”和错时工作制，规范代办工作台账，明确错时时间，为居民提供适时、到位的服务。街道便民服务中心办理政务服务4384件，办理代办服务1345件。全面启动公共服务平台建设，开展小额担保贷款、失业保险、退休人员登记等工作。通过举办春季防病知识讲座、退休人员童趣会等活动，让退休人员享受温暖和关怀。成立惠民政策宣讲团，开展“惠在何处、惠从何来”宣讲活动，提高居民对社会保障体系的知晓率。依托燕山一社区图书馆开设老年书屋、社区家长学校开设流动人口儿童之家、婴幼儿早期教育机构开设社区早教中心，逐步形成服务中实施管理、管理中体现服务的良好态势。开展情暖四季救助、心理月通车、青年联谊会等活动，加大对孤寡老人、贫困母亲、残疾人、儿童等弱势群体的帮扶力度。举办“爱耳护耳、健康听力——预防从初级耳科保健开始”全国爱耳日主题活动，为老年人提供听力检查、宣传爱耳护耳知识。与区残联、市心理咨询师协会联合，以“阳光心态、幸福生活”为主题，心理健康科普知识讲座。

【精神文明建设】 以宣传海港精神为主线，全面完善综合文化站、社区图书馆、电子阅览室、远程科技宣传教育终端等公共文化设施网络建设，建立“六有”（有职责、有规划、有人员、有志愿者队伍、有活动室、有电教室）文化工作站。打造社区文化超市服务品牌，完善社区人才库，培育乐器、戏曲、舞蹈等文艺队伍，开展彩色周末、消夏晚会等活动。借助共驻共建单位、“一联六促、访解帮带”活动平台，争取资金、物品等向社区文化建设倾斜。建立社区人才库管理体制，吸纳乐器、棋艺、戏曲、舞蹈等不同类别的文化能人，培育社区文体、民间手工艺团队等文化队伍，丰富居民群众精神文化生活。深化拓展关爱老年人、残疾人志愿服务活动，建立“老来乐”谈心室、残疾人课堂，结成志愿帮扶对子，营造社区居民一家亲的良好氛围。

【社会治安综合治理】 筑成“三道防线”（即由街道和社区干部及各网格工作人员组成矛盾隐患及信访案件的信息线、值班线和稳控线），发挥街道、社区、网格三级联动机制，健全完善社区日排查、街道周调度管控机制，为信访人员建立分类档案，跟踪管理。接待群众访100多件，走访慰问20多次，协调稳控群体访2起。开展以组织机构建设、队伍建设、业务建设、制度建设和基础设施建设为主要内容的司法所规范化建设工作。发挥人民调解机制作用，通过规范调解程序、开展调解人员集中培训等措施，提高调解成功率。矫正工作有序开展，无脱管和重新犯罪。加强基层网格化管控机制建设，将辖区1.51万户划分为40个网格，配备40个网格长，在流动密集的地方实行全方位、全时段、全覆盖巡逻防护。

【社区简介】 燕山一社区　总户数3012户，总人口6100人。市图书馆燕山图书分馆免费向居民开放。社区老年人日间照料站为老年人提供聊天、下棋、打牌、做理疗等服务。早餐工程示范店——社区早餐工程服务部，为居民提供安全放心、经济实惠的早餐和午餐。

燕山二社区　总户数2382户，总人口5798人。社区有文艺团体队伍6支（舞蹈队、腰鼓队、合唱队、模特队、电子琴队、秧歌队）。体育团体队伍4支（乒乓球队、键球队、健身操队、羽毛球队）。

燕北里社区　总户数2098户，总人口4495人。辖秦皇岛银行、市消防支队、市线务局、区环保局、女子医院、66008部队、66109部队、市排水有限公司、区生殖保健院等单位10家。

迎春里社区　总户数1454户，总人口4257人。社区积极搭建活动平台，组建文体队伍6支。开展“关爱失独老人”“真情七夕”“共唱和谐”消夏晚会等活动。

铁新里社区　总户数3039户，总人口5573人。设公共服务中心、党员管理服务中心、党员电教室、图书室、综合活动室。

天洋新城社区　总户数2989户，总人口6019人。社区党员103人。低保户18户，登记失业人员104人。社区3个生活小区均实行物业管理，配备监控设施和专职保安，社区绿地面积占35%。

【领导班子主要负责人】

党工委书记：冯立志

办事处主任：才汇强

人大工委主任：季　平

（杜天琪）

河东街道

【概况】 河东街道辖东港里社区、安居里社区、工人北里社区、工人南里第一社区、工人南里第二社区、煤港里社区、新开里社区等7个社区。总面积5.14平方千米，总户数2.05万户，总人口4.69万人。有驻区企事业单位、机关院校、部队22家。2014年，以党的群众路线教育实践活动为统领，弘扬海港精神，围绕构建“品质河东、和谐家园”主题，以城市管理和公共服务为主线，以夯实基层党建、创新社会管理、提升干部素质、维护辖区稳定为目标，攻坚克难、真抓实干，各项工作取得可喜成绩。全年完成固定资产投资1.66亿元，占全年任务的166%；完成招商引资4840万元，占全年任务的118%。

【社区党建】 采取“面对面”“背靠背”征求意见、深入基层蹲点调研挖掘意见、全员参与进家入户听民声等三种途径，征求辖区群众和各方面意见，整理意见建议31条。召开民主生活会，提出批评意见123条。完善建立民主管理、监督检查、信息公开等作风建设方面的制度13项。建立社区后备干部选拔任用机制，利用年终考核选拔出社区正、副职后备干部 15 人。结合党员写实分类管理制度做好不合格党员认定处置工作，其中 47 人认定为有不合格表现，28 名与党组织失联党员已经全部取得联系。搭建“精细化 + 个性化”党员分类管理平台,采取“台账式”“吸收式”“上门式”“帮扶式”等模式对不同情况党员进行管理；300 多名在职党员全部认领服务岗位，开展慰问贫困母亲、义务植树、环境整治等活动，党员先锋作用充分显现。建立“骨干领航、一网多格、一格多员”的无缝隙全覆盖社区网格服务体系，做到“六清”（家庭情况清、人员类别清、区域设施清、隐患矛盾清、居民服务需求清、群众关注的热点难点清），发现问题第一时间予以解决。在片区联合党委中开展“双认双诺”活动，辖区单位和非公企业党组织认领共建项目 10 多项，组织开展“河东片区党员论坛”、职工跳绳比赛等共驻共建活动 7 场次。制订《党风廉政建设和反腐败工作计划》，明确工作目标和具体措施；开展纪检专题调研 3 次，召开专题会议 4 次。印制《机关规范化制度汇编》，促进各项规章制度落实；严格执行《干部任用工作条例》，制订街居选拔推荐后备干部工作制度。定期开展集中学习，组织观看《周恩来的四个昼夜》《焦裕禄》《生命线》等廉政教育影片，开展廉政法规知识竞赛、参观甲申史鉴纪念馆和花场峪革命纪念馆、重温入党誓词、缅怀革命先烈等廉政文化活动，提升机关工作人员廉洁自律意识；以安居里社区为示范点，制做廉政文化宣传展牌 30 块，创作廉政文化书画作品 6 幅。

【街居经济】 街居经济实力显著提升，重点开拓 2 个新项目（海东青海上娱乐平台项目和新港水产新渔船设备购置项目）。其中，娱乐平台项目投资 1 亿元，购置渔船设备项目投资 6640 万元。强化项目工作中心意识。以壮大街居经济实力为着力点，强化项目跟踪服务，开展全员招商，激发各社区、各企业，特别是主要负责人的招商积极性。对引进的重点项目如渔业公司扩建项目、海东青渔船购置项目及海上娱乐平台项目等做好跟踪服务。建立企业联络册，定期走访外来企业，其中重点企业每月至少走访 1 次，一般企业每季度走访 2 次，做到以诚招商、以商招商，形成街道与企业的良性互动，达到“双赢、多赢”的良好效果。完善各项经济管理制度。实施经济工作“一把手”工程，成立经济工作领导小组，设办公室，对招商引资任务进行层层分解；制订街道“招商引资目标任务分解一览表”，将工作目标层层分解，落实到人;制订《招商引资目标管理考核细则》《招商引资奖惩制度》，建立科级干部定点帮扶制度，与辖区单位结对挂钩共同开展工作；建立街道经济工作例会制度，研究和总结街道经济发展工作，协调矛盾，及时解决项目工作中遇到的困难和问题。创新招商引资方式。探索招商引资工作的新思路，制订招商引资工作长远规划和具体措施，为企业排忧解难；建立党政领导联系企业制度，包企领导定期深入企业，帮助辖区民营企业国粹苑结石专科门诊部建立党、团、工会组织；帮助渔业公司冷库协调用电问题；帮助海东青食品有限公司协调安监局规范危险化学品使用程序等。盘活资产。利用各社区资源优势，探索社区经济增长点，兴办投资少、机制灵活、适应性强的社区便民利民服务项目。依托工人北里日间照料中心，采取与第三方服务公司“绿食源早餐工程”合作的方式，成立日间照料“老饭桌”，全天为辖区老人提供餐饮服务；成立“爱如家”老年人健康养生俱乐部，提供包括保健康复、休闲娱乐、免费理发、精神慰藉、书籍借阅等服务内容，由辖区志愿者协助管理，为老年人提供免费服务。提高自身造血功能。鼓励各社区依据自身区位优势，制订适合自身发展的战略。鼓励社区与辖区个体工商户、浴池、药店、诊所等联合发放让利销售卡，开发物流配送项目等为弱势群体进行无偿或低偿服务。通过盘活闲置资产，开展面向居民的社区中介、社区食堂、婚庆公司、馒头加工坊、便民回收站、社区停车场、社区旅馆等服务项目，实现经济效益和社会效益的有机统一。

【社区建设】 强化城市管理。加强临时占道的管理，对占用街巷道路的摊贩等进行减量、规范、上档。清理流动商贩 400 人次，违章占道经营 100 处，集中拆除违章棚亭 12 个；加强环境保护。建立环保联络员、环保志愿者管理、沿河污染巡视等制度，劝导 5 家烧烤经营户安装除烟设施。在辖区内种植金丝柳、西府海棠、木槿、红王子锦带、丁香、蔷薇等植被2796株。开展灭鼠宣传活动2次，参与居民800人，走访街巷路门店300家，发放除“四害”宣传材料200份，鼠药100箱，粘鼠板30箱，鼠夹鼠盒200个，张贴宣传通告120张。开展动物防疫工作。组织社区采取逐一排查全覆盖的方式，落实“强制免疫、疫情监测、消毒灭源、检疫监督”工作机制，对信鸽散养户逐户逐只进行免疫注射，完善免疫记录，摸排信鸽数量594只，免疫数量594只，免疫密度100%。向居民发放《致居民的一封信》2000份、兽用防疫药品90瓶，严防高致病性禽流感传播。开展大气污染防治工作。制订《河东街道大气污染防治行动实施方案》，对辖区重点门店、场所进行两轮摸底排查，其中燃煤锅炉11家、煤场2家、加油站1家、门店386家，涉及餐饮排污93家，每月定期开展环保巡查4次，确保将污染消灭在萌芽状态。完善服务中心建设。街道1600平方米的政务服务中心11月投入使用。建立300平方米的政务服务大厅。完善街居两级政务服务中心（便民服务室）软硬件建设，全年接受居民咨询和办理具体事务3500件，群众满意率99%以上。加大环卫投入，在重点路段增加果皮箱20个，清理无主建筑垃圾650多立方米，组织义务劳动60多次，清理卫生死角50处。硬化、亮化街巷路面，对新生路、港二路、港三路、利园路4条破损严重的路段进行改造。

【社会事业】 提升再就业服务。加强失业保险、城市低保与就业工作的联动机制，对新出现的零就业家庭和双下岗家庭进行跟踪服务，开设免费培训班，了解、发布劳动力供求信息，为下岗失业人员及时提供就业和致富信息。加强与辖区单位的联系，以小额担保贷款扶持方式帮助下岗职工创业，以创业促就业；开展高校毕业生调查工作，为未实现稳定就业的高校毕业生推荐见习岗位。街道城镇新增就业724人，其中下岗失业人员再就业391人，就业困难人员再就业184人。服务企业退休人员。开展“企退人员趣味运动会”“元宵喜乐会”“免费口腔义诊”等活动，丰富企业退休人员业余生活。年内175名企业退休人员移交街道管理，在管理系统中对其进行确认和信息补充，协助异地退休人员认证99人次，核实离退休人员死亡49人；为辖区6820名退休人员进行领取养老金资格认证，恢复暂停发放79人。对辖区7000户家庭开展单独夫妇调查摸底，汇总并整理城市单位职工信息320条，先录入符合条件的单独和双独的家庭信息1800条。为15名独生子女伤残、死亡家庭父母申请扶助金，有93人享受特扶奖励。为129名无业的独生子女父母申报2014年独生子女父母奖金。为1户符合二胎条件但自愿放弃二胎人员申报1000元奖金；为10户独生子女死亡、伤残新增家庭建立救助档案，为其申请一次性救助金11.5万元；为3名独生子女父母退休人员申报一次性奖励9000元。查处违法生育案件43件，立案率100%。成立低保评议小组，对辖区困难户、边缘户、低保户定期入户走访，及时掌握情况，实行动态管理，做到“应保尽保”。年内新增低保户50户，调整低保户73户，注销低保户55户，为205户低保户发放米面油等春节慰问品，为60岁以上低保老人免费体检，为61人申请医疗救助，5人申请大病救助。为80名残疾人申办残疾证；发放年度燃油补贴7800元；为6名精神残疾的残疾人发放居家托养金每人500元；残疾人机动车燃油补贴新增15人，共计45人。在安居里社区、工人北里社区建立老年人日间照料中心，设有休息室、棋牌室、舞蹈室、阅览室等，工人北里社区建立“爱如家”老年人健康养生俱乐部和“港城老人饭桌”；残疾人康复室定期对社区的残疾人进行健康医疗、康复训练。

【精神文明建设】 利用市民学校搞好教育培训。定期进行《公民道德建设实施纲要》、社会主义核心价值观、海港精神等方面宣讲。开展内容丰富的培训教育，包括党性教育、移风易俗教育、电脑知识培训、各种法律法规教育等。组建“草根宣讲团”，开展“中国梦·赶考行”、中共十八届四中全会、“两会”精神、核心价值观等宣讲活动20场；投资3万多元在显著位置悬挂海港精神宣传牌，在煤港里社区、新开里社区绘制文化墙90延长米。挖掘身边先进典型。开展《公民道德建设实施纲要》宣传日、法律进社区、廉政文化进社区、文明祭祀、文明餐桌行动等宣传教育活动，涌现出热心助老的社区干部史玉洁、舍己救人的义巡防员王渤海等先进典型，被区委评为“感动港城平民偶像”和文明市民；退休职工王会民组建的河东海边义务救生队的先进事迹分别在《河北日报》《河北工人报》《秦皇岛日报》整版刊登。开展多渠道的未成年人思想道德教育。成立河东街道青少年社会实践教育基地（长城法庭的法律教育基地、秦皇岛边防检查站东港分站的军事教育基地、海港区青少年活动中心的科技教育基地、东港镇西向和寨村的农业教育基地），推出“青少年假期生活套餐”，组织未成年人道德、劳动、法律、国防等社会实践活动。特色活动丰富群众精神文化生活。依托安居里、工人北里社区发挥综合文化站的作用，建立图书室、棋牌室、电子阅览室和小型文艺健身休闲场所。全区规模最大的社区图书馆即秦皇岛图书馆工人北里分馆与秦皇岛图书馆实现一卡“通借通还”，让居民享受家门口的文化盛宴。将新开里辖区一块荒地改造成800多平方米的小广场，在多处安装健身器材、休闲桌椅，为居民开展各项文体活动提供方便。

【社会治安综合治理】 启动治安巡防一级响应机制，固定岗哨与流动巡逻结合，在小区出入口、市场两侧、人员密集等地点扩大巡逻覆盖面，提升整体防控效能；在工人南里一社区、煤港里社区进行“大喇叭广播”试点，安装“大喇叭”4个，社区安排专人定时播报小区治安预警信息，全面加强社会治安巡防。筹建街道信访接待大厅。大厅集信访接待、领导接访、纠纷调处于一体，配置电脑、扫描仪、摄像、录音、监控等设备，为妥善接待上访群众、调处信访事项创造良好环境。全年接待到访群众100人次，成功化解集体访案件2起。坚持矛盾纠纷、信访隐患“社区日排查、街道周调度”，及时掌握辖区内不稳定因素，对排查出的纠纷、隐患进行梳理、登记，进行直接调处整治或分流到相应的部门处理。开展各类排查24次，受理调解各类民间纠纷111件，调解率和成功率分别为100%和98%。

【社区简介】 东港里社区　总户数5214户，总人口1.28万人。有党员446人。社区新增低保困难家庭7户，注销23户，对6户低保家庭实施分类施保，对13户困难家庭申请6万元的医疗救助；全年为116名老人办理老年优待证，为高龄老人发放政府补贴1.6万元。为2190人进行企业退休认证，为10人办理就业困难认定，为66人办理城镇居民养老保险手续，为166名下岗失业人员返还养老金补贴120万元。参加义务劳动200人次，清理无主垃圾5处。

安居里社区　总户数4192户，总人口1.24万人。有党员141人。有低保户182户，其中，办理新申请低保12户，注销低保11户，低保调整32户，分类施保6人；为18人办理医疗救助。全年失业签到35人，就业困难认定14人。办理就业困难人员社保补贴44人。社区企业退休认证人员752人，全民养老86人，协助做好事业单位和异地退休人员认证39人。办理独生子女证29人次，为205名无业居民发放独生子女费2.39万元，审核独生子女父母退休一次性奖励60人次。组织开展义务劳动500多人次，对新开河两岸小广告、白色垃圾进行多次清理。

工人北里社区　总户数2055户，总人口4996人。成立河东街道第一家社区少年宫，接待学生报名600人次，开展活动20多次。设置残疾人康复室，配齐相关设施，对有康复需求的残疾人免费开放。完善“惠老政策”，每月的高龄补助做到按时、足额、准确发放给高龄老人。

工人南里第一社区　总户数2018户，总人口4406人。为退休人员认证578人，城镇养老保险认证51人，其中，上门入户6人，城镇居民养老缴费13人、缴费金额1.19万元。定期组织育龄妇女进行生殖健康体检，全年新出生17人，发放独生子女费103人、1.18万元。成立巡防小组，每天由专人在小区巡防，发现问题及时阻止、上报，成立综治调解工作领导小组，在第一时间受理居民投诉，调解矛盾纠纷9起，调解率100%。

工人南里第二社区　总户数2146户，总人口5028人。为退休职工生存认证890人，居民养老保险生存认证51人，管理失业保险签到38人，协助异地退休认证14人，接收新退休人员19人，办理就业困难人员认定8人，社保补贴13人，收取2014年居民养老保险金1.48万元；考核年度内出生29人，为40名育龄子女进行生殖健康检查，为114名居民申请独生子女父母奖励1.33万元。开展周末讲堂、“善行讲习”活动、道德讲堂等活动。加强义务巡防志愿者队伍建设，调解居民矛盾纠纷12起，开展法律进社区活动4次，对3名社区矫正人员进行定期帮扶。

煤港里社区　总户数3200户，总人口6629人。开展走“百家门”活动，动态掌握弱势群体信息，使真正的困难家庭得到及时救助。全年申请低保4户、注销19户，调整15户，办理医疗救助10户，做到应保尽保，为33名高龄老人发放高龄补贴1.08万元，协助办理保障房11人。为40个家庭提供婚育状况证明，为179名无业人员发放独生子女费2.14万元。清理清运社区周边各种生活垃圾8车，清除卫生死角6处，植树175棵。成功调解各类矛盾纠纷22起，调处率100%

新开里社区　总户数1292户，总人口2609人。利用党员远程教育系统在社区播放室和党员中心户对党员干部进行教育，收看180部电教节目；组织党员收看《焦裕禄》《杨善州》等100名先进人物事迹篇目。为452名企业退休人员进行资格认证，协助36名异地退休人员进行领取养老金资格认证。为新增城镇居民养老保险人员建立台账，协助11人办理年度缴费，为5人办理享受和终止待遇手续。为76人发放独生子女父母奖金8910元。发展工会会员734人，在节假日举办“送春联、送祝福”“巧手妈妈才艺展”“红歌赛”等主题活动。

【领导班子主要负责人】

党工委书记：王进国

办事处主任：蔡　岩

人大工委主任：迟　飞

（徐　凡）

建设大街街道

【概况】 建设大街街道辖交运里社区、新征里社区、上秦社区、秦皇社区、幸福里社区、文明里社区等6个社区。总面积1.95平方千米，总户数1.94万户，总人口5.68万人。辖8个党支部、在册党员1222人。有驻区部队、院校、机关及企事业单位35家、商业民营企业8家，为典型的商业网点集中地。全年完成固定资产投资1.03亿元，为年任务的102.8%；完成招商引资4117万元，为年任务的100.4%。

【社区党建】 以群众路线教育实践活动为契机，推行“一线工作法”，班子成员带头到社区调研，为社区居民送政策、送培训、送指导、送岗位、送保障。建立副科级以上领导干部群众路线联系点，征集群众意见建议8类、71条，一线实地为民办事110多件；推行“代办制工作法”，建立“街道—社区”二级政务服务体系，明确25项代办事项，制订并完善代办工作流程、代办员职责、办理反馈事项等代办工作制度，全年为群众代办各类事项800多件，受益居民5000多人。完善党员教育管理，多次邀请区委党校教师为辖区党员进行党课培训，通过远程电教、社区党员QQ群、社区党建微博、手机移动课堂等载体，丰富党员教育管理途径。创新党员教育管理平台，总结交运里社区党支部首创的“廉阿姨工作室”经验，探索在各社区成立以“模范党员工作室”为载体的党员志愿服务基地，解决居民难题40多件，开展各类活动100多次。创新提出“让服务更加完美的口号”，机关和社区创新设立7个便民服务角，免费为居民提供雨伞、药品等各类应急物品，让为民服务更为人性化。

【社区建设】 开展“环境卫生综合整治攻坚战”活动，召开专题调度会6次，组织大规模义务劳动6次，悬挂宣传条幅、标语35条，出动1000多人次，粉刷墙体面积1800平方米，清扫路面面积3000平方米，清理乱贴乱画和小广告4000条，清运垃圾100车，捡拾白色垃圾2000袋，清除卫生死角死面30处，受益群众7000户。拆除各类违建30处，清运各种积存及私倒建筑垃圾和生活垃圾150吨，规范早餐和固定摊点60处，处理各类举报244起，全面优化辖区人居环境。探索交运里社区日间照料中心建设，与绿食源食品配送中心签订临时协议，为老年人提供餐饮、休息、娱乐、健身为一体的多种服务，让老人体验居家养老的各项快捷服务。

【社会事业】 就业援助工作。新增就业岗位952个，为年任务的105.8%；其中，下岗职工就业366人，为年任务的104.6%；就业困难人员189人，为年任务的126%。企业退休人员管理和城乡居民养老保险工作，为企业退休人员认证4893人，办理城乡居民养老保险年度缴费147人，为35人补缴保险费12.46万元；扶贫助困工作。有低保562户、1019人，新增低保19户，变更低保81户，注销低保24户；顺畅保障房申请渠道，上报保障房材料60份，组织584人参加货币型廉租房的年审工作；关注弱势群体，为118名残疾人申请残疾人补贴、免费白内障手术、免费轮椅和房屋改造，为残疾人发放燃油补贴和药物救助，为辖区困难居民申请医疗救助37人、临时救助11人、大病低保10人。优抚工作，组织优抚对象、8023涉核人员、无军籍职工参加医疗体检和免费疗养，坚持重大节日走访慰问，为优抚对象送去米、面、油、电饭锅等多种慰问物品。计生服务。有已婚育龄妇女8974人，出生412人，人口出生率10.04‰，出生政策符合率94.42%，出生统计求实率100%。

【精神文明建设】 提升志愿服务水平。组建14支学雷锋志愿者服务队，在社区服务、治安巡防、文体服务、植绿护绿等方面开展志愿服务。结合“中国梦·赶考行”活动，组建街道“草根宣讲团”。交运里社区每月定期开展周末讲堂，围绕儒家经典文化、秦皇岛的历史等内容开展宣讲。开展善行讲习所活动40多次，参与活动的干部群众达1000多人次，提高干部群众的思想道德素质。培育文化队伍，组建300人的健身舞表演队，多次参加区级演出活动。

【社会治安综合治理】 打造“治安志愿者巡防协会”，街道300名平安志愿者定期巡防，排查辖区隐患，做到信息畅通。全年发现并上报信访隐患5次，调解矛盾纠纷15起。各社区通过网格化管理完善防控网络建设，注重加强社矫人员、刑释解教人员思想教育和管理工作，防止二次犯罪的发生。加大矛盾纠纷排调力度，全年排查矛盾120起，调解成功120起，调解成功率100%。开展“六五”普法，组织多次集中法律宣传活动，出动宣传工作人员20人次，张贴、悬挂宣传条幅15条，散发宣传资料2000份，解答群众咨询100人次，形成良好的普法宣传氛围。

【社区简介】 交运里社区 有居民楼67幢，总户数3543户，总人口8900人。有党员156人，低保户84户，残疾人74人。按时完成全国经济普查任务。完善劳动力资源信息库，协助下岗失业人员解决再就业问题，有62名下岗职工实现再就业。办理异地退休人员认证25人，企业退休人员资格认证570多人。通过秦皇岛云科普网将社区活动图片、新闻资讯、科普知识、政策信息等及时发布。对辖区10幢住宅楼的外溢污水进行疏通清掏，受惠居民达到1000户。

新征里社区 有居民楼82幢，总户数3359户，总人口8872人。有党员183人。开展“在职党员进社区”大型服务活动，涵盖政策宣讲、医疗义诊、扶贫帮困、入户走访、治安巡防、图书捐赠等6项便民服务，引领社区在职党员做到8小时在岗工作，8小时以外奉献社区。完成新征里1～2栋、11～14栋等6幢老旧小区改造项目，主体工程包括楼体粉刷、楼顶防水、污水管道及化粪池改造、路面硬化、垃圾道封堵、院心绿化等六大项，受到居民好评。

上秦社区 有居民楼112幢，总户数4635户，总人口1.05万人。有党员246人，在职党员105人。围绕“让服务更加完美，爱心铸就社区一家亲”的工作目标，秉承“以人为本，服务群众”的工作理念，以社区党建为龙头，以提升、拓宽社区服务为中心，以治安巡防队伍建设为突破口，开展精神文明创建、社区民政、计划生育、城建卫生、劳动保障等各项工作，精心打造“爱心型”品牌特色社区。

秦皇社区 有居民楼108幢，总户数4262户，总人口1.5万人。“三八”妇女节期间，为社区208名育龄妇女进行免费健康体检，为居民免费传授健康保健知识5场。举办快乐“六一”儿童节文艺汇演、亲子早教进社区系列活动、红色义工送清凉、爱粮节粮宣传等文化活动，丰富居民业余生活。

幸福里社区　有居民楼69幢，总户数4846户、总人口1.01万人。全年调处各类纠纷26起，调解成功率100%。为下岗职工返还资金34万元，为下岗职工办理下岗失业证65个，为下岗职工介绍工作20次，为868名企业、事业离退休人员进行生存认证。“五四”青年节，组织青年志愿者捡拾白色垃圾，铲除牛皮癣小广告1100条；残疾人活动日，组织社区医疗服务站为残疾居民进行体检。

文明里社区　有居民楼62幢，总户数3500户，总人口7136人。创新“关爱”品牌，开展“惠民行”系列活动。通过扶危济困献爱心、法官巡回调解、消协服务进社区、律师志愿者免费咨询、大学生义务家教等义务服务活动，使居民得到帮助。启动仪式当天，接待群众咨询120多人次，发放连心卡100多张，宣传资料1000份。成立华升文学社，不定期请专家讲授民族优秀传统文化、先进文化科学知识、心理健康知识等。组织开展庆祝新中国成立65周年文艺展演。全年为患病的16人申请医疗救助。办理老年证36个。为7户住房困难居民申请保障住房。采集用工信息128条，帮助42名失业人员实现再就业。为15人进行困难认定。为40名灵活就业人员办理社保返还18万多元。进行领取养老金资格认证430人。协助异地领取退休金认证31人。解决各类矛盾纠纷46起，调解成功率100%。解决辖区内污水外溢、私搭乱建、装修扰民、垃圾问题等各类事件59起，协助小区物业交接1起。

【领导班子主要负责人】

党工委书记：林大华

办事处主任：王胤龙

人大工委主任：岂福明

（戴莉莉）

白塔岭街道

【概况】 白塔岭街道辖文昌里社区、文体里社区、美岭社区、企业联合社区、北部联合社区、森林逸城第一社区、世纪海洋花园社区、海政里社区、燕大西苑社区、燕山大学社区、职院社区、文耀里社区等12个社区。总面积3.06平方千米，总户数3.12万户，总人口7.44万人。辖党支部（总支）16个，有党员1316人。2014年，围绕打造“充满活力、彰显魅力、独具实力”的目标，深入实施“一主六化”（以学习贯彻中共十八届三中全会精神为主线和统筹推进党建特色化、管理网格化、民生幸福化、服务亲情化、城乡一体化、平安长效化）发展战略，打造“两片四组团”（打造西部主街区和北部零散片区，森林逸城第一社区和世纪海洋花园社区组团建设彰显滨海休闲特色的生态型社区，燕山大学社区和科技师范学院社区组团建设彰显校街共建特色的文化型社区，文体里社区、美岭社区、文昌里社区、文耀里社区组团建设彰显居民生活品质提升特色的服务型社区，企业联合社区、海政里社区、北部联合社区组团建设彰显实现充分就业特色的创业型社区）发展布局，着力抓好校街共建、环境整治、创新管理、民生服务四项重点工作，全街道经济社会呈现出良好的发展态势。固定资产投资完成1.5亿元，超额完成全年任务目标的50%；内资引进完成4525万元，超额完成全年任务目标的0.8%。

【社区党建】 以文体里社区为试点，创新设置书法类、舞蹈类、绘画类、歌咏类、法律类、卫生类等特色党小组19个。以美岭社区为试点，精心设计“七彩党员身份证”管理制度，启动政策引导、志愿服务、纠纷调解等7大公益岗位认领活动。结合建党93周年，组织各社区开展“颂歌献给党‘七一’红歌会”、迎“七一”趣味运动会等迎庆活动。立足辖区高校资源丰富优势，继续巩固以往共建活动成果，加强与高校间互动联系，引导东北大学数统学院在美岭社区建立大学生社会实践基地，启动“志在东秦、愿在美岭”活动；组织其他社区与燕大、建材学院、环保学院等高校携手开展爱心家教、法律课堂、大气污染防治宣传、低碳生活妙招展示、趣味运动会、动画课堂等活动。结合“在职党员进社区”“红色义工、港城先锋”等活动，精心搭建覆盖各层级党员的活动平台。组织机关党员为居民提供错时、预约、代办等服务，构建全方位、全天候的服务体系。组织在职党员认领扶贫帮困、领办代办、宣讲政策等服务岗位，形成党员“工作在单位、服务在社区、奉献双岗位”的良好机制。以正风肃纪行动为总抓手，将“庸懒散”作为整治重点，开展优质服务窗口创建、服务满意评价等活动。推行首问责任、一次性告知、去向告知等制度，提升服务质量与工作效能。建立巡查工作常态化机制，组建巡查工作小组，对街道机关、社区工作人员的到岗情况、工作纪律等进行集中检查。严格落实中共中央政治局“八项规定”要求，修订完善“三公”经费支出、公车使用、工作纪律等制度，实现机关内部管理制度化、规范化。

【精神文明】 以“我们的节日在社区”为载体，开展“迎新春、写春联、送福字”“家的味道·爱的回味·元宵情浓”“环保清明·文明祭祀”等活动。结合母亲节、世纪微笑日，组织“快乐为本·健康生活”趣味运动会、“邻里百家宴”“淡淡花香季·浓浓母亲情”“世界微笑日”等活动；以“中国梦·我的梦”为主题成功举办“倡廉洁·颂清风”书画展、演讲比赛等；以社区读书会、周末讲堂、善行讲习所、市民学校为载体，广泛开展“草根宣讲进社区”活动；与周边中小学建立联系，搭建未成年人教育实践基地，将文体里、文昌里社区作为试点，创建社区少年宫，成功开展“开笔破蒙·人生始立”现场观摩会、“我的科技梦”“小小清洁工”“我是文明美少年”社区少年宫活动；精心谋划打造“社会主义核心价值观展示长廊”“社区能人作品”“公民德育馆”“艳阳·老人之家”日间照料站、“百灵戏曲学社”等特色工作品牌。精心组织全民健身活动，引导5000多名居民参与拔河、羽毛球、门球、沙滩趣味运动会、棋类比赛等11项文体活动。加大社区文化建设力度，建立27人的社区文化指导员队伍，群众性文化团体和体育运动队30多支。完成第六次全国体育场地普查摸底工作。

【社会事业】 做好城乡医疗救助工作，受理医疗救助88人。建立退休人员管理台账10种，完成离退休人员资格认定5834人，协助异地认定270人次。深入实施彩虹工程，加大就业和再就业工作力度。落实惠民政策，办理社保补贴金，重新核实低保户1274人。办理发放老年人优待证436本。关注弱势群体，向辖区困难居民发放米面油，受理保障性住房申请34份。开展单独二胎生育政策、婚育新风、优生优育等宣传活动。开展“青春健康课堂进校园”系列活动，在东北大学秦皇岛分校、燕山大学、河北科技师范学院开展“迎接青春期”“人际交往”“生殖健康”等主题巡回讲座。建立特困帮扶家庭档案。在各社区举办“生育关怀、生殖健康”“争做合格家长构建和谐家庭”“0 ~ 3岁婴幼儿早教中心进社区”等讲座。组织协会志愿者开展“生育关怀、亲情关爱”援助活动。开展以楼宇经济为主的各类资源调查摸底，摸查辖区内新增法人单位、文化产业情况，加强名录库维护，引进朝郡酒家等4家企业，引进内资4525万元。做好固定资产投资项目，通过小汤河清淤、庙沟铁矿矿道施工等项目，完成固定资产投资1.5亿元，两项任务指标均超额完成全年任务指标。建立物业管理长效监督机制和矛盾化解平台，成立社区联席会议小组，探索“社区+物业+业主”互动式管理，确保服务与监督的有机统一。通过“街道引导、社区监督、企业运作”方式，征集居民意见建议，探索符合社区实际的新型物业管理模式，协调解决美岭社区物业管理差，世纪海洋花园社区物业更换，新海政里小区、广顺现代城小区、燕大西苑小区申请成立业主委员会等问题。整合城管下沉力量，发挥辖区大学生志愿者丰富的优势，整治优化环境，规范经文路、岭后街、文坛路、竹海路等占道施工30起，整治早摊点、烧烤等店外经营15处，拆除违章建筑棚亭3个，制止违建8户。组织街居干部、志愿者、低保户等800多人次义务清扫，清除各类垃圾400多吨。开展大气污染防治工作，推广使用清洁能源，倡导居民形成“绿色出行”理念，开展控制烟尘污染、“PM2.5知识”等宣传活动26次，组织居民开展植树造林1.5万株。

【社会治安综合治理】 推行安全生产承诺制度，与企事业单位签订安全生产承诺书，狠抓责任制的落实。开展“奋战七十天安全迎暑期”“食品安全大排查”“食药安全百日大检查”和“安全生产大检查”等行动，对安全隐患进行整改。加大安全生产宣传力度，让“安全发展，预防为主”的理念深入人心。完善街道信访隐患排查机制，建立中心信访隐患防控网络，落实所有科室人员日常工作信访隐患排查责任，发挥各部门职能优势，做到隐患排查常态化，构筑平安工作网,形成工作合力。特别是在“两会”、暑期、中共十八届四中全会和APEC会议等敏感时期实行日排查、周调度制度，对排查出的矛盾纠纷隐患、重点信访案件建立规范台账，逐项明确包案领导、责任科室、责任人，实现矛盾纠纷排查调处工作层层落实、人人负责的良好态势。推进社会网格化管理创新工作，坚持从顶层设计入手，探索推行“网格化管理、信息化平台、精细化服务”管理模式。以文体里社区为试点，筹备建设网格管理服务站、信息资源数据库、“三维”电子地图等，实现管理服务全覆盖、居民需求全响应的目标。通过建立民声驿站、开通民声热线、设置民声信箱、发放“民声驿站宣传卡”等方式，建立覆盖社区内全体居民的社区网格管理系统。

【社区简介】 文昌里社区　总户数2982户，总人口6630人。开展学习型社区建设，利用好党员电教网，每周三下午集中学习。有低保户349户，做到应保尽保，分类施保。办理申请廉租房95户。有残疾人47人。有对计生系统中的信息进行核对，审核独生子女425人。开办“青少年社会实践第三课堂”，70多人参加小虎子活动。开展好“星级文明家庭”“文明市民”评选活动。

文体里社区　总户数4579户，总人口1.13万人。在社区便民服务网站设立“党代表工作室”，反映群众日常生活所关注的热点、难点问题。发挥党员581志愿者的品牌作用，社区干部、党员经常到生活困难居民家走访慰问，组织志愿帮扶20多次。成立民声驿站，入户走访50多次，为群众解决困难100件。举办红色经典影片露天播放、“庆‘七一’红歌会”、象棋比赛。为所有44户低保户建立档案，实行动态管理。开展育龄妇女健康知识讲座50次，组织大型义诊活动10次。获市十大暖心社区称号。

美岭社区　有住宅楼58幢，总户数2590户，总人口5619人。在册党员70人。建立“七彩党员身份证”服务平台。设置政策宣传、弱势帮扶、文化娱乐、环保护绿、志愿服务、治安巡逻、纠纷调解等7种公益岗位，分别用彩虹的七种颜色表示。在职党员进社区活动中，报到党员20人，参与社区活动86人次。为27人办理城乡居民养老生存认证，为7名居民办理城乡居民养老保险，办理老年证50个，为2名80岁以上的老人办理高龄补贴。现有低保户30户，受助人口59人。对符合“单独二胎”生育政策的夫妇进行摸底排查，核准基本信息，为6对夫妇办理“二孩准生证”。

企业联合社区　总户数4340户，总人口1.1万人。通过“及时雨”学雷锋服务站、善行讲习所、社区少年宫，文化活动室等工作平台，加强社区的精神文明建设。发挥“一站式”服务大厅、全程代办服务、畅馨群众工作室的集约、直面优势，为居民提供优质服务。定期对35户低保家庭进行走访，为20户残疾人建档，规范服务，办理廉租房年检工作，发放高龄老人补贴。帮助26人实现再就业，为企业离退休人员认证800多人，办理居民养老保险18人，新增待遇领取老人2人。

北部联合社区　总户数4010户，总人口7875人。享受最低生活保障家庭169户、360人，优抚对象10人，持有第二代残疾证的残疾人106人。办理老年人优待证52个。申请医疗救助19人。发放独生子女费162人。下岗失业人员765人，帮助373人实现再就业。为806名退休人员进行资格认证。为23人申报补贴。280户低收入家庭享受到廉租住房补贴，其中有40多户家庭享受实物配租。社区工作人员、辖区党员、低保户、居民志愿者200多人次参与海政里小区的环境卫生整治，小区环境得到改善。

森林逸城第一社区　有居民楼183幢，可居住5649户，居住2067户，总人口3435人。开展“走进百姓家中”“走入群众心中”“走在党员身边”主题实践活动，走访居民1210户，发放填写调查问卷1200份，征求意见表245份。一站式服务大厅和群众工作室接待来访群众1400人次，提供咨询服务1200次，为群众代办事项1126件，协助外地居民迁移户口200人。推进社区“网格化管理、组团式服务”管理机制和实践。社区治安志愿者巡防队，配合小区物业保安队加大治安保卫力度，全年零事故。民声驿站受理民间纠纷13件，调解结案13件,结案率100%,没有一例上访案件。逸城“党旗红”志愿者服务站推行“10+X”的志愿服务模式，与社区居民结成帮扶对子15对。吸纳大学生志愿者人才140多人，成立大学生志愿者服务队。

世纪海洋花园社区　总户数2042户，总人口1315人。开展"及时雨"学雷锋在行动等志愿活动，鼓励志愿者队伍参加小区食品安全宣传周、爱国卫生等活动。落实建材学院青年实习基地，为在校大学生开展活动提供支持。审核独生子女12人，设立早期教育指导站。秦皇岛国际马拉松比赛期间，社区与包居领导和分包片区领导现场排查安保区域内隐患，对非法宣传品清理，确保赛事期间小区无突发性事件的发生。

海政里社区　有居民楼47幢，总户数2400户，总人口7200人。有党员440人。组建合唱团、"英姿"舞蹈队、"吉祥"健身舞蹈队、交谊舞队、民乐队等多支文艺团队。每周开展一次民族舞课、交际舞课、声乐课、电子琴课。开展"法在我身边"专题法制讲座、"迎国庆"居民联欢会、中秋敬老联谊会、社区亲子读书会、"中国梦·我的梦"绘画大赛、红歌会等。在"港城先锋·红色义工"活动中，46名党员认领6项公益岗位。组织140名在职党员，开展清理小广告、法律讲座、食品与健康讲座、喜迎国庆和为社区贫困户捐款结对帮扶等活动。清理无主建筑垃圾7车。调处居民纠纷20多起，收集居民关心的热点问题30多个。

燕大西苑社区　有住宅楼65幢，总户数3422户，总人口6830人。设立一站式服务大厅、阅览室、居民活动室、市民学校（会议室）、社区少年宫、值班室（库房）、群众接待室。建立居民信访登记制度、矛盾调解制度、请销假制度、档案管理制度、用章登记管理制度等。了解民情，摸清人口底数、了解居民生活的基本情况及需求。收集到各类居民诉求30件，解决邻里纠纷4起。成立健身队、舞蹈队、合唱团、模特队。

燕山大学社区　总户数2048户，总人口5838人。有党员107人。落实城市最低生活保障制度和优抚政策，按时足额发放各种款项，有低保户39户，残疾62人，办理老年证100人，统计80～89岁老人117人；为500名退休职工进行生存认证，接受各方下岗人员领取失业就业登记证67人，为大学生就业困难申领救济金3人；统计58家辖区内经济实体，个体经济活动单位125个，完成全国第六次体育基地普查，普查校内体育基地15个；落实社区4名巡查员制度，工作到位，消除治安隐患3起，火灾隐患1起，清理清除"轻工家属院"违章建筑6起，调解纠纷3起，保证社区平安和谐；群众文化活动有声有色，有志愿者服务队11个。

职院社区　总户数822户，总人口1969人。利用学院资源，成立舞蹈队、合唱队、门球队等多支文体活动队伍。开展特色课堂，聘请学院教师担任小虎队老师。社区和学院离退办联合举办"庆国庆、迎重阳、敬老爱老联谊会"，邀请科技学院的学生和社区60岁以上离退休教职工和居民欢聚一堂，共度国庆节和重阳节。对59名企业退休人员进行资格认证；为27名到龄居民领取保费资格认证；对22户残疾人家庭现状和需求进行调查摸底；对37户低保户进行认证；对4户特困残疾低保户家庭进行认定，为低保户家庭上报医疗救助6次。治安志愿者巡逻队，配合学校治安队，加大治安保卫力度，做到全年"零"事故。协调物业公司修平施工未完的道路，补种绿植。

文耀里社区　总户数1526户，总人口3926人。社区志愿者平安巡防队，日夜巡防不间断，各类治安案件发案率直线下降。加强信访工作力度，做好重点案件、重点人员的稳控和思想教育工作。开展计生宣传工作，向居民宣传新条例，为社区重点人口发放宣传品。为社区30名下岗失业人员找工作，为退休人员进行年度认证980人，建立健全各种台账。

【领导班子主要负责人】

党工委书记：梅红霞（女）

办事处主任：高洪星（6月免）

张　磊（6月任）

人大工委主任：许　岩

（郑新杰）

西港路街道

【概况】 西港路街道辖先盛里社区、桥东里社区、纤维里社区、红卫里社区、先茂里社区、和安里社区、金龙花苑社区、滨河湾社区、和平花园社区、玉龙湾社区、在水一方第一社区等 11 个社区。总面积 3.78 平方千米，总户数 4.43 万户，总人口 10.79 万人。2014 年，以抓队伍执行力和落实力为保障，以推动街居各项工作取得新作为、新突破、新提升为目标，争做“打造一流主城区和沿海经济增长极”的生力军，完成全年工作任务。完成固定资产投资 2.05 亿元，占全年目标任务的 102%；完成招商引资 4400 万元，占全年目标任务的 107%。获省级工会先进集体；市级文明单位标兵、职工文化先进单位等称号。

【社区党建】 推进党的群众路线教育实践活动，加强干部教育培训工作，把学习教育与凝聚班子、团结干部结合。建立每周四学习制度，认真安排学习主题，将市区下发的学习读本、资料汇编、必读篇目、必观影片等内容纳入学习计划，通过领导领学、集中授课、组织观影、现场参观、蹲点调研、分头自学、交流心得等形式进行拓展学习，确保学习效果。召开专题学习会 20 场、领导班子专题辅导 12 场次，集中参训人员 1500 人次。印发教育实践活动明白卡 2000 份，推动党员干部深入自学。组织开展理想信念、革命传统、道德品行、实践体验、党纪法规、正反典型等 6 项教育活动，集中观看焦裕禄、牛玉儒、杨善洲先进事迹等影片，打造高素质为民服务队伍。按照“树典型、推示范、立样板、出精品”的思路，坚持“一支部一特色”的创建要求，以红卫里社区“服务型基层党组织”党建示范点为引领，推进玉龙湾社区的“爱心停留站”、金龙花苑社区的“邻里守望联盟”、先盛里社区的“残疾人之家”、先茂里社区的“党义巡防志愿服务”、桥东里社区的“科普示范小区”、滨河湾社区的“传统国学沙龙”等特色品牌创建活动。依托新成立社区高起点、高标准的硬件条件，谋划、设计独具特色的党建载体，打造在水一方第一社区 80 平方米一站式服务大厅、200 平方米日间照料站及 200 平放米图书阅览室，实现服务群众零距离。

【社会事业】 建立阳光民生救助服务中心，将辖区内有受助需求的人员基本情况进行详细登记和分类，提供定向服务和救助。做好最低生活保障人员核查、医疗救助人员核查、保障房核查工作，做好生活保障金、医疗救助金的统筹发放工作，做好关爱残疾人、关爱军属工作。全年新增低保户 40 户、注销 52 户、调整 71 户，分类施保 125 人，帮扶慰问困难群众 470 户，发放米面油及发放医药购物券 7 万元，为困难居民申请重大疾病医疗救助 87 人次，救助金额 17.9 万元。为 5 位居民申请临时救济款 2500 元。组织 29 名优抚对象进行体检。为 50 位精神残疾人发放医疗救助卡。推进“特色计生”，拓展“幸福家庭”创建活动。强化流动人口精细化管理服务，开展送政策、送服务、送温暖活动。推进劳动保障工作，举办“送岗位进社区”现场招聘会，对辖区近百名下岗失业人员进行为期 15 天的技能培训，提高劳动者素质，增强就业竞争力。推进就业困难认定及城乡居民养老保险工作，为 1.01 万人进行退休认证。结合“环境整治攻坚年”活动，制做宣传条幅 12 条，组织人员深入各居民小区排查统计违章建筑 334 处。清理老旧小区积存垃圾 160 车。完善城管下沉工作机制，发挥城管稽查作用，加大辖区次干道和背街小巷的保洁力度。实施“城区增绿三年行动计划”，完成街巷增绿 3600 棵的绿化任务。开展和煦街、和安路马路市场整治工作。成立领导小组，制订完善综合整治实施方案，加强宣传动员，对两侧 91 户店外经营、流动商贩进行调查摸底，张贴发放整治通告 300 份。在和煦街筹建可容纳 36 个摊位的便民市场，对先盛里社区、先茂里社区、纤维里社区、桥东里社区、和安里社区等 5 个社区、9 个老旧居民区的环境卫生和街巷路路况进行排查。及时申请改造先茂里与先锋里之间、造纸厂家属区等 3 条街巷路，联系区市政维修桥东北里 156 小区街巷道路。

【社会治安综合治理】 完善联合接访服务中心建设，建立“统一登记、分类接谈、现场答疑、立案调处、交办督办、综合协调、法律援助、回复回访”的运行机制，实行街道班子成员承包社区、社区干部承包楼栋、楼栋长包单元的逐级承包责任制，发挥平安志愿者队伍作用，深入开展社会矛盾排查化解工作，坚持贯彻落实班子成员接访制度、信息日报告制度。全年排查调处各类社会矛盾纠纷88件，重点信访案件22件，接访50批次，接待上访群众350人次，办结信访案件2件。加强对社区矫正对象和刑释解教人员的教育管理工作，开展“社区矫正质量提升年”活动，与38名刑释解教人员签订安置帮教协议书。完善社会治安防控体系建设，实行点、线、面的巡防模式，通过对30名优秀平安志愿者的表彰和奖励，壮大平安志愿者队伍，营造和谐稳定的社会环境。坚持安全发展。成立街道食安办（安监站），加大食品安全和安全生产监管力度。与辖区企业签订《2014年安全生产责任书》，落实自上而下安全生产管理网络。建立《经营单位安全生产管理台账》，全面履行监管职责。全年出动人员499人次，检查有关单位155家，查出安全隐患7处，整改7处，全年未发生重大安全事故。加强食品安全网格化监管工作，与所辖11个社区全部签订“2014年食品安全工作责任状”，建立辖区“六员联防”工作队伍及人员档案。在重要节点，对辖区内涉及食品安全各类企业开展食品生产、加工、经营普查工作，出动87人次，检查各类企业269家。

【社区简介】 先盛里社区　总户数4235户，总人口1.13万人。开展“我的中国梦寄语”“安全记心间，平安度童年”“我是妈妈的小帮手”“练好字做谦谦君子”等活动。围绕“婚育新风进万家”活动，开展各种文化宣传，使计划生育宣传工作更加“零距离”接近居民。

桥东里社区　总户数6120户，总人口1.5万人。桥东里社区老年人居多，社区工作重点是居家养老，成立三支志愿者队伍（党员志愿者、青年志愿者、巾帼志愿者）。

纤维里社区　总户数3932户，总人口1.19万人。打造服务型社区，开展为老年人服务的“乌鸦反哺”行动；为流动家庭孩子服务的“流动花朵之家”活动；为下岗职工、贫困家庭和残疾家庭服务的“帮贫济困”活动。

红卫里社区　总户数3212户，总人口8350人。建立10分钟便民服务圈，融合餐厅、超市、银行、卫生所家政保洁多项服务功能，建立全市第一个挂牌的社区餐厅，对军烈属、行动不便的党员和低保户实行成本价销售，依托惠民服务中心，推出流动民生服务车活动，每周四上午组织供销社、工商局、律师事务所等多个部门，为居民提供多方面服务，为下岗职工搭建再就业平台，惠及周边居民5000多户。

先茂里社区　总户数4748户，总人口1.44万人。有党员398人，有低保户163户，残疾人98人。开展“巾帼文明服务队”“巾帼服务窗口”的评比活动。印制2000张服务卡发放到居民手中，受到居民好评。

和安里社区　总户数2415户，总人口6040人。成立“乐为书堂”，端午、“七一”、国庆、中共十八大召开都举办专题书法作品展。开展关爱妇女送健康、低碳环保进社区、送健康体检给母亲、抗震知识讲座、助残日帮扶贫困残疾人、“七一”表彰、“八一”歌舞入军营、迎重阳老年乐等主题活动，受到居民欢迎。

金龙花苑社区　总户数2968户，总人口6999人。以“一联六促”活动为主线，以“关爱人、服务人，争做优秀共产党员；教育人、凝聚人，创先进基层党支部”为主题，坚持以“文明和谐社区”的标准规范社区活动，带动社区工作发展。在社区博客建立“金点子”论坛、“小区杂谈”等版块，征集社区建设好点子及居民意见和建议。

滨河湾社区　总户数2200户，总人口4682人。组织良好心态助长寿、节能减排勤俭生活两不误、重阳节绿色生态游、趣味运动会等活动。为孩子健康成长提供辅助性教育服务，开展“孝行点滴，关爱长辈”“学习经典，弘扬传统”等系列活动，丰富居民文化知识内涵。

和平花园社区　总户数2592户，总人口6287人。围绕打造“婴幼康乐、儿童牵手、青年奉献、阳光老人”文明和谐社区的总体目标，通过加强社区服务，繁荣社区文化，美化社区环境，构建和谐社区。

玉龙湾社区　总户数3500户，总人口6400人，成立全市首家“爱心停留站”，配备爱心药箱，给居民提供帮助。

在水一方第一社区　总户数5295户，总人口8855人。辖区周边企业、个体工商户等工会门店155家。成立在水一方社区服务联盟，组建“幸福 e 家亲”七色阳光社区服务队伍，为辖区居民提供无偿、低偿的日间照料、居家养老、社会实践、心理疏导、维权咨询、法律援助、教育、文体、家政、中介、配送等便民服务项目，拓展社区公益活动。打造集一站式政务服务、智能便捷生活服务、特殊群体菜单服务、多功能文娱服务等多元化全方位社区大服务生活圈，打造便民高效服务型的智慧社区。

【领导班子主要负责人】

党工委书记：张华津（4 月免）

高洪星（4 月任）

高洪星（9 月免）

陶剑锋（9 月任）

办事处主任：晁迎锋（6 月免）

石建波（6 月任）

人大工委主任：郭智慧

（赵　倩）

港城大街街道

【概况】 港城大街街道辖新闻里社区、迎秋里社区、服务里社区、燕西里社区、建兴里社区、新风里社区、交建里社区、工农里社区等 8 个社区。总面积 3.04 平方千米，总户数 2.53 万户，总人口 6.61 万人。2014 年，坚持“内合、外拓、左右联”的工作方法，以“创幸福街居，建希望港城”为目标，围绕党的群众路线教育实践活动，把为民作为核心工作，抓特色、树品牌、重实干、出实效，各项工作取得显著成效。完成固定资产投资 4.56 亿元，完成任务目标的 456%；完成招商引资 9499 万元，完成任务目标的 232%。

【社区建设】 推进“街道便民服务中心——社区便民服务站”二级平台建设，全面优化审批服务流程，配齐配强办公桌椅、电脑、打印机、扫描仪、档案柜等办公设施。健全完善长椅、书报架、饮水机、老花镜、雨伞等人性化服务设施，方便居民群众。多方协调增加电脑 26 台、打印机 20 台，筹措资金完成燕西里和工农里社区便民服务大厅改建和新闻里社区便民服务中心配套项目。探索社区管理模式创新，推出复合式社区管理。以新闻里社区为试点，打造社区“康乐服务中心”，为辖区居民提供免费的健康课堂、心灵聊吧，为群众提供营养健康、绿色天然的放心食品，营造温馨的氛围。打造特色式社区管理。在建兴里社区打造社区希望之家，实现辖区居民“以我管我、自我管理”的目标。实践自主式社区管理。在服务里社区打造以“五五互助合作社”为主的自主式社区管理模式。

【社区党建】 围绕党的群众路线教育实践活动，开展领导讲党课、群众谈体会、专家传经验等系列学习活动。深入群众征求意见建议，以座谈听、进家听、问卷听等模式收集涉及“四风”方面问题不足和意见建议 308 条，涉及具体工作方面的问题不足和意见建议 216 条。制发《践行海港精神弘扬道德新风实施意见》，在街居和非公企业开展爱党、爱国、爱企教育活动，吸引 240 名党员加入街道志愿服务队伍，开展活动 46 次，对建设道德新高地，扩大党的影响力起到积极作用。在全区率先实行周六日盯岗制、错时工作制和预约服务制。增设热线电话、QQ 群和预约卡，为办事人开展预约服务，确保群众急事能在任何时间办理。为提升社区党建水平，选派 8 名优秀的党员干部到社区任挂职副书记，推进片区联合党委建设和“四强四有”（四强：组织群众能力强、联系群众能力强、凝聚群众能力强、保障群众能力强；四有：有多样化的服务平台、有特色化的服务载体、有高效化的服务队伍、有常态化的服务机制）基层开放型、服务型党组织创建工作。共建片区联合党委 4 个；建立非公党支部 11 个。所辖 8 个社区均与辖区企事业单位建立共驻共建协议，开展“扶贫送温暖”“法律服务进社区”“安全消费筑和谐”等活动 70 多次。建立“党代表定期走访”制度，建立社区帮扶超市、帮帮团和恳谈角，实施大病医疗互助和帮扶工作举措，开展“激情奋斗担当”演讲比赛、义务清洁公交站牌、“星星火维权”“巾帼志愿服务进社区”等主题活动。

【精神文明建设】 举办第三届“你好节”暨用世界杯引领全民健身潮系列活动，在海港区第五届全民运动会中获街道组第一名。利用街道百人威风锣鼓队、百姓京剧团等26支文体宣传队伍，开展亲情陪伴暖空巢、百姓故事汇、“建美丽港城从我做起”和社区干部风采大赛等主题活动67次。发挥全国首家社区学雷锋志愿服务基地的平台作用，推进“白衣天使服务队”“青年义务巡逻队”“小小少年志愿者服务队”建设，开展“家庭医生上门义诊”“点亮失独老人心灯”“老党员宣讲中共十八大精神”等志愿服务活动56次，形成群众参与志愿服务的新高潮。挖掘社区好人，推选平民偶像。数十年如一日不离不弃，悉心照料瘫痪在床的大姑姐的居民王丽华被授予“第五届全国五好文明家庭”称号。发表调研文章1篇；外宣信息登载400多篇。其中，在省级媒体登载15篇，在市级媒体刊登194篇，在网络媒体刊登79篇，在区级媒体刊登70多篇，位居全区街道前列。

【社会治安综合治理】 有320人组成的社区治安志愿者队伍，分成28支巡防小队在楼宇和辖区各小区开展巡防工作，排查出矛盾隐患20多起，排查调处各类矛盾纠纷295起，排查调处率100%，确保信访隐患不出社区。组建单位和辖区志愿者队伍，推行包联责任制，实行“定时间、定巡区、定任务、定责任”四定工作制，对社区的重点部位、人员、楼院等不间断巡逻，形成多点多线的维稳防控体系，将综治维稳责任横向到边，纵向到底。围绕“红线意识”，从领导、企业、群众三个层面明确职责，强化领导干部“一岗双责”，健全“责任明确，管辖清晰”的安全生产责任体系。与辖区8个社区签订《2014年安全生产目标管理责任书》，与辖区内的30家企业签订《法人代表安全生产承诺书》。开展安全生产月活动、“奋战七十天，安全迎暑期”安全生产大检查活动，发放安全生产宣传资料1800多份，悬挂安全生产宣传条幅8条，制作宣传板报8块。邀请市燃气公司和防火宣传中心专家进行安全常识培训2次，开展安全生产知识讲座4次，排查企业405家次，排查隐患48处。开展“六打六治，打非治违”专项行动和特种设备安全常识宣传。开展消防安全网格化管理工作，移交火灾消防隐患2处。开展消防安全常识培训，在益寿园开展大型安全生产、食品安全现场咨询活动，解答咨询群众100多人，提升居民安全意识，确保辖区安全。

【社会事业】 社会救助。有低保506户，每月发放低保金29.82万元，全年发放米面油等配套物资折款5.07万元，发放老龄补贴4.47万元。就业再就业。开展再就业宣传与服务13次，举办培训班7期，培训140多人；城镇新增就业954人，完成全年任务的104%；下岗失业再就业人员404人，完成全年任务的104%。计划生育。对12户计划生育困难户和35户独生子女伤病残及死亡家庭进行帮扶救助；出生人口397人，其中政策内出生379人，政策外出生18人，出生政策符合率达95.47%；人口出生率7.53‰，综合避孕率90.46%。征兵工作，245名适龄青年进行兵役登记，有6名符合条件的适龄青年应征入伍。组织人大代表参观解放军61251部队、参观社区建设和学习中共十八届四中全会精神活动，履行代表职责。围绕全民爱国卫生运动和争创全国文明城市工作，每周开展一次义务劳动，出资7万多元清运老旧小区垃圾440车，清除小广告2000处。拆除建兴里小区东侧、北侧商品房后侧及小区内私搭乱建门市房40处，处置城管举报投诉110件（次）。组织辖区党员、志愿者、辖区单位工作人员1000人,开展“小手靓家园”“关爱自然、植绿护绿”义务植树活动，栽植各类苗木8655株。开展“低碳减排、绿色生活”环保宣传活动，加大对辖区内餐饮企业的排查、监督力度，与40家烧烤经营业主签订“不扰民、不破坏环境、规范经营”责任状。8个社区建立“六员联防”工作队伍。网格化常态管理。把辖区划分为“8个片区、36大块（自然小区数）、596个网格组（小区栋数）和1837个网格（小区单元数），将辖区内所有食品监管对象纳入“网格”实施直接监管。增强全社会食品药品安全意识，开办知识讲座2期。食品生产经营单位备案监管系统录入完成430家。发挥组织协调作用，建立由工商、质监、食品稽查大队等职能部门联合执法的联动执法机制。排查企业（个体户）820家次，排查隐患129份、当场整改隐患14份、下达整改通知书115份。

【社区简介】 新闻里社区　总户数4256户，总人口1.28万人。注重民生，抓好服务，打造社区“希望之家”。发挥“社区帮帮团”创新服务载体作用，开展志愿服务活动等各项活动100次，惠及群众1000多人次。成立集“党代表工作室”和“心灵驿站”为一体的“特色工作室”。年内，分别接待美国参观团、国家、省、市、区等各部门及有关领导的现场观摩，获得省级“科普示范社区”称号，社区工会的一会一品创新做法在《河北工人报》刊登。

迎秋里社区　总户数2473户，总人口6909人。严格执行党员写实分类管理制度，组织党员群众学习和走访谈心，推行“为民服务全程代办”制度，将劳动保障、民政低保、计生服务等与群众密切相关的事项，全部纳入服务范围。全年新增就业人员125人，退休人员认证468人，办理城镇居民养老保险生存认证30人；就业困难人员办理社保返还24人。开展植绿、补绿和认种认养活动，植树700棵，居民认种认养64棵。

服务里社区　总户数5207户，总人口1.43万人。在册党员287人。有140平方米的服务大厅，为居民提供各类业务咨询、指导和帮扶等“一站式”服务提供有效平台。创新“便民代办”工作机制，实行“一个人全程代办、一条龙优质服务、一站式办理完结”的工作新模式。社区依托党员活动日、义工活动日、共建帮扶月等开展志愿服务。利用安装的社区文明传播网络平台、舞蹈队、合唱队、健身队等队伍，组织开展“启航2014，寄语祖国”迎新年联欢会、“唱响新生活，祝福送祖国”红歌赛等文体活动，为居民提供文化生活舞台。

燕西里社区　总户数3060户，总人口8998人。本着“五心”服务理念，从群众最需要的事做起、从群众身边的不正之风抓起、从群众不满意的地方改起，成立“爱心助老驿站”，组织志愿者与社区孤寡老人、空巢老人结成帮扶对子。组织志愿者进行浇树护绿、环境保护、社区工作者“一日岗位”体验等公益活动。

建兴里社区　总户数2301户，总人口5358人。在册党员157人。通过举办红色义工启动仪式、座谈会、环境治理等形式，确保“在职党员进社区”活动有名有实。社区科普效果良好，居民科学素质得以提高，获得省级科普示范社区。社区文艺队伍丰富居民业余生活。成立居民周末讲堂。创建便民服务室代办平台。完善便民措施，建立代办员制度，预约服务、热线服务、上门服务。

新风里社区　总户数2627户，总人口7524人。以“服务于民、便利于民、惠及于民”为宗旨，秉承“实干、创新、激情、一流”的工作理念，实现社区党建特色化、综治管理规范化、青少年教育经常化、为民服务精品化、弱势帮扶人性化。社区开展系列特色活动。红色义工对社区4户低保户进行慰问、开展与空巢老人一起包饺子、“庆‘七一’、唱红歌”等活动，被《秦皇岛日报》《秦皇岛晚报》、秦皇岛电视台及海港区文明网等媒体刊登信息40多篇。

交建里社区　总户数2464户，总人口5665人。在册社区党员164人。创新社区管理，开展“代办服务”，出台“错时工作制”“预约服务”等便民服务举措。推动区域化党建，不定期组织党员外出参观学习、义务劳动、野外采摘等系列活动；开展双向关爱活动，年节对困难党员进行走访慰问；开展共驻共建活动，争取帮扶单位区规划局、市物价局、政府办等单位的支持，为社区贫困党员居民发放过节物资米面油等。依托社区在职党员、红色义工拓展社区志愿服务。

工农里社区　总户数3880户，总人口1.08万人。有低保户116户，领证残疾人66人。对低保户家庭实行定期走访制度，建立一户一档的动态管理机制，实行动态管理。为56位灵活就业人员申报社保补贴。为1168位退休人员进行认证。对外来暂住人员，建立一户一卡，签订《流动人口计划生育合同》。开展环境整治养绿护绿，小区种树210棵，清除辖区内堆积多年无主垃圾18车，清理小广告600多条，捡拾白色垃圾240多袋。开展“百日安全大会战”对辖区189家企事业单位多次进行安全生产及食品安全检查，发现隐患及时排除。

【领导班子主要负责人】

党工委书记：卢利辉

办事处主任：韩淑耐（女）

人大工委主任：王国芳（女）

（王永冬）

东环路街道

【概况】 东环路街道辖东环里社区、东环北里社区、临河里社区、东华里社区、燕海里社区、红光北里社区、热电里社区、3544 社区、世极城堡社区、东方明珠城第一社区、东盛世家社区等 11 个社区，总面积 3.27 平方千米，总户数 4.38 万户，总人口 13.47 万人，有驻区部队、院校、机关、热电厂、中首板材等大型企事业单位 32 家。2014 年，以“党的群众路线教育实践活动”为抓手，明确“抓党建、惠民生、保稳定、促和谐”总体思路，街居上下凝心聚力，锐意进取，创新超越，圆满完成全年各项目标任务。完成固定资产投资 2.02 亿元，为全年目标任务 200%。招商引资 7150 万元，为全年目标任务 183%。完成税源普查工作任务，登统漏征漏管企业 431 家。获全国社区侨务工作示范单位，市文明单位标兵、市平安建设先进单位等称号 30 多项，接待中共中央和省、市区各级领导及兄弟单位参观检查 120 多次。

【社区党建】 开展“港城先锋、红色义工”党员志愿服务活动，923 名在职党员认领法律调解等公益岗位 90 个，创建红色义工志愿服务队 56 支，开展保洁护绿等活动 200 多次。举办表彰大会暨红色志愿服务月活动，对 4 名优秀红色义工进行表彰。开展扶贫济困活动，为困难职工及困难边缘户发放米面油 31 人次；为 4 名困难职工子女申请金秋助学奖金 1.6 万元。成立区工商业联合会东环路街道分会，吸纳会员企业 17 家，搭建政府与非公有制经济人士的桥梁。省社区青少年科普工作现场会在燕海里社区召开，撰写的调研文章《关心下一代工作与老少“双受益、双提高、双发展”》被省关工委收编成书。东环里社区被评为“全国优秀侨务示范社区”，接待第七届世界华人华侨联谊会代表团及省妇联领导视察调研 3 次。加强与辖区共建单位联系与沟通，在驻区 91404 部队设立拥军代办服务点，为官兵发放“拥军爱心预约服务卡”，办理各种业务 53 次。与市教育局、汇宾饭店等党支部联合开展“庆教师节文艺晚会”、美食节等活动 30 次。加强宣传，展现街居良好风貌。通过各种形式将党的声音及时传达到基层，开展各类活动 300 多次，上报舆情、网评等新闻稿件 700 多篇，在中央和省市区各级媒体及信息简报刊（播）发稿件 500 多篇。其中“贫困老夫妻圆婚纱梦”等新闻稿件在中央媒体刊播 14 次。设立“好人榜”展示牌，制做好人墙、善行功德榜，将 20 名好人先进事迹进行宣传展示。

【社区建设】 完成东方明珠城第二社区办公用房交接工作。9 个社区办公和活动用房面积（2 个家委除外）平均达到 730 平方米，达标率 100%。建立“东环一家亲”爱心志愿服务联盟，成立“及时帮邻里互助”服务队等特色志愿服务队 82 支，开展“征集微心愿，实现微心愿”等志愿活动 270 次，受益群众 800 多人。在东环里社区、燕海里社区、东华里社区打造“物化服务便民工具间”，成立“雷锋巧匠服务团”，为居民义务维修 80 多次。依托“道德讲堂”和“周末讲堂”等阵地，开展《践行社会主义核心价值观，演绎善美青春梦》微美文、微视图、微电影征集活动，倡导居民文明向上。创新载体，丰富居民文化生活。建立健身中心等活动场所 20 处，在东环里社区、东盛世家社区分别打造 200 平方米的海港区图书馆分馆。以东环里社区为试点创建文化超市，将文化信息、文化资源等及时传送给居民。街道综合文化站被评为省一级文化站。有文体队伍 63 支，举办太极拳、诗词创作等培训班 12 次，培训文艺骨干 80 人。举办“趣味运动会，欢乐大家来”、军民鱼水情等文体活动 220 次。“明珠和谐舞蹈团”获市中老年健身舞大赛金奖和最佳媒体印象奖。全面开展“森林港城、生态花城”活动，在各社区种植丁香、木槿、樱花、西府海棠等 10 多种花灌木 1.51 万株。组织大规模的义务劳动 4 次，清理卫生死角 40 处，清理建筑垃圾 30 车，捡拾白色垃圾 20 公斤，清理非法小广告 500 处，登记违章建筑 105 处。处理市长热线 158 件，全部办结。召开物业公司经理座谈会，与物业公司签订环境整治责任状，与海房物业签订 7 个老旧小区的生活垃圾清扫管理协议，小区物业管理实现全覆盖。

【社会事业】 加强低保管理，对 9 个社区开展低保政策巡讲工作，受益家庭580户。完成省低保审计工作，配合区民政局完成低保年审工作，对名下有车、有大面积住房、子女在企业事业单位的低保户不予保障。年内新增低保户23户，注销31户，调整34户，办理分类施保46户。上报医疗救助57户，临时救助8户。为55～80岁低保人员办理意外伤害险127人。为53户申请保障住房家庭进行低收入确认，为82名高校学生调查表及助学代款进行困难确认。办理老年证426个，新增90岁以上老人3人，发放高龄补贴2.38万元，为8名高龄老人免费体检，为125人办理养老御险。拓宽计生服务载体。年内出生人口1010人，其中政策内968人，出生政策符合率95.84%，出生率17.11‰；死亡274人，死亡率4.64‰，人口自增率12.47‰；为辖区无工作的已婚育龄妇女和流动人口已婚育龄妇女免费进行生殖健康检查120人；为流动人口中农村户籍计划怀孕夫妇免费孕前检查7对；办理失独家庭免费参保计划生育家庭意外伤害保险13户；为1496人申报独生子女奖金17.26万元；为49户独生子女死亡或伤残的计生家庭发放特别扶助金6.95万元。就业再就业工作中认定就业困难人员102人，实现新增就业959人，下岗失业人员再就业413人，其中就业困难人员再就业207人，分别为全年目标任务的100.95%、103.25%和103.5%。为高校毕业生推荐就业岗位19人。为在校大学生报名学习汽车驾驶6人。为3544社区1名自主创业的大学生申请并发放5000元创业补贴。办理城乡居民社会养老保险登记41人，其中60岁以上8人。办理退保9人，到龄领取养老金资格认证6人，办理关系转移6人；办理城乡居民社会养老保险缴费业务136人，其中补缴49人、重残18人，代收养老保险费13.39万元。

【社会治安综合治理】 成立东环一家亲爱心志愿联盟，推进平安志愿者治安巡防和“红袖标”平安志愿者活动。召开4次会议研究部署街道平安志愿者工作，召开优秀平安志愿者表彰大会，对32名优秀平安志愿者进行表彰，以实际行动为创建平安东环发挥正能量，活动被秦皇岛电视台播发。组织社区综治专干和平安志愿者骨干学习治安巡防、信访人稳控等培训。街道10支志愿者巡逻队、26个巡逻小组、331名平安志愿者佩戴红袖标走街串巷治安巡逻。燕海里社区的“红袖标”志愿者巡逻被《今日海港区》刊播。举办“弘扬正能量，见义勇为表彰会”，对2位平安志愿者进行表彰。全年平安志愿者义务巡逻队为街道提供有价值信息33条，制止违法犯罪10起。街道司法所被市司法局推荐参评全省优秀司法所，街道被评为市平安建设先进单位。

【社区简介】 东环里社区　总户数4228户，总人口1.03万人。创建“在职党员加油站”“儿童之家”“电子阅览室”“便民工具柜”“日间照料站”等特色服务载体8项；“残疾人自强健身示范点”“安全生产检查工作”等延伸服务5项；设立“网络党支部”，借助QQ群、微信、短信平台及时向广大党员群众进行党务咨询、政策宣传；践行党的群众路线，开展党员写实分类管理，对失联党员进行多方寻找，做过细的思想工作；组织党员集中学习《社会主义核心价值体系》《党的群众路线》等重点篇目、观看“向焦裕禄学习、做焦裕禄式好党员好干部”活动14次，上党课8次，讲座12次，各党小组、党员中心户观看远程教育电教片300多次；开展“爱心敲门情暖空巢”“爱心奉献温暖寒冬”等巾帼志愿活动23次；举办学雷锋志愿服务活动14次。

东环北里社区　总户数2400户，总人口7000人。成立社区跑腿小分队，为辖区老人、残疾人开展爱心代办、爱心陪聊、爱心理发等志愿服务。成功创建社区少年宫。以社区少年宫为载体，邀请中国青年网教育频道主编庞茜元为辖区家长开展家庭美德品格教育讲座。开办“励志小影院”“社区读书角”。邀请辖区志愿者和孩子们共同开展弟子规情景剧表演、亲历小小营业员、环卫工人等工作体验，举办小虎子食品安全知识竞赛、看望空巢老人和残疾人、开展“我是环境小卫士”捡拾白色垃圾、老少同乐乒乓擂台赛、形体沙龙、成语趣味接龙、“才艺大比拼”“护我家园”、认识身边植物系列主题教育活动。

东华里社区　总户数3710户，总人口1.1万人。创建“‘双拥’+国防教育型”特色社区，建立全市首家社区"双拥"工作站,建立代办服务制,创新开展代办服务进军营活动。在驻区91404部队设立拥军代办服务点，为广大军民开展"拥军"爱心预约服务；建立社区工具间并成立"及时帮"邻里互助服务队，增强社区物化服务能力并推进社区自助服务范围。全年开展绘制"心中美丽的地球"环保宣传活动、"心语墙上写祝福，情系母爱到万家"为主题的母亲节活动等20多次，活跃社区氛围，解决东华里22栋院墙外私搭乱建乱堆乱放问题。

临河里社区　总户数4472户，总人口1.49万人。对临河里小区、建安里小区进行大规模的墙体粉刷和垃圾清理；社区代办站为居民代办实事76件；定期组织开展青少年宫活动，在寒暑假组织小虎子绘画比赛、歌咏比赛等活动；成立海之声艺术团和舞蹈队，节假日为居民演出。

燕海里社区　总户数4155户，总人口1.18万人。将社区划分为9个网格，设立"一长四员"，通过网格化管理服务信息平台、手持终端、微信公众号，实现服务与管理工作的互联互动。打造食品安全示范社区，全面落实"食品安全网格化管理体系"建设。接待省防范办、省科协、省关心下一代协会、省食药监局、市委组织部等参观检查45次，承办省科协、省防范办、市政法委、市食品安全现场会4次。

热电里社区　总户数1629户,总人口4287人。社区先后获得全国、省、市、区级物业管理优秀示范住宅社区、河北省创建文明城市示范点、河北省交通安全社区、河北省食品安全示范社区等30多项荣誉称号，多次代表秦皇岛市迎接中央及省文明办的实地考察。

红光北里社区　总户数3822户，总人口9228人。开展"低碳出行，远离雾霾"为主题的环保宣传活动，倡导健康文明生活理念。办理独生子女证23个，准生证61个。享受特服津贴24人，发放独生子女费2.3万元。为退休人员认证1230人，为52人办理失业金领取签到手续。为11人申报城乡居民养老保险。

世极城堡社区　总户数2170户，总人口4680人。开展丰富多彩的活动，组织居民开展社区百家宴、"三八"剪纸、国庆节文艺汇演、立冬包饺子等各类文化活动。打造"平安型"特色社区，为居民提供安逸舒适的生活环境。

3544社区　总户数1285户，总人口3058人。突出为民做好事，做实事，及时排查处理各种安全隐患，化解矛盾纠纷，做好信访维稳工作，加强社区治安巡逻，坚持昼夜巡查，社区平安稳定和谐。

东方明珠城社区　总面积1.15平方千米。总户数1.2万户,总人口4.11万人。社区内环境优美，管理有序，邻里关系和谐，治安稳定，文化氛围浓厚，居民安居乐业。社区组建舞蹈队、合唱团等5支文体队伍。节假日在社区广场义务为居民演出。

东盛世家社区　总户数4192户，总人口1.47万人。打造"生态型"品牌特色社区，建成集社区党支部、一站式服务大厅、市民学校、家长学校、图书阅览室、民事调解室、计生中心等办公、活动、服务场所于一体的综合性社区居民中心。

【领导班子主要负责人】

党工委书记：王晓冬（女）

办事处主任：孙志刚

人大工委主任：王　冀

（张　颖）

北环路街道

【概况】 北环路街道辖建新里社区、西港里社区、玉峰里社区、都市家园社区、军工里社区、迎秋西里社区、新世纪社区、文博城社区 、玉峰南里社区、盛秦福地社区等10个社区。总面积3.1平方千米，总户数3.91万户，总人口7.92万人。2014年，以"六大工程"为主线，弘扬"开放、包容、崇德、尚美"海港精神，锐意创新、狠抓落实，带领街居干部和群众一道努力，践行"为民、务实、清廉"，社会治安持续稳定，完成区委、区政府下达的各项任务。全年完成固定资产投资1亿元，完成全年目标的100%；完成招商引资4300万元,完成全年目标的105%。获省级"五四"红旗团委，市级文明单位、市级先进职工之家等称号。

【社区党建】突出党建阵地建设。加大经费投入，对各社区党建阵地硬件设施进行完善，将党组织机构设置、工作制度和党员网格化分布图陆续上墙，规范党组织活动阵地名称、牌匾、档案资料。军工里社区的党建和廉政文化建设被列为全市重点观摩的社区之一，接待全国组织系统，省委常委、市委书记田向利，市群众路线指导组等多家单位及领导的检查指导。建立完备党员志愿服务体系，围绕扶贫帮困、便民服务、文化传播、环境整治和治安巡防等服务内容，组建志愿者服务队36支，注册党员学雷锋志愿者500人。开展“邻里互助、和谐北环”党员志愿服务活动，为群众提供结对互助、扶贫帮困、医疗服务、纠纷调解等无偿服务。在新世纪社区新闻小区组织4支以党员中心户、优秀党员为骨干的党员志愿者队伍，探索老旧小区“政府主导、居民自治”管理模式，形成立体化服务网络，在实现无物业小区管理中发挥巨大作用。以市直机关党员志愿者服务队进社区和区“在职党员进社区”活动为契机，建立“在职党员服务时间银行”和开展“红色义工·爱心结对”活动，在职党员参与活动820人，为民排忧解难。创新党建联建工作机制。探索区域型党建联建新模式，军工里社区与东港镇西向河寨村开展“提升服务功能、共建和谐社区”“四联一创”党建联建活动，实现资源共享、活动共办、贫困共帮、环境共建、服务共做的区域化党建联动工作格局。

【社区建设】10个社区建成便民服务室，社区便民服务室建成率100%；加快三级政务服务平台建设，街道政务服务中心平台建设通过区验收；建成612平方米的西港里小区“父辈之家”服务中心，可容纳近百人活动，设置休息室、配就餐室、医疗保健室、心理咨询室、乒乓球室、图书阅览室、书画室、议事室等，受到居民认可，接待省委常委、市委书记田向利，副市长邢留速等市、区领导视察11次，在秦皇岛电视台《今日海港区》节目播放；举办社区干部大讲堂，年内开课19次，授课方式不断扩展，授课人员层次和涉及面越来越宽，邀请区民政局、区房产局、区质监局、市骨科医院、市中医医院等业务部门主要领导为社区干部授课。创新讲课形式，举办流动课堂，组织到文博城小区学习，成立业主委员会，通过由办事处和社区干部讲解业务知识、社区主任讲解运用QC方法提高社区调解纠纷成功率等多种形式和内容，促进相互学习和相互交流；实行业主自管的物业模式，小区的物业问题得到解决。组织“美丽北环志愿者”座谈暨现场观摩会，新闻西里小区、燕玻里小区、迎秋西里小区的“美丽北环志愿者”代表40人参加活动，促进辖区物业管理上水平。

【社会事业】辖区有低保户531户、936人。实现动态管理下的应保尽保，不符不保，有进有出，年内取消低保48户、94人，调整低保金35户、83人；做好民政救济工作，为特困群众申请临时救济6人，为60名低保户申请医疗救助8.6万元，为大病患者申请慈善医疗救助18人，残疾人帮扶483人，为70岁老人、“三无”人员及重病、重残人员188人发放购药小票6.21万元，为残疾家庭的孩子申请助学金2家，为17名残疾人发放燃油补贴4420元。完成城镇新增就业岗位950人，下岗失业人员实现再就业497人，就业困难人员实现再就业369人，城镇登记失业率控制在4%以内；落实就业政策，组织失业人员、大学毕业生参加金色未来商厦、区聚贤人才市场举办的招聘会，开展计算机、家政服务、面点、插花、中医保健等培训，引导其自主创业，为未就业高校毕业生推荐工作9人。公布就业信息100个；做好退管工作，将社区管理的5496名退休人员分成互助小组175个，实现自我管理、互助服务。组织退休人员参加区合唱展演、市趣味运动会等文体活动，市趣味运动会取得团体第一名。以“稳定低生育水平、统筹解决人口问题、促进人的全面发展”为总目标，深化优质服务，新生儿768人，其中政策内出生732人，政策外出生36人，出生政策符合率为95.31%；新增无业独生子女父母奖金申请上报1572人，申请资金15.88万元；开展以“巧手编制平安果，传递浓浓关怀情”为主题的流动人口关爱活动宣传活动；为辖区无业困难妇女开展微机、面点等就业培训，开展“五月玫瑰香，爱心献母亲”为主题的母亲节活动等。面向婴幼儿家长举办早期教育培训班，联系东方爱婴等早教活动中心开展活动6次。成功打造玉峰里社区早教示范基地。

【精神文明建设】 文化工作。组建各类文艺团体34支，各类文艺人才300人。利用文广新局、第五中学、军工医院等辖区单位文化资源，通过开展书画、游艺、歌舞、才艺展示等各类联欢活动，建立社区文化、机关文化、企业文化、校园文化资源共享机制，盘活各类文化资源，为群众参与文化活动搭建舞台。倡导文明新风和健康向上的群众业余文化生活方式，开展建党生日会、我为妈妈洗脚、接力十字绣等90多项活动，形成“月月有主题、周周有活动、季季有联欢”的文化氛围。发表信息及新闻稿件128条，其中90篇稿件在《河北日报》《燕赵都市报》《秦皇岛日报》等新闻媒体刊登，38条被区委《每日动态》等采用。创城迎检工作。在各社区醒目位置悬挂条幅20条、发放明白纸500张。加强文博城科技示范社区创建，征集科普志愿者100人，接待参观2万多人次，成功承办海港区“全国科普日主场活动”。文博城社区获国家科普示范社区、国家基层科普行动计划奖励、市科普先进集体、市科普教育基地等称号；建立海港区首家科普服务站——“西港里社区科普服务站”，打造科普宣传走廊；为迎秋西里社区、西港里社区、文博城社区、盛秦福地社区购置科普益智玩具864件。

【社会治安综合治理】 推出军工里网格化示范社区，本着“便于服务管理，实现无缝隙覆盖”的要求，按照300～500户设置一个网格，社区干部担任网格长，下设网格信息员，并健全“日排查”“日走访”、网格会议、台账等多项制度，在社区便民服务室推出“十分钟应急处置责任岗”的特色岗位，公开岗位责任。重视矛盾纠纷排查化解工作，对缠访、闹访、无理访、非正常访等情况认真分析原因，调整工作思路，采用“常年抓稳控紧盯问题不放、抓实与抓巧结合、抓早与抓导向结合”的工作法，实现解决一批、缓解一批、稳住一批、结转一批。完善安全管理网络，形成月调度会制度，全辖区无重大安全责任事故；加强社区食品安全工作站一级网格建设，开展日常排查和新增食品经营单位摸底建档工作，录入管理平台的企业、门店350家；加强督导检查。日常监管和专项检查结合，开展安全生产大检查活动，组织检查141人次，检查辖区企业门店133家，发现并整改隐患20个；做好食品安全专项整治工作，开展“三打”、暑期等专项整治活动，对辖区小饭店、路边烧烤等个体门店开展拉网式排查4次，下发公告3000份。出动监管员356人次，巡查484家次，发现隐患数量37个，下达隐患整改通知单16个并全部完成整改；加强宣传教育。举办“燃气安全进社区”“关爱生命、关注安全”等宣传活动16次，出板报22期、橱窗11期，印发宣传单5000份。组织街居、企业260人观看安全警示教育片、召开80人参加的电梯等特种设备安全知识讲座、组织辖区企业开展安全生产征文演讲比赛，开展应急疏散演练，对佳缘超市等企业进行演练督导。

【社区简介】 建新里社区　总户数4638户，总人口7982人。有居民楼35幢。社区有一站式服务大厅、党支部、社区少年宫、阅览室、文娱活动室、四点半课堂、早教室、劳动和社会保障站、计生服务站、便民服务站等服务场所。启动“四点半课堂”建设，开办葫芦丝班及电子琴班2个，活动室配备二胡、电子琴、扬琴等音乐器材，方便音乐爱好者，请老师对居民进行辅导，有社区乐队2支。

西港里社区　总户数4085户，总人口9500人。有居民楼61幢。社区以“服老、助老”为特色，建成西港里小区“父辈之家”服务中心，设置休息室、配就餐室、医疗保健室、心理咨询室、乒乓球室、图书阅览室、书画室、议事室、多功能室。

玉峰里社区　总户数2862户，总人口6020人。有居民楼54幢。社区有一站式便民服务大厅60平方米，老年活动室160平方米。创建“没有围墙的养老院”和“党员互助站”“残疾人互助站”，社区服务水平较高，受到居民好评。

都市家园社区　总户数2909户，总人口6140人。有居民楼58幢。有办公用房372平方米，有一站式服务大厅。有合唱队、晨练队及晚霞健身舞蹈队等文艺队伍。创新人口计生教育宣传工作方法，开展亲子港湾、四点钟课堂、代办服务等计生特色服务，提升计生优质服务水平。创建占地面积40平方米、设施齐全的亲子活动中心，免费向社区居民开放。

军工里社区　总户数3838户，总人口9662人。有居民楼68幢。有辖区单位5个。建立“便民服务大集”，实现“社区里办事，家门口服务”的新模式。以“一湾、一地、一联盟”（弱势群体温馨港湾，校社、企社和村居联建基地，党员企业家爱心联盟）为平台，开展各类帮扶、共建、互利合作活动。开启网格化管理新模式，设置网格长、指导员、管理员、协管员和监督员。推行领办代办服务，增设领办带办岗、十分钟应急处置岗、党员服务绿色通道，开拓为民服务新举措。人合艺术团全年文艺演出55场，获得锦旗2面，奖状9个，奖杯1个。

迎秋西里社区　总户数3723户，总人口8500人。有居民楼81幢。有大型休闲娱乐场所10多家。设“一站式”办公服务大厅，将社区党建、计划生育、民政优抚、法律服务、劳动就业、社会保障、妇联等服务项目，集中办理，全天对外开放，为居民提供便民的优质服务。

新世纪社区　总户数3840户，总人口8031人。有党员126人，其中离退休党员93人。定期组织党员学习各类文献及时事要闻，组织培训、讲座及论坛，加强党员们的党性观念及模范带头作用。探索老旧小区“政府主导、居民自治”管理模式，有志愿者队伍4支，打造“一盏灯”志愿服务品牌，服务于民，传递精神文明新风尚，聚集正能量。

文博城社区　总户数3610户，总人口6946人。以服务群众为宗旨，致力于打造科普示范社区，设有防震减灾科普馆、科技展示馆、青少年活动室、文博书法研究室、科普活动中心、科普楼道、科普图书角、科普宣传角、科普长廊、科普宣传栏、科普风彩展示墙、科普木质长廊宣传牌等，定期发放《社区简报》向居民宣传科普知识，成立科普爱心志愿者、科普文艺志愿者、科普环保志愿者、科普制作志愿者、科普宣讲志愿者、科普小虎子志愿者等6支社区科普志愿者队伍，定期开展科普大讲堂、科普宣传、科普文艺演出活动。

玉峰南里社区　总户数2918户，总人口6900多人。有居民楼67幢。设有劳动保障、党员服务、社会事务、城建卫生、计划生育等窗口。设有便民服务室，为社区居民提供各种领办代办服务。有文化队伍5支，定期开展群众性文化活动。

盛泰福地社区　总户数6724户，总人口9885人。有居民楼69幢。有一站式服务大厅，人口学校、科普学校、科普工作站、阅览室、便民服务室等。室内活动室面积100平方米，室外活动面积100平方米。本着“食品安全，幸福一生”的准则，做到辖区内食品安全违法零容忍。走访、排查辖区门店61家，规范执行“食品安全网格化”管理机制，配合相关部门监督管理，掌握各家门店的动态及变化，规范安全生产体制。

【领导班子主要负责人】

党工委书记：李连仲

办事处主任：高纯红（女）

人大工委主任：陈宏艳（女）

（刘巍巍）

人 物

RENWU

RENWU

先进人物

王春艳 女，汉族，1965年7月出生，抚宁人，大学本科，中共党员，区城管局职工。

她从事环卫工作18年，始终坚守在清扫保洁一线作业与管理岗位。不怕吃苦，无怨无悔，每天工作长达16小时，从未休过节假日。她实行走动式工作法。无论刮风下雨，每天凌晨3点钟到岗，对400名清扫员分组、分路段点名，对道路卫生保洁质量跟踪检查，发现问题及时处理。总结出“顺风扫逆风保、车站路边轻轻扫；看人流看风向，不让纸屑灰尘随风扬；楼跟前树木旁，仔细端详细致扫；台阶上人街道、饭店门前压着扫，手拿扫把想行人，不得马虎朝人扫”的文明清扫经验。

做好管片员和清扫员的教育管理。定期进行集中学习培训，规范清扫员工作行为。对清扫员实行档案化管理，清扫员的照片、分管路段、管理员、身份证复印件等全部登记造册。每天到路段检查清扫员到岗情况、工作完成情况，严格制度管理、引进激励机制，对清扫员进行日考核、月考评、季评比，实行百分制，年终实行总评，奖优罚劣。

她克服困难，忘工工作。女儿生病住院、中考、高考，她都无暇顾及。常年的劳累、复杂的工作、不规律的作息，2007年她患上原发性胆发性肝硬化、胃炎、血小板增多症，2次在北京住院治疗，出院后，不顾家人、亲朋的劝阻，带病坚持工作，带头清理新修路段的垃圾，保持路面整洁。多次卫生检查中，受到上级有关部门及领导的好评，多次受到各级奖励。2014年，被中华全国总工会授予全国“五一”劳动奖章。

董林华 男，汉族，1962年2月出生，抚宁人，中共党员，大学文化，审判委员会委员，四级高级法官，中国法学会会员。

1990年，调入海港区法院工作，先后任书记员、助审员、审判员、经济二庭副庭长、铁庄法庭庭长、审判委员会委员、民事审判三庭庭长、民事审判四庭庭长，刑事审判二庭庭长。他公正司法抓质效。他审理的案件没有1件被认定为错案，没有1件发生上访和越级上访。强化管理树形象。他长期患有心脏病，一年四季药不离身，但他仍忘我地工作。带领同志轻伤不下火线，重病坚持在床上看卷。办案中，积极调查取证、尊重包括被告人在内的各方当事人的权利和人格、保障其诉讼权利的实现，认真区分、严格执法、罚当其罪。二庭案件质量和效率均名列全市基层法院前列。廉洁自律铸法魂。干干净净做人，堂堂正正办案是他人生和工作的准则。他始终摆正自己的位置，加强自我约束，自觉接受监督，严格依法办事、平等待人、公平做事。他用自己的实际行动诠释一名法官对事业的无限忠诚，他以坚定的立场、出色的工作、廉洁的作风和无私的奉献，为社会的稳定、和谐做出自己应有的贡献。多次受到上级有关部门的表彰，连续3年被海港区委评为“优秀公务员”，被区委记个人三等功2次，被市中级人民法院记三等功1次，被区委、区政府评为社会治安综合治理先进个人，被市中级人民法院评为优秀法官。他矢志于专家型法官，结合审判实践积极撰写调研文章，先后在《河北法学》上发表论文《关于制定我国劳役法的思索和探讨》《“以事实为依据”提法质疑》《关于“执行难”和执行体制改革有关问题的思索和探讨》，在《法律适用》上发表论文《关于我国财产保全法律制度的几点建议》，在《中国环境管理干部学院学报》上发表论文《财产保全法律制度浅探》，在《燕山大学学报》上发表论文《关于完善我国财产保全法律制度的若干思考》《执行难的原因及对策》，在《法学杂志》上发表论文《关于民事诉讼中，被告能否申请追加被告问题的探讨》。其中论文《关于制定我国劳役法的思索和探讨》获《河北法学》创刊百期优秀论文一等奖。2014年，获“全国审判业务专家”称号，是河北省法院系统唯一一位获此荣誉的基层一线审判人员。

刘艳红 女，汉族，1969年9月出生，抚宁人，中共党员，大学文化，东港法庭庭长。

担任庭长后，她从创新管理入手，不断完善内部机制建设。整合有限资源，提高审判效率。她引导书记员参与调解或制作法律文书，让审判人员有更多精力集中处理一些疑难复杂案件。制订岗位责任目标，激发干警竞争意识。她要求每名干警量身制订全年的工作目标，对调解率的完成情况进行量化打分，将结果记入庭室执法档案，作为评先、晋级、任用的重要依据。强化审判监督，落实陪审员合议制度，将审判的全过程暴露在人民的监督之下，让案件的处理在合法的基础上更加合理。从群众满意入手，不断拓宽调解思路。在调解工作中注入情感，让当事人愿意对法官说出隐藏在内心已久的烦恼、痛苦，了解当事人的内心世界，分析其不良的诉讼心理成因，找准适当的时机，通过情感上的沟通，用法律精神呈现法理和人情。注重调解方法。利用同类典型案例进行类比分析，说明其分析认识的正确合理性，在此基础上根据当事人过错的大小、经济承受能力的高低等因素提出合情、合理的调解方案，供各方当事人协商选择。从廉洁自律入手，不断夯实法庭拒腐防线。以身作则，严格执行中央、省委和市委关于领导干部廉洁从政的各项规定，时时自重、自省、自警、自励，处处慎权、慎欲、慎微、慎独。警钟长鸣，她经常用违法违纪典型案例教育干警，坚持每月开两次廉政学习讨论会，在会上举案说法，进行警示教育，让干警树立起以廉为荣，以贪为耻；以公为荣，以私为耻的核心价值观，全面促进队伍廉政建设。

1996年，调入区法院工作。2009年3月，调东港法庭，至今共收案3128件，结案3087件，结案率98.7%，上诉15件，无一发还改判，她连续多年被区委评为优秀共产党员、个人嘉奖，2012年荣立个人三等功，2013年荣立个人二等功。2014年，被评为全国人民法庭工作先进个人。

董　卉　女，汉族，1973年10月出生，浙江台州人，中共党员，大学学历，文学学士学位，外语实验学校教师。

她从事一线教学20年，热爱教育事业，善于与学生交流沟通，追踪科研和教学前沿，积极参与教改，形成自己特有的教学风格。多次参加各级公开课、优质课、观摩课、示范课、入职教师培训、送教导学等活动。获得国家级奖励2项；省级奖励15项；市级奖励17项；区级奖励31项，2005年主持参与市级十五课题《七年级美术色彩知识个性化学习的研究》；2007年参与市级十一五课题《美术课堂中的情景教学研究》；2011年参与市级十一五课题《学科知识点在信息技术教学中应用的教学方法的研究》。2014年被评为国家级优秀教师。

王丽华　女，汉族，1959年11月出生，辽宁丹东人，高中学历，群众，港城大街街道新风里社区居民。

她30年如一日，精心伺候患有精神分裂症的丈夫和瘫痪在床20多年的二大姑姐。1982年，王丽华通过相亲认识他的丈夫田和风，并草草结婚。婚后，才知道他的丈夫患有精神分裂症。她在矛盾中纠结：留下还是离开？看着婆婆每天的劳累，她心软了；看着丈夫日渐憔悴的脸，再想到躺在床上需要专人伺候的姥姥婆，她的心更软了，她果断地做出决定：留下！与婆婆共同撑起这个家。可是好景不长，在海南工作和生活的二大姑姐一家横遭车祸，二姐夫和四岁的儿子当场死亡，30岁的二大姑姐从此瘫痪。家破人亡的二大姑姐理所当然地回到自己娘家。二大姑姐来后，房子不够住，王丽华和丈夫搬到下房。严冬时节冷得打哆嗦；夏天蚊子咬的无法入睡。他还得常在半夜给尿床的二大姑姐换尿布擦身子。怕打扰丈夫休息，她在二大姑姐床边搭临时床，晚上起来几次，叫二大姑姐解手。伺候年迈的姥姥婆，照顾瘫痪的二大姑姐，关心体贴带病的丈夫，她没日没夜地操劳7年，直到姥姥婆辞世。2006年，婆婆被查出癌症！唯一的帮手又倒在病床上。她把婆婆和二大姑姐搬到同间屋里。晚上，她管完这个管那个，一宿也睡不了多少觉。婆婆病了不到两年，弥留之际，把二大姑姐和日渐衰老的公公的照顾交给她。她照顾大姑姐吃、喝、拉、撒、睡，擦身、按摩、拍打，无怨无悔。对丈夫更是悉心照料。有一次，丈夫偷偷停药，突然发病。病魔驱使丈夫用皮带狠狠抽打她的后背、胳膊，衣服被抽成一条条的，她咬着牙挺着。有一次晚上睡觉的时候，丈夫突然病情加重，发疯将熟睡中的她和儿子从床上拉到地上，孩子吓的躲在她的身后。她只好连夜把丈夫送到医院。2005年，儿子考上河北医大，他一边读书一边打工，寒暑假回来帮妈妈照顾姑姑，端屎端尿。她牺牲自己最美的青春年华接受一桩不幸的婚姻，用30年的付出保住一个完整的家，她用最朴实无私的爱、用永不言弃的守候亲手播撒着人间最真的温暖与亲情。2014年5月，被全国妇联授予第九届“五好文明家庭”。

周慧霞 女，汉族，1972年1月出生，秦皇岛人，大专学历，中共党员，燕山大街天洋新城社区党支部书记。

她从事社区工作13年，始终坚持“服务先于管理”的理念，带领社区干部深入居民中，了解居民所想、所需、所盼，切实从居民需求出发，解决居民生活中的实际问题。她带领社区工作人员实行错时工作制，实现无假日办公，为居民提供方便。在社区内选聘党性强、素质高、具有参政议政能力的退休干部为社区客座支书和客座主任，服务小区党员和群众。社区干部每周到辖区各小区办公1天，社区服务工作做到“听民声而谋、闻民情而动”。她创新工作方法，建立由社区党支部牵头召开，居委会、业主委员会、物业公司、辖区派出所参加的“五方联席会议”制度，每月召开1次，居民列席，共同协商小区在管理与服务中存在的问题，做到公开透明。她多次走访辖区12家共建单位，成立“社区爱心联盟”，动员12家单位与社区特困家庭结成“一对一”帮扶对子，为社区特困家庭解决帮扶资金1万多元。建立老年日间照料站，为社区老年人提供日间休闲、用餐、健身等服务。成立社区婴幼儿早期发展服务站，无偿为家长和儿童提供专业的婴幼儿早教服务。她在平凡的工作岗位上，无私奉献，切切实实为居民办实事、好事，被党员群众誉为“党员的主心骨，群众的贴心人”，她带领社区先后获得省、市、区级荣誉28项，她个人多次被评为区优秀党务工作者、优秀共产党员、社区建设先进个人、文明社区干部等称号。在中国社工年会被评为2012年度中国最美社工。

杜建辉 男，汉族，1977年3月出生，昌黎县人，中共党员，大学学历，1996年9月入伍，任区人武部政工科正营职科长，中校军衔。

杜建辉毕业于国防科学技术大学，任科长后，认真履职尽责，钻研业务，任劳任怨，主动作为，在征兵工作中，严格遵守征兵纪律、认真学习掌握征兵政策、组织协调征兵各项工作、积极解决矛盾问题、热情服务每一名应征青年。他严把各个关口，做好每项工作。在宣传发动中，协助乡镇、高校一对一做工作，确保每一名应征青年上站体检。在体检阶段，协调医院全程开放，确保每一名青年随到随检，体检情况第一时间通知本人，做到公开透明，确保将优秀的合格兵员输送到部队。在交接兵阶段，仔细认真整理入伍青年档案，逐一核对，不出任何差错。圆满完成征兵任务，无一例政治条件退兵，得到上级机关肯定，被省政府、省军区评为征兵工作先进个人。

龚　彬 男，汉族，1969年2月出生，海港区人，中共党员，大专学历，区城市管理综合执法局垃圾机运车队队长。

2006年11月，他担任综合执法局垃圾机运车队队长。上任后，他一心扑在生产一线，每天都在凌晨五点前到达工作岗位，对车辆进行安全检查，处理突发安全隐患和生产难题，直到下午6点所有垃圾转运站关闭下班回家，工作时间12小时以上。每年春节期间，鞭炮燃放使得垃圾产量增加近一倍，他驾驶垃圾车，加班作业，有时连中午饭都顾不上吃，保证垃圾日产日清。他担任队长后，从未发生垃圾积压现象，保证生活垃圾日产日清。为避免交通事故的发生，他带领安全检查小组每日随机抽查，定期组织业务及交通法规学习，凭借细致的工作，公司连续8年未发生重大交通事故。为核算生产车辆的百公里油耗，他亲自用量杯对每一辆生产车进行随车测试，连续工作一个月，最终得出准确数值，使生产油耗同比下降10%。2010年2月，爱人检查出子宫癌变，需要去北京手术。当时，新的大型中转站刚刚投入使用，生产设备情况不稳，一时之间无法脱身。他委托朋友，前往北京联系医院，直到手术头天晚上，匆忙赶到北京，在陪伴妻子做完手术的第二天，又匆忙赶回单位，出现在工作现场。2012年12月，他检查出颈动脉严重堵塞，急需去北京做支架手术。但临近春节，工作任务繁重，他强忍病痛，拖到次年2月才完成手术，术后三天即回到岗位。

龚彬“以一人脏，换来万人洁”的环卫精神，出色完成全区生活垃圾清运工作，保证环卫服务体系正常运行。2014年，被省政府评为劳动模范。

周永鑫 男，满族，1968年11月出生，青龙满族自治县人，大学学历，中共党员，海港区人武部部长，上校军衔。

入伍28年，他始终注重思想政治理论学习，始终坚持用党的创新理论武装头脑，理想信念坚定，在政治上、思想上、行动上始终与党中央、中央军委保持高度一致。在党的群众路线教育实践活动中，亲力亲为，带头整改，赢得全部党员干部和地方党委政府领导的一致肯定。他律己严格，自身形象良好。以党员领导干部标准严格要求自己，廉洁清正，秉公用权，为人正直，作风扎实，实实在在为人，公道正派处事，思想道德情操高尚。能够自觉摆正个人位置，注重搞好内部团结，注重加强廉政建设，严格按政策规定办事，在群众中树立较高的威信。严格要求自己和部属，正确运用手中权力，从不以权谋私，在经费开支、征兵等敏感问题上，严格遵守党风廉政建设的有关政策纪律，落实事务公开制度，坚持以公开求公正、以公正促和谐，自觉接受群众的监督。他担任部长后，坚持用党的创新理论指导工作，勇于实践，敢于创新，全力争先。以身示范、立言立行，尽职尽责，保持昂扬向上的精神状态，圆满完成上级赋予的各项工作任务，多项工作受到上级的肯定和表彰。荣立三等功2次，被省军区评为优秀共产党员，被北京军区政治部评为“人武之星”。2014年，省军区批准荣立个人三等功。

逝世人物

刘树田 1928年11月出生，男，汉族，河北玉田人，中共党员。1947年7月参军，曾任中国人民解放军纵队新兵战士，第四野战军副班长、班长、副排长，湖南省长沙市步兵学校学员，广西省桂林市步兵学校学员，广东省连县人民武装部助理员，广东省阳山县人民武装部副科长、科长，广东省翁源县人民武装部科长、副部长，广东省连县人民武装部副部长，秦皇岛市水电局副局长，秦皇岛郊区人大常委会副主任，秦皇岛郊区政协主席，海港区政协第一届副主席，海港区政协党组顾问。1988年12月，离休。

刘树田出身贫苦，给地主扛过活。参加革命几十年，始终保持共产党员的优秀品质，对待工作兢兢业业、任劳任怨，从不计较个人得失。在辽沈战役、平津战役、湘西剿匪战役中，作战勇敢，多次立功。1978年，到秦皇岛工作，更是以对党和人民高度负责的精神，在本职岗位上尽职尽责，为秦皇岛市和海港区的发展做出贡献。

2014年1月17日，因病逝世。

齐凤山 1927年1月出生，河北定兴县人。1945年4月参加工作，同年8月加入中国共产党。曾任定兴县派出所所长、县公安局副局长；北戴河区公安局副局长；秦皇岛市公安局科长、副局长；秦皇岛市革委会政治部副主任、办公室副主任、保卫部副主任、市委副秘书长；海港区委书记；唐山地委组织部副部长；唐山地区公安处党组书记、副处长；秦皇岛市公安局副局长、副书记；秦皇岛市政法副书记、调研员。1990年1月，离休退职。

2014年4月15日，因病逝世。

王庆善 1924年7月出生，男，汉族，大学学历，河北卢龙人。1950年2月，参加工作后历任秦皇岛市第二小学、安子寺小学教师，孟营小学、向河寨小学、西付店小学、小高庄小学、黄土坎小学、向河寨小学校长，秦皇岛郊区人大副主任，海港区人大常委会副主任，海港区政协副主席。1990年5月，退休。

王庆善在教育战线工作32年，凭借扎实的专业知识、深厚的文化素养、灵活的教学方法、先进的教育理念、高尚的师德修养、精湛的教学艺术赢得学生的喜爱、同行认可，培养出大量的优秀人才。担任海港区人大常委会副主任、区政协副主席后，为教育事业发展建言献策，是海港区教育事业发展腾飞的见证者和参与者。退休后，热心公益事业，关心国家大事，为海港区的各项工作的建言献策，发挥余热。生活中，他重视家庭，孝顺老人，爱护妻儿，对待朋友真诚友善，乐于助人。

2014年11月24日，因病逝世。

荣誉专版

RONGYU ZHUANBAN

RONGYU ZHUANBAN

集体荣誉

2014年海港区获国家部委、省委、省政府集体荣誉一览表

表9–1

获奖单位	荣誉名称	授奖单位
区科协	科普日优秀组织单位	中国科协、教育部、科技部、中科院
第七中学	教育系统先进集体	人力资源和社会保障部、教育部
法院长城法庭	巾帼文明岗	全国妇联
北环路街道文博城社区	科普示范社区	财政部、中科协、
北环路街道军工里社区	综合减灾示范社区	国家减灾委、民政部
建设路小学	教育改革创新示范校	中国教协、中国教育发展促进会
文化路街道河涧里社区	人口和计划生育基层群众自治示范村居	中国计划生育协会
文化路街道	社区服务型党组织建设示范街道	中国社会工作协会、社区工委
北环路街道文博城社区	国家基层科普行动计划获奖单位	中国科协
东港镇	第四届全国文明村镇	省委、省政府
北港镇西连峪村	第四届全国文明村镇	省委、省政府
地税局征收一分局	先进集体	省政府

2014年海港区获省委、省政府委办厅集体荣誉一览表

表9–2

获奖单位	荣誉名称	授奖单位
区纪委	纪检监察系统查办案件工作先进集体	省纪委、省委组织部、省监察厅、省人力资源和社会保障厅
法院长城法庭	维护国防利益和军人军属合法权益工作先进单位	省委政法委、省军区政治部
宣传部	“中国梦·赶考行”万人大宣讲活动先进集体	省委宣传部
宣传部	理论宣讲工作站先进集体	省委宣传部
宣传部	县级党委中心组先进单位	省委宣传部
宣传部	舆情信息及调研部刊工作先进单位	省委宣传部
宣传部	未成年思想道德建设工作先进区	省文明委
地税局	代征工作先进单位	省总工会
教育局	第四届教育系统志愿服务先进单位	省教育工委、省教育厅
建国路小学	示范家长学校	省教育厅、省关工委
西港路小学	示范家长学校	省教育厅
第八中学	依法治校示范校	省教育厅
第八中学	素质教育示范学校	省教育厅
新一路小学	素质教育示范学校	省教育厅
外语实验学校	2013—2014学年学校国防教育活动先进集体	省教育厅
公安分局	APEC会议安保先进集体	省公安厅

续表 9-2

获奖单位	荣誉名称	授奖单位
国土分局	农村集体土地所有权确权登记发证工作先进集体	省国土资源厅
国税局综合业务科	青年文明号	团省委、省国税
区“青春助晚霞”志愿服务	青年志愿服务优秀项目	团省委、省青年志愿者协会
北部工业区	优秀开发区团组织	团省委
青年志愿者服务站	标杆志愿服务集体	团省委
青年志愿者服务站	优秀青年志愿服务集体	团省委
团区委	优秀团县（市、区）委	团省委
北环路街道	“五四”红旗团委	团省委
建设局	机关档案工作目标管理 AA 单位	省档案局
档案局	档案开发利用实绩突出单位	省档案局
人武部	国防教育先进单位	省国防教育办公室
外语实验学校	2013 ~ 2015 年度优秀青少年维权岗	团省委、省创建优秀青少年维权岗活动组委会
先盛里小学	2013 ~ 2015 年优秀青少年维权岗	团省委、省创建优秀青少年维权岗活动组委会
海港区	环境保护目标管理优秀县（市、区）	省环境保护工作领导小组办公室
东港镇	第三次全国经济普查先进集体	省统计局、省第三次全国经济普查领导小组办公室
妇联	巾帼建功先进集体	省妇女“巾帼建功”活动领导小组、省妇女“双学双比”活动领导小组
水务局驻东陆庄村工作组	农村面貌改造提升行动（基层建设年活动）优秀驻村工作组	省农村面貌改造提升行动领导小组
东环路街道	第三次全国经济普查先进集体	省统计局、省第三次全国经济普查领导小组办公室
北环路街道	第三次全国经济普查先进集体	省统计局、省第三次全国经济普查领导小组办公室
统计局	第三次全国经济普查省级先进集体	省统计局、省第三次全国经济普查领导小组办公室
金梦海湾管委会	最具爱心影响力十大企业	河北慈善联合基金会

2014 年海港区获市委、市政府集体荣誉一览表

表 9-3

获奖单位	荣誉名称	授奖单位
北港镇	文明村镇	市委、市政府
白塔岭街道	模范人民调解委员会	市委、市政府
建设大街街道	模范人民调解委员会	市委、市政府
河东街道	模范人民调解委员会	市委、市政府
区政协	2013～2014年度提案工作先进单位	市政协
人武部党支部	先进基层党组织	秦皇岛军分区

个人荣誉

表 9-4

2013 年海港区获省委、省政府各委办厅个人荣誉一览表

姓　名	工作单位	荣誉名称	授奖单位
陈金龙	海港镇	首批燕赵文化之星	省委宣传部
田　蕊	文体局	首批燕赵文化之星	省委宣传部
林贵怅	宣传部	志愿服务先进工作者	省文明办、省志愿服务指导委员会办公室、省志愿服务联合会
白彦斌	宣传部	未成年思想道德建设先进工作者	省文明委
刘　宁	新生路小学	“三育人”先进个人称号	省教育厅、省教科文卫工会
费静芳	西港路小学	优秀教师	省教育厅、省人力资源和社会保障厅、省总工会
韩凤臣	第八中学	教育系统先进工作者	省教育厅、省人力资源和社会保障厅、省总工会
孙咏菊	第七中学	优秀教师	省教育厅、省人力资源和社会保障厅、省总工会
汤晓娟	迎秋里实验学校	优秀教师	省教育厅、省人力资源和社会保障厅、省总工会
张玉英	东港镇第二小学	“三育人”先进个人	省教育厅、省教科文卫工会
王艳秋	耀华中学	“三育人”先进个人	省教育厅、省教科文卫工会
张　芳	建国路小学	优秀教师	省教育厅、省人力资源和社会保障厅、省总工会
张文静	团区委	青年志愿服务先进工作者	团省委
张文静	团区委	优秀共青团干部	团省委
张文静	团区委	优秀志愿者	省文明办
杨永志	人社局	人社系统先进工作者	省人社厅
王景海	法院	优秀信息员	省高院
游　玥	统计局	第三次全国经济普查先进个人	省统计局、省第三次全国经济普查领导小组办公室
叶存伟	统计局	第三次全国经济普查先进个人	省统计局、省第三次全国经济普查领导小组办公室
阿地力江	公安分局	公安机关刑侦信息战专家能手	省公安厅
张　磊	公安分局	公安机关刑侦信息战专家能手	省公安厅
罗　文	公安分局	暑期安保工作个人二等功	省公安厅
赵盛誉	公安分局	APEC会议安保先进个人	省公安厅
王　晶	商务局	市场运行监测和应急调控工作先进个人	省商务厅
甄利霞	国土分局	农村集体土地所有权确权登记发证工作先进个人	省国土资源厅
马文军	畜牧局	先进工作者	省畜牧业协会
姚辉龙	信访局	暑期工作先进个人	省暑期工作领导小组办公室、省委组织部、省人力资源和社会保障厅
陈一光	公安分局	暑期工作先进个人	省暑期工作领导小组
刘宝新	公安分局	暑期工作先进个人	省暑期工作领导小组

续表 9-4

姓　名	工作单位	荣誉名称	授奖单位
贺锡学	海港区委党校	农村面貌改造提升行动（基层建设年活动）优秀驻村工作队员	省农村面貌改造提升行动（基层建设年活动）领导小组
刘俊安	畜牧局	农村面貌改造提升行动（基层建设年活动）先进工作者	省农村面貌改造提升行动（基层建设年活动）领导小组
杨守镖	法院	农村面貌改造提升行动（基层建设年活动）优秀驻村工作队员	省农村面貌改造提升行动（基层建设年活动）领导小组

2014 年海港区获市委、市政府个人荣誉一览表

表 9-5

姓　名	工作单位	荣誉名称	授奖单位
梁　越	建设大街街道	志愿服务先进个人	市委、市政府
张　宁	河东街道	模范人民调解员	市委、市政府
马　莉	北环路街道	模范人民调解员	市委、市政府

附　录

FULU

FULU

规范性文件一览表

2014年中共海港区委规范性文件一览表

表10-1

发文机关	文 号	文件名称
区委	海发〔2014〕1号	关于中国共产党秦皇岛市海港区第九届委员会第六次全体会议的决议
区委	海发〔2014〕2号	关于印发2014年工作要点的通知
区委	海发〔2014〕3号	印发《关于全区开展党的群众路线教育实践活动的实施方案》的通知
区委、区政府	海发〔2014〕4号	关于印发《海港区2014年民心工程实施方案》的通知
区委	海发〔2014〕5号	关于印发《海港区正风肃纪专项行动实施方案》的通知
区委	海发〔2014〕6号	关于落实党风廉政建设党委主体责任和纪委监督责任的意见
区委	海发〔2014〕7号	关于进一步完善科学决策强化落实机制的若干意见
区委	海发〔2014〕8号	关于贯彻落实中央从严治党部署进一步加强党的建设的若干意见
区委	海字〔2014〕1号	关于印发《省委巡视组巡查海港区公告》的通知
区委、区政府	海字〔2014〕2号	关于成立海港区西港搬迁改造工作领导小组和西港搬迁指挥部的通知
区委	海字〔2014〕3号	关于印发《海港区科级领导班子和领导干部综合考核评价办法》的通知
区委、区政府	海字〔2014〕4号	印发《海港区全面深化重大事项社会稳定风险评估工作的意见》的通知
区委	海字〔2014〕5号	关于成立区党的群众路线教育实践活动领导小组的通知
区委、区政府	海字〔2014〕6号	关于印发《政法机关服务全区经济发展九项措施》的通知
区委	海字〔2014〕7号	关于进一步清理领导干部在企业兼职的通知
区委、区政府	海字〔2014〕8号	关于印发《2014年海港区农村面貌改造提升行动实施方案》的通知
区委、区政府	海字〔2014〕9号	关于表彰2013年度"六大工程"等全区重点工作先进单位和先进个人的决定
区委、区政府	海字〔2014〕10号	关于表彰2013年度海港区"民营纳税十强企业""科技、成长型企业""创业明星"的决定
区委、区政府	海字〔2014〕11号	印发《关于进一步强化领导分包重点项目工作的实施方案》的通知
区委、区政府、区人武部	海字〔2014〕12号	关于表彰2013年度全区武装工作先进单位和先进个人的通报
区委、区政府	海字〔2014〕13号	关于表彰2012年度获得省级以上荣誉单位的决定
区委、区政府	海字〔2014〕14号	关于印发《海港区惠民政策全面清查行动实施方案》的通知
区委、区政府	海字〔2014〕15号	关于对《中共秦皇岛市委2014年工作要点》和2014年市政府工作报告中涉及我区的重点工作进行分解的通知
区委	海字〔2014〕16号	关于印发《强党性聚合力行动实施方案》通知
区委	海字〔2014〕17号	关于印发《海港区基层工作服务年行动实施方案》的通知
区委	海字〔2014〕18号	关于印发《区委常委会践行群众路线"十带头、十杜绝"有关规定》的通知
区委、区政府	海字〔2014〕19号	关于印发《海港区项目建设"挑大梁"行动实施方案》的通知
区委、区政府	海字〔2014〕20号	关于印发《海港区环境整治"当先锋"行动实施方案》的通知
区委	海字〔2014〕21号	印发《关于以"四固定一扩大"全面落实"港城先锋 · 红色义工"共产党员志愿服务的实施办法》的通知
区委	海字〔2014〕22号	关于表彰"海港区焦裕禄式好党员干部"的决定
区委	海字〔2014〕23号	印发《区委常委会关于专题民主生活会后以上率下、理行李改、务实为民的若干举措》的通知
区委、区政府	海字〔2014〕24号	关于印发《海港区建设"三级平台"推行"两个代办"进一步完善便民服务体系的实施方案》的通知
区委、区政府	海字〔2014〕25号	印发《关于贯彻落实秦字（2014）6号文件精神的实施意见》的通知
区委	海字〔2014〕26号	关于印发《海港区安全生产"党政同责、一岗双责"实施办法》的通知
区委	海字〔2014〕27号	印发《关于严肃查处和坚决防止基层重点领域腐败问题的实施方案》的通知

2014 年海港区人民政府规范性文件一览表

表 10–2

发文机关	文　号	文件名称
区政府	海政〔2014〕2号	关于印发海港区重污染天气应急预案的通知
区政府	海政〔2014〕3号	关于聘任第三届兼职督学的通知
区政府	海政〔2014〕4号	关于印发海港区大气污染防治行动专项实施方案的通知
区政府	海政〔2014〕5号	关于印发海港区环境保护工作网络化监管体系的实施意见的通知
区政府	海政〔2014〕6号	关于印发2014年海港区春运应急预案的通知
区政府	海政〔2014〕7号	关于印发《海港区消防安全大检查暨第二次“清剿火患”战役实施方案》的通知
区政府	海政〔2014〕8号	关于印发海港区2014年乡村绿化实施方案的通知
区政府	海政〔2014〕9号	关于印发海港区治理淘汰“黄标车”工作实施方案的通知
区政府	海政〔2014〕10号	转发《市政府办公厅关于印发<秦皇岛市2013年提前淘汰“黄标车”财政补贴实施方案的通知>》的通知
区政府	海政〔2014〕11号	关于提高城乡居民最低生活保障标准的通知
区政府	海政〔2014〕12号	关于印发2014年食品安全工作实施方案和食品药品安全区创建工作实施方案的通知
区政府	海政〔2014〕13号	关于表彰2013年度食品安全先进单位先进集体先进个人及示范企业的决定
区政府	海政〔2014〕14号	关于迎接省政府教育督导评估有关工作的通知
区政府	海政〔2014〕15号	关于印发海港区2014地质灾害防治方案的通知
区政府	海政〔2014〕16号	关于转发《河北省人民政府法制办公室关于进一步加强规范性文件审查备案工作的意见》的通知
区政府、区人武部	海政〔2014〕17号	关于做好2014年民兵整组工作的通知
区政府	海政〔2014〕18号	关于印发2014年新型农村合作医疗实施方案的通知
区政府	海政〔2014〕19号	关于印发《“奋战七十天安全迎暑期”安全生产大检查行动实施方案》的通知
区政府	海政〔2014〕20号	关于印发《海港区2014年城乡环境容貌综合整治百日攻坚行动实施方案》的通知
区政府	海政〔2014〕21号	关于对全区重大火灾隐患进行挂牌督办的通知
区政府	海政〔2014〕22号	关于印发《海港区街巷路环境管理考核办法（试行）》的通知
区政府	海政〔2014〕23号	关于印发海港区小微食品生产经营单位备案监管办法的通知
区政府	海政〔2014〕24号	关于印发海港区医疗机构设置规划的通知
区政府	海政〔2014〕25号	关于对牛淑贤房屋进行征收补偿的决定
区政府	海政〔2014〕26号	关于对刘月满房屋进行征收补偿的决定
区政府	海政〔2014〕27号	关于对石立学房屋进行征收补偿的决定
区政府	海政〔2014〕28号	关于对李忠章房屋进行征收补偿的决定
区政府	海政〔2014〕29号	关于印发《海港区2011～2020年时期儿童发展规划》的通知
区政府	海政〔2014〕30号	关于印发《海港区2011～2020年时期妇女发展规划》的通知
区政府	海政〔2014〕31号	关于印发《海港区人民政府关于推进各镇、园区、街道安全生产监管规范化建设工作的实施意见》的通知
区政府	海政〔2014〕32号	关于印发《海港区2014年土地矿产卫生执法监督检查工作方案》的通知
区政府	海政〔2014〕33号	关于开展2014年土地矿产卫片执法监督检查工作的通知
区政府	海政〔2013〕34号	关于加强特殊商品、特殊部位管控的意见

续表 10-2

发文机关	文　号	文件名称
区政府	海政〔2014〕35号	关于印发海港区2014年主要污染物总量减排实施方案的通知
区政府	海政〔2014〕36号	关于对2013年度安全生产目标管理考核优秀单位和先进单位进行奖励的通知
区政府	海政〔2014〕37号	关于表彰2013年度安全生产执法先进单位和安全生产监管先进个人的决定
区政府	海政〔2014〕38号	关于印发《海港区国家公共文化服务体系示范区后续建设规划》的通知
区政府	海政〔2014〕39号	关于印发农村低保复审工作实施方案的通知
区政府	海政〔2014〕40号	关于进一步做好项目规划管理工作的通知
区政府	海政〔2014〕41号	关于印发《海港区事业单位代理人员管理办法（试行）》的通知
区政府	海政〔2014〕42号	关于认真组织观看禁毒宣传教育片《死亡之吻》的通知
区政府	海政〔2014〕43号	关于加强政府性债务管理工作的意见（试行）
区政府	海政〔2014〕44号	关于印发《海港区土地节约利用考核实施方案》的通知
区政府	海政〔2014〕45号	关于兑现2013年度人口和计划生育责任目标奖金的通知
区政府	海政〔2014〕46号	关于印发《海港区在职社区工作人员生活补贴待遇实施方案（试行）》的通知
区政府	海政〔2014〕47号	关于推进市场建设工作的实施意见
区政府	海政〔2014〕48号	关于印发海港区重污染天气应急方案的通知
区政府	海政〔2014〕49号	关于对张晓东房屋进行补偿的决定
区政府	海政〔2014〕50号	关于对李奇房屋进行补偿的决定
区政府	海政〔2014〕51号	关于对李宝雨房屋进行补偿的决定
区政府	海政〔2014〕52号	关于对白文起房屋进行补偿的决定
区政府	海政〔2014〕53号	关于对张大文房屋进行补偿的决定
区政府	海政〔2014〕54号	关于印发《海港区森林港城生态城三年建设工作实施方案》的通知
区政府	海政〔2013〕56号	关于印发2013年度食品安全工作考核方案的通知
区政府	海政〔2013〕57号	关于做好进驻区政务服务大厅相关工作的通知
区政府	海政〔2013〕58号	关于公布规范性文件清理结果的通知
区政府	海政〔2013〕59号	关于印发《海港区非法营运机动车专项整治行动实施方案》的通知

2014 年中共海港区委办、政府办规范性文件一览表

表 10-3

发文机关	文　号	文件名称
区委办、区政府办	海办发〔2014〕1号	关于印发《海港区深化对标提效“作表率”行动实施方案》的通知
区委办、区政府办	海办发〔2014〕2号	关于《海港区2014年主要目标任务责任分解》的通知
区委办	海办发〔2014〕3号	关于做好规范性文件备案工作的通知
区委办、区政府办	海办发〔2014〕4号	关于印发《2014年全区党风廉政建设和反腐败工作任务分工意见》的通知
区委办	海办发〔2014〕5号	关于进一步加强和提升党委督查工作的实施意见
区委办、区政府办	海办字〔2014〕1号	关于印发《海港区大气污染防治行动督导办法》的通知
区委办、区政府办	海办字〔2014〕2号	关于开展全区“农村民主议政日”活动的通知
区委办、区政府办	海办字〔2014〕3号	关于做好春节期间有关工作的通知
区委办	海办字〔2014〕4号	关于《海港区2014年乡镇党代会年会安排方案》的通知
区委办、区政府办	海办字〔2014〕5号	关于表彰2013年度政法平安建设维稳工作先进单位和先进个人的通报

续表 10-3

发文机关	文　号	文件名称
区委办、区政府办	海办字〔2014〕6号	关于全区农村社会管理“双六工程”工作检查验收的的情况通报
区委办、区政府办	海办字〔2014〕7号	关于报送《海港区年鉴》2013年度资料的通知
区委办、区政府办	海办字〔2014〕8号	关于2013年信访积案攻坚活动情况的通报
区委办、区政府办	海办字〔2014〕9号	关于举办海港区第五届全民运动会的通知
区委办、区政府办	海办字〔2014〕10号	关于成立海港区农村面貌改造提升行动领导小组的通知
区委办、区政府办	海办字〔2014〕11号	关于印发《海港区档案执法检查评分细则》的通知
区委办	海办字〔2014〕12号	关于印发《2014年区委文件发文计划》的通知
区委办、区政府办	海办字〔2014〕13号	转发《中共秦皇岛市委外事工作领导小组办公室关于进一步加强外事接待管理工作的通知》的通知
区委办	海办字〔2014〕14号	转发纪委《关于开展领导干部谈心提醒教育的实施办法》的通知
区委办、区政府办	海办字〔2014〕15号	关于印发《海港区2014年暑期工作责任分解表》的通知
区委办	海办字〔2014〕16号	关于2013年度上报信息工作考核结果的通报
区委办、区政府办	海办字〔2014〕17号	关于在全区开展“博爱一日捐”募捐活动的通知
区委办、区政府办	海办字〔2014〕18号	关于开展全区农村民主议政日活动的通知
区委办、区政府办	海办字〔2014〕19号	关于表彰2013年度“与文明同行，铸和谐港城”创建活动文明单位和文明个人的通报
区委办、区政府办	海办字〔2014〕20号	关于对全区各单位上半年目标任务完成情况督导的通知
区委办、区政府办	海办字〔2014〕21号	关于在全区开展“送温暖、献爱心”慈善一日捐活动的通知
区委办、区政府办	海办字〔2014〕22号	关于实施第一批便民服务措施的通知
区委办、区政府办	海办字〔2014〕23号	转发《关于进一步加强暑期期间重点目标安全防范工作的意见》的通知
区委办、区政府办	海办字〔2014〕24号	关于组织参观“2014年全国科技创新成果北戴河专题展”的通知
区委办、区政府办	海办字〔2014〕25号	关于组织参加2014秦皇岛国际马拉松赛安保工作的通知
区委办、区政府办	海办字〔2014〕26号	关于进一步做好党政主要负责人“四个不直接分管”工作的通知
区委办、区政府办	海办字〔2014〕27号	关于严格控制外出学习考察活动进一步集中精力抓发展的通知
区委办、区政府办	海办字〔2014〕28号	关于表彰教育系统先进集体个先进个人的通报
区委办、区政府办	海办字〔2014〕29号	关于印发《海港区加强保障农民工工资支付制度实施方案》的通知
区委办、区政府办	海办字〔2014〕30号	关于做好国庆期间有关工作的通知
区委办、区政府办	海办字〔2014〕31号	关于2013年度民主评议结果的通报
区委办	海办字〔2014〕32号	关于做好2015年度重点党报党刊发行工作的通知
区委办、区政府办	海办字〔2014〕33号	关于印发《海港区开展农村土地承包经营权确权登记颁证工作实施方案》的通知
区委办、区政府办	海办字〔2014〕34号	关于表彰2013年度人口和计划生育工作先进单位和先进个人的通报
区委办、区政府办	海办字〔2014〕35号	关于对全区各单位主要工作目标完成情况进行督查考核的通知
区委办、区政府办	海办字〔2014〕36号	关于成立海港区村“两委”换届工作领导小组的通知
区委办、区政府办	海办字〔2014〕37号	关于切实做好2015年元旦春节期间有关工作的通知
区政府办	海政办〔2014〕2号	关于启用“秦皇岛市海港区西港搬迁指挥部”和“秦皇岛市海港区西港搬迁指挥部办公室”两枚印章的通知
区政府办	海政办〔2014〕3号	关于转发《秦皇岛市2014年春节期间烟花爆竹禁限放工作方案》的通知
区政府办	海政办〔2014〕4号	关于进一步加强信息工作的通知

续表 10–3

发文机关	文　号	文件名称
区政府办	海政办〔2014〕5号	关于开展政务信息工作人员轮训的安排通知
区政府办、区财政局	海政办〔2014〕6号	关于开展2014年度罚没许可证年检工作的通知
区政府办	海政办〔2014〕7号	关于进一步加强值班工作的通知
区政府办	海政办〔2014〕8号	关于组织参加“践行群众路线”主题讲座的通知
区政府办	海政办〔2014〕9号	关于开展行政执法行为专项监督检查的通知
区政府办	海政办〔2014〕10号	关于转发《河北省人民政府法制办公室关于全面落实行政处罚裁量基准制度有关问题的通知》的通知
区政府办	海政办〔2014〕11号	关于行政执法人员培训考试及办理行政执法证件的通知
区政府办	海政办〔2014〕12号	关于印发海港区人民政府领导工作分工的通知
区政府办	海政办〔2014〕13号	关于组队参加2014秦皇岛国际马拉松赛迷你马拉松的通知
区政府办	海政办〔2014〕14号	关于转发市政府办公厅回族等少数民族开斋节放假的通知
区政府办	海政办〔2014〕15号	关于对《秦皇岛市人大常委会关于加强检察机关法律监督工作的决定》贯彻落实情况开展自查的通知
区政府办	海政办〔2014〕16号	关于印发《海港区推进政务服务“两集中、两到位”专项工作实施方案》的通知
区政府办	海政办〔2014〕17号	关于印发海港区政府应急周转金管理办法的通知
区政府办	海政办〔2014〕18号	关于印发海港区建立执法公开制度实施方案的通知
区政府办	海政办〔2014〕19号	关于印发海港区政府性债务风险管控工作方案的通知
区政府办	海政办〔2014〕20号	转发国务院办公厅关于2015年部分节假日安排的通知